CULTURAS DE CHILE
VOLUMEN SEGUNDO

ETNOGRAFÍA

SOCIEDADES INDÍGENAS CONTEMPORÁNEAS
Y SU IDEOLOGÍA

CON LA COLABORACIÓN
DE LA FUNDACIÓN ANDES

Con los auspicios de:
UNIVERSIDAD DE TARAPACÁ
SOCIEDAD CHILENA DE ARQUEOLOGÍA
MUSEO CHILENO DE ARTE PRECOLOMBINO
ARCHIVO NACIONAL

© SOCIEDAD CHILENA DE ARQUEOLOGÍA

© EDITORIAL ANDRÉS BELLO
Av. Ricardo Lyon 946, Santiago de Chile

Registro de Propiedad Intelectual
Inscripción N° 98.163, año 1996
Santiago - Chile

Se terminó de imprimir esta primera edición
de 2.000 ejemplares en el mes de noviembre de 1996

IMPRESORES: Salesianos S.A.

IMPRESO EN CHILE / PRINTED IN CHILE

ISBN 956-13-1437-1

CULTURAS DE CHILE
VOLUMEN SEGUNDO

ETNOGRAFÍA

SOCIEDADES INDÍGENAS CONTEMPORÁNEAS Y SU IDEOLOGÍA

Editores

JORGE HIDALGO L. • VIRGILIO SCHIAPPACASSE F. • HANS NIEMEYER F.
CARLOS ALDUNATE DEL S. • PEDRO MEGE R.

EDITORIAL ANDRÉS BELLO
Barcelona • Buenos Aires • México D.F. • Santiago de Chile

AUTORES Y EDITORES

CARLOS ALDUNATE DEL S.
Museo Chileno de Arte Precolombino.
Santiago de Chile.

VICTORIA CASTRO R.
Departamento de Antropología
Universidad de Chile.
Santiago de Chile.

ROLF FOERSTER G.
Departamento de Antropología
Universidad de Chile.
Santiago de Chile.

HANS GUNDERMANN K.
Taller de Estudios Andinos
Arica, Chile.

JORGE HIDALGO L.
Archivo Nacional
Dirección de Bibliotecas, Archivos y Museos
Santiago de Chile.

GRANT MC CALL
Escuela de Sociología
Universidad de New South Wales
Australia.

JOSÉ LUIS MARTÍNEZ C.
Archivo Nacional y Departamento de Ciencias
Históricas
Universidad de Chile
Santiago de Chile.

MATEO MARTINIC B.
Instituto de la Patagonia
Universidad de Magallanes
Punta Arenas, Chile.

PEDRO MEGE R.
Fundación Vida Rural
Pontificia Universidad Católica de Chile.
Santiago de Chile.

HANS NIEMEYER F.
Sociedad Chilena de Arqueología
Santiago de Chile.

JUAN CARLOS OLIVARES T.
Museo de Ancud
Dirección de Bibliotecas, Archivos y Museos
Ancud, Chile.

OMAR R. ORTIZ-TRONCOSO.
Albert Egges van Giffen
Instituut voor Prae –en Protohistorie
Universiteit van Amsterdam.

DANIEL QUIROZ L.
Coordinación Nacional de Museos
Dirección de Bibliotecas, Archivos y Museos
Santiago de Chile.

ADALBERTO SALAS
Departamento de Lenguas
Universidad de Concepción
Concepción, Chile.

VIRGILIO SCHIAPPACASSE F.
Sociedad Chilena de Arqueología
Santiago de Chile.

JUAN VAN KESSEL
Universidad Libre
Instituto de Antropología Cultural
Amsterdam, Holanda.

ÍNDICE GENERAL

INTRODUCCIÓN

En el primer volumen de la serie "Culturas de Chile", dedicado a la Prehistoria, se analizaron las evidencias dejadas por nuestros antiguos predecesores en el territorio que hoy constituye nuestro país. Su historia fue estudiada desde los inmigrantes iniciales –los cazadores paleoindios– hasta la formación de las diversas áreas culturales que enfrentarían al inca, al conquistador español e incluso a los chilenos en plena República. Señalábamos los editores que esos diversos pueblos desarrollaron múltiples culturas y en su caminar iniciaron la domesticación del que era un inexplorado y virgen territorio, haciéndolo productivo y adecuado para la vida humana. Agregábamos que "El poblamiento de Chile fue una obra iniciada hace muchos milenios, llevada a cabo por cientos de generaciones, en abierto contacto con los pueblos de países vecinos y, en cierto sentido, aún inconclusa. Fue también obra de culturas diferentes, de las cuales sobrevive hoy tan sólo una mínima parte, la suficiente, sin embargo, para otorgarle a la actual nación chilena un indiscutible carácter multifacético".

Esas conclusiones animan e inspiran este volumen. Frente a la multietnicidad surgen generalmente dos actitudes opuestas. Por una parte están aquellos que estiman que debemos ser un estado-nación unificado en lo que se refiere a la lengua, costumbres y religión, entre otros rasgos de nuestra identidad. En el pasado hubo quienes, francamente racistas, desearon homogeneidad incluso en aspectos morfológicos y biológicos. Por otra parte, están aquellos que creen en la diferenciación étnica como una manifestación de la riqueza biológica y cultural de la humanidad. Estos sostienen que cada estado, incluido el nuestro, debería hacer los mayores esfuerzos para respetar las diferencias que ocurren dentro de sus fronteras. Los primeros argumentan a su favor que la "unidad nacional", entendida de esa manera, evita conflictos presentes o futuros, creando instrumentos políticos que tienden a la total integración sociocultural de aquellas minorías. Pero esos pequeños grupos, al exigir un tratamiento diferencial, imponen costos extraordinarios al Estado afectando incluso el principio de la igualdad ante la ley. Además, al quedar al margen de la historia, las minorías étnicas se transformarían en reductos atrasados que impedirían una marcha homogénea en la "senda del progreso". Finalmente sostienen que el solo desarrollo económico terminará por disolver las diferencias étnicas y que todo esfuerzo en contrario no pasa de ser una utopía. Esta posición o actitud es criticada en el sentido de que no se respetan derechos fundamentales de la humanidad y se obliga a las etnias a una asimilación cuyo costo es la pérdida de sus identidades. La experiencia contemporánea en países desarrollados de diverso signo político indica que las etnias son rebeldes a la completa asimilación y que cuando son agredidas, en vez de debilitarse, surgen con mayor fuerza; el conflicto se recrudece y hace más difícil el diálogo y la construcción de un futuro común.

El problema de la etnicidad, que sin duda es mucho más complejo que las dos posiciones esquemáticamente sugeridas, nos indica que éste es un tema que sobrepasa la mera descripción etnográfica y que debe ser un tópico central de la reflexión contemporánea. Obviamente, los autores y editores de este texto están con la segunda postura en función de su formación antropológica y humanista.

Nuestras naciones latinoamericanas se han ido configurando por una inicial mezcla étnica, europea y amerindia, como también por una progresiva yuxtaposición de grupos étnicos al irse integrando rápidamente los "territorios marginales" de estos estados durante el presente siglo. La asimilación de estas etnias "periféricas" supone una particular relación cultural y un posterior arreglo social entre formas de vida dramáticamente diversas.

Chile no es ajeno a esta realidad pluriétnica. En nuestro país, este proceso de ajuste interétnico ha sido forzado y doloroso y, a veces, el genocidio ha jugado un papel determinante en la resolución de las diferencias culturales.

Una mirada superficial podría suponer para Chile una relativa homogeneidad cultural y étnica dentro del escenario americano. Pero se descubre fácilmente que esto no es aplicable a la población tradicionalmente comprendida como *chilena* en la cual, en términos muy generales, existe una gran variedad de lo europeo, sumado a escasos elementos asiáticos y africanos, y a un fuerte ingrediente de mestizaje de diversos grupos aborígenes.

Hasta ahora, la parte más ostensible y más silenciada de esta diversidad étnica la constituyen las minorías indígenas, las que se nos hacen ocasionalmente presentes por sus demandas sociopolíticas.

Nuestro país aún busca un ajuste a esta parte de su realidad sociocultural, por medio de un proceso de integración que no sea una simple absorción de estas minorías.

En la actualidad Chile presenta poblaciones atacameña y aymara en el norte de su territorio, mapuche en el centro sur, rapanui en la Isla de Pascua, y los últimos sobrevivientes alacalufes y yámanas en la zona austral. Estos grupos étnicos son profundamente distintos entre sí y no son comparables en sus economías, en sistemas de parentesco ni en sistemas de creencias. Hay que entenderlos con ópticas distintas, que visualicen sus propias particularidades. Son tanto o más distintos entre ellos, de lo que son en relación a un supuesto ser cultural *chileno*. No es tan sólo un problema entre minorías y mayorías étnicas (que de por sí supone una complejidad imposible de entender a partir de un criterio de homogeneidad cultural), sino que también entre las propias minorías, las que también se miran con recelo y extrañeza.

Un conocimiento acabado y preciso de las otras culturas nos puede conducir a mejorar los caminos de encuentro y a rescatar todo el valor de la diversidad étnica que contiene nuestro país.

Pretendemos en este volumen entregar una información básica para quienes desean conocer cuáles son aquellos grupos étnicos originarios, cuáles son sus características culturales, su historia, sus problemas, su visión del mundo y su lengua. Es evidente que cada uno de ellos merecería en profundidad muchos volúmenes, sin embargo, ésta es una obra que intenta introducir al lector en el conocimiento del tema a través de los especialistas del mayor reconocimiento académico en cada caso.

A continuación ofrecemos un breve resumen de cada capítulo para orientar al lector con respecto al contenido de este volumen.

En el capítulo "El pasado en el presente de Rapanui" su autor, Grant Mc Call, antropólogo australiano y reconocida autoridad en el estudio de la sociedad rapanui moderna, nos ilustra acerca de la traumática experiencia sufrida por los isleños a partir de su contacto con el mundo exterior ocurrido en el año 1722. Bajo la aparente aceptación de formalidades exteriores, ajenas a su cultura, subyacen fuertes vínculos ancestrales entre los miembros de aquella sociedad, quienes se sienten unidos por lazos de parentesco y territoriales, y cuyas reglas y obligaciones recíprocas gobiernan hasta hoy su conducta y sus actividades diarias.

El sociólogo holandés R.P. Juan van Kessel, académico de la Universidad Libre de Amsterdam, en su artículo, "Los aymaras contemporáneos de Chile", se refiere a la organización social de este pueblo, a su economía y tecnología y, en general, a la cultura material y la organización del espacio. Junto a ello analiza los ritos religiosos y las "costumbres" que regulan el devenir del año agrícola y la crianza del ganado, sus principales rubros de explotación económica.

Victoria Castro, arqueóloga y etnógrafa, académica de la Universidad de Chile, junto a José Luis Martínez, etnohistoriador de la misma Universidad y funcionario del Archivo Nacional, nos introducen en un ambicioso proyecto: el primer trabajo etnográfico que comprende a todas las poblaciones originarias que hoy habitan la provincia del Loa y que tradicionalmente se conocen bajo el nombre de "atacameños". En este estudio, "Poblaciones indígenas de Atacama", hay una interesante discusión de este término étnico así como gran acopio de datos sobre esta población que vive dispersa, aprovechando al máximo los recursos que proporciona el desierto de Atacama.

Carlos Aldunate, arqueólogo, etnógrafo, académico de la Universidad de Chile, director del Museo Chileno de Arte Precolombino, en "Mapuche: gente de la tierra", nos entrega un novedoso enfoque de esa cultura. Describe con sensibilidad y conocimiento los rasgos fundamentales que integran esta complejísima forma de vida. Su relato es integral, va relacionando los diversos niveles del mundo mapuche, desde la cultura material hasta las estructuras y mecanismos sociales.

El antropólogo chileno Omar R. Ortiz-Troncoso, radicado en Holanda como investigador de la Universidad de Amsterdam, contribuye con el tema de su especialidad "Los últimos canoeros". Después de hacer una relación de la protohistoria de los pueblos canoeros –chono, qawasqar o alacalufe y yámana–, casi desaparecidos, en que se dan las primeras noticias de su existencia a través de crónicas y relatos de viajeros, el autor nos entrega una visión del estado relictual de estos pueblos que otrora navegaban por los canales patagónicos y fueguinos –su hábitat esencial– tras su subsistencia. Este capítulo es complementario al trabajo del mismo autor en el primer volumen de esta serie Culturas de Chile, *Prehistoria*, titulado "Ancestros de los pescadores australes" (págs. 367-379).

Mateo Martinic B., historiador del Instituto de la Patagonia de la Universidad de Magallanes, aporta su trabajo para el conocimiento de "Los aonikenk, cazadores terrestres de la Patagonia Austral", hoy extinguidos. Trata de establecer su evolución demográfica desde el contacto inicial con la escuadra de Hernando de Magallanes en el año 1520. Nos habla de sus costumbres cinegéticas, primero como cazadores pedestres para luego transformarse en ecuestres tras la adopción del caballo, elemento cultural que cambió fundamentalmente su forma de vida.

Juan van Kessel en el capítulo "La cosmovisión aymara" analiza la visión religiosa que "sacraliza el medio natural y que al mismo tiempo legitima la posición y función existencial del aymara en ese medio".

En "Religiosidad mapuche contemporánea: elementos introductorios", Rolf Foerster, antropólogo y catedrático de la Universidad de Chile, nos proporciona una detallada descripción de los elementos rituales y mitológicos que la integran, agregando elementos anexos, simbólicos y culturales. Entrega una panorámica del mundo de las creencias, así como de los problemas que la afectan en la actualidad.

Los antropólogos de la Dirección de Bibliotecas, Archivos y Museos, Daniel Quiroz L., coordinador nacional de museos, y Juan Carlos Olivares T., conservador del Museo de Ancud, ofrecen el capítulo "Cosmovisión fueguina" basándose fundamentalmente en los mitos recogidos por Martín Gusinde y Anne Chapman en años de convivencia con los aborígenes sobrevivientes en este siglo. En cierto modo se complementa este artículo, que toma el rico aspecto cosmogónico y mitológico de los selknam históricos, con el capítulo "Los cazadores de Tierra del Fuego (8.000 a. C. al presente)" de Mauricio Massone M., que se encuentra en *Prehistoria* (págs. 349-366) –Serie Culturas de Chile–, donde se hace referencia al desarrollo de la cultura material de estos cazadores pedestres desde su ingreso a Tierra del Fuego hace unos 10.000 años.

Adalberto Salas, etnolingüista y catedrático de la Universidad de Concepción, presenta una visión detallada e ilustrativa de la riqueza y diversidad lingüísticas de Chile en su texto *Lenguas indígenas de Chile*. En su minucioso trabajo descubrimos diferentes universos lingüísticos, radicalmente opuestos, como son el pascuense, el mapudungun, las lenguas australes y el aymara. Con precisos ejemplos nos muestra toda la potencia expresiva de cada una de estas lenguas y sus posibilidades funcionales y poéticas.

En el programa editorial Culturas de Chile, este segundo volumen dedicado a la Etnografía será seguido de otros cuyos temas centrales serán la Etnohistoria, Arte indígena y Antropología física. El prematuro agotamiento del primer volumen *Prehistoria* que obligó a imprimir una segunda edición, indica que éste es un tema de interés. Los editores agradecen la colaboración de Viviana Manríquez S. en la preparación del manuscrito original y nuevamente a los autores por su generosa contribución al haber donado sus derechos a la Sociedad Chilena de Arqueología, que destinará estos fondos a nuevas publicaciones en el campo de la antropología chilena.

Santiago, marzo de 1994

PRIMERA PARTE

SOCIEDADES INDÍGENAS CONTEMPORÁNEAS

CAPÍTULO I

EL PASADO EN EL PRESENTE DE RAPANUI (ISLA DE PASCUA)[1]

Grant Mc Call [2]

INTRODUCCIÓN

El sueño de la Polinesia, un paraíso terrenal de islas idílicas, con nobles salvajes o pícaros nativos, fue la imagen que Bougainville y James Cook entregaron con sus narraciones al ávido mundo europeo del siglo XVIII. Se trataba de miles de islas y atolones flotando en un mar azul en el inmenso triángulo polinésico, ficción geográfica que se extiende desde Hawai al norte del ecuador, hasta Nueva Zelandia, al suroeste, y a la isla de Pascua por el sureste. Entre estos miles de puntos de tierra solamente unos pocos cientos pueden sustentar comunidades humanas y algunos de ellos lo han estado haciendo en forma continuada desde hace unos 4.000 años.

El capitán James Cook fue el primer europeo que reconoció las similitudes que existen entre los polinesios del norte y los del sur, habitantes "de muchas islas". Son semejanzas culturales en el lenguaje, la organización social y también en las tecnologías de su forma de vida oceánica y hortícola. Expertos jardineros, los polinésicos no conocieron el arado ni la fuerza de tracción animal. En muchos lugares, pero especialmente en Hawai, ellos construyeron complejos sistemas de regadío.

La diversidad estribaba en los tipos de islas que estos polinesios habitaban, las que podían variar desde los invernaderos tropicales de la Polinesia francesa hasta la boscosa y nevada Te Ika'a Maui, conocida actualmente como Aotearoa o Nueva Zelandia.

1. CARACTERÍSTICAS FÍSICAS

Las características físicas de la isla de Pascua han moldeado fuertemente la historia cultural de su población y continúan siendo el marco esencial para sus habitantes actuales.

La isla de Pascua o Rapanui, como denominan los isleños su lenguaje, su tierra y a ellos mismos, está situada, como se dijo, en el vértice sureste del triángulo polinésico, a 27º 09' de latitud sur y a 109º 27' de longitud oeste, a más de 2.000 km de distancia de su vecina más cercana, la isla de Pitcairn, habitada sólo en tiempos recientes. Rapanui está equidistante entre la costa norte de Chile y la de Papeete, capital de Tahiti, aproximadamente a unos 3.600 km de cada una. La forma de la isla es más bien triangular, y su línea de costa mide alrededor de 24 por 17 y por 16 km, conformando una superficie total de 16.618 hectáreas.

Con la excepción de algunas bahías utilizadas por los pobladores, con playas de arena calcárea y de otras playas pequeñas (generalmente inaccesibles), Rapanui es de origen totalmente volcánico. Las áreas principales de actividad volcánica están centradas en Rano Kau, con una altitud de 400 m, Rano Raraku, de 150 m, y Terevaka, de 507 m sobre el nivel del mar, y que es el punto más alto de la isla. Hay lagunas de agua dulce en las calderas del Rano Kau, Rano Raraku y en un pequeño cono parásito situado en las laderas del Terevaka, llamado Rano Aroi. El Terevaka es el volcán más extenso y conforma la parte septentrional de la isla; se observan varios conos parásitos diseminados en su área. Rano Raraku y Rano Aroi son los dos ramales más grandes del centro principal de actividad. Durante los dos y medio millones de años de actividad volcánica en la isla, por lo menos setenta centros subsidiarios han contribuido a la formación de Rapanui actual.

[1] Traducción del original en inglés de Virgilio Schiappacasse.
[2] Escuela de Sociología, Universidad de New South Wales, Australia.

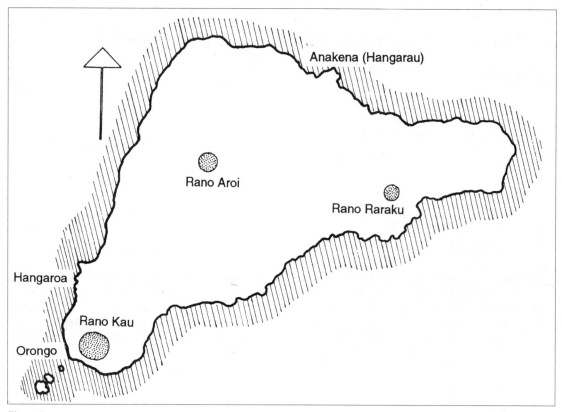

Figura 1.

El esquema de la figura 1 ilustra la forma y los puntos principales de la isla.

El resultado de la formación gradual de la isla de Pascua es que no existen divisiones naturales como ocurre con los valles de Tahiti o de las Marquesas. A lo largo del litoral se ha producido un desgaste irregular del que han resultado caletas en algunos puntos y en otros farellones muy pronunciados. La ausencia de una meseta central alta inhibió la formación de torrentes, en tanto que la erosión eólica del basalto volcánico, que constituye la parte principal de la corteza de la isla, difiere de un lugar a otro.

En consecuencia, los suelos adecuados para el cultivo varían en calidad y profundidad por toda la isla, lo que hace que algunas partes de Rapanui se presten para las actividades agrícolas, en tanto que en otras la gente ha tenido que luchar para hacerla producir. En los terrenos planos más antiguos del litoral sur, la erosión produjo suelos más profundos y esa parte de la isla era, y es aún, el lugar con cultivos más extensos.

El volcanismo de larga data que afectó la isla, determinó que la disponibilidad del material lítico de importancia cultural para los antiguos rapanui estuviera marcadamente localizada. Cierto tipo de piedras utilizadas para fines muy específicos, sólo aparecían en áreas muy particulares, predisponiendo a los rapanui a tener una red de mercados extendida por toda la isla, de manera que estos productos, tan apreciados, pudieran ser distribuidos entre toda la comunidad.

El otro factor físico más significativo para Rapanui es su situación meridional con un clima subtropical consecuente.

2. CLIMA

En la temperatura media mensual por lo general hay diferencia de 5º C. a 6º C. durante el día entre las máximas en febrero y agosto. En inviernos particularmente fríos, puede que una suave helada descienda sobre la isla en las primeras horas de la mañana. Las lluvias, en los años que han sido registradas, fluctúan entre 766 y 1.550 mm. En 1962, durante un solo mes, cayeron 380 mm de agua a pesar de que en los 30 días anteriores había caído menos de un 20% de esta cantidad.

Debería destacarse que la mayor parte de los registros de temperatura y lluvia antes mencionados, fueron realizados desde la única estación meteorológica, ubicada cerca del puerto aéreo actual y adyacente a la principal aldea habitada que es Hangaroa. Las mediciones tomadas en otros puntos de la isla muestran un patrón complejo de áreas húmedas y secas, comunes en otros ambientes isleños. Por lo general, la costa rocosa norte recibe mucho menos lluvia que los suelos profundos y fértiles del área meridional.

3. FLORA Y FAUNA

Rapanui sigue siendo uno de los lugares habitados del mundo más pobres, ralos y aislados.

El árbol más característico de la isla de Pascua era una variedad de mimosa, la *Sophora toromiro*. Este pequeño y duro nativo, emparentado con numerosas especies similares del hemisferio Sur, significaba una fuente importante de madera para los antiguos rapanui, especialmente para tallar figuras decorativas mobiliarias. De su madera a veces roja y otras veces pálida, los isleños hacían sus pequeñas figurillas o cortaban pequeñas planchas sobre las que grababan sus curiosos ideogramas *rongo-rongo*. Las canoas de planchas cosidas eran de madera de toromiro y algunos arqueólogos sugieren que los troncos de árboles de mayor tamaño podrían haber servido para desplazar las enormes figuras de piedra que han hecho famosa a la isla en el extranjero. El toromiro ahora está extinguido, a pesar de periódicos esfuerzos de poner en la isla sus semillas o esquejes llevadas desde jardines botánicos en donde este espécimen sobrevive.

Pero la planta cultivada más corrientemente era el camote (*Ipomoea ñames*) conocido por los rapanui como *kumara*. Además de la kumara estaba el taro (*Colocasia antiquorum*, var. *esculenta*). No existe un fechado fidedigno sobre la llegada de la kumara a Rapanui, pero no cabe duda de que fue un pilar en la dieta de la antigua población. Este continúa siendo el alimento básico de las familias, particularmente de aquellas de escasos recursos, pero también muchos isleños prefieren en sus hogares esta raíz al pan moderno, aunque dispongan de dinero para comprarlo.

Otros productos típicos de la isla solamente se obtenían en determinadas localidades. La cúrcuma (*Curcuma longa*), cultivada solamente en Rano Raraku, tenía un significado ritual para los rapanui y también la usaban para teñir "tapa", que es el tejido de corteza típica de la Polinesia. Los rapanui también cultivaban plátanos, ñame, caña de azúcar y otros productos típicos polinésicos.

Antes de la llegada del hombre, la fauna de la isla de Pascua consistía, a lo más, en un medio ciento de especies nativas, además de una docena de especies de peces. Estos venían de largas distancias y servían de alimento a las aves marinas que la visitaban periódicamente, tales como la golondrina de mar, petreles, pájaros bobos, gaviotas y fragatas. La fauna acuática también era limitada; actualmente sólo consta de unas cien especies, la mayor parte de las cuales no deben haber tenido importancia cultural en el pasado.

Esta escasez de disponibilidad de recursos del mar es debida en parte a su temperatura, al aislamiento de la isla y a la falta de una barrera de coral. De hecho existen algunos corales en la línea costera, pero las condiciones desfavorables del mar impiden su crecimiento a más de unos pocos bancos sumergidos, pedazos de los cuales a veces son arrojados hacia algunas playas.

Actualmente gran parte de la superficie de Rapanui es rocosa y está cubierta por pasto corto. Los árboles más notorios que crecen ahora son la acacia, la guayaba y la palma coquera de Tahiti. Dos o más docenas de especies de eucalipto, traídos de Australia por criadores de ovejas durante este siglo, constituyen la vegetación más difundida en la isla.

4. DESARROLLO PREHISTÓRICO

El vidente Haumaka, en la narración que hace del descubrimiento de la isla por el héroe cultural Hotu Matu'a, se refiere a ella como "Kainga Kino", o sea, una tierra sin valor. Sin embargo, fue éste el lugar que produjo la civilización isleña más interesante de toda Oceanía.

No es mi propósito repetir lo expuesto por la Dra. Andrea Seelenfreund en su capítulo "Los primeros pobladores de Rapanui".[3] Mi intención es más bien destacar aquellos aspectos del antiguo pasado que más han plasmado la vida contemporánea en relación a su historia, parentesco e identidad con la tierra. Los rapanui se adaptaron a las difíciles condicio-

---

[3] *Prehistoria,* pp. 381-401. Editorial Andrés Bello, 1989, Santiago.

nes del medio construyendo principalmente en piedra. En muchas partes de la isla las plantas cultivadas, tales como el taro, plátanos y camotes, debían protegerse con cercos de piedra llamados *manavai*, para conservar la humedad y protegerlos de los vientos que a menudo son allí bastante fuertes. La gente dormía en casas muy bajas, con cimientos de piedras enterradas que afirmaban troncos incurvados. A través de estas varillas de las casas en forma de bote se trenzaban pequeñas ramas de los árboles locales para formar una capa protectora. La cocción de los alimentos y otras actividades se llevaban a cabo en plazas colindantes a éstas, generalmente largas estructuras.

La gente adecuaba cuevas y aleros, especialmente en el periodo prehistórico tardío, edificando muros con pequeñas piedras, a veces bien entrabadas. La entrada de estas cuevas o de las casas en forma de bote se hacía por una puerta tan baja que obligaba a los visitantes a arrastrarse hasta la cámara interior.

Existen además otras estructuras en piedra que los rapanui levantaron en diferentes épocas y con fines específicos. En muchas partes del litoral se encuentran torres redondas y bajas llamadas *tupa* que hacen pensar a los investigadores que pudieran haber sido lugares donde los rapanui observaban sitios de pesca, o, más tarde, la llegada de los barcos europeos. Junto a las plataformas de los templos –que explicaré más adelante– se asocian siempre macizas construcciones ovoideas con entradas diminutas y curiosos cuartos interiores. Estos eran gallineros de la comunidad, construidos de esa manera para que si alguien quisiese robar las apreciadas aves escondidas dentro de la estructura, se soltaran algunas piedras que alertaran a los dueños de la amenaza de robo.

Rapanui contradice todas las leyes convencionales de la etnología y de la arqueología analítica, ya que de este ecosistema pobre y aislado se generaron amplios proyectos de construcciones comunitarias elaboradas con el pesado basalto local; actividades lentas y laboriosas dedicadas a la veneración de los ancestros. Uno de estos centros ceremoniales, o *ahu*, restaurado en 1960, está ubicado en forma poco usual hacia el interior de la isla, pero su trazado y alineamiento lo vincula claramente a otra instalación costera igualmente grande en Te Peu. Sobre esta plataforma revestida con piedras muy bien ajustadas, se asientan siete figuras de piedra o *moai*, las cuales, según ya señaló un compañero de Cook, son semejantes a las figuras ancestrales de madera atesoradas en los recintos del Tahiti pre-

histórico. Los rapanui tallaron sus figuras de piedra en la roca de una cantera en el centro de la isla y las arrastraron algunas veces varios kilómetros para levantarlas una por una, a medida que aumentaba el prestigio y la fortuna del grupo local. En algunos sitios se tallaron sombreros de escoria roja, los cuales fueron transportados desde otra cantera y equilibrados desde los *moai*. Finalmente, según la investigación llevada a cabo en 1978, ahora sabemos que estas figuras tenían ojos de coral tallado, con un iris de piedra más oscura incrustrada, lo que completa esta extraordinaria imagen. Y de hecho eran retratos, puesto que estos monumentos representaban, aunque en forma muy estilizada, a los antepasados difuntos. A diferencia del arte mortuorio monolítico de otras partes, estas figuras no celebraban la muerte sino que glorificaban a los descendientes vivos de los ancestros.

Por tanto, actualmente, a diferencia de muchas otras islas de la Polinesia, los rapanui tienen testimonios megalíticos permanentes y prominentes de su antiguo pasado esparcidos por la superficie de gran parte de la isla y, en algunos lugares, observándolos desde centros ceremoniales restaurados.

Alrededor de un millar de estos *moai* fueron tallados dentro de los primeros mil años de prehistoria de los rapanui; este período se extiende aproximadamente desde la colonización de la isla alrededor del 300 d. C. hasta el cese del periodo de talla de figuras en el siglo XVII, o aun hasta el siglo XVIII. Las figuras varían en tamaño desde una tonelada hasta el inmenso gigante de 80 toneladas transportado y erigido en Hanga o Hoonu. Muchas figuras permanecen en la cantera del Rano Raraku y sólo alrededor de 300 del total de mil han sido colocadas sobre sus plataformas ceremoniales.

El cese del complejo "talla de figuras y construcciones ceremoniales" fue tan abrupto que alrededor de 40 figuras quedaron abandonadas en diversos puntos a lo largo de antiguos caminos que salían desde la cantera. Actualmente algunas de ellas yacen a pocos metros de las estructuras ceremoniales que debían adornar, como mudos testigos de aspiraciones insatisfechas.

Creo que el empobrecimiento progresivo del medio y los cambios climáticos fueron las causas que transformaron el arte creativo en un conflicto destructivo, puesto que las cuadrillas de talladores y transportadores de piedras se convirtieron en bandas armadas. Los *moai* fueron demolidos cuando los guerreros triunfantes doblegaron al enemigo y la competencia se tradujo en violentas disputas por los menguados recursos de alimentos, combustible y pesca, a medida que el hemisferio Sur caía bajo las garras de "la pequeña edad de hielo".

Aun cuando Rapanui es más conocido por los extranjeros por sus macizos monolitos, hubo acontecimientos relevantes para nuestra exposición que sucedieron antes y después del milenio de los *moai*. Esta era terminó algún tiempo antes que los europeos se establecieran en la isla y entrevistaran acuciosamente a sus habitantes. No es sorprendente, por tanto, que la mayor parte de la tradición oral esté centrada en muertes y batallas en lugar de estarlo en el pasado más remoto (y más glorioso) cuando era la construcción y no la destrucción lo que motivaba a los isleños.

Tal vez la última acotación que pudiera hacerse en relación a la participación comunitaria en el tallado y transporte, que tanto preocupara a los rapanui en los primeros milenios de vida en la isla, es que las figuras eran ejecutadas enteramente por obra de mano voluntaria y no por esclavos como era el caso más corriente con los monumentos megalíticos. Es cierto que cuando los rapanui se refieren a los que elaboraron las figuras, ellos corrientemente usan el término *kio*, el que algunos estudiosos de la prehistoria de la isla de Pascua han traducido como "esclavo". De hecho el término significa "deudor" o alguien que debe un servicio a otro. Debido a los amplios patrones de intercambio, consecuencia de una distribución diferencial de recursos y alimento, combustible y otros materiales intercambiables, la mayoría de la gente de Rapanui estaba en deuda con otros. Además parece haber evidencias de que los antiguos rapanui intercambiaban hermanas entre dos grupos de parentesco en los que prevalecían los hombres: los Hotuiti y los Tu'uaro. En esta forma, los ancestros de grupos locales podían remontarse a otros grupos locales. Cuando un grupo cruzaba la isla para ayudar a parientes distantes en la construcción de un centro ceremonial o un nuevo *moai*, no lo hacían sólo porque estaban en deuda con ellos sino también porque el ancestro que iban a honrar era también el suyo propio.

Es probable que, de acuerdo a las condiciones del medio que he mencionado, sean las señales de conflictos y de guerras mortíferas las que más se destaquen en los siglos XVI y XVII. Las lascas de obsidiana que habían sido utilizadas como raspadores o filos cortantes comenzaron entonces a adquirir la forma de fieras y aguzadas puntas de proyectiles conocidas como *mata'a*.

Los rapanui aparentemente no se amilanaron con estos acontecimientos desafortunados y, según parece, volvieron a practicar ritos para tratar de eliminar al menos los conflictos más patentes en su sociedad. Es esta tradición de ingeniosidad ante las dificultades, lo que continúa caracterizando a la población moderna.

En la parte superior de un angosto arrecife, encaramado entre riscos muy pronunciados y precipicios de la caldera de Rano Kao, está el centro ceremonial de Orongo. Orongo significa "el llamado". Este es un lugar, pero también era una ceremonia y una idea. El lugar, inhospitalario para una ocupación normal, no era propiedad de ningún grupo rapanui en especial, aun cuando una línea dividía las secciones *Tu'uaro* y *Hotuiti* en el conjunto de las bajas casas bote. El lugar mismo de Orongo probablemente fuera el favorito para el retiro de los sacerdotes temporales de Rapanui, que ya habían destinado un pequeño observatorio sobre una de las piedras ahí existentes, aun antes que se popularizara la ceremonia anual. Pero también era el lugar desde donde podían observarse tres pequeños islotes o *motu* donde, al comienzo de la primavera austral, anidaban los pájaros fragata.

De esa época tenemos tradiciones orales confiables acerca de las ceremonias de Orongo. Estas involucraban a toda la isla, la que esperaba ansiosamente que los representantes de los diferentes clanes más poderosos encontraran el primer huevo, puesto en alguno de los islotes. Cuando el ganador nadaba de vuelta donde los sacerdotes de Orongo, él o su jefe era proclamado rey de la isla durante un año.

Orongo fue la continuación del "complejo *moai*" centrado en Rano Raraku. En una caverna especial estaba ubicado un pequeño *moai* [4] Rano Raraku exquisitamente tallado y el rey anual de la isla recién nombrado, debía

---

[4] Junto con otros tesoros llevados desde Rapanui, esta figura, llamada Hoa *Hakananala* (el surfista), fue retirada por el barco de guerra británico *Topaze*, en 1868. Esta primera figura obtenida por europeos estuvo en exhibición en el Museo Británico hasta su reciente traslado al Museo de la Humanidad. Desgraciadamente durante todo ese tiempo su dorso cuidadosamente esculpido siempre estuvo contra la pared. Otros *moai* rapanui se encuentran en museos de Francia, Bélgica y los Estados Unidos. Las últimas esculturas fueron removidas en 1936: un *moai* completo fue llevado a Bélgica y una cabeza aislada para completar un espécimen existente en el Musée de l'Homme de París, el cual había sido trasladado previamente en 1872. La escultura llevada a los Estados Unidos fue removida en 1886 y se encuentra en el Smithsonian Museum de Washington.

quedarse, un tiempo después de su triunfo en la búsqueda del huevo, en una morada construida especialmente en la cantera.

Sin embargo, leyendas sangrientas y restos arqueológicos en desorden demuestran que el Orongo no siempre conseguía mantener el orden tan anhelado por sus organizadores. Grupos locales continuaban atacando a otros grupos, arrasando las cosechas, asesinando a sus parientes o conocidos y destruyendo los enormes monumentos que había costado tanto tiempo y esfuerzo humano poder erigir. Si es cierta mi explicación del precario medio ambiente, podemos imaginar que, habiendo sido destruido éste hasta tal punto por sobrepoblación y exceso de desarrollo en sus primeros diez siglos de ocupación, sólo una reducción poblacional drástica podría recuperar el delicado equilibrio entre el suelo y la gente que lo ocupaba.

Esta crueldad de parte de la naturaleza ha hecho pensar a muchos autores que Rapanui pareciera ser una premonición para todo el planeta y ha contribuido a que muchos den al lugar una cualidad mística, particularmente aquellos que nunca la han visitado.

Figura 2. Orongo: pilar de piedra tallada. (Fotografía de *The Mistery of Easter Island,* Routledge K.S., 1919, Sifton Praed. London.)

5. LOS BARCOS DE PASO, 1722 A 1862

A esta situación de competencia y de caos navegaron los exploradores y explotadores del siglo XVIII, para efectuar, a su modo, nuevas transformaciones a la sociedad rapanui.

El primer contacto registrado sucedió cuando el holandés Jacob Roggeveen y sus tres barcos se acercaron a la costa de Rapanui en el día de Pascua, en 1722. Fuera del asesinato de aproximadamente una docena de isleños, la visita de Roggeveen parece haber marchado razonablemente bien, los nativos obtuvieron por intercambio objetos de manufactura holandesa, y los extranjeros se aprovisionaron de fruta, verdura y algunas aves.

Los siguientes extranjeros que visitaron Rapanui llegaron en un par de barcos desde el Perú. La expedición representaba al rey de España, en cuyo nombre estos conquistadores de última hora reclamaron la isla, disfrutando de una visita placentera sin otros incidentes.

Desde entonces hasta 1862, casi cien barcos visitaron Rapanui, detalles de lo cual pienso publicar en otra ocasión debido a las restricciones de espacio en esta obra.

Antes de 1862 la principal atracción que llevaba a los navegantes a la isla de Pascua era la oportunidad de rellenar las bodegas del

Figura 3. Ariki (jefe) llamado "Roma" y posteriormente "Tepano", según Stolpe (1890).

Figura 4. Orongo: roca tallada con figuras del hombre pájaro. (Fotografía Routledge K.S., op. cit.)

barco. Veinticinco barcos dieron esta información. Los barcos de Roggeveen estaban bien abastecidos de legumbres y aves de corral. Hasta Cook, que más bien se quejaba de las menguadas posibilidades de abastecimiento de la isla, pudo negociar "unas pocas raíces". En 1848, el ballenero de Nueva Inglaterra *Three Brothers* obtuvo 70 barriles de camotes, una buena cantidad de ñames y 40 racimos de plátanos; en tanto que en 1851, el capitán del *Potomac* negoció 30 barriles de ñames y de camotes durante su corta visita, pero sólo consiguió tres pollos. Como ya lo había hecho antes La Pérouse, el capitán del *Foster* regaló varios tipos de semillas europeas a los rapanui con las instrucciones para sembrarlas y cultivarlas. Ese mismo año (1821) de la visita del *Foster*, Thomas Raine del buque mercante *Surrey* también dejó semillas a los isleños. Esto debe haberlo hecho de adrede para incitar a los rapanui a que cultivaran alimentos europeos que pudieran proveer sus barcos.

Así fue como los buques mercantes y los balleneros hacían escala en Rapanui para abastecerse de provisiones. El capitán del *Ruby* ya en 1795 había recibido detalles de la ubicación y características de la isla como parte de sus instrucciones secretas de navegación para establecer un comercio de pieles en el noroeste. Otro comerciante, en 1801, aunque no pudo desembarcar, observó a los rapanui a lo largo de la orilla mostrando sus productos para comerciarlos. El comportamiento de los isleños en 1838 llevó al almirante Dupetit-Thouars a comentar que los rapanui "...parecían estar acostumbrados a visitas similares", como en efecto lo estaban.

A cambio de los alimentos que ofrecían, los isleños tenían muy decidido lo que querían de los extranjeros.

Después que La Pérouse (y antes los españoles) distribuyeran medallas sin valor en 1786, tales adornos siguieron siendo un artículo apreciado. Lisiansky, en 1804, descubrió que las monedas de cobre rusas atadas a una cuerda y los frascos vacíos de mostaza eran muy apetecidos. En 1821 el capitán Raine amarró una botella, con el nombre de su barco escrito en el interior, en el cuello de un isleño como recuerdo. Seis años más tarde Cuming informó que las botellas vacías eran un artículo comerciable apetecido. En dos ocasiones se requirió un servicio específico a los europeos. En 1795, los hombres del capitán Bishop rasuraron a algunos rapanui y el pedido específico de 10 hombres que abordaron un barco de guerra francés en 1838 fue que los afeitaran. Los isleños llegaron a conocer las mercancías europeas lo bastante como para poder detallar los artículos comerciables que deseaban por sus productos. Uno de los científicos de Cook observó que las cuentas de vidrio aceptadas con tanto gusto a la tripulación de Roggeveen, fueron rechazadas como intercambio en 1772, en tanto que los cuchillos y tijeras de Dupetit-Thouars eran despreciados. Los isleños hacían señas mostrando que lo que ellos querían de sus visitantes eran anzuelos y maderas. Un artículo de intercambio favorito fueron los sombreros, de los cuales a veces se apropiaban de manera furtiva.

Rapanui también era visitado con otros propósitos fuera del aprovisionamiento de víveres. Las estatuillas de la isla de Pascua se convirtieron en un objeto negociable popular como lo confirman diferentes colecciones de museos en EE.UU. y en Europa. Algunos coleccionistas, tales como Cook, eran científicos, pero la mayoría se interesaban sólo por curiosidades. En 1825, Belcher expresó que aun cuando los isleños regateaban mucho el comercio de estatuillas, en realidad estaban obviamente ansiosos de desprenderse de sus tallados cambiándolos por el artículo europeo adecuado. En 1827 aceptaban gustosamente anzuelos y madera a cambio de sus figurillas de "animales" a Cuming y sus compañeros. A veces, el deseo de intercambiar las estatuillas provocaba grandes riesgos para los isleños, como en el caso del hombre que salió en su frágil bote detrás del barco de Dupetit-Thouars cuando ya partía para canjear una figura con dos cabezas. Los balleneros del *George*, en 1839, informaron de un intercambio activo con pequeñas estatuillas, y el contra-almirante Frederic Proby del buque de guerra H.M.S. *Portland*, durante su estadía en 1853, encontró un mercado rápido para cambiar los anzuelos por "pequeños ídolos".

Hay solamente dos hechos informados en que los rapanui pedían a los barcos de paso alimentos a cambio de sus hortalizas: el ballenero *Paragon* en 1822 y, 17 años más tarde, otro ballenero, el *George*. En ambos casos, los isleños pidieron y obtuvieron por sus camotes, ñames, plátanos y caña de azúcar, "restos de ballenas, los cuales devoraron con mucho entusiasmo".

Todos los miembros de las expediciones holandesas, españolas e inglesas del siglo XVIII observaron lo que el compañero de Cook, Sparrman, denominó libertinaje de las mujeres rapanui. En el siglo XIX la isla era conocida (junto con el resto de las islas polinésicas) porque allí ofrecían "traficar" mujeres. A pesar de que en 1772 la tripulación de Cook notó la escasez de mujeres, una década más tarde La Pérouse declara que "ellas (las mujeres) ofrecían sus favores a todos aquellos que les hicieran algún regalo", observando sí, que este comercio también era selectivo. Aunque la tripulación del barco no bajara a tierra, a menudo las mujeres eran llevadas a bordo. El comentario evasivo de Cuming de que su buque insignia "estuvo muy ocupado" con los isleños mientras el *Discoverer* se quedó en Hangaroa durante cinco días en el año 1827, puede ser una referencia a tal conducta. Te'ree, quien entretuvo al capitán Bishop en 1795, fue llevada al *Ruby* por un anciano junto con otras muchachas, destinadas al comercio sexual. Un guardiamarina en 1830 confesó que:

"nos dimos cuenta de que la castidad no estaba considerada dentro del catálogo de virtudes de las mujeres rapanui, pero como ciertamente lo comprobamos, me avergüenza decirlo, era su mejor mercancía de intercambio". (Orlebar 1833: 12.)

En 1801, junto con las hortalizas ofrecidas como intercambio al barco de Délano, algunas mujeres demostraron claramente "...con señales amistosas y hasta cariñosas..." qué tipo de comercio podían ofrecer.

Tres informes que conozco contienen referencias de isleños que querían abandonar la isla en los barcos visitantes. En 1806 el capitán Benjamín Page adoptó a un joven rapanui, que fue bautizado en Londres en la Iglesia Rotherhithe, en 1811. Ya en 1795 dos muchachos le rogaron al capitán Bishop que los llevara a "Brittanee", pero él rehusó. En 1821, el capitán Raine también se negó a llevar consigo a Australia a un isleño que se ofreció de voluntario en el viaje.

Sólo en ocho informes que se han encontrado se menciona que los europeos temieron ser atacados. El capitán Chapman en 1821 se negó a acercarse a Rapanui por temor a un ataque, aunque los capitanes Chase, Raine y posiblemente el ruso Ponefidin gozaron de excelentes relaciones con los isleños ese mismo año; en 1827 Cuming escribió sobre su temor a un ataque, aun cuando no informó de ningún incidente. A pesar de que algunos tripulantes de La Pérouse fueron apedreados en 1786 cuando intentaron recuperar un "anclote" robado del barco por un isleño, sólo fue a principios del siglo XIX que los capitanes reportaron ataques reales.

Los capitanes Adams (1806) y Winship (1809) afirmaron haber sido expulsados a pedradas, y Von Kotzebue, en 1815, escribió que sus hombres fueron atacados a pesar de que se habían iniciado relaciones comerciales amistosas. Una anécdota que era muy comentada en el siglo pasado fue el ataque aparentemente no provocado a la tripulación del *Blossom*, en 1825, pero los testigos oculares del caso no vieron signos de traición. En todos estos conflictos lo usual era que los europeos salieran ilesos. Sospecho que esto era intencional de parte de los rapanui, puesto que si hubieran querido realmente matar a los visitantes europeos, habrían usado los proyectiles mortales de que disponían guarnecidos con los afilados *mata'a* de obsidiana. Los informes hechos por europeos de estos pocos ataques mencionan siempre piedras, pero nunca estos proyectiles que eran tan comunes en los conflictos internos de la época. El último capitán en anotar su temor a un ataque fue Macy en 1833.

Sólo hay un informe de la muerte de un europeo en la isla de Pascua y fue la de un piloto en 1856, asesinado a plena vista de sus compañeros, que miraban impotentes desde el barco.

Por otro lado, hubo tres ataques conocidos de europeos contra los isleños que ocurrieron antes de 1862. Con posibles excepciones, esto no parece haber disuadido a los rapanui de las relaciones comerciales amistosas con la mayoría de los marineros que ellos contactaban. Estos incidentes ocurridos en 1805, 1822 y 1838, implicaron el secuestro y/o asesinato no provocado de isleños por europeos.

TABLA Nº 1

PROPÓSITO DE LOS VIAJES
A LA ISLA DE PASCUA, 1722 A 1862

Motivo	Número	Porcentaje
Balleneros	70	71
Exploración	10	10
Barcos de guerra	7	7
Comercio y caza de focas	7	7
Misiones	1	1
Naturaleza u objetivos desconocidos	4	4
	99	100%

TABLA Nº 2

LUGARES DE DESEMBARCO
EN LA ISLA DE PASCUA, 1722-1862

Lugar	Número	Porcentaje
Hangaroa	13	43,0
Atraque sin bajar a tierra	11	37,0
Hanga o Hoonu	4	13,0
"Lado oriental de la isla"	1	3,5
"Bahía sudoriente"	1	3,5
Total lugares de desembarque conocidos	30	100%
Información insuficiente	69	
Total informes	99	

El caso es que los rapanui desarrollaron en los siglos XVIII y XIX formas sofisticadas para negociar con los europeos que venían por cortos períodos a comerciar. Ellos eran capaces de interrumpir sus disputas por el tiempo necesario para aprovecharse de los visitantes. Esto significó que finalmente, cuando los rapanui convivieron con residentes europeos en su isla, fueron capaces de tratar con ellos en base a una considerable experiencia de años.

Rapanui puede haber sido muy lejana, pero no necesariamente aislada.

6. CRECIMIENTO DE POBLACIÓN

Desde el siglo XVIII hacia adelante existen diferentes estimaciones de la población hechas por los visitantes europeos. Estos informes son difíciles de comparar puesto que a menudo se refieren sólo al número de rapanui vistos en una sola parte de la isla. Este hecho puede explicar los bajos cálculos de Délano, Orlebar, Von Kotzebue, y algunos miembros de la expedición Cook.

Sin embargo, otros intentaron hacer un recuento de la población completa de la isla. La Pérouse, en 1786, hizo una estimación general de 2.000 isleños. El capitán Beechey, promediando estas estimaciones publicadas antes de su visita en 1825, y ajustándolas a sus observaciones a lo largo de la costa norte de la isla, calculó una población total de 1.260 personas. En 1804, Lisiansky contó el número de asentamientos vistos mientras caleteaba, los multiplicó por dos, y calculando un término medio de 40 individuos por asentamiento, llegó a la suma de 1.500. Su método falló en el recuento debido al número considerable de personas que vivían en cuevas en ese período. Los cálculos de 1770 hechos por la expedición de González variaban ampliamente, de 900 a 3.000 personas. El capitán Shubael Chase, en 1821, puede haber estado más cerca de la verdad con su aseveración de que la población era de 5.000 a 6.000 individuos. Faltan detalles acerca de cuánto tiempo permaneció en la isla o de cómo obtuvo la información, pero su informe es convincente considerándolo junto a su otra información. Él fue el primero en escribir sobre la división dual de la sociedad de la isla de Pascua y en mencionar una ceremonia anual que se refería, sin duda, a Orongo. Como esta información no fue conocida por los europeos hasta 50 años más tarde a través del estudio detallado de Thomson, supongo que el capitán Chase debe haber estado en contacto bastante estrecho con los rapanui para haber obtenido tantos detalles.

7. PRELUDIO DEL DESASTRE

El año 1826 iba a ser desastroso para los rapanui. En febrero, el ballenero de Nueva Inglaterra, *Edwards*, pasó algunas millas mar afuera no contactándose con los isleños. Ocho meses después, un barco de guerra francés, el *Cassini*, atracó durante unas pocas horas y su capitán informó haber visto unos 1.200 a 1.400 isleños. Se inició el comercio como era frecuente en el siglo XIX pero solamente de papas, taro y un solo pollo. Todo el negocio se llevó a cabo a bordo del *Cassini* y en forma amigable. Luego el *Cassini* atracó en Valparaíso y el capitán Lejeune recomendó a la orden francesa del Sagrado Corazón que mandaran una misión a la isla de Pascua porque, según él, los rapanui eran amistosos y dóciles. La visita del *Cassini* fue la última que un barco europeo hiciera a la isla de Pascua en términos dictados por los isleños. Las relaciones comerciales que habían desarrollado en su primer siglo de contacto con el resto del mundo, cambiarían irrevocablemente con los siguientes acontecimientos.

8. PIRATERÍA PERUANA, 1862-1863

La confianza demostrada por los isleños cuando subían a bordo de los barcos europeos para comerciar fue observada por muchos, pero esta actitud se hizo trizas después de la llegada de barcos provenientes de Perú en 1862, que buscaban otro tipo de comercio con los rapanui.

Tal vez no sea justo el designar esta etapa tan triste y grotesca como "peruana", pero ninguna justificación histórica puede eludir el hecho de que las actividades siguientes fueron sancionadas, aunque por un corto período, por el gobierno peruano de entonces. Hasta ahora muchos rapanui le tienen aversión a los peruanos.

En el Perú del siglo XIX había mucha escasez de mano de obra. Se trató de resolver este problema con nativos, negros africanos y, por último, con chinos. El comercio de chinos incomodó a los intereses ingleses en 1850 y fue desalentado oficialmente después de una confrontación diplomática. La sugerencia hecha por un irlandés de importar polinésicos en gran escala, aunque considerada sospechosa por algunos, fue aceptada con entusiasmo por los contratistas de mano de obra del Perú en 1862. Aun cuando el iniciador del negocio viajó hasta las distantes islas Cook para traer la primera carga de "colonizadores", otros tratantes de mano de obra dirigieron su atención a las islas más cercanas, más aisladas y menos protegidas. Una de las más depredadas fue Rapanui.

En diciembre de 1862, alrededor de ocho barcos anclaron en la costa occidental de Rapanui para llevar a cabo su programa de "reclutamiento". Las estrategias empleadas por estos reclutadores de mano de obra en la isla de Pascua fueron diversas. El capitán Sasuategui tenía un intérprete polinésico a bordo, quien explicó en detalle el contrato de trabajo y consiguió pacíficamente a 238 pascuenses. Otro reclutador encarceló a los confiados isleños bajo la cubierta después que habían subido a bordo para comerciar. Sin embargo, la mayoría de estos ocho barcos siguieron otra estrategia. Se juntaron frente a Hangaroa y enviaron a tierra pequeños botes con hombres fuertemente armados. Al llegar, los negreros desparramaron en el suelo espejos, pipas de

cerámica y otros engaños. Cuando se acercaron los rapanui a coger estos regalos inesperados, la tripulación cayó sobre ellos. Los que trataron de escapar fueron baleados o atados como corderos y arrojados a los botes para ser llevados a los barcos en espera. Así se iniciaron cuatro meses extremadamente violentos, puesto que se tiene informe de otro ataque que ocurrió en marzo de 1863.[5]

Más o menos una docena de rapanui que sobrevivieron a la penosa experiencia consiguieron volver a su isla en 1863, llevando consigo enfermedades contraídas en Perú que infectaron rápidamente a sus parientes. Aun cuando existen algunos detalles en la historia tradicional acerca de las luchas intestinas y los contactos con extranjeros durante el período anterior a 1862, la información de la experiencia de los rapanui en Perú llama la atención por su ausencia. El antiguo orden social cambió definitivamente y la confianza de los rapanui en sus relaciones con los extranjeros se redujo en forma drástica. Los rapanui tomaron conciencia de lo vulnerable que podría ser su pequeña isla al ataque y la conquista. La confianza en los arreglos comerciales, que había caracterizado sus relaciones con los barcos visitantes, cesó después de 1862 porque hubo que desarrollar nuevas tácticas de adaptación.

Este miedo al ataque, de ser aplastados desde fuera y que pesa más en la conciencia de los ancianos, aún es un rasgo que no ha desaparecido del todo de las mentes de los rapanui. Muchos isleños creen ser el grupo étnico o cultural más pequeño dentro del Pacífico Sur,[6] si no del mundo y temen por su desaparición. Esto hace que actualmente algunos adultos sean de naturaleza tímida y que muchos recuerden cómo sus padres y tíos se escondían cuando se les aproximaba un extranjero.

9. MISIONEROS Y COLONOS, 1864 A 1871

El primer europeo que consideró vivir en la isla de Pascua fue un francés de 40 años de edad, Eugene Eyraud, que había dejado sus actividades comerciales para convertirse en .

---

[5] Para mayores detalles sobre esos eventos, ver mi artículo del año 1976 en la Bibliografía.

[6] Ver en el Apéndice 1 Tabla Comparativa, para una idea de la situación de Rapanui en relación con otros lugares del Pacífico Sur, respecto a población y territorio.

hermano lego de la Congregación del Sagrado Corazón en Valparaíso. La primera estadía de Eyraud en la isla fue de nueve meses en 1864, y durante este período fue al mismo tiempo protegido y molestado por el primer jefe moderno de los rapanui, Torometi, una especie de jefe guerrero que incorporó a Eyraud en su banda poco después de su llegada. Torometi buscó la forma de sacarle partido a esta persona, extraña al grupo, que había tomado a su cargo. Más tarde, en 1875, en una carta a otras autoridades eclesiásticas, el obispo de Tahití, Tepano Jaussen, advierte que la ayuda de Torometi a Eyraud y a la misión eran interesadas. Como veremos más adelante Torometi cambiaba rápidamente de lado si veía que le convenía. Incluso cuando Torometi fue humillado y expulsado por sus rivales de su territorio en Hangaroa, Eyraud permaneció a su lado. Pero antes que Eyraud fuera recogido y llevado a Valparaíso por dos de sus compatriotas al verlo en tan mal estado de salud, había sido despojado por el mismo Torometi de sus bienes, ropas y hasta su dignidad.

Menos de dos años después de su partida forzosa para recuperarse de su estadía con Torometi, Eyraud volvió; esta vez iba acompañado del recio y decidido padre Hippolyte Roussel, un sacerdote con una experiencia apostólica de más de dos décadas en las misiones del Sagrado Corazón en las Marquesas, Mangareva y Tuamotu.

En contraste con la deferencia de Eyraud con sus parroquianos rapanui, Roussel manejaba un grueso bastón y no tenía ningún empacho en aplicarlo a las cabezas de isleños indómitos. Poco después de que hubieron llegado Roussel y Eyraud, se incorporaron el padre Gaspard Zumbohm y el hermano lego Theódule Escolan. Después de un comienzo bastante lento, que implicó algunos conflictos con los rapanui, la misión progresó rápidamente y a fines de 1868, cuando Eyraud murió de tuberculosis, Roussel pudo comunicar que todo Rapanui había sido bautizado.[7]

Durante el período misionero, los decesos producidos por las enfermedades contraídas como resultado de la experiencia peruana continuaron afectando a los isleños. Tanto Roussel (1868) como Zumbohm (1868), comentaron acerca de la prevalencia de las enfermedades pulmonares. En 1868, en dos meses Zumbohm sepultó a 37 personas de ambos sexos, mientras Roussel informaba que de los 1.200 isleños vivos en marzo 1866, cuando la misión comenzó en forma oficial, sobrevivían solamente alrededor de 900 en noviembre 1868. Correlacionando estas estimaciones de los misioneros con detalles del episodio peruano, deduzco que la población de la isla justo antes de las correrías, era de 2.000 a 4.000 personas, según los índices utilizados. ¡Los rapanui que sobrevivirían en torno a la misión en 1868 vieron reducir su número en un 50 a 75% en el curso de sólo seis años! Esto tiene que haber producido en la población una tremenda sensación de desaliento que contribuyó a buscar las alternativas que le ofrecía la misión.

La motivación de los rapanui para convertirse a la cristiandad debe haber involucrado una serie de consideraciones, desde el interés de engrandecimiento buscado por Torometi, hasta la adquisición de medios para sobrevivir. Otros pueden haberse visto tentados por la habilidad de Roussel como médico para curar sus achaques. La creencia de los rapanui actuales en espíritus y en la eficacia de las maldiciones, sugieren que la adopción del catolicismo no fue un caso de aculturación como suponían los misioneros, sino simplemente un barniz cultural. El sistema de creencia tradicional en espíritus protectores y malévolos asociados con grupos de parentesco y sus tierras, permanecieron intactos, igual que el poder de los ancianos para maldecir y sancionar las conductas inaceptables de la juventud.

Junto con el bautismo, los misioneros informaron que los isleños habían acordado construir casas al estilo europeo, dormir en camas y, por lo general, imitar la conducta de los extranjeros. La ropa de los marineros era usada e intercambiada entre los parientes cuando iban a servicios religiosos. La adopción total de la manera de ser católica, era parte de un complejo de conductas adoptadas por los rapanui para dar a entender a los extranjeros su deseo de asociarse con ellos. Un tiempo antes, cuando llegó el barco a rescatar a Eyraud después de su primera estadía de seis meses, los isleños que subieron a bordo primero "...se persignaron y recitaron el padre nuestro, el ave maría y el credo en tahitiano". Hasta un jefe que había ultrajado a Eyraud y a Torometi algunas semanas an-

<hr>

[7] Los rapanui han permanecido fieles a la Iglesia Católica hasta el día de hoy, aunque no todos asisten a la misa semanal. Un matrimonio es legítimo solamente si se ha celebrado en la iglesia. También son frecuentes los bautismos y la ceremonia de primera comunión. Los misioneros evangélicos no han tenido éxito en sus esfuerzos, como tampoco los mormones y los bahais. Aunque algunos isleños tienen quejas contra la Iglesia o han criticado a sus sacerdotes, no se han convertido a otras sectas.

tes, se mostró amistoso con los sacerdotes del barco.

Esta habilidad para discernir los elementos cruciales de la conducta de los extranjeros y usarlos luego para su propio provecho, continúa siendo un rasgo en el comportamiento de los rapanui y puede haberse originado en su experiencia con las variadas nacionalidades que hospedaron durante el período anterior a 1862.

Aun cuando la empresa misionera se desarrolló bien, desde el principio hubo controversias entre los propios misioneros. Zumbohm y Escolan establecieron su misión en Vaihu, en la costa sur, en tanto que Eyraud y Roussel permanecieron en el otro lado, en Hangaroa. Zumbohm prefería llevar la Iglesia hacia los isleños, en tanto que Roussel insistía en que había que agruparlos en un solo lugar, como un medio más eficiente para convertirlos. Zumbohm era más tolerante con la parafernalia "pagana", en cambio Roussel quería quemar o alejar de la isla todos los objetos relacionados con la antigua cultura rapanui.[8] Los jefes rapanui, Torometi y Roma, y sus seguidores que representan respectivamente las confederaciones occidental y oriental, no tardaron en tomar partido separadamente con estas dos facciones misioneras. Es posible que por instigación de Torometi, Zumbohm haya establecido una fuerza policial de la que el propio Torometi era el jefe. Las discrepancias entre las dos misiones se acentuaron con la llegada de un capitán de marina francés, convertido en mercader, en 1868.

Jean-Baptiste Onesime Dutrou-Bornier era ya cuarentón cuando llegó por primera vez a la isla de Pascua, llevando desde Chile a Zumbohm y Escolan en 1866 como capitán del barco de tres palos *Tampico*. Había sido oficial en la guerra de Crimea, marino mercante y reclutador de mano de obra para las plantaciones. En 1868 tuvo dificultades económicas perdiendo su magnífico barco, pero aparece nuevamente en Rapanui, indigente, como representante de la firma comercial tahitiano-inglesa John Brander. En un comienzo las relaciones entre Dutrou-Bornier y los misioneros fueron muy buenas y, en 1869, la misión católica, la Compañía John Brander y

Dutrou-Bornier firmaron un contrato comercial para desarrollar una estancia ovejera en la isla de Pascua. Los intereses de las misiones y de los comerciantes en la isla de Pascua de 1860 eran muy similares. Todos estaban de acuerdo en que los isleños deberían ser trasladados a otro lugar como también estaban convencidos de que con el alto índice de mortalidad, en unas cuantas décadas sólo quedarían unos pocos isleños.[9] Roussel era de opinión de trasladar a los isleños a Mangareva. La Congregación del Sagrado Corazón en Chile había recibido como donación unos terrenos en el sur de ese país y pensaba enviar allí a los isleños. La sociedad de Dutrou-Bornier con la Compañía Brander probablemente contemplaba utilizar a los isleños como trabajadores en las extensas plantaciones en Tahiti pertenecientes a Brander y a la Iglesia. De modo que, aunque Dutrou-Bornier y los misioneros querían trasladar a los isleños y utilizar su mano de obra, disentían acerca del lugar de su nueva residencia. Fue probablemente esta divergencia de intereses la causa que precipitó un conflicto, el cual fue muy bien aprovechado por los líderes rapanui Torometi y Roma.

La primera señal de conflicto se produjo entre Dutrou-Bornier y el misionero Roussel, ambos de fuerte personalidad. El capitán de marina se había establecido en Mataveri, no lejos de la misión de Roussel en Hangaroa. Torometi, que se había alejado de Roussel para aliarse con el otro sacerdote, Zumbohm, muy luego fue atraído por Dutrou-Bornier y condujo a sus seguidores a Mataveri. Durante la primera estadía de Eyraud, el hermano lego reportó que Torometi había sido expulsado de Hangaroa, humillado y destruidas sus siembras y viviendas. Fuera de su residencia de Mataveri, Dutrou-Bornier también sostenía una misión en Anakena, a la cual se oponía Roussel. Pareciera que estas discrepancias se transformaron en una lucha abierta cuando isleños de la misión de Hangaroa destruyeron algunas "viejas chozas" en Anakena. Desde entonces se sucedieron ataques y contraataques. Torometi arrasó con sus antiguos adversarios de Hangaroa y Dutrou-Bornier, gracias a un barril de pólvora proporcionado por un buque de guerra chileno en 1870, pudo dispa-

---

[8] Solamente por accidente se salvaron las preciosas tabletas *rongo-rongo* cuyas inscripciones todavía no han sido descifradas. Roussel envió una de ellas, la cual estaba envuelta en un cinturón de pelo humano, a su obispo, quien ordenó que las restantes debían ser conservadas. El mismo Roussel quemó un grupo de esculturas en madera en su afán de combatir el paganismo.

[9] Fue una creencia común entre los europeos del siglo XIX y comienzos del XX, que las poblaciones indígenas estaban condenadas a su extinción. Esto formaba parte del "darwinismo social", el cual sostenía que las "razas nativas" eran incapaces de competir enfrentadas a la superioridad europea, que los conquistadores coloniales consideraban ser de carácter tecnológico y también moral.

rar mosquetes y aun un cañón contra la misión. Pese a todo, se registraron pocas muertes.[10]

Mientras Torometi y su gente saqueaban Hangaroa y hostilizaban a Roussel, Dutrou-Bornier y Zumbohm continuaban siendo buenos amigos e intercambiaban cerdos en la misión de Vaihu. Aun cuando el capitán estaba participando personalmente en las incursiones contra la misión de Hangaroa y disparando a mansalva contra Roussel, visitó en varias oportunidades a su amigo enfermo Zumbohm en Vaihu. La oposición de Dutrou-Bornier, entonces, no era contra la Iglesia sino contra Roussel.

En Mataveri, Torometi organizó a un grupo de 80 hombres y mujeres como su banda personal. Igual que Torometi, todos sus seguidores nombrados en los documentos misionales provenían del *mata* de la costa occidental, siendo todos miru, mientras que Roma, el único seguidor nombrado del misionero Roussel, provenía de Tongariki y, por tanto, pertenecía a la confederación contraria, hotu-iti. El patrón de mitades antagónicas anterior a 1862 que ya mencioné, se había reafirmado.

Después de la partida de Zumbohm debida a su mala salud, la situación rápidamente degeneró en fieras batallas. Una visita de John Brander en 1861, el socio principal en el plan de desarrollo de la isla de Pascua, no pudo mitigar el conflicto. El obispo de Tahiti, Tepano Jaussen, ordenó a Roussel y a Escolan abandonar la isla llevándose el mayor número de seguidores que pudieran a Mangareva, cumpliéndose así de hecho el plan original de Roussel.

En 1871, 168 rapanui se fueron con Roussel a Mangareva y otros 109 a trabajar a las plantaciones de Brander y de la misión católica. A fines de 1872 ya residían en Tahiti 247 isleños. Desgraciadamente, el clima caluroso y húmedo, extraño a ellos, las malas condiciones de vida y el contacto con enfermedades desconocidas, provocaron en el primer año la muerte de 95 de ellos (38%). También los archirrivales Roma y Torometi, que habían abandonado su país natal, perecieron en la insalubre colonia de ultramar. Alrededor de seis meses después del éxodo masivo de gran parte de la población de la isla –consecuencia lógica del deseo de los rapanui de asociarse completamente con extranjeros y hacer abandono de su isla– Dutrou-Bornier, sintiéndose seguro en su posición como *tavana* (gobernador), se embarcó hacia Sidney, Australia, donde adquirió 407 ovejas merino para iniciar la explotación comercial de la isla de Pascua. Mataveri se convirtió en la sede de gobierno y vuelven a la isla las "costumbres paganas". Dutrou-Bornier vivió con una mujer isleña quien le dio dos hijas, cuyos descendientes constituyen actualmente dos de las más numerosas e importantes familias.

Dutrou-Bornier, por intermedio de Koreto, a quien nombró su reina, solicitó varias veces al gobierno francés establecer un protectorado, pero nunca le fue concedido. Continuó exportando lana y carne de cordero a Tahiti, pero su convivencia con los isleños fue menos afortunada. Una disputa, derivada de la confección de un vestido para su mujer isleña, concluyó con el asesinato de Dutrou-Bornier en agosto de 1877 a manos de dos obreros de Mataveri. Así terminaron los sueños de fama y fortuna como rey de la isla de Pascua del capitán de Crimea.

10. FACTORES POBLACIONALES

La emigración de los rapanui en busca de nuevas asociaciones con extranjeros, fueran estos misioneros o comerciantes, llevaron a la población a su nivel más bajo de 110 personas en 1877 (ver tabla 3).

TABLA N° 3

POBLACIÓN DE LA ISLA DE PASCUA, 1868 A 1886

Año	Adultos M	F	Niños M	F	Total Población	Referencias (Ver Apéndice)	
1868		805	63	32	900	Roussel	1869: 324
1870					600	Gana	1870: 109
1871		220	55		275	Jaussen	1871
		117	51		168	Jaussen	n. d.
1875	70	25	105		200	López	1876: 80
1877	26				110	Pinart	1878a
1882	67	39	44		150	Geiseler	1883: 19
1884					160	H.M.S. "Constance"	
1886	68	43	17	27	155	Thomson 1891: 461	

Los que se quedaron en la isla cuidaron los intereses, los descendientes, las propiedades y

---

[10] Gracias a los diarios detallados del Padre Hippolyte conservados en los Archivos de la Congregación de los Sagrados Corazones en Roma, es posible seguir día a día el desarrollo de estos eventos. Sus observaciones están corroboradas por el testimonio oral de mis informantes, en especial del señor León Tuki Hey.

los animales de aquellos que se fueron.[11] La composición edad-sexo de esta población fue distorsionada por las enfermedades y la emigración de la década anterior. Tempranamente Zumbohm había informado que durante su estadía hasta 1870, había sólo uno o dos individuos mayores de 60 años. Roussel observó que solamente alrededor de una novena parte de la población era menor de 15 años, pero también escribió que la mortalidad por enfermedad era mayor para los varones en ese grupo etario. Utilizando el censo de 1886, la documentación histórica y mi genealogía, he construido una pirámide por edad-sexo para la población durante ese período (ver tabla 4).

TABLA Nº 4

EDAD Y SEXO DE LOS PASCUENSES, 1877 Y 1886

Edades	1877		Edades	1886	
	M	F		M	F
mayores 40	35	20	mayores 50	36	21
15-39	18	6	41-50	16	6
menores 15	8	23	31-40	9	6
			15-30	4	8
			menores 15	20	29
TOTAL	61	49	TOTAL	85	70

El rasgo más sobresaliente de estas pirámides es el cambio, debido a los nacimientos, de un desequilibrio entre varones y mujeres jóvenes en 1877, hasta alcanzar una paridad en 1886, dado que la migración durante este período no fue importante. En ambos casos la población era predominantemente "vieja", lo que significa que aquéllos que habían emigrado para trabajar en Tahiti y en Mangareva, estaban entre los 15 y los 39 años. Los viejos continuaron siendo el grupo más numeroso. El índice de crecimiento es atribuible en su mayor parte a los hijos de las parejas de isleños. La edad avanzada de algunas de ellas significa que el 45% de las 35 parejas existentes en el censo de 1886 no tienen descendientes actualmente en Pascua (ver Tabla 5).

TABLA Nº 5

FECUNDIDAD DE PAREJAS EN 1886

Categoría	Número	%
sobrevivientes sin descendientes	16	45,7
Produjeron dos o más hijos	11	31,4
Produjeron un solo hijo	8	22,9
TOTAL DE PAREJAS	35	100%

El resultado de esto fue que convirtió a aquellos isleños que tuvieron hijos en este período, en los fundadores de nuevas líneas de descendencia. Así como los legendarios hijos de Hotu Matu'a crearon el orden social anterior a 1862, también esos hijos (e hijas) de los desastrosos tiempos del último siglo crearon las líneas de descendencia posteriores. De hecho fue una segunda fundación del orden social de Rapanui y éste es el que la gente considera actualmente como el tradicional.[12]

Las presuntas o conocidas afiliaciones *mata* de aquella pequeña población, se han convertido en los apellidos de las familias actuales. Los apellidos han llegado a ser semejantes a clanes y la gente les atribuye un significado corporativo. De este modo un hombre que actualmente use el apellido Tuki considera, al igual que la figura histórica de Tuki, tener una relación con heredades en la costa norte. Hasta hace poco, los *mata* no eran considerados como tales pero es sabido que existe un sentimiento de identidad entre aquellos que comparten una descendencia con algunas de esas figuras del siglo XIX.

Uno de los mayores cambios en la sociedad rapanui ocurrido entre mi primer trabajo de terreno, al comienzo de los años setenta, y mi segunda visita en 1985-86, fue que el sentimiento de una antigua afiliación *mata* se encontraba mucho más extendido. Aun cuando en 1970 era bastante conocido entre los especialistas en genealogía que grupos tanto antiguos como modernos se asociaban con determinadas tierras, en los años recientes este conocimiento se ha hecho más general entre

---

[11] Los rapanui siempre han sostenido que fueron dueños de ganado en el último siglo. Este ganado provenía de pagos hechos a los isleños por los misioneros y por los sucesivos capataces de la hacienda. Este alegato de posesión de ganado fue utilizado a veces para justificar la matanza de animales para comer, aunque sin reconocimiento formal de esta propiedad. Bajo Angata, esta posesión de ganado, en el siglo XIX, forma parte de sus alegatos de legitimación.

[12] Para este concepto de "segunda fundación" me baso en el artículo Naissance d'une tradition. Changement culturel et syncretisme religieux aux Iles Australes (Polynésie francaise) (París, *Orstom*, 1982) de Alain Babadzan. Utilicé este concepto en "Las fundaciones Rapanui", obra publicada por el Museo Provincial R.P. Sebastián Englert de la isla de Pascua en febrero de 1986.

los rapanui, por su mayor interés acerca de ello.

Fuera de estos datos genealógicos poco se sabe de este período. Roussel, después del asesinato de Dutrou-Bornier, regresó cuatro veces a la isla de Pascua a bautizar isleños y a suministrar informes de lo que ocurría. En 1882 estableció una monarquía de estilo tahitiano para que gobernara sobre Rapanui. Para simbolizar el status de los personajes fundadores, el rey y la reina, escogidos por sus cualidades católicas, fueron rebautizados como "Adán" y "Eva", a pesar de que el sacerdote se lamentaba de que el administrador de los intereses comerciales Brander, Ari'i Paea, (primo hermano de John Brander, mencionado anteriormente) permitía la persistencia de "costumbres paganas". Los registros en Tahiti notificaban que 780 ovejas fueron transportadas entre 1870 y 1880 desde la isla de Pascua hacia Tahiti y el capitán de la HMS *Constance* informó en 1884 que entre 25 y 30 toneladas de lana eran embarcadas hacia Papeete cada año. Cuando los barcos llegaban a la isla, los isleños demostraban su conversión a las maneras europeas vistiendo ropas de ese estilo adquiridas a visitantes mediante el trueque de estatuillas. El jefe de una expedición alemana (Geissler) en 1882 reveló las siguientes impresiones, desilusionado al ver que los rapanui aparentemente habían perdido gran parte de sus tradiciones:

> ...obviamente uno esperaría que esta gente, aislada de todo tráfico y abandonada a su suerte debido a su lejanía geográfica, mantuviera todavía sus vestimentas originales, practicando sus costumbres y tradiciones, por lo menos más que otros pueblos polinésicos que están más expuestos al tráfico.
>
> Por el contrario, uno se asombra con los cambios que puede acarrear el tránsito, aun de un pequeño grupo de europeos, en pocos años. Todas las personas con las cuales uno se encuentra parecen muy seguras de sí mismas e inteligentes; exhiben una gran astucia y nada les sorprende; saben exactamente el valor del dinero y de la ropa y se ríen cuando creen haber engañado a los europeos. En resumen, uno cree, desestimando el color de la piel, estar tratando con europeos más que con polinesios, y menos aún con habitantes de Rapanui, quienes eran considerados tan aislados.
>
> Todos nuestros artículos de lujo son bien conocidos por ellos: espejos, tijeras, cuchillos y otros utensilios básicos no despiertan atención alguna y no les interesan; aún los fuegos artificiales, tan apreciados en Europa, como pequeños cohetes, petardos, etc, ya los conocen.

Por cierto Geissler no podía saber que los rapanui se habían hecho muy prácticos en el trato con extranjeros desde su primer contacto en 1772. Exceptuando el trágico período de las incursiones desde el Perú, ellos eran diplomáticos muy competentes.

Pero ésta era la apariencia externa de los rapanui; una apariencia para el consumo externo. Junto a la sofisticación, hubo también una vuelta hacia las costumbres tradicionales, siempre que no hubiera extraños observándolos. Un relato imaginario hecho por un escritor popular, a menudo históricamente acucioso, sugiere que por lo menos en 1883 o 1884 se practicaba una ceremonia al estilo de Orongo, (O'Brien 1922: 175-210), corroborando la desesperación de Roussel por la persistencia de "costumbres paganas", cuando los barcos europeos abandonaban el puerto. Entonces la gente acostumbraba despojarse de sus ropajes europeos para reemplazarlos por los tradicionales cuando no había extranjeros a la vista. Solamente en este siglo los rapanui han adoptado la sensibilidad europea (específicamente chilena) sobre la desnudez.[13]

Sin embargo, esta preocupación por el pudor se ha relajado en los últimos años hasta llegar casi a la desnudez masculina en las representaciones folclóricas, mientras que las mujeres visten con más pudor.

Cuando llegaban los barcos, los isleños demostraban su deseo de ser aceptados por los europeos, no sólo vistiéndose como ellos, sino que también aprovechándose del chauvinismo de sus visitantes. En 1877 le dijeron a Pinart que preferían más a los franceses que a los demás extranjeros. Cinco años más tarde el capitán de fragata Clark de la Real Marina Británica estaba complacido al ver que los isleños habían izado la bandera británica en su honor. Impresionado por la experiencia positiva que tuvo con ellos, recomendó que "El Gobierno de Su Majestad extienda... alguna forma de protectorado sobre ella (isla de Pascua)..." Sin embargo, no hacía más de un año

---

[13] Una de las ironías de la historia es que a los polinésicos, entre otros, les fuera inculcada la moralidad de la clase media por sus misioneros, para verse ahora rodeados de turistas europeos escasamente vestidos, burlándose de tales convenciones.

que un "jefe" y alrededor de 20 isleños habían viajado a Papeete para requerir un protectorado francés. Los isleños acrecentaban sus opciones acomodándose, por lo menos superficialmente, a las inclinaciones nacionalistas de los *tangata hiva* (afuerinos) que llegaban a su isla.

RAPANUI EN PAMATA'I, TAHITI

Existe un mapa que muestra 25 angostas parcelas de tierra en el distrito de Faaa en Tahiti, adquiridas en el siglo pasado por isleños de Pascua de la Misión Católica. Esta es la única evidencia tangible de su estadía en la Polinesia francesa. El mapa original mide 109 x 49,5 cm y lo obtuve de Victoria Rapahango que estaba en Tahiti en 1974 tratando de probar sus derechos en una de esas parcelas. Me dijo que había obtenido esa copia del mapa de la Misión Católica. Cada parcela está marcada con un número, el nombre del rapanui que la había adquirido y el nombre de un lugar de la isla de Pascua. Cuando le pregunté a Victoria Rapahango qué significaban los nombres de esos lugares, ella dijo que habían sido puestos para identificar el lugar de donde procedían sus dueños. Los que ella conocía en el mapa, confirmaban esta hipótesis. Indagaciones en el Arzobispado de Papeete y en Taravao con el arzobispo Ms. Paul Mazé, no arrojaron informaciones adicionales de cómo, cuándo o quién realizó el mapa original. Una versión ligeramente diferente del mismo mapa con algunas diferencias en su topografía se encuentra en la Oficina del Catastro de la Polinesia francesa y parece ser obra de la Misión.

El título legal de los derechos de propiedad de los pascuenses se encuentra en el volumen 24 artículo 73 del registro de la Oficina del Catastro en Papeete. El artículo está fechado el 4 de octubre de 1887 y firmado a nombre del vendedor, la Misión Católica, por Ms. Tepano Jaussen y Ms. Joseph Verdier. Cuando se registró la venta, los isleños habían pagado colectivamente más de 22.000 francos de los 25.000 que era el precio de la propiedad. Aun cuando cada isleño era el propietario individual de su parcela, la transferencia se hizo como un todo.

Los residentes y visitantes de Tahiti en el siglo pasado sabían de esta colonia de pascuenses en aquel lugar. Thomas Croft (1875) tuvo amplias relaciones con los pascuenses que vivían allí y trató de adquirir de ellos tabletas jeroglíficas *rongo-rongo*. Christian (1910: 74-75) informó que en el siglo pasado existieron dos

Figura 5. Cuatro retratos. Arriba Hé, del clan Marama, y Viriamo, del clan Ureohei. Abajo, Te Haba y Juan Tepano. (Fotografía Routledge K.S. op. cit.)

Figura 6. Antigua casa de la Administración, en Mataveri. Fue edificada sobre los cimientos de una vieja casa pascuense. (Fotografía Routledge K.S. op. cit.)

TABLA 6

CLAN DE AFILIACIÓN DE LOS RAPANUI EN PAMATA'I, 1887

Número	Nombre	Lugar	Clan
1	Hukihiva, Keretino	Hangakee	Ngatimo
2	Tuteao, Keretorio	Ruahere (¿Ruahe?)	Tupahotu
3	Make, Kinitino	Tahie	?
4	Maurata, Onotaro	Tepito ote fenua	Miru
5	Oreare, Bruno	Apina	Haumoana
6	Rua, Atirino	Hangahahave	Ngatimo
7	Mati, Petero	Mataohtihi (¿Marotiri?)	Miru
8	Ropero, Narepare	Motutautara	Miru
9	Terea, Hute	Anakena	Miru
10	Temaru, Matia	Hangatee, Huhatupu	Tupahotu
11	Marius, Nikonore	Uhiapua(¿Uhi'a Pau?)	Tupahotu
12	Hereveri, Agutino	Vaituru (¿Rano Aroi?)	Miru
13	Tehena, Reone	¿Maungahauepa?	Miru
14	Tearahiva	¿Mera?	?
15	Rengavaruvaru	¿Hangamainuku? (HangaMa'iHuiku)	? Nagaure
16	Antonio, Aringa	Tetaheri	¿Miru?
17	Terongo, Reone	Tongariki	Koroo Rongo
18	Veroauka, Timione	Hanga	?
19	Tepuku, Petero	Tahai	Marama
20	Torutahi, Mateo	Pukupaira	Haumoana
21	Tumatahi, Lataro	Ahutapeu (Ahu Tepeu)	Miru
22	Torutahi, Remuto	Ranokauhuruapohe	Miru
23	Hinanironiro	Vaingai	Miru
24	Puna, Naporeo	¿Hangaoona? (¿Hanga o Hoonu?)	? Tupahotu
25	Hakarevareva, Tepano	Anakenapapamarama	Miru

colonias rapanui, una en "Niu-maru en Haapiti", y la otra en Pamata'i. El relato turístico de Wragge (1906: 256-257) sobre Tahiti incluye una breve conversación con algunos rapanui de Pamata'i, de los cuales dijo que estaban totalmente influenciados por la Misión Católica. Baessler (1900: 84-85) publicó tres fotografías de rapanui en Pamata'i y escribió que quedaban solamente 20 hombres, 11 mujeres y 13 niños en la colonia cuando visitó el lugar. Observó que entre ellos prevalecía la lepra, lo que constituía motivo de alarma para los pocos sobrevivientes. Aurora Natua, de la Société des Études Océaniennes, posee un manuscrito de un médico, Jean Nadeaud, quien trató al pequeño grupo de rapanui en 1895. Anota que había quince leprosos entre ellos. Del grupo Pamata'i llegaron los primeros leprosos a la isla de Pascua en 1888 (Englert 1964: 67, 78). La colonia pascuense en Pamata'i no prosperó y sólo uno de los 25 isleños que

adquirieron tierras tuvo descendientes que aún vivían en Tahiti en 1960.

Se puede formar una idea sobre la composición del grupo de Pamata'i si se considera el clan al cual pertenecían esas 25 personas que compraron las tierras. En la tabla 6 se encuentra el nombre del propietario y su lugar de residencia en la isla de Pascua como está indicado en el mapa de Pamata'i. Con la ayuda de informantes en Pascua, se proporciona la afiliación a determinado clan basada en el lugar de residencia indicado.

Los nombres de lugares entre paréntesis son correcciones de los que existen en el mapa original cuando no están conformes con la ortografía habitual rapanui. Un resumen de este cuadro referido a la afiliación por clan (tabla 7) revela que los Miru estaban en franca mayoría. La mitad de los individuos conocidos eran Miru mientras que más de tres cuartas partes pertenecían a la confederación Tu'u Aro.

TABLA Nº 7

FRECUENCIA DEL CLAN
Y CONFEDERACIÓN AFILIADA

Clan	Frecuencia	Confederación
Miru	11	Tu'u Aro
Tupahotu	4	Hotuiti
Haumoana	2	Tu'u Aro
Ngatimo	2	Tu'u Aro
Marama	1	Tu'u Aro
Koro o Rongo	1	Hotuiti
Ngaure	1	Hotuiti
	22	
Mata desconocida	3	
TOTAL	25	

Esta desgraciada colonia desapareció sin dejar rastros a principios de este siglo, puesto que los pocos descendientes de aquellos rapanui se mezclaron con la población tahitiana. A través de los años los isleños hacían recuerdos de Pamata'i narrando cuentos sobre ella a sus descendientes. Cuando visitaban Tahiti, indagaban acerca de Pamata'i, como hizo un grupo en 1920. Después las autoridades chilenas prohibieron los viajes a Tahiti y en las décadas del 1940 y 1950 algunos isleños intentaron el viaje de 3.600 km por mar abierto en pequeños botes, muchos de ellos con la esperanza de recuperar sus derechos de tierras en aquel lugar.

Entre enero de 1944 y septiembre de 1958, 41 rapanui intentaron la travesía, muriendo 21 de ellos en el intento. Solamente un bote se dirigió a Sudamérica, Tahiti fue el objetivo de los restantes.

Algunas familias rapanui han conseguido sus derechos, pero la mayoría han perdido tiempo y dinero sin éxito a causa de los muchos años transcurridos. En la actualidad la esperanza de tierras en Pamata'i continúa siendo un sueño de algunos isleños y hay una pequeña colonia de alrededor de un ciento de rapanui, que viven y trabajan por períodos en los alrededores de sus antiguas tierras en Faaa.

11. LA ERA CHILENA, DE 1888 HASTA EL PRESENTE

Hasta 1888 la isla de Pascua era de facto un protectorado francés, pero de jure continuaba siendo un estado independiente con gobierno propio compartido con un gobierno interior bajo el control de los rapanui y una economía de exportación en manos de la autoridad benévola que estuviera a cargo de la estancia ovejera. Cuando el *Topaze* visitó Rapanui en 1868, el comandante del barco le dijo a Roussel que en Valparaíso se rumoreaba que Chile estaba considerando anexar la isla de Pascua. Barcos chilenos visitaron la isla en 1870, 1875 y nuevamente en 1877. Todos los barcos de Brander que antes de 1888 llegaban a la isla, recalaban previamente en Valparaíso. No fue hasta 1888 que Chile, orgulloso por sus victorias en la Guerra del Pacífico (1879-1883) se decidió a intentar establecer una colonia en este océano, y la única posibilidad que quedaba era Rapanui.

La historia de Chile destaca el empeño y dedicación que puso el capitán Policarpo Toro Hurtado en conseguir la anexión de Rapanui a Chile. Pudo haber sido un patriota visionario, pero es indiscutible que fue él quien, sin mayor ayuda, negoció la anexión de ese territorio en nombre del Gobierno chileno de entonces.

Desde un principio también es posible que tuviera la idea de establecer allí una estancia, ya que esto fue lo que hizo en sociedad con su hermano el mismo año de la anexión. En cualquier caso, él fue el principal promotor de la campaña que dio como resultado la anexión de la isla de Pascua a Chile en 1888.

Este evento ocurrió el 9 de septiembre de 1888. Lo que cuenta la mayoría de los rapanui es que Atamu Tekena, el mismo rey nombrado por el padre Hyppolyte, enfrentó al capitán de marina chileno. Inclinándose, tomó un puñado de hierbas y se lo entregó al capitán Toro diciéndole: "esto es para sus animales", refiriéndose al ganado que por entonces había en la isla. Luego recogió del suelo un puñado de tierra y se la introdujo en su bolsillo, diciendo, "esto es para nosotros".

La primera etapa del período chileno se inició con el establecimiento de una docena de colonos en 1888,[14] a cargo del hermano del capitán Toro, Pedro Pablo. La empresa no tuvo éxito porque algunos colonos se murieron y esto los desilusionó. Además, el pequeño barco que los hermanos Toro habían comprado para desarrollar su empresa zozobró frente a las traicioneras corrientes de Rapanui en junio de 1892. Por último, la familia Toro cayó en desgracia después del suicidio del entonces

---

[14] El centenario de dicha anexión fue rememorado en 1988 con ceremonias oficiales que incluyeron la inhumación, en la isla, de los restos mortales de Policarpo Toro Hurtado, quien murió en la pobreza en 1921.

Presidente José Manuel Balmaceda, ocurrido durante la revolución de 1891.

El período chileno se caracterizó por dos fuerzas contrapuestas como son el incremento de la población (de 168 personas en 1888, hasta las casi 3.000 que hay en la actualidad) y la pérdida gradual de autodeterminación de los isleños sobre sus propias vidas, que ocurrió hasta 1966.

Antes de considerar el estado actual de la población, se deben mencionar algunos hechos históricos. El rey nombrado por los misioneros falleció en 1892 y fue reemplazado, en una elección popular, por Riro, hombre joven de gran personalidad.

Después que cesaron las actividades de los hermanos Toro, por seis años no se registra la llegada de barcos a Rapanui. Durante ese lapso, la isla, bajo el gobierno de Riro, vuelve a desarrollarse y las 400 ovejas merino, se han convertido en 5.600, además de 350 cabezas de ganado bovino, 40 caballos y 4 burros. Parte de estos había sido adquirida en forma individual por los isleños de los anteriores explotadores. La falta de interés por parte de Chile en su nueva colonia no es de extrañar, dado el desorden existente en la nación. Las elecciones de 1896 estabilizaron la situación por un tiempo, lo cual fue suficiente para que Enrique Merlet, hombre de negocios chileno, solicitara los derechos para desarrollar la isla y, a su debido tiempo, intentara obtener la propiedad de toda ella, cosa que no pudo conseguir.

Merlet contrató a un administrador para "sus" propiedades y lo envió a la isla en 1898. Allí llegó a un acuerdo precario con Riro, que lo recibió bien. Pero, a pesar del intento de los isleños por agradar al administrador llamado Alberto Sánchez –se hizo una celebración y fiesta en su honor con participación de toda la isla–, los intereses de la que, apropiadamente, se denominó Compañía Explotadora de la Isla de Pascua y el gobierno de Riro no podían, y efectivamente no pudieron, congeniar. De hecho, en 1899 Riro, confiando en la palabra de sus adversarios, se embarcó hacia Valparaíso para hablar con Merlet, pero en un pequeño hotel de ese puerto, el rey fue envenenado por los secuaces de Merlet.

Poco tiempo después, el mismo Merlet fue a Rapanui, donde se jactó e hizo alarde de su triunfo y hasta llegó a incendiar las plantaciones de los isleños en un acto de desprecio hacia ellos. Además, aquellos rapanui que no habían ido a vivir al único asentamiento europeo que existía, junto a la iglesia de la misión y vecino a los establecimientos de la Compañía, fueron obligados a punta de pistola a trasladarse a ese lugar.[15]

Fue así como se instituyó una especie de villorrio al estilo chileno, "Pueblo de la Compañía", donde uno de los isleños ejercía como *cacique* o jefe nativo. No fue hasta 1914 que el primer representante del gobierno chileno se instaló en la isla, la cual fue administrada virtualmente como una colonia hasta 1953. Ese año la Armada de Chile, que siempre se había interesado por la isla de Pascua como lugar para ejercitar a sus cadetes, tomó el control total de ese territorio. Finalmente en 1966 la isla se convirtió en territorio civil incorporado a la nación chilena.

Durante todo este periodo el tenor de la autoridad del gobernador no estaba determinado por reglas proporcionadas desde el lejano Santiago, sino que por el carácter y temperamento de cada gobernador. Uno de ellos, en 1930, se atribuyó tales derechos que fue despojado de su cargo. No obstante, por lo general, todas las autoridades fueron benevolentes y los rapanui recuerdan tanto los "buenos" como los "malos" gobernadores.

Igualmente, en los registros que he examinado de los gobernadores navales, en los archivos en Valparaíso, se ve cómo la opinión de ellos acerca de la población local varía desde un franco desprecio racista hasta una verdadera simpatía.

Durante el tiempo que la compañía inglesa estuvo en la isla, los rapanui consideraban como su única fuente de justicia la visita anual del barco de la Armada chilena, *Baquedano*, la que era ejercida aún en contra de los gobernadores residentes. Los informes de estos comandantes existentes en los archivos de Valparaíso dejan bien en claro que ellos estaban conscientes de su responsabilidad.

Hay que decir que, por lo general, la Armada de Chile es más estimada por la mayoría de los isleños que el gobierno civil. Esto se debe a que ella era la cara más visible de Chile en la isla. Además era la Armada la que

---

[15] Lo que se sabe acerca de esos detalles se debe en parte a los fieles informes de los comandantes navales chilenos que comenzaron las visitas periódicas a la isla en el navío *Baquedano* (famoso entre los isleños). También conocemos pormenores del señor Sánchez y sus relaciones con Riro, incluidos los de su fallecimiento, porque un cuarto de siglo después de ocurridos los hechos, el honesto capataz, quizás por remordimiento, escribió un cuidadoso relato de su estada en la isla. De éste se encuentra una copia en el Archivo del Instituto para los Estudios de la Isla de Pascua, de la Universidad de Chile. Además he podido corroborar esta información de archivo con el testimonio oral de isleños conocedores del tema.

traía los abastecimientos, los pocos visitantes y como ya dijimos anteriormente, hacía justicia cuando era necesario. Aun con la creciente sofisticación que han experimentado los rapanui, la Armada sigue ocupando un lugar especial en la mente de la mayoría de los nativos.

Hubo tres ocasiones en que se produjeron serios intentos que desafiaron la autoridad civil o militar chilena. A principios de este siglo un misionero cuenta que los isleños habían obligado al administrador de la estancia a guarecerse en su casa durante una revuelta originada después que él incendiara sus plantaciones. Esta referencia indudablemente se relaciona con los disturbios ocurridos después del asesinato de Riro ordenado por Merlet. También Sánchez menciona este incidente en sus relatos.

En 1914 Angata –la primera catequista entrenada de Mangareva– y su yerno encabezaron una revuelta contra la hacienda ovejera y la autoridad chilena, pero este movimiento fue aplastado con la deportación de los cabecillas más jóvenes. Los detalles de esta sublevación, publicados por la señora Scoreby Routledge quien residía en Rapanui en esa época, serán considerados en otra publicación. Durante mi segunda visita a terreno apareció en los Archivos de la Universidad de Chile el "sumario" conducido por un comandante naval. El testimonio verbal de todos los involucrados en el movimiento de Angata me ha permitido comprender con precisión el curso de los acontecimientos.[16]

Antes de este incidente habían sido deportados y asesinados por las autoridades chilenas alrededor de doce disidentes rapanui, acontecimientos atestiguados por informes en los Archivos Navales en Valparaíso.

Exceptuando algunas huelgas contra la Compañía por aumento de salarios, entre los decenios de 1930 y 1950 no ocurrieron otras perturbaciones hasta que en 1964-65 un joven profesor de escuela en Rapanui condujo una campaña exitosa para reemplazar la autoridad militar por una civil.

---

[16] Ignacio Vives Solar, el primer gobernador chileno de este siglo, publicó una serie de artículos de divulgación basados en su estadía de cuatro años en Rapanui. En 1917, publicó "Una revolución en la isla de Pascua en 1914", en el número de diciembre del Pacífico Magazine (páginas 655-664). Su relato con informes obtenidos después de esos sucesos, coinciden en lo substancial con Routlegde, que se encontraba a la sazón en la isla, y con el testimonio del sumario de la Armada.

12. EL PRESENTE

Aun cuando las figuras de piedra por su profusión son lo suficientemente notorias para todos los rapanui actuales, constituyen sólo un trasfondo, puesto que en las mentes de la mayoría de los isleños es prioritario el mundo moderno. Pocos rapanui conocen lo suficiente del pasado de su isla. Los detalles de esa maravillosa organización social y de la tecnología que la hicieron posible yacen enterrados bajo los escombros de dos o tres centurias de conflicto salvaje. Cuando los turistas hacen preguntas de fondo, la respuesta habitual expresada con cierto desprecio burlón es "Kai i te au" ("Yo no sé").

Otro recuerdo del pasado es la esquila anual de ovejas, principal actividad foránea de la isla hasta el decenio del 50, y que terminó definitivamente en 1985 con la eliminación de los rebaños.

Aunque ahora hay una docena de tractores en manos de rapanui, la agricultura no es significativa para la población actual. La mayor parte de los alimentos son llevados desde Chile Continental y tampoco existe la exportación de productos. La mayoría de los isleños vive con el sueldo de empleado del gobierno o de empresas de turismo. En esta última área de desarrollo reciente, Rapanui es una excepción, no sólo en la Polinesia, sino también en toda Oceanía, porque el turismo está casi por entero en manos locales. Las residenciales y casas de huéspedes han sido construidas por los rapanui y pertenecen a ellos, como así también el transporte turístico.

Algunos rapanui son empleados por la Armada y la Fuerza Aérea chilena que se encuentran en la isla. Cada año alrededor de unos 20 jóvenes son reclutados por el Ejército para su instrucción militar, pero muy pocos de ellos permanecen en él finalizado su período de instrucción.

Desde el año 1967, cuando la isla fue incorporada al territorio chileno en calidad de provincia, existe un gobierno local con funcionarios electos y personal administrativo. La municipalidad que funcionó en un viejo edificio en ruinas entre los años 1972 y 1974, actualmente es una institución moderna, resplandeciente, que emplea a más de una docena de personas y que lleva a cabo diferentes actividades. En fecha reciente le fue entregada la administración de la escuela local, situada frente a ella. Durante mi trabajo en terreno en el año 1973, alrededor de 198 isleños estaban empleados por instituciones gubernamen-

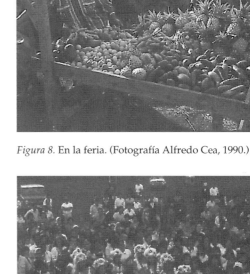

Figura 8. En la feria. (Fotografía Alfredo Cea, 1990.)

Figura 7. Muchacha isleña. Museo Arqueológico La Serena. (Fotografía de Alfredo Cea, 1989.)

Figura 9. Ceremonia de recepción en el Aeropuerto de Mataveri. (Fotografía de Alfredo Cea.)

tales, en su mayoría empleados de servicio. Ellos y sus cargas familiares, que suman unas 707 personas, constituían alrededor del 67% de la población nativa de 1.347 individuos. Con el cambio de gobierno, el número de isleños empleados fue reducido durante un corto período. Pero como Rapanui está cada vez más integrada en la vida administrativa de Chile, el número de empleados del gobierno ha aumentado. Hay además jubilados y actividades de asistencia social, estas últimas administradas por un especialista.

Solamente 8 de los 25 pequeños negocios que operan en la isla de Pascua pertenecen a chilenos continentales. La mayor parte de la actividad comercial está en manos de rapanui. Estas pequeñas tiendas venden mercadería no perecible, como ropa, papelería, material de costura y algunos abarrotes. Los chilenos que operan en el comercio en la isla son arrendatarios de los isleños, quienes son los propietarios de los locales que ocupan. En respuesta a la creciente prosperidad de los isleños y al mayor número de continentales que viven en la isla, la variedad de la merca-

dería que se expende en estos locales se ha incrementado en forma drástica en la última década.

En 1986 había 1.892 isleños viviendo en la isla, incluyendo algunos cónyuges no nativos. La enumeración de "autoridades, jefes de servicios..." publicada por la Gobernación Provincial en el mes de abril de 1986 menciona 23 cargos de jefaturas. De ellos solamente cinco pertenecían a Rapanui, el resto estaba contratado por períodos de dos a tres años. Existían además 17 "instituciones de voluntariado y de organizaciones comunitarias", siete de las cuales estaban a cargo de isleños o de sus cónyuges.

Todos estos funcionarios generalmente están acompañados de sus esposas, hijos y a veces parientes y empleados de servicio. En mi última visita de terreno, si bien no fue posible obtener una evidencia detallada, por la observación y conversaciones informales, pude elaborar la siguiente lista que debe considerarse como una aproximación al personal no residente de la administración pública:

TABLA Nº 8

RESIDENTES NO RAPANUI
EN SERVICIOS GUBERNAMENTALES, 1986

Denominación del servicio público	Empleados	No rapanui Cónyuges	Hijos	Total
Carabineros	26	26	24	76
Armada	8	8	16	32
Fuerza Aérea	31	31	62	124
Policía Internacional	4	4	8	16
Oficina de la Gobernación	2	1	2	5
Juzgado de Letras	3	1	0	4
Municipalidad	1	1	2	4
Hospital	4	4	4	12
Escuela	10	10	5	25
SAG	1	1	2	4
RPC	1	1	2	4
CONAF	1	1	2	4
Oficina de Tierras	1	1	2	4
Oficina de teléfonos	5	5	11	21
Banco	5	5	19	29
LAN	4	4	11	19
ECA	1	1	2	4
Hotel	3	2	0	4
Iglesia	2	1	1	4
Museo	1	0	0	1
Total	114	108	175	397

Estas cifras muestran una baja en el número de extranjeros solteros residentes en la isla en relación al año 1973 y es el reflejo de la política actual de emplear en lo posible matrimonios de funcionarios como también continentales empleados en tareas gubernamentales, cuyas esposas son rapanui y por lo tanto no están incluidas en esta lista. Entre la gente, sin embargo, hay un sentimiento de que la isla está siendo invadida por extranjeros de varias procedencias, incluyendo Chile continental.

Los rapanui se refieren a los chilenos como *mauku* (maleza o pasto), y hasta algunos chilenos han llegado a referirse a sí mismos con ese término. Esa palabra representa la sorpresa que se siente al mirar hacia atrás y ver algo que ha brotado desde la nada, cuyo origen y relación no se conoce. Se refiere a algo indeseable porque carece de beneficios y ocupa el espacio de plantas más útiles.

Ahora bien, los rapanui utilizan la palabra *mauku* para referirse a cualquier chileno, pero especialmente a los que trabajan como empleados públicos. La población no se opone a que existan cargos en esos servicios, pero objetan el hecho de que no estén ocupados por isleños o personas relacionadas con ellos. Sienten que se están llevando el dinero de la isla, aunque no desconocen el consumo que ingresa en las tiendas que por lo general son propiedad de los rapanui o controladas por ellos. Quiere significar más bien que dichas personas no se incorporan en el intercambio habitual que existe dentro de la sociedad. La mayoría de ellas residen en viviendas proporcionadas por el gobierno separadas del resto de la población, especialmente en Mataveri, que ha sido una plaza fuerte foránea desde que Dutrou-Bornier, siguiendo el consejo de Torometi, instaló allí su cuartel general.

Hay también un grupo de chilenos que aparecen de vez en cuando, que obviamente no son turistas y que sin reservas son considerados como *mauku*. Por lo general son jóvenes y la mayoría varones. Sus orígenes y relaciones son evidentes para algunos, puesto que son parientes de continentales casados o que viven con isleños. Hay una media docena de familias continentales cuyos hermanos se han casado con rapanui y que han llevado parientes a la isla. En este caso el *mauku* es claramente su pariente político.

La gente verbaliza el sentimiento de soledad de ser rapanui, de pertenecer a una pequeña minoría en un remoto territorio. Ellos temen verse acorralados y la evidencia de eso está simbolizada por la palabra *mauku*.

Desde febrero de 1971 hay vuelos transpacíficos dos veces por semana, que unen Rapanui con Tahiti y Santiago de Chile. Antes el contacto por vía aérea era esporádico y los barcos llegaban pocas veces durante el año. La vía marítima sigue siendo el principal medio de transporte de la carga pesada, tal como materiales de construcción y accesorios del hogar. Sin embargo, la mayoría de los artículos de uso cotidiano llegan en la carga del Boeing 707 de Lan Chile y, en forma ocasional, en un avión de mayor tamaño.

Los periódicos, revistas y otros materiales de lectura llegan por vía aérea y son comprados y leídos con avidez para informarse de lo que acontece en el resto del mundo. Cada semana llegan cintas de video para la estación local de televisión que transmite copias dobladas al español de películas de Perry Mason, la Pantera Rosa, las Calles de San Francisco y otras similares, al centenar de aparatos de televisión que existen en la isla. Además hay alrededor de un centenar de teléfonos para llamada local, aun cuando la mayoría de ellos son de reparticiones fiscales. El correo también proporciona a los isleños noticias de sus parientes residentes en Chile o en el extranjero.

La carga del avión de alrededor de 7.000 kg en su mayor parte está destinada a la isla. Ella incluye verdura fresca, cordero congelado de Nueva Zelandia, ampolletas, cordones para zapatos, material de construcción liviano, artículos de vestuario, etc. Estos artículos son vendidos en su mayoría en los pequeños negocios, aun cuando buena parte de esta mercadería que llega cada semana ha sido enviada como regalo por familiares de isleños.

Entre los aproximadamente 135 pasajeros del vuelo semanal de Lan Chile, habrá siempre algunos rapanui que viajan a Tahiti y especialmente a Chile, de compras, por asuntos de negocios, visitas a familiares o para educar a sus hijos, pero a veces solamente para ver cómo es la vida fuera de la isla.

Los isleños también abandonan su tierra en busca de oportunidades de trabajo en el extranjero o en Chile. De los 1.821 pascuenses que enumeré en mi censo de 1973, 484 (27%) residían en el extranjero como empleados o empresarios. En 1986 su número había aumentado. En términos generales la distribución de la residencia en 1986 es la siguiente:

TABLA Nº 9

LUGARES PRINCIPALES DE RESIDENCIA

Lugar	Rapanui		Cónyuges no isleños		Totales
Rapanui (63%)	1.710	(65%)	175	(48%)	1.892
Chile Continental (28%)	692	(26%)	148	(41%)	840
Fuera de Chile (9%)	235	(9%)	41	(11%)	276
TOTALES (100%)	2.644	(100%)	364	(100%)	3.008

Fuente: Mc Call, Censo Antropológico, 1986.

El número de residentes fuera de Rapanui ha aumentado aun cuando el grueso de la población continúa viviendo en su isla. Con el desarrollo del turismo algunos rapanui se han casado con extranjeros y han emigrado. Algunos tienen hijos que no conocen la isla ni hablan su idioma. La diversidad de la población expatriada puede apreciarse en el cuadro siguiente:

TABLA Nº 10

País	Rapanui	Cónyuges no isleños	Hijos	Total
Argentina	11	2	4	17
Australia	1	1	0	2
Brasil	2	1	1	4
Canadá	1	0	0	1
Inglaterra	2	0	4	6
Francia	11	9	7	27
R F A	8	7	8	23
Italia	2	1	2	5
Nueva Zelandia	1	1	0	2
España	3	2	4	9
Suecia	2	2	2	6
Suiza	2	2	3	7
Tahiti	82	7	34	123
EE.UU.	26	5	8	39
Venezuela	1	1	3	5
TOTAL	155	41	80	276
Chile continental	692	148	–	840
Total fuera de Rapanui	847	189	80	1.116
Total en Rapanui	1.717	175	–	1.892
TOTAL 1986	2.564	364	80	3.008

Fuente: Mc Call, Censo Antropológico, 1986.

Chile sigue siendo el lugar donde reside la mayoría de los rapanui expatriados, seguido por Tahiti. No cabe duda de que en la medida que los contactos con el resto del mundo continúen, la diversidad de lugares donde puedan encontrarse isleños irá en aumento. Sin embargo, la mayoría de los expatriados rapanui que conozco tiene la esperanza de volver algún día a su isla.

13. TURISMO Y EL PRESENTE

Un número creciente de los 11.000 a 12.000 pasajeros que cada año realiza el itinerario Santiago-Rapanui-Tahiti son turistas provenientes de todo el mundo. Los atrae Rapanui por su enigmático pasado y les intriga el misterio de sus macizos monolitos en el medio del Pacífico. Docenas de relatos referentes a la isla, desde científicos hasta ridículos despiertan el interés del visitante. El turismo se ha convertido en la parte más importante de la economía local y orienta los esfuerzos de muchos rapanui. La isla de Pascua, junto con muchos otros lugares de la Polinesia, no dispone de recursos naturales para explotar y obtener los insumos importados que se requieren; el turismo parece ser la mejor solución. La mayoría de los planes de desarrollo del gobierno chileno para la isla se basan en el incremento del turismo. Gracias a las restricciones en la propiedad de la tierra que ya se mencionaron, el turismo de la isla está controlado totalmente por los rapanui.

En 1973 existían 147 vehículos en Rapanui y de éstos, aproximadamente un tercio pertenecía a los isleños. Había 30 automóviles y un bus Mercedes Benz, todos en manos de rapanui. Más de la mitad de los vehículos llegó a la isla solamente después del año 1970.[17] Exceptuando los paseos familiares, el uso principal de los vehículos está destinado al transporte de turistas. Estos desean ver las construcciones prehistóricas, como las de Tahai, que fueron restauradas por el profesor William Mulloy en 1968, actualmente fallecido. La ruta que siguen los turistas actuales apenas difiere de la de los hombres de Cook, dos siglos atrás.

Para los turistas que no desean hacer el largo viaje en avión a la isla, hay disponible un *moai* viajero, montado sobre rieles y que ha participado en exposiciones tanto en Norte como Sudamérica. Tiempo atrás se expuso en Japón una de estas figuras, y una réplica en tamaño natural fue exhibida en Alemania en 1989. En su museo "Kon-Tiki" de Oslo, Thor Heyerdhal ha tenido en exhibición reproducciones de figuras por más de dos décadas.

Parte fundamental de este desarrollo turístico son las restauraciones ejecutadas por el Dr. Mulloy, quien fue por primera vez a Rapanui integrando la expedición de Heyerdhal en el año 1955. Unos veinte *moai* han sido vueltos a montar en sus plataformas restauradas, en varios sitios de la isla, haciendo de ella un museo excepcional al aire libre.

La labor de restauración fue llevada a cabo por Sergio Rapu a fines de 1970 en la playa de Ngau-Ngau, conocida ahora como "Anakena". Fue en este sitio donde Rapu descubrió que estas figuras de piedra habían tenido ojos incrustados muy llamativos.[18]

La artesanía en piedra, concha y madera ha constituido el comercio de los rapanui con los extranjeros desde el siglo XVIII y sigue siéndolo actualmente. Pocos visitantes de la isla de Pascua en los siglos XVIII y XIX dejaron de llevarse una o más de las figuras finamente talladas por los isleños, como lo pueden atestiguar las colecciones de los museos de toda Europa. Muchos pascuenses son expertos talladores y las mujeres elaboran los collares de conchas.

En contraste con el pasado, cuando eran los hombres quienes acostumbraban a nadar hacia los barcos europeos que visitaban la isla, actualmente son las mujeres quienes se ocupan de los puestos que venden artesanías. Los tallados varían en precio y a menudo se permutan por otros objetos más que por dinero.

La producción "masiva" aún no ha afectado al mercado de *souvenirs* en Rapanui, aunque un tallador experto puede estar trabajando en una media docena de figuras al mismo tiempo para no aburrirse. Puede emplear no más de una hora en terminar una figura pequeña y por una pieza bien hecha espera obtener un buen precio. Estos artesanos a menudo realizan sus tallados como un pasatiempo o en momentos de descanso mientras conversan con los amigos.

Algunos de ellos se especializan en reproducir las bellas figuras que sus ancestros comerciaban en el pasado, las cuales están ilustradas en libros de arte contemporáneo. En fecha reciente tres de estas antiguas figuras, que habían sido recogidas en 1837, fueron vendidas en Nueva York por más de 200.000 dólares. Hay otros artesanos que siguen una tradición basada en la diversidad que aún sobrevive, tradición ya comentada por muchos visitantes de la isla del siglo XIX, aunque el primero en apreciarla entusiasmado fue el asistente tahitiano de Cook, Mahine, en 1774.

Esta experimentación con la forma es notable en las colecciones talladas de madera de Rapanui, como puede verse en "El Arte de la Isla de Pascua" de Heyerdhal. Una figura que no aparece ilustrada allí es la del museo Pitt-Rivers, de Oxford, que se supone representa al capitán Cook con su sombrero de ala ancha. Sea o no verdad esta leyenda, dicha figu-

---

[17] No dispongo de cifras para 1986, pero su número ha aumentado substancialmente. Ha ocurrido también un incremento considerable en la importación de motos y varios cientos de ellas circulan por la isla como medio de transporte personal.

[18] En las últimas dos décadas han estado trabajando en la isla varios investigadores, incluyendo, los grupos multidisciplinarios asociados con el Instituto de Estudios de la Isla de Pascua de la Universidad de Chile, los cuales en la última década han abarcado varios campos de investigación. Este artículo no pretende resumir la investigación ajena, sino que es una reseña de mis propias investigaciones y lo que he podido obtener de ellas.

Figura 10. Pescador de regreso. (Fotografía de Alfredo Cea.)

Figura 12. Búsqueda del huevo del Manu Tara en Motu Nui. (Fotografía de Alfredo Cea.)

Figura 11. Tallador en madera. (Fotografía de Alfredo Cea.)

Figura 13. Pescador de la isla. (Fotografía de Alfredo Cea.)

ra representa claramente a un visitante europeo del siglo XVIII o XIX y parece sugerir que los talladores cumplían con los deseos de los visitantes desde fechas muy tempranas. El extraño *moai pae-pae* o "figura plana", de sexo femenino, con sus manos de dedos aguzados señalando las mamas y el pubis, pudiera ser una respuesta sugestiva a los deseos de aquellos balleneros del siglo XIX ansiosos de compañía femenina después de sus largas travesías.

Para entretener a los turistas, hay dos o tres grupos de canto y danza, formados por jóvenes de ambos sexos bajo el ojo vigilante de un isleño mayor, que actúan por dinero. A los isleños les interesan estas actuaciones e incluso les divierten y a menudo sobrepasan en número a los turistas. Diferentes grupos artísticos de pascuenses han participado en el festival de Arte del Pacífico Sur que se celebra en Nueva Zelandia, Tahiti y Australia con favorables comentarios de prensa.

Contrastando con el gran interés por las tradiciones del pasado, a muchos pascuenses de edad madura les avergüenza su historia y afectan ignorarla por completo. Hay otros cuya

memoria ya está fallando, pero que aún pueden recordar eventos históricos y trágicos del pasado de la isla.

Cualquiera que sea su actitud hacia la historia de la isla, la mayoría de los nativos parece querer que sus hijos se asemejen en lo exterior a los chilenos, en vestimenta, conducta y lenguaje. Una de las influencias externas más tempranas, la de la Iglesia Católica, sigue desempeñando un rol importante en la vida cotidiana. La primera comunión, que requiere de mucho tiempo y parafernalia, permite cada año que los padres exhiban orgullosamente a sus hijos como modelo de lo que se considera debe ser el comportamiento correcto y adecuado para el chileno medio.

Los padres alientan a sus hijos y sobrinos para que organicen clubes de fútbol al estilo continental, si bien la pertenencia a estos equipos tiende a coincidir con líneas de parentesco. Esos partidos son eventos muy populares que se realizan durante los fines de semana. Los equipos con sus respectivos uniformes participan en los desfiles del "Día de la isla de Pascua" y otras festividades con el beneplácito de los mayores que los observan. Los rapanui saben que si quieren conservar la isla para ellos, deben familiarizarse con el sistema chileno en particular y extranjero en general. Ellos esperan que mostrando adhesión a las costumbres foráneas en las manifestaciones públicas puedan aprender el modo de ser de los extranjeros sin tener que revelar el suyo propio.

Como ya se mencionó, la población de la isla de Pascua se redujo a unas 110 personas en 1877 y que, en 1980 hay más de 2.000 pascuenses viviendo tanto en la isla como fuera de ella. Gran parte de este incremento de la población se debe a la participación de extranjeros, sean residentes o en tránsito. Pocos pascuenses actuales dejan de tener al menos un extranjero entre sus ascendientes.

Las relaciones entre isleños como era el caso en el pasado, no son lo que ambiciona el pascuense actual. En número creciente, tanto hombres como mujeres se están casando con afuerinos, oriundos principalmente de Chile continental, pero también con norteamericanos, franceses, alemanes y otros. Algunos isleños se apoyan en estos matrimonios para dejar la isla. De un total de 130 matrimonios mixtos que existían en 1973, sólo 57 (que representa un 44%) residían fuera de la isla. Estos isleños expatriados no rompen sus vínculos familiares ya que muchos tienen la intención de regresar un día y reiniciar su vida en su pequeño mundo remoto.

En la adaptación y adopción de ideas y costumbres foráneas por intermedio de estos matrimonios mixtos, es importante señalar también el papel que desempeña el sistema educacional chileno, del cual los isleños son partícipes entusiastas. Aunque existen planes para ampliar el nivel de enseñanza, en la actualidad aquellos isleños que quieren ingresar a la educación secundaria deben hacerlo en el continente, con la ayuda de becas estatales en su mayoría.[19]

14. EL PASADO EN EL PRESENTE

Y bien, ¿qué son los pascuenses? ¿Son ellos solamente campesinos muy chilenizados en vías de una eventual asimilación a su Estado-Nación del Tercer Mundo? ¿Se ha producido acaso una ruptura completa con el pasado por el torbellino de depredaciones, muertes y enfermedades derivadas de los trágicos acontecimientos de la década de 1860 que antes mencionáramos? ¿Qué es, pues, lo que mantiene unida a la sociedad pascuense? ¿Será Rapanui sólo otro ejemplo de aquellas sociedades "neotéricas" –de creación reciente– en las cuales los principios de asociación y de orden han sido en su mayoría importados o diseñados ad hoc? Ciertamente, enfoques como los de las sociedades polinésicas han primado en la literatura por años. La sugerencia del profesor Sir Raymond Firth –publicada hace más de medio siglo– parece, en gran medida, haber pasado ignorada. Él escribió (1936: 579) en las conclusiones de su famoso estudio "Nosotros, los tikopias":

> "Se ha hablado mucho de la decadencia de las instituciones polinésicas y la mayoría de los investigadores de campo de esa área, han concentrado su atención tratando de recuperar los fragmentos de lo que se ha desintegrado. Pero no dejo de pensar que en tópicos tales como la cooperación económica, el sistema de parentesco y el uso de la tierra, queda todavía una inmensa cantidad de información para ser recuperada por los investigadores que se contentaren con estudiar la realidad viviente de la cultura actual".

Eso es lo que me propuse hacer, "estudiar la realidad de vida de los actuales rapanui". Y durante la realización de mi trabajo de campo, entre los años 1972 y 1974, y más recientemente entre 1985 y 1986, me topé con nuevos misterios de la isla de Pascua, los que a primera vista son tan enigmáticos como los de los *moai* megalíticos y de las obras de mampostería.

Los rapanui viven en una sola aldea, Hangaroa, la cual abarca una pequeña porción de terreno en el ángulo sudoeste de la isla. Al contrario de las viviendas de familias extensas que yo esperaba, cada familia pascuense, compuesta por alrededor de seis personas, posee una vivienda separada, aunque sólo se distancien entre sí por unos pocos metros. ¿Es éste el resultado de la desintegración del pasado comunitario rapanui? Por el registro arqueológico minuciosamente excavado por Patrick McCoy (1976), se sabe que las familias prehistóricas pascuenses estaban compuestas por el mismo número de miembros. Un pro-

---

[19] Aunque en la actualidad la enseñanza media es completa en la isla, se asignan algunas becas para estudios secundarios y superiores en el continente. El Hogar Pascuense de Valparaíso, sostenido por la Junaeb, recibe unos 40 alumnos, la mayoría secundarios. (Nota de los editores.)

medio de seis personas por vivienda o fogón, ha sido la característica del hogar rapanui por muchos siglos y también en estas últimas décadas de calamidades coloniales. Esta preferencia parece estar relacionada con la organización social segmentada del pasado que persiste en el presente y en la que su más pequeña unidad, la familia nuclear, posee el potencial de convertirse, con sucesivas generaciones, en una unidad mayor, el clan. Cada hombre o mujer puede llegar a ser una figura ancestral de futuros grupos derivados de su descendencia.

Guarda relación con esto el obvio orgullo de posesión que sienten los rapanui por sus viviendas particulares. Un isleño me comentó que la casa contemporánea se semeja al *ahu* o templo-plataforma del pasado; así como el destino de los que la habitan cambia, así también sufren modificaciones las viviendas y otras estructuras. Cada casa es el símbolo de la prosperidad de la familia formada en ella; así los hijos e hijas no sólo deben proveerse de viviendas para ellos y su familia, sino también contribuir a la casa de los padres. Los padres que no poseen una vivienda igual o mejor que las de sus hijos, exponen públicamente su falta de control sobre sus descendientes.

Otro misterio actual de Rapanui que me intrigó durante un tiempo fue que en una isla donde los materiales de construcción son tan limitados haya tantas construcciones sin terminar o abandonadas. En mi censo de 1973 registré 425 estructuras residenciales modernas, algunas de las cuales sólo se reconocían por un cúmulo de piedras y otras ya terminadas y convertidas en residenciales para turistas, lujosamente adornadas por los isleños. Solamente 253 de estas viviendas (59% del total) estaban terminadas, el resto sólo eran cimientos. No habían sido completadas por diferentes motivos, pero todas ellas guardaban relación con fracasos matrimoniales, divorcios, muerte o abandono de la isla. Los rapanui que fueron los materialistas más notorios entre los polinesios, siguen siéndolo hasta el día de hoy.

El número de construcciones ha aumentado considerablemente desde 1973, y en 1986 conté 610 estructuras cuyas características pueden verse en la Tabla 11.

De la realidad concreta de las viviendas derivé hacia las evasivas y manipulables líneas de parentesco de los rapanui. Hasta hace poco tiempo ningún isleño era empleado de otro rapanui. Pero el turismo ha comenzado a introducir la relación monetaria, aunque en forma muy solapada hasta ahora, aun en la esfera más íntima del parentesco. Pero todavía los viejos gozan no sólo del cariño o *aroha* de los jóvenes con quienes comparten descendencia de un mismo ancestro, sino que también vigilan su conducta. Un rapanui joven no debería maldecir o contradecir a un pariente mayor. Fuertes sumas de dinero y aun más grandes fuerzas de trabajo, están bajo el control de varios rapanui mayores. Este patrón no ha cambiado desde el pasado tradicional y se mantiene en la actualidad.

La mayor parte de las actividades familiares, la construcción de viviendas, la mantención de los sembradíos y otras de tipo económico local se desarrollan dentro del contexto familiar, con los mayores dirigiendo a los más jóvenes. La actividad turística también tiende a seguir este patrón y solamente hay un puñado de personas que se desempeñan en ella y por la cual reciben un sueldo. Gran parte de la mantención de los vehículos, limpieza de las casas y provisión de alimentos producidos localmente, todavía se obtiene por medio de los parientes y no por dinero. Sobre todo el acceso a los importantes materiales de construcción, sin los cuales la vivienda, que es la posesión más importante de los rapanui, no podría lograrse, se consigue por intermedio de los nexos de asociación familiar.

TABLA N° 11

TIPOS DE CONSTRUCCIÓN (1986)

Tipos de construcción	Número	% del total
Edificaciones gubernamentales	3	0,49
Casas privadas		
"pae-pae" (metálica)	64	10,49
de "internit"	8	1,31
de cemento	299	49,02
de ladrillo	7	1,15
en construcción	33	5,41
construcción interrumpida	13	2,13
casa abandonada	3	0,49
Locales Comerciales		
de cemento	28	4,59
"pae-pae" (metálica)	4	0,65
en construcción	3	0,49
construcción interrumpida	3	0,49
Locales convertidos en residencias		
de cemento	17	2,79
en construcción	4	0,65
construcción interrumpida	3	0,49
Garages	12	1,97
Discotecas	2	0,33
Sin información	104	17,05
TOTAL	610	100%

Aun cuando existe un concepto de amistad con personas que no son parientes, el parentesco sigue siendo el aspecto determinante en las obligaciones de reciprocidad que caracterizan este tipo de relación. Estas son reglas que siglos atrás deben haber regido los procesos de intercambio que transformaban el pescado y los camotes en fuerza de trabajo. Y era ésta la fuerza que se necesitaba para levantar figuras de basalto de 80 toneladas en las plataformas ceremoniales ancestrales y que ahora yacen en ruinas en la periferia de la isla.

Cada grupo opera como si una barrera impenetrable lo separara de los demás. Las personas que comparten uno de los 35 apellidos rapanui se sienten relacionadas entre sí y constituyen unidades cooperativas potenciales. Estas categorías de parentesco, acerca de las cuales existen hasta estereotipos sobre su carácter y conducta, varían de tamaño desde 14 a 250 individuos, a pesar de que de hecho los grupos cooperativos son mucho más reducidos. Ellos creen que comparten la tierra y el trabajo además de su descendencia. Lo más importante de todo es que ellos creen que comparten el *pe'e* o confianza mutua. La tierra es el lazo de unión del sistema y también es el factor que origina conflictos entre personas que comparten una descendencia genealógica pero no emocional. El código legal de Chile dice que sólo el Estado tiene títulos sobre la tierra, pero muchos isleños no lo aceptan. Cada rapanui sabe que él o ella puede exigir el derecho de residir o de utilizar un predio en la tierra de su grupo de parentesco. Además, disponer de la tierra no significa pertenencia absoluta, puesto que un pariente puede hacer efectivo el uso de la tierra familiar a la cual tiene derecho. Las mayores negociaciones en Rapanui no son sobre turismo, por importante que sea esta actividad; ellas se relacionan con la tierra, que es la principal mercancía. La prerrogativa en el uso de la tierra administrada comunitariamente por el grupo de parentesco, reside en el más anciano, el *korohu'a*. Este, en virtud de su derecho sobre la tierra, también controla el trabajo de sus subordinados.

A fines de 1970 estos apellidos constituyeron la base de un Consejo de Ancianos, cuyo rol consistía en velar por el desarrollo local de Rapanui. Este Consejo ha estado activo, gestionando la entrega total de la isla a los rapanui, en lugar de la pequeña porción actualmente asignada para posesión local. Otros desarrollos locales han sido objeto de acciones emprendidas por este Consejo y, aunque las autoridades gubernamentales no reconocen la legitimidad de esta agrupación, ella es bien conocida localmente y en todo Chile, por cuanto periodistas de varias tendencias han entrevistado a su líder, don Alberto Hotus Chávez y publicado sus declaraciones.

El Consejo está en lo cierto al centrar su objetivo en la tierra, por cuanto es la clave para la continuidad del Rapanui contemporáneo. Y sospecho que el estudio minucioso de la tenencia y uso prehistórico de la tierra, será decisivo para desentrañar las incógnitas sobre el pasado de esa remota pero ya no tan aislada población polinésica.

A diferencia de otras partes del Pacífico, los rapanui han mantenido desde varios cientos de años los lazos con la tierra perteneciente a su grupo familiar. Ese es el pasado y éste es el presente.

¿Pero que será de los niños pascuenses nacidos ahora? ¿Cómo irá a ser su mundo? Tengo confianza, como parecen tenerla muchos pascuenses, que mientras ellos mantengan el control de su tierra, continuarán controlando su destino. Ni el galanteo actual con los extranjeros, ni la facilidad de los rapanui para adoptar las formas exteriores del estilo de vida continental, son señales de alejamiento de su noción de integridad. Estas formas de conducta son más bien una evidencia de los métodos sofisticados de los rapanui para conseguir los recursos y la gente que de otro modo les haría falta. El pasado es un mensaje de advertencia, pero también una afirmación de confianza para la imperturbable vitalidad rapanui.

APÉNDICE
POBLACIÓN, DENSIDAD Y ÁREAS DEL PACÍFICO SUR

Lugar	Población estimada (1981)	Área terrestre (km²)	Área marítima (en miles de km²)	Densidad población (tierra)
Samoa americana	33.200	197	390	169
Islas Cook	22.000	240	1.830	92
Isla de Pascua (b)	1.892	166		11
FS Micronesia	79.500	701	2.978	113
Fiji	670.000	18.272	1.290	35
Polinesia Francesa	149.800	3.265	5.030	46
Guam	107.000	541	218	197
Kiribati	61.000	690	3.550	88
Islas Marshall	31.800	181	2.131	176
Nauru	3.000	21	320	143
Nueva Caledonia	142.500	19.103	1.740	7
Niue	3.000	259	390	12
Marianas Septentrionales	17.600	471	1.823	37
Palau (Belau)	12.400	494	629	25
Papúa Nueva Guinea	3.060.600	462.243	3.120	7
Pitcairn (a)	68	5	800	14
Islas Salomón	54.000	28.530	1.340	9
Tokelau	1.600	10	290	160
Tonga	104.000	699	700	149
Tuvalu	8.000	26	900	308
Vanuatu	127.000	11.880	680	11
Wallis y Futura	11.200	255	300	44
Samoa occidental	161.000	2.935	120	55
Pacífico Sur	5.062.160	551.184	30.569	83
Pacífico Sur con exclusión de Papúa Nueva Guinea	2.001.560	88.941	27.449	86

REFERENCIAS: Información general sobre las islas del Pacífico, compilada por la Comisión del Pacífico Sur en 1984 y publicada en la Newsletter del "Programa de las Islas del Pacífico" de la Universidad de Hawai, Centro para los Estudios Asiáticos del Pacífico, volumen 19, 1 (enero-febrero 1986), 14 y modificado de la tabla 2.2 "Relaciones de Australia con el Pacífico Sur", Publicaciones de Desarrollo Internacional Nº 2. Canberra, Buró de Asistencia Australiano para el Desarrollo Internacional, p. 14.

(a) "Día del Censo" en la isla Pitcairn: 31-12-1986. Publicado en The Pitcairn Miscellany. Volumen 29 (1 enero 1987).

(b) La información de la isla de Pascua proviene de la investigación genealógica realizada por Grant Mc Call, Escuela de Sociología, The University of New South Wales, Kensington NSW 2033, Australia. Información correspondiente a abril de 1986.

BIBLIOGRAFÍA

BARTHEL, Thomas S.
1978   *The eigth land. The polynesian discovery and settlement of Easter Island* (traducido del alemán por Anneliese Martin). The University Press of Hawaii. Honolulu.

ENGLERT, R. P. Sebastian
1971   *Island at the center of the world. New light on Easter Island.* Charles Scribner's Sons. Nueva York.

HEYERDHAL, Thor
1975   *The art of Easter Island.* Allen y Unwin. Londres.

HEYERDHAL, Thor y Edwin N. FERDON Jr., Editores.
1961   *Archaeology of Easter Island. School of American Research and the Museum of New Mexico.* Albuquerque.

1965   *Reports of the Norwegian Archaeological Expedition to Easter Island and the East Pacific.* Forum. Estocolmo.

MC CALL, Grant.
1975   *"Sympathy an antipathy in Easter islander and Chilean relations" Journal of the Polynesian Society* 84: 467-476.
1976   *"European impact on Rapanui: Response, recruitmen, and the Polynesian experience in Peru".* Journal of Pacific History 11: 90-105.
1977   *Reaction to Disaster. Continuity and change in rapanui social organization.* Tesis doctoral no publicada. Universidad Nacional Australiana.

1981   *Rapanui.* Sydney: Allen y Unwin. University Presses of Hawaii. Honolulu.

MC COY, Patrick Carlton
1976   *Easter Island settlement patterns in the late prehistoric and protohistoric periods* (Bulletin 5, Easter Island Committee), International Fund for Monuments, Inc. Nueva York.

METRAUX, Alfred
1940   *The Ethnology of Easter Island* (Bulletin 160). Bernice P. Bishop Museum (reimpreso en 1971). Honolulu.

MULLOY, William y Gonzalo FIGUEROA
1978   *The Akivi-Vai Teka complex* (Asian y Pacific Archaelogical Series Nº 8). Social Science Linguistic Institute, University of Hawaii. Honolulu.

PORTEOUS, J. Douglas
1978   *"Easter Island: The Scottish connection".* Geographical Review 62: 145-156.

REFERENCIAS CITADAS EN EL TEXTO

BAESSLER, Arthur.
1900   *Neue Sudsee-Bilder.* Verlag von Georg Reimer. Berlin.

CASTEX, Louis.
1968   *Los secretos de la Isla de Pascua.* Joaquín Almendros. Santiago de Chile.

CHRISTIAN, F.W.
1910   *Eastern Pacific Lands: Tahiti and the Marquesas Islands.* Robert Scott. Londres.

CROFT, Thomas.
1875   *"Letter of April 30, 1874 from Thomas Croft, Papeete, Tahiti, to the President of the California Academy of Sciences".* Proceedings of the California Academy of Science, vol. 5: 317-323.

CUMING, Hugh
1827-28   *Journal of a voyage from Valparaiso to the Society and adyacent islands.* M. S. en la Biblioteca Miterell, Sidney.

FIRTH, Raymond.
1936   *We, the Tikopia. A sociological study of kinship in primitive Polynesia.* George Allen y Unwin. Londres.

O'BRIEN, Frederick.
1922   *Atolls of the sun.* The Century Co. Nueva York.

ORLEBAR, J.
1833   *Midshipman's journal on board...* Whittaker, Treacher and Co., pp. 9-14. Londres.

STOPLE, H.
1889   *Uber die Tätowitung der Oster-Insulaner Abhand lunger und Berichte des Königlichen Zoologischen und Anthropologiseh-Etnographischen Museums Zu Dresden.* Fetschrift. Nº 6. Berlin. R. Friedländer und Sohn.

WRAGGE, Clement L.
1906   *The romance of the south seas.* Chatto y Windus. Londres.

CAPÍTULO II

LOS AYMARAS CONTEMPORÁNEOS DE CHILE

Dr. Juan van Kessel *

INTRODUCCIÓN

Las comunidades originales de la población aymara chilena se encuentran en las regiones de Tarapacá y Antofagasta. En los últimos 130 años, la gran mayoría de la población andina ha emigrado hacia los puertos marítimos y los centros mineros, donde se mezcló con las masas populares de inmigrantes del resto de Chile y del extranjero (Larraín, 1977; Grebe, 1986). A los aymaras menos transculturados los encontramos hoy día en sus pueblitos y estancias tradicionales de la cordillera y precordillera. La actividad básica de los que quedaron en sus pueblos de origen es la agricultura y la horticultura sobre andenes regados de quebradas y oasis y la ganadería extensiva de pastoreo de camélidos y corderos. Los pastores aprovechan los pastos naturales de la alta cordillera cuidadosamente manejados y no producen forrajes sembrados o mejorados. La tecnología agropecuaria sigue siendo básicamente la misma de sus antepasados (aunque reducida y deteriorada), no porque faltasen intentos de modernización del gobierno o interés de los agricultores y ganaderos, sino porque esta tecnología resulta hasta ahora la más adaptada a la ecología particular del medio andino y la más adecuada, social y culturalmente. Para diversificar ingresos y minimizar riesgos, según una antigua pauta económica aymara, desarrollan también, oportuna y temporalmente, gran cantidad de actividades económicas, tradicionales y nuevas. Estas van desde la textilería hasta actividades de transporte y comercio y desde labores mineras hasta trabajos de construcción.

La población pastoril de la cordillera, ma-

yor de 30 años, en su mayoría es bilingüe (aymara-castellano); un porcentaje mínimo de ellos (más bien los ancianos) es monolingüe aymara. Una minoría de los agricultores de la precordillera entiende la lengua aymara. Si sólo se aplicara el criterio de este idioma en el censo, se llegaría a una población de 8.500 individuos, y este número está bajando rápidamente. Sin embargo, si se aplica el criterio de la conciencia que tiene la persona de su ascendencia aymara, la población llega a más de 28.000 miembros, la mayoría de los cuales vive en los centros urbanos.

1. LA GEOGRAFÍA DE LA *MARKA*, EL PUEBLO AYMARA

Se ha dicho que las *llijllas* y las alfombras antiguas son un mapa simbólico del medio natural, ya que interpretan la visión que tiene el aymara de su ecología. Efectivamente, distinguimos en estas prendas el esquema de su ecología local, con sus cerros, pampas, aguas, flora y fauna. La visión aymara de esta ecología es la base de su organización del espacio y el origen de lo que llamamos la geografía simbólica o, si se quiere, el mapa mitológico del espacio aymara. En este capítulo veremos sus principales hitos.

Nos referimos a los aymaras que viven en las alturas máximas habitables de la cordillera del Norte Grande y sus pendientes occidentales. En esta zona distinguimos, dentro del pueblo aymara y hasta el día de hoy, varias etnias distintas que tienen su centro religioso y social en territorio chileno (Van Kessel, 1992-a). Antiguamente, cada una de estas etnias tenía acceso y control sobre su propio espacio geográfico, que podría alcanzar desde la costa del Pacífico hasta el altiplano boliviano y los valles subtro-

* Free University, Institute of Cultural Anthropology, Amsterdam.

picales orientales, pero que no era necesariamente un territorio cerrado y continuo. Los antiguos libros parroquiales de la zona indican que tal territorio formaba más bien un "archipiélago" con islas de actividades económicas, el cual abarcaba todos los niveles ecológicos desde la costa hasta la alta cordillera y los valles orientales. Cada etnia contaba con su capital o *marka*, su pueblo central que era a la vez su centro social, político y religioso y tenía su variante más o menos notoria de la lengua aymara. Son tres dialectos los que se encuentran en uso hasta hoy, de sur a norte: el primero en la región de Cariquima, el segundo en la de Isluga y el tercero se extiende desde Parinacota al norte. La organización y explotación coordinada de este espacio fue la hazaña fundamental de los aymaras, que les permitió desarrollar su economía y alcanzar un sistema cultural vigoroso y refinado, sin rastro de decadencia hasta la conquista.

En la actualidad observamos restos de esta organización espacial, como son las diferencias lingüísticas, la subsistencia de la *marka* vigente como hierópolis, el patrón de las variadas actividades económicas distantes, las fiestas patronales con sus invitados de otros niveles ecológicos y las variantes en el sistema del ritual de producción. Sin embargo, la unidad estructural del archipiélago se ha ido perdiendo por la administración foránea, colonial y postcolonial, que no considera la articulación político-económica indígena. Los centros poblados dependientes de la antigua *marka* se han independizado, han reproducido funciones políticas y pautas organizativas de la precedente hierópolis y han asumido principios arquitectónicos del pueblo colonial español (Contreras, 1974).

Un ejemplo de la *marka* antigua que sigue vigente es Isluga, capital de la etnia de ese nombre que incluye unos poblados en el altiplano boliviano y que mantiene relaciones muy antiguas con los agricultores de la quebrada de Camiña. Su plano de construcción reproduce la estructura del antiguo territorio con sus dos *sayas* y sus cuatro *ayllus*. (Martínez, 1975). Las estructuras sociales de la etnia se actualizan en las fiestas patronales, dirigidas por los dos *kurakas* con sus esposas.

Ejemplo de una *marka* arquitectónicamente trastocada por la historia colonial y postcolonial es Cariquima. Esta mantiene su variante idiomática del aymara y sus relaciones de intercambio con los agricultores de la zona de Chiapa y Sibaya. Las fiestas patronales reactivan el recuerdo de las formas tradicionales, agrupando los poblados (o *ayllus)* de sus alrededores en "arriba" o *arajsaya* –Chulluncane, Huaytane, Chijo, Panavinto–, y "abajo" o *manqhasaya* –Ancovinto, Quebe, Ancuaque y Villablanca–. En ritos y costumbres, la población se identifica con su volcán protector Mama Guanape, así como Isluga con el volcán del mismo nombre. En contradicción con la antigua función de hierópolis precolombina está, además de la arquitectura más española de Cariquima, la aparición de un centro expansivo de pentecostalismo que se está divulgando por toda la zona rural de la provincia de Iquique, el cual rompe la unidad del antiguo culto central o, según otros, diversifica el culto de la etnia. La contradicción religiosa niega a la *marka* su calidad de hierópolis y ya no permite un culto comunitario de la etnia en su totalidad (Guerrero & Van Kessel, 1987; B. Guerrero, 1989).

Un ejemplo de un poblado o *ayllu* desmembrado –en este caso de Cariquima– que reproduce la antigua estructura de la *marka* es Cultane. Se encuentra aquí un plan arquitectónico rigurosamente modelado al estilo colonial (Contreras, 1974), cuyo culto público ha sido descrito en detalle (Van Kessel, 1992-b). Cultane, considerado "pueblo santuario", reúne en su fiesta patronal a los pastores de sus alrededores –la estancia Colchane y el pago de Lirima con sus cuatro estancias– y a los agricultores de Sibaya, Limacziña, Coscaya y Poroma.

2. EL TERRITORIO CUATRIPARTITO

Los cuatro barrios de la *marka* no son sino el reflejo de la doble bipartición con que se percibe el territorio del pueblo y de la etnia. La primera y principal partición es la de *arajsaya* (parte de arriba) y *manqhasaya* (parte de abajo), que divide el territorio (o el "archipielago") en dos franjas paralelas que van de costa a sierra y alcanzan hasta el altiplano boliviano. La bipartición secundaria, que cruza la anterior, divide los *ayllus* y las islas ecológicas explotadas por la etnia, en la zona de pastores ubicada en la alta cordillera, y la zona de agricultores, situada en la precordillera. La preeminencia de *arajsaya* (y del primer *kuraka*) sobre *manqhasaya* (y sobre el segundo) existe, pero es mínima. Se la compara con la primacía del esposo en el matrimonio aymara, o de la figura respecto a su doble simétrico (su imagen de espejo), o de la mano (o pie) derecha respecto a la izquierda, en el supuesto que ambas sean igualmente necesarias. Estas com-

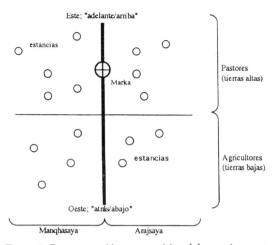

Figura 1: Representación esquemática del espacio aymara: los cuatro *ayllus* de la etnia o comunidad mayor.

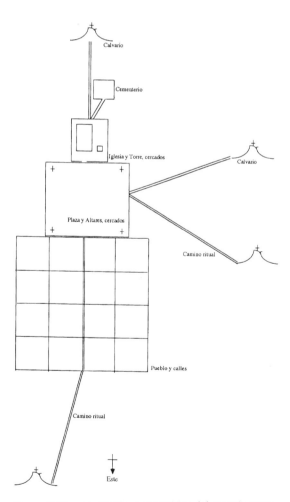

Figura 2: Representación esquemática del espacio aymara: el modelo de la *marka* o pueblo aymara.

paraciones se refieren al concepto del *yanantín* (Platt, 1980): dos componentes símiles que forman una unidad en que ambos son igualmente necesarios para constituir la totalidad. Sin su pareja, cada parte es inútil, sea para caminar, para trabajar o para procrearse.

En la tradición andina, la preeminencia del *ayllu* de pastores sobre el de los agricultores es más real, dado que los *kurakas* se reclutan siempre entre los primeros; que la *marka* se encuentra siempre en la zona pastoril, y que las fiestas patronales de mayor prestigio y concurrencia se celebran tradicionalmente también allí (véase Figura 1). En la zona de Isluga la conciencia de la gran comunidad que abarca pastores y agricultores ya no está tan viva como en la de Cariquima. En la primera podría hablarse de un esquema remodelado, de modo que su concepto de comunidad podría representarse como lo hacen Martínez (1975, 1976) y Provoste (1976). Según ellos las 21 estancias de pastores se agrupan en cuatro cuartos (llamados *ayllus*) y dos *sayas*. El pueblo mismo de Isluga –la *marka*– reproduce estos cuartos y *sayas* en su plano arquitectónico. Ya no existe representación oficial de agricultores en el plano de Isluga.

3. EL MAPA MITOLÓGICO DE LA *MARKA*

El pueblo típico aymara reúne gran número de accidentes venerados y puntos orientadores que juntos componen un mapa mitológico. Estos "lugares fuertes" tienen alta significación simbólica y orientan tanto el culto tradicional como la actividad económica y social de la gente. Este mapa parte de un centro *aka* (esto de nosotros): el pueblo, su templo, su cerro protector, la *Pachamama*, que allí mismo parió la vida de todo el *ayllu*. Al mismo tiempo es "direccional", pues se orienta hacia el levante, de donde llega la luz del sol naciente, el agua de la lluvia fertilizadora y otros elementos vitales, como la coca, muchas plantas medicinales, artículos de culto e instrumentos musicales tradicionales.

Los círculos, procesiones y vueltas rituales obedecen a una dirección imperiosa, contraria a los minuteros del reloj y conforme con la dirección del sol (en el hemisferio sur). La dirección contraria se usa ritualmente en la "mesa negra" y en los rituales mortuorios. Expresa rechazo, defensa contra un peligro, devolución de un mal. Los mismos significados tienen los gestos y actos rituales que se hacen con la mano derecha y en su caso con la izquierda. Las expresiones de orientación direccional más usadas son: "para arriba" o "adelante" (hacia el lado oriente) y "para abajo" o "para atrás" (hacia el poniente). Las primeras tienen connotaciones de vida, fertilidad, luz, humedad de lluvia o humedad de arriba; las segundas aluden a la muerte, acabamiento, esterilidad, sequedad (del desierto) y humedad del mar o humedad de abajo. En la cosmovisión, ambas regiones de significado mantienen un equilibrio tenso y fértil centrado en el *aka* del hábitat aymara, que ha de ser vigilado y mantenido ritual y empíricamente. Es aquí desde donde parten la cosmovisión, la visión del espacio con sus recursos ecológicos y los principios de la tecnología agropecuaria aymara definida como "saber criar la vida" (Van Kessel & Condori, 1992; Grillo & Rengifo, 1988). *Ayllu* significa "ambos", es decir, la comunidad humana y su tierra. Es así que en la percepción del aymara el pueblo, y a su vez la vivienda en el campo, no son completos en sí sino que constituyen una misma unidad con el territorio o el campo alrededor. Los principales accidentes del mapa mitológico del pueblo aymara son la plaza y el templo (véase Figura 2).

La plaza del pueblo, que en el concepto colonial es central, se encuentra a un lado del conjunto habitacional de viviendas y está mediando entre el pueblo y el templo. Este se encuentra, igual que el cementerio, fuera del pueblo, al lado poniente, que es hacia donde parten los difuntos según la mitología y el ritual vigentes. La puerta del templo se abre hacia el oriente para recibir en la mañana la luz del sol. Es allí también, ante la puerta del templo y mirando hacia el sol naciente, donde en la madrugada de la víspera de las fiestas patronales se sacrifica la *huilancha* (el sacrificio de sangre) al Señor, presente en el sol que aparece. El templo, igual que la casa habitacional, es considerado un ser vivo, o más bien una pareja viva. Con mucho respeto y reverencia se habla de "la Iglesia *T'alla*" (la Señora Iglesia) y de "el Torre *Mallku*" (el Señor Torre). El templo y la torre están cercados por un muro de modo que se forma un espacio ritual de mucho respeto, el cual en tiempos coloniales era reservado para el cementerio. Frente a la puerta del templo, el cerco tiene una puerta en forma de arco que comunica el recinto de "la religión" con la plaza. Todo acto religioso y ritual que se realiza fuera del recinto es llamado "costumbre" y tiene para el aymara calidad de culto autóctono. La palabra "costumbre" ha de camuflar esta realidad.

La plaza es sagrada también. Se la llama ritualmente "cabildo" y es personificada en el conjunto de espíritus protectores del pueblo, llamados *achachilas*. Estos reciben periódicamente su culto, igual que la "Señora Iglesia" y el "Señor Torre". La plaza tiene cuatro esquinas, llamadas "altares", aunque en muchos casos no aparezca ninguna estructura en los sitios. Es allí donde se detienen los santos que salen en procesión para bendecir el pueblo (que consiste en cuatro barrios) y los campos (de cuatro *ayllus*) con su ganado, sus chacras y cultivos. Dos de esos "altares" pertenecen a *arajsaya* y dos a *manqhasaya*. Los altares son lugares de respeto y reciben también su culto periódico.

Del templo salen varios caminos rituales que llevan al cementerio y a los calvarios. Estos son templetes, generalmente cuatro, ubicados en los cerros cercanos. En algún caso el calvario se encuentra en el valle mismo, como en Cultane, donde el "Calvario de la Virgen Candelaria" se encuentra en un lugar húmedo que simboliza la fertilidad de "la Santa Tierra", *Pachamama*. Los *achachilas* de los cerros protectores son seres que se identifican con los santos patrones celebrados por la comunidad. Estos, generalmente, son dos santos masculinos y dos "vírgenes" o santas femeninas. Los templetes o calvarios de los santos están cercados por un muro rectangular y miran hacia el oriente, teniendo también un acceso único al lado oriente y encerrando así un lugar de culto comunitario y convivencia ritual. Ante la puerta de acceso se encuentra el lugar de la *huilancha* para "el santo". Del templo sale también un camino ritual hacia el poniente que lleva al cementerio con su cerco y su acceso único.

El conjunto habitacional de la *marka* aymara está dividido en dos mitades y cuatro barrios o sectores que representan los dos *sayas* y los cuatro *ayllus* mayores. Nótese que la palabra *ayllu* indica un poblado dependiente de la *marka* (*ayllu* menor), a la vez que uno de los cuatro grupos de poblados (*ayllus* mayores) que juntos, y en unión con la *marka*, constituyen la etnia entera. En los períodos festivos y de intensa actividad social, cada familia que participa en la fiesta habita su casa que se encuentra en el barrio que le corresponde por el *ayllu* de su procedencia. Esta casa se ocupa solamente en el tiempo festivo de la *marka*, que es en verano, entre el 24 de noviembre y el 5 de febrero.

Cada comunero que reúne las condiciones debe cumplir una vez en su vida los cargos de alférez, mayordomo y (donde pervive la costumbre) *kuraka*. Su casa en la *marka* debe o debería cumplir con las condiciones representativas que piden estas funciones. Es por eso que esta casa se llama *kamana*. La casa habitacional donde la familia vive durante el año, se llama *uta* y se encuentra en el lugar en que están los campos o chacras de la familia. Una tercera clase de vivienda, la *paskana*, se encuentra en el campo y los dueños la ocupan temporalmente: los pastores cuando en invierno pacen su ganado a niveles ecológicos más bajos, y los agricultores en períodos de actividad intensiva en las chacras alejadas o para vigilar los cultivos unas semanas antes de la cosecha. La *paskana* es más rústica y de materiales precarios.

Los espíritus de los cerros, llamados *achachilas*, *mallkus*, o aviadores, se comunican entre ellos. Es así como los cerros donde se encuentran los calvarios están en contacto unos con otros, todos con las altas cumbres nevadas de la región, y éstas a su vez con las de máximo prestigio, como el "Tata Jachura", situado al este de Chiapa, y el "Tata Sabaya" ubicado al este de Isluga, en territorio de Bolivia. Los *achachilas* son masculinos y femeninos; son muy poderosos, exigen de los humanos respeto y, a su debido momento, ofrendas. Existe una amplia mitología que los relaciona entre ellos y los presenta a cada uno con un carácter y una historia personales (Podestá, 1989). Juntos forman un cabildo que sesiona en el día de San Andrés (30 de noviembre), en el cual se reparten por turno el cargo de administrar el clima con sus vientos, heladas y granizadas, sus lluvias y sus nevadas.

4. EL MAPA MITOLÓGICO DE LA "PAMPA"[1]

El campo con sus chacras y bofedales, sus aguas y partes rocosas, forma parte importante del mapa sagrado del pueblo. Está lleno de accidentes con vida y personalidad donde todos participan de algún modo en el culto y la vida social del pueblo. En la visión aymara el campo tiene en general calidad y rango de cuerpo vivo: la Santa Madre Tierra, *Pachamama*, que genera toda la vida: flora, fauna y comunidad humana.

En general, las aguas son la sangre de la Madre Tierra, los ríos sus venas y las rocas sus huesos. El territorio no es un espacio meramente cuantitativo con recursos naturales, sino un conjunto orgánico en que todo elemento vive: lagunas, fuentes, ríos, cerros, rocas, piedras, vegetación, animales silvestres y domésticos. Todo tiene allí su lugar y su hogar, su origen, sustento y destino. Cada accidente geográfico tiene su nombre y función, su carácter y su personalidad en el conjunto vivo. Entre éstos hay muchos "lugares fuertes" que pueden ser benéficos o maléficos. Todos merecen respeto, pero algunos también veneración y sacrificios. Veneración merecen los *uywiris*, espíritus que son fuente de la vida para la comunidad (Martínez, 1976) y los serenos que son espíritus peligrosos asentados en una caída de agua y que inspiran la música ritual (Van Kessel, 1992-b). Los ríos, fuentes y lagunas donde el ganado prefiere pastar, son lugares "fuertes", porque constituyen lugares de origen mitológico del ganado, donde *Pachamama* los parió; ellos siguen criando la tropa. Los lugares arqueológicos merecen respeto porque allí el espíritu de los "gentiles" sigue vivo y activo. Astros, *chullpas*, enterratorios, *pukaras*, y pictografías rupestres tienen todos sus espíritus fuertes que exigen respeto para estos sitios. Los espíritus de los "gentiles", llamados también "abuelos", castigan con enfermedades u otras desgracias al que consciente o inconscientemente perturba su descanso. Roquedales, cumbres de difícil acceso –llamados *piru partes*– merecen también respeto porque son las casas del viento y otros fenómenos climáticos. En estas "partes", los *achachilas* pastan y cuidan su ganado compuesto por alpacas y llamas, que son las vicuñas y los guanacos; su gato que es el puma, su perro que es el zorro y su gallina que es el cóndor.

Los lugares fuertes conforman un mapa mitológico del territorio comunal que es altamente significativo para el culto, para la vida social y económica y para la tecnología agrícola y ganadera del aymara.

La *marka*, como centro del espacio aymara, forma una unidad vital con su entorno, el campo, y más allá con su periferia silvestre, llamada *sallqa*. Campo y *sallqa* forman idealmente dos anillos concéntricos alrededor del pueblo.

Aparte del *ayllu* (la comunidad humana) y de la *sallqa* (la comunidad de flora y fauna silvestre), está la comunidad de las *huacas*: *Pachamama*, cerros y lugares fuertes, astros y fenómenos personificados. Las tres comunidades –humana, de *sallqa* y de *huacas*– convergen en la chacra. Esta es el verdadero centro del culto autóctono. Las tres comunidades se mantienen mutuamente en vida; se crían, alimentándose, realmente con pastos, cultivos y carnes,

---

[1] "Pampa": Campo o todo lo que está fuera del pueblo, sea cuesta o "llano" (Bertonio II, 246).

o simbólicamente con "mesas", sahumerios y sacrificios. Se comunican en el trabajo y en el culto llamado "costumbre" que es el ritual de producción y que abarca un ciclo orgánico desde el inicio del año aymara (agosto) hasta su clausura y descanso en el solsticio de invierno (Grillo, 1989, 1990). Este esquema tripartito de la organización del espacio válido para el pueblo aymara, se repite a nivel de familia: alrededor de la casa están las chacras, los bofedales y los campos de pastoreo, y más allá la respetable *sallqa*.

El conjunto de las tres partes –el centro habitacional, el medio laboral agropecuario y la periferia silvestre reservada– conforman el *akapacha*, "este mundo nuestro". El *akapacha* a su vez está situado entre el mundo de arriba y el mundo de abajo. El mundo de arriba, llamado *arajpacha*, comprende sol, luna, vía láctea, lucero y otras estrellas, las que en la tecnología aymara tienen gran importancia para la agricultura y la ganadería; y más allá, el cielo, con su corte de santos, ángeles, vírgenes y Dios mismo. El mundo de abajo, o de adentro, se llama *manqhapacha* y comprende los espíritus de las minas que cuidan y administran la riqueza de los minerales, los diablos y los condenados. *Arajpacha* tiene connotación de legalidad: todo es bueno, santo, justo; es el mundo de la luz, dominado por el sol y por el Señor. *Manqhapacha* en cambio es considerado el dominio de lo nefasto, lo malo, la oscuridad, la rebeldía contra Dios y la brujería. Ambos, *arajpacha* y *manqhapacha*, están en oposición equilibrados, y mantienen el *akapacha* funcionando y operando en el punto de su encuentro, llamado *tinku*, que es el punto de la interacción y del intercambio justo, el punto del equilibrio tenso y fértil.

Figura 3. Tecnología: herramienta de piedra para deshierba de xerófitos.
(Todas las fotografías de este capítulo son de Juan van Kessel.)

Figura 4. Ganadería: captura de la llama con lazo.

5. LA ORGANIZACIÓN SOCIAL

A la visión y organización del espacio corresponde la organización social y económica del pueblo aymara, una organización que no es el simple recuerdo de formas estimadas ideales o de cómo debería ser la comunidad, sino que incluso algunos de sus elementos siguen vigentes. La visión del espacio se ha ido reinterpretando a partir de elementos teológicos e ideológicos introducidos desde Europa. Pero más fuerte ha sido la imposición de principios organizativos de parte de la administración eclesiástica y civil, principios que los aymaras han integrado en el tejido social, económico y litúrgico de la comunidad.

Figura 5. Cultane: el paraje aymara.

Subsiste a nivel simbólico la bipartición primaria de la comunidad en *arajsaya* y *manqhasaya* y con más fuerza a nivel socioeconómico, la bipartición secundaria en sectores agrícolas y pastoriles, aunque con clara tendencia a la yuxtaposición e independencia de estos sectores donde hasta la Colonia existió un alto grado de integración social y económica.

Particularmente subsiste en los pagos de la alta cordillera, la conciencia de pertenecer a la etnia identificada con la antigua hierópolis, conciencia que trasciende las fronteras republicanas.

Relaciones de intercambio económico, de productos y trabajo, sea por trueque sea por intermedio de dinero, persisten entre partes altas y bajas, sectores ganaderos y agrícolas de la antigua etnia. Persiste asimismo un intercambio ritual y, aunque no en forma imperiosa, también la preferencia de matrimonios entre ambos sectores.

Las relaciones sociales y económicas con el último nivel ecológico, el de la costa, fue en tiempos precolombinos el tercer fundamento de la organización social aymara. Estas relaciones cambiaron profundamente de carácter y crecieron en importancia. Hoy día, la costa significa para el aymara la ciudad y el mercado, el centro administrativo chileno del progreso y la "modernidad". Sea ésta lo que sea, cierto es que de este nivel ecológico le llegan los vientos de la transculturación. Cierto es también que la importancia económica y cultural de la costa para la comunidad aymara ha ido creciendo desde el período salitrero (1860-1930), y más rápidamente aún a partir de 1950 (Van Kessel, 1985-a, 1990-a). Pero la influencia de la costa se realiza no solamente en el proceso de transculturación acelerada, sino también en una contracorriente en cuanto a un proceso de reetnificación como reacción ideológica secundaria al primero.

Desde el punto de vista del andino emigrado e incorporado en la sociedad urbana, en el espacio aymara se perciben cuatro niveles de creciente modernidad y prestigio en el antiguo territorio de esta etnia: 1) los aymaras de Bolivia, 2) los pastores de la alta cordillera chilena, 3) los agricultores de la precordillera, y 4) los hijos de aymaras emigrados a las ciudades de la costa. En sentido contrario a esta jerarquía de creciente prestigio, dichos cuatro niveles se manifiestan también en una contrajerarquía de creciente autenticidad étnica. La oposición en cuanto a la jerarquía de valores y prestigio, sobrepasa en los momentos fuertes del año litúrgico aymara, en sus fiestas y costumbres, donde los hermanos emigrados son "ignorantes" y los pastores, especialmente los de Bolivia, son "los que saben".

6. LAS AUTORIDADES Y LOS FUNCIONARIOS

En las comunidades de la cordillera persisten las fiestas y costumbres con mayor fuerza y originalidad. Al mismo tiempo, los dirigentes religiosos y culturales de estas comunidades han mantenido más prestigio y autoridad que los de la precordillera. Las autoridades aymaras ocupan su cargo durante un tiempo limitado de uno, dos o tres años. Los cargos son costosos y sacrificados y se consideran un servicio desinteresado a la comunidad, la cual paga su buen cumplimiento con aprecio y prestigio social. La autoridad se ejerce durante todo el año y culmina en las fiestas patronales. Todos los dirigentes actúan en conjunto con sus esposas y los solteros no pueden asumir cargos públicos. Estas autoridades las representan las dos parejas de *kurakas*, una de *arajsaya* y otra de *manqhasaya*; las cuatro parejas de mayordomos, una para cada santo patrono; y las cuatro parejas de alféreces que han de encabezar al pueblo en la fiesta patronal. Los mayordomos administran también la chacra de su santo y con su producto costean el culto del mismo. En el sector agrícola hay que agregar a estas autoridades el o los alcaldes de aguas, responsables de la mantención del sistema de riego y de la fiesta de la limpieza de los canales que tiene lugar en invierno. Las fiestas de Carnaval y de la Cruz de Mayo, celebradas con más entusiasmo entre los agricultores, deben ser encabezadas también por un alférez con su pareja. El mayordomo y alférez de turno deben traer por su cuenta las bandas musicales, alimentar a sus miembros, alojarlos durante la fiesta y acompañarlos en todas sus visitas ceremoniales y sesiones rituales.

Los funcionarios aymaras con prestigio y autoridad moral son el fabriquero, encargado de los bienes de la iglesia y de la mantención del templo; el cantor (no siempre lo hay) que dirige el culto católico en ausencia del sacerdote; el sacristán que actúa como el segundo del sacerdote o del cantor o que los reemplaza en caso de necesidad; y el campanero que "hace hablar" al Torre *Mallku*. Estos funcionarios actúan solamente en momentos de fiestas católicas y lo hacen sin su esposa. Estos sí pueden ser solteros, pero deben ser hombres. Sus funciones no son rotativas sino permanentes.

Aparte del culto católico, llamado "religión", existe el culto andino indígena con sus ritos, llamados "costumbres". Estas son básicamente las de producción, las ceremonias de pasaje (primer corte de pelo, matrimonio y fallecimiento) y las de salud (tanto para personas como para el ganado, los cultivos, la chacra y los campos). El jefe de familia, el pastor del ganado y el dueño de la chacra son los primeros responsables de las "costumbres". Cuando el caso sobrepasa su capacidad o experiencia se llama, en última instancia, al *yatiri* (de *yatiña*, saber). Este sabio puede tener diferentes especialidades: lector de la coca con fines de predicción, diagnóstico o consejo; yerbatero, partero o compositor de huesos. Otros son especialistas en el culto a la Santa Tierra y los cerros, y su saber ritual es de la "misa" o mesa de ofrendas y la *huilancha* o sacrificio de sangre. El *yatiri* considera que la cura de enfermos –y de ganado y chacras "enfermas"– es, además de una técnica de salud, la restauración de un desajuste espiritual o ético que ha originado el mal. De ahí que sus rituales de salud pretendan ajustar el equilibrio espiritual perdido. Parte del secreto de la eficacia de estos rituales está en su funcionalidad como psicoterapia. El *yatiri* o curandero opera también fuera de su propia comunidad cuando se solicita su servicio. Con frecuencia actúa también en la ciudad, entre aymaras emigrados y no aymaras (Van Kessel, 1985).

El *laki*, muchas veces confundido con el brujo, es un *yatiri* especializado en curar a enfermos que son víctimas de un mal causado por un enemigo. La cura de estos enfermos exige técnicas peligrosas y secretas en que se devuelve el mal al que lo causó para liberar así a la víctima (Rösing, 1990).

El jefe de familia, el dueño de una chacra o tropa de ganado, puede y debe, a su tiempo, dirigir el culto periódico a nivel de familia, sea en el "pago a la Tierra", el floreo del ganado, la construcción, inauguración o sanación de una casa o corral, un *pachallampe*, una *huilancha* familiar, un sahumerio o una *challa*.

Como parte de la organización social de la comunidad aymara, hay que mencionar el grupo de los emigrados a la ciudad. Muchas ciudades cuentan con uno o varios "centros de hijos de la comunidad", como por ejemplo en Arica, Iquique, Calama y aun Santiago. Estos son organizaciones encabezadas por una directiva elegida en asamblea general de miembros. Los centros son un punto de apoyo para el comunero que debe hacer sus diligencias o trámites en la ciudad y, por otra parte, colaboran con dinero, materiales y trabajo personal en las obras de mantención y desarrollo de su comunidad. También organizan peregrinajes anuales al pueblo en los días de las fiestas patronales y sus miembros reciben cargos de alferazgo. Es en estos centros, considerados de "avanzada" del pueblo aymara, donde se observa el mencionado fenómeno de reetnificación, aunque sus miembros hayan adelantado mucho más en el proceso de transculturación occidentalizante que sus hermanos pastores y agricultores de las comunidades (González, 1987).

7. LA ECONOMÍA

A pesar de las múltiples actividades económicas no estrictamente agropecuarias, la base de la economía aymara es siempre la chacra en la precordillera y el ganado en la cordillera. (Corfo, 1982; Gundermann, 1986; R. Guerrero, 1986). La economía de la comunidad aymara se destaca, tanto hoy como en el pasado precolombino, por la explotación simultánea de un máximo de recursos diferentes y distantes.

En su momento, el régimen colonial frenó y prohibió el acceso tradicional a los recursos alejados y apetecidos por españoles y criollos; luego, el régimen chileno dificultó y cortó las relaciones ancestrales intraétnicas mediante las fronteras chileno-bolivianas. Sin embargo, los andinos, llevados por su concepción particular del espacio económico, supieron reactualizar su territorio, desarrollando nuevas formas de intercambio económico y relaciones sociales como son el contrabando (en la Colonia, de pescado salado, "charquecillo" y guano blanco; en la actualidad de un sinfín de herramientas y artículos de consumo); el pago *in natura* y en moneda por trabajo migratorio estacional en haciendas costeras; los servicios varios mediante parientes urbanos y emigrados; el comercio; servicios comunales y familiares anexos a ocupaciones laborales de arriería y conducción de camiones, etc. Así es posible sostener que ahora el espacio económico de los aymaras chilenos cubre, en círculos de mayor a menor intensidad, súcesivamente:

1. El altiplano y la cordillera chilenos y los valles altos de la Primera Región de Tarapacá, son el espacio de los pastores aymaras.

2. La precordillera adyacente es el espacio de los agricultores aymaras.

Figura 6. Poroma: agricultura en terrazas regadas.

Figura 7. La vivienda común: *uta.*

Figura 8. La vivienda temporal: *paskana.*

3. Los valles bajos del extremo norte y los conglomerados urbanos y mineros del Norte Grande de Chile son el espacio de los parientes urbanos.

4. El altiplano boliviano adyacente es el espacio de los parientes bolivianos.

5. Santiago, La Paz, Tacna, Oruro y otros centros urbanos alejados son el espacio de los emigrados.

A pesar de los profundos cambios que sufrió la economía aymara, ésta mantiene su base agraria combinando la agricultura de riego sobre terrazas en las quebradas y oasis subtropicales, con el pastoreo extensivo de camélidos –y en menor proporción de corderos– en bofedales y campos de vegetación natural de la alta cordillera. Sin embargo se perdieron los recursos tradicionales de la costa –pesca, caza marina, guano blanco, caliche– y de la Pampa del Tamarugal con sus aguas subterráneas, sus tierras aptas para "chacras hundidas" y sus bosques proveedores de madera, combustible y forraje. Se agregaron, en cambio, los recursos del mercado urbano. Desde hace dos décadas, el trueque como sistema de distribución ya no alcanza más del 5% de la producción agrícola y el 15% del producto ganadero. Al mismo tiempo desaparecieron virtualmente la caza y la pesca como rubros de la economía aymara. La caza subsiste solamente en un volumen mínimo entre los pastores que con ella agregan a su dieta oportunamente la carne de vizcachas, patos, perdices y *suris*, como también los huevos comestibles de las especies plumíferas más grandes. Desapareció el transporte a lomo de llamas, tan esencial hasta los albores de la época salitrera, cuando las empresas ocuparon centenas de arrieros aymaras entregándoles miles de burros para "modernizar" el sistema de transportes (Van Kessel, 1985-a). Actualmente los choferes aymaras son muy buscados por empresas comerciales y mineras para el transporte de mercadería y personas. Muchos aymaras trabajan temporalmente en las minas de la región y otros se ofrecen por temporadas en obras de construcción y vialidad, para conseguir un ingreso monetario que les dé acceso a los artículos de consumo urbano.

Los aymaras, viajeros desde siempre, suelen llevar en sus viajes alguna mercancía para vender y con su importe comprar otra. Muchos transportistas y sus copilotos tienen así un ingreso complementario sustancioso del comercio oportuno que algunas veces es contrabando. Un rubro tradicional de la economía pastoril es la actividad textil. Aunque buena parte de la producción de la fibra de camélidos hoy día se vende sin elaborar, son muchas las comunidades altoandinas donde la mujer, principal encargada del ganado, hila, tiñe y teje las prendas con técnicas y con diseños tradicionales, agregando a sus productos también elementos nuevos para el uso doméstico y para la venta. Sin embargo, la confección artesanal de tejidos y trenzados se reduce poco a poco y muchos jóvenes aymaras estiman que es más económico y más prestigioso usar prendas y cordeles de confección industrial.

Platería y cerámica se elaboran en forma excepcional, aunque sus productos están todavía en uso, especialmente en fiestas y rituales. Esta artesanía está desapareciendo desde hace medio siglo.

Los aymaras siguen construyendo sus viviendas, terrazas, corrales, pircas y canales de riego a espaldas de la economía monetaria, con recursos naturales del lugar y practicando los antiguos sistemas de trabajo prestado en *ayni*, faenas o *minka*, según se trate de construcciones de uso privado o comunal. Un ejemplo interesante de ello es la economía del riego en Chiapa (Martínez, 1987). En el pastoreo existen diferentes formas de organización del trabajo como son las colectivas, el trabajo prestado en *ayni*, en arriendo y a medias. Labores de mantención de infraestructura, como la limpieza de canales, suelen ser colectivos. Antiguas características de la economía aymara son la responsabilidad en el manejo de los recursos naturales, su explotación respetuosa y su uso colectivo, especialmente en lo referido a los campos de pastoreo, aguas, pajas, maderas y leña, gredas y canteras.

En las comunidades pastoriles se practica una mínima agricultura de quinua para el uso doméstico (Lanino, 1977-a; 1977-b), y últimamente de ajo para el mercado. Otros cultivos practicados hasta hace pocas décadas, incluso la papa, están desapareciendo de las comunidades a medida que se facilita el acceso al mercado urbano. En las terrazas regadas de las comunidades agrícolas se cultivan, además de forrajes, maíz, tomate, ajo, orégano, trigo, cebada, zanahoria, cebolla y otras hortalizas. La producción de frutas en los valles bajos como Poroma y Parca que dan peras, membrillos, tunas y granadillas, era destinada mayormente al trueque con productos del altiplano hasta que las oficinas salitreras comenzaron a absorberla. Desde entonces los pastores tuvieron que adquirir las frutas también contra pago en dinero. Ajo y orégano son cultivos impulsados por comerciantes con miras a la exportación. Muchos agricultores han emigrado y dejaron sus chacras en arriendo a pastores de la alta cordillera, que de esta manera se procuran los elementos de su dieta que antes conseguían por el trueque tradicional entre *ayllus* de pastores y agricultores. Las hortalizas producidas en las comunidades agrícolas tienen su salida principal en los mercados urbanos de la región, donde los parientes emigrados se encargan no sólo del transporte sino también de la venta al por menor.

8. LA TECNOLOGÍA

La tecnología que sustenta esta economía es en muchos de sus aspectos de origen andino, aunque desde la época del salitre ha sido notoria la pérdida de las antiguas técnicas agrícolas. La ganadería, con el arte veterinario y el manejo de pastos naturales, se desarrolla básicamente con los recursos de la tecnología tradicional. Entre pastores y agricultores, la medicina humana, la dietética y el uso de la farmacopea andina siguen las pautas de la tecnología andina. En conocimientos de recursos constructivos locales y sus diferentes aplicaciones, para construcciones que han de responder a las exigencias del medio y del clima, la tecnología andina ofrece más ventajas al aymara que la moderna, motivo por el que siguen practicándola. Esta tecnología la vemos ejemplificada en el uso de la piedra, la lana y el cuero.

El uso de la piedra, fuera de la construcción, es sumamente variado. Se usa en morteros, molinos de mano y agua, de diferentes tamaños y para distintos fines. Para el pastor, es el proyectil normal de su honda. En agricultura persisten ciertas herramientas de piedra usadas en la siembra de la quinua y en la limpieza de terrenos cubiertos de malezas xerofíticas. La *kalapurka* es una sopa que se cuece echando una piedra volcánica, calentada al rojo, en la olla. Con piedra filuda se cortan y raspan oportunamente cueros, fibras y carnes. El *puytuku* es el llamado refrigerador andino compuesto de piedras en que la carne, el queso y la leche se mantienen perfectamente frescos y protegidos de la descomposición. En la agricultura de altura, con sus problemas de heladas nocturnas, la piedra tiene utilidades especiales para acumular el calor solar en el día y proteger así en la noche los cultivos de la helada. Los usos domésticos de la piedra son múltiples y muy prácticos. Con piedras se desarrollan los juegos tradicionales, como por ejemplo la *palama*, practicada en días de culto fúnebre. Múltiples mitos expresan la creencia andina de que la piedra es un ser vivo y merece el mismo trato respetuoso que las plantas y los animales (Álvarez, 1987; Galdames, 1987).

El uso de la lana de corderos y la fibra de camélidos para fines domésticos es casi tan variado como el de la piedra. Cueros curtidos con lana se usan como asientos y colchones. También se confeccionan con los cueros trabajos de lujo como cubrecamas y pisos que se ofrecen en venta a los turistas. La lana menuda y de mala calidad se usa para forrar cojines, colchones y muñecas. La lana hilada –sea a mano con huso, con *mismiña*, en rueca, o en torno movido por agua corriente– se usa en trenzados y tejidos. Estos trenzados pueden ser hondas, cordeles y lazos, *ticus* y *chacus*, los dos últimos son para uso específico en el pastoreo. En muchos rituales, considerados como "tecnología simbólica", se usan diferentes tipos de lanas crudas, que según su origen son de colores naturales o teñidos, como también hebras (hiladas en s, o en z) y *caitos* (de dos hebras). Se hacen también varias clases de adornos de lana que se usan en el floreo y la *huilancha*. Los hilados pueden ser finos o gruesos, y más o menos torcidos según el destino que se les quiera dar. Los tejidos que más se producen son frazadas, ponchos, *chuses* (en telar horizontal andino), bayeta y cordellate (en un telar de dos y cuatro pedales, desarrollado por el andino a partir del telar español colonial), prendas de vestir como *aksu, anaku*, faja, *llijlla* y poncho; prendas de adorno y de uso ritual como *chuspa* e *incuña*; talegas, bolsas y sacos para almacenar semillas y víveres. Todos estos artículos se tejen en diferentes modelos de telar andino. A mano, aunque excepcionalmente, se hacen redes de pesca y caza. Se tejen dos tipos de alfombras: el más antiguo con la técnica de *kelim*, y con nudos en una técnica más moderna.

El uso del cuero entre pastores es variado e ingenioso. Lo emplean en colchones, en coberturas de puertas y bancas, en herramientas y piezas de protección personal; en trenzados como amarras, en construcción, como sacos, alforjas y ojotas.

La tecnología practicada por los aymaras es más que un conjunto de conocimientos, habilidades y técnicas puntuales; constituye un sistema propio, y, por tanto, distinto del occidental, oriental u otros; se ha ido formando y desarrollando desde los albores de la cultura Tiawuanaku, con la domesticación de camélidos y la utilización de plantas alimenticias, a partir de una visión propia del medio natural y sus recursos, con objetivos económicos particulares, con el fin de desarrollar valores no materiales y con principios técnicos y éticos propios del hombre andino. Si bien adoptaron posteriormente muchas técnicas de Occidente, y si bien el sistema fue deteriorado por siglos de represión económica y cultural, sigue reconocible como sistema sui géneris más

que nada por su dimensión simbólica. Efectivamente, la tecnología aymara cuenta con un aspecto ignorado en la tecnología occidental científica, como es el simbólico, que en la conciencia del aymara constituye el complemento indispensable de la dimensión empírico-experimental de su tecnología. Ambas dimensiones son igualmente necesarias para obtener con mayor seguridad un resultado óptimo de su trabajo. De allí resulta que en todas las actividades técnico-económicas el aymara desarrolle un ritual de producción, a veces mínimo o apenas percibido, y otras veces amplio, complejo y solemne (Van Kessel,1990-b).

Se explica la funcionalidad del ritual de la producción por la alta sensibilidad del aymara para los valores no materiales de la existencia. Sin menospreciar en ningún momento los valores económicos, que le cuesta tanto producir, él sabe establecer prioridades en la jerarquía de valores. Es particularmente sensible al misterio de la vida, del ser humano y de la naturaleza; al misterio del bien y del mal, del sufrir y de la felicidad. Además tiene mucha sensibilidad para la relación misteriosa que existe entre su propia existencia y su medio natural. Es esta sensibilidad y la valoración del misterio de su existencia, lo que ha creado su peculiar ritual de producción (Van Kessel & Condori, 1992).

9. LAS VESTIMENTAS TRADICIONALES

Solamente los aymaras de la alta cordillera usan las vestimentas tradicionales. Las usan frecuentemente en sus fiestas, pero cada vez menos en sus actividades diarias y comunes. Entre aymaras de la precordillera y emigrados, estas prendas de vestir ya pertenecen al mundo folclórico y a los recuerdos nostálgicos.

Para la mujer el vestuario consiste en un *akso* de color negro o café oscuro con un borde fino multicolor. En la cintura se amarra una faja de vivos colores, ricamente adornada, que es una obra artística de tejido. En el pecho, cerca de los hombros, dos *tupus* –prendedores de plata de hechura artesanal– cierran el vestido. El amplio pliegue del *akso* sobre la cintura permite guardar objetos menores de valor y de pertenencia personal. Un collar de muchas vueltas, de perlas de fantasía en colores blanco o salmón, llamadas *wallka*, adorna el cuello y el pecho; aretes de platería artesanal las orejas. El pelo lo peinan en dos largas trenzas que en las puntas se juntan con un adorno de lana negra trenzada –la *tulpa*– y perlas de fantasía. La *wallka* se usa, a la vez, como detente o protección contra fuerzas dañinas. La cabeza y las espaldas, hasta la cintura, están cubiertas con un manto que en su borde inferior lleva una franja de vivos colores. Todas estas prendas de vestir son tejidas en casa y muestran el arte y la destreza de su portadora y por lo mismo son el orgullo del esposo. Por los diseños se conoce inmediatamente la comunidad de origen de la mujer. La *llijlla* es un tejido cuadrado en que la mujer lleva en la espalda a su *guagua* y su equipaje personal, tanto durante sus andanzas como en su trabajo diario en la casa o en el campo. La *llijlla* es del color natural de la lana y tiene un diseño en franjas paralelas de colores, que da a conocer también el lugar de origen de la mujer. La máxima expresión de la simbología y estética textil aymara se encuentra en las fajas, las *llijllas* y las talegas de la región (Cereceda,1978; Medvinsky, 1977).

Los hombres visten pantalones oscuros de bayeta, amarrados con una faja ancha que refuerza también la cintura y que sirve para guardar pequeños objetos de valor y dinero. Llevan la cabeza doblemente cubierta, con *chullo* y sombrero, y un poncho monocromo en los colores naturales de la lana, ya sea gris, café o color vicuña, adornado con unas franjas mínimas verticales de colores. En el pecho cuelga la *chuspa* o bolsa de coca de tejido fino y diseño delicado. El cuello se abriga con una bufanda de cordellate. En el camino o en el campo, el hombre suele llevar un *kepe*, que es una prenda comparable a la *llijlla* de la mujer y que sirve también para llevar el equipaje personal. El pastor lleva lazo y honda cruzados sobre el pecho cuando va al campo y cuando participa en las costumbres rituales del pastoreo. Ambos son trenzados de lanas de varios colores naturales: negro y blanco, gris y café. Especialmente las hondas son prendas de valor ritual y muestran la elegancia, el refinamiento y el simbolismo del arte textil aymara andino. Los diseños son tan antiguos como variados y sofisticados. Hasta hoy día se realiza casi la totalidad de los que fueron registrados por D'Harcourt (1962).

Si el hombre cumple un cargo de autoridad, lleva un chal de color vicuña, en lo posible de lana genuina de vicuña que es muy escasa y preciosa. El bastón de mando, llamado "santo rey", es otra señal de autoridad superior. Hombres y mujeres calzan ojotas y los calcetines no son parte de la vestimenta tradicional. Sin embargo, en los meses de invierno muchos pastores llevan calcetines sin pie o ro-

dilleras de lana, tejidas a palillos para protegerse del viento helado y del intenso frío.

10. LA VIVIENDA

La casa habitacional, *uta*, consiste en varias piezas construidas todas como módulos independientes: cocina, dormitorios y despensa. La forma más sencilla de la casa es la de una sola pieza rectangular, con techo de dos aguas. La puerta se encuentra en medio del lado más largo y mira hacia el oriente para recibir en la mañana los primeros rayos solares. Para defenderse mejor del frío, no está provista de ventanas. La construcción es de adobe, sobre una base de piedras y sin otros ligantes que el barro mezclado con greda. Las vigas que sostienen el techo son de palos de *keñua*, el árbol de la cordillera (*Polylepis incana*), cuya madera es tan dura que no penetran clavos, de modo que los palos se amarran con tiras de cuero mojado que al secar se encogen y afirman las piezas en su lugar. Sobre los palos se colocan planchas de barro y paja, luego sigue una capa de paja menuda y finalmente la capa superior de paja brava pegada con barro con que el techo resiste lluvias y nevadas, vientos y heladas, y ofrece a la vez abrigo y frescura contra el sol inclemente de la cordillera. El sello del techo, que es donde converge la paja brava, es un montículo de barro con una cruz de madera que se encuentra en el centro de la viga superior. De este modo, el viento no tiene entrada para soltar la paja y la cruz protege contra todo mal cual pararrayos simbólico. Dos flores de lana, llamadas "aretes", adornan el interior del techo, una a la altura de la puerta y otra al lado opuesto. Esto se debe a que la casa es considerada como persona. La "señora casa" recibe sahumerios, libaciones y adornos, para expresar el respeto y cariño de los habitantes hacia ella. La casa abriga, cría, da origen a la vida y es como una madre, es parte de la Madre Tierra y la matriz de la nueva vida. El principal material de construcción es tierra, es decir, parte de *Pachamama*.

Al exterior del muro oriental se encuentra un poyo de adobe que permite sentarse al abrigo del viento que suele soplar desde el occidente. Los muros exteriores pueden ser estucados con barro.

El interior es sencillo. Sobre el suelo, que es de tierra pisada, se encuentra una fogata de cocina, algo fuera del centro. Las viviendas más humildes no tienen chimenea, de modo que la casa se llena de humo y hollín. Contra

Figura 9. Vestimenta tradicional festiva de la mujer.

Figura 10. Ayquina: canal de riego con acueducto.

Figura 11. Tecnología: herramienta de piedra para abrir la tierra dura en la siembra de la quinua.

los muros cortos están las camas que son bancas anchas de adobe que pueden ser huecas y dar abrigo a los cuyes que viven allí alimentándose con los restos de la cocina. Estas camas se cubren con cueros y lana a modo de colchón, encima se ponen frazadas, *chuses* y ponchos para cubrirse en la noche. Las cabeceras con las almohadas –bolsas de lana menuda– se encuentran en ambos extremos de la cama que da cabida al menos a cuatro y hasta a seis niños. La segunda cama, ubicada al otro extremo de la pieza, la ocupan los padres y en su caso la *guagua* de pecho. Poyos cubiertos de ponchos o cueros se encuentran también en el interior de la pieza, a lo largo de los muros. La vajilla y utensilios tradicionales consisten en unas tinajas para el agua, ollas de diferentes tamaños y platos hondos, todo de greda, además de cuchillos, cucharones y cucharas para comer. Gran cantidad de prendas de vestir, ponchos y trenzados cuelgan de cordeles de lana tendidos sobre las camas contra las paredes cortas. Algunos elementos comestibles guardados en bolsas de lana cuelgan de unos clavos en el muro. Una

vela y unos pequeños objetos de valor pueden observarse en algún nicho en la pared. En el patio exterior puede haber un horno en cúpula para hacer pan y asar carne en días festivos. En este patio también se guarda el combustible para la cocina consistente en leña de tolas o arbustos xerofíticos y yareta (*Azorella compacta*).

La casa más simple es la así descrita, pero pronto se ve ampliada con uno o dos módulos similares que se encuentran en línea con la primera pieza. Estos pasan a ser la despensa y la cocina donde se come y se conversa en momentos de descanso en el atardecer. La tercera pieza será reservada para dormitorio, aunque las camas en la cocina también siguen en uso. Al crecer la familia y haber hijos casados con nietos que viven el primer tiempo en la casa, puede construirse un segundo dormitorio y aun un tercero, ya no en línea con los anteriores, sino en forma de L, o de U, de modo que se organiza un patio semicerrado, abrigado del viento y calentado por el sol de la mañana. Mediante un muro con una puerta de acceso es posible cerrar este patio de manera que sirva para guardar animales en la noche y ofrezca más privacidad.

La despensa no tiene ventanas, pero los dormitorios pueden tenerlas aunque éstas suelen quedar cerradas con tablas. De este modo, un dormitorio puede transformarse en comedor para visitas en días festivos.

En la actualidad están apareciendo algunos elementos modernos como los techos de zinc que no aislan bien de la temperatura exterior, las camas catre y las cocinas de barro con plancha metálica y chimenea. Las gredas se remplazan poco a poco por latas para almacenar el agua, ollas de aluminio y platos de loza. Cajones de madera y cajas de cartón se agregan al interior para guardar ropas y otras pertenencias.

Kamana se llama la casa de dimensiones más amplias, en tanto que la *paskana* suele ser de una sola pieza. La *uta*, en cambio, es generalmente de varias piezas. En la zona que se extiende desde Isluga hasta Lirima se encuentran todavía casitas redondas, generalmente no habitadas, que dan testimonio de la presencia de los chipayas en el pasado.

11. LA MÚSICA

La música y el baile no son simple diversión sino que forman parte integral del ritual y de las fiestas religiosas. En las fiestas patronales encontramos varios conjuntos musicales de diferentes tipos. El más antiguo y prestigioso de ellos es el conjunto de *lichiguayos*, que son flautas largas de 60 ó 70 cm. Los músicos tocan su música sencilla y pentatónica bailando en dos filas o en círculo, manejando cada uno simultáneamente el *lichiguayo* y el tamboril. El segundo conjunto en prestigio que aparece en estas fiestas es el de los *lakitas*, que tocan zampoñas afinadas en pares compuestos de *ira* y *arka*. Este conjunto actúa en doble fila, acompañado de un bombo. El tercer conjunto que opera en las fiestas patronales es la banda de bronces.

En el floreo y en la *quillpa*, ceremonia de la marcación del ganado, se toca solamente la bandola que es un instrumento de 16 cuerdas derivado de la guitarra y de confección local.

La bandola acompaña los cantos de alabanzas al ganado y al pastor, como también los bailes que se ejecutan en el corral y en el patio del pastor, imitando la tropa de los camélidos.

En Carnaval se escucha el *pinguillo* o la *kena* que acompaña el baile y los cantos correspondientes. Puede presentarse también un conjunto de tocadores de *tarkas* –la *tarqueada*–

que baila con su propia música. Los bailes del floreo y de Carnaval son de grupos que se mueven en forma circular. Los hombres sin excepción deben saber tocar algún instrumento, aunque sea solamente el bombo. Las mujeres no tocan instrumentos musicales, pero cantan y bailan.

Todos los instrumentos musicales, excepto los bronces, son de confección local. Los músicos que disponen de instrumentos de bronce son muy solicitados y bien pagados en las fiestas de los santuarios de La Tirana, Las Peñas y Ayquina, donde encontramos centenares de ellos durante los grandes peregrinajes, para acompañar con su música los bailes religiosos ejecutados por los mestizos urbanos que allí se concentran.

12. RITOS DE PRODUCCIÓN

Los rituales de producción forman parte inseparable de la tecnología aymara, tanto que aparecen como la dimensión simbólica de ella. Estos rituales tienen múltiple funcionalidad económica y cultural, pero más que nada garantizan el carácter comunitario de la tecnología y la economía, aseguran la participación responsable de cada comunero en el proceso productivo e insertan y subordinan los valores económicos y materiales al sistema de valores culturales, éticos y religiosos. Todas las actividades económicas son acompañadas de un ritual productivo, por mínimo que sea: la construcción de una casa, un corral, o una terraza; la apertura de un canal, un viaje que se inicia, una jornada de siembra en la chacra, el aporque, la desyerba o el riego. Las grandes ceremonias para suplicar un año agrícola o ganadero favorable y para dar gracias por el año productivo, son la iniciación del año, el Carnaval, la Cruz de Mayo, la fiesta de la limpieza de los canales, la "llamada de la lluvia", la marcación del ganado y el floreo.

La iniciación del año agrícola (día 1 de agosto) puede celebrarse con el sacrificio de una llama gris, el color de la lluvia anhelada, e incluye por lo menos una mesa con ofrendas para la *Pachamama* y los "cerros". En un rito particular se recuerda a los abuelos difuntos, sus consejos y modos de trabajar. La ceremonia se celebra en un cerro y al aire libre y la presiden el Inca y la Coya, dos figuras de piedra vestidas con prendas de autoridades que reciben también su plato de comida, su coca y su brindis. Mediante la interpretación de indicadores meteorológicos y la lectura de la coca, se busca predecir a mediano y largo plazo el clima del año que se avecina. Se pretende saber si vendrá con buenas lluvias o con heladas y granizadas; seco o con lluvias locas que hacen daño, adelantadas, atrasadas o a su tiempo. Bailando y cantando, se realiza un cuadro vivo de la cosecha esperada, y así se adelanta en forma simbólica la "bendición" esperada, para apoyar y garantizar su realización.

Las fiestas de Carnaval dan comienzo a la época de la cosecha. Son una alegre acción de gracias y a la vez una primera evaluación ritualizada. Los agricultores dan gracias a la *Pachamama* por las primicias de frutas, papas y choclos que se exponen con orgullo. Es fiesta de alegría, encabezada por un personaje alegórico, el "Tío Carnaval", que llega al pueblo en un burro y que se retira al término de la fiesta. Hay cantos alusivos e improvisados con rondas de baile.

La Cruz de Mayo, celebrada a partir del día 3 de mayo, es la fiesta de acción de gracias por la cosecha que se recogió. Las cruces protectoras que durante el año se encuentran en los cerros y que son las sucesoras de los *mallkus* –espíritus protectores de los cerros– son bajadas en procesión, pintadas frescamente de verde –color de la vida y la vegetación– revestidas como personas con un manto nuevo y adornadas con flores y frutas. Así las cruces –y antiguamente los *mallkus* – presiden durante una semana los homenajes y la fiesta grande del octavo día, cuando son acompañadas con música hasta su lugar en el cerro. En el *pachallampe*, otra variante del ceremonial de la cosecha, se evalúa ritualmente el año agrícola. Igual que otros ritos de producción considerados autóctonos, el *pachallampe* ha integrado elementos rituales de Occidente (Álvarez, 1987).

Las ceremonias de la limpieza de canales se hacen en el solsticio de invierno, en o alrededor de la fiesta de Santiago, el día 25 de julio. Es un culto al agua que da vida y a la Madre Tierra, y va unido al trabajo de limpieza realizado en dos equipos –*arajsaya* y *manqhasaya*– de modo que el ritual refleja y refuerza toda la estructura social de la comunidad (Lagos *et al.*, 1988).

Hay veces que la lluvia tarda en llegar hasta noviembre o los primeros días de enero, y entonces se organizan súplicas con ayunos y amplias ceremonias que expresan en símbolos la esperanza del cambio de vientos. La intención es ayudar a restaurar el equilibrio del clima.

Entre pastores, los grandes rituales de producción son la *quillpa* o marca del ganado joven, y el floreo, en que los animales de la tropa son adornados con flores de lana en colores vivos. Es una fiesta a la fertilidad en que casan simbólicamente a los padrillos de la tropa. La fiesta va acompañada de una *huilancha* a la *Pachamama*: la sangre es para ella, para "los lugares", que son las partes más generosas en pastos, y para los cerros personificados en los *mallkus*; la carne se come en banquete ritual y los huesos son quemados en ofrendas o enterrados ritualmente esperando que den origen al nacimiento del nuevo ganado, como la semilla que se entierra. Preside simbólicamente la mesa de la autoridad un puma o gato montés embalsamado, que lleva el título y todos los implementos del *awatiri* –el pastor de la tropa–, y que recibe los honores correspondientes. Por otra parte, los dueños del ganado dirigen las ceremonias religiosas y sociales de la fiesta que se da "en honor a la tropa" y "para tenerla grata". Parte de esta fiesta que se celebra el 24 de diciembre a medianoche, es la confección de camélidos en greda. Se espera que en el año venidero nazcan los animales con las mismas características y abundancia expresadas en estas imágenes votivas, que con libaciones y *challas* y después de ocho días de homenaje, son guardadas con cuidado en la casa del pastor o en el templo. La ceremonia de la Noche Buena se llama "hacer nacimiento".

Las fiestas patronales, la celebración de la Semana Santa y del Día de Todos los Santos y el de los Difuntos (1 y 2 de noviembre), son completados con múltiples ceremonias y súplicas, con bendiciones de las semillas y con sahumerios, ofrendas y *challas* por la prosperidad del campo, el ganado y la chacra (Van Kessel, 1992-b).

13. RITOS DE PASAJE

El aymara definiría su tecnología agropecuaria como "saber criar la vida". Parte esencial de este saber se refiere al ritual de producción que ha de acompañar las técnicas empíricas tradicionales. La vida humana que se cría en la intimidad de la casa, la matriz de la *Pachamama*, exige tanto o más cuidado y saber. Para los momentos de mayor riesgo –embarazo, nacimiento, destete, primer corte de pelo (el *ruytucho*), matrimonio, enfermedad y muerte– el aymara dispone de antiguas costumbres religiosas y de técnicas empíricas caseras como apoyo psicológico, económico y social, dietética, medicina homeopática real y simbólica, oraciones, amuletos, sahumerios y ofrendas a las divinidades del lugar y de la casa.

El partero –hombre o mujer– y la madre de la parturienta son las personas que suelen acompañar el proceso de nacimiento que tradicionalmente se realiza con la madre sentada en cuclillas sobre la tierra misma, que es la madre universal y que recibe primero al ser que nace. La placenta es enterrada con cenizas en un lugar retirado de la casa y el cordón umbilical disecado es guardado como "un secreto" y un "remedio" de mucho valor. El partero "echa el agua" a la criatura, costumbre precolonial que fue reinterpretada como bautismo de emergencia. El primer corte de pelo se efectúa después del destete, a un año de edad o algo más, y el niño recibe entonces a su primer padrino. El bautizo católico apadrinado por otras personas de respeto –en lo posible un matrimonio de otra comunidad: así los compadres van tejiendo la red de sus relaciones sociales– suele tener lugar en la oportunidad de la fiesta patronal y tiene un carácter más público.

El matrimonio se realiza en etapas, comenzando muchas veces con un pololeo en los bailes de las fiestas patronales o en Carnaval. Es frecuente el caso en que la novia, al estar encinta, pasa a vivir en la casa de sus suegros, previo acuerdo entre éstos y sus padres. Un paso en la formación del hogar es también la inscripción del niño que nace en el registro civil y luego, aunque puede ser unos años más tarde, se realiza el matrimonio civil. Cuando el nuevo hogar está completo con el nacimiento del primer hijo, o aun del segundo, ambas familias les ayudan a construir su casa propia, cerca de la casa paterna del novio. La inauguración de la nueva casa es una fiesta ritual que tiene casi sentido de boda y de comienzo del matrimonio mismo. Todos los comprometidos en la construcción, hombres, mujeres y niños, participan en la boda. La novia sale de su propia comunidad y entra a pertenecer a la comunidad del novio. Es tradición que la pareja esté casada por la Iglesia antes de recibir su primer cargo festivo de alférez. Este último paso en que culmina el proceso de la formación del hogar, puede ser postergado en cinco o diez años.

En caso de enfermedad seria, se solicita el servicio del *yatiri* que procede a diagnosticar el mal y a definir su origen en una simple ceremonia religiosa usando coca y alcohol. La lectura de la coca y la conversación personal, se confunden en una especie de consulta, consejo y consuelo. Según el caso y la especialidad del *yatiri*, éste puede encargarse de una

ceremonia llamada "salud misa" o mesa con ofrendas para recuperar la salud que se presenta a la *Pachamama* y tiene por fin la restauración de algún desequilibrio moral o ritual que ha sido perturbado. La primera preocupación es conocer y eliminar la raíz "espiritual" del mal. Sin ello no puede haber mejoría duradera, en ninguna enfermedad. La "salud misa" es un ritual impactante para el enfermo y sus parientes y tiene efectos psicológicos y éticos. Es una verdadera "medicina simbólica" (Rösing, 1989), tan necesaria y tan efectiva –según el aymara– como los rituales de producción y la tecnología simbólica en general. Además de la "salud misa", el *yatiri* aconseja también la terapia a seguir y sabe distinguir las enfermedades que solamente se tratan en el hospital, de aquéllas que se atienden en casa y que el médico clínico "no conoce", como el susto, el empacho y el embrujo.

El último, el ritual mortuorio, es el más extenso y complejo. Se distinguen diferentes tipos de muertos, según edad y condiciones morales en vida: los condenados, los angelitos, los "moritos" (niños muertos sin bautizo), los abuelos (próceres de la familia), los gentiles (indígenas precolombinos, paganos), y las almas o animitas en general, cuyo ritual mortuorio se describe a continuación (Van Kessel 1992-b).

Después de lavar y vestir el cadáver, este ritual consiste en un velorio con juegos alusivos que son a la vez expresiones simbólicas muy entretenidas; luego se realiza el entierro acompañado por la comunidad entera y con banda de bronces, y la comida comunitaria en casa del difunto. El difunto lleva en el ataúd una muda de ropa limpia para cambiarse después de un largo viaje y aparecer bien vestido ante el Señor. Al octavo día tiene lugar el "lavatorio", ocasión en que se lava la ropa del difunto. Entonces se realiza un nuevo velorio nocturno con todas sus pertenencias sobre una mesa cubierta con paño negro y con flores, velas y agua. El mismo día octavo tiene lugar la *paigasa*, que es la despedida, representada por una persona de respeto que hace las veces del difunto y que se pone desde la madrugada su poncho y sombrero. El rito que es como un juego consiste en la preparación de un largo viaje del finado y su despedida. El doble del difunto, ayudado por los parientes, carga un llamo macho con todas sus pertenencias personales, con *charqui* tostado en su alforja, coca en su *chuspa*, sus instrumentos musicales en el *kepe* y su perro amarrado. En la carga van, aparte de la ropa, los telares y herramientas de trabajo. Familiares y comuneros lo en-

Figura 12. Vestimenta tradicional de la autoridad: el *kuraka* con su esposa.

Figura 13. Vestimenta tradicional común de la mujer.

Figura 14. Textilería: el telar español de cuatro pedales, remodelado, hecho móvil y portátil.

caminan hacia el poniente. Luego se hace un alto en el campo, donde carnean el llamo sin desmembrar el esqueleto. Se comen la carne asada, cosen el cuero del llamo, lo enderezan y lo cargan de nuevo con las cosas del muerto, que actúa siempre como persona central por medio de su representante. Pasan el resto del día jugando un juego especial, el *palama*, y al atardecer el representante despide al difunto aconsejando a su esposa e hijos. Estos vuelven a casa sin mirar atrás, mientras el llamo, el perro y todas las pertenencias del finado son quemados al anochecer en una gran hoguera levantada hacia el poniente. El muerto viaja en ese momento "a la costa para cruzar la gran *cocha*".

Las tres primeras fiestas de las almas (1 de noviembre) y los primeros aniversarios del día de la muerte, son de atención especial para los "muertos nuevos". Se celebran con oraciones en la casa y tumba del finado, con el juego del *palama*, velorio y comida con platos preferidos del difunto que se le ofrecen a él y con visitas musicales y ceremonias a la tumba.

14. RITOS "RELIGIOSOS"

En su ritual el aymara distingue "religión" de "costumbres", ello entonces da a entender que está consciente de un sustrato autóctono y otro estrato cristiano posterior que juntos forman hoy día su cosmovisión y sistema religioso como un todo integrado. Esto merece el nombre de liturgia (Van den Berg, 1990).

Su religión sufrió profundas heridas por las campañas de erradicación de idolatrías del siglo XVI y XVII, heridas que cicatrizaron en los siglos siguientes, en la época de la "parroquia rural tolerante y estacionaria" (Van Kessel, 1989). El catolicismo sincrético del aymara tiene como vehículo para su ritual y mitología, formas culturales autóctonas entretejidas con otras de origen español que, juntas, constituyen un solo tejido. Es tanto, que sería inapropiado desglosarlo para distinguir entre elementos autóctonos y occidentales. Sería constituirla en un método similar a la vivisección, que desconoce y elimina el significado actual del fenómeno religioso vivo.

El sincretismo aymara se expresa especialmente en las fiestas patronales, la celebración de la Semana Santa y la de los muertos. Todas ellas son fiestas comunitarias celebradas en el templo y el cementerio y bajo la dirección del sacerdote católico o su remplazante. Aparte de ello, los sacramentos administrados en sus comunidades por la Iglesia Católica –bautismo y confirmación, confesión y eucaristía, matrimonio y extremaunción– son para el aymara también parte de la "religión", aunque sólo tres de éstos los siente necesarios para completar las "costumbres" de pasaje: el bautismo, el matrimonio y la extremaunción.

1. Las fiestas patronales son aquellas que celebran al santo patrón, que es titular de la parroquia o templo. En los pueblos de la precordillera estas fiestas caen en el solsticio agrícola de invierno. Las principales son: San Antonio (13 de junio), San Juan (24 de junio), San Pedro y San Pablo (29 y 30 de junio), Santiago (25 de julio), la Virgen Asunta (15 de agosto) y San Nicolás de Tolentino (10 de septiembre). Entre los pueblos de pastores, las fiestas patronales se celebran en verano, entre el 24 de noviembre, en que Cariquima celebra San Juan, y el 2 de febrero, día de la Virgen Candelaria, que se celebra en Cultane y en varios pueblos más. Si por accidente un pueblo de la cordillera tuviera un santo de invierno, su fiesta sería celebrada simplemente unos seis meses después. Existe un sistema de visitas en que el santo de los agricultores peregrina con su romería al santo de los pastores con el que han tenido tradicionalmente relaciones de intercambio. Así San Juan de Chiapa visita a San Juan de Cariquima, pero no al revés. Los santos de la cordillera no bajan a visitar a los de la precordillera porque tienen una jerarquía superior. Sin embargo los pastores participan en forma masiva y con sus conjuntos musicales en la fiesta patronal de los agricultores con que están relacionados.

La fiesta patronal comienza en la noche de la antevíspera, con un ritual complejo que en mucho recuerda sus orígenes precolombinos. Luego sigue la víspera, la celebración del día principal y las ceremonias posteriores de la clausura.

Las ceremonias de la antevíspera comprenden las ofrendas y homenajes sucesivos a todos los espíritus protectores de la comunidad: Templo y Torre, santos, cabildo de la Santa Plaza, Calvarios, *mallkus*, serenos y *Uywiris*. Se dedican reverencias y libaciones también a la casa de sesiones, la *kamana*, y a las dos mesas de autoridades, una de los hombres y otra de sus esposas. Hay reverencias de bienvenida entre autoridades y comuneros y homenajes a los fundadores de la comunidad y a los antepasados. Parte esencial es también la bendición de los instrumentos que hace el Sereno, su bautizo con alcohol, llamado "curación", y su inauguración. Al anunciarse el alba, las autoridades con su comitiva musical se dirigen al calvario del santo respectivo para hacer penitencia, recibir las "reliquias" (una libación) del santo para realizar un sacrificio de sangre. Así amanece el día de la víspera.

En la tarde de este día se efectúa la "entrada de cera", que es el adorno del templo en una ceremonia comunal. Al anochecer, el culto nocturno llamado "víspera" –a cargo del sacerdote o su remplazante– seguido por una sesión solemne en la plaza, con música y baile, con dos fogatas "para calentar la Santa Tierra que va a parir" y con vueltas musicales alrededor de templo, torre y plaza. A media noche finaliza esta sesión y sigue el baile y las ceremonias en la *kamana*, hasta el amanecer.

En la madrugada del día principal, autoridades y comuneros se sirven la *kalapurka*, un desayuno comunitario muy contundente, y se preparan para la "misa de gloria" a la que sigue la procesión con los santos. Al finalizar ésta, el alférez de la fiesta –el *pasiri*– entrega el estandarte, símbolo de su dignidad, al candidato para el próximo año –el *katuriri*– previa aprobación de la comunidad.

Posteriormente se repite la sesión solemne en la plaza, seguida por una comida colectiva llamada "boda".

Al día siguiente, la gente se dirige temprano al cementerio para un homenaje musical con ofrendas a sus antepasados. Sigue un partido de fútbol que remplaza al antiguo *tinku* o batalla ritual y a continuación el "mercado de las baratillas" en el calvario, que es un juego que expresa las expectativas y esperanzas que cada cual fomenta en su interior y espera así la bendición del santo sobre sus proyectos. La *cacharpaya* es la partida ritualizada de las visitas de pueblos amigos al regresar a sus lugares como han venido, en procesión musical (Van Kessel 1992-b).

2. La Semana Santa se celebra con más despliegue litúrgico en la precordillera, especialmente en las antiguas parroquias. Comienza el día Jueves Santo con un culto que escenifica la última cena. El Viernes Santo se recuerda con penitencias la muerte de Jesús crucificado. La ceremonia se inaugura a medio día con dos procesiones simultáneas, una de los hombres que acompañan a la Cruz de Jesús, y la otra de las mujeres acompañando el anda de María, la Virgen de Dolores. El encuentro de ambas procesiones e imágenes reproduce el cuadro bíblico del vía crucis. La imagen de Jesús, en tamaño natural, es llevada al templo donde se recuerda su muerte. Al anochecer siguen la "bajada" de la imagen de

la cruz y el velorio de Jesús en una urna de cristal. Pasada la medianoche se realiza la procesión del entierro en la que se lleva la urna por el pueblo para depositarla finalmente en una capilla. En la madrugada del Domingo de Resurrección se realiza la *huilancha* con un cordero blanco, seguida por la "misa de gloria". Esta celebración de la Semana Santa, creación española, se cumple en su forma completa solamente en los pueblos principales de la zona, como Codpa, Belén, Pica, Parca y pocos otros más.

3. La fiesta de los muertos se celebra con comida, oraciones, música y juegos en la casa, que es visitada el día 1 de noviembre por todas las almas de los antepasados, y el día 2 por los "angelitos". Después del mediodía se traslada la fiesta a las tumbas en el cementerio donde se despide a las almas con música, velas, flores, agua, coca, alcohol puro, bebidas y con "un sombrero nuevo" (una corona floral colgada a la cruz). El sacristán suele rezar y cantar las oraciones correspondientes y rociar la tumba con agua bendita, ceremonia llamada "responso" (Van Kessel 1992-b).

CONCLUSIÓN

Actualmente, las pautas culturales de los aymaras chilenos descritas más arriba están sujetas a cambios que ocurren, no sólo desde dentro de la comunidad (como necesariamente sucede por la historicidad misma de los fenómenos culturales), sino por presiones externas de "modernización". Este proceso de cambio exógeno se desarrolla con gran rapidez, tanto que cabe preguntarse qué perspectivas de sobrevivencia tiene la cultura aymara en Chile.

Sin embargo, junto con el éxodo de muchísimos aymaras chilenos a la ciudad y su integración cultural a la sociedad urbana; en el momento de mayor presión transculturizante y del derrumbe definitivo de las estructuras sociales de la comunidad andina; al tiempo de una corriente de investigaciones antropológicas jamás vista antes en Chile (Arriaza, 1990) dedicadas desde 1973 al "pueblo aymara en vías de extinción", hay brotes inesperados de una conciencia renovada de identidad aymara, tanto en la ciudad como en el campo. Al mismo tiempo numerosas organizaciones no gubernamentales, nacionales y extranjeras, aportaran su apoyo efectivo al desarrollo de la comunidad andina haciendo la competencia a los programas asistenciales oficiales del gobierno militar. Se presenta así una nueva situación para los aymaras. Su identidad étnica ya no aparece tan despreciada y puede ser provechosa. Por otra parte, el peligro y la angustia de perderla parece despertar un movimiento renacentista entre los propios aymaras. Prueba de ello son las nuevas organizaciones aymaras –sociales, culturales, económicas y políticas– que nacieron en el campo y la ciudad. Otros indicios del mismo proceso son, por ejemplo, la participación aymara en el proceso preparatorio de una nueva legislación indígena en Chile iniciado en 1989, y el debate público sobre los problemas de la legislación de aguas, la exportación de camélidos y el sistema de educación pública. En sus entrevistas con autoridades y en tribunas públicas, los nuevos dirigentes sociales aymaras hacen uso de un discurso diferente que incluye una autoidentificación acentuadamente étnica y argumentos basados de manera precisa en su identidad. Todo esto justificaría la hipótesis del sociólogo Eugenio

Roosens, teórico de los fenómenos contemporáneos de reetnificación, que dice: "Mientras la etnicidad ayude a conquistar una posición económica y social más favorable en la sociedad nacional, los aymaras movilizarán la idea y el argumento de su cultura y su identidad étnica para mejorar su posición". Roosens demuestra cómo se construye la etnicidad haciendo uso instrumental de la tradición, ya folclorizada, con el fin de adquirir más recursos para el desarrollo y la modernización. Y concluye: "Grupos étnicos se perfilan más y más y acentúan su identidad cultural, a pesar de su desgaste" (Roosens; 1986,180; Trad. JVK).

¿Funeral o renacimiento? Podría argumentarse que, por la política gubernamental y la acción de la sociedad circundante, la comunidad aymara y sus estructuras sociales fueron definitivamente desmanteladas. Sin embargo, no estamos frente a una nivelación acabada, ni a la chilenización pura y simple, sino frente a múltiples brotes de un fenómeno de reetnificación de los aymaras de Chile.

BIBLIOGRAFÍA

ÁLVAREZ MIRANDA, Luis
1987   El mito del Pusiri Collo y la fiesta del Pachallampe: aculturación andino-hispana en el poblado de Socoroma; en Revista Diálogo Andino, Nº 6. Universidad de Tarapacá, Arica, Chile; pp. 80-90.

ARRIAZA, Patricio
1990   Bibliografía básica para el estudio de los aymaras en Chile; Iquique, Crear.

BERG, Hans van den
1990   La tierra no da así no más. Los ritos agrícolas en la religión de los aymara-cristianos. CEDLA, Latin America Studies Nº 51; Amsterdam.

BERTONIO, Ludovico
1956   Vocabulario de la lengua
(1612)   aymara. Ed. facsimilar, La Paz, Bolivia.

CERECEDA, Verónica
1978   Sémiologie des tissus andins: les talegas d' Isluga;

en Annales Economies Sociétés Civilisations, Nos 5-6; Armand Collin, París, pp. 117-199.

CONTRERAS, Carlos
1974   Arquitectura y elementos constructivos entre los pastores de Pampa Lirima (Provincia de Tarapacá); en Revista Norte Grande, Nº 1, Universidad Católica de Chile, Santiago; pp. 25-33.

CORFO
1982   Información básica sobre la ganadería de la I y II Región de Chile. Corporación de Fomento de la Producción; Santiago.

D'HARCOURT, Raoul
1962   Textiles of ancient Peru and their techniques; Univ. of Washington Press; Seattle-London.

GALDAMES ROSAS, Luis A.
1987   Vitalidad de la piedra y petrificación de la vida: notas sobre mentalidad an-

dina; en Revista Diálogo Andino, Nº 6; Universidad de Tarapacá. Arica. pp. 128-143.

GONZÁLEZ REYES, Julián
1987   Los hijos de la desintegración cultural: jóvenes emigrados aymaras; CIREN, CIS Nº 23. Iquique, Chile.

GREBE, María Ester
1986   Migración, identidad y cultura aymara: puntos de vista del actor; en Revista Chungará, Nos 16-17; Universidad de Tarapacá, Arica; pp. 205-223.

GRILLO FERNÁNDEZ, Eduardo
1989   Cosmovisión andina y cosmología occidental moderna; en PPEA-PRATEC, Manejo campesino de semillas en los Andes; PPEA-PRATEC, Lima, Perú; pp. 17-38.
1990   Visión Andina del paisaje; en PRATEC-PPEA-PNUMA: Sociedad y Naturaleza en los Andes; PRATEC, Lima, Perú; pp. 135-167.

GRILLO FERNÁNDEZ, Eduardo y RENGIFO VÁSQUEZ, Grimaldo
1988   Agricultura y cultura en el Perú; en PRATEC: Agricultura andina y saber campesino; PRATEC, Lima, Perú; pp. 13-50.

GUERRERO, Raúl
1986   Los camélidos sudamericanos y su significación para el hombre de la puna; en Revista Diálogo Andino, Nº 5; Universidad de Tarapacá, Arica, Chile; pp. 7-90.

GUERRERO, Bernardo
1989   Las campanas del dolor. Violencia y conflicto en los Andes chilenos; CIREN, Iquique, Chile.

GUERRERO, Bernardo & VAN KESSEL, Juan
1987   Sanidad y salvación en el altiplano chileno. Del yatiri al pastor; CIREN, CIS, Nº 21; Iquique. Chile.

GUNDERMANN, Hans
1986   Comunidades ganaderas, mercado y diferenciación interna en el altiplano chileno; en Revista Chungará, Nos 16-17; Universidad de Tarapacá. Arica; pp. 233-250.

KESSEL, Juan van
1985-a Los aymaras contemporáneos de Chile (1879-1985): su historia social; CIREN, CIS Nº 16; Iquique, Chile.
1985-b Medicina andina; CIREN, CIS, Nº 13; Iquique, Chile.
1988   Tecnología aymara. Un enfoque cultural; en Revista Hombre y Desierto Nº 2; Universidad de Antofagasta, Chile; pp. 41-57.
1989   La Iglesia Católica entre los aymaras de Tarapacá; Rehue, Santiago.
1990-a Los aymaras bajo el régimen militar de Pinochet (1973-1990); CIREN, CIS Nº 29; Iquique, Chile.
1990-b Tecnología aymara. Un enfoque cultural; en Javier Medina (ED.): Tecnología andina. Una introducción; Hisbol, La Paz; pp. 143-226.
1992-a Holocausto al progreso. Los aymaras de Tarapacá; Hisbol, La Paz.
1992-b Cuando arde el tiempo sagrado. Mitos y ritos de Tarapacá. Hisbol, La Paz.

KESSEL, Juan van & CONDORI CRUZ, Dionisio
1992   Criar la vida. Trabajo y tecnología en el mundo andino. Vivarium, Santiago.

LAGOS CARRIZO, Reinaldo y OTROS,
1988   La limpia de canales y acequias de Santiago de Río Grande; en Revista Chungará, Nº 21; Universidad de Tarapacá, Arica; pp. 43-78.

LANINO, Ítalo
1977-a Antecedentes de las explotaciones agrícolas en Isluga, altiplano de la Provincia de Tarapacá; Centro Isluga de Investigaciones Andinas, Universidad del Norte, Iquique.
1977-b La Quinoa, cultivo del altiplano chileno; Centro Isluga de Investigaciones Andinas, Universidad del Norte, Iquique.

LARRAÍN, Horacio
1974   Análisis de las causas de despoblamiento en las comunidades indígenas del norte de Chile, con especial referencia a las hoyas hidrográficas de la quebrada de Aroma y Tarapacá; en Revista Norte Grande, Nº 1; Pontificia Universidad Católica de Chile, Santiago, pp. 124-154.

MARTÍNEZ SOTO-AGUILAR, Gabriel
1975   Introducción a Isluga; Iquique, Universidad de Chile.
1976   El sistema de los Uywiris en Isluga; en Homenaje al Dr. Gustavo Le Paige, SJ, Universidad del Norte, Antofagasta, Chile; pp. 255-329.
1987   Para una etnografía del riego en Chiapa: medidas y calendario; en Revista Chungará, Nº 18. Universidad de Tarapacá, Arica, Chile; pp. 163-179.

MEDVINSKY LIPSCHUTZ, Dina
1977   Las fajas de Isluga; Tesis de grado, MS; Santiago.

PLATT, Tristán
1980   Espejos y maíz: el concepto de yanantin entre los Macha de Bolivia; en E. Mayer & R. Bolton, Eds., Parentesco y matrimonio en los Andes; PUCP, Lima, Perú; pp. 139-182.

PODESTÁ, Juan; FLORES, Rusio & AMARO, Julián
1989   Uybirmallco. Cerros que nos dan la vida; CIREN, Iquique. Chile.

PROVOSTE, Patricia
1976   Antecedentes de la estructura socioeconómica de Isluga; U. del Norte, Iquique.

ROOSENS, Eugeen
1986   Micronationalisme: een antropologie van het etnisch reveil (Micronacionalismo: una antropología del despertar étnico); Lovaina, ACCO.

RÖSING, Ina
1987   Die Verbannung der Trauer. Mundo Ankari I; Greno, Nördlingen.
1988   Dreifaltigkeit und Orte der Kraft. Die weisse Heilung. Mundo Ankari II; Greno, Nördlingen.
1990   Abwehr und Verderben. Die schwarze Heilung. Mundo Ankari III; Zweitausendeins, Frankfurt.
1991   Die Schlieszung des Kreises: Von derschwarzen Heilung über Grau zum Weiss. Mundo Ankari IV; Zweitausendeins, Frankfurt.

CAPÍTULO III

POBLACIONES INDÍGENAS DE ATACAMA

Victoria Castro R. *
José Luis Martínez C. **

INTRODUCCIÓN

En lo que hoy día es la II Región, hay una extensa área ocupada predominantemente por una población que algunos autores denominan "de base indígena" o "tradicional andina". Sus asentamientos se extienden –en una geografía longitudinal– desde las nacientes del río Loa, por el norte (20º L. S.) hasta el extremo sur del Salar de Atacama (24º 5′ L. S.), ocupando una estrecha franja precordillerana y cordillerana que coincide, en su punto más occidental, con una cota promedio de 2.000 msnm.

Abordar el estudio de estas poblaciones requiere de algunas precisiones previas. Desde hace algún tiempo, historiadores y arqueólogos vienen discutiendo la pretendida unidad de lo "atacameño" en la región. Varios trabajos publicados han insistido, sobre todo, en dos aspectos: a) la existencia de diferencias que podrían ser sustanciales entre las poblaciones prehispánicas que ocuparon la cuenca del río Loa y aquéllas asentadas en la hoya del Salar de Atacama; b) que dentro de la región sería posible percibir una cierta diversidad cultural resultante de la presencia estable de grupos inicialmente externos a la zona, durante al menos los períodos Intermedio Tardío y Colonial. En general, los trabajos etnográficos no aluden a esta situación y denominan como "atacameñas" a cualquiera de las poblaciones indígenas del área. Creemos que los antecedentes arqueológicos y etnohistóricos mencionados obligan a revisar esta supuesta homogeneidad cultural; en consecuencia, asumiremos como perspectiva general para nuestro trabajo, el reconocimiento de un cierto grado de diferenciación y posible pluralidad cultural existente en la región.

Lo anterior sugiere la necesidad de restringir en el presente el uso del apelativo étnico de "atacameño", sólo para ciertos segmentos de las actuales poblaciones locales. Aunque algunos estudiosos postularon la existencia de un grupo étnico prehispánico del Salar de Atacama, que podría recibir este nombre y no obstante que su uso se ha generalizado en los trabajos etnohistóricos del período colonial, falta un amplio estudio que permita aportar datos suficientes para precisar y definir las características de esta etnia. Por otro lado, ya desde las postrimerías del siglo XIX, los diversos viajeros que recorrieron la región informaron de una acelerada desaparición de algunos rasgos y tradiciones culturales propios de este grupo, como la lengua por ejemplo, lo que denotaría un posible proceso de aculturación (Philippi 1860). Cabría preguntarse, entonces, qué es lo que hoy día deberíamos entender por "atacameño". Por el momento únicamente estamos en condiciones de plantearnos el problema, aunque esperamos aportar en el transcurso de este trabajo algunos elementos que ayuden a clarificarlo.

No pretendemos efectuar una descripción etnográfica detallada, tarea imposible de emprender en el actual estado de la investigación. A la extensión del área y su diversidad, se agrega la existencia de serios vacíos bibliográficos. Como se apreciará, con la excepción de los trabajos de Mostny para Peine; Gómez para Aiquina y Toconce y Délano para Caspana, los estudios etnográficos que permiten una percepción global son escasísimos. Una revi-

---

* Departamento de Antropología, Universidad de Chile.

** Departamento de Ciencias Históricas, Universidad de Chile.

El orden de los autores es alfabético.

sión no muy exhaustiva de los trabajos publicados, alcanza con facilidad los 150 títulos; sin embargo, la amplitud de los temas abordados es proporcionalmente inversa a la cantidad de publicaciones existentes. Los bailes y fiestas, la textilería y otras artesanías, así como descripciones generales sobre agricultura y pastoreo, son los aspectos que más abundan en estos artículos.

Por el contrario, escasean los estudios profundos sobre parentesco y organización social –hasta hoy, por ejemplo, ignoramos el funcionamiento de los *ayllus* de San Pedro–, los análisis sobre religión y cosmovisión, o aquellos que aborden la problemática de los vínculos y relaciones existentes entre distintas localidades indígenas. Carecemos, por el momento, de un análisis global de los procesos económicos internos de estas comunidades y de sus conexiones con la economía de mercado. Todo ello constituye un obstáculo difícilmente superable para emprender, en la actualidad, la tarea de una descripción etnográfica acuciosa sobre la región.

Nuestra última precisión se refiere a las diferencias cualitativas respecto de la información que manejamos sobre las poblaciones del río Loa y la relativa a los grupos del salar de Atacama. Esto se debe a que nuestra experiencia de terreno directa la hemos obtenido de un trabajo exclusivamente centrado en la cuenca el río Loa y que se prolonga por más de 20 años; a la inversa, nuestro conocimiento sobre el Salar de Atacama es, en lo esencial, bibliográfico.

Teniendo presentes las dificultades señaladas, intentaremos ofrecer en esta etnografía general, un primer estado de la cuestión, a partir del cual se puedan trazar futuras líneas de investigación. Las tareas de una etnología aún están pendientes.

Las primeras versiones de este trabajo estaban profusamente cargadas de un abundante aparato crítico de referencias bibliográficas, pesada herencia de un modo de describir y discutir información etnográfica y que, nos parecía, daba mayor "solidez" a nuestras afirmaciones, sobre todo en aquellos temas acerca de los cuales no habíamos escrito personalmente o relativos a aquellos lugares en los que hemos estado solo por cortas temporadas. Tanta referencia hacía prácticamente incomprensible el texto, por lo que decidimos sencillamente conservar sólo las referencias de las citas textuales y remitir al lector –para todo lo demás– a la bibliografía. Todo está allí.

1. LA ORGANIZACIÓN DEL ESPACIO

La flora y fauna de cada uno de los pisos ecológicos y de las vegas o bofedales, es utilizada por las comunidades indígenas para usos que van desde los económicos (agricultura, pastoreo, etc.) y alimenticios (v. gr. caza y recolección), hasta los tecnológicos (v. gr. techamiento de viviendas, muebles, etc.), pasando por los medicinales y rituales (v. gr. sacrificios, infusiones, quemas rituales, etc.).

Detrás de esta utilización opera un elaborado sistema de clasificaciones propias del pensamiento indígena, que ordena y categoriza las distintas especies y sus significados. Lamentablemente, hasta ahora los trabajos en esta línea siguen siendo escasos.[1]

En el caso de Toconce, poblado situado a 3.400 m, en la cuenca del río Salado, sus habitantes organizan el paisaje en por lo menos cuatro ambientes –de acuerdo a la gradiente altitudinal–, y tres unidades azonales. Los primeros son –desde el nivel inferior al superior– la *pampa*, término con el que se refieren a las planicies desérticas o con vegetación muy rala; el *tolar*, ambiente con predominio de arbustos que, localmente, son designados con el nombre genérico de *tolas*; el *pajonal*, ubicado inmediatamente por sobre el *tolar*, que es caracterizado como una zona más fría, con predominio de los *ichu* (pajas); y el *panizo*, localizado en las cumbres de los cerros y definido por la ausencia de vegetación. Las unidades ecológicas azonales son los *médanos*, áreas caracterizadas por los arenales; las *hoyadas*, lugares fríos y sombríos a menudo rodeados de grandes bloques de piedra donde la nieve y la helada se conservan más tiempo; y las *vegas*, áreas de plantas forrajeras en las cercanías de afloramientos de agua y caracterizadas por las *champas*, pequeños cojines de plantas.

Cada una de estas unidades del paisaje incorpora, como elementos importantes de su constitución, los accidentes topográficos, la flora y la fauna. Todo ello permite a los toconcinos definir una nueva clasificación, esta vez centrada en un eje ordenador determinado por

---

[1] Entre 1954 y 1989 constatamos únicamente ocho artículos al respecto (Mostny 1954; Munizaga y Gunckel 1958; Gunckel 1967 y Aldunate *et al.* 1981; Grebe 1984; Castro V., 1986; Castro V. y C. Villagrán 1989). Dentro de éstos, son una excepción aquellos que incluyen los sistemas que organizan las descripciones taxonómicas.

las formas de utilización económico-sociales del entorno. Estas nuevas unidades son tres: *chacra*, *campo* y *cerro*, y cada una de ellas incluye varias de las entidades ecológicas mencionadas anteriormente. La *chacra* es el espacio agrícola de terrazas y melgas que –por definición– es lo cultural en sí. Esta unidad está directamente asociada a los asentamientos poblacionales. El *campo* integra varios pisos ecológicos tales como el tolar, la vega, la pampa y los médanos. Lo que define este concepto es la realización de actividades pastoriles: "campo es ir lejos a pastorear ...para que el ganado pastoree solo es mejor el campo..." (Aldunate *et al*. 1981: 195). El *campo* está, entonces, a medio camino entre el espacio cultural y el natural, en cuanto a la percepción del paisaje. Como veremos más adelante, el patrón habitacional que le corresponde es la "estancia", por definición más transitoria que el poblado. Finalmente, el *cerro* comprende del mismo modo distintas unidades ecológicas: panizo y pajonal, preferentemente. Es un territorio para la recolección de leña y vegetales, de pastoreo de llamos y de caza. En contraste con lo anterior, los asentamientos humanos son totalmente transitorios (pascanas, "camas de arrieros", etc.) a excepción de algunas estancias ubicadas en los límites inferiores del *cerro*. Los sectores de mayor altura de este espacio son concebidos como lugares sagrados: "...en el panizo hay "mesas" para servir esos cerros del Rey Inca..." (Aldunate *et al*. 1981: 196).

Las unidades y sectores ecológicos que acabamos de describir representan solamente uno de los niveles en los que el paisaje y el espacio geográfico son ordenados por las poblaciones indígenas de la provincia de El Loa. Acaso sea lo más conocido, pero no es lo único. Estudios de detalle han permitido conocer la existencia de categorías sistemáticas que ordenan y otorgan significado a la flora y fauna. En Toconce, las especies vegetales son agrupadas básicamente de acuerdo con dos principios: a) relaciones de "parentesco" y b) aspecto o fisonomía. Los "parentescos" permiten establecer diferencias de sexo (v. gr. *chinchircoma macho/chinchircoma hembra*) o de color (v. gr. *chilca negra/chilca blanca*). Asimismo, las especies animales son ordenadas y agrupadas de acuerdo a principios claramente establecidos, en un sistema de opuestos y complementarios, dentro de una red de significaciones comprensivas.

Todo lo anterior se integra y subordina a un concepto del paisaje que en el mundo andino pareciera ser uno de los niveles privilegiados de clasificación y significación. Nuevamente son notorias las carencias de investigación etnográfica: conocemos únicamente algunos aspectos parciales de la significación, generada a partir de la topografía. Diversos autores han señalado la importancia que tienen los cerros para la población indígena de la región, pero la toponimia, por ejemplo, sólo ha sido objeto de estudios orientados a reconocer presencias lingüísticas o se ha empleado para facilitar descripciones generales.

Mariscotti ha realizado un extenso estudio sobre *Pachamama* y las concepciones vinculadas a la tierra, centrado principalmente en la vecina puna de Jujuy y que toca, de manera lateral, a las poblaciones del sur del Salar de Atacama (Socaire, Peine). Salvo algunas referencias aisladas a esta divinidad, en otros puntos de la provincia desconocemos su integración en un sistema más complejo. En esta misma línea podría señalarse la ausencia de estudios sobre la percepción del mundo y sus posibles niveles distintos *(Kay Pacha, Hanan Pacha* y *Ukhu Pacha,* u otros). Recientemente, un viejo campesino de Lequena (ver figura 1), nos explicaba que los cerros y volcanes tenían distinto origen. Los primeros son estrellas que bajaron a la tierra y se transformaron en cerros, en tanto que los volcanes son *ctónicos*; éstos serían los que regulan el funcionamiento de la tierra, puesto que hay volcanes de fuego (v. gr. el Licancabur), de agua (v. gr. el San Pedro) y de viento. De éstos últimos depende, en gran medida, el que haya tormentas y lluvia.

Todo esto apunta a un pensamiento indígena en el que la complejidad, la sutileza, el manejo de todas las posibilidades de producir significación, parecen ser una constante. Nuestro profundo desconocimiento de todo este ámbito a nivel de las diferentes comunidades, bastaría para reflejar la enormidad de la tarea etnográfica pendiente.

Los cerros también están asociados, en la región al menos, a los manantiales y fuentes de agua. Es tarea de futuras investigaciones sacar a luz el sistema completo que pareciera estar operando y sus posibles variaciones locales. Un número importante de cerros pareciera personificar ciertas entidades sagradas, de carácter local o regional, que pueden aparecer de varias maneras: en primer lugar como deidades proveedoras de ganado y dinero, muchas veces vinculadas con las riquezas minerales del interior de los cerros y relacionadas con lagunas y agujeros o manantiales. Esta representación de la deidad tiene una cierta carga "demoníaca" o –cuando menos– peli-

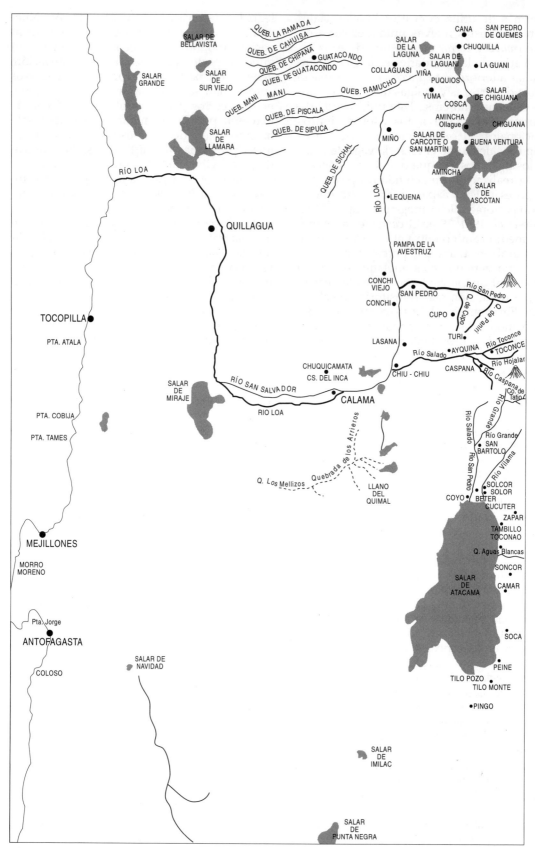

Figura 1. Poblados indígenas en la cuenca del río Loa.

grosa. En segundo lugar pueden aparecer como una deidad relacionada con las labores agrícolas y ligada a los fenómenos atmosféricos –rayo, trueno, etc.–, con capacidad de fertilizar la tierra. En tercer lugar, como una deidad protectora de la vida, de la salud o là prosperidad de la gente.

En el primer caso podrían citarse algunos de los cerros de la hoya del río Loa. El León (5.771 m), por ejemplo, llamado "Mallku Agua de León" es considerado como muy rico en ganado, posee "riquezas de los antiguos" y se le tiene como "aviador".[2] Este mismo cerro Agua del León o Puma Orko, junto a los cerros Potrero, San Pedro, San Pablo y Cupo, "habilita para Chuqui", frase que alude a que estos cerros contribuyen a la gran riqueza del mineral de Chuquicamata. Correspondientemente, los cerros de Cupo y los de Chuquicamata son considerados femeninos, en oposición a los primeramente mencionados que son masculinos, división sexual también presente en Caspana entre los cerros Koller y Kablor, el primero masculino y el segundo femenino.

La connotación peligrosa o "demoníaca" de estos cerros y de los manantiales vinculados al ganado, se puede advertir en el siguiente relato, recogido en la vega de Turi, cuando las pastoras nos prevenían de acudir al manantial que hay allí durante la noche:

"–La va a comer el cuco a esta hora.

  –¿El cuco?

  –Se está bañando a esta hora. Mañana vas a buscar agua.

  –¿Y qué pasa si sale el cuco y uno va a buscar agua ahí?

  –Se lo come a uno. Antes, uno que se llamaba Severino, dos hijas tenía, vivía arriba del baño [el manantial], ahí tenía una casa. Dice que en la noche, había un ruido, el agua que sonaba, como si estuviera un animal dentro del agua, como pato, así sonaba el agua. Entonces había 'agüaitado', él estaba alojado en una piecita chica, entonces al levantarse había un caballero, de terno, bien peinado así, estaba parado así, un hombre con cuello blan-

co y camisa blanca... Se ha asustado, se enfermó, por allá por Lasana, por Chiuchiu, allí falleció.

  –¿Y el cuco tiene sus llamas también?

  –No, tiene oro, plata sí puede tener. Arriba del agua dice que está tirado, con un látigo, una culebra. Una vez, ya estaba bien oscurito, fui a buscar harina, fui al molino. Ahí yo venía despacio, yo venía para acá..., entonces sentí un ruido, cuando miré así para allá, p'al otro lado ahí en la huella estaba llegando, de un cerrito estaba bajando así, estaba bajando en una tropa, como que bajaran una tropa de mulas así, entonces clarito venía sonando ¡Tchuc, Tchuc!, como sonara espuelas o freno así...[3] Esa vertiente es un 'encanto', dicen". (Turi, 1987)

En relación a la segunda configuración de los cerros, como entidades vinculadas a las labores agrícolas, la etnografía realizada en las comunidades de Santiago de Río Grande (3.380 m) y Socaire (3.500 m) –ambas en la cuenca del Salar de Atacama–, revela que, con ocasión de la "limpia de acequias", ceremonia destinada a la limpieza de los canales de regadío, en ambas localidades se rinde culto a los cerros. En Santiago de Río Grande los "puricamanes", dirigentes de la limpia de canales, con sus ofrendas piden permiso para realizar la limpia a los volcanes, al viento y a la lluvia, entre otros. En tanto que en Socaire la importancia de los cerros es tal, que hay una ceremonia especial para rogarles que den bastante agua. Durante la misma, se hacen ofrendas a varios cerros para "concentrar el agua de otras montañas importantes en el cerro Chiliques" (Barthel 1986: 159). Las ofrendas se hacen a dos listas de nombres de cerros, ubicados al norte y sur del pueblo, respectivamente. También conocemos referencias similares para las comunidades de Peine y Toconce.

Por último, en relación a la vinculación de los cerros, como deidades dadoras de salud y suerte, hay descripciones de varios lugares en los que se les hacen "pagos" u ofrendas para protegerse de las enfermedades. *Qhawarina punta* es uno de ellos, en Toconce, desde donde se pide a Paniri Mallku por la salud de quien está enfermo.

---

[2] Martínez, G. (1976: 281), define el concepto de "aviador" como "un adjetivo auténtico castellano, derivado del verbo 'aviar', que ha desaparecido de nuestro uso. Es, pues, 'el que avía', 'el que provee', tal como lo usan en Isluga. Aplicado a una de las entidades sagradas que estamos examinando, el 'aviador de esa estancia aparece como el *uywiri* principal de ella'". Véase también Berenguer *et al.* 1984: 181.

---

[3] Lo que es extremadamente coincidente con las representaciones de las divinidades de los cerros, relatadas en otros lugares del altiplano boliviano-chileno, tal como lo señala Martínez, G., 1983.

Todo este paisaje, en sus más distintos planos –económico, social, ritual, etc.–, conforma necesariamente un todo significativo que posibilita su ordenamiento, por una parte, y su manejo por otra. En este sentido no sólo los espacios productivos son considerados en una topografía y una toponimia significantes, sino también aquellos que –en nuestra lógica– podríamos considerar improductivos o no utilizables.

Por otro lado, el espacio local se integra a una percepción de los espacios regionales y macrorregionales. Prácticamente todos los pobladores conocen, en el lado boliviano y argentino, los senderos para llegar a las comunidades de Lípez o la puna argentina. Muchos de ellos están igualmente en condiciones de reconocer el sistema de cerros y lugares sagrados existentes allí, requisito indispensable para transitar por los caminos y manejar las aguadas y nichos que pudieran ser importantes en el aspecto productivo.

Todos estos espacios son esencialmente discontinuos, lo que plantea con fuerza el problema de los límites. No nos referimos a las fronteras entre los estados-naciones de la región, ni a los límites político-administrativos nacionales, todos artificialmente impuestos, sino al manejo que hacen las propias comunidades indígenas para definir quiénes pueden y quiénes no pueden tener acceso a determinado espacio productivo. Este tema, que tiene directa incidencia en el manejo económico de las distintas unidades domésticas, ha sido objeto –hasta ahora– de escasa atención entre los estudiosos en nuestra región.

2. LOS ASENTAMIENTOS

De norte a sur, siguiendo el curso del río Loa, aunque a veces a varios kilómetros de éste, se ubican los poblados de Amincha, Buenaventura, Puquios, Estación San Pedro y Conchi Viejo, todos situados a partir de los 3.000 m aproximadamente. En la cuenca del río Salado, se hallan Toconce, Caspana, Cupo y Aiquina, entre los 3.000 y 3.350 m; en tanto que en el curso medio del Loa están Lasana y Chiuchiu, cercanos a los 2.500 m de altura (ver figura 2).

Por su parte, siguiendo idéntico rumbo norte-sur, en la cuenca del Salar de Atacama encontramos los pueblos y caseríos de Río Grande, Machuca, San Pedro de Atacama y sus *ayllus*, Toconao, Cámar, Socaire y Peine, ubicados entre las cotas de 2.400 y 3.000 m.

Todas estas localidades son expresión de procesos de poblamiento distintos. Algunos –los menos– son resultado de nucleamientos provocados por la realización de faenas extractivas o la instalación de avanzadas administrativas o laborales. Es el caso, por ejemplo, de Estación San Pedro y de algunos de los poblados del sector de Ollagüe. Otros, tal vez los más, parecieran mostrar algo de la impronta del proceso de reducciones coloniales españolas, aplicado posiblemente en la región desde los inicios del siglo XVII.[4] Tal sería la situación, al menos, de Toconao, de Chiuchiu y –aun como hipótesis– de Peine. Por último, una cantidad también significativa de poblados poseería su propia dinámica de poblamiento, resultado de procesos de crecimiento demográfico o de expansión económica internos. Podría ser el caso, por ejemplo, de Toconce, Lasana o Socaire.

Es posible reconocer los poblados de origen colonial por su planta urbana que a veces evoca el típico damero español. Una plaza relativamente central, con la iglesia en un costado y el cementerio en el mismo recinto religioso o inmediatamente detrás. Las casas generalmente se presentan aglutinadas llegando en algunas ocasiones a formar pequeñas calles. Por el contrario, las aldeas y caseríos que surgen de una dinámica propia, muestran partes aglutinadas y otras dispersas; la ocupación del espacio es más extensa y es muy común ver que el pueblo carece de plaza y tiene varios sectores separados entre sí.[5] Es más usual aquí encontrar que los cementerios están alejados del pueblo, en un lugar no visible desde éste. Ambas situaciones (colonial o autónoma) nos interesan, puesto que representan una puerta abierta a una mejor comprensión del sistema de asentamiento.

El actual patrón de asentamiento es de tipo disperso y se articula en torno a un núcleo aldeano central y varias localidades menores, tanto agrícolas como ganaderas, dependientes de éste. Para las labores pastoriles se utilizan las "estancias", situadas por lo general en pi-

---

[4] Una vez más, la ausencia de estudios, esta vez de carácter histórico, nos limita el conocimiento de este tema. Sólo un interesante artículo de Hidalgo (1982) aborda parte de esta problemática referente a Toconao y San Pedro de Atacama.

[5] En Socaire se distinguen, entre otros, los sectores "Desierto", "Santa Rosa" y el "Sector Nuevo" (com. pers. J. C. Folla); en Toconce, existen "Pueblo Toconce", "Katunmarca" y "Chaco" o "Quito" (Gómez 1980); en Santiago de Río Grande ocurriría, al parecer, algo similar (Serracino y Barón 1979: 19).

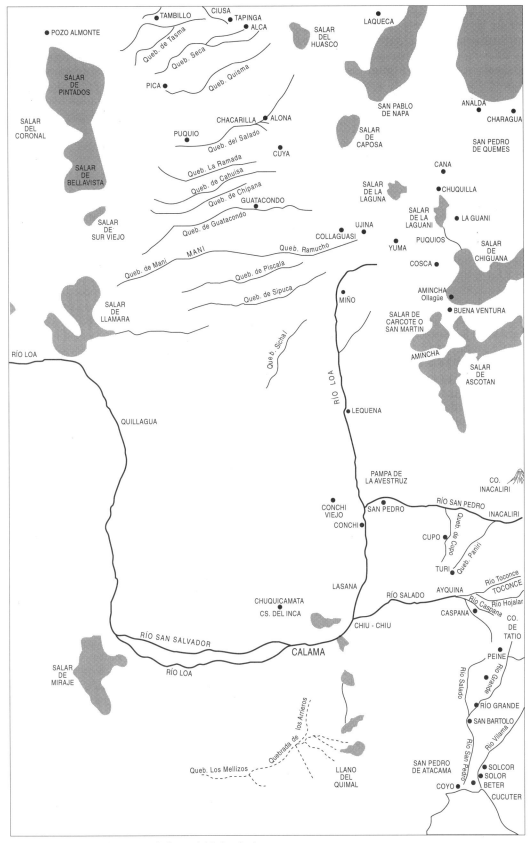

Figura 2. Poblados indígenas en la hoya del Salar de Atacama.

sos ecológicos más altos y distantes. Únicamente las aldeas presentan un cierto grado de nucleamiento, en tanto que lo característico de la estancia es su dispersión. En algunos puntos con recursos abundantes las estancias pueden llegar a constituir un caserío no aglutinado, en donde dos o más comunidades usufructúan del medio (p. ej. la vega de Turi, 3.000 m, en la cuenca del Salado).

De Peine, por ejemplo, dependen las estancias ubicadas en los oasis de Tilomonte y Tilopozo y en las vegas de Púlar, Tambillo y otras aguadas situadas en la alta cordillera. De Toconce, las estancias de Inacaliri, Línzor, Patillón, Potrero y Copacoyo. De San Pedro de Atacama dependía el conjunto de *ayllus* situados a su alrededor y algunas otras localidades como Peñaliri y Machuca.

En tanto que los poblados están vinculados fundamentalmente a actividades agrícolas además de las sociales, las estancias lo están al pastoreo y/o la agricultura. A esto hay que agregarle la ocupación, más transitoria, de espacios dedicados a la recolección (leña, llareta, por ejemplo) y la integración a la economía de mercado, lo que motiva frecuentes viajes a los centros urbanos en unos casos (esencialmente Calama y San Pedro de Atacama) o estadías prolongadas allí, cuando la inserción es más fuerte o directa.

Todo lo anterior implica la ocupación de un espacio productivo muy disperso y, por lo mismo, muy amplio. Las estancias pueden estar distantes a uno o dos días a pie del poblado o entre sí y son ocupadas por períodos de tiempo irregulares (desde unos días hasta varios meses), de acuerdo a la abundancia de los pastos o las tareas agrícolas que haya que realizar. Esto exige de cada unidad doméstica una alta movilidad y una división por sexo y por edades del trabajo. Por ejemplo, una comunera de Aiquina nos relataba que posee en esa localidad cinco terrenos, dos de los cuales tenía sembrados y tres en descanso. Es igualmente propietaria de 3 casas "para arriendo" usadas durante las fiestas de la Virgen de Guadalupe, en Aiquina. Además es dueña de la casa en que vive cuando está en el pueblo. En la vega de Turi (a 8 km de distancia) tiene su ganado y, cuando los pastos están buenos, también pastea en la estancia de Pomal (a unos 5 km del anterior). En ambos lugares tiene casas y corrales. Asimismo en la quebrada de Paniri, a unos 15 km, habilitó recientemente otros cuatro terrenos para sembrar. Por último, su marido e hijas viven en Calama, lo que le permite llegar sin dificultades a la ciudad.

Este sistema de asentamiento, a nivel de la unidad doméstica, podría ser también percibido como una aplicación local del modelo de "complementariedad comprimida" (Brush, 1974), en tanto es un mecanismo que permite acceder a recursos diversificados sin un control centralizado y ubicados a una distancia relativamente corta. En el caso que nos ocupa, esto implica incluso la ocupación de "micronichos" productivos, lo que ha sido erróneamente entendido por algunos investigadores como un obstáculo estructural al desarrollo de la agricultura –como en el caso de San Pedro de Atacama–, o de simple minifundismo. En realidad, la lógica del sistema es tratar de diversificar y complementar al máximo los recursos productivos de manera de enfrentar en las más óptimas condiciones las características restrictivas de la ecología.

Según cuentan los pobladores de la cuenca del Salado, es la posesión de tierras cultivables, con todos los trabajos colectivos de mantención que ellas generan, lo que posibilita la adscripción de un individuo a su comunidad y no el uso de los pastos, que no generaría obligaciones recíprocas. Los propietarios de tierras cultivables, aun cuando vivan preferentemente en las estancias o en chacras fuera del pueblo, se reconocen como integrantes de ese núcleo, el que también proporciona el gentilicio, por ejemplo caspañeño, toconcino, etc. Es posible que un principio semejante pueda estar operando en las comunidades del Salar de Atacama.

En los núcleos aldeanos se realizan las actividades religiosas más importantes, sobre todo a nivel comunitario, lo que congrega a gran cantidad de participantes. Esta afluencia coyuntural, unida a la residencia no permanente de los habitantes en la aldea, llevó a Ruben (1952) a atribuirle al poblado de Aiquina un carácter sagrado, cuestión que fue retomada posteriormente por Gómez.[6] A fines del siglo pasado, Bertrand planteó igualmente que en Susques, en ese entonces dependiente de San Pedro de Atacama y ubicado en la actual puna argentina, los indios "repartidos en estancias (...) sólo se reúnen para las festividades religiosas en la capilla o iglesia del lugar". (Bertrand 1885: 273). Como todo espacio significativo para las comunidades andinas, éstos están insertos en un plano de sacralización; sin embargo, el caso de Aiquina no debe considerarse idéntico al de Isluga por ejemplo, en la Región de Tarapacá. Este último, es un "pue-

---

6 Ruben (1952: 145); Gómez (1980: 45).

blo sagrado" que sólo es ocupado por los habitantes de las estancias aledañas, cuando realizan sus festividades.[7]

Hasta donde hemos podido comprobarlo en las localidades de Aiquina y Toconce, todo el conjunto de asentamientos usado por una comunidad se integra en una red de espacios cargados de significación, de gran complejidad y normatividad. Al ordenamiento significativo general del espacio que vimos anteriormente, debe agregarse otro plano de dimensiones más locales. En el caso de Toconce, por ejemplo, detectamos que la ubicación de algunos lugares rituales, que sin duda nunca es arbitraria, presenta un sistema de oposiciones entre aquellos espacios que están asignados a los rituales vinculados a la vida y los vinculados a la muerte. Los primeros se hallan distantes del pueblo, pero son visibles desde éste, en tanto que los segundos, igualmente alejados, no se ven desde el poblado, pero sí entre ellos. Ambos espacios están además asociados a cerros y a otras entidades sagradas.

Uno de los aspectos en el que esto se concreta es en la localización de los cementerios. Al parecer, en el caso de Toconce, que se constituye como pueblo a principios de siglo, la determinación de instalar el cementerio a unos dos kilómetros del caserío se hizo sin conflicto. Entre ambos puntos se encuentra una "plaza de sacrificios" en la que se realizan los rituales de los difuntos. En cambio, en el caso de Aiquina, el proceso urbano aparentemente de origen colonial, entró en contradicción con este sistema ideológico y su concreción espacial. El cementerio viejo, en este caso, se halla directamente detrás de la iglesia, ubicada en el centro del poblado. Según los ayquineños, el problema pudo resolverse recién con la creación de un cementerio nuevo (que data aproximadamente de 1950), que se ubicó fuera del pueblo, en un punto desde el cual éste no puede verse. Es muy posible que algo similar ocu-

rra en Caspana, lugar que también tiene dos cementerios y en el que el nuevo está igualmente alejado y oculto. Tenemos la impresión, sin embargo, de que este sistema específico puede no ser general a toda el área. Lo poco que conocemos de los poblados del Salar de Atacama, en especial desde Toconao al sur, hace suponer que los sistemas de oposiciones significativas del espacio local (si es que aún existen), funcionan de manera distinta.

Otro plano del ordenamiento significante del espacio en el sistema de asentamiento local, es el de las líneas de capillas o descansos ("altares") de los santos patronos, existentes entre distintas comunidades y al interior de las mismas. Estas funcionan cuando, con ocasión de la fiesta del santo patrono de algún pueblo, las imágenes de los santos de comunidades vecinas los visitan. Esto origina una procesión que recorre todo el trayecto y que efectúa paradas rituales en cada una de las capillas, donde se realiza una ceremonia. Estas capillas están orientadas hacia determinados cerros evidenciando una serie de asociaciones significativas. Hemos detectado estos altares entre Toconce y Aiquina, Aiquina y Caspana y, por información oral, sabemos que también se llevaba la Virgen de Peine a la fiesta de Socaire, lo que podría implicar la existencia de capillas en esos lugares.

Percibimos, también, que en los mitos sobre el origen de algunos de los poblados, se produce una relación entre la tradición oral, que asigna un "origen" y el ordenamiento espacial, en términos de una sacralización de algunos de los espacios ocupados. Los habitantes de Aiquina narran que antiguamente ellos no vivían en ese lugar y que ahora lo hacen por un acontecimiento divino, que sacralizó ese lugar:

[La Virgen] tenía una casita, chiquitita. Un oratorio dicen ¿no? Asi que han hecho en Paniri. Se han llevado dicen. Güagüita chiquitita dicen que era, asicito. ¡Bien finita!

En Aiquina, donde está ahora la iglesia, pues, ahí mismo eso está rellenado así, era más quebradita. Ahí que había una cortadera ...ahí está corriendo el agüita, entonces que había unos niñitos, dos niñitos, no sé, que andaba jugando por ahí, en el agüita y despés dice que han visto una muñequita que estaba ahí al lado de la cortadera y dice que dijo: 'Oye mamita, allí hay, nos hemos encontrado una güagüita' –'¿Dónde?' –Ayina, por Aquina dice que dijo el niño –"Ayina he encontrado" –¿A dónde está? –Aquina dice que decía

[7] En el caso de la comunidad de Isluga, el centro ceremonial es específicamente concebido como sacralizado, tanto a nivel simbólico (es el "centro"), como a nivel de la misma realización de su planta urbana. Al menos en el caso de Aiquina no poseemos antecedentes de algo similar. Por otra parte, pensamos que en virtud de los antecedentes documentales que la mencionan como un lugar habitado establemente, desde el siglo XVII hasta principios del XX, su actual despoblamiento y funcionamiento como santuario con motivo de las fiestas de la Virgen de Guadalupe, responderían más bien a una dinámica actual en razón de procesos emigratorios y no a una localización y urbanización especialmente concebidas como sagradas. Véanse Taberna 1968; Martínez G. 1975, 1976 y 1989.

el niño. De aquí que han ido a ver, verdad dice, que estaba ahí. Ahí al lado del agüita estaba la virgencita así, bonita es que era. Después dice que sacaron de ahí, le hicieron un oratorio arriba, en la punta. Que llevaron pa'llá y cuando fueron a ver, no había ná, se había perdido. –"¿Y qué se haría?"– diciendo. Han ido a ver ahí, donde apareció, ahí mismo dice que estaba, de nuevo estaba ahí. Entonces ellos dijeron, pensaban que era pa'Paniri; le han llevado a Paniri. Ese es un oratorio también ahí y allá la dejaron. ¿Quién sería en esos años? Entonces que han llevado, que han ido a dejar allá a Paniri. Dejaron, dice que estaban viniendo por el camino, de allá, montado en animales que venían, más una "tropa". Ya venían por aquí en la pampa y vieron clarito que pasaba una palomita blanca así, como que pasa pa'-Aiquina. De ahí que dicen ¿qué será ese blanquito? Estaban pensando. Que han llegado en Aiquina, entonces dice que ahí mismo estaba otra vez. Ahí donde estaba al lado del agua. Y han ido a ver pa'Paniri. Que no estaba. Por eso dice que han rellenado ese [lugar] y han hecho un oratorio ahí mismo [en el lugar de la iglesia actual]. Ahí le pusieron y de ahí no se ha movido nunca". (Turi, 1987)

Las lecturas que es posible hacer de este mito son muchas. Nos limitamos aquí a llamar la atención sobre algunas de las oposiciones y conjunciones en las que se insertan los personajes y lugares que operan en el mito. Aparentemente, el mito daría cuenta del "origen" de la iglesia y consecuentemente, del poblado (que está aglutinado en torno a ésta). Dos lugares son puestos en oposición: Paniri, poblado prehispánico y Aiquina, hasta donde suponemos, de origen colonial. Así también entran en oposición los lugares religiosos de altura (la "punta" adonde es llevada inicialmente la Virgen), muy andinos, con los santuarios en lugares bajos (la "quebradita" donde aparece y permanece), de mayor identificación hispana.

Las descripciones que se hacen de la Virgen parecieran estar en esa misma línea de lectura. La imagen inicial, "chiquitita", como "güagüita" o "muñequita", oculta su calidad a los ojos de los lugareños y recuerda mucho el tema de las representaciones "miniaturizadas" de las divinidades andinas,[8] pero contrasta con la paloma blanca, inequívoco símbolo cristiano y reconocimiento final de su calidad sacra.

De igual manera, la conjunción, reiterada en el relato, de la Virgen con el manantial no deja de ser llamativa, por cuanto podría estar señalando otras oposiciones, fuera del mito, tal vez entre manantiales con "cuco" (o entidades peligrosas, vinculadas al ganado, como en el relato transcrito anteriormente sobre Turi), y manantiales con "virgen" (que en este mito aparece asociada a dos lugares agrícolas: Paniri y Aiquina).

El paisaje y los asentamientos no parecen ser, aquí, más que el telón de fondo y la fuente de la cual se extraen categorías para producir una significación que va más allá de la estructura superficial del relato; pero estas localidades, por su sola incorporación al mito, resultan integradas en un ordenamiento significante mayor.

3. LAS COMUNIDADES EN TENSIÓN

3.1. LAS COMUNIDADES

La sociedad campesina indígena, la ocupación particular del espacio y el manejo específico de los recursos productivos en la precordillera de la II Región, tal como lo hemos visto hasta aquí, serían difíciles de entender sin la existencia de estas comunidades, como formas de organización socioeconómica de la población. Es precisamente la comunidad como institución, la que articula la red de relaciones sociales, económicas y religiosas que permiten el funcionamiento del patrón de asentamiento.

Aun existiendo un consenso generalizado entre quienes han realizado estudios etnográficos en la región respecto de que es ésta la forma de organización más difundida, no todos los trabajos han abordado una caracterización general (válida como modelo para toda la región) o particular (a nivel de la comunidad singular estudiada), que permita definir una forma de agrupación específica o propia para la zona o, en caso contrario, similar o vinculada a otras formas comunitarias de regiones aledañas. Tal vez los únicos intentos en este sentido sean los realizados por Gómez para la comunidad de Toconce –que desgraciadamente no fue seguido por otros trabajos que completaran su aproximación inicial–, y los de Hernández, para las localidades de Chiuchiu y Toconce, aunque estos últimos

---

[8] Cobo 1964: 166-167.

muestran "una desarticulación lamentable entre el cuadro presentado por los datos empíricos y el marco teórico elegido para ordenarlos" (Platt, 1975a: 153).

Muchas de las comunidades de la región tienen una existencia que documentalmente puede fijarse desde el siglo XVII y probablemente con anterioridad. Varias de las actuales comunidades son el resultado de procesos de subdivisión, provocados por el crecimiento de uno de sus asentamientos. Esto es particularmente claro, por ejemplo, en los casos de Toconce, Aiquina y Cupo.[9]

Para nosotros, siguiendo a Plaza y Francke, la comunidad "está conformada y constituida tanto por la organización comunal como por las unidades familiares, asentadas en un territorio colectivo" (1981: 63). En un primer plano, la organización comunal podría ser percibida a partir de su campo de acción más esencial: 1) la organización y control de los recursos naturales fundamentales para la producción (en términos generales, la tierra y el agua); 2) la organización y control de los recursos sociales esenciales para la reproducción del sistema (ejecución de las tareas colectivas, manejo del control social y aplicación de justicia); 3) la función de identidad y pertenencia otorgada a sus miembros, expresada fundamentalmente a nivel ideológico (cultural, religioso, etc.); y 4) la representación y defensa de los intereses comunales tanto en la relación con otras comunidades como con la sociedad mayor. El segundo plano en el que la organización comunal encuentra expresión, es en el de las manifestaciones políticas y sociales, tanto colectivas como individuales. Nos referimos aquí a la Asamblea Comunal y al sistema de cargos.

Si bien varias de las comunidades de la II Región conservan todavía la capacidad de organizar y controlar los recursos naturales más básicos, como son la tierra y el agua, no es menos cierto que la influencia cada vez mayor de la economía de mercado y la creciente presencia de algunas entidades estatales han debilitado o reducido drásticamente estas posibilidades de manejo. Por otra parte, el control social y, sobre todo, la facultad de aplicar ciertos niveles de justicia local, se ven cada vez más restringidos cuando no sencillamente abolidos, por la aplicación de una legislación nacional que transforma a las comunidades en juntas de vecinos. Adicionalmente, la radicación de destacamentos de carabineros o militares en las cercanías de varios poblados, ha hecho pasar a ellos la aplicación de la ley. Hay, entonces, una contradicción constante entre las estructuras de las comunidades y las dinámicas impuestas por la sociedad nacional.

La capacidad de organizar y controlar la tierra y el agua es esencial a la existencia de una comunidad, por cuanto significa la posibilidad de manejar adecuadamente sus recursos, junto con controlar la incorporación de nuevos miembros. En páginas anteriores planteamos que es la posesión de tierras la que da la calidad de comunero y, por tanto, la identidad a un individuo; y es la comunidad, expresada en uno de sus organismos, la Asamblea Comunal, la que decide si se entregan tierras o no a un postulante y la calidad y ubicación de éstas. Todavía en 1984 supimos que la comunidad de Toconce había ofrecido tierras sin trabajar a dos jóvenes recientemente casados que, al aceptarlas, adquirirían la calidad de "comuneros", dejando de ser considerados como parte de la familia paterna. Los interesados no aceptaron, sin embargo, por considerar muy pesada la carga de compromisos con la comunidad que eso significaba.

Sabemos, asimismo, que en años recientes, como producto de la habilitación y construcción de nuevos canales de riego, la comunidad de Socaire pudo disponer aproximadamente de más de 10 hás. de terrenos que, entendemos, fueron distribuidos entre quienes tenían derecho a ellos.[10] Se trata, empero, en ambos casos de tierras que aunque ancestralmente han estado en manos de las mismas comunidades son técnicamente consideradas como fiscales, lo que introduce un factor de inestabilidad.

El manejo comunitario de las tierras está estrechamente vinculado al control del agua. Esto es doblemente fundamental en nuestra zona, dadas sus características de aridez. Han sido hasta ahora las Asambleas Comunales la instancia en la que se discutían y establecían los reglamentos de aguas y el manejo de la tecnología requerida para la mantención y ampliación de los canales de riego. Sin el agua, traída por canales que casi siempre recorren varios kilómetros, no hay po-

---

[9] Este proceso de crecimiento-subdivisión ha sido señalado como característico de ciertas estructuras comunitarias (Albó y Mamani, 1980: 285).

[10] Juan Carlos Folla, comunicación personal, 1987. Por otra parte, es necesario recordar que la propiedad comunitaria sobre las tierras y pastos no impide el usufructo individual, por parte de la unidad doméstica, de estos terrenos.

Figura 3. Baile ritual. San Pedro de Atacama. (Fotografía H. Niemeyer, 1963.)

Figura 4. San Pedro, patrono de Atacama, en el día de su fiesta. (Fotografía H. Niemeyer, 1966.)

Figura 5. Altares de los santos visitantes en San Pedro de Atacama, expuestos en el exterior de la iglesia. (Fotografía H. Niemeyer, 1966.)

sibilidades de agricultura. Es éste, entonces, el punto crítico más vulnerable de las comunidades indígenas de la región y el que ha sufrido un mayor impacto con las políticas de captación de aguas para los enclaves mineros y las ciudades de la zona.[11]

Desde los albores del siglo se empezó a extraer agua desde las nacientes de los ríos de la cuenca del Loa. Primero fueron las fuentes de agua de la vega de Inacaliri, después las nacientes del río Toconce y, más tarde, el mis-

---

[11] En Toconce, el canal principal recorre, a lo menos 20 km. En San Pedro, uno de los canales tiene a lo menos

5 km (Aranda 1964: 28) y en Socaire sólo en el tramo inicial, entre la bocatoma y el pueblo, el canal tiene 2,5 km aproximadamente (Barthel 1986: 148).

mo río Loa. Este es un proceso que no se detiene aún y que ha obligado a los indígenas a abandonar, paulatinamente, sus tierras y lugares de pastoreo, para ir a conseguir trabajo en las ciudades. La acelerada desertificación de las áreas afectadas añade otro impacto negativo, a su vez, en las unidades domésticas que aún persisten en su intento por subsistir de acuerdo a sus patrones tradicionales de vida.

Sin control sobre el agua, muchas de las comunidades han perdido uno de los núcleos de su cohesión. Hoy la comunidad de Toconce, dividida entre católicos y evangelistas, únicamente puede administrar la cuota de agua que Sendos, el ente estatal, le otorga. Los ya escasos habitantes del sector alto del río Loa, nos expresaban con dolor lo que ha sido la pérdida de la comunidad para ellos: "cuando había unidad, había fuerza. Ahora nosotros ya perdimos". Por el contrario, aquellas comunidades como Aiquina y Caspana, en el sector del río Salado y Socaire, en el Salar de Atacama, que aún controlan sus fuentes de agua, muestran tener la capacidad de organizar a sus comuneros para la ejecución de trabajos colectivos, como puede ser la reparación o construcción de nuevos canales de riego, la apertura o mantención de caminos, etc.

Hasta fechas recientes, varias de estas comunidades parecían disponer de la posibilidad de resolver sus conflictos internos y de aplicar las sanciones correspondientes a los infractores (al menos en lo que respecta al uso del agua). Así ocurría, por ejemplo, con Socaire y San Pedro de Atacama. El caso contrario se daría en Peine, donde la comunidad ya no dispondría de autoridad y poder para sancionar, sino tan solo moralmente. En Toconce, sus miembros reconocen la autoridad de la comunidad (expresada en la Asamblea Comunal) para establecer sanciones a los transgresores de normas. Al parecer, una situación similar se presentaría en otras comunidades del río Salado (Aiquina, Cupo, Caspana) aun cuando no nos quedan claras, en estos casos, las esferas de acción que eso implica.

Lógicamente, la imposición de sanciones que antaño incluso podían llegar hasta el castigo físico,[12] requiere de la cohesión y del consenso internos de una comunidad, lo que cada vez se ha ido perdiendo más, como consecuencia de la pérdida de autonomía económica, de la emigración a la ciudad, de la imposición de nuevos patrones culturales y, en definitiva, de un proceso de aparente disolución de la identidad y la identificación con la comunidad. A lo anterior habría que agregar que la instalación de retenes de carabineros, representantes de la justicia urbana y de la sociedad nacional, y de destacamentos militares que a menudo se extralimitan en sus funciones, ha terminado por arrebatar o disminuir a ámbitos muy reducidos la autoridad que tenía la comunidad en este campo.

Nos enfrentamos, sin embargo, a procesos que se caracterizan por una dinámica de largo plazo, en los cuales nada de lo observado sincrónicamente tiene un valor absoluto, por cuanto está inmerso en una readecuación y reordenamiento constantes de parte de las comunidades indígenas con respecto a la sociedad mayor. La emigración campo-ciudad es un ejemplo clarificador al respecto: hemos podido constatar que una cantidad significativa de hombres, al término de su edad activa laboral (aproximadamente 50 años), regresan nuevamente a sus comunidades, lo que también hacen los jóvenes cuando se enfrentan a la cesantía.[13]

De manera que resulta en extremo difícil y delicado el manejo de los datos censales, puesto que pueden transformarse en un distorsionador de la realidad analizada. Por otro lado, la complejidad de los procesos ocurridos en la región ha permitido un reordenamiento demográfico, con desplazamientos hacia aquellos poblados que exhiben un crecimiento económico coyuntural, como el caso de Chiuchiu, que ha estado recibiendo una importante afluencia de pobladores de más al interior o de San Pedro de Atacama, adonde "emigró" la mayoría de la población de Machuca en estos últimos años. En realidad, lo que sucede es que los machuqueños viven desde mediados de marzo hasta mediados de diciembre en San Pedro, con el fin de que los niños asistan a la escuela; pero, apenas concluida esta etapa, retornan a las estancias del bofedal.

---

[12] Un viejo informante, don Víctor Berna, nos contó que en algunas ocasiones, cuando la naturaleza de las transgresiones era excesiva, se aplicaban fuertes sanciones físicas. Hace unos 30 años un individuo fue expulsado por la comunidad de Aiquina y, amarrado a un burro, lo echaron al galope rumbo a la ciudad de Calama. En Caspana aún se recuerda cómo el alcalde de la comunidad, hace años, en compañía de algunos comuneros, persiguió a unos violadores procedentes de la puna atacameña, dándoles muerte a tiros.

---

[13] Situación similar ha sido señalada para un sector del altiplano de Arica, Socoroma (Castro, M. y Bahamondes 1987).

Todo ello no debe ocultar, sin embargo, la existencia de áreas realmente afectadas por la desertificación, las cuales difícilmente podrán recuperarse para el hábitat del hombre, de la fauna y de la flora.

3.2. ESTRUCTURA SOCIAL COMUNITARIA

En algunos casos, una misma comunidad puede abarcar más de un poblado, o tener algunas localidades que presentan un desarrollo demográfico sostenido, lo que las puede transformar a corto plazo en un núcleo habitacional más estable. Esto no es sino parte de la dinámica de los procesos que ocurren en la zona. El caso más conocido es el de San Pedro de Atacama y sus *ayllu*, pero también se reproduce una situación similar entre Aiquina y Turi y hasta pocos años atrás, una sola comunidad unía los poblados de Aiquina, Toconce y Cupo. Igualmente, los habitantes de Machuca se autoconsideran parte del sistema comunitario de San Pedro, a pesar de estar a casi 70 km de distancia. El caso de Río Grande es sumamente interesante puesto que, según los antecedentes publicados, un sector (el llamado "quebrada abajo") se identifica con San Pedro de Atacama; en tanto que los habitantes de Peñaliri y San Juan, igualmente constitutivos de Río Grande, lo harían con Caspana, generándose así una curiosa situación de "bisagra" o punto de intermediación entre el poblamiento de la cuenca del salar con la del río Loa.

Todo ello plantea múltiples interrogantes respecto a las adecuaciones de la estructura social de las comunidades y a los ajustes y reacomodos constantes a que estas se ven sometidas como consecuencia de la dinámica económica y demográfica que se produce en su interior.

Un ejemplo podría, tal vez, clarificar un poco mejor esta cuestión. Hasta la década de los años 60 de este siglo, las comunidades de Aiquina, Toconce y Cupo formaban una sola unidad, con Aiquina como centro. La Asamblea Comunal, integrada por los pobladores de Toconce y Aiquina elegía anualmente al alcalde y demás autoridades. Año a año, éstas se intercambiaban: si un año el alcalde provenía de Aiquina, al siguiente le tocaba a uno de Toconce. Igual ocurría para la segunda jerarquía. Una vez operada la ruptura entre estas dos localidades, ambas eligieron desde entonces independientemente a sus autoridades. Uno de los pocos rastros visibles que persisten de esa unidad es el desplazamiento de la

Virgen de Aiquina con ocasión de las fiestas de Toconce y, a la inversa, el viaje de Santiago para las de Aiquina.[14] Al parecer, sin embargo, la separación de la comunidad no afectó la tenencia individual de tierras agrícolas y de pastoreo, pero sí debe haber afectado fuertemente la capacidad de realizar trabajos colectivos y de responder a las presiones de la sociedad nacional. En el presente, sin embargo, treinta años después, ambas comunidades están considerando la necesidad de "volver a ser uno", ya que de este modo podrían enfrentar más eficientemente los trabajos internos de la comunidad y las relaciones con la sociedad mayor.

¿Qué ocurre entre San Pedro y los *ayllu* que lo rodean? Entendemos que es sólo en años recientes que la comunidad de este pueblo (heredera del *ayllu* Condeduque), dejó de funcionar como tal.[15] Lamentablemente desconocemos el grado de participación que cada uno de los *ayllu* tenía en la Asamblea Comunal y el nivel de desarticulación que puede haber implicado la disolución de los vínculos comunitarios en San Pedro. La importante participación que tienen los miembros de los *ayllu* de Sólor y Sequitor, durante las fiestas del Santo Patrono, podría –a su vez– ser una expresión de situaciones similares a las ya anotadas para Aiquina y Toconce.

Determinar la naturaleza de las relaciones intra e intercomunitarias es aún una tarea pendiente en la etnografía regional. Tal vez un conocimiento más profundo al respecto podría aclararnos los vínculos existentes entre poblados como Lasana y Chiuchiu, o Cámar y Socaire, por ejemplo. O explicarnos los mecanismos utilizados por los habitantes del Salado para asentarse en las tierras agrícolas de Chiuchiu, o la "emigración" de los habitantes de Machuca hacia San Pedro.[16]

3.3. LA ASAMBLEA COMUNAL

La expresión política más importante de las comunidades de la región pareciera ser la Asamblea Comunal, también llamada Junta de Vecinos o Centro Comunitario y en ella parti-

---

14 Entre Caspana y Aiquina habría ocurrido algo similar hasta hace unos años y el "fabriquero" de Peine nos informó, en 1986, que antiguamente también la imagen de San Roque era llevada a Socaire, para la fiesta de San Bartolo. ¿Ambos casos son expresión de situaciones similares a la ocurrida entre Aiquina y Toconce?

15 Lautaro Núñez, comunicación personal, 1985.

16 Varinia Varela, com. pers.

cipan todos los hombres y mujeres propietarios de terrenos y jefes de las unidades domésticas. Al menos así está señalado para Toconce, Caspana y Peine. La periodicidad de las reuniones de cada Asamblea Comunal parece variar de comunidad a comunidad, pero se juntan con la frecuencia necesaria como para constituirse en la verdadera instancia de gobierno de los poblados. En estas sesiones se debaten todos los temas considerados importantes por la comunidad, por lo que la ausencia de un comunero o su representante puede llegar a ser sancionada pecuniariamente. Dado que la fuerza y eficacia de las medidas acordadas dependen del grado de asentimiento interno que provocan, las resoluciones parecen ser tomadas por consenso, lo que suele producir largos y acalorados debates y sesiones muy prolongadas.

Anualmente esta asamblea elegía sus máximos dirigentes: un alcalde o presidente de la Junta de Vecinos y una directiva, cuya composición varía en cada comunidad. La pauta general en las comunidades del área andina es que la designación recaiga en aquellos individuos varones que, habiendo pasado por otros cargos comunitarios, demuestren tener experiencia, habilidad y capacidad de generar cohesión. Suponemos que entre las comunidades de la II Región se produce una situación similar. Durante un año, el elegido tendrá la misión de presidir la asamblea, resolver en gran medida los pleitos internos y representar a la comunidad ante las autoridades nacionales y frente a las comunidades vecinas. En el caso de Aiquina, nuestros informantes nos relataron que el presidente "usa vara", la vieja insignia de mando impuesta por los españoles a comienzos de la Colonia, emblema dotado de gran significación y carga simbólica. Otro comunero, uno de los viejos sabios toconcinos, nos contó más tarde que ésta era llamada "vara de Rey Inka", es decir, tiene el mismo nombre que en los mitos locales de Rey Inka, la divinidad culturizadora y ordenadora que, con el auxilio de su vara movía cerros, hablaba con las piedras y ordenaba el paisaje:

> El Inca en sus largos viajes proveía con facilidad a las necesidades de su numerosa comitiva. Donde faltaba el agua, le bastaba, al poderoso monarca, levantar una piedra del suelo, para que en el acto brotase una fuente de agua cristalina; i donde faltaba la comida, sembraba hoi para hacer mañana una abundante cosecha" (versión recogida en Caspana, Valdés 1886: 187).

> ...como eran poderoso los Rey Inka; ellos conversaban con viento y con aire, con agua, con nube, con todo conversaban.
>
> ...Pero ellos hablaban con las piedras, poh. Usted decía "bueno piedra, ayúdame", "bueno, date vuelta piedra", la piedra poquito le daba vueltas y la piedra sola se tumbaba. Le asentaban por ahí, hacían las murallas, en Turi usted ha visto, unas piedras grandes están puestas. Ellos hablaban...
>
> ...Por eso ellos eran poderosos. Ellos conversaban, por eso, agua a dónde llevaban ¡Uuuh! ta' lo llevaban agua, conversaban ya. Ellos decían "santo reguerío", llevan agua, a unos peñascos fueron, arena, campo, ande se pierde el agua en arena, lo llevaban no más poh. Haciendo canalito. Ah, ellos conversaban "ya agua" dice, "ya reguerío, vamos". Agua que te corría no más, sembraban por ahí, en campo (Toconce 1984).

Se entiende mejor, entonces, que la actual "vara de Rey Inka" sea considerada sagrada y emblema esencial de los actuales dirigentes étnicos, los alcaldes, proporcionándoles la ayuda necesaria -igual que la vara del Inka- para mover cerros, piedras, etc. En la iglesia de Toconce se guardan dos "bastones de vara", confeccionados en una fina madera y con la empuñadura de plata, que antiguamente eran usados por el principal o alcalde para impartir justicia, dirigir a la comuna al tomar acuerdos democráticos e iniciar las ceremonias del pueblo.

La ceremonia de entrega de la vara "se hace con respeto" e incluiría una nueva santificación de ésta en la iglesia. Cuando la autoridad saliente entrega la vara a su sucesor, en presencia de los comuneros, recibe los aplausos de éstos si es que se considera que ha desempeñado bien su función.

El sistema supone que nadie podría servir el cargo de presidente más de una vez en su vida. Sin embargo, en 1980, los carabineros del retén Toconce designaron directamente al presidente, recayendo la nominación en alguien que ya había cumplido el cargo. Posteriormente, fuimos informados de que todas las comunidades debían presentar una terna al alcalde de la comuna para que éste designara al presidente de la Junta de Vecinos respectivo, de acuerdo a lo que se hacía en el resto del país. Ignoramos los efectos que esta nueva situación pudiera provocar, así como desconocemos igualmente los múltiples mecanismos empleados por los pobladores andinos para seguir manejando sus propias determinaciones a pesar de esta normativa.

3.4. SISTEMA DE CARGOS

Después de la Asamblea Comunal es el sistema de cargos la instancia que permite la participación directa de las unidades domésticas en la vida de la comunidad. En términos generales, se considera que todos los comuneros deben cumplir con una serie de cargos, usualmente ordenados en forma jerárquica desde los que exigen menor responsabilidad y experiencia hasta los de mayor dedicación y conocimiento. Carecemos, una vez más, de estudios pertinentes de la región sobre este aspecto del funcionamiento de la comunidad, esencial por cuanto permite la movilidad social de las unidades domésticas y da paso a la expresión de las diferencias de prestigio, que muchas veces expresan la desigualdad social existente al interior de una comunidad.

Por regla general, el desempeño de cada cargo implica un desembolso económico de parte de quien está "pasando" el cargo, de allí que entre cargo y cargo, los comuneros deban dejar pasar algunos años para reunir la plata necesaria para cumplir bien con su próxima responsabilidad. Esto puede significar que los más pobres no estén en condiciones de llegar hasta el cargo de presidente o alcalde, aunque si la comunidad lo quiere para ese puesto, adquirirá el compromiso de ayudarlo.

Los cargos son de distinta índole: político-económicos o socio-religiosos. En Socaire se mencionan "jueces de aguas", "repartidores", "tareadores", "capitán" y "capitana", "cantal"; en Santiago de Río Grande, "fabriquero", "capitán de hombres y capitán de mujeres", "capitanes puricamanes"; en Peine, "pujiai",[17] "cantal", "caquero", "capitanes"; en Caspana, "alférez", "carnavales", "capitanes", "puricamanes"; en Toconce, "alférez", "fabriquero", etc.[18]

El listado que presentamos incluye tanto cargos que son elegidos por la comunidad, como aquellos que son solicitados voluntariamente. De igual manera, no hemos establecido diferencias, por ahora, entre los que se

pueden cumplir una sola vez y los que no tienen duración fija y pueden ser repetidos. En las páginas que siguen se irán precisando más estas diferencias.

De la enumeración puede desprenderse que la gran mayoría de estos cargos deben cumplirlos los varones, aun en los casos que la función que se va a desempeñar tenga connotaciones femeninas, como el "capitán de mujeres", "capitana", la "vieja" de carnavales, etc.[19] Sin embargo, para desempeñar muchos de los cargos, se requiere que el "pasante" sea casado y, en variadas situaciones, el papel que debe desempeñar la mujer está implícito, no siendo por ello menos importante. Por otro lado, sin la colaboración de ésta, de su unidad doméstica y de los parientes de ambos, sería prácticamente imposible que un individuo pudiera cumplir su cargo a satisfacción de todos. Como lo expresaba un habitante de la vega de Turi, el cargo es una unidad que comprende los dos sexos: "El alcalde –ellos son los que dirigen–, el marido y la señora. Nosotros también hemos pasado de alcalde cuando estaba vivo mi marido" (Valdés et al.1983: 55).

Al margen del sistema de cargos se encuentran los *yatiri*, los especialistas del ritual, de la medicina y, en definitiva, los poseedores del conocimiento. Uno de los *yatiri* de Toconce, don Juan Ayaviri, nos relató en una oportunidad cómo llegó a adquirir parte de su conocimiento:

> Por ahí me hablaron, hablaron los gentiles[20] conmigo: "...¿por qué pensaba usted tanto en nosotros?" ¡Yo quería saber, pues!, de ahí que pensaba: ¿cómo serán [sabrán] trabajar tanto los antiguos? me decía, ¿cómo trabajaban, cómo? Después tuve que pagar[21] yo, puh, y me avisaron. Todo eso sé...(...)

---

[17] Sería conveniente estudiar las posibles relaciones entre estos "pujiai" que actúan durante carnavales y la fiesta del "pujllai", celebrada en la misma fecha en el altiplano boliviano (e.g. en Tarabuco, Chuquisaca).

[18] Lógicamente, esta enumeración no es exhaustiva y busca sólo dar una aproximación a la nomenclatura más común en la región.

[19] El cargo de "capitán de hombres" y "capitán de mujeres" tiene una asociación muy directa con la música y determinados instrumentos. En Socaire, el capitán de hombres toca un clarín, cuyo sonido agudo está asociado a la masculinidad, en tanto que el sonido grave del "putu" o cuerno, tocado por el capitán de mujeres está asociado a la feminidad (Barthel 1986: 152). En Peine se mantiene esta misma relación entre clarín y "putu". En Toconce, ambos capitanes tocan "putu", siendo el sonido más grave el masculino y el más agudo el femenino. Esto sugiere la posible existencia de un sistema de transformaciones entre las poblaciones de ambas cuencas, como ya lo insinuamos.

[20] "Gentiles" es el término, de origen español, usado para referirse a la población prehispánica no bautizada. Pertenecen, en el ordenamiento local de las "edades del mundo" a la "generación de Rey Inka".

[21] "pagar" alude a los "pagos" u ofrendas rituales, que pueden ser quemadas o enterradas.

Figura 6. Turi. Lavando lana.

Figura 7. Baile del "Torito" en San Pedro de Atacama. (Fotografía H. Niemeyer, 1963.)

Figura 8. Ofrenda para el agua en "limpia de canales" en Ayquina. Se ofrecen chicha, vino y coca en la mesa ritual preparada sobre una llilca.

En sueños. Sueña. Entonces usted tiene que hablarles ya, ir a hablarles y "pagarles".

–¿Y qué les pagó?

Hay que darles comida pues, ellos su comida era el chañar, el algarrobo. Así como usan la leña del chañar y el algarrobo, igual, ése era su comida de ellos (Toconce, 1984).

Los dos *yatiri* de Toconce son sumamente respetados no sólo en su pueblo, sino que a menudo son llamados desde otras comunidades o localidades para solicitarles su concurso, tal como nos informaron algunos pobladores de Lequena (Alto Loa). Esto se debería a que no todas las comunidades disponen de sus propios *yatiri*.

3.5. PARENTESCO

Adentrarse en el tema del sistema de parentesco de estas comunidades representa constatar nuevamente –en primera instancia– una situación que ha sido reiteradamente señalada aquí: la ausencia, los vacíos de la información etnográfica disponible. Para la cuenca del Salado, la información sobre Toconce y Caspana señala una cierta preponderancia de la familia nuclear, como forma más común de la unidad doméstica. En Caspana el 66,21% de las familias sería nuclear y un 31,08%, familias extensas. En Toconce:

... la familia queda determinada por el número de personas que cohabitan bajo un mismo techo y comen regularmente en la misma cocina, coincidiendo en la mayoría de los casos con entidades familiares nucleares monógamas,... (Gómez 1980: 72)

Carecemos de información similar respecto a las poblaciones del Alto Loa y a las de la cuenca del Salar de Atacama.

Aunque aparentemente la patrilocalidad, como práctica de residencia de una nueva unidad doméstica, constituiría la norma ideal tanto en el Salado como en el salar, se ha señalado también una norma de neolocalidad, al menos en Caspana y Peine. Délano también registró, en Caspana, una tercera situación, esta vez de matrilocalidad:

... suele ocurrir, cuando se trata de la última hija que permanece en la familia, cuya colaboración es indispensable para los padres, que forme una pareja pero siga viviendo con sus hijos en la casa paterna, mientras el hombre vive solo o con sus padres, siendo considerados como una familia por el resto de la comunidad (Délano 1982: 63).[22]

Por último, en este demasiado escueto recuento, la norma de descendencia más común pareciera ser la patrilinealidad, aunque no se puede descartar la influencia que en esto pudiera tener la legislación chilena. Sobre la patrilinealidad nos surgen algunas dudas. Mostny señala que en Peine, "muchas uniones no son inscritas y los hijos son considerados desde el punto de vista legal como nacidos fuera del matrimonio; entonces llevan el apellido materno" (Mostny 1954: 74). Puesto que son muy pocos los matrimonios –en general– inscritos legalmente en el Registro Civil,[23] nos preguntamos si a la "legalidad" se le otorgaría realmente un valor tan grande como para cambiar la norma de filiación. Délano, que también postula una patrilinealidad en el caso de los hijos de matrimonios o parejas que viven juntos, agrega líneas más abajo:

Los hijos de las mujeres solteras generalmente llevan el apellido de la madre y es frecuente que éstas no quieran casarse con el hombre al cual se juntan posteriormente, a fin de que sus hijos nacidos fuera del matrimonio *no pierdan parte del patrimonio que les pertenece* (ob. cit. 65).

Esta situación cuestiona la patrilinealidad como único sistema de transmisión de estatus. En Toconce, Gómez señala que, al momento de producirse una alianza matrimonial definitiva, cada contrayente recibe –de parte de su grupo familiar– una parte de los terrenos de cultivo de su grupo doméstico en calidad de dote o herencia:

Las tierras así logradas parecen seguir un patrón claramente diferenciado según el sexo del contrayente. La mujer recibe terrenos de aquellos que su madre aportó, en su momento, al grupo doméstico y del mismo modo ocurre con el varón respecto de las tierras del padre,... (Gómez 1980: 57)

Esto apuntaría a un sistema de bilateralidad y ya no únicamente a patrilocalidad. Es posible que un análisis más exhaustivo de algunos otros datos dispersos evidencie situaciones similares en otras localidades. Sería posible sugerir, entonces, que éste es un aspecto mucho más complejo y con más variantes de las que han sido señaladas hasta ahora y que requiere de estudios con mayor profundidad.

Otro planteamiento que, nos parece, merecería una mayor discusión, es el referente a una cierta tendencia que pareciera presentarse dentro de cada comunidad, hacia la endogamia. Expresión de este hecho sería el reducido número de grupos de parentesco en cada pueblo, estrechamente vinculados entre ellos. El límite interno de la endogamia pareciera estar dado por la prohibición del incesto, aplicada –en el caso de Peine– a los primos hermanos, aun cuando no sabemos si la restricción se aplica únicamente a los primos cruzados patrilaterales.

Obviamente no tenemos información sobre todas las comunidades y casos, pero nuestros informantes del Alto Loa (antiguamente vinculados a la comunidad de Conchi Viejo), nos explicaban que uno de los ideales era establecer alianzas con "los del valle" (Lasana) o "los de arriba" (Lequena y otros puntos hacia las nacientes del Loa). Aún tenemos muy pocos datos como para visualizar con claridad todas las sutilezas y complejidades de este sistema de alianzas, pero nos parece que expresa bastante bien el viejo ideal andino de maximizar el acceso a recursos y bienes situados en nichos distintos, lo que no se concilia con la endogamia. A lo anterior podríamos agregarle el hecho de que los actuales habitantes de Toconce -una de las localidades señaladas con tendencia a la endogamia- son en su gran mayoría descendientes de matrimonios exogámicos entre pastores oriundos de Lípez (Depto. de Potosí, Bolivia) y campesinos de Aiquina, consecuencia, igualmente, de prácticas de ecocomplementariedad.

En el mismo sentido debería entenderse la situación observada en Caspana, con respecto a la relación existente entre las uniones matrimoniales con personas de fuera del pueblo y el acceso a otros espacios productivos y socio-religiosos.

La endogamia de estas comunidades debería, entonces, ser analizada nuevamente a la luz de una estructura socio-económica que precisamente se orienta a maximizar los recursos, tanto productivos como humanos. No pretendemos con esto discutir los datos presentados por estos investigadores sobre la frecuencia de matrimonios entre individuos de una misma comunidad, sino sugerir la necesi-

---

[22] Para una situación similar en Toconce, véase Gómez 1980: 57.

[23] Cuestión que ya hacía notar Valenzuela 1969-70: 79.

dad de revisar con nuevos antecedentes y en una escala mayor, regional –que integre a varias localidades–, la o las prácticas de alianzas de parentesco existentes.

Dentro de la estructura del sistema de parentesco, resalta la clasificación establecida para los distintos tipos de parientes. Su manejo es fundamental para cualquier individuo, puesto que dependerá del grado de proximidad y de ubicación dentro de la red de relaciones de parentesco, que un comunero podrá recurrir o no a un pariente para solicitarle ayuda, así como el tipo de solidaridad que espera encontrar y la forma de reciprocidad por la cual, más adelante, deberá devolver el apoyo recibido. En Toconce, por ejemplo, se distinguirían dos ejes de clasificación: por proximidad y por descendencia o afinidad. Los parientes sanguíneos o políticos cercanos recibirían una denominación específica, con terminología hispana (padre, madre, suegro, yerno, etc.), en tanto que los parientes más lejanos serían denominados "parientes" o "parentela". Es precisamente a los más cercanos a quienes se acude en primera instancia para obtener su colaboración, por ejemplo, con ocasión de celebrarse la fiesta del Santo Patrono del pueblo, cuando un jefe de familia es "pasante" y debe atender y dar comida a todos quienes llegan a su hogar, o para pedir la participación de todos los parientes en el techamiento de una nueva casa.

Desde esta óptica, la elección de un cónyuge puede transformarse en un complicado proceso, en el que eventualmente inciden muchos más factores que los de la atracción mutua. En teoría, en la zona no hay normas que predeterminen la elección de la pareja,[24] sin embargo, como muy bien lo anota Gómez:

A través de este vínculo los grupos domésticos que entran en relación se proveen de nuevos canales que potencialmente les permitirían acceso a otros recursos humanos y bienes materiales, por lo que los hijos en edad de contraer matrimonio pueden ser considerados como recursos a ser transados en la comunidad para la adquisición de estos canales de intercambio. Es así que una pareja resulta aceptable y deseable porque tiene acceso a tierras en aquellas zonas que para su contrapartida pueden estar definidas como estratégicas; porque cuenta con un número significativo de hermanos que pueden ser reclutados en las ocasiones en que se requiere mano de obra adicional para la realización de tareas productivas y/o sociales, porque tiene un número importante de cabezas de ganado, lo que significa capital fácilmente convertible en especies o servicios, aparte del prestigio que por tenerlo se adquiere; porque pertenece a una familia respetada dentro de la comunidad (Gómez 1980: 77).

El matrimonio (al igual que otros rituales) da origen, también, al establecimiento de vínculos de parentesco ritual, generalmente expresado a través del compadrazgo. Como en otros lugares de los Andes (Ossio 1981), en Caspana hay una tendencia a elegir a los compadres entre gente no perteneciente a la comunidad. Ello daría oportunidad de establecer nuevas redes de alianzas, a veces con gente de la ciudad. Los sistemas de alianzas establecidos a través del compadrazgo o padrinazgo, han dado lugar a numerosos estudios en otros lugares de los Andes, puesto que se han transformado en uno de los mecanismos por intermedio del cual los hombres andinos se vinculan a la sociedad mayor y a la economía capitalista de mercado.[25]

3.6. SISTEMA RELIGIOSO

Si hasta aquí hemos omitido entrar en el terreno de los rituales y la religión, ha sido fundamentalmente por un intento de lograr mayor claridad en la exposición. En la práctica, resulta en extremo difícil separar los planos de lo socio-económico y lo ideológico que, en definitiva, no son sino expresión de una misma unidad. En la esfera religiosa podría establecerse nuevamente la misma doble manifestación de lo comunitario: el nivel de lo colectivo y el de la unidad doméstica.

Cada localidad tiene un santo o santa, patrono del pueblo. Hasta donde entendemos, el santo patrono del núcleo principal lo es también del conjunto de la comunidad. Además de esta divinidad protectora de la comunidad y de sus distintas localidades, hay otros santos venerados en función de sus atributos milagrosos en una u otra esfera de la actividad cotidiana: San Antonio, por ejemplo, patrón de los llameros. Todo

---

24 Délano 1982: 61-64; Mostny 1954: 74.

25 Albó y Mamani 1980: 316; vid. Mayer y Bolton 1980.

87

esto termina por conformar, en cada pueblo, una suerte de panteón muy característico. Así en Caspana encontramos aparte de San Lucas, el patrono, a San Roque, a la Virgen Candelaria, la Inmaculada Concepción y Guadalupe; en Conchi Viejo la patrona es la Virgen del Carmen y está acompañada por San Juan, San Antonio y el Niño de Praga; en Peine el patrono es San Roque y otras de las imágenes de santos guardadas en la iglesia son las de San Antonio, Nuestra Señora de los Dolores y la Virgen Guadalupe. En Toconce, junto al patrono Santiago, tienen un sitial de importancia San Antonio y Santa Cecilia, patrona de la música. La situación se repite, con variantes, en todos los asentamientos.

¿Qué mecanismos son los que operan en la elección, por parte de una comunidad, de uno u otro santo patrono? Cuando se producen rupturas y surgen nuevas entidades, ¿cómo se resuelve el problema de los patronos? Algunos mitos podrían iluminar el problema. Recordemos el caso de Aiquina, en el que la Virgen de Guadalupe aparece en el riachuelo que cruza el pueblo. En este caso, la elección aparece avalada por un mecanismo divino: es la Virgen la que se presenta (se auto "elige"). Sería muy interesante saber qué ocurre en cada situación particular. En el caso de Caspana, aun cuando San Lucas es el patrón de la localidad al menos desde el siglo XVII, la festividad cristiana más importante sería la del día de la Virgen de la Candelaria. Durante una estadía en esa comunidad, en 1990, los comuneros nos informaron que, curiosamente, esta imagen de la Virgen había sido donada por la comunidad de Machuca, ubicada en la hoya del Salar de Atacama, junto con un baile ritual, el "de los cuartos", puesto que durante largo tiempo los comuneros de Machuca acudieron a Aiquina por la disolución de su propia comunidad. ¿Qué relaciones fueron puestas en juego aquí?, ¿por qué Machuca y Caspana? Más importante aún es que ambos santos (San Lucas y la Candelaria) tienen atributos y "campos de acción" diferentes, lo que sugiere posibles cambios en la estructura ritual de Caspana. Todos son procesos que, hasta ahora, nos son desconocidos.

Puesto que la tarea principal del patrono del pueblo es protegerlo, la comunidad debe manifestarle respeto y devolverle, en la lógica de la reciprocidad, algo de lo recibido. La ocasión más propicia para ello es la fiesta del santo o santa. En esta oportunidad, el pueblo entero celebra la festividad.[26] Acuden los lugareños

[26] Mostny (1954: 89) es, al parecer, la única que discutiría la importancia de esta festividad en el caso de Peine.

que residen en las ciudades cercanas y habitantes de otras localidades. Esta última no sería, sin embargo, una característica en todas las localidades, puesto que Urrutia señala que, por lo menos hasta 1965, a la fiesta de San Pedro de Atacama acudían fundamentalmente los integrantes de sus *ayllu* y de Toconao. En cuanto a la fiesta de Aiquina, Aguirre señala la existencia de dos celebraciones: la del 8 de septiembre, a la que concurren lugareños y forasteros de alejadas regiones, y la del 12 de diciembre (fecha correcta de la celebración de Guadalupe), de "carácter reservado y únicamente para el pueblo" (1967: 105).

El responsable ante toda la comunidad de la buena realización de la fiesta es el "alférez", cargo solicitado voluntariamente con un año de anticipación. La gran responsabilidad involucrada en el cargo hace que muchas veces el "pasante" deba recurrir previamente a sus relaciones de parentesco para garantizar su colaboración. Dado que el prestigio social puesto en juego es muy grande, muchas veces detrás de una solicitud individual están los intereses familiares.

Se considera cumplido el cargo, bien "pasado", cuando los rituales se han realizado correctamente, cuando diversos conjuntos o cofradías de bailarines han acudido y la música para los bailes colectivos no ha fallado y, sobre todo, cuando todos los asistentes, sean foráneos o locales, de acuerdo a viejas normas andinas, han sido bien atendidos. Se comprenderá, entonces, que el cumplimiento de este cargo demanda un crecido gasto, por lo que muchas veces el "alférez" debe realizar previamente trabajos remunerados fuera de la comunidad. Durante los tres a cinco días que suele durar cada una de estas fiestas, las mujeres de la familia del alférez pasarán cocinando y sirviendo a todos los invitados, principalmente un almuerzo llamado "boda", elaborado con ingredientes que requieren, a veces, de varios días de preparación. De allí la importancia vital que adquieren las alianzas de parentesco y las relaciones de reciprocidad establecidas con anterioridad por el "alférez". De ellas dependerá en buena medida el éxito en el cumplimiento del cargo. Como "el pasar bien la fiesta" beneficia a todos, se practican varias solidaridades comunales. Así, por ejemplo, en Toconce, para la celebración del patrono, la "boda" es ofrecida por la comuna, los días 24 y 26 de julio, pero el alferado debe ofrecerla el día de Santiago, 25 de julio. Como una idea de los gastos en que se incurre para estas ceremonias, en 1988 en esta fiesta, se gastaron más de seiscientos mil pesos.

Actualmente se presentan, sin embargo, varios problemas que conspiran contra el buen funcionamiento de este sistema. Uno de ellos es el elevado costo que significa ser pasante de una de estas fiestas. Puesto que no todos los hombres de una comunidad están en condiciones de efectuar ese gasto, el universo real de postulantes se reduce drásticamente y sabemos que –en algunas comunidades– estos últimos años ha habido fuertes dificultades para encontrar un postulante al cargo de "pasante" o responsable de la fiesta. En las comunidades más golpeadas por las políticas de la sociedad nacional, la situación puede ser más difícil aún, puesto que al problema económico se le agrega la escasa población. En otros casos, las complicaciones surgen de las diferencias existentes entre los católicos y aquellos que pertenecen a alguna de las diferentes iglesias protestantes que han ido penetrando en la región (Pentecostales, Adventistas, etc.). Las confesiones no católicas rechazan, por lo general, el culto a los santos y se caracterizan por prohibir el consumo de bebidas alcohólicas, uno de los ingredientes esenciales en toda fiesta andina. De manera que las fiestas comunitarias no sólo cuentan con la marginación de los no católicos, sino también, a veces, con un decidido rechazo de éstos a aquellas. Como lo relata una campesina, refiriéndose a "los evangélicos" de Aiquina:

> P'al trabajo igual todos van a trabajar. Juntos vamos todos igual. Ni mentan eso siquiera. Los evangélicos no hacen enfloramiento. Ésos no creen en ninguna cosa. No hacen pagos, nada. No van a las *challas*. Perdieron todas las costumbres (Valdés *et al.* 1983: 56).

Como ya lo hemos señalado, sin embargo, las comunidades no son entes pasivos y de una u otra forma algunas de ellas han buscado fórmulas de solución. Un ejemplo de esto puede verse en el arreglo al que llegaron los toconcinos: se logró, en principio, que los no católicos se integraran al sistema de cargos (del cual se negaban a participar), a cambio de no verse obligados a intervenir en las fiestas. Puede que no se trate de una situación ideal, pero ciertamente se obtuvo la reincorporación de una parte de la población, que se había automarginado de las tareas colectivas.[27]

Durante las fiestas del patrono de una comunidad, las imágenes de los santos son sacadas en andas de la iglesia, iniciándose así un recorrido ceremonial por el pueblo que, en los casos de Aiquina y Toconce, incluye paradas en altares ubicados en puntos considerados "los extremos" del pueblo. ¿Se trata, acaso, de "límites" o "bordes"? Desgraciadamente carecemos de detalles sobre sus características y, más aún, su significación.

Este recorrido ceremonial culmina en el patio exterior de la iglesia respectiva, donde un nuevo circuito ritual hace pasar las imágenes religiosas por cuatro altares o "descansos", ubicados en las esquinas del patio. Es claro que ambos recorridos rituales inauguran, año a año, una espacialidad que debe ser remarcada constantemente.

El circuito ceremonial, del que tenemos información directa en las localidades del Salado y Alto Loa (Conchi Viejo), pareciera efectuarse de manera muy similar en algunos de los poblados del Salar de Atacama. De hecho, en lugares como Río Grande y Machuca –a mitad de camino entre el Salado y el Salar– pudimos observar los cuatro "descansos" en las esquinas interiores de los patios de sus iglesias. En cuanto al recorrido ritual por el espacio interior de cada pueblo, su existencia –en el sector del Salar– podría estar igualmente insinuada por el sistema de "calvarios" que hay en los distintos ayllu que rodean al núcleo urbano de San Pedro de Atacama y por la procesión que se realizaba entre ellos, sin la presencia del sacerdote católico.

En algunos casos, la celebración del santo patrono y las ceremonias que se realizan en esa ocasión parecen estar vinculadas con otros aspectos del funcionamiento comunitario, como lo insinuaría el hecho de que durante la procesión de la Virgen de Aiquina, ésta bendiga objetos miniaturizados que representan modelos verdaderos correspondientes a aspiraciones que las distintas unidades domésticas esperan ver satisfechas en el año (camioneta, ganado, salud, etc.; vid. Aguirre 1967). En otras ocasiones, la comunidad puede verse obligada a incorporar a una nueva deidad, en cuyo caso le otorgan una función específica que sea significativa para ellos. Así sucedió por ejemplo con Santa Teresa de los Andes, a quien los carabineros de Toconce hicieron construir una ermita cercana al retén en 1988; a partir de ese

---

[27] Como ejemplo, hemos constatado en terreno que en la fiesta de limpia de canales de Aiquina y de Toconce las familias evangélicas participan en los trabajos, meriendas y cenas comunitarias y sólo que se abstienen de tomar alcohol, de bailar y naturalmente de asistir a la liturgia en la iglesia católica.

año, la entonces Beata cumple la función otorgada por los comuneros de proteger a choferes y camiones y se la integró al recorrido ceremonial de los bailes del santo patrono. Con ello la comunidad evitó un punto de conflicto latente y ganó una nueva protección.

Este panorama parece tener variantes percibidas con cierta nitidez entre las localidades ubicadas desde Toconao hacia el sur del Salar (Cámar, Socaire, Peine). Allí las iglesias no presentan un patio cercado y carecen por lo tanto de altares o "descansos" en sus alrededores. Esto no significa, necesariamente, que no exista un sistema como el que entrevimos en las localidades del Salado, sino simplemente que su forma podría ser distinta. Tampoco podemos descartar su ausencia, ya sea por variaciones locales, por imposiciones culturales (coloniales o republicanas) o, más intrínsecamente, por la existencia de una posible "frontera" de tradiciones culturales distintas, manifestadas –entre otros planos– en el religioso, y expresadas en situaciones como ésta o como las ya advertidas anteriormente respecto a la relación pueblo-cementerio. Pudiera tratarse, también, de la existencia de un sistema de transformaciones, que pone en juego determinadas oposiciones al interior de una región como la atacameña.

Las festividades de los santos patronos parecieran, además, actualizar ritualmente los lazos existentes entre las distintas subunidades que pueden componer, en esta zona, una comunidad. Así lo insinúa la participación de Toconce en las fiestas de Aiquina, y la de los *ayllu* de San Pedro durante las festividades de ese patrono. Allí, por intermedio de los bailes, pareciera salir a luz parte de la estructura social, situación insinuada en el hecho de que determinados ayllu bailan ciertos bailes aparentemente en mutua relación:

En líneas generales, este "baile del negro" de Séquitor, indudablemente tradicional, "hace juego" con el correspondiente "baile del toro" de más moderna versión, que ya citamos. En esta forma, el par de conjuntos resultan ser, en su mímica y en su tipo, una perfecta réplica de la combinación similar de Sólor. Y es muy curioso, además de útil, este notable paralelismo y equilibrio con que ambas poblaciones aportan elementos a las fiestas de San Pedro de Atacama (Urrutia 1968: 20).

La importancia de estas festividades es mucho mayor de lo que pudiera pensarse en una primera impresión. No podemos olvidar que en el Alto Loa, lo poco que aún resta de las estructuras comunitarias se activa, precisamente, con ocasión de estas fiestas de los santos patronos. En Conchi Viejo, por ejemplo, hace años que ya nadie vive en el poblado, pues todos los habitantes originarios han emigrado, preferentemente hacia Calama y Lasana. Sin embargo, mantienen sus casas en el poblado, bajo el cuidado de su único habitante, don Manuel López, antofagastino de origen, y regresan a ocuparlas durante las fiestas del 16 de julio, festividad de la Virgen del Carmen, y para San Antonio, el otro santo protector. En Calama funcionan organizadamente los comuneros de Conchi Viejo para mantener la festividad.

Entre las estancias que aún quedan en las riberas del Alto Loa, el proceso parece ser muy similar. Sus habitantes se reúnen colectivamente al menos para la fiesta de la Cruz de Mayo, el día tres de ese mes, festividad de gran importancia para la protección de los lugares ocupados por los habitantes.

Dentro de la comunidad, aparte de los rituales colectivos, de los que la fiesta del Santo Patrono no es más que una muestra, algunos rituales y ceremonias a nivel de las unidades domésticas, adquieren también importancia social en la medida de que varios de ellos implican una cierta participación colectiva y aseguran la reproducción y mantención de las unidades domésticas y, por ende, de la misma comunidad. Únicamente por razones expositivas dividiremos estos rituales en dos niveles: en primer lugar los relativos al ciclo vital, esto es, bautismo, matrimonio, techamiento y defunción; y en segundo lugar los rituales vinculados al eje significante "vida-muerte", que tienen que ver fundamentalmente con aspectos de salud o ligados al culto a los muertos.

Aunque son escasas las referencias a rituales vinculados al nacimiento de los hijos, el relato de una campesina de Aiquina puede aportar cierta luz al respecto:

Aquí no botan la placenta, aquí la costumbre es de enterrarla en una parte que es sombrita. Cuando la sacan, la abrigan, le cuidan y dispués ya de dos o tres días recién la entierran. Allá no, dicen que la queman ¿no? [refiriéndose al Hospital de Calama], las mías las han enterrado,... (Valdés *et al.* 1983: 31).

En el ritual del bautismo en Caspana, el niño recibe dos dones que son considerados fundamentales para su vida. En primer lugar, tendrá un padrino de bautismo, lo que se con-

Figura 9. Tejido femenino en telar horizontal del suelo.

Figura 11. "Mesa de los difuntos", doméstica, en fiesta de Todos los Santos.

Figura 10. Alfarero de Toconce.

sidera como un apoyo fundamental, puesto que los padrinos, en teoría, deben ayudar en múltiples ocasiones y porque, además, pone en contacto directo al niño con el sistema de alianzas de parentesco y con una de las formas de reciprocidad más importantes. El otro don recibido por el bautizado proviene del padrino. Al parecer es costumbre que éste regale a su ahijado una cabra u oveja recién nacida, base del futuro rebaño del niño. Según Délano, sin embargo, se trataría de una costumbre que ha ido quedando en desuso.

Una mención ocasional sobre el ritual de bautismo en Toconce, la encontramos en Gómez Parra (1981-82: 63), cuando al referirse al *waqui*, dice que esta "comida" ceremonial también se efectúa durante el "corte de pelo", ritual de tradición andina en el cual se corta por primera vez el pelo al bautizado y que comprende varias donaciones, incluso de dinero. En esta comunidad, los padres regalan a sus hijos para el primer corte de pelo al menos dos cabezas de ganado, preferentemente llamos y en algunas ocasiones lo hacen además los padrinos, como era lo tradicional.

Las descripciones con que contamos sobre el ritual del matrimonio son variadas. Hay coincidencia entre los diferentes autores de que la vida sexual de ambos contrayentes puede haber empezado con anterioridad al matrimonio, independientemente de la pareja escogida para casarse. En consecuencia, no hay sanciones al respecto para las muchachas.

Si bien es posible admitir que se trata de una situación reciente, consecuencia tal vez de un proceso de reestructuración o desestructuración, en algunas de las localidades indígenas, el matrimonio como institución parece estar siendo cuestionado:[28]

Hay muchas mujeres que son solas. Todos son solos aquí. Las vecinas pa'llá son solas, no tienen maridos. Así vienen sus hijos. Mi tía tiene dos hijas y no se casó; la otra, la Benita, tiene como 30 años y todavía no se casa. Mi hermana ya va a tener 30 y el papá de su guagua siempre le viene a ver la guagua. Y la otra está sola, la Silvia. Algunas están así no más: teniendo harto ganado no se necesita marido.

Yo tenía 18 años, recién mi mami tuvo a la Carmen y cuando la tuvo, al otro año tuve yo y teníamos guagua las dos. No me había casado, no me casé. Estaba aquí trabajando pa' la casa. ¡No quería casarme tampoco! (Valdés *et al.* 1983: 23-24).

Al margen de lo anterior, sin embargo, cuando una pareja decide casarse, recibe de sus familias algunos bienes. En el caso de Toconce, ya citado, las tierras recibidas se entregan bilateralmente. El padre del novio aporta tierras de su dote personal a su hijo y la madre de la novia hace lo mismo con su hija, con tierras que ella en su momento aportó al matrimonio. Una situación parecida la encontramos en el caso de una alianza entre un aiquineño y una toconcina:

Cuando nos casábamos el papá nos daba llamitos, por eso tenimos. Ellos nos dejaban llamitos, corderitos, todo lo daban, cabritas. Al marido también le daban. Cada familia le daba a cada uno, tierrita también (Valdés *et al.* 1983: 49).

En Peine, Mostny relata que ambas familias entregan parte de sus bienes, consistentes esta vez en tierras, casa, muebles y otros objetos.

Debe entenderse, empero, que la dote no es sino la base económica desde la cual se arma una nueva unidad doméstica. En varias de las localidades de la zona, la asignación de tierras nuevas, en una cantidad mayor que para su subsistencia, continúa siendo responsabilidad de la comunidad.

Algunos testimonios recogidos en Toconce y Aiquina permitieron a Gómez postular la existencia de un "matrimonio de prueba", conocido también como *sirvinakuy* (1980: 78). Esta institución, que ha recibido una considerable atención por parte de diversos antropólogos en otras áreas del mundo andino (Carter 1980; Albó y Mamani 1980) consiste, básicamente, en que antes de realizar las ceremonias matrimoniales definitivas, la pareja vive junta por un lapso que varía entre los seis meses y un año, período durante el cual ambos jóvenes tienen la oportunidad de conocerse y las familias respectivas pueden "poner a prueba" sus capacidades, sobre todo las de la novia, para resolver las nuevas tareas exigidas.

Siguiendo a Gómez, Délano postuló una práctica similar para Caspana, apoyada fundamentalmente en la ausencia de la ratificación legal ante el Registro Civil de muchas de estas uniones.

Pensamos que esta situación requiere aún de mayores estudios y una recopilación de da-

---

[28] En realidad, la ausencia de estudios completos sobre los sistemas de parentesco y sus variantes en la región hacen que situaciones como la citada pudieran encubrir una estructura social mucho más compleja y no, necesariamente, que el matrimonio como tal esté en cuestión.

tos más amplia, sobre todo cuando hoy se discute fuertemente la concepción del *sirvinakuy* tal como ha sido descrita anteriormente, y se postula, en cambio, el concepto de *proceso matrimonial* que involucra varias etapas, las cuales "van sellando cada vez más fuertemente el compromiso mutuo de los contrayentes y el reconocimiento de la nueva unidad familiar autónoma en la comunidad". Este enfoque permite no sólo discutir el análisis realizado por Gómez, sino que también posibilita corregir la visión errada que presenta Valenzuela sobre la existencia de tres tipos distintos de matrimonios entre las poblaciones de la cuenca del río Salado: el civil, el religioso y la "unión de hecho" (1969-70: 80-81), al entenderlos como etapas distintas de un mismo proceso. Al mismo tiempo, aclararía otro dato entregado por Gómez, referente a que la ceremonia importante, la fiesta, se realiza cuando se toma la decisión de casarse y no con motivo de la legalización ni de la ceremonia religiosa.

En el momento que la nueva unidad familiar decide independizarse, se inicia la construcción de la vivienda, tarea en la que es usual obtener la colaboración de los parientes más directos (hermanos y cuñados). Una vez que esta etapa ha concluido, viene la ceremonia del techamiento, tarea colectiva que congrega no sólo a los familiares y la "parentela", sino también a gran parte de los habitantes de la localidad.[29]

La descripción que sigue podría ser aplicada, tal vez con pequeñas variantes, a cualquiera de las localidades indígenas de la hoya del río Loa. En las poblaciones de la cuenca del Salar de Atacama puede detectarse una variación mayor, puesto que la estructura misma de la casa y el uso más generalizado del techo plano o de un agua, cambia las condiciones de la realización de este trabajo.

Durante los meses de septiembre a marzo, se realizan en Caspana los rituales de techamiento. Ello se debe a que es la mejor época para recolectar las pajas adecuadas (cortadera, *Cortaderia atacamensis*, y paja brava o *ichu*, *Festuca chrysophilla*),[30] que son más abundantes y tiernas y, por otro lado, porque el barro empleado como adhesivo en invierno es muy helado, lo que dificulta su manipulación. Mientras las mujeres cocinan o "chancan" la paja brava (golpeando la raíz con una piedra para limpiarla), los hombres forman montones con ésta, los untan con barro y se los entregan a quienes están sobre los tijerales del techo a dos aguas. La técnica constructiva empleada consiste en poner primero una corrida de cortadera, colocándola en capas alternadas (hacia arriba y hacia abajo), untada con barro arcilloso en la base, y encima de estas capas poner la otra paja.

Una vez terminada la techumbre, se inicia el ritual de la colocación de la cruz sobre el techo de la casa, envueltos en lana roja y lana blanca los extremos de sus brazos. En las casas de las estancias ubicadas a orillas del río Loa, las cruces, también con lanas rojas y papel de colores recortado uniendo los brazos, se colocan al interior de las piezas, colgando del techo y en los dinteles de las puertas. Sobre el techo se pone una cruz de madera, que no siempre tiene adornos y que generalmente está inclinada, dando la sensación de estar cayéndose. Valenzuela señala que la función de estas cruces es "evitar que venga el diablo". Las cruces serían sacadas del techo el 3 de mayo, Día de la Cruz, para "vestirlas" otra vez con las lanas, oportunidad en que son nuevamente asperjadas con alcohol.

Después de haber colocado la cruz, en Caspana se coloca también la *illa*, una "amarra tejida a telar por la dueña de casa, de varios colores y que tiene prendida en ella algunas monedas" (Délano ob. cit.: 54). Con anterioridad a la colocación de la *illa*, que se pone en la viga central, se realiza una quema ritual de chicha de maíz, vino y coca, en un brasero. Se rocía con estos elementos la *illa* y se ofrenda asimismo a la Pachamama, orando y deseando buenos augurios. La *illa* debe proteger a los ocupantes de la casa contra los malos espíritus y atraer la buena suerte.

El inventario de objetos rituales destinados a la protección del hogar puede ser bastante más amplio que lo anotado hasta aquí. En el interior de algunas casas de pastores del río Loa hemos visto también fetos de llamas nonatas colgados del techo. Asimismo pudimos observar en Machuca que muchas de las

---

[29] Aunque el techamiento se realiza periódicamente en todas las casas con cubierta de paja, tomamos el ejemplo de esta ceremonia como parte del proceso de formación de una unidad doméstica, por ser usualmente el techamiento lo más importante y ceremonialmente lo más complejo.

[30] Valenzuela señala que la paja usada es la *guailla* (*Calamagrostis ampiflora* TOVAR o la *Deyeuxia ampiflora* TOVAR) y, excepcionalmente, la *cortadera* (1969-70: 89). En la región del Salado, *ichu* es la denominación genérica para las pajas y gramíneas en champa. En Toconce, los

comuneros coinciden en señalar que la mejor paja para techar es la paja *iru* o paja brava, por sus reconocidas propiedades impermeabilizantes y de durabilidad. Si está escasa, puede reemplazarse por *tchillagua* (*Festuca hypsophila*) (Aldunate *et al.* 1981: 51-52).

casas tenían en el exterior mandíbulas de llama, aun cuando no sabemos si están también vinculadas a la parafernalia ya mencionada. En todo caso, nos parece evidente que todo este sistema de significación ritual y el uso de los símbolos mencionados, esconde aspectos mucho más complejos y elaborados que la mera evitación del "diablo" o de los "malos espíritus". Se trata, nuevamente, de temas abiertos a la investigación.

Por último, terminada esta etapa, los asistentes lanzan al techo pequeños dardos con lanas de color, que quedan prendidos y son llamados "arañas". Su función aparente es alejar a los insectos molestos, lo que no deja de llamarnos la atención dado el bajo número de insectos existentes en esos pisos ecológicos. Un aspecto de estos objetos que nos parece muy sugerente es el del color y las texturas. Las "arañas" que hemos podido observar son de lanas no hiladas, lo que podría estar formando parte de otro sistema de significaciones, vinculado éste a los colores y texturas articulados igualmente en los textiles, acerca de los cuales no hay estudios en la región. Todo el ritual finaliza con un baile.

Al igual que el matrimonio, el rito mortuorio de un individuo, en Toconce, es un proceso compuesto de varias etapas. Aldunate, Berenguer y Castro V. (1982) identifican una secuencia de cuatro ceremonias que duran, en conjunto, un año.

Mostny registró en Peine una ceremonia fúnebre en la que, al igual que en Toconce y las demás comunidades indígenas de la II Región, se integran elementos formales del ritual cristiano con otros, aparentemente más andinos. En Peine, mientras el difunto es velado por un día y una noche, se le canta y reza. Los cantos reciben el nombre de *cóflar*.[31] Algunas mujeres, que aparentemente no son parientes, hilan lana para la faja fúnebre con la que será enterrado el difunto. La característica de esta faja, que no es tejida, es que la lana está hilada "hacia atrás" (en el sentido de las agujas del reloj) y está hecha de lana negra y blanca. Todos estos elementos parecen ser de gran significación. El contraste blanco/negro forma un *allka*, categoría textil andina que a través del color expresa la idea de contrariedad, de ruptura. Lo sugerente aquí es que, al parecer, en todos los diseños de los tejidos, un *allka* va siempre "mediada por algún tipo de enlace, que conecta o permite el encuentro de aquellas cosas que no pueden estar juntas (la diferencia en los colores o en la sombra y la luz)" (Cereceda 1987: 199). Todo tejido con *allka* debería llevar, entonces, *gallus* o *k'isas*, articulaciones y degradaciones cromáticas que enlazan el contraste expresado por el *allka*. Pero de la información entregada por Mostny se desprende que la faja funeraria está compuesta únicamente por un *allka*, sin enlaces ni mediaciones. ¿Se está expresando, acaso, que en esta situación de muerte ya no hay mediación posible, que es la ruptura misma? Esta idea aparece reforzada por el hilado a la inversa y el hecho de que la faja no sea tejida.

Al amanecer, el difunto es vestido y la faja funeraria envuelve su cintura, reemplazando a la faja tejida que el muerto usó en vida. En el caso descrito, el difunto fue sepultado con la cabeza orientada hacia el norte.[32] Posteriormente, en el mismo día, se realiza la ceremonia del "lavado de ropas", durante la cual se lava la ropa del difunto. Mostny no describe en detalle este ritual, pero en Toconce –donde también ha sido registrado– tiene gran importancia:

> A los ocho días del deceso, tiene lugar la ceremonia del "lavado de ropas", llamada también "vuelta de los ocho días". En la casa de los deudos se realiza una ceremonia similar a la del "velatorio", en torno a la mesa del difunto. El cuerpo de éste, que ya descansa en el cementerio, es reemplazado por un bulto del tamaño de una persona, cubierto por un paño negro. En esta ocasión, las ropas del fallecido son "paseadas" por la quebrada y luego se procede a lavarlas en un acto de purificación. Sólo los parientes más cercanos participan en esta última operación. Una vez que la ropa está seca, se la carga sobre una llama a la que se asperja con un puñado de cenizas. Se inicia, entonces, un cortejo hacia la plaza de sacrificios, en donde se procede a descargar la llama y a sacrificarla.

---

[31] Mostny sugiere que se trata de una variación fonética local, para referirse al "coplar", la recitación de textos funerarios y coplas, en Chile central (Mostny 1954: 83).

[32] La posición de enterramiento no es casual ni, aparentemente, individual. En Caspana asistimos, en 1990, al funeral de una niña de 6 meses de edad. Ella fue enterrada con los pies hacia los cerros de Caspana, considerados el naciente. Si hubiera sido adulto, sus pies se habrían orientado hacia el poniente, o "hacia abajo". En Caspana, las tumbas de adultos y niños están entremezcladas, a la inversa de lo que ocurre en Aiquina, lugar donde los "angelitos" son enterrados enfrentando las tumbas de los adultos y siguiendo, por tanto, un estricto ordenamiento espacial.

Tiene lugar allí la "quema" de las ofrendas (comida, bebida y coca), de la ropa y de los restos de la llama (...) Paralelamente, un grupo de personas lleva un perro negro y dos llamas a otro lugar, donde estos animales son sacrificados. Las razones de esto último vienen de la idea de que el muerto debe atravesar un río sobre la nariz de un perro antes de arribar a su destino, y las llamas deben servirle de compañía durante el viaje, de provisión de lana para el abrigo y de alimento. El perro es ahorcado y cubierto con piedras. Concluidas estas ceremonias, las pertenencias más utilizadas y preciadas por el difunto son guardadas en un cuarto, el que permanece cerrado con candado por el plazo de un año (Aldunate, Berenguer y Castro 1982: 137).

Durante la ceremonia del "lavatorio", el *yatiri* "limpia" a los familiares del difunto, con un ramillete confeccionado específicamente para estos efectos con la selección de las ramas más blancas y secas de *alma-tola (Fabiana denudata)*, anudadas con *sikuya (Stipa venusta)*. La limpieza tiene por objeto tranquilizar al difunto, para que no perturbe a sus parientes.

El ciclo de rituales fúnebres culmina, al fin, con el "cabo de año", ceremonia efectuada como lo indica su nombre, al cumplirse un año del fallecimiento. Allí se repiten, en rasgos generales, los gestos y procedimientos rituales efectuados en las etapas anteriores. El ritual concluye con el corte de las cintas. El *yatiri* ordena sobre el bulto que representa al difunto tantas cintas como personas asistentes hay, y cada una de ellas debe coger un extremo; entonces se procede a cortarlas una por una. Esta acción señala la ruptura definitiva, la partida del difunto.

Una vez concluido esto, los parientes realizan un último gesto simbólico: abren el cuarto que ha estado cerrado durante todo un año y reparten las pertenencias del muerto (Aldunate, Berenguer y Castro 1982: 138).

4. ¿AUTOCONSUMO O MERCADOS?

A lo largo de los capítulos anteriores hemos ido entregando algunos antecedentes relativos a la organización económica de las comunidades indígenas de la región; trataremos ahora de sistematizar algo más la escasa y aún más fragmentaria información existente sobre la estructura económica de ellas. No deja de ser llamativa la carencia de estudios al respecto. Es cierto que en muchos de los trabajos publicados se incorporan descripciones parciales sobre el tema, pero son en general poco rigurosos y poco profundos. Son los geógrafos –tal vez– quienes más han avanzado al respecto (Aranda 1964; Beaulieu 1967). Con posterioridad, sólo conocemos la investigación, aún inédita, realizada por J. C. Folla, focalizada en la comunidad de Socaire y sus zonas aledañas.[33]

Si bien existe un cierto consenso en postular para estas comunidades una economía agroganadera, en algunos casos con recolección complementaria, se pueden advertir enfoques distintos en lo que respecta a la valoración de su inserción en la economía de mercado y a los grados que ésta pueda alcanzar en detrimento de una economía tradicional de autoconsumo.

En páginas anteriores afirmamos que la pertenencia a una comunidad determinada la obtenía una unidad doméstica por su acceso a las tierras agrícolas y su participación en las actividades comunitarias que demandan su cuidado. Señalamos, asimismo, que al menos en la cuenca del río Salado, el acceso a los pastizales no depende de la adscripción comunal y no genera identidad ni pertenencia a un núcleo poblacional determinado. Se hace necesario, no obstante, ver con más detalles estos aspectos, que evidencian muchas más complejidades y sutilezas que las enunciadas hasta ahora.

4.1. LAS TIERRAS AGRÍCOLAS Y DE PASTOREO

Según encuestas recientes (CONSECOL Apud Castro 1987), en Aiquina se registraron un total de 40,43 ha trabajadas agrícolamente por los comuneros, quienes poseían, en promedio, 1,8 ha. En Toconce, la misma fuente registra 21,44 ha declaradas, con un promedio de 1,02 ha por unidad familiar. En Cupo, la extensión de terreno cultivada reconocida por los comuneros alcanza a 7,71 ha, promediándose 0,77 ha por unidad doméstica. En tanto, en Lasana, a orillas del río Loa, las hectáreas totalizaban 16,96 ha, siendo el promedio de 1,54 ha por familia. Por último, y sólo a manera de ejemplo, en Toconao se registraron 20,96 ha con un promedio de 0,49 por unidad

[33] Tesis para optar al grado de Magister en Antropología, Universidad de Montreal, Canadá.

doméstica. El gran centro agrícola de San Pedro de Atacama destaca notoriamente con sus 253,19 ha, arrojando un promedio de 6,18 ha por cada unidad familiar.[34]

El análisis se hace más complejo cuando observamos que en más de un 90% de los casos, las tierras agrícolas de una unidad doméstica se encuentran subdivididas en varios predios, dentro de una misma comunidad o incluso entre localidades distintas. En Toconce, por ejemplo, un propietario señalaba poseer 0,1 ha, subdividida en seis predios; en tanto que en Aiquina, una unidad doméstica, propietaria de 8 has, las posee divididas en 7 predios en Turi y uno en Aiquina; mientras otro núcleo familiar, esta vez de Cupo, declara poseer siete predios repartidos entre Cupo, Paniri y Ojos de San Pedro.

Se trata de una situación igualmente válida para las comunidades de la cuenca del Salar de Atacama. En Peine, una de las unidades domésticas posee tres predios en esta localidad y cuatro en Tilomonte. Esta situación ha sido señalada con anterioridad por Aranda para el caso de San Pedro de Atacama, localidad en la cual "más de la mitad de los predios y del área de San Pedro se incluye en unidades formadas por 3 a 10 predios" (1964: 44). Lo mismo ocurre con lo anotado por Délano para Caspana. Ambas autoras, así como Valenzuela, atribuyen erróneamente esta situación a una consecuencia del sistema de parentesco y de las prácticas de transmisión de herencia.

Es indudable que el sistema de parentesco y transmisión de derechos permite esta situación, pero es incorrecto señalarlo como causal de ésta. Muy por el contrario, la dispersión de predios y pequeñas extensiones de terrenos cultivables, en un mismo piso ecológico o en varios de ellos es, precisamente, una de las características *estructurales* más notorias de las estrategias económicas andinas, desde tiempos precolombinos (Murra 1975) y cuya práctica, con las variaciones y especificidades correspondientes a los distintos períodos y procesos históricos, continúa hasta ahora en muchas comunidades andinas. La complementariedad, esto es, la posibilidad de tener acceso a recursos distintos, obtenidos en pisos ecológicos diferentes, o de garantizar, mediante la dispersión de los cultivos, una cosecha más segura, sigue siendo hasta hoy un ideal expresado por los campesinos de la cuenca del Salado, tal como lo señalamos anteriormente (véase capítulo III Los Asentamientos).

Como ejemplo, podríamos citar el hecho de que el 85% de las unidades domésticas de Toconce

controla y explota terrenos en Patillón, Potrero [sectores vecinos a la comunidad], Inacaliri, Cupo, Aiquina, Turi, Caspana, Lasana y Calama [localidades todas distantes de Toconce]. En promedio, se pudo establecer que cada grupo doméstico tiene acceso directo a la explotación de terrenos de cultivo ubicados en tres nichos ecológicos diferentes (Gómez 1980: 58).

Y es precisamente para garantizar este ideal económico que el parentesco permite generar situaciones que le den continuidad al sistema, y no a la inversa.

La existencia reiterada de estas prácticas de dispersión de las tierras cultivadas, en las comunidades de la II Región, apuntaría al funcionamiento de una racionalidad económica más autosubsistente que mercantilizada. Queda por discutir, sin embargo, si no se trata de viejas prácticas ya en pugna con una nueva orientación y una nueva racionalidad. El grado de crisis de esta contradicción varía probablemente de una comunidad a otra, por lo que todavía son necesarios estudios etnográficos sistemáticos en cada comunidad.

Otro aspecto de la organización de la producción agrícola de las comunidades que podría dar, asimismo una mayor claridad sobre la racionalidad determinante y, por tanto, sobre el modo de producción dominante, es el de la relación o proporción existente al interior de cada comunidad, de las tierras trabajadas bajo un sistema de multicultivo frente al monocultivo orientado a una producción más masiva y comercializable. Esto es particularmente claro, por ejemplo, en Caspana,[35] comunidad donde entran en conflicto estas dos formas de organizar los cultivos. El principio del multicultivo establece que, en un mismo terreno (generalmente una misma "era" o terraza), se siembren simultáneamente varios productos, buscándose idealmente un equilibrio entre ellos, de manera que unos aprovechan las sales y nutrientes no utilizadas por el

[34] No atribuimos a estas cantidades un carácter absoluto. Es ya tradicional el ocultamiento de parte de la información, como una de las estrategias andinas de defensa ante el Estado nacional.

[35] Agradecemos al proyecto DTI - UCH S2325 - 8834, el haber podido realizar una estadía de trabajo en esa comunidad.

Figura 12. Santos Patronos: La Guadalupe de Aiquina. San Santiago de Toconce.

Figura 13. Capitán de Hombres y Capitán de Mujeres en la ceremonia "limpia de canales" con sus signos: putu, huasca y chuspa.

Figura 14. Pastora y sus llamos en Inacaliri.

Figura 15. En el telar vertical, los hombres tejen género de cordellate. Inacaliri.

(o los) otro(s), aportando a su vez nuevos nutrientes requeridos por aquéllos. Uno de los agricultores a quien pudimos acompañar, tenía sembradas, en una misma era, entremezcladas, oca y manzanos y, en otras, maíz y tunales en sus bordes.[36] Esto requiere de equilibrios precisos, por los abonos y turnos de riego. Hasta donde hemos podido observar, los cultivos combinables tienen como base la agricultura tradicional andina (maíz, papas, ocas, etc.), orientada generalmente al autoconsumo. En cambio, el monocultivo, esto es, el cultivo lo más extensivo posible por parte de un comunero de un solo producto, se basa exclusivamente en las hortalizas (ajos, cebollas, zanahorias), de buena comercialización en

---

[36] En Toconce hemos podido observar multicultivos de maíz con habas. Es claro que en las distintas comunidades los productos combinados podrán variar, así como su orden o disposición al interior de una misma "era". Ésta es una práctica que, hasta hace poco, fue muy común en una vasta región. En Socoroma (I Región), por ejemplo, se siembra aún el maíz, conjuntamente con la alfalfa y el orégano, cultivo comercial de reciente introducción (Miguel Bahamondes y Milka Castro, comunicación personal, 1990).

el mercado de Calama y requiere de períodos de riego más constantes y con menores lapsos entre un riego y otro, lo que genera una mayor demanda de agua, con la consiguiente presión sobre los cultivos más tradicionales multicultivados. En Caspana, pese a que carecemos de mediciones precisas, el sistema de monocultivo parece estar imponiéndose, evidenciando la fuerte orientación que la comunidad tiene hacia la economía de mercado. Pero éste es un proceso cuyas características desconocemos en las otras comunidades, tanto del Salado como del Loa y del Salar de Atacama.

Bajo esta perspectiva, las lecturas de largas listas de productos agrícolas cultivados en cada comunidad,[37] deben ser valoradas de manera cualitativamente diferente. No se trataría, entonces, tan sólo de establecer la cantidad de productos comercializables en los centros urbanos cercanos para señalar una orientación mercantil en las comunidades, sino de establecer las proporciones de cada producto al interior del conjunto global y de determinar las técnicas productivas puestas en juego. Sólo una vez obtenidos estos datos, podremos dar un paso adelante en la percepción de los grados de integración a la economía de mercado que cada comunidad tiene.

Las tierras agrícolas están bajo fuerte presión. Algunas son de carácter comunal, como las vegas de Turi, en la Comunidad de Aiquina, y están legalmente reconocidas por el Estado chileno.[38] Al interior de las mismas comunidades, al menos en aquéllas de la subregión del río Salado, las tierras fueron asignadas a cada unidad familiar por las Asambleas Comunales respectivas, pudiendo usufructuarlas individualmente. Aunque sobre estas tierras la unidad doméstica tiene derechos de cesión y herencia, nominalmente se considera que el espacio agrícola "es" de la comunidad.

Tanto en Chiuchiu como en Caspana, por situaciones cuyos orígenes desconocemos, la tenencia individual de las tierras tiene respaldo en títulos de propiedad legalmente inscritos, en tanto que en las otras comunidades se ha estado procediendo, en los últimos años, a "sanear" esta situación, puesto que hasta ahora todo este territorio era considerado propiedad del Estado al no estar inscrito. Si bien la asignación de títulos individuales resuelve problemas legales que pudieran presentarse en relación con el Estado, no es menos cierto que ella ha generado y generará varias dificultades. En primer lugar, tal como ya lo dijimos, rompe una de las bases del poder y de la autoridad de la comunidad, como institución social colectiva, por cuanto ésta pierde una de sus principales atribuciones: el control de la tierra productiva y su asignación a distintos comuneros.

Con títulos de propiedad individual, esta atribución sólo puede ejercerse sobre las tierras aún sin trabajar, generalmente de poco atractivo para los nuevos comuneros, lo que desincentiva su participación en la comunidad. En segundo lugar, la asignación individual de títulos tiende a copar toda la extensión cultivable de las comunidades, y no deja nada para las nuevas familias, quienes antes podían tener una alternativa por la redistribución de las tierras baldías o abandonadas por sus anteriores propietarios. La única esperanza que tiene un joven matrimonio de obtener tierras propias, productivamente buenas, actualmente, es por herencia, situación que obliga a muchos a emigrar forzadamente a la ciudad.

Al interior de las comunidades del río Salado, el acceso a tierras de pastoreo y de recolección de recursos tales como la llareta (*Azorella compacta*), pareciera tener un régimen jurídico diferente al señalado para los sembradíos. En principio, el uso de los pastos, tal como lo señalábamos anteriormente, pareciera ser de libre disposición sin generar obligaciones comunitarias. Hemos podido ir detectando, sin embargo, diversos grados de sutilezas al respecto.

Los espacios de pastoreo generan un tipo de asentamiento denominado localmente "estancia",[39] por definición de ocupación transitoria: se permanece allí por tiempos que usualmente no exceden los tres meses, hasta que se acaban los pastos o aumentan los fríos y hay que trasladar el ganado a otra estancia. En teoría, cualquier comunero puede llevar sus animales a cualquier lugar puesto que éstos son comunales. En la práctica, esto no es así. En primer lugar, porque cada comunidad

---

[37] En Lasana, por ejemplo, se siembra zanahoria, maíz, betarraga, alfalfa, trigo, cebolla, ajos, etc.; en Toconao, maíz, habas, alfalfa, trigo, porotos, tomates, frutales, etc.

[38] El documento que acredita la inscripción en el Registro del Conservador de Bienes Raíces de Calama, tiene fecha de 1907 y en él se inscribe "un terreno denominado la vega de Aiquina" a nombre de los comuneros del lugar. Agradecemos a Carlos Aldunate habernos proporcionado una copia del documento.

[39] Diferente del concepto de "estancia" señalado para Isluga (Martínez G. 1975: 1).

tiene sus propios pastos y vegas a las cuales pueden llevar el ganado. Toconce, por ejemplo, ocupa la vega de Inacaliri y los pastos de Línzor, Echao y Potrero y sus comuneros pueden también acudir a la vega de Turi. Los habitantes de Conchi Viejo tenían acceso a estancias en Santa Bárbara, Lequena, Aimani, Ichuno y otros lugares situados en la cuenca del Alto Loa; los de Peine, acuden al menos a Púlar, Tambillo y Tilopozo, además de pequeñas aguadas en la cordillera, y los de Caspana a las estancias ubicadas en Kabi, T'chita, Mintá, Tite y otros lugares.

Hasta donde sabemos, si bien dos comunidades o más pueden compartir algunos nichos (como Tambillo, compartido por Peine, Socaire y Toconao, Mostny loc. cit.), parece existir una separación de los espacios al interior de ellos. Es el caso de Río Grande y Caspana, cuyos pastores acuden con su ganado a las vegas del volcán El Tatio; lo hacen, sin embargo, en lados diferentes de las faldas del volcán, y no mezclan sus animales.

Un segundo nivel de sectorización ocurre al interior de las vegas y lugares de pastoreo, entre los ocupantes de cada una de ellas. Las estancias de cada cual están claramente individualizadas y hay una sectorización en su espacio interior, la que –aparentemente– no puede ser transgredida:

> Hay que señalar que no cualquier lugar que posee pastos puede ser utilizado. Vilca puede llevar a pastar a sus animales sólo a los lugares que, según la tradición, le han sido asignados a su familia. Las otras áreas pertenecen a otros pastores, su rebaño no puede ocuparlas. Vilca supone que al transgredir la norma, podría sucederle algo al ganado y, en segundo término, equivaldría a un robo, a la apropiación de algo que no le pertenece... (Serracino y Stehberg 1975: 89).

El caso referido de Juan Vilca, pastor de Guatin, en las cercanías de San Pedro de Atacama, se repite en el Alto Loa, con las estancias, por ejemplo, de don Juan Galleguillos, quien ha podido tener sus rebaños en el lugar conocido como Crucita o Las Cruces, únicamente por habérselo autorizado don Nicolás Aimani, considerado el "legítimo" usuario. Así, este segundo nivel de división de los pastos, menos visible pero no por eso menos existente, limita el acceso a los lugares aptos para la ganadería a algunas familias.

Podría señalarse un tercer nivel de condicionantes en el uso de estas tierras. Cada unidad doméstica tiene varias estancias, situadas en lugares distantes entre sí, entre las cuales se hace rotar al ganado. Juan Vilca, además de Guatin, poseía estancias en Fundiciones e Iglesias, a 7 y 15 kms. respectivamente de Guatin; la familia Ayaviri, de Toconce, llevaba sus ganados a Inacaliri, Línzor y Echao y, por último, doña Luz Galleguillos, originaria de Conchi Viejo, nos relató que antaño iba con sus animales a los altos de Taira, Intipasto, Quinchamale y algunas aguadas en los cerros cercanos a Conchi Viejo y Sirahue, todo ello en un radio aproximado de 50 kilómetros. El tercer nivel de condicionantes que mencionábamos, se da aquí en el manejo de cada estancia. Hasta hace unos pocos años y cuando aún se utilizaban los llamos machos cargueros, la tecnología tradicional de pastoreo indicaba que en los rebaños de camélidos debían mantenerse apartados los machos de las hembras,[40] lo que daba lugar a una ocupación simultánea de un mínimo de dos estancias. Esta separación sexual del ganado obligaría a los propietarios de estancias en una localidad a mantener animales de un mismo sexo. En Inacaliri, nuestros informantes señalan que pastaban los machos de las familias Ayaviri y Salvatierra, ambas originarias del vecino López, en Bolivia, y avecindadas en Toconce, en tanto que en Línzor estaban las hembras correspondientes. De esta manera, cualquier otra familia que tuviese derecho a usar los pastos de Línzor, sólo podría tener allí sus llamas hembras, viéndose obligada a ocupar una segunda estancia alternativa, en otra localidad, para apacentar los machos.

Con la introducción cada vez más masiva de ganado ovino y la desaparición de los grandes rebaños de camélidos, consecuencia de la extracción de aguas desde las nacientes de los ríos, destinadas al consumo urbano en Antofagasta y Calama, estas prácticas han empezado a cambiar y se ha producido el abandono paulatino de las estancias más alejadas o situadas en los pisos ecológicos más altos. En la cuenca del Salado son hoy pocos los propietarios de grandes rebaños.

El abandono de estas estancias debe ser tomado con cuidado, sin embargo. Tanto en Toconce como en el Alto Loa pudimos constatar que una estancia puede estar en desuso por largos años, incluso por períodos mayores de 10 años, pero en tanto sus usuarios puedan, potencialmente, querer reutilizarla nadie

---

[40] Por las condiciones de reproducción de estos animales (véase Palacios 1981: 217).

más podría ocuparla. Si los dueños han muerto o emigrado definitivamente, se puede reocupar. Es el caso de Santa Bárbara, a orillas del río Loa, cuyos propietarios originales murieron hace ya más de 20 años; después de esto, las casas de la estancia han sido reocupadas y reedificadas por dos usuarios diferentes ("entrantes" en la terminología local, para diferenciarlos de los "originarios"). Su actual ocupante, don Remberto Loayza es originario de Guatacondo (I Región) y se crió en Miño, en las nacientes del río Loa, lugar donde los guatacondinos tienen estancias. Posteriormente, haciendo uso de antiquísimas relaciones entre los habitantes de Guatacondo y el Loa,[41] se asentó en Santa Bárbara, lugar en el cual tiene una majada de ovejas, en tanto que las llamas se las cuida un pastor en pastos más altos y al cual paga una cierta cantidad de dinero.

4.2. PRODUCCIÓN Y PROCESO DE ACUMULACIÓN

A partir de algunos trabajos de difusión antropológica sobre las comunidades andinas y sus sistemas económico-sociales, se ha generalizado erróneamente la impresión de que ellas tendrían una estructura marcadamente igualitaria, sin admitir en su seno más que una leve desigualdad social. Ha contribuido poderosamente a esta apreciación el funcionamiento de la reciprocidad como forma básica de articulación de las relaciones sociales y productivas y de sus respectivas representaciones ideológicas.

Hay, en todo ello, una percepción idealizada de las comunidades que creemos necesario desechar. No es ésta la situación en las comunidades indígenas de la II Región. La posición económica ocupada por cada unidad familiar está en estrecha relación con los distintos procesos de producción y de acumulación que se han ido dando, sobre todo a partir de los distintos grados de integración de cada comunidad con la economía de mercado y con los espacios laborales generados por el aparato del Estado.

En términos generales, podríamos señalar que la producción de las diferentes comunidades, en ambas hoyas, se orienta, en primer lugar, hacia el autoconsumo, en segundo lugar, hacia los mercados locales o regionales y, por último, hacia el trueque o el intercambio con gente de otras comunidades vecinas o venidos desde López, en Bolivia, y la puna de Jujuy, en Argentina. Señalamos, y queremos reiterarlo nuevamente, que los porcentajes y los énfasis dados a cada una de estas orientaciones varían de comunidad en comunidad, por lo que se requiere de estudios específicos para cada caso.

El autoconsumo se basa, esencialmente, en la producción agropecuaria y, en algunas circunstancias, en la recolección de especies vegetales o en la caza. Prácticamente todas las comunidades poseen alguna variedad de maíz apta para su almacenamiento. En San Pedro de Atacama, por ejemplo, se cultivan las variedades "capia" y "morocho", esta última más adecuada para ser guardada. El almacenamiento da lugar, asimismo, a la subdivisión en dos categorías genéricas: "choclo", el maíz tierno consumido directamente, y "maíz", el mismo producto, pero secado y almacenado, apto para la elaboración de "pisangalla" o maíz tostado.

El autoconsumo implica, por otra parte, la estructuración de un sistema de almacenamiento, sobre todo de los granos, que en la mayoría de las comunidades de la cuenca del río Salado, se efectúa en "trojes" o "trojas", pequeñas estructuras semicirculares de piedra generalmente adosadas al muro de algún cerro. A veces, incluso, se aprovecha una cavidad en la ladera para sólo cerrar con piedras la abertura, lográndose siempre temperaturas bajas que permiten conservar más tiempo los productos almacenados.

Morfológicamente, algunos de estos depósitos son muy similares a las sepulturas en abrigos rocosos; otros, en tanto recuerdan las *gollga* o depósitos inkaicos (Morris 1981).

En algunas comunidades de la zona, los indígenas las asocian semánticamente a un tipo de estructura de piedra, la *chullpa*, que caracteriza algunos de los sitios prehispánicos de la subregión y a las sepulturas en abrigos rocosos. Esta asociación tiene relación, a nivel del discurso, con una ambigüedad semántica entre las categorías de "gentiles" y "abuelos". Aunque la palabra "gentiles" designa a los no bautizados, a la humanidad prehispánica en definitiva, y "abuelos" son los antepasados directos de un individuo, los "abuelos" en tanto genéricamente ancestros, son también "gentiles". Esta ambigüedad semántica, que borra los límites entre la humanidad anterior y la actual, parece traspasarse a otro plano de sig-

---

[41] Desde el mismo siglo XVI los documentos coloniales anotan una relación interétnica privilegiada entre los indígenas de López, en el altiplano boliviano, de Pica y Guatacondo, en Tarapacá y los de Atacama. Estas relaciones incluirían el derecho al acceso a nichos y recursos situados en ellos (Martínez 1988 y 1990).

nificación, el de los productos de cada una de ellas. Así nos lo parece por la vinculación lingüística ya anotada con los almacenes: las sepulturas prehispánicas, que "almacenan" restos de los "gentiles", reciben el mismo nombre que los depósitos etnográficos, que "almacenan" los productos agrícolas. Quedan por determinar las categorías que ordenan este pensamiento y que conceptualizan una concepción local sobre el acto de almacenar y respecto de lo que es almacenado.

El trueque, por su parte, aun cuando desde la perspectiva de los volúmenes involucrados es de importancia variable tanto intercomunitariamente como al interior de una misma comunidad, tiene gran trascendencia porque posibilita el acceso a recursos que, de otra manera serían inaccesibles para todas las partes involucradas y porque pone en juego un complejo y extenso sistema de relaciones sociales intercomunitarias e incluso interétnicas, de larga tradición en la región.

Tropillas de llamos provenientes de San Cristóbal de Lípez, Quetena Grande y Quetena Chica, Colcha y otros pequeños poblados del S.O. boliviano, bajan a la cuenca de [San Pedro de] Atacama en busca de granos, a lo largo de todo el año, aunque más en la temporada de la cosecha. Se ha calculado que llega un promedio de 10 tropillas al año, con 20 a 30 llamos cada una. Traen sogas hechas de lana de llamo, rebozos y mantas tejidas, coipa y colpa (sal de potasio que se usa como detergente). Los troperos de Colcha traen además papas y *quínoa*. Las modalidades del cambio están muy firmemente establecidas y cada producto tiene su equivalencia. Los tejidos, las sogas y las papas se cambian por chañar y a veces por peras; la carne de llamo y la *quínoa* se cambian por maíz. Las mantas o rebozos tejidos se cambian por la cantidad de chañar que, cosidos por tres lados como un saco, pueden contener. Cada soga de llamos se cambia por 30 almudes de chañar o por 5 almudes de peras. Las tropillas de Colcha cambian las papas por chañar a razón de 1 : 1 (kg). (Aranda 1964: 60).

El caso citado de San Pedro de Atacama, en 1960, puede servir de ejemplo para una mejor comprensión de las relaciones puestas en juego durante el trueque, dado que cada caravanero proveniente de otra región se dirige, por lo común, hacia lugares en los cuales ya tiene relaciones preestablecidas con sus mo-

radores y es con ellos con quienes realiza intercambios. Los productos intercambiados variarán, en cada caso y comunidad, dependiendo de las necesidades y carencias respectivas.

Si bien en líneas generales se podría señalar que se trata de economías no mercantilizadas totalmente, tampoco son ya plenamente autosubsistentes como antaño. No solo por la utilización de bienes provenientes de los centros urbanos (azúcar, aceite, vajilla, etc.), sino y sobre todo por el monto de los recursos generados por su participación en el sistema nacional. En el caso de Toconce, en 1985, un 49% de los ingresos de las unidades domésticas provenía de los salarios, jubilaciones y otras prestaciones sociales generadas por la incorporación de alguno de los miembros de la unidad doméstica al sistema nacional.

Pocas veces, sin embargo, esta incorporación indígena campesina es visualizada, por los propios actores, como definitiva. Gran parte de la migración hacia los centros urbano-laborales (preferentemente hacia Calama-Chuquicamata) es percibida esencialmente como parte de una estrategia de maximización de acceso a recursos diferentes, con las relaciones sociales y productivas correspondientes, y como una táctica de ahorro y mejoramiento económico para una reinserción posterior en la comunidad respectiva.[42]

Los trabajos diferentes logrados por los comuneros, su participación más o menos "hábil" en los manejos mercantiles, la posibilidad de la adquisición de un vehículo de carga para realizar transportes hacia el interior, la participación efectiva de la unidad doméstica como apoyo y generación de productos agrícolas desde la comunidad y los lazos familiares mantenidos en las comunidades de origen, fueron contribuyendo, de una manera u otra, a generar un proceso desigual de acumulación de riquezas, con la consiguiente diferenciación social al interior de cada comunidad. Éste es un proceso que se ha sobrepuesto sobre las diferenciaciones previamente existentes, consecuencia del manejo individual que cada unidad familiar ha hecho de sus estrategias de acceso a recursos y del manejo de las tierras agrícolas y de pastoreo.

La contradicción existente entre una economía orientada al autoconsumo y otra hacia la mercantilización es parte de un proceso en

---

[42] Una situación muy similar a la anotada aquí ha sido planteada para las comunidades indígenas de Tarapacá (Gundermann 1986: 234).

desarrollo del cual no sólo nos faltan datos, sino del que tampoco se han completado todas sus facetas. Se trata, por otro lado, de un proceso muy dinámico, con coyunturas que han ido variando, de acuerdo a las distintas políticas generadas por los últimos gobiernos y a lo que ellos han hecho o dejado de hacer. Esto se entrecruza con los procesos propios de cada comunidad, lo que complica aún más la situación, introduciendo fuerzas diferentes y a veces divergentes entre las mismas comunidades. Ello obliga a una extremada "delicadeza" tanto en la descripción como en el análisis antropológico, para el que se requiere, con urgencia, del desarrollo de trabajos en profundidad en cada una de las comunidades actualmente existentes.

Otra de las manifestaciones de esta tensión se expresa en la pérdida paulatina de las tecnologías tradicionales y su reemplazo por nuevas técnicas productivas. Una variante de esta situación pareciera ser la adaptación de viejas técnicas a las nuevas necesidades productivas. La situación descrita anteriormente entre las alternativas multicultivo/monocultivo puede ejemplificar la primera situación: cada vez hay una mayor pérdida del conocimiento técnológico tradicional de parte de las nuevas generaciones. Virtualmente parece haber desaparecido la práctica del multicultivo que combinaba especies diferentes en un mismo lugar, de manera que la temperatura, humedad y cantidad de hidrógeno de unas incrementara la productividad de las restantes. El monocultivo, en cambio, parece estar a su vez expresado en las modificaciones introducidas por los caspaninos a su sistema de terrazas de cultivo y a las técnicas de construcción de las mismas. Las terrazas antiguas son pequeñas y pueden aprovechar, por lo tanto, aun las pendientes muy fuertes o los espacios reducidos, puesto que están diseñadas pensando en un multicultivo orientado al autoconsumo y organizado con un patrón de dispersión territorial. Muchos caspaninos están modificando paulatinamente sus terrazas, ampliándolas, permitiendo así una mayor productividad de un solo producto en un mismo terreno, lo que trae como consecuencia lateral la sobreutilización de los espacios planos y la dificultad de trabajar los espacios reducidos o con pendiente muy fuerte en las laderas de los cerros. Sin embargo, al mismo tiempo, los toconcinos por ejemplo, fuertemente afectados por las reducciones de agua al ser derivada hacia la ciudad, han optado por reutilizar las antiguas terrazas de cultivo localizadas aguas arriba del pueblo y de la represa, con el objeto de no perder su dinámica agrícola tradicional, en la que está presente la práctica del multicultivo.

En el plano religioso, la pugna entre racionalidades hasta ahora antagónicas también encuentra su expresión, sobre todo en las manifestaciones rituales. Son muchas las fiestas y ceremonias vinculadas a las actividades productivas, de manera tal que en realidad el ciclo anual está marcado por la conjunción de las actividades productivas con sus rituales respectivos. Así, la limpia de canales va asociada al período de siembras; el enfloramiento del ganado marca el inicio de la temporada de apareamiento y los carnavales señalan la época de la cosecha, por mencionar algunos de los rituales importantes. Esta asociación tan estrecha los hace extremadamente importantes para la reproducción del sistema comunitario, a la vez que extremadamente frágiles a la presión de los cambios económicos.

En páginas anteriores se ha mencionado cómo, en diferentes contextos, se manifiesta esta esencialidad y fragilidad de los rituales colectivos. En diversas comunidades, como Caspana y Toconce, se discute actualmente la conveniencia de mantener la estructura tradicional de la limpia de canales. La contradicción ha surgido porque en ambas comunidades, por iniciativa de la Municipalidad de Calama, se encementaron los canales de regadío. Esto evita en gran medida la acumulación de basuras y musgo, lo que, anteriormente, hacía que la limpia de canales durara varios días. Hoy eso, técnicamente, ya no es necesario, y genera la discusión respectiva. El problema es que, como lo hemos visto en el caso de Caspana, en cada ritual (y en este en especial) entran siempre en juego muchos otros elementos sociales y económicos que son determinantes para la reproducción social de la comunidad (allí se observa qué jóvenes son más trabajadores, por ejemplo, cómo responden las mujeres al trabajo de sus maridos, quiénes "saben" las tradiciones, etc). La simplificación de la limpia de canales –alegan quienes defienden aún una mayor tradicionalidad– rompería un importante factor de unidad y de equilibrio interno, a la vez que de demostración de la responsabilidad individual y colectiva. Y, lo que es igualmente importante, sin "pasar bien la fiesta", no habría posibilidades de obtener buenas cosechas, ya que la tierra y el agua que las hacen posibles quedarían fuera de su significativa sacralidad.

Es muy probable que esta discusión se repita en diverso grado, sobre éste y otros rituales, en muchas de las comunidades indígenas de la II Región y tiene, como una de sus causas, la contradicción entre las distintas racionalidades económicas en pugna. La producción mercantil requiere de otros ritmos de trabajo, exigiendo más en lo individual a cada unidad doméstica, en tanto que, como nos lo señalaba un viejo informante, en los rituales "es la comunidad la que está".

Son, hasta donde los datos nos permiten percibirlo, dos racionalidades económicas aún en pugna las que generan, por otro lado, procesos de acumulación distintos, con intereses individuales y locales distintos, que generan diversos grados de diferenciación social y económica en el seno de cada comunidad. Uno de los aspectos de este proceso que aún nos es desconocido, es el que se refiere a las validaciones sociales e ideológicas que en las respectivas comunidades se hagan acerca del mayor enriquecimiento de algunos. Tanto en Aiquina como en Caspana hay, claramente, algunas familias que son, con diferencia, las más "ricas" del lugar: en Aiquina por tener más ganado (lo que apunta a una acumulación más tradicional) y en Caspana, por tener más vehículos (lo que denominaríamos la situación "nueva"). En el caso de Caspana, varios vecinos nos manifestaron que esa riqueza no serviría para nada, porque sus dueños tenían una sola heredera, apuntando con ello a una percepción más tradicional de la riqueza, en la cual el parentesco es siempre un ingrediente decisivo. ¿Cómo son vistas estas unidades domésticas más ricas en otras comunidades? Las alternativas posibles van desde un discurso integrador de esa riqueza hasta la sublimación de elementos disruptivos al interior de la comunidad.

Toda la discusión precedente podría dar lugar a una percepción sobre las comunidades indígenas de la II Región como absolutamente dependientes de los factores de presión externos y de las políticas generadas por la sociedad mayor. Esto, ciertamente, ocultaría la enorme importancia que, a su vez, tienen las dinámicas propias, internas, de cada una de las comunidades que, evidentemente, no están desvinculadas del quehacer nacional, y tampoco permitiría visualizar el impacto que tienen las economías locales en los mercados regionales y en la subsistencia de centros urbanos como Chuquicamata y Calama. No conocemos estudios que cuantifiquen con exactitud el monto de la producción campesina indígena orientada hacia la comercialización, ni el volumen de las transacciones que ellas originan, pero los bajos precios que, según los mismos campesinos, alcanzan sus productos,

insinuarían que ellos pueden constituir la base de alimentos accesibles a los sectores de más bajos ingresos, que constituyen una mano de obra importante en el desarrollo de la ciudad de Calama y en la prestación de servicios hacia Chuquicamata.

Percibimos la pugna entre una economía de autosubsistencia, no mercantilizada, que ya parece ser incapaz de resolver todas las demandas con eficiencia; y una economía más mercantilizada, que tampoco es capaz de resolver las necesidades más globales (incluida la reproducción ideológica), con grados intermedios de acceso a recursos complementarios, ya sea a través del trueque e intercambio (como formas más tradicionales), ya a través del trabajo asalariado o por productos (como forma más mercantilizada).

Se trataría, entonces, de un proceso muy complejo, en el que nada definitivo se ha decidido todavía. Algunas comunidades, en mejor posición por sus recursos propios, cohesión social u otros elementos, resisten mejor la presión e intentan incorporarse a una economía de mercado sin perder elementos de su propia identidad (Caspana, Socaire). Otras como Aiquina y, tal vez, Peine, parecieran estar buscando sus mecanismos de respuesta para continuar existiendo; otras, por último, sencillamente se transformaron en centros campesinos no comunitarios (como San Pedro de Atacama), o están desapareciendo, incluso físicamente, como comunidades y poblados, que es lo que ha ocurrido en el Alto Loa (Conchi Viejo y su sistema de estancias), muy vinculado esto último al problema de la pérdida del agua.

5. CONSIDERACIONES FINALES

Definir lo "andino" y sus posibles límites, tanto culturales como espaciales, es una de las tareas que están pendientes en el inventario de temas planteados a los estudiosos de los Andes. Más que *definir*, el término quizás sea *conceptualizar*, ser capaces de entender la multiplicidad de manifestaciones diferentes que, a despecho de las disyunciones, seguimos reconociendo como "andinas". Los estudios de la última década sobre lo aymara y su especificidad –desarrollados sobre todo desde Bolivia–,[43] y sobre las sociedades del área de Quito,

---

[43] Saignes 1985; Albó 1988; Bouysse-Cassagne 1987; Salomon 1980, por mencionar algunos.

han permitido ver con nueva mirada ese manto de aparente homogeneidad que era tan frecuente encontrar como un supuesto implícito en los trabajos de la década pasada y que se extendería desde el nudo de Pasto, por el norte, hasta una "frontera" sur de límites imprecisos, pero que muchos situaban entre el noroeste argentino y la región de Copiapó.

Tal vez este trabajo permita realizar un pequeño aporte en esta dirección. De los datos presentados parece posible vislumbrar, entre las improntas de muchos procesos sociales y económicos de diferentes presencias republicanas y de distorsionadores enclaves económicos, elementos propios a una tradición cultural que no dudaríamos en señalar como altiplánica y de otra tradición que arqueológicamente nos atrevimos, años atrás, a denominar como Tradición del Desierto (Castro, Aldunate y Berenguer 1984) y que ahora, con más antecedentes y en una perspectiva etnográfica, quizá sea mejor denominar "de Tierras Aridas", involucrando con ello tanto los espacios de la franja desértica como aquéllos de la puna salada de López y Jujuy.

a) *La tradición altiplánica:* Apenas enunciado, el título nos impone precisiones: en lo "altiplánico" englobamos tanto aquello que parece aymara así como elementos de una influencia quechua y de otros grupos que pueblan el altiplano, sobre los cuales no nos atrevemos a pronunciarnos acerca de su etnicidad o identidad (como los lípez, por ejemplo).

Hoy día, los pobladores del Loa Superior son hispano y quechua parlantes y algunos "abuelos" saben aymara. Todas lenguas que además es frecuente encontrar en apellidos, topónimos y nombres de la flora y fauna; sin embargo, no nos atreveríamos a definirlos étnicamente por ninguna de ellas.

No resulta sorprendente entonces encontrar todavía activos algunos ciclos míticos como el de Rey Inka (véase pág. 83), el Inkarrí peruano, o el de las Edades del Mundo (véase Ossio, 1973), que aparecían más propios de áreas septentrionales. Es interesante señalar que, en al menos dos versiones relatadas por gente de Toconce y Caspana, al interior del mito de las Edades del Mundo y de las sucesivas "vueltas de mundo", se incorporan en una misma estructura fragmentos de una destrucción del mundo causada por un excesivo acercamiento solar y que habría originado la extinción de una humanidad anterior, vinculada al agua. Los restos de esos hombres anteriores los vemos hoy en pequeñas cuevas y chullpas. Todo ello tiene "reminiscencias" de ciclos míticos altiplánicos, inclusive asociados a las poblaciones lacustres pre-aymaras. Curiosa integración mítica que, una vez más, reitera nuestra percepción de estas regiones como un espacio de multiplicidades, de conjunciones, pero también de disyunciones.

Hasta donde sabemos, los relatos recogidos sobre Rey Inka convierten a la del Loa como la región andina más meridional en la cual este ciclo mítico está presente. Ello es doblemente interesante puesto que apunta a aquellas continuidades de lo andino que señalamos anteriormente, pero también obliga a tomar precauciones: ¿qué sistema de transformaciones está presente en este mito? Se trata de temas, una vez más, no estudiados.

Dentro de la tradición andina debemos, igualmente, incorporar los aspectos esenciales de la estructura social y de las respuestas complementarias.

b) *La tradición de las tierras áridas:* Paralelamente, se intuye un trasfondo, tal vez más débil en la actualidad, de expresiones que, un poco apurados, podríamos llamar "locales". Las formas de uso de algunos recursos (algarrobo, chañar); la percepción de los espacios, distinta al sur del Salar de Atacama con relación a las comunidades del Loa, por ejemplo, y algunos rituales, o ciertas formas arquitectónicas, como el techo a un agua y el almacenamiento sobre esas mismas techumbres, por mencionar algunos elementos, hablan de la presencia de tradiciones más locales o regionales, tal vez igualmente andinas, pero por cierto no aymaras o quechuas; en realidad, no altiplánicas.

La llamamos tradición de las tierras áridas porque, al igual que la anterior, tiene una gran profundidad cronológica. Abarca —como lo dijimos— tanto los espacios desérticos de la vertiente occidental como la puna salada que se extiende desde el gran salar de Uyuni hacia el sur. Es un espacio que, por lo tanto, involucra varios territorios étnicos: lípez, atacamas, la puna de Jujuy e, incluso, el borde sur de la región de Tarapacá.

Es ésta una tradición en cuanto es posible visualizar, aun cuando no sea sino incipientemente, que tiene respuestas comunes por parte de las poblaciones asentadas en las tierras áridas, particularidades que fueron advertidas primeramente por los arqueólogos y que también hemos intentado esbozar a nivel etnohistórico.[44]

---

[44] Núñez y Dillehay 1978; Castro, Aldunate y Berenguer 1984; Martínez 1990.

Carecemos de antecedentes más sistemáticos que los expresados a lo largo de este trabajo para precisar las características y los elementos diferenciales de esta tradición. Resulta sugerente que tanto los habitantes del río Loa como los del extremo sur del Salar de Atacama, visualicen a Toconao como un punto de articulación, más allá del cual ambos sectores ven disminuir sus vínculos y relaciones. Lo interesante es que precisamente es al sur de Toconao donde empezamos a advertir con mayor fuerza elementos de la tradición de tierras áridas (relación pueblo-cementerio, por ejemplo), conjuntamente con un aumento de los vínculos hacia la puna de Jujuy y hacia lo que hoy es el noreste argentino. Todo ello se presenta recubierto de la aparente homogeneidad impuesta por la dominación de una sociedad estatal, como la chilena, externa a la región y con gran fuerza de penetración. Si hoy recorremos las comunidades indígenas de la II Región, veremos a todos sus habitantes, hombres y mujeres, vestidos con traje occidental, hablando español, movilizándose en camiones y a veces mirando atentos los programas de la televisión, allí donde existe.

A lo largo de toda la exposición hemos fluctuado entre privilegiar expositivamente la homogeneidad cultural que, a ratos, parece advertirse entre las diversas comunidades indígenas de esta región, o enfatizar las diferencias, la heterogeneidad, que también brota, a veces con sutileza, en ocasiones con fuerza, rompiendo la unidad, esa aparente identidad que se aprecia al recorrer la zona. Y es que ambas facetas, homogeneidad y heterogeneidad, están presentes en la constitución misma de las comunidades.

Homogeneidad y heterogeneidad que admiten tanto una percepción en niveles de profundidad, a veces superponiéndose unos a los otros, como admiten, asimismo, una aparente separación espacial. De allí las dificultades, expresadas inicialmente, de tan siquiera precisar lo "atacameño" en la actualidad étnica regional.

Estas comunidades viven desde hace 500 años en tensión: tensión causada primero por su ideología y costumbres, consideradas paganas y más tarde exóticas; tensión por sobrevivir en el marco de una sociedad mayor y diferente; en fin, tensión por seguir existiendo en la diferencia. Han demostrado una enorme capacidad de creatividad y adaptabilidad, frente a sucesivos impactos de la sociedad chilena; trabajos mal remunerados, necesarios para obtener el circulante para insumos básicos como azúcar, té, arroz; fuerte impacto de la minería y ciudades sobre sus recursos acuíferos y por ende, reducción de sus pastizales y del ganado y muy especialmente el conflicto con un sistema educativo, que disgrega a la familia, ideológica y espacialmente...

Sería un gran error, sin embargo, suponer que ellas han recibido pasivamente las influencias y presiones de la sociedad nacional. Ciertamente no han podido evitarlas, pero sus respuestas han sido asimismo creativas, desde la perspectiva de una constante readecuación de la cultura propia y de su identidad. Se trata de comunidades en tensión, pero vivas. En este largo proceso en el cual la iniciativa y el control de sus propios recursos y destino les ha ido siendo arrebatado cada vez más fuertemente, algunas de las comunidades indígenas de la II Región han terminado por desintegrarse, pero otras han encontrado distintos caminos para mantenerse y reproducirse. Esto exige cautela y precaución a la hora de resumir procesos o tendencias. Su existencia ha sido negada demasiadas veces, su pronta destrucción y desaparición han sido anunciadas otras tantas; la pérdida total de su identidad y culturas, apocalípticamente, ha sido argumentada en múltiples ocasiones, pero, y a pesar de esas expresiones, hay aún una cultura tradicional, readecuada y multiforme. Se trata, sin embargo, de una situación desigual. Es necesario educar a la sociedad mayor, tremendamente inculta en este sentido, para que comprenda que la riqueza de una nación reside en la heterogeneidad cultural, en "ellos y nosotros", en la unidad en la diversidad. Es una de las tantas tareas urgentes de los antropólogos, así como asumir que son las comunidades indígenas las que irán generando su futuro, a partir de su propia historia.

AGRADECIMIENTOS

Comprometen nuestra gratitud:

Los comuneros del Loa, que durante tantos años nos han brindado su hospitalidad y nos han enseñado de su vida cotidiana; nuestros amigos con quienes hemos aprendido y trabajado juntos, especialmente Carlos Aldunate, José Berenguer, Luis Cornejo, Varinia Varela y Fernando Maldonado. La Universidad de Chile, que a partir de 1975 y hasta ahora, por intermedio de su Departamento de Investigación, ha patrocinado y financiado nuestras investigaciones. Fondecyt, a través de los proyectos 1021-88, 1022-88, 1024-88, 525-90 y 1148-90.

Santiago, Primavera 1990.

BIBLIOGRAFÍA

AGUIRRE MADARIAGA,
José Miguel
1967 "Festividad de Nuestra Señora de Guadalupe de Aiquina"; *Revista de la Universidad del Norte* 4: 103-110, Antofagasta.

ALBO, Xavier (comp.)
1988 *Raíces de América: el mundo aymara*; Alianza Editorial, Madrid.

ALBO, Xavier, y Mauricio MAMANI
1980 "Esposos, suegros y padrinos entre los aymaras"; Mayer, E. y R. Bolton (Eds.): *Parentesco y matrimonio en los Andes*: 283-326; Universidad Católica del Perú, Lima.

ALDUNATE, Carlos
1985 "Desecación de las vegas de Turi"; *Chungara* 14: 135-139; Arica.

ALDUNATE, C., J. ARMESTO; V. CASTRO y C. VILLAGRÁN
1981 "Estudio etnobotánico en una comunidad precordillerana de Antofagasta: Toconce"; *Boletín del Museo Nacional de Historia Natural* 38: 183-223; Santiago.

ALDUNATE, Carlos, y Victoria CASTRO
1981 *Las chullpas de Toconce y su relación con el poblamiento altiplánico en el Loa Superior, Período Tardío*; Eds. Kultrún, Santiago.

ALDUNATE, Carlos; José BERENGUER y Victoria CASTRO
1982 "La función de las *chullpas* en Likán"; *Actas del 7°. Congreso de Arqueología de Chile*; Eds. Kultrún, Santiago.

ALDUNATE, C.; J. BERENGUER; V. CASTRO; L. CORNEJO; J. L. MARTÍNEZ y C. SINCLAIRE
1986 *Cronología y asentamiento en la región del Loa Superior*; Universidad de Chile, Departamento de Investigación y Bibliotecas, Santiago.

ARANDA, Ximena
1964 "San Pedro de Atacama. Elementos diagnósticos para un plan de desarrollo local"; *Informaciones Geográficas*, número especial, Universidad de Chile, Santiago.

BARTHEL, Thomas S.
1986[1957] "El agua y el festival de primavera entre los atacameños"; *Allpanchis* 28, año XVIII: 147-184; Cuzco.

BEAULIEU, Andrea
1967 "El hábitat humano y la economía agrícola en el oasis de Chiuchiu"; *Revista de la Universidad del Norte* 4: 81-101, Antofagasta.

BERENGUER, José; Victoria CASTRO; Fernando PLAZA y Luis RODRIGUEZ
1973 (Ms.) *Algunos problemas derivados del análisis de los censos generales de población (1907-1970). Depto. de El Loa, Provincia de Antofagasta*; I Congreso del Hombre Andino (ponencia); Arica, Iquique, Antofagasta.

BERENGUER, José; Carlos ALDUNATE y Victoria CASTRO
1984 "Orientación orográfica de las chullpas en Likán: la importancia de los cerros en la fase Toconce"; *Simposio Culturas Atacameñas*: 175-220; U. del Norte, Antofagasta.

BERTRAND, Alejandro
1885 "Memoria sobre la exploración a las cordilleras del desierto de Atacama (viaje a las cordilleras de Atacama)"; *Anuario Hidrográfico de la Marina*, año X, Santiago.

BITTMANN, Bente; Gustavo LE PAIGE y Lautaro NÚÑEZ
1978 *Cultura Atacameña*; Ministerio de Educación, Santiago.

BOUYSSE-CASSAGNE, Thérèse
1987 *La identidad aymara*; HISBOL-IFEA, La Paz.

BRUSH, Stephen
1974 "El lugar del hombre en el ecosistema andino". *Revista del Museo Nacional*, XL: 279-372. Lima.

CARTER, William
1980 "El matrimonio de prueba en los Andes"; en MAYER, E., y R. BOLTON (Eds.): *Parentesco y matrimonio en los Andes*: 363-423, Universidad Católica del Perú, Lima.

CARTER, William, y Mauricio MAMANI
1982 *Irpa Chico. Individuo y comunidad en la cultura aymara*; Librería-Editorial Juventud, La Paz.

CARTER, William y Xavier ALBO
1988 "La comunidad aymara: un mini-estado en conflicto"; en Albo, X. (comp.): *Raíces de América: el mundo aymara*: 451-492; Alianza Editorial, Madrid.

CASASSAS, José María
1974a *La región atacameña en el siglo XVII*, Universidad del Norte, Antofagasta.

CASASSAS, José María
1974b *Iglesias y capillas en la región atacameña: Administraciones española y boliviana*, Universidad del Norte, Antofagasta.

CASTRO, Milka, y Miguel BAHAMONDES
1987 "Cambios en la tenencia de la tierra en un pueblo de la precordillera del norte de Chile: Socoroma"; *Revista Chilena de Antropología* 6: 35-57, Santiago.

CASTRO, Milka, y Miguel BAHAMONDES
1988 "Control de la tierra en la cabecera del valle de Lluta"; *Revista Chilena de Antropología* 7: 99-113, Santiago.

CASTRO, Victoria
1986 "An approach to the Andean Etnozoology: Toconce". *Cultural Attitudes to Animals...* Vol. II: 1-17. Allen & Unwin. Londres.

CASTRO, Victoria
1987 "Diagnóstico Agrícola Provincia El Loa. Propuesta CONSECOL. Estudios Antropológicos Informes I, II y III." *Ms. in lit.* Consultores Ecológicos y Ambientales, Santiago.

CASTRO, Victoria
1988a   "Entrevista a un yatiri de la localidad de Toconce, II Región, Chile (Agosto, 1979)" en *Plantas Medicinales de Uso Común en Chile*. Farga, Lastra y Hoffmann (Eds.), tomo III: 117-119. Santiago.

CASTRO, Victoria
1988b   "Terrazas agrícolas: una vieja tecnología para las nuevas generaciones"; *Creces* 2: 7-12, Santiago.

CASTRO, Victoria
1990   *Artífices del Barro*. Ediciones Museo Chileno de Arte Precolombino - Banco O'Higgins, Santiago.

CASTRO, V.; J. BERENGUER y C. ALDUNATE *et al.*
1979   "Antecedentes de una interacción altiplano-área atacameña durante el Período Tardío: Toconce"; *Actas del VII Congreso de Arqueología de Chile*; vol. II: 477-498; Eds. Kultrún, Santiago.

CASTRO, V.; C. ALDUNATE y J. BERENGUER
1984   "Orígenes altiplánicos de la fase Toconce"; *Estudios Atacameños* 7: 209-235; Universidad del Norte, San Pedro de Atacama.

CASTRO, Victoria, y Carolina VILLAGRÁN
1989   "Etnobotánica de Vegas en las tierras Alto Andinas: un caso de estudio en la subárea circumpuneña". 17 pp. Versión precirculada. *Ms. in lit*. Ponencia presentada en la III Reunión de Etnología. Museo Nacional de Etnología y Folklore, La Paz.

CAVIERES, Aarón
1985 *(Ms.)Estudio del efecto de las políticas de uso de los recursos hídricos del altiplano chileno sobre las comunidades de pastores aymara*; Informe final Proyecto WUS-AHC, Santiago.

CERECEDA, Verónica
1987   "Aproximaciones a una estética andina: de la belleza al *tinku*"; en BOUYSSE-CASSAGNE, Th. *et al.*: *Tres reflexiones sobre el pensamiento andino*: 133-231; Hisbol, La Paz.

CIPOLLETTI, María
1984   "Llamas y mulas, trueque y venta: el testimonio de un arriero puneño"; *Revista Andina* 4 (2): 513-538, Cuzco.

COBO, Fray Bernabé
1964[1653] "Historia del Nuevo Mundo"; *Biblioteca de Autores Españoles*, t. 91-92; Eds. Atlas, 2 vols., Madrid.

DÉLANO, Priscilla
1982   *Aspectos socioeconómicos de una comunidad del norte grande: Caspana*; Tesis para optar al grado de Licenciado en Antropología Social, Facultad de Humanidades, Universidad de Chile, Santiago.

GOLTE, Jürgen
1980   *La racionalidad de la organización andina*, I.E.P., Lima.

GÓMEZ, Carlos
1977 *(Ms.)*"Patrones tradicionales en la comunidad de Toconce"; *Informe final de práctica profesional*, Departamento de Ciencias Antropológicas, Universidad de Chile, Santiago.

GÓMEZ, Carlos
1980   *La comunidad campesina indígena del Loa superior*; Tesis de grado para optar al título de Licenciatura en Antropología social; Facultad de Ciencias Humanas, U. de Chile, Santiago.

GÓMEZ PARRA, Domingo
1976   "Narraciones tradicionales de Socaire"; *Cuadernos de Filología* 5: 47-68, Antofagasta.

GÓMEZ PARRA, Domingo
1979   "Siete relatos populares peineños"; *Cuadernos de Filología* 10: 37-44, Antofagasta.

GÓMEZ PARRA, Domingo
1980   "Veinticuatro relatos populares toconceños"; *Cuadernos de Filología* 12: 80-108, Antofagasta.

GÓMEZ PARRA, Domingo
1981-82   "Los pueblos andinos de la Segunda Región y su alimentación tradicional"; *Cuadernos de Filología* 15; 16: 49-80, Antofagasta.

GÓMEZ PARRA, Domingo
1982   "Narrativa popular ataca-

meña; hábitat. Cultura. Corpus"; *Cuadernos de Filología* 17: 1-110, Antofagasta.

GUNCKEL, Hugo
1967   "Fitonimia atacameña, especialmente cunza"; *Revista Universitaria*, año LII: 3-81, Santiago.

GUNDERMANN K., Hans
1986   "Comunidades ganaderas, mercado y diferenciación interna en el altiplano chileno"; *Chungara* 16-17: 233-250; Actas del X Congreso de Arqueología Chilena, Arica.

HANSON, Earl
1926   "Out-of-the-world villages of Atacama"; *Geographical Review*, vol. 16: 365-377; Nueva York.

HARDING, J., y A. VALENZUELA
1961   *Caspana, Ayquina*. Seminario de título. Escuela de Arquitectura. Facultad de Arquitectura y Urbanismo, Universidad de Chile.

HERNÁNDEZ, Roberto
1974   "Chiu-Chiu: la desintegración de la comunidad tradicional"; *Antropología* Segunda época, 1: 17-35, Santiago.

HERNÁNDEZ, R.; P. POBLETE y D. QUIROZ
1975   "Toconce: la vigencia de la comunidad tradicional"; *Antropología* 2: 53-75, Santiago.

HIDALGO, Jorge
1978   "Incidencias de los patrones de poblamiento en el cálculo de la población del Partido de Atacama desde 1752 a 1804. Las revisitas inéditas de 1787-1792 y 1804"; *Estudios Atacameños* 6: 53-111, San Pedro de Atacama.

HIDALGO, Jorge
1982   "Fechas coloniales de fundación de Toconao y urbanización de San Pedro de Atacama"; *Chungara* 8: 255-264; Arica.

HIDALGO, Jorge
1984   "Descomposición cultural de Atacama en el siglo XVIII: lengua, escuela, fugas y complementariedad ecológica"; *Simpo-

sio *Culturas Atacameñas*: 221-249, 44º Congreso de Americanistas, Universidad del Norte, Antofagasta.

KESSEL, Juan van
1973 "Los bailes religiosos del Norte Grande: ¿atavismo cultural o fenómeno de desarrollo?"; *Revista de la Universidad Técnica del Estado* 13-14: 167-183, Santiago.

LAGOS, Reinaldo; Emilio MENDOZA y Nolberto AMPUERO
1982 "La noche de los abuelos en Santiago de Río Grande"; *Chungara* 9: 247-274, Arica.

LEHNERT, Roberto
1976 "La lengua kunza y sus textos"; *Cuadernos de Filología* 5: 71-80, Antofagasta.

LEHNERT, Roberto
1978 "Acerca de las minorías étnicas de los Andes de la I y II Región"; *Cuadernos de Filología*, Documentos de Trabajo 1, Antofagasta.

LEHNERT, Roberto
1980-81 "Lengua y cultura atacameña. Notas preliminares"; *Cuadernos de Filología* 13-14: 73-100, Antofagasta.

LEHNERT, Roberto
1981-82 "Presencia del Runa-simi en el sector atacameño"; *Cuadernos de Filología* 15-16: 29-47, Antofagasta.

LINDBERG, Ingeborg
1969 "Conchi Viejo. Una capilla y ocho casas"; *Actas del V Congreso de Arqueología Chilena*: 59-73, Museo Arqueológico de La Serena, La Serena.

MALDONADO, Fernando, e Ismael MASCAYANO
1973 *Ayquina, caracterización de un poblado andino*. Memoria de prueba para optar al título de arquitecto. Facultad de arquitectura, Universidad de Chile, Santiago.

MARISCOTTI, Ana María
1978 "Pachamama Santa Tierra"; *Indiana*, suplemento 8; Ibero-Amerikanisches Institut, Berlin.

MARTÍNEZ, Gabriel
1975 *Introducción a Isluga*; Publi-

cación Nº 7, Universidad de Chile, Iquique.

MARTÍNEZ, Gabriel
1976: "El sistema de los Uywiris en Isluga"; en *Homenaje al Dr. Gustavo Le Paige S.J.*: 255-327; Universidad del Norte, Santiago.

MARTÍNEZ, Gabriel
1983 "Los dioses de los cerros en los Andes"; *Journal de la Sociètè des Americanistes*, t. LXXIX: 85-116, París.

MARTÍNEZ, Gabriel
1989 *Espacio y pensamiento I*; Hisbol, La Paz.

MARTÍNEZ C., José Luis
1984 (Ms.)*Dinámicas de un sistema de asentamiento: las actuales comunidades del Alto Loa*. Informe de Avance de Investigación, Proyecto F 1435-8433 D.I.B., U. de Chile "Sistemas de Asentamiento en el Loa Superior: patrones arqueológicos y etnográficos", Santiago.

MARTÍNEZ C., José Luis
1985a "Adaptación y cambio en los atacameños. Los inicios del período colonial, siglos XVI y XVII"; *Andes*: 9-25; Santiago.

MARTÍNEZ C., José Luis
1985b "La formación del actual pueblo de Toconce. Siglo XIX"; *Chungara* 15: 99-124; Arica.

MARTÍNEZ C., José Luis
1986 "Los grupos indígenas del Altiplano de Lípez en la Subregión del río Salado"; *Chungara* 16-17: 199-201; Actas del X Congreso de Arqueología Chilena, Arica.

MARTÍNEZ C., José Luis
1990 "Asentamientos y acceso a recursos en Atacama (s. XVII)"; *Serie Nuevo mundo: cinco siglos* 5: 13-61, Depto. de Ciencias Históricas, U. de Chile, Santiago.

MORRIS, Craig
1981 "Tecnología y organización inca del almacenamiento de víveres en la sierra"; en Letchman, H. y Soldi, A. M. (Eds.): *La tecnología en el mundo andino*: 327-375, Universidad Nacional Autónoma de México, México.

MOSTNY, Grete; Fidel JELDES y Raúl GONZÁLEZ
1954 *Peine, un pueblo atacameño*, Instituto de Geografía, Universidad de Chile, Santiago.

MUNIZAGA, Carlos, y Hugo GUNCKEL
1958 "Notas etnobotánicas del pueblo atacameño de Socaire, o etnobotánica de Socaire"; *Publicaciones del Centro de Estudios Antropológicos* 5, Universidad de Chile, Santiago.

MURRA, John
1975 *Formaciones económicas y políticas del mundo andino*; I.E.P., Lima.

OTÁROLA, A., y H. PERALTA
1979 *Toconce, propiedades de las formas arquitectónicas a través de la percepción*, Seminario de Título. Escuela de Arquitectura. Facultad de Arquitectura y Urbanismo. Universidad de Chile, Santiago.

OSSIO, Juan
1981 "Expresiones simbólicas y sociales de los ayllus andinos: el caso de los ayllus de la comunidad de Cabana y del antiguo Repartimiento de los Rucanas-Andamarcas"; en Castelli, Koth y Mould (comp.): *Etnohistoria y Antropología Andina*: 189-214; Museo Nacional de Historia, Lima.

PALACIOS, Félix
1981 "Tecnología del pastoreo"; en Lechtman y Soldi (Eds.): *La tecnología en el Mundo andino*: 217-232; Universidad Nacional Autónoma de México, México.

PERASIC, Asja
1971 *Pueblos precordilleranos del Departamento del Loa*. Memoria de Seminario. Facultad de Arquitectura, Universidad de Chile.

PHILIPPI, Rodulfo A.
1860 *Viage al Desierto de Atacama, hecho de orden del Gobierno de Chile en el verano 1853-54*; Librería de Eduardo Antón, Halle en Sajonia.

PLATT, Tristán
1975a "Chiu-Chiu: la desintegra-

ción de la comunidad tradicional (reseña)"; *Chungara* 5: 153-158, Arica.

PLATT, Tristán
1975b "Experiencia y experimentación: los asentamientos andinos en las cabeceras del valle de Azapa": *Chungara* 5: 33-60, Arica.

PLAZA, Orlando, y Marfil FRANCKE
1981 *Formas de dominio, economía y comunidades campesinas*; Desco, Lima.

POLITIS, Miguel
1966 "Manifestaciones folklóricas de San Pedro de Atacama"; *Revista de la Universidad del Norte*, vol. 1 N° 1: 53-68; Antofagasta.

PROVOSTE, Patricia
1979 "Diferenciación e integración social en el altiplano chileno"; *América Indígena*, vol. XLIX, N° 4, México.

REINHARD, Johan
1983 "Las montañas sagradas: un estudio etnoarqueológico de ruinas en las altas cumbres andinas"; *Cuadernos de Historia* 3: 27-62, Santiago.

RISOPATRÓN, Luis
1910 *La línea de frontera con la República de Bolivia*, Imprenta Lito. Universo, Santiago.

RISOPATRÓN, Luis
1918 "Diario de viaje a las cordilleras de Antofagasta y Bolivia (1903-1904). (Con ligeras anotaciones)"; *Revista Chilena de Historia y Geografía*, vol. XXVII, N° 31: 152-184, Santiago.

RUBÉN, Walter
1952 *Tiahuanaco, Atacama und Araukaner; Drei vorinkaische Kulturen*; Otto Harrassowitz, Leipzig.

SAIGNES, Thierry
1985 *Los Andes orientales: historia de un olvido*; I.F.E.A-CERES, Cochabamba.

SALOMÓN, Frank
1980 *Los señores étnicos de Quito en la época de los Incas*; Instituto Otavaleño de Antropología, Otavalo.

SALOMÓN, Frank
1985 "The Dynamic Potencial of the Complementarity Concept"; en Masuda, Shimada y Morris (Eds.): *Andean Ecology and Civilization*: 511-531; University of Tokio Press, Tokio.

SERRACINO, George, y Ana María BARÓN
1979 "Santiago de Río Grande: un tambo atacameño"; *Tambo* 3-4: 15-30, Antofagasta.

SERRACINO, George, y Rubén STEHBERG
1975 "Vida pastoril en la precordillera andina"; *Estudios Atacameños* 3: 81-99; San Pedro de Atacama.

TABERNA, Freddy
1968 "Algo sobre las Comunidades Andinas de Tarapacá". *Estudios Regionales* I (1): 7-18.Publicación del Departamento de Extensión Universitaria de la Universidad de Chile. Santiago.

URRUTIA BLONDEL, Jorge
1968 *Danzas rituales en las festividades de San Pedro de Atacama*; Instituto de Investigaciones Musicales, colección Ensayos 4, Universidad de Chile, Santiago.

VALDÉS, Samuel
1886 *Informe sobre el estudio minero i agrícola de la rejión comprendida entre el paralelo 23 i la laguna de Ascotán, presentado al Ministerio de lo Interior, por...*; Imprenta Nacional, Santiago.

VALDÉS, XIMENA; S. MONTECINO; K. DE LEÓN y M. MACK
1983 *Historias testimoniales de mujeres del campo*; Academia de Humanismo Cristiano y Programa de Estudios y Capacitación de la mujer campesina e indígena; Santiago.

VALENZUELA ROJAS, Bernardo
1969-70 "Epítome etnográfico de la cuenca del río Salado. Provincia de Antofagasta, Chile"; *Boletín de Prehistoria de Chile* 2-3, año 2: 75-99; Santiago.

VÁSQUEZ de ESPINOZA, Antonio
1948[1630] *Compendio y Descripción de las Indias Occidentales*, Smithsonian Institution, Washington.

CAPÍTULO IV

MAPUCHE: GENTE DE LA TIERRA

*Carlos Aldunate del S. * *

INTRODUCCIÓN

Los mapuches o araucanos son una de las etnias aborígenes americanas más numerosas que sobreviven en la actualidad. Con una población cercana al medio millón de individuos, aún conservan su lengua y gran parte de su sistema cultural, dentro del cual cabe destacar los vínculos religiosos y familiares que los unen e identifican como una verdadera nación (cfr. Faron 1969). Habitan principalmente en Chile, donde ocupan el área comprendida entre el río Biobío y la Isla Grande de Chiloé (37° y 42° de latitud sur). En la cordillera del Neuquén, Argentina, también hay pequeñas agrupaciones que se identifican como mapuches.

La encarnizada resistencia con que este pueblo enfrentó la conquista española, obligó a la administración colonial a reconocerle cierta autonomía e independencia. El establecimiento de fortificaciones en los territorios fronterizos, a cargo de un ejército profesional, fue un caso inusitado dentro de la administración colonial americana. Esta situación subsistió hasta bien avanzada la República, cuando el Gobierno de Chile completa el proceso de "pacificación de la Araucanía", que recién concluye en 1891. El largo período fronterizo, caracterizado por relaciones bélicas, de intercambio, misiones, mestizaje y contactos de diversa índole, ha sido objeto de numerosos estudios y variadas interpretaciones que van desde la exaltación del mapuche como un valiente e indómito guerrero a otras opiniones que tienden a destacar los aspectos pacíficos de este período, denominado "La Frontera" (cfr. Stuchlick 1974, Jara 1981 y Villalobos *et al.* 1982).

Estudios arqueológicos han sugerido que hacia mediados del primer milenio de nuestra era, grupos con economías recolectoras, probablemente vinculados con las poblaciones del arcaico, pero ya poseedores de una tecnología cerámica, se establecieron en el valle longitudinal y principalmente en la precordillera del centro-sur de Chile. Con posterioridad, aparecen en el valle y costa del sector meridional de esta región restos arqueológicos que evidencian la existencia de pueblos con actividades agrícolas muy elementales, cuyo patrón funerario y tecnología cerámica sugieren posibles relaciones con las sociedades que ocupan Chile central. Estos pueblos coexisten con diversos grupos de cazadores que habitan la Cordillera de los Andes y las llanuras orientales trasandinas de la actual República Argentina. Al momento de la conquista española, las fuertes presiones imponen una mayor cohesión a estos grupos heterogéneos, los que enfrentan unidos todo el período de La Frontera, produciéndose una fusión cultural que también integra fuertes elementos hispanos, como el caballo, dando origen a lo que hoy denominamos cultura mapuche (vid. Aldunate 1989), que hasta comienzos del siglo XIX mantuvo una economía predominantemente recolectora y hortícola, complementada por la ganadería, con un patrón de asentamiento disperso y caracterizado por una gran movilidad.

Conflictos familiares o diferencias políticas determinaban el fraccionamiento de los grupos familiares, que ellos resolvían separando los asentamientos. Esta movilidad se mantuvo hasta fines del siglo XIX, probablemente acrecentada por los conflictos bélicos provocados por la resistencia a la conquista española y posteriormente, a los gobiernos colonial y republicano. A comienzos del presente siglo, el Estado de Chile toma posesión de los terri-

_____

* Museo Chileno de Arte Precolombino.

111

torios mapuches y pone brusco fin a este patrón móvil, otorgando títulos gratuitos de dominio a las familias mapuches en las porciones de tierra que ocupaban, y colonizando el resto del territorio. La obligada sedentariedad impuesta, junto con determinar un empobrecimiento de esta etnia, ha producido una disminución de la importante actividad ganadera de otrora y ha determinado un mayor énfasis en las labores agrícolas, siempre limitadas por la potencialidad de los suelos y la extrema pequeñez de las posesiones familiares. En el presente siglo, el aumento demográfico y la sobreexplotación de los minifundios han producido procesos de emigración, transculturización, pauperización y marginalización de esta población aborigen.

Al iniciar este trabajo, queremos precaver al lector de una posible simplificación o generalización.

A pesar de la fusión de caracteres culturales producida principalmente después de la conquista, los grupos de lengua mapuche, que en el siglo XVI se extendían desde el Choapa hasta la isla de Chiloé aún mantienen diferencias culturales importantes. Ellas se refieren a distintas adaptaciones producidas en los diferentes ambientes que habitan. De esta manera, hoy se distinguen *pewenches, lafkenches, lelfunches, huilliches,* y otros subgrupos, que también se diferencian en aspectos dialectales e incluso antropológico-físicos.

A continuación nos referiremos a algunos aspectos de la vida de esta sociedad. Intentaremos en la primera parte dar una visión del territorio mapuche y la utilización de sus recursos, desde la perspectiva de esta sociedad. Continuaremos con una visión diacrónica de la economía mapuche, para finalizar con el mismo tratamiento del patrón de asentamiento, elementos de la cultura material y la organización familiar y social. Los aspectos cosmológicos y lingüísticos están a cargo de otros autores, en este mismo volumen. La música será objeto de un tratamiento aparte en un volumen especialmente dedicado a las artes.

1. ETNOGEOGRAFÍA Y UTILIZACIÓN DE LOS RECURSOS NATURALES

El territorio tradicionalmente ocupado por esta etnia, coincide en su límite septentrional con el comienzo del área de la distribución de los ecosistemas de bosques templados de Chile. En la transición entre las zonas climáticas mediterráneas, con lluvias en invierno y sequía en verano, y húmeda todo el año (al sur de los 38° S), se desarrollan bosques deciduos con predominancia de distintas especies del género *Nothofagus* (v. gr. "roble" o *coyam, hualo, raulí*). Al sur de los 38° S, las especies deciduas son reemplazadas paulatinamente por especies siempre verdes del bosque lluvioso valdiviano (v. gr. *ulmo, gevuin,* o "avellano", "arrayán" o *coli mamëll, luma*) hasta transformarse en una selva impenetrable. Aunque esta descripción corresponde a la del paisaje original, hoy fuertemente transformado por actividades antrópicas, las principales características de las formaciones vegetales descritas aún se mantienen y son observables en los sectores menos perturbados.

En un corte transversal desde el Oeste hacia el Este del área ocupada por los mapuches, se distinguen distintas zonas biogeográficas que ellos identifican y caracterizan nítidamente, y que reciben designaciones específicas en lengua mapuche. El *lafkenmapu* o tierra del mar comprende las planicies costeras ubicadas entre la Cordillera de la Costa y el Océano Pacífico; el valle central es denominado *lelfunmapu*, y el sector cordillerano recibe el nombre de *inapiremapu* o tierra cercana a las nieves. Estas denominaciones corresponden a una comprensión vernácula de la geografía y geomorfología de estos sectores y sus diversas potencialidades económicas y poseen una determinada ubicación en la cosmología mapuche. Es así como *lafkenmapu* se encuentra relacionado con el poniente y la tierra de los muertos; la gente que habita este sector recibe la denominación de *lafkenche* o gente del mar. *Inapiremapu*, por el contrario, se vincula con el Este –*Puel*–, de importantes connotaciones ideológicas, pues allí moran las deidades, cerca de los volcanes y nevados andinos. Este sector se caracteriza botánicamente por la presencia de los soberbios bosques de "araucaria" (*Araucaria araucana*), una conífera chilena que crece sobre los 900 m.s.n.m. y recibe el nombre vernáculo de *pewen*; sus semillas, que contienen abundante almidón, fueron y aún son la base de la alimentación de los indígenas que ocupan este sector, que se denominan *pewenches* o gente de los pinares. El *lelfunmapu* goza de un agradable clima continental y es el de mayores potencialidades agrícolas; sus habitantes reciben el nombre de *lelfunches* o gente de los llanos.

1.1. *LAFKEN MAPU:* EL USO DEL MAR

La extraordinaria riqueza de peces, moluscos y algas del litoral de la Araucanía y sus recursos forestales costeros han caracterizado el poblamiento humano de este sector desde el Arcaico hasta hoy. Son numerosos los depósitos arqueológicos costeros o conchales, que desafortunadamente han recibido muy poca atención de parte de los prehistoriadores y en los cuales probablemente se encuentra la clave de los poblamientos más antiguos de la región. Los testimonios de los primeros españoles que conocieron la región resaltan la arraigada adaptación marítima de sus habitantes, conocedores de la recolección y pesca de orilla y en botes, con anzuelos, redes y arpones, todos ellos fabricados con productos del bosque nativo. Está documentada la pesca nocturna usando antorchas (Hilger 1957, 192) e incluso la pesca submarina por sumergimiento (Mariño de Lobera (s. XVI) 1960, 321).

Cabe destacar la arraigada tradición de estas poblaciones costeras en la recolección de algas marinas para alimentación. Son muy abundantes en esta región la *Durvillea antarctica*, que recibe el nombre de *kollof*, una enorme alga parda que se adhiere a las rocas mediante un vigoroso disco basal y posee un tallo duro y flexible, denominado *huilte* que se consume crudo y cocido en variados guisos. La *Porphyra columbina* o *luche* es un alga roja que crece adherida a las rocas en la línea de las mareas. Esta especie también es el alimento preferido de los *lafkenches* hasta hoy. El consumo de algas y su importancia dentro de la cultura mapuche ha sido recientemente estudiado por Masuda (1986 y 1988), el que ha documentado un intenso tráfico de estas algas, principalmente del *kollof*, ejercido por los *lafkenches*. Ellos llegan en carretas con este producto hasta *inapiremapu*, intercambiándolo por granos y otros productos, en un viaje que dura más de un mes. El tráfico de algas es consecuencia de la predilección de los mencionados productos marinos por parte de los mapuches, que debe tener antecedentes en la prehistoria de acuerdo a las crónicas tempranas (vid. Ovalle (1646) 1969, 60 y Núñez Pineda y Bascuñán (1676) 1863, 329). Hoy, la recolección de estas y otras algas, tales como *luga luga (Iridaea laminareoides)* y *chascón (Lessonia nigrensis)* ha adquirido una importancia fundamental para los *lafkenches*, pues existe un poder de compra nacional e internacional de estos productos por su utilidad en la alimentación, medicina e industria (Masuda ob. cit.).

Mientras que la pesca es actividad realizada fundamentalmente por los hombres, la recolección de mariscos y algas es actividad en que también intervienen mujeres y niños, aprovechando las bajas mareas. Los niños hacen pelotas de *kollof* para jugar una especie de fútbol, y este elemento es también muy apreciado en la costa para el juego tradicional de la chueca o *palin*, una especie de hockey, en el que intervienen dos equipos de hombres y es celebrado por toda la comunidad.

1.2. *LELFUNMAPU*: EL USO DEL BOSQUE Y DEL CAMPO

Actualmente, el Valle Central de esta región de Chile es considerado como un territorio de importante potencialidad agrícola. De acuerdo a las descripciones de cronistas del siglo XVI, era ésta una zona de gran densidad demográfica y los asentamientos mapuches, compuestos de familias extensas, con un patrón disperso, se ubicaban en las riberas de los numerosos ríos que cruzan estos territorios. La cantidad de población aborigen de *lelfunmapu* debe haber sido considerable, a juzgar por los relatos de cronistas, confirmados por el hecho de que allí se establecieron los principales asentamientos urbanos del s. XVI.

Los bosques deciduos de *Nothofagus*, así como los bosques siempre verdes meridionales, presentan un ambiente poco común en cuanto a potencialidad de productos de recolección vegetales, por la producción de frutos carnosos y comestibles de las innumerables plantas que los componen. Dentro de éstas hay árboles y arbustos, como el *peumo (Cryptocarya alba)*, el *boldo (Peumus boldus)*, keule *(Gomortega queule)*, "avellano" o *gevuin (Gevuina avellana)*, diversas especies de *michay (Berberis darwinii, B. serrata, B. dentata)*, litre *(Lithraea caustica)*, pitra *(Myrceugenia planipes)* y muchos otros, como la *murta (Ugni molinae)*, mulul *(Ribes geandulosum)* y luma *(Amomyrtus luma)*.

No solamente los árboles proveían de frutos y bebidas a los mapuches, sino que también el rico y variado sotobosque era fuente de alimentos. Así, por ejemplo, las lianas y las epífitas eran también buscadas por sus agradables frutos. Entre ellos se puede mencionar nuestra flor nacional, el *copihue (Lapageria rosea)*, el *coguil (Lardizabala biternata)*, el *poe (Fascicularia bicolor)* y la *quilineja (Luzuriaga radicans)*. Estos frutos, junto a los de la frutilla silvestre o *khelgen (Fragaria chiloensis)* y muchas otras bayas y drupas se comían frescas o secas y servían para hacer bebidas fermentadas o *mudai*. Muy apreciados eran el apio del campo o *panul (Apium panul)*, el *panke* o *nalka (Gunnera tinctoria)* y el "chupón" *(Greigea sphacelata)*.

Se consumían también un sinnúmero de plantas que producían tubérculos o raíces carnosas comestibles, tales como el *lahue* o *lawu* (*Sisyrinchium spp.*), en distintas especies, y más de treinta variedades de papas silvestres; el famoso *ligtu* (*Alstroemeria ligtu*), llamado también *nil*, del que se fabricaba una harina blanca y sustanciosa muy parecida al *chuñu* que se daba a los enfermos, el *huanqui* (*Discorea arenaria*), el *nao* o papita del campo (*Conanthera biflora*) y *Heliantus tuberosus*. Por su importancia en la genética de la papa cultivada o *poñü* (*Solanum tuberosum spp.*), debemos anotar que precisamente en esta región se han encontrado en depósitos arqueológicos del Pleistoceno Tardío (Ugent *et al.* 1987) restos de *malle* (*Solanum maglia*), especie que aún se consume en estado silvestre. También se deben mencionar varias especies de helechos con rizomas comestibles, algunos de ellos de gran tamaño, cuyo corazón y tallo se secaban y molidos proporcionaban una harina con la cual se preparaba una espesa sopa (Hilger 1957, 204). El más conocido de estos helechos usados en la alimentación mapuche es el gran *añpe* (*Lophosoria quadripinnata*). También se recolectaba una enorme cantidad de hongos, dentro de los cuales cabe destacar más de diez especies del género *Cyttaria*, asociadas al bosque de *Nothofagus*, especialmente al "roble" o *pellin* (*N. obliqua*) y al *coigue* (*N. dombeyi*), llamados *changles* y *digüeñes*.

Mención especial merecen las gramíneas silvestres, que han recibido mayor atención de botánicos que de antropólogos y arqueólogos (vid. Muñoz 1944 y Matthei 1986). Las más conocidas son el *magu* o "mango" (*Bromus mango*), que probablemente fue manejado como un cultígeno, el *lanco* (*Bromus catharticus*) y la *teca* o *tuca* (*Bromus berterianus*). Los granos de esta última se cosechaban en noviembre, cuando aún estaban verdes, y se secaban al sol para concluir su madurez. Con ellos se hacía harina para cocer pan –*kofke*– y tostada se bebía con agua (Gay 1865, 90).

El *madi* (*Madia sativa*) proporcionaba semillas oleaginosas, que se cocían o simplemente se exprimían, proporcionando un aceite de muy buena calidad.

Las referencias a estas gramíneas y su uso económico por parte de los mapuches son abundantes (Vivar (1558) 1979, 189; Molina 1788, 133 y 1795, 13; Herrera (s. XVII) 1956, 235; Moesbach 1930, 95; Hilger 1957, 179; Augusta 1966, entre otros). Aún no hay certeza acerca de si fueron alguna vez cultivadas; R. Philippi (1864, 701), menciona que Gay encontró cultivo de *magu* en Chiloé, pero que él no ha hallado nunca esta planta, "i estoi inclinado a creer que está para perderse de la crea-

ción..." Inez Hilger (1966, 88), sin embargo, un siglo más tarde, rescata el relato de un anciano mapuche sobre el uso de estos granos silvestres, como recurso alimenticio de su juventud, señalando de paso que hoy ya no se encuentran, pues han sido depredados por la actividad ganadera.

Cabe también destacar la extraordinaria importancia que tuvo el bosque para los mapuches como fuente de plantas medicinales, muchas de las cuales, por su extremo valor, fueron elevadas a categorías religiosas. En efecto, gran parte del sotobosque era requerida para curar diferentes dolencias y la taxonomía vernácula mapuche alude muchas veces al efecto terapéutico específico de cada planta, al que siempre va unido el vocablo colectivo *lawen* o *lahuen*, que significa medicina. Estas plantas eran generalmente preparadas e ingeridas como infusiones o aplicadas directamente en el lugar de la dolencia. Encontramos algunos ejemplos de esta utilización de la flora nativa del sotobosque en distintas especies de helechos, como el *Ilushu lawen* (*Hymenophyllum dentatum*), para curar el ombligo de los recién nacidos, *llanca lawen* (*Lycopodium paniculatum*) para sanar úlceras y tumores, y en *lafquen lawen* (*Euphorbia portulacoides*) o remedio del agua. Una de las más afamadas plantas medicinales de Chile es el *cachan lawen* o "cachanlagua" (*Erythraea chilensis*), cuya infusión sirve para múltiples usos terapéuticos. El uso mágico de las plantas era frecuente: así, el *huentru lawen* (*Ophioglossum vulgatum*) es usado por las mujeres para engendrar hijos varones, *huilel lawen* (*Hypolepis rugosula*) ayuda a los *machi* o chamanes a pronosticar males causados por *huekufu* o demonios. Se preparaban filtros de amor o para provocar la separación de los amantes con plantas como el *huedahue* (*Gleichenia litoralis*). Una de las plantas más temidas es el *latue* (*Latua pubiflora*), que puede llegar a causar la muerte por envenenamiento, y usado en pequeñas dosis tiene propiedades alucinógenas (vid. Moesbach 1992).

La utilización de los bosques fue intensa y aún subsiste entre los actuales mapuches. Gran parte de la cultura material de este pueblo está ligada a la madera y su industria. La *ruka* o vivienda indígena es una muestra del acabado uso de los recursos forestales, con la utilización de maderas, lianas y gramíneas en la techumbre (vid. Joseph 1931). Casi todos los utensilios domésticos tradicionales son de madera, así como las esculturas fúnebres y las imágenes sagradas que presiden las grandes rogativas (*mamulche*) y las escaleras chamánicas rituales (*rewe*). Los hombres son eximios

Figura 1. Jugadores de *palin*. Sector Boroa, Nueva Imperial. (Fotografía Humberto Ojeda.)

Figura 2. Una *machi* y acompañantes, orando frente a una Araucaria. Miran hacia el *Puel Mapu* (Este). Quinquén (Alto Biobío). (Fotografía Humberto Ojeda.)

talladores de las excelentes maderas que proporcionan casi una decena de diferentes especies de Nothofagus (coyam ruili o rauli, hualo, ñirre, coihue), las coníferas vernáculas (mañiu, lleuque, la afamada "araucaria" o pewen y los "alerces" de Chile (lahual y len), y una multitud de otras especies arbóreas de la zona. Quizá la especie más utilizada y que identifica al mapuche es Nothofagus obliqua, que los europeos denominaron "roble" y el mapuche identifica con tres nombres de acuerdo a sus etapas de crecimiento: hualle cuando es joven y tiene madera blanca, pellin ya maduro, con su característico maderamen rojo, y coyam, cuando alcanza su máxima altura y vejez y le cuelgan líquenes como barbas. El "canelo", foye o foique (Drymis winteri) es el árbol sagrado por excelencia, símbolo de los valores positivos de esta sociedad, así como una de las panaceas terapéuticas más conocidas por la machi o chamán. Otras plantas benéficas utilizadas en ritos de rogativas e invocaciones son el maki (Aristotelia chilensis), el "laurel" o trihue y la ádvena manzano. Ellas decoran los monumentos de rogativas y chamanes y los participantes deben portar ramas de estas especies al entrar a los espacios rituales.

1.3. *INAPIRE MAPU*: MANEJO DEL BOSQUE DE LA "ARAUCARIA"

Uno de los subgrupos mapuches que mantuvo por más tiempo su sistema tradicional de recolección es el pewenche, descendientes de grupos cazadores cordilleranos que fueron absorbidos por los mapuches a partir del siglo XVII, junto con los indígenas pampas, ranqueles y otros que habitaban las pampas transcordilleranas de la actual República Argentina (vid. Canals 1946). Habita las faldas occidentales de la Cordillera de los Andes entre los grados 37 y 40 de latitud sur y sobre los 900 m.s.n.m. En esta zona existe una formación boscosa en la que predomina la especie conocida en taxonomía botánica con el nombre mapuche de pewen y el científico de Araucaria araucana (Mol.) Koch. Los árboles femeninos de esta especie producen un promedio de veinte a treinta grandes conos que, al madurar, expulsan alrededor de trescientas semillas o piñones denominados niliu, cada una de ellas de tamaño mayor que una almendra (Montaldo 1974).

La importancia de esta especie en la sustentación aborigen desde épocas prehispánicas indujo a los indígenas que habitan en esta zona a calificarse como pewenches o "gente de la araucaria"; los territorios en que crece este árbol son denominados pewenmapu o pewenento; tierra o zona del pewen (Bragg 1984).

Estudios etnográficos actuales han sacado a la luz una notable sobrevivencia de esta economía recolectora, y a la vez han permitido comprender la estrecha relación que existe entre esta actividad económica y aspectos ideológicos y de organización social de los pewenches.

A fines del verano y después de la cosecha en las huertas, ya han madurado los piñones. En esta época, toda la familia extensa se traslada de los asentamientos bajos, donde habitan permanentemente, a las pinaderías; allí construyen sus viviendas transitorias u ocupan instalaciones preexistentes. De acuerdo a crónicas del siglo XVII (Rosales (1673) 1877), había algún concepto de territorialidad familiar en la explotación de las araucarias, situación que al parecer se mantiene vigente en la gran recolección de otoño (González y Valenzuela 1979). Residen durante tres meses en este sector –pewenento–, donde toda la familia cosecha los piñones –niliu–, pastorea el ganado que ha llevado consigo y recolecta hongos, hierbas medicinales y leña para el invierno (Bragg 1984). Los fuertes vientos propios de la estación hacen caer los piñones. Antiguamente se esperaba que wawilma, un pequeño loro de los Andes meridionales (Enicognathus leptorhynchus), que en esta época llega en bandadas a ese sector, derribara los frutos, los que eran recogidos desde el suelo. Hoy se provoca la caída de los piñones con lazos o piedras y en la recolección intervienen todos los miembros de la familia. En primavera se vuelve a pewenento a recolectar los frutos caídos durante el invierno. Al parecer, en esta temporada, la actividad es menos intensa y se realiza de modo más informal (González y Valenzuela 1979).

En la época de las primeras nevazones, las familias bajan al asentamiento permanente, donde se dedican al almacenamiento y conservación de los piñones recolectados. Para estas actividades se emplean diferentes procedimientos, algunos de los cuales son idénticos a los descritos en las primeras crónicas. Básicamente consisten en deshidratar las semillas por medio del calor; hidratarlas inundando los depósitos subterráneos con agua corriente, o fabricar hiladas de piñones pelados dispuestas a modo de bolas, las que se secan y ahúman al fogón y luego se cuelgan para asegurarles una buena ventilación. El método de hidratación es particularmente efectivo, pues permite conservar tiernos más de cuatrocientos kilos de piñones hasta por cuatro años.

Los piñones se consumen crudos, tostados o hervidos y sirven para una serie de actividades culinarias, incluyendo la preparación de diversos tipos de harinas, variedades de pan y bebidas (vid. González y Valenzuela ob. cit.).

En el ámbito cognoscitivo los *pewenches* interpretan las formaciones boscosas de araucarias como su propia sociedad. Distinguen claramente las especies femeninas, que dan frutos, de las masculinas, y se les asignan las correspondientes denominaciones de *domo-pewen* –araucaria mujer– y *wentrupewen* o araucaria macho. Aquellos ejemplares con conos masculinos y femeninos son tenidos por bisexuados. La fecundación anemófila –a través del viento– es también entendida como un proceso sexual, en que pinos de ambos sexos se ponen en contacto subterráneo a través de sus raíces, o aéreo, por medio de los loros cordilleranos. De esta forma, cada bosque de araucarias es una agrupación familiar extensa llamada *lobpewen*, equivalente al *lobche* o familia mapuche (ob. cit.).

2. RECOLECCIÓN, GUERRA, GANADERÍA Y AGRICULTURA

2.1. EL SISTEMA "ORIGINAL"

La variadísima utilización del medio natural, especialmente el botánico, para la subsistencia mapuche, ha quedado oculta para el conocimiento popular bajo las exageradas afirmaciones de los primeros cronistas (vid. P. de Valdivia 1861). Estos deseaban atraer a migrantes europeos con informaciones exuberantes respecto de la abundancia de los "mantenimientos", pero ellos, portadores de una cultura agrícola, no comprendían a cabalidad la importancia de los recursos de recolección silvestre y calificaban de flojos a los pueblos recolectores. Esto, junto con el conocimiento vernáculo de una media docena de especies cultivadas a las cuales daban nombres en la lengua aborigen *(mapudungun),* fue tomado por los primeros etnógrafos (Cooper 1946, 700) como demostración de que "a la época de la llegada de los españoles todos los araucanos (excepto seguramente los *pewenches*), desde el Choapa a Chiloé inclusive, eran agricultores sedentarios". Sin embargo, una revisión cuidadosa de cronistas, viajeros y estudiosos nos obliga a dudar de estas afirmaciones. Ya Vivar ((1558) 1979) afirmaba que "no son muy grandes labradores", que "es gente holgazana

y grandes comedores" o que "sembraban muy poco y se sustentaban el más del tiempo con unas raíces". Más tarde, Pineda y Bascuñán, el feliz cautivo, describe los sistemas de siembra del maíz en tierras húmedas, las que eran rozadas y apenas removidas en el momento mismo de la siembra con instrumentos muy generalizados, los cuales por sí solos no demuestran ninguna especialización agrícola ((1673) 1863). El sistema económico basado en la recolección, con una actividad complementaria de horticultura de tala y roce (vid. Melville 1976 y Dillehay 1976) y con rendimientos exiguos de autosubsistencia y complementación de dieta, se mantiene durante todo el siglo XVIII, tal como lo manifiestan los informes de misioneros de la época (Ascasubi en Gay, documentos I-XXX y Lagos 1908), extendiéndose hasta fines del siglo XIX (vid. Moesbach 1930, 29, 30, 82 y 83, Domeyko 1971, 76, Poeppig 1960, 391, y Guevara 1908) y aun hasta hoy en varias localidades (Hilger 1957, 81, 87 y 179).

2.2. UNA ECONOMÍA DE GUERRA

Este sistema, que conjugaba una economía recolectora y horticultora con un asentamiento móvil, fue extremadamente funcional para la población mapuche durante la Guerra de Arauco. Permitió mantener un sistema de guerrillas con avances y repliegues de norte a sur y de este a oeste, cruzando la cordillera, siempre protegidos por los grandes bosques, barreras fluviales y el conocimiento ancestral de esa accidentada naturaleza.

En esta misma época, la sociedad mapuche recibe y adopta los animales europeos, caballo, ovejas y vacunos, de los cuales, sin duda, el caballo es el que tiene más éxito. Este animal se adapta y reproduce de manera insuperable en las pampas transcordilleranas y chilenas (Alnen 1852, 367, y Canals 1946, 763); se integra fácil y rápidamente al asentamiento móvil, al sistema de guerra, y llega a ocupar un importante lugar en todos los aspectos más vitales de la cultura mapuche. Su posesión es importante símbolo de status; la maestría en su manejo es una habilidad exigida en la iniciación de los jóvenes *kona* o guerreros. El caballo es objeto de importantes intercambios ceremoniales y de alianza y su carne es uno de los alimentos más apetecidos. Prueba de ello es que se consume en el banquete fúnebre de un gran jefe y sus restos lo acompañarán en la tumba. Trabajos recientes (Leiva 1983) han destacado este papel desempeñado por la adopción del caballo, similar al del "complejo ecuestre" de los indígenas de las llanuras norteamericanas. Con este elemento, que incentiva su movilidad y habilidad guerrera, el mapuche convierte la actividad bélica en un verdadero sistema de subsistencia. Tomás Guevara (1913), en entrevistas hechas a viejos caciques de Arauco, pone en boca de uno de ellos la expresión de que en el siglo XIX "una buena guerra daba más que una cosecha".

La sociedad mapuche, que sólo conocía al *chiliweke* –un camélido cuya filiación genética y domesticación aún es confusa–, a raíz de la invasión española y el sistema de Frontera adopta la ganadería como otra actividad estratégica, de subsistencia e intercambio, con enorme facilidad y eficacia dentro de su sistema económico. Este rubro llega a su esplendor durante el siglo XIX, época de apogeo de la sociedad mapuche, que ya ha traspasado sus fronteras, aculturando las extensas pampas patagónicas argentinas.

Recolección, horticultura de tala y roce, guerra y ganadería; todas ellas actividades que en gran parte están sustentadas por la capacidad y libertad de una sociedad para movilizarse de un lugar a otro, proteger a sus personas y bienes de las eventualidades y riesgos propios de la época de la Frontera, y organizar la mejor estrategia social y económica para defender su territorio.

3.3. LA VIDA "AGRARIA"

De acuerdo a Faron (1969, 19), la actividad propiamente agrícola entre los mapuches recién comienza en este siglo con la adopción del arado y otras técnicas de este rubro. La observación de Faron es interesante, pues esta época coincide precisamente con el término del proceso de radicación de la población indígena, después de las campañas denominadas de "pacificación" de la Araucanía. La radicación consistió en dar títulos de dominio sobre los terrenos que habitaban al momento del empadronamiento a grupos familiares de indígenas, proceso que terminó precisamente a comienzos del siglo XX. Su efecto sobre la población mapuche fue de hondas repercusiones, pues terminó para siempre con el sistema de asentamiento tradicional, caracterizado por su enorme capacidad de movilidad. De aquí en adelante, el mapuche queda confinado a su reserva, siempre de exiguas proporciones, y no puede abandonarla a riesgo de perder sus derechos sobre ella. El Gobierno de Chile toma posesión de todas las demás tierras de la Araucanía y procede a incorporarlas al sistema económico del Estado mediante su venta, concesión o contratos de colonización con nacionales o extranjeros.

Como una reacción a esta obligada sedentariedad, la sociedad mapuche intensifica la horticultura y adopta tecnologías y procedimientos agrarios; la limitación de las cabidas no favorece el crecimiento de las actividades ganaderas y la recolección se limita a los términos de cada propiedad indígena. En la actualidad, el aumento demográfico ha determinado una excesiva división dentro de las comunidades, produciendo un minifundismo a veces extremo, con su secuela de vicios, tales como la sobreexplotación, erosión y empobrecimiento de los suelos, el consiguiente desaparecimiento de los bosques que quedaban dentro de las comunidades y la limitación de las actividades ganaderas a niveles mínimos.

Al deterioro ambiental ha contribuido probablemente la inexistencia de una cultura y tecnología propiamente agrícolas entre los mapuches. Junto con otros autores, podemos sostener que, si bien las comunidades viven mayormente hoy de la agricultura, no poseen una verdadera cultura agraria. A pesar del conocimiento ancestral de algunos cultivos en un sistema de horticultura, no conocían los requerimientos que demanda el uso intensivo del suelo: técnicas de regadío, preparación y mejoramiento de suelos, rotación de cultivos, etc. tal como lo practicaban, por ejemplo, las sociedades andinas. Ello incidió en que la sociedad mapuche, que se había adaptado tan exitosamente al sistema de la Guerra de Arauco, no encontrara una respuesta adecuada a los problemas generados por la forzada radicación impuesta por el Estado.

Al respecto, es sugerente el testimonio que José Kollio, un cacique anciano de Cholchol, ofrece a Tomás Guevara (1913, 142):

"nuestros mayores disponían de tierras sobrantes para criar *wekes*, vacas y ovejas. Después nos remataron las tierras y nos dejaron apretados, en tan pocas hectáreas, tantas familias. Tuvimos que hacernos sembradores".

Por lo general, en las comunidades actuales se desarrolla una combinación de ganadería con agricultura extensiva, sin tecnologías apropiadas, con desconocimiento e imposibilidad del uso de maquinarias y herramientas adecuadas. Pese al bajo rendimiento de las actividades agrí-

Figura 3. *Purrún* (baile) ceremonial en *Nguillatún* de Quinquén (Alto Biobío), alrededor de una Araucaria joven, corona-
da de una bandera mapuche. (Fotografía Humberto Ojeda.)

Figura 4. Fogón familiar en una ramada de *Nguillatún* en Alto Biobío, valle de Quinquén. (Familia Maliñir.)
Hay dos *kultrunes* que se han puesto al fuego para estirar los cueros. (Fotografía Humberto Ojeda.)

colas, no es raro que se agoten los suelos con monocultivos, especialmente de trigo, sembrado para la subsistencia de cada año.

Con respecto a la ganadería, cada familia posee pocos animales, fundamentalmente ovinos y caprinos, destinados principalmente al mercado y que desempeña un interesante papel como medio de "ahorro", ya que los venden en momentos de necesidad. Las aves de corral y, excepcionalmente ovinos y caprinos, son destinados al autoconsumo. El ganado mayor (vacunos y caballares) rara vez se vende o se consume como alimento, sino que se utiliza para el trabajo agrícola o el transporte y sólo se recurre a su venta en momentos de extrema urgencia.

3. *MAPU:* LA TIERRA

Es imposible hacer una descripción del pueblo mapuche sin referirse a los problemas generados por la ocupación de sus tierras, que comenzó desde la llegada de los europeos y se aceleró durante la República.

En efecto, el Bando Supremo dictado por O'Higgins en 1819, en un encendido discurso liberal y romántico, propio de la época, pretendió borrar las discriminaciones étnicas del período colonial, declarando a los indígenas libres, iguales y plenamente capaces para el ejercicio de sus derechos y obligaciones, suprimiendo el eficaz cargo de Protector de Naturales "por innecesario".

Esta medida fue el comienzo de una verdadera escalada de abusos, inmoralidades, expoliaciones y usurpaciones que llegaron a su máxima expresión con la ocupación de las tierras indígenas comenzada en la segunda década del siglo pasado. Una breve enumeración de las medidas legales que tiene que tomar el gobierno para frenar esta situación da cuenta de los mecanismos y artilugios empleados por los no indígenas, o "particulares", para apoderarse de las tierras. Primero, se prohíbe la adquisición de tierras en territorios declarados indígenas, sin intervención de ciertas autoridades que acrediten la licitud del contrato, luego, esta prohibición se extiende a la celebración de otros contratos, como arriendos, anticresis, hipotecas, reconocimientos de deudas. Después se protege al indígena de aquellos que empleaban el testamento como un último recurso de usurpación. Se termina reestableciendo el cargo de Protector y se fija un procedimiento legal para otorgar títulos formales de tierras a los indígenas.

En consecuencia, hacia 1893, se habían repuesto prácticamente las mismas limitaciones y medidas de protección establecidas por la Corona española respecto de la condición jurídica del indígena. Sin embargo, habían pasado más de sesenta años de inescrupulosos despojos, cuyos efectos se hacen sentir hasta el día de hoy en el pueblo mapuche.

Las medidas de protección tomadas por el Gobierno fueron lentas, torpes y poco eficaces. Así lo denuncian con alarma los informes de los Protectores de Indígenas y otros funcionarios, solicitados por la Comisión Parlamentaria de Colonización. Por de pronto, el mismo cargo de Protector presentó serias anomalías que hacían prácticamente inoperante su actuación. En primer lugar, se estableció sólo una plaza, con sede en Temuco, cuya jurisdicción terminaba en el río Toltén. Fuera de que todos los indígenas establecidos al sur de ese límite quedaban en absoluto desamparo, este funcionario tampoco podía atender la gran cantidad de casos a su cargo dentro de su jurisdicción, ya que implicaba su presencia simultánea en decenas de juicios y trámites en diferentes lugares muy distantes e inaccesibles. Después de sufrir más de cincuenta años de indefensión, se crearon otras tres plazas de Defensores, para ser ejercidas en Valdivia, Osorno y la última en Llanquihue.

3.1. LA RADICACIÓN

En 1866 se dictó una ley cuyo objetivo era entregar tierras a los mapuches en las zonas que ocupaban dentro de los territorios fronterizos. Para ello se determinó un procedimiento burocrático que consultaba: (a) una mensura hecha por técnicos agrimensores, que hacían un plano del territorio ocupado por una comunidad indígena; (b) el empadronamiento de todos los miembros de la comunidad dueña de la tierra, incluso de los recién nacidos, con sus nombres y apellidos, comenzando por el cacique y mencionando los lazos de parentesco que los unían con él, y (c) la concesión de una Merced de Tierras, esto es, un título gratuito otorgado por el Estado a todos los miembros de la comunidad empadronada.

La mencionada ley disponía que sería considerada como tierra fiscal y de propiedad del Estado todo terreno en el cual los indígenas no probaran posesión efectiva y continuada por más de un año. Esto indica que se debería haber procedido primero a otorgar títulos de dominio a los indígenas respecto de los predios que ocupaban, y en seguida determinar los territorios fiscales. Los ya citados informes de protectores declaran que se procedió en ocasiones en sentido inverso: antes de radicar a los indígenas, se remataban tierras a particulares, se donaban suelos a colonos nacionales y extranjeros, se realizaban contratos con empresas de colonización, se arrendaban predios o se entregaban en concesiones. "El fisco dispuso de todo lo que quiso y en el resto radicó a los indios. De aquí los conflictos y enredos de todo género. De aquí la escasa cabida de suelos que ha tocado a los indios... De aquí la desigualdad en la adjudicación de terrenos, al paso que a las empresas particulares se conceden millones de hectáreas, a los indígenas de algunas zonas, principalmente Quepe, Metrenco y Maquehua, apenas si alcanzan a dos o tres hectáreas por persona" (Informe de Eulogio Robles, Protector de Cautín, en Congreso Nacional, 1912). Con este procedimiento, no fueron las mejores tierras las que quedaron en manos indígenas.

La mencionada ley de 1866 no establecía un mínimo de hectáreas por persona para las mercedes de tierras indígenas, lo que también fue materia de abusos que ocasionaron reclamos de funcionarios escrupulosos. Es así como en las primeras radicaciones se otorgaron hasta veinte hectáreas por persona, cantidad que fue paulatinamente disminuyendo con el tiempo, hasta llegar a veces a un mínimo de una hectárea por radicado. Mientras tanto, la ley del 13 de enero de 1898 y el Decreto del 1 de septiembre de 1899 fijaban cincuenta hectáreas por cada padre de familia más veinte por cada hijo mayor de doce años, para entregar a los colonos no indígenas, pudiéndose aumentar al doble si eran nacionales y regresaban de Argentina (ley de 14 de septiembre de 1896). Para el caso de las empresas de colonización, se autorizaban entre quinientas y ochocientas hectáreas por familia aportada, las que generalmente eran extranjeras.

3.2. *HUILLIMAPU:* AL SUR DEL TOLTÉN

Esta normativa legal se aplicó, con las modalidades prácticas descritas, en las regiones incorporadas al dominio del Estado chileno después de la campaña militar denominada de "Pacificación de la Araucanía". Los indígenas que ocupaban el área ubicada al sur del río Toltén, que había sufrido procesos históricos diferentes, sólo alcanzaron a gozar marginalmente de estos derechos.

Esta región, concebida como una zona de avance militar durante la Colonia, fue ocupada por fuertes y misiones, lo que produjo un mayor contacto indígena-español en comparación con la rebelde área septentrional. En 1795, con la repoblación de Osorno, comienza un lento proceso de ocupación de tierras, el que toma vuelo a mediados del siglo XIX con la importante colonización extranjera que, debido a la mayor "seguridad" que presenta esta zona, llega a Valdivia, Osorno y Llanquihue cuando al norte del Toltén aún se mantenían las rebeliones indígenas.

En 1822, el Gobierno, utilizando la institución colonial de Comisarios de Naciones (vid. informe Protector Cerda en Briones, 1905), les asigna a estos funcionarios la actividad de deslindar terrenos indígenas. Aún hay comunidades huilliches que exhiben estos títulos de Comisarios de Naciones, en los cuales se les confirman sus derechos de propiedad, sobre terrenos que les han sido quitados. Estos derechos, a pesar de la mencionada medida gubernamental, jamás han sido reconocidos por el Estado; aún peor, casi todos ellos han sido irremisiblemente perdidos por los indígenas frente a particulares que alegaban "mejor derecho", por tener propiedad inscrita en el Conservador de Bienes Raíces respectivo.

Como al sur del Toltén las medidas legales protectoras llegan sólo a fines del siglo pasado, y los protectores recién son nombrados en la primera década del s. XX, podemos asegurar que casi toda la constitución de la propiedad raíz de este extenso territorio se hizo a expensas de los derechos de los indígenas, quienes se encontraban totalmente indefensos frente a la invasión de sus territorios. Una real dimensión de esta falta de protección la da el hecho de que, mientras que al norte del Toltén se dieron más de tres mil títulos de merced, al sur, no se había otorgado ninguno hasta 1904 (informe del Protector Robles, en Briones, 1905), y sólo después de esa fecha se entregaron únicamente seiscientos títulos para todas las poblaciones aborígenes que habitaban las provincias de Osorno y Valdivia. Los dos últimos títulos se otorgaron recién en 1929 y son los únicos que se dieron en Llanquihue (CIDA 1966).

Es ésta la razón por la cual la propiedad indígena del sur del Toltén se encuentra hasta hoy en peor situación que la de más al norte. Las comunidades detentan a menudo títulos de Comisarios de Naciones, que al no estar reconocidos por la legislación chilena, son frecuentemente violados por particulares y por el mismo Gobierno. En el caso de las comunidades de la costa sur de Valdivia, el problema adquiere ribetes de dramatismo.

3.3. *CHILHUE BUTAHUAPI MAPU:* EL CASO DE LA ISLA GRANDE DE CHILOÉ

En la Isla Grande de Chiloé, la propiedad indígena tuvo un tratamiento diferente. Ya a fines de la administración colonial, se habían entregado algunos títulos a comunidades indígenas, sobre los terrenos que habitaban, los que debieron ser reconocidos por el gobierno republicano en el tratado de Tantauco (Urrutia Ms.).

En junio de 1823, el incipiente Gobierno, deseando proteger la propiedad indígena de la zona central del país que se encontraba en rápido deterioro debido a la decadencia de los Pueblos de Indios (vid. Silva, 1962), dicta una ley ordenando a los intendentes que las tierras poseídas por los pueblos se declarasen en "perpetua seguridad", y que el sobrante fuese medido y tasado y, por pertenecer al estado, fuese vendido en pública subasta. Esta disposición legal, que prácticamente no tuvo aplicación en la zona para la cual fue dictada, recibió obediencia estricta de parte del diligente Intendente de Chiloé, que en 1827 procedió a cumplirla, otorgando títulos a los indígenas y subastando el resto a particulares, con cabidas no mayores a diez cuadras (Donoso y Velasco 1970). Éste es el origen del peculiar sistema de terratenencia chilota, que privilegió al indígena sobre el particular y formó ese patrón de asentamiento de pequeñas propiedades que prevalece hasta hoy en la mencionada isla, especialmente en el Golfo de Ancud. Urrutia (Ms.) estudia con detalle la puesta en práctica de las normas sobre terratenencia en Chiloé.

3.4. DIVISIÓN DE LAS COMUNIDADES

Faron (1969: 27 y 239) sostiene que los mapuches no tenían título legal de propiedad sobre sus campos, sino sólo "derechos de residencia dados bajo el sistema de reducciones por el Gobierno chileno". Stuchlick (1971 y 1974), al parecer, está de acuerdo, pues habla de "tenencia" y no de "propiedad" de la tierra. En realidad, la ley de 1866 es muy clara (art. 17 Nº 5) para afirmar que se les otorgaba el título de merced a los empadronados "como propiedad común a todos ellos". No se dio un derecho preferente a los caciques, como también sostiene Faron (ob. cit. 27). En realidad, cada Merced es un título de propiedad comunitario y aunque está encabezado por el nombre del cacique respectivo quien le da nombre a la comunidad, en él se mencionan a continuación todos los empadronados al momento de la radicación. Este título se inscribió en un registro especial que llevaba la antigua Dirección de Asuntos Indígenas, que después se confundió con el Instituto de Desarrollo Agropecuario.

Cada comunidad mapuche a la que se otorgó título de merced, era un *lof* o grupo familiar extendido que vivía en posesiones contiguas. Éste estaba formado por el *lofche,* linaje que incluía: (a) a los varones descendientes por vía patrilineal de un ancestro común, que formaban el núcleo más importante del grupo; (b) a las mujeres de esos varones, pertenecientes a otros linajes y que vivían con ellos en el sistema de matrimonio exogámico patrilocal, y (c) a las mujeres solteras del patrilinaje. Algunos linajes radicados eran de grandes proporciones y alcanzaban a unas 150 personas, lo que da una idea de la importancia social, religiosa, económica y bélica que estos grupos deben haber tenido durante el período de La Frontera. En este sentido, los empadronamientos que contienen los expedientes de Títulos de merced son una excelente fuente que aún aguarda a aquéllos que deseen investigar el sistema familiar tradicional mapuche y su patrón de asentamiento, ya que se radicó a los grupos familiares sobre las tierras que ocupaban.

A pesar de tener un título común, y siguiendo la antigua costumbre de este pueblo –ya había sido observada por los primeros cronistas– dentro del linaje radicado, cada unidad familiar deslindó su posesión en el territorio comunitario. Faron (ob. cit. 59) anota esta tendencia del mapuche hacia la individualización de propiedades familiares dentro de la comunidad, la que hemos confirmado en nuestros trabajos de campo. Cada unidad familiar es muy rigurosa en deslindar con absoluta precisión la cabida de su posesión, distinguiéndola de la de los otros, y pudimos apreciar los graves conflictos familiares que existen entre vecinos por deslindes o derechos de propiedad sobre la tierra (Aldunate 1979).

En 1927, se inicia una iniciativa legal tendiente a la división de las comunidades indígenas, que probablemente se originó en la errada visión estatal de que la comunidad de tierras era un obstáculo para la llegada de la "civilización" a la Araucanía. Estos primeros intentos se frustraron por completo, pues exigían el asentamiento de la mayoría de los comuneros.

En general, el deslinde de posesiones en el interior de las comunidades se había producido en forma muy irregular, y mientras algunos comuneros, aprovechándose de situaciones de poder, se habían apoderado de gran parte de las reservas, otros, en posiciones más desmedradas, ocupaban cabidas extremadamente reducidas (Aldunate ob. cit.). Esta situación determinó que aquellos comuneros que detentaban cabidas superiores siempre se negaran a dividir las comunidades, trámite que recibía aprobación de parte de los minifundistas, quienes eventualmente se verían beneficiados al recibir la parte proporcional que les correspondería en la división, de acuerdo a sus derechos legales en la comunidad. Esta situación se revirtió con la ley 17.729 y decreto 2.568 de 1979, que establecieron dos normas absolutamente excepcionales al criterio que hasta entonces había imperado: (a) la obligación de una comunidad indígena de dividirse cuando lo solicitare tan sólo uno de los comuneros, y (b) que la liquidación de la comunidad se haría sin relación a los derechos legales de cada comunero, sino respetando las cabidas de las actuales posesiones. En esta situación, los propietarios de cabidas mayores en las reservas solicitaron su división, y cuando no lo hicieron, el Gobierno intervino para provocarla (López 1990).

Este proceso determinó el fin de las comunidades mapuches y el inicio de una nueva época de propiedad privada de la tierra, aún sujeta a restricciones y protecciones temporales, cuya pretendida eficacia práctica aguarda el juicio de la historia.

En la actualidad, la propiedad de la tierra mapuche adolece de gravísimos problemas debido a deficiente titulación legal, usurpaciones, minifundio exagerado, sobre explotación, erosión de suelos, etc. En 1991, el Gobierno, usando de una medida autorizada por antiguas legislaciones, expropió un considerable número de hectáreas en la zona de Alto Biobío, para entregárselas a familias pehuenches.

4. LAS ARTES

4.1. *RUKA:* LA VIVIENDA

Las primeras descripciones que tenemos del patrón de asentamiento mapuche resaltan que éste no era nucleado, sino disperso. Incluso enfatizan una intencionalidad de separar las viviendas dentro del *lof* o linaje localizado por motivos mágico-religiosos. Los cronistas describen también la *ruka* o habitación mapuche, que servía de vivienda a una unidad familiar extensa. Hay algunas descritas como de enormes proporciones que parecen haber albergado a grandes familias poligínicas (Lobera 1960: 263, Núñez de Pineda 1863: 126, Goicueta en Cooper 1946: 706).

Las formas registradas de *ruka* son muy variadas: las hay de planta rectangular, elíptica y circular. Es muy probable que hayan existido diferencias sustanciales entre habitaciones de diferentes localidades, aunque este hecho es cada día más difícil de pesquisar, ya que la construcción de la *ruka* tradicional se encuentra en desuso.

Las viviendas más tradicionales están revestidas con una gruesa capa de paja, que constituye una estupenda protección contra las lluvias y un inmejorable aislante térmico. El mapuche usa el término genérico de *cuna* para las diferentes especies de gramíneas utilizadas en la construcción de la *ruka* (Moesbach 1992: 62), de las cuales la más conocida es la "ratonera" o *lin* (*Anthoxanthum utriculatum*). Estas pajas, atadas en manojos, son fijadas al fuerte armazón de madera de roble *pellín* y *hualle* (dos estados de crecimiento de la especie *Nothofagus oblicua*), hasta cubrirlo por completo. Hoy se cubre solamente el techo de esta manera y los muros laterales se revisten de listones de madera. Para amarrar los troncos en el armazón, así como también los manojos de pajas, se usan varias especies de trepadoras *(foki)* muy fuertes y flexibles que crecen en la selva y que se conocen bajo el nombre genérico de *mau*, tales como *cuduñ voki (Cissus striata)* y el famoso *copiu* o copihue (*Lapageria rosea*). Una descripción detallada de la *ruka*, su técnica de construcción y el *rukan* o fiesta a que da lugar el *lof-kudau* –trabajo colectivo de construcción de una *ruka*– está hecha por el padre Claude Joseph (1931).

La *ruka* tradicional tiene una sola entrada abierta hacia el este, orientación que expresa la preferencia cosmológica mapuche por el *puel mapu,* lugar donde moran las deidades. No tiene ventanas. En su interior, a los costados se disponen las camas y al centro el *kutral* o fogón. Antiguamente, se podían distinguir las viviendas de una familia poligínica por la presencia de varios fogones separados, que indicaban la cohabitación de varias mujeres, cada una de las cuales mantenía su propia cocina. El humo que inunda la casa mapuche y cuyo hollín ennegrece sus paredes interiores, sale por los *ullonruka,* dos aberturas dispuestas a ambos lados de la cumbrera. Se disponen es-

Figura 5. Reunión de hombres al interior de una *ruka.* Sector Boroa, Nueva Imperial. (Fotografía Humberto Ojeda.)

Figura 6. Transporte de carbón y paja *(cuna)* en Nahuelbuta. (Fotografía H. Niemeyer, 1977.)

pacios interiores para guardar víveres y hay una multitud de artefactos domésticos que cuelgan del techo y paredes. Aparte de las camas, hay muy pocos muebles, entre los cuales se debe mencionar al *wanku* (banco), pequeño taburete labrado en un sólido bloque de madera. Cerca de la entrada, siempre estarán los *witral* o telares, que se usan en el interior cuando el tiempo está malo y se sacan al sol en caso contrario.

4.2. *DUWEKAFE:* LA TEJEDORA

Aún no contamos con registros arqueológicos que nos permitan conocer la antigüedad de esta industria entre los mapuches. La mala conservación de los materiales orgánicos, sin duda, ha colaborado en esta interrogante. No hay indicios claros de la presencia de tejidos en épocas prehistóricas, fuera de hallazgos aislados y sin contextos, donde hemos observado hilos y tejidos de lana y otros de probable origen vegetal en colores naturales; y del trabajo de Chizelle *et al.* (1969), en que se exhumaron tejidos en ambos casos preservados por la presencia de metal y en los que no se ha obtenido certeza de su origen prehispánico. Los cronistas tempranos, sin embargo, ponen énfasis en la presencia de vestimenta tejida de lana entre los indígenas del sur de Chile, incluso en Chiloé (vid. Vivar 1979).

Uno de estos cronistas también nos proporciona una información muy interesante respecto de la vestimenta de los indígenas del valle del Mapocho. Después de describir las prendas de lana utilizadas por ambos sexos, señala que éste es el traje antiguo, porque "agora andan los más bestidos al modo del Pirú, por causa de la rropa que de allá viene de algodon". Este dato tan temprano de llegada de ropa peruana para uso indígena hay que relacionarlo con lo señalado por Spalding (1974: 41), sobre venta de ropa altiplánica de lana y algodón a Chile a mediados del s. XVI, muy probablemente para el uso de los indígenas chilenos encomendados. La llegada de la refinada industria textil andina a Chile sin duda sugiere probables transformaciones de tejidos y vestuario entre los indígenas chilenos, que deberán ser consideradas en futuros estudios acerca de este tema.

En todo caso, la actividad textil fue un importantísimo rubro de interés para los mapuches en el período de La Frontera, y siendo el tejido un dominio femenino, el sistema de matrimonio poligínico debe haber sido muy funcional para estos propósitos. De acuerdo al padre Rosales, ya en el siglo XVII se intercambiaban ponchos mapuches por elementos de metal, especialmente armas y herramientas de hierro. M. Góngora (1974) constata que este intercambio es ya un espectáculo corriente en los fuertes y villas de La Frontera durante el s. XVIII. En esta época, la industria textil debe haber alcanzado su apogeo, y su capacidad de intercambio por armas probablemente fue uno de los sostenes de la resistencia indígena. H. Casanova (1987, 36) entrega importantes datos al respecto, entre los cuales uno de los más sugerentes es la prohibición de comerciar con ponchos y frazadas por parte de las autoridades coloniales, e incluso una proposición hecha por don Ambrosio O'Higgins para estigmatizar el uso de ponchos como una medida para evitar la llegada de armas a manos indígenas por parte de comerciantes inescrupulosos.

Una de las prendas textiles más famosas de la industria mapuche es el *makuñ,* manta de uso masculino, conocida también como "poncho" chileno, probablemente una chilenización del vocablo mapuche *pontro,* prenda textil que sirve de frazada. Algunos de los ponchos más apreciados son aquéllos decorados con grecas, usando la técnica de *trarikan,* o teñido por reserva, y aquéllos decorados con dibujos hechos con tapicería o *ñimin,* que reciben el nombre de *nekermakuñ,* (Mege 1990).

Para estos tejidos de grandes dimensiones, la mujer mapuche utiliza el *witral* o telar vertical. En él fabrica además las prendas de vestir tradicionales que son el *kepam* femenino, largo tejido negro de fino hilado que la mujer enrolla en su cuerpo y se lo ciñe con el *trariwe* o faja, siempre multicolor y decorada con *ñimin* y el *chiripa* masculino, un paño también negro que se ceñía con una faja y se usaba como taparrabos. Éste ha caído hoy en absoluto desuso.

La importante cultura ecuestre desarrollada por los mapuches produjo interesantes piezas textiles, como las *kutama* o alforjas, los peleros *chañu* y *matra* o sudaderos.

Respecto del significado de los interesantes diseños y colores usados en la decoración de los tejidos, P. Mege ha efectuado importantes estudios, entre otros, en su obra *Arte Textil Mapuche* (1990).

4.3. *HUIDUFE:* LA ALFARERA

La cultura mapuche tiene profundas raíces alfareras. La primera cerámica conocida en la región ha recibido el nombre de *pitrén* y está fechada en el s. VII d. C. Se trata de una industria de muy buena calidad técnica que presenta diferentes formas: cántaros asimétricos, ollas y jarros. En general son monócromos, de preferencia negros, pero también los hay decorados con pintura resistente o por reserva. Posteriormente aparece la pintura roja o negra sobre un fondo blanco.

El mapuche ha mantenido un extraordinario conservantismo en las formas cerámicas. Desde hace quince siglos reproduce principalmente estos tres tipos de vasijas: los jarros asimétricos, cuyo representante más conocido es el *ketrumetawe* o jarro pato, cuya forma imita al pato *ketro (Tachyeres patachonicus); el metawe* o jarro simple con un asa, y la *challa* u olla con cuello estriado y dos asas laterales. Las representaciones antropomorfas, aunque menos abundantes, también están presentes desde las primeras manifestaciones alfareras.

De entre estas formas alfareras, el *ketrumetawe* detenta una simbología que se relaciona directamente con la estructura familiar mapuche. Investigaciones hechas por Dillehay y Gordon (1979) han demostrado que la manera de nidificación del ave representada en esta forma alfarera consiste en que el macho prepara el nido y luego lleva a la hembra a depositar los huevos en él. Esto es muy significativo, ya que la alfarería es actividad esencialmente femenina y además estos cántaros han sido encontrados principalmente en tumbas de mujeres. Ellos representan la condición de la *kure,* mujer casada que debe abandonar su casa para vivir en la de su marido, costumbre practicada dentro del sistema de matrimonio exogámico y virilocal, propio de la tradición mapuche. Esta condición femenina es enfatizada a veces colocando pequeñas protuberancias en forma de mamas al pato representado.

A pesar del fuerte tradicionalismo en la conservación de antiguas formas, los mapuches son audaces en la creación de nuevos tipos de cántaros. Usando la misma forma asimétrica de los jarros pato, representan también a otros pájaros, gallinas, perros y caballos, y otras formas aún más imaginativas.

Otro rubro de la alfarería es el utilitario, para el cual elaboran platos, tazas, pipas, y grandes cántaros para preparar y contener el *mudai* o chicha y otros líquidos, como los *mencuhe, feihuén, kelihue* y el *meshen* (vid. C. Joseph 1931).

4.4. *NGUTRAFE:* EL PLATERO

Los primeros metales aparecen en la región mapuche en contextos funerarios correspondientes al complejo El Vergel, a partir de comienzos del segundo milenio de nuestra era (Aldunate 1989). Son aros de cobre, plata y oro y es muy posible que hayan sido fabricados mediante martillado de metales nativos. La metalurgia en plata es una creación muy tardía, que tiene su apogeo en el siglo XIX y es probablemente consecuencia de hondas transformaciones dentro de la sociedad mapuche. El sistema de conflictos bélicos, malocas, y el abundante intercambio que existió en esa época entre los indígenas de ambas vertientes de los Andes y la sociedad chilena, enriqueció y concentró el poder en manos de influyentes *toki, lonko* y *ulmen* de esta época (vid. Aldunate 1985). Las descripciones de este tiempo dan cuenta de que los poderosos caciques tenían a su servicio varios plateros que les confeccionaban los aperos de sus caballos, vajilla de mesa, mates y numerosas joyas de plata para el uso de sus decenas de mujeres.

A través del desarrollo de esta singular artesanía, se puede advertir también el ingenio imaginativo de los plateros mapuches, que fabricaban cantidades de joyas de intrincadas formas para el uso de las mujeres. Entre ellas debemos mencionar los complejos adornos y tocados cefálicos, como los *lloven ngutroe,* largas cintas recubiertas de cúpulas de plata con que las mapuches enrollaban sus trenzas; los *trarilonko,* cadenas de plata con colgantes que adornaban la frente; el *traripel* para el cuello, que a veces llevaba grandes y largos pectorales, conocidos como *trapelacucha, sequil, tralaltralal,* fuera de collares, pulseras y anillos. Y la aguja-prendedor, esa prenda tan andina que también entre los mapuches recibe el nombre de *topu.* W. Reccius (1985) hace un importante análisis de los aspectos evolutivos en la tecnología y morfología de la platería mapuche.

Todos estos elementos están fabricados con una profusión de campanillas y otros colgantes que producen un característico tintineo. Un viajero del siglo pasado, admirado y divertido al ver el espectáculo que proporcionaba una de las largas procesiones de mujeres que acompañaban a un cacique, y al escuchar el campanilleo incesante de sus joyas de plata comenta: "era aquello un chinesco de una banda de música de un regimiento (Treutler 1861).

Esta profusión de artefactos que aún se encuentran en uso por los mapuches, se confeccionaban con las monedas de plata de circulación corriente hasta comienzos del presente siglo, en Chile y Argentina. Los indígenas las recibían en el intercambio de animales, tejidos y también en las malocas. Un viajero norteamericano constata, a mediados del siglo XIX, que en el área de La Frontera es difícil encontrar monedas, pues los mapuches las usan para elaborar objetos de platería (Smith 1914).

Fuera de ser un símbolo de status, estos objetos suntuarios también eran parte importante de los intercambios ceremoniales por concepto de matrimonio, servían de ofrendas mortuorias y eran usados como reservas para momentos de escasez. En este sentido, durante este siglo, podemos observar cómo la platería mapuche ha circulado, pasando por manos de Casas de Piedad y prestamistas (Claude Joseph 1928), hasta llegar a ser objeto de colecciones particulares y museos. Ya han desaparecido por completo los plateros indígenas. El ocaso de esta industria es un indicador de la situación que está viviendo esta sociedad.

4.5. *MAMULCHE:* HOMBRE DE LA MADERA

El bosque que habita el mapuche proporciona maderas de primera calidad, que han sido utilizadas por el hombre desde épocas prehistóricas para sus viviendas y para la confección de toda clase de artefactos. Son los hombres los expertos talladores, que usan la azuela para fabricar desde rústicos tablones hasta elaborados artefactos como son los *rali* –grandes fuentes o recipientes–, las estatuas funerarias, las escalas chamánicas o *rewe* y los *kollon* –máscaras usadas en el baile ritual del juego de la chueca o *palin*–. Prácticamente todos los instrumentos musicales mapuches están también fabricados de madera.

Las maderas preferidas son el roble o *pellín (Nothofagus obliqua)*, el *trihue* o laurel *(Laurelia sempervirens)*, el *lingue (Persea lingue)* y el *rauli (Nothofagus alpina)*. La madera más notable por su dureza y resistencia y con la cual se confeccionaban grandes morteros es la *luma (Amomyrtus luma)*. La más codiciada hasta hoy por su casi absoluta incorruptibilidad, es el gigantesco *lahual*, milenario alerce de Chile, conocido también como *cushe*, la vieja.

5. FAMILIA, ASENTAMIENTO Y ORGANIZACIÓN SOCIAL

Fue L. Faron el que efectuó el primer y fundamental estudio de la familia y organización social entre los mapuches (1969). En esta etnia, la familia está organizada sobre la base de tres conceptos fundamentales, que se relacionan con la nomenclatura de términos de parentesco, el sistema de matrimonio, el asentamiento y la organización social.

5.1. FAMILIA

Las tres reglas fundamentales que rigen el sistema familiar mapuche son: el patrilinaje, la exogamia y patrilocalidad. En conformidad a estos principios, un patrilinaje está formado por todos los miembros unidos por vínculos de parentesco patrilineal. Por ello, se consideran incestuosas las uniones entre sus miembros, y está prohibido elegir pareja dentro del linaje (v. gr., entre hijos de hermanos varones, o primos patrilaterales paralelos), el que vive congregado. Se debe buscar pareja fuera del grupo (exogamia) y trasladar a la mujer a la residencia del marido (patrilocalidad). Es muy probable que este sistema tenga muy remotos orígenes, pues ya se encuentra descrito en crónicas del siglo XVII (Aldunate 1982, 68, 69). En todo caso, perdura hasta hoy, según lo han constatado Faron (ob. cit.) y Stuchlick (1974).

La taxonomía de términos de parentesco refleja este ordenamiento. El nombre se recibe del abuelo paterno –*laku*–, en una ceremonia denominada *lakutún* y se trasmite, de la misma manera, a los nietos de ambos sexos por línea varonil. Un hombre denomina *lamnen* tanto a su hermana biológica como a la hija del hermano de su padre. Circunstancia análoga ocurre con la mujer respecto de sus primos patrilaterales paralelos, a los que denomina *peñi*. Este sistema de parentesco unilateral determina que los parientes por vía masculina reciban diferentes denominaciones que aquéllos por línea materna. Consecuentemente, mujer y hombre denominan de distinta forma a sus descendientes y parientes afines (ver cuadro anexo).

El parentesco por afinidad está determinado por la categoría *nillan* (Foerster 1980). Este vocablo evoca el verbo "rogar" o "pedir", recordando la petición que la familia del novio debe hacer a la familia de la novia. El sistema tradicional del matrimonio es el de primos cruzados matrilaterales, en virtud del cual el hombre debe casarse con la hija del hermano de su madre, mujer a la que denomina "madre", *ñuke*, al igual que las demás representantes femeninas del patrilinaje de su progenitora. Es muy probable que este matrimonio, denominado *kure-ñuke* (esposa-madre), fuese una institución muy fuerte, una especie de matrimonio prescrito en otras épocas. Hoy es solamente considerado conveniente, pues confirma y afianza los lazos de solidaridad entre las familias comprometidas.

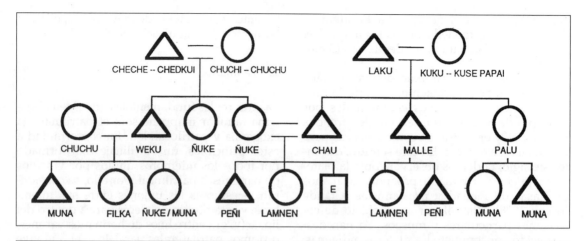

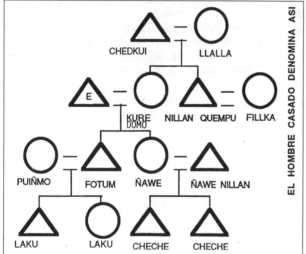

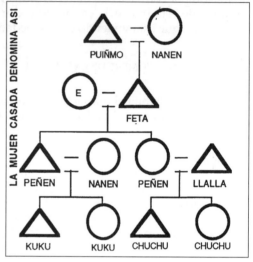

Nomenclatura de términos de parentesco mapuches.

La incomprensión de la taxonomía de parentesco y sistemas de alianza por parte de los primeros europeos fue un importante argumento para la alegación de que los aborígenes no eran humanos, pues institucionalizaban las uniones aberrantes entre "madres" e hijos.

El sistema de matrimonio original admitía la poliginia, institución que, aunque sumamente escasa en la actualidad, es altamente valorada como signo de riqueza e importancia del varón. De acuerdo a este matrimonio polígamo, un hombre se casaba con varias hermanas (poliginia sororal), las que vivían en la misma *ruka* o casa, pero distinguiendo claramente sus espacios, especialmente los fogones.

De acuerdo al sistema de patrilocalidad, al trasladarse la mujer a vivir junto al patrilinaje de su marido, se determina un continuo éxodo de las mujeres de su propio patrilinaje, a la vez que éste recibe el aporte de las mujeres de sus hermanos, que vienen de comunidades a veces alejadas. Aunque la posición de la mujer casada mapuche dentro de la comunidad en que vive es débil, pues no pertenece al linaje de su marido e hijos, es un vital elemento para el fortalecimiento de los lazos entre varios linajes y forma un fuerte tejido que, sin duda alguna, ha jugado un papel fundamental en la constitución de la nación mapuche (Faron ob. cit.).

5.2. ASENTAMIENTO

El grupo local residencial, que antes recibía el nombre de *lof* y sus miembros *lofche*, está constituido por un patrón que parece haber sido siempre disperso, de acuerdo a descripciones de cronistas, aunque también hay algunas que destacan su nucleamiento (Núñez de Pineda 1863, 126). En él habitan en casas separadas y

Figura 7. Transporte *collof* o *cochayuyo* del litoral al interior. (Fotografía N. Piwonka.)

Figura 8. Tejiendo en el telar vertical *(witral).* (Fotografía N. Piwonka.)

distantes los varones miembros del patrilinaje con sus mujeres e hijas solteras y las demás mujeres del patrilinaje que no han contraído matrimonio. Este es el "linaje localizado", que Faron (ob. cit.) diferencia del "linaje máximo", conformado por todos los miembros del patrilinaje, que incluye a las mujeres que han salido de la comunidad en el sistema de matrimonio exogámico patrilineal, y que aunque no vive congregado, tiene una fundamental importancia por los vínculos de solidaridad económica y religiosa que existen entre ellos, y que se refuerzan con el sistema de matrimonio *ñuke-kure.* Dentro del linaje máximo, este autor incluye también a los miembros fallecidos, por su trascendental importancia religiosa, que se destaca en la relación de protección-invocación de los "halcones del sol" *(wenuñanku)* que siempre estarán velando por sus descendientes, y a los que se efectuarán rogativas en las ceremonias de *pillantún* y *nguillatún* (Faron 1964 y ver Foerster y Gundermann en este volumen).

Otras denominaciones se han dado a los grupos residenciales mapuches. P. de Valdivia los denominó *levos* ((s. XVI) 1861, 54), Núñez de Pineda ((1673) 1863, 304) y Mariño de Lobera ((s. XVI) 1960, 310) prefirieron el español "parcialidades"; el mismo Lobera (ob. cit. 31) y varios documentos coloniales

129

tempranos hablan de *machulla:* el Padre L. de Valdivia usa el término *rewe* para designar al grupo local y *aillarewe* –nueve *rewes*– para referirse a una agrupación más amplia (1852), y González de Nájera los denomina *cabi* ((1614) 1889, 46). Vivar, sin embargo, denomina al jefe del grupo *lebo*, a los principales *cabi* y al lugar de congregación del grupo *regua* ((1558) 1979, 190). Hay otras expresiones que más tienen que ver con los factores territoriales que con los de asentamiento humano, como son *mapu* y *butalmapu* o *utanmapu*. Los cronistas del siglo XVIII incluyen aún una mayor variedad de denominaciones.

Estamos convencidos de que esta aparente confusión de nombres acerca del asentamiento mapuche tiene que ver con varios factores que aún no han sido suficientemente aclarados por los investigadores. Por una parte, intuimos una enorme diversidad cultural en los territorios ocupados por etnias hablantes de *mapudungun*, que se extendían desde el Choapa hasta Chiloé en épocas prehispánicas y coloniales tempranas, lo que debe haber confundido a los cronistas de la Colonia, quienes creyeron que formaban una misma nación. Denominamos actualmente cultura mapuche a la fusión cultural que se produjo al sur del Biobío, después de la invasión española y sus consecuencias (vid. Aldunate 1989, 342). Por otra parte, diferentes denominaciones deben también responder a distintos momentos cronológicos en la evolución de los sistemas de asentamiento, los que de seguro sufrieron frecuentes cambios por las presiones a que estuvo sometido con el sistema de la Guerra de Arauco. Por último, el europeo confundió frecuentemente el linaje o grupo de parentesco con el sistema de residencia (vid. Aldunate 1982, 70).

El asentamiento mapuche, con las características familiares y de parentesco descritas, se mantiene hasta hoy con pocas modificaciones. Colaboró a ello la legislación dictada por el Gobierno de Chile para el proceso de radicación a que ya hemos hecho referencia. Estas normas legales, si bien suprimieron de raíz la tradicional movilidad de los asentamientos, obligándolos a vivir radicados en un solo lugar, consagró sin quererlo la vigencia del sistema tradicional del linaje congregado. En efecto, el artículo 5 de la ley de 1866 disponía: "cuando los indígenas que ocupan un terreno lo posean como individuos de una reducción dependiente de un cacique, se les tendrá como comuneros y se les deslindará el terreno como propiedad común a todos ellos". Esta disposición determinó que las radicaciones se efec-

tuaran sobre los asentamientos tradicionales de patrilinajes localizados, los que han subsistido hasta la década de 1980, por la virtual prohibición hasta entonces existente de dividir y enajenar la propiedad indígena.

La misma dinámica de trasmisión sucesoria de la tierra también fortaleció el sistema tradicional. En un estudio de seguimiento que hicimos a la propiedad en una comunidad por espacio de setenta años (Aldunate 1979), observamos que son los hombres los principales detentadores del dominio de la tierra, pues las mujeres lo pierden al abandonar la comunidad en el sistema de matrimonio exogámico-patrilocal. Esto no hizo otra cosa que reforzar el sistema tradicional del patrilinaje unido a la tierra.

La división prácticamente obligatoria de las comunidades mapuches, impuesta por la ley 17.729 y el Decreto Ley 2.568 de 1979, es de consecuencias aún insospechadas para esta etnia. En estos días se está estudiando en el Parlamento una nueva legislación que pretende dar cabida a la cultura mapuche dentro de la sociedad chilena, preocupándose, al mismo tiempo, de la mantención de su lengua, valores e ideología.

5.3. ORGANIZACIÓN SOCIAL

De acuerdo a los primeros testimonios de cronistas, la estructura social de los grupos de parentesco mapuche no estaba jerarquizada, y se basaba más en las características personales de la "cabeza" –*lonko*– que en factores genealógicos u otros más institucionalizados. Factores como la edad, la elocuencia y la prudencia eran, y aún son, características altamente apreciadas en los líderes mapuches. A diferencia de las sociedades andinas, el sistema social mapuche era predominantemente igualitario (vid. Ovalle, 1969, 107, Núñez de Pineda 1973, 71). El Padre Rosales (1877) lo resume en una sola frase: "cacique que no trabaja, no come". Los cronistas (Ovalle ob. cit.) también describen otra institución, el *toki*, que al parecer era aquel guerrero de mayor prestigio que asumía un fuerte liderazgo en las campañas bélicas, pero cuyo poder terminaba en cuanto finalizaba el conflicto. Los *toki* cohesionaban a gran cantidad de grupos residenciales bajo su férrea autoridad, lo que explica los famosos "alzamientos" de regiones enteras, que hicieron fracasar las invasiones incaicas y españolas de sus territorios.

Este sistema demuestra la enorme eficacia de la resistencia mapuche. La fragmentación del poder y su calidad difusa en épocas de paz impidieron el éxito de los planes de invasión y conquista de este pueblo, pues habría que haber sujetado a un sinnúmero de linajes que vivían muy dispersos, moviéndose en territorios defendidos por montañas, bosques y ríos infranqueables. La súbita aparición de *tokis* en momentos de guerra fue tan eficaz, que encendía las rebeliones indígenas en campañas muy exitosas y de tan vasto alcance, como aquélla de 1598 que destruyó todo el avance español en el sur de Chile. Terminado el conflicto, retomaban su vigencia las instituciones tradicionales, circunstancia que explica el fracaso de todo el sistema de parlamentos, que los europeos interpretaban como una falla ética del mapuche al no dar cumplimiento a los compromisos contraídos en estas aparatosas reuniones. Una opinión diferente respecto del período de La Frontera, que enfatiza las relaciones pacíficas entre indígenas y españoles, es la que sostienen Villalobos (1982) y Méndez (1982).

Durante la Colonia, las instituciones españolas manipularon el sistema de organización social mapuche en los territorios dominados. Reforzaron el poder del *lonko* transformándolo en cacique, una institución que muy poco tenía que ver con el sistema de poder tradicional de esta etnia, y que transformaba al que lo detentaba en un verdadero funcionario de la Corona (Guarda 1968 y Aldunate 1985 b). La República también trató de continuar con este mismo procedimiento. Al tomar posesión de los territorios mapuches en la segunda mitad del s. XIX, el gobierno trató de reforzar el sistema de poder del cacique, otorgándole derechos a mayores extensiones de tierras o a la gratuita construcción de casas en sus propiedades.

Los mapuches son culturalmente reacios a conceder representación legítima a personas e instituciones, y la ausencia de este interlocutor válido ha probado, hasta ahora, ser un arma muy eficaz para mantener su vitalidad e independencia cultural, en contra de los intentos de manipularlos.

Tomás Melville (1976, 136 y sgts.) hace un análisis del sistema de valores mapuche asociado a las estructuras de poder. Subraya aquellos que tienen que ver con la independencia y la responsabilidad personales y señala que el estatus de autoridad no acompaña a categorías como edad, sexo, o condición, sino que al comportamiento de una persona. Esta explicación contribuye a entender la categoría de *ulmen,* que se refiere a un hombre exitoso y rico y que goza de gran prestigio en la sociedad mapuche.

Estimamos que el sistema de organización social, el poder y los valores asociados a ellos, son un punto neurálgico en el actual momento, en que la sociedad mapuche se enfrenta a las mayorías oficiales del país. La eficacia del sistema tradicional laxo e igualitario, tan funcional en otras épocas, hoy se enfrenta a la urgente necesidad de unión político-étnica de esta minoría, creando instituciones que la representen legítimamente ante la sociedad mayor. Es probable que la actual emergencia de líderes étnicos mapuches, con visión política, sea una respuesta optimista en este sentido.

BIBLIOGRAFÍA

ALDUNATE, Carlos
1979   "Alonqueo –estudio de terratenencia en una comunidad mapuche (1906-1976)" en *Actas del VII Congreso de Arqueología de Chile,* Ed. Kultrún, Santiago de Chile.

1982   "El indígena y La Frontera", en *Relaciones fronterizas.* Ed. Universidad Católica de Chile, Santiago de Chile.

1985   "Reflexiones acerca de la platería mapuche", en *Platería araucana,* Museo Chileno de Arte Precolombino.

1985 b "El cacicazgo en el Reino de Chile", en *Boletín de la Academia Chilena de la Historia* N° 95, Santiago de Chile.

1989   "Estadio alfarero en el sur de Chile", en *Culturas de Chile: Prehistoria.* Ed. Andrés Bello, Santiago de Chile.

1992   "Recolectores de los bosques templados del cono sur americano", en *Botánica indígena de Chile,* Editores C. Aldunate y C. Villagrán, Ed. Andrés Bello, Santiago de Chile.

AUGUSTA, F. José de
1966   *Diccionario araucano,* tomo I. Ed. Padre Las Casas, Chile.

BIBAR, Jerónimo de
(1558) *Crónica y relación copiosa y*
1964   *verdadera de los reynos de*

Chile, Fondo José Toribio Medina, Santiago de Chile.

BRAGG, Katherine
1984 "Los conceptos lingüísticos de la división de espacio, tiempo y actividades en una comunidad pehuenche", en *Actas Jornada de Lengua y Literatura Mapuche*, Temuco, Chile.

BRIONES, Ramón
1905 *Glosario de colonización*, Imprenta Universitaria, Santiago de Chile.

CASANOVA, Holdenis
1987 *Las rebeliones araucanas del siglo XVII*. Ed. Universidad de La Frontera, Serie Quinto Centenario, Temuco, Chile.

CANALS FRAU, Salvador
1946 "Expansion of the Araucanians in Argentina". En *Handbook of South American Indians*, vol. 2, J. H. Steward, Ed. Smithsonian Institution, Washington.

CIDA
1966 Chile: *Tenencia de la tierra y desarrollo socioeconómico del sector agrícola*. Santiago de Chile.

CONGRESO NACIONAL
1912 *Comisión Parlamentaria de Colonización*. Imprenta Universo, Santiago de Chile.

COOPER, John
1946 "The Araucanians", en *Handbook of South American Indians*, vol. 2 J. H. Steward, Ed. Smithsonian Institution, Washington.

CHIZELLE G., L. Coronado y Z. SEGUEL
1969 "Excavación de salvamento en la localidad de Chiguayante, Provincia de Concepción", en *Actas del V Congreso de Arqueología*, La Serena, Chile.

DILLEHAY, Tom
1976 "Observaciones y consideraciones sobre la prehistoria y la temprana época histórica de la Región Centro Sur de Chile". En *Estudios antropológicos sobre los mapuches de Chile S.Central*. Ed. Universidad Católica

de Temuco, Temuco, Chile.

DILLEHAY, Tom Y A. GORDON
1979 "El simbolismo en el ornitomorfismo mapuche, la mujer casada y el Ketru Metawe", en *Actas del VII Congreso de Arqueología de Chile*, Editorial Kultrún, Santiago (1982).

DONOSO, J. Y F. VELASCO
1970 *La propiedad austral*, Ed. ICIRA, Santiago de Chile.

FARON, Louis C.
1964 *Hawks of the Sun*, University of Pittsburg Press, Pittsburg.

1969 *Los mapuches, su estructura social*. Ed. Instituto Indigenista Interamericano, México.

FOERSTER, Rolf
1980 "Estructura y funciones del parentesco mapuche: su pasado y presente". Tesis de Licenciatura, Escuela de Antropología, Universidad de Chile, Santiago de Chile.

GAY, Claudio
1865 "Agricultura". Tomo Segundo. Ed. *Historia física y política de Chile*, París, Francia.

1844 "Documentos". Tomo Primero. En *Historia física y política de Chile*, París, Francia.

GÓNGORA y MARMOLEJO, Alonso de
(1575) *Historia de Chile desde su descubrimiento hasta el año de 1575*. En Colección de Historiadores de Chile, tomo II, Santiago de Chile.
1862

GÓNGORA, Mario
1974 "Vagabundaje y sociedad fronteriza en Chile (Siglos XVII a XIX)", en *Cuadernos del Centro de Estudios Socioeconómicos*, Facultad de Ciencias Económicas, Universidad de Chile, Santiago de Chile.

GONZÁLEZ, Héctor y VALENZUELA, Rodrigo
1979 "Recolección y consumo del piñón". En *Actas del VIII Congreso de Arqueología Chilena*. Ed. Kultrún, Santiago de Chile.

GONZÁLEZ DE NÁJERA, A.
(1614) *Desengaño y reparo de la Guerra de Chile*. Colección de Historiadores de Chile XVI, Santiago.
1889

GUARDA, Gabriel
1968 "Los caciques Gobernadores de Toltén", en *Boletín de la Academia Chilena de la Historia*, N° 78, año XXXV, Santiago de Chile.

GUEVARA, Tomás
1913 *Las últimas familias y costumbres araucanas*, Ed. Cervantes, Santiago de Chile.

1908 *Psicolojia del pueblo araucano*. Ed. Cervantes, Santiago de Chile.

HERRERA, A. de
(s. XVII) *Historia general de los hechos de los castellanos de las Indias. Tierra Firme y del Mar Océano*, Ed. Real Academia de la Historia, Madrid, España.
1956

HILGER, Inez
1957 *Araucanian Child Life and its Cultural Background*, Smithsonian Institution, Washington.

1966 *Huenun Ñamku: An araucanian indian of the Andes remembers the past*, Ed. Norman Univ. of Oklahoma Press U.S.A.

JARA, Álvaro
1981 *Guerra y sociedad en Chile*, Ed. Universitaria, Santiago de Chile.

JOSEPH, CLAUDE
1928 "La platería araucana", en *Anales de la Universidad de Chile*, 2ª Serie, Primer Semestre, Santiago de Chile.

1931 "La vivienda araucana", en *Anales de la Universidad de Chile*, Santiago de Chile.

LEIVA, ARTURO
1883 "La 'araucanización' del caballo en los siglos XVI y XVII", en *Anales* 1981-1982, Universidad de La Frontera, Temuco, Chile.

LÓPEZ, R. Jaime
1990 *Terratenencia mapuche*, Tesis de Grado, Escuela de Derecho, Universidad de Chile, Santiago, Chile.

MARIÑO de LOBERA, Pedro
(S. XVI)   *Crónica del reino de Chile,*
1960   en Biblioteca de Autores
Españoles, Tomo CXXXI,
Madrid, España.

MASUDA, Shozo
1986   "Las algas en la etnografía
andina de ayer y hoy", en
Etnografía e historia del mundo andino, Universidad de
Tokio, Tokio, Japón.

1988   "Algas y algueros en Chile". En *Recursos naturales
andinos,* Universidad de
Tokio, Tokio, Japón.

MATTHEI, Óscar
1986   "El género Bromus L. *(Poaceae)* en Chile", en *Gayana,*
Bot. 43 (1-4). Univ. de Concepción. Concepción, Chile.

MELVILLE, Tomás R.
1976   "La naturaleza del poder
social del mapuche contemporáneo", en *Estudios
antropológicos sobre los mapuches contemporáneos de
Chile sur-central.* Ed. Tom
Dillehay, Pontificia Universidad Católica de Chile, Santiago.

MÉNDEZ, Luz María
1982   "La organización de los
parlamentos de indios en
el siglo XVIII", en *Relaciones Fronterizas en la Araucanía.* Ed. Universidad
Católica de Chile, Santiago.

MENGHIN, Osvaldo
1962   "Estudios de prehistoria
araucana", en *Acta Prehistórica* III-IV. Buenos Aires,
R. Argentina.

MEGE, Pedro
1990   *Arte Textil Mapuche,* Ministerio de Educación-Museo
Chileno de Arte Precolombino, Serie Patrimonio Cultural, Nº 15, Santiago de
Chile.

MOESBACH, Ernesto W.
1930   *Vida y costumbres de los indígenas araucanos en la segunda mitad del siglo XIX,*
Santiago de Chile.

1992   *Botánica indígena de Chile,*
C. Aldunate y C. Villagrán
Ed., Editorial Andrés Bello, Santiago.

MUÑOZ, Carlos
1944   "Sobre la localidad tipo de
Bromus mango". En *Agricultura Técnica,* Santiago de
Chile.

MOLINA, Juan I.
1788 y   *Compendio de la historia geográfica natural y civil del reino de Chile.* Partes primera
1795   y segunda, Madrid, España.

MONTALDO, Patricio
1974   "La bioecología de la Araucaria araucana". En *Boletín*
48, Instituto Forestal Latinoamericano de Investigación y Capacitación, Venezuela.

NÚÑEZ DE PINEDA Y B., Fco.
(1673)   *Cautiverio feliz.* En Colección de Historiadores de
1863   Chile, Santiago de Chile.

OCAÑA, Diego de
(s. XVI)   *Un viaje fascinante por la América hispana del siglo XVI.*
1969   Studium Ed. Madrid, España.

OVALLE, Alonso de
(1646)   *Histórica relación del reino de
1969   Chile,* Instituto de Literatura Chilena. Santiago de
Chile.

PHILIPPI, Rodulfo A.
(1864)   "Plantarum novarum Chilensium". *Linnaea* 33.
1946

POEPPIG, Edouard
(1835)   *Un testigo en la alborada de
1960   Chile,* Ed. Zig-Zag, Santiago de Chile.

QUINTANILLA, Víctor
1983   "Biogeografía" *Geografía de
Chile,* Tomo III. Ed. Instituto Geográfico Militar, Santiago de Chile.

QUIROGA, Jerónimo de
(1656)   *Memoria de los sucesos de la
1979   guerra de Chile.* Editorial
Andrés Bello, Santiago de
Chile.

RECCIUS, Walter
1985   "Evolución y caracterización de la platería araucana", en *Platería Araucana,*
Museo Chileno de Arte
Precolombino, Santiago de
Chile.

ROSALES, Diego de
(1673)   *Historia jeneral del reino de
1877   Chile,* Valparaíso, Chile.

SILVA, Fernando
1962   *Tierras y pueblos de indios en
el Reino de Chile,* Santiago,
Chile.

SMITH, REUEL
(1819-21)   *Los araucanos,* Imprenta
1914   Universitaria, Santiago de
Chile.

SPALDING, Karen
1974   *De indio a campesino: cambios en la estructura social del
Perú colonial,* Editorial IEP,
Lima, Perú.

STUCHLICK, Milán
1971   "El estado actual de la sociedad mapuche", Revista
Stylo, año VII, Nº 11.

1974   *Rasgos de la sociedad mapuche contemporánea,* Ed. Nueva Universidad, Santiago.

TREUTLER, Pablo
1861   *La provincia de Valdivia i los
araucanos,* Tomo I, Imprenta Chilena, Santiago.

UGENT, D., T. DILLEHAY
y C. RAMÍREZ
1987   "Potato remains from a
Late Pleistocene Settlement
in Southcentral Chile", en
Economic Botany, 41 pp. 17-
27 New York, U.S.A.

URRUTIA, Francisco
(Ms.)   *La continuidad de la propiedad raíz en una comunidad
huilliche de Chiloé.* Manuscrito-borrador para una
Tesis de Grado, en poder
de C. Aldunate.

VALDIVIA, Pedro de
(1545-   *Cartas al emperador Carlos V,*
1552)   en Colección de Historiadores de Chile, Santiago de
1861   Chile.

VALDIVIA, P. L. de
(1612)   "Relación de lo que sucedió en la jornada que hicimos el Sr. Presidente Alonso de Ribera gobernador
deste reyno y yo...", en
*Historia Física y Política de
Chile,* de Claudio Gay, Documentos, Tomo Segundo,
París, Francia.

VILLALOBOS, Sergio, C.
ALDUNATE, H. ZAPATER, L. M.
MÉNDEZ y C. BASCUÑÁN
1982   *Relaciones fronterizas en la
Araucanía,* Ed. Univ. Católica de Chile, Santiago de
Chile.

VILLALOBOS, Sergio
1982   "Tres siglos de vida fronteriza", en *Relaciones fronterizas en la Araucanía*, Ed. Universidad Católica de Chile, Santiago.

VILLAGRÁN, Carolina, I. MEZA, E. SILVA y N. VERA
1983   "Nombres folklóricos y usos de la flora de la isla de Quinchao, Chiloé", en *Publicación Ocasional Nº 39*, Museo Nacional de Historia Natural, Santiago de Chile.

VIVAR, Gerónimo de
(1558) *Crónica y relación copiosa y*
1979   *verdadera de los reinos de Chile*, Ed. Leopoldo Sáez G. Colloquium Verlag, Berlín.

CAPÍTULO V

LOS ÚLTIMOS CANOEROS

Omar R. Ortiz-Troncoso [1]

"Cuando se ve estos hombres [los fueguinos], *apenas puede creerse que sean criaturas humanas, habitantes de nuestro mismo mundo. Uno se pregunta con frecuencia qué satisfacciones puede procurar la vida a algunos animales inferiores; ¡se podría plantear la misma pregunta, y con mucha más razón, en relación a estos salvajes!"* (Charles Darwin, *Diario de viaje de un naturalista...,* 1839.)

"¿Dónde están los sosegados Yámanas y Alacalufes, cuyas ligeras canoas animaban con sus movimientos tantos brazos del mar? ¿Dónde están todos aquellos hombres fuertes y diligentes, con tanto arrojo y denuedo, y dónde se encuentran aquellas discretas mujeres de tan alegre tenacidad en la lucha por la existencia? ¿Dónde están los delgados tipos de gacelas de las jóvenes, que en la orilla del mar recogían con tanta rapidez los moluscos...? ¿Dónde está, en fin, aquel pueblo, que, adaptado a este miserable trozo de tierra, dio vida y animación a su monótono paisaje?" (Martín Gusinde, *Hombres primitivos en la tierra del Fuego,* 1951.)

INTRODUCCIÓN

Para comprender la inmensidad del ámbito austral, trácese con la imaginación una línea recta vertical desde Puerto Montt a la boca occidental del estrecho de Magallanes; desde allí una diagonal hasta el cabo de Hornos. Ese trazo tendrá dos mil kilómetros. A continuación hay que plantearse una pregunta que no tiene respuesta posible: ¿Por cuánto habría que multiplicar esa cantidad para que entregue una aproximación real de lo que deben ser esos miles de kilómetros de litoral, comprendidos tanto en la costa continental como en la múltiple insularidad que individualiza la región? Islotes, roqueríos, islas boscosas, fiordos helados, penínsulas que se proyectan hacia el Pacífico, tortuosos canales y amplios golfos temidos por los navegantes; todo este mundo fue territorio de grupos indígenas de vida esencialmente marítima.

La imposición geográfica es evidente. En las proporciones patagónica y fueguina que miran hacia el Atlántico, las amplias estepas incentivaron la caza del guanaco y del avestruz. A partir de la época de los contactos históricos, hicieron fácil y lógica la adopción del caballo como medio de transporte. Al contrario, la estrecha banda litoral de toda la región occidental condicionó la vida de las comunidades indígenas al hábitat marino, dejando al interior montañoso sólo un rol secundario, de complemento, podríamos decir. De los bosques podía provenir la materia prima para la fabricación de canoas, allí podía ser cazado el huemul, pero la verdadera vida del grupo se desarrollaba de cara al océano.

1. PROTOHISTORIA DE LOS CANOEROS AUSTRALES

La protohistoria ha sido definida como la etapa siguiente a la prehistoria, pero precediendo a la aparición de una historia ya coherente

[1] "Albert Egges van Griffen", Instituut voor Prae, en Protohistorie, Universiteit van Amsterdam.

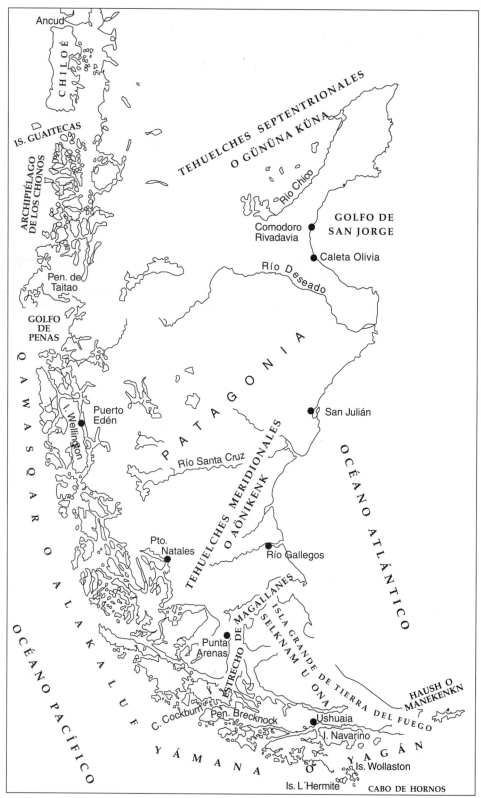

Figura 1. Distribución de grupos étnicos en Patagonia y Tierra del Fuego hacia la época de los primeros contactos con los europeos. En el litoral de la parte occidental, los canoeros: *chono, qawasqar* o *alakaluf* y *yámana* o *yagán*. En los territorios orientales, los cazadores terrestres: *tehuelches* septentrionales o *gününa küna, tehuelches* meridionales o *aönikenk;* en la Isla Grande de Tierra del Fuego, *selknam* u *ona* y *haush* o *manekenkn.*

derivada de fuentes escritas, tal vez producidas por la propia sociedad estudiada. Si es aceptada una definición de este orden podemos inferir que entre la lejana prehistoria y los tiempos históricos recientes existió un lapso transicional en el estudio de los canoeros australes. Es justamente allí donde encajan las primeras noticias que de ellos tenemos, además las crónicas y otros relatos que sin pretensión científica –y de acuerdo con la mentalidad de la época– nos entregaron una imagen de estos pueblos (Fig. 1).

Durante el período de los viajes exploratorios de los europeos por esas aguas, existían allí varios grupos étnicos. El problema consiste justamente en llegar a identificar con exactitud a cada uno de ellos, ya que por tener sistemas de vida sensiblemente semejantes se cae fácilmente en la confusión. Podemos referirnos, en todo caso, a tres grandes parcialidades conocidas bajo las denominaciones de *chono*, *qawasqar* o *alakaluf* y *yámana* o *yagán*.

De los primeros ha quedado su nombre ligado a la geografía marítima: el archipiélago de los Chonos, situado entre las islas Guaitecas y el golfo de Penas (43º a 48º de latitud S.). Habiéndose extinguido en el transcurso del siglo XVIII, las informaciones que sobre ellos tenemos son necesariamente vagas. Su primer contacto con los europeos fue con ocasión de la expedición de Francisco de Ulloa, en 1553; pocos años más tarde (1557-58), Miguel de Goicueta hizo una descripción de los mismos. A éstos hay que añadir los antecedentes recogidos a comienzos del siglo siguiente por los misioneros jesuitas Ferrufino, Esteban y Venegas (1609-13). Los náufragos de la fragata británica *Wager* tuvieron oportunidad de tomar contacto con ellos en 1741 y un cuarto de siglo más tarde hizo otro tanto el padre José García. Sabemos que hacia esa época se encontraban al borde de la extinción, aunque desconocemos la causa. Tal vez su mayor contacto con la población indígena y mestiza de Chiloé permitió la introducción de alguna epidemia que provocó la irrecuperable caída demográfica del grupo. Los sobrevivientes podrían haber sido asimilados luego a la población de raigambre indígena del área de Chiloé.

John Cooper –a quien tanto se debe por recopilación de antecedentes sobre estos pueblos– recogió otros nombres utilizados por los cronistas y con los cuales eran también identificados los chonos, denominaciones que obviamente ellos habían recogido de los indígenas de Chiloé. Por ejemplo *huilli*, *guaiquen*, *caucau*, términos *mapudungu* (lengua de los mapuches) que significarían sur (en los dos primeros ca-

sos) y gaviota (en el último). Hay que tener presente que no existe la certeza de que estas denominaciones constituyan sinónimos exactos de chono, ya que podría tratarse de otros grupos o subagrupaciones emparentados con ellos pero imposibles de diferenciar a la hora actual, a dos siglos de su extinción. Lo mismo sucede con otras consignadas por Moesbach en su diccionario *mapuche*, tales como *huayanecos*, *caleuches* o *quelenches*, *taruchées*, *secheyeles* y *tafutafes*.[2]

Un problema similar existe en torno a los canoeros que ocupaban el territorio que se extendía desde el golfo de Penas hasta aproximadamente el paso o canal Cockburn, en la costa occidental de Tierra del Fuego, incluyendo también casi todo el estrecho de Magallanes. Hoy se les identifica en la mayor parte de la literatura etnológica como *alakaluf*, con una serie de variantes etnográficas: *alacalufe*, *halakwulup*, *alookooloop*, *alinkhoolip*, etc. Sin embargo su nombre exacto sería *qawasqar* según se desprende de las investigaciones lingüísticas de Ch. Clairis.

En abril de 1526 los *qawasqar* fueron vistos por los miembros de la expedición de Jofré de Loaysa. A partir de entonces seguirán siendo mencionados en relatos debidos a la pluma de navegantes de diversas nacionalidades. Es probable que bajo los nombres genéricos citados, estuviesen comprendidas varias parcialidades o tribus con características culturales semejantes y que utilizaran una lengua común, pero con diferencias dialectales, lo cual pudo haber creado confusión en los primeros navegantes europeos del área, especialmente cuando trataban de recurrir a lenguaraces embarcados en otros puntos del litoral (Figs. 2 y 3).

Finalmente los *yámanas* –llamados a veces *yaganes*– constituyen el pueblo indígena más austral no sólo de América, sino del mundo. Habitaban el litoral de las islas comprendidas entre el canal Beagle y el Cabo de Hornos, encontrándose también en la costa meridional de la Isla Grande de Tierra del Fuego, donde mantenían contacto con los grupos *selknam* u *ona* y *haush*, cazadores terrestres de dicha isla. Igual cosa hacían con los *qawasqar* o *alakaluf* en las vecindades de la península Brecknock, límite occidental de su área de dispersión. El nombre *yagán* les fue dado por el Reverendo Thomas Bridges, misionero anglicano, a partir de la localidad de *Yaga* que ellos frecuentaban y que hoy conocemos como canal Murray, en-

2 Cooper 1917, 1946: 48; Moesbach 1978: 82.

tre la costa occidental de la isla Navarino y la isla Hoste. Ellos se llamaban a sí mismos *yámana*, es decir "los hombres". Según Fitz Roy sus vecinos *alakaluf* los conocían también como *yapoos* (derivado de la palabra *aiapuk* o *áiapux*: nutria).

Hace tres siglos y medio se produjo el primer contacto yámana-europeo, debido a la presencia en aguas australes de la flota Nasávica, holandesa, comandada por Jacques L'Hermite. Compuesta por once navíos de guerra, había tomado la ruta del cabo de Hornos para intentar luego un ataque al Virreinato del Perú. El 22 de febrero de 1624, la flota efectuaba el reconocimiento de la actual bahía Nassau, cuando se hicieron presentes los *yámanas*. El encuentro, lejos de ser amistoso, costó la vida al día siguiente a 17 tripulantes de uno de los navíos de la expedición que se habían visto obligados a pernoctar en una playa.[3]

EL EQUIPO DE PESCA Y CAZA

Existe una fotografía tomada hace algo más de un siglo –para ser más exactos en 1882– en el transcurso de la expedición científica del navío francés *Romanche*, en Tierra del Fuego. En ella se ve en detalle una canoa de corteza con el equipo que una familia indígena destinaba a las tareas de recolección, pesca y caza. Existen obviamente otros testimonios gráficos de igual naturaleza, pero nos hemos detenido en éste porque estimamos que ilustra bien el hecho que, dentro de una gran simplicidad tecnológica como fue la de los canoeros, pueda observarse al mismo tiempo una multiplicidad de artefactos que revelan una especialización en las armas y utensilios.

Podríamos señalar los arpones como las piezas más importantes de esa panoplia. Sabemos que los hay de diferentes formas y funciones, aun dejando de lado el modelo de cabeza de arpón con base cruciforme, utilizado sólo en un pasado remoto. Los arpones protohistóricos e históricos de los canales fueron confeccionados de hueso (preferentemente hueso de ballena), de asta de cérvido, es decir de huemul (material extremadamente sólido) y de madera. Se conocen también casos de piezas metálicas muy recientes. En cuanto a la forma general (con diferencias de tamaño en cada categoría), existen cabezas de arpones con simetría longitudinal tanto en la

Figura 2. Canoeros en la región magallánica a fines del siglo XVI, según el grabador de la época Theodor de Bry. Este grabado forma parte de los primeros documentos gráficos sobre la población aborigen y procede de las expediciones holandesas de paso por el extremo meridional de América en las postrimerías del siglo XVI e inicios del siguiente. La curvatura de la embarcación (fabricada de corteza) aparece algo exagerada, pero hay varios detalles exactos como el fuego mantenido constantemente en el interior de la canoa, el remo corto, las capas (probablemente de piel de nutria) que portan los personajes y el arpón dentado en manos del que está de pie.

Figura 3. El navegante holandés Joris van Spielbergen, en viaje hacia las Indias Orientales, establece contacto con los canoeros a su paso por el estrecho de Magallanes en 1615 (detalle de la viñeta que adorna su carta del Estrecho).

parte penetrante como en la base que asegura la fijación al asta; otras son asimétricas. Hay también una tercera categoría de cabezas de arpones con borde aserrado o denticulado, generalmente asimétricas (Figura 4).

Los dos primeros tipos mencionados corresponden a arpones destinados principalmente a la caza de mamíferos marinos y están montados de tal manera que la cabeza se separa del mango al clavarse, pero se mantiene unida a éste por una cuerda de cuero trenzado. La consistencia del mango (de sección rectangular) juega también su rol, y se prefiere en este caso la madera de ciprés por su mayor peso. Esta misma forma de extremo penetran-

---

[3] Walbeeck 1643; Gallez 1976.

te, pero con su mango fijo, era empleada a manera de lanza tanto para la caza de mamíferos terrestres como para un eventual combate. Por el contrario, los arpones con cabeza denticulada, generalmente más largos y finos, estaban dedicados fundamentalmente a la pesca (también a la captura de aves) y podían estar combinados por pareja sobre una misma asta (Figura 5).

Otros artefactos altamente especializados fueron los arpones destinados a la recolección de centollas, jaibas y erizos. Tal como lo muestra la figura 5, eran de madera con cuatro extremidades penetrantes endurecidas a fuego; el mango (de sección circular) era más largo (hasta de 4 m) que los arpones anteriormente descritos, lo cual es perfectamente comprensible por tratarse de una pieza destinada a la captura de especies que viven en el fondo. De función parecida, aunque dedicado a la extracción de moluscos, era un instrumento con extremidad (de madera) en forma de tenaza o pinza, sin punta.

Otra arma de caza, temible en las manos de un indígena adiestrado, era el simple garrote, con el cual podía cazar lobos de mar de corta edad. Joseph Emperaire –quien escribió en 1946– hacía notar que, junto a esta arma elemental, cada indígena de Puerto Edén "posee en su cofre una serie de arpones para focas.

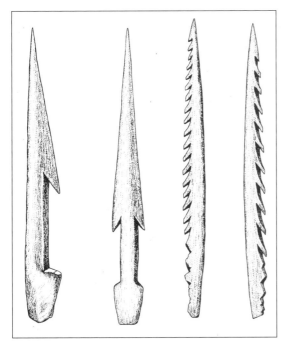

Figura 4. Cabezas de arpón de los modelos más comunes entre los canoeros australes. Las dos de la izquierda para arpones de tipo móvil, que se desprende del mango al clavarse; las de la derecha, para arpones fijos (según Hyades 1885).

Cuando se encuentra un hueso de ballena en la playa, se le recoge para fabricar otro arpón más, sabiéndose por lo demás perfectamente que no servirá posiblemente nunca (...). La materia prima del arpón es el hueso de ballena. De un pedazo encontrado en la playa, la parte más apta, es decir todo lo que no es hueso esponjoso, es sacado con el hacha (...). La cabeza de arpón es terminada y pulida con la ayuda del borde vivo de una concha gruesa quebrada cuya cara convexa se apoya en la palma de la mano; con este instrumento rudimentario, la punta es aguzada, el filo lateral adelgazado, las salientes simétricas cuidadosamente separadas y la paleta de enmangamiento rebajada".

Emperaire añade a la observación de carácter general: "Hay que hacer notar que los arpones actuales no presentan la terminación de las piezas que se encuentran en las excavaciones. La forma de estas últimas es más regular, más delgada, el filo, las puntas y las aletas revelan una eficacia superior". Haciendo notar el grado de especialización, dice que "las familias nómadas poseen arpones adaptados a diversos géneros de caza o de pesca: el arpón para lobos marinos, macizo y corto, el arpón para pescado con un solo borde denticulado, largo y delgado, una especie con dos puntas para las nutrias y el arpón para huemules, el más largo de todos, con dos bordes aserrados.[4]

El arco y la flecha tuvieron un empleo limitado entre los *yámanas*, no así la honda, vista también con frecuencia en manos de los *qawasqar*. Aparte de esto hay otros procedimientos de caza interesantes, como los lazos de barbas de ballena y las redes, ambos métodos empleados en la captura de aves. La pesca con línea se practicó sin uso de anzuelo, empleando simplemente una cuerda lastrada en la cual iba atada una carnada. Atraído el pez, éste era hábilmente cogido con la mano o arponeado (Figura 6). Las alternancias y grandes amplitudes de marea fueron empleadas para "acorralar" peces mediante barreras levantadas con piedras, impidiéndoles volver a mar abierto junto con las aguas en reflujo.

Refiriéndose a las embarcaciones de los *yámanas*, el cronista de la expedición de L'Hermite, en 1624, escribía: "Sus canoas son dignas de admiración. Para construirlas, toman la corteza entera de un árbol grueso; la modelan, recortando ciertas partes y volviendo a coserlas, de manera que adquiera la forma de una góndola de Venecia. La trabajan con mucho arte, colo-

---

[4] Emperaire 1955: 197.

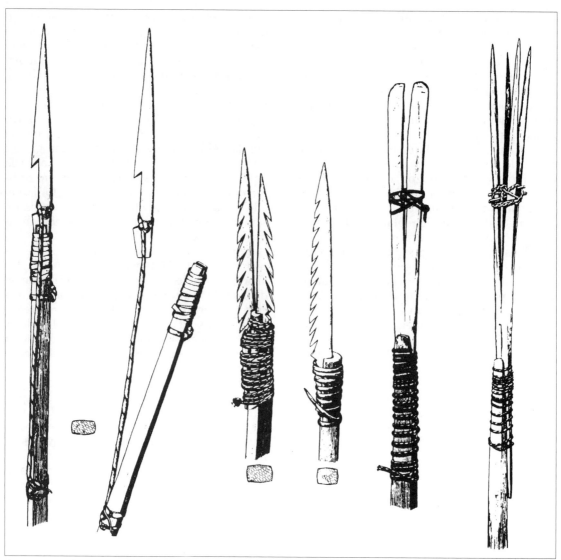

Figura 5. Algunos elementos de la panoplia del cazador y pescador *yámana*. A la izquierda, un arpón móvil y su sistema de funcionamiento: después de clavado, la cabeza sólo queda unida al mango por la cuerda, indicando la posición del animal que escapa en el agua y entorpeciendo sus movimientos. Al centro, dos modalidades en el uso de cabezas de arpón multidentadas, sobre mango fijo. A la derecha, tenaza de madera enmangada para la recolección de moluscos en profundidad y arpón de cuatro puntas (también de madera) para la captura de especies como erizos y centollas (según Lothrop 1928).

cando la corteza sobre maderos, como se hace en los astilleros de Holanda. Una vez obtenida la forma de góndola, refuerzan la canoa cubriendo el fondo de punta a punta con palos transversales, que recubren a su vez de corteza; luego cosen el conjunto. En estas canoas, que miden 10, 12, 14 o 16 pies de largo por dos de ancho, se sientan cómodamente siete u ocho hombres, y navegan con tanta eficacia como lo harían en una chalupa de remos".[5] La descripción es perfecta y evidentemente hecha por un hombre de mar (Fig. 7).

Lamentablemente no sabemos casi nada sobre la evolución prehistórica de las embarcaciones de los archipiélagos. Tenemos que conformarnos con proyectar hacia el pasado una imagen más o menos reciente de lo que ellas fueron, ya que por su fragilidad no se han conservado restos de canoas en ese clima tan húmedo. En el párrafo precedente describimos las canoas fabricadas con corteza, pero éstas no fueron las únicas. Otro tipo estuvo constituido por embarcaciones elaboradas con planchas de madera unidas entre sí mediante costuras efectuadas con fibras generalmente de origen vegetal. Estas embarcaciones fueron presumiblemente empleadas

[5] Gallez 1976: 26.

desde Chiloé hasta el estrecho de Magallanes, pareciendo existir una relación entre la zona donde su uso fue más frecuente y la región donde son más abundantes el alerce y el ciprés, árboles de los cuales era más fácil obtener madera con los métodos rudimentarios, pero ingeniosos, de los aborígenes. Éstos, careciendo de sierras, obtenían las planchas introduciendo cuñas en los árboles, rajando así la madera en sentido longitudinal. Luego, auxiliados con instrumentos cortantes de piedra y grandes conchas de borde filoso,

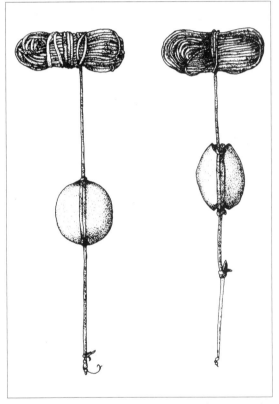

Figura 6. Líneas de pesca *yámanas* fabricadas con tendones trenzados, sin anzuelo, con un guijarro como plomada (según Hyades 1885).

procedían pacientemente a terminar y pulir las piezas.

Estas embarcaciones de planchas tal vez tuvieron su mayor auge en el archipiélago de Chiloé, donde se las conoció como *dalcas*. Descripciones del siglo XVIII indican que estaban compuestas por cinco o siete tablones de 3,50 a 7 metros de longitud por 40 a 60 cm de ancho y un espesor de dos a tres pulgadas. Unas pocas cuadernas sujetas con tarugos de madera daban solidez al conjunto. Al sur de Chiloé, en territorio *chono* y *qawasqar*, hasta el estrecho de Magallanes, las *dalcas* parecen haber constado normalmente de sólo tres planchas. El Abate Molina subrayaba el carácter marítimo de la cultura de estos pueblos del Sur diciendo que "la necesidad que tienen de navegar muchas veces de una a otra isla, donde el mar ciertamente no merece el título de Pacífico, los hace muy buenos marineros". Sobre las embarcaciones confirma lo anotado más arriba: "Sus piraguas son compuestas de tres a cinco grandes tablas cosidas juntas y calafateadas con una especie de resina que cogen de un pequeño árbol. En todo el archipiélago (de Chiloé) se ven en gran número y se gobiernan a vela y remo. Con estos frágiles barquillos se arriesgan a venir hasta la ciudad de la Concepción".[6]

Como tercera categoría debemos citar las canoas cuyo casco consistía simplemente en un tronco ahuecado, también labrado exteriormente para proporcionarle una forma de punta. A pesar de su aspecto tan primitivo, suponemos que fueron las de adopción más reciente en esa zona, habiendo contribuido al desarrollo y la difusión de este modelo la introducción de herramientas europeas de hierro (especialmente el hacha y la azuela). Rápidamente desplazaron a las canoas de corteza –de menor duración y de más difícil man-

---

[6] Molina 1776.

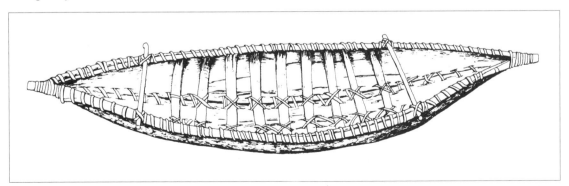

Figura 7. Modelo de una canoa fueguina de corteza, que muestra el sistema de costuras interiores (dibujo a partir de un ejemplar conservado en el Museo Nacional de Marina de Amberes).

Figura 8. Qawasqar (alakaluf) de Puerto Edén: Don José López Paterito, fallecido en 1984, uno de los últimos conocedores de las tradiciones de su pueblo. (Foto gentileza del Dr. Christos Clairis-Vasiliadis.)

tención– y sirvieron de transición entre aquéllas y los botes de tipo europeo adoptados por los últimos canoeros. Sin embargo la canoa monoxila no es un simple tronco vaciado. Su construcción, al igual que en el caso de aquéllas de planchas o corteza, requería una artesanía avanzada. La elección de la madera apropiada, su tallado interno y externo, la tarea de ensanchamiento de los lados ya adelgazados del casco por medio de travesaños y aplicación directa de fuego, eran etapas que los indígenas llevaban a cabo cuidadosamente, conscientes de que el menor error podía malograr el producto de semanas de paciente esfuerzo.[7]

3. INFORMACIONES DEMOGRÁFICAS

Ya hemos visto cómo el *chono* fue el primer pueblo autóctono austral que se extinguió, sin que se pueda precisar la causa. Difícil es, por

lo tanto, poder trazar un esquema de su evolución demográfica, aunque algunas informaciones pueden ser extraídas desde fuentes de los siglos XVII y XVIII.

Misioneros e indígenas también se establecieron en las islas de Cailin, Chonchi, Lemui, Chaulinec y Apiao. Para 1790 hay información de 22 *chonos* que de la misión de Chaulinec vuelven a Cailin. Éstos son los últimos datos, aunque un navío encontró una familia aparentemente del mismo grupo en 1875 entre la isla Ascensión y las Guaitecas, información imposible de verificar en cuanto a que se trate realmente de representantes de esta etnia.[8]

Los grupos que nos preocupan se han venido extinguiendo ante nuestros ojos. Los *qawasqar* o *alakaluf* están representados por una cantidad global de una treintena de individuos concentrados en Puerto Edén, en la costa oriental de la isla Wellington, a 49º 08' de Lat. S. (Figura 8). En 1971 Ch. Clairis constató la presencia de un total de 47 *qawasqar* en ese punto de la costa, 28 de los cuales eran hombres y

---

[7] Ortiz-Troncoso 1975.

[8] Cooper 1946: 49.

19 mujeres repartidos por edades de la siguiente forma: 17 (9 hombres y 8 mujeres) tenían entre 1 y 15 años; 8 (5 hombres y 3 mujeres) entre 15 y 25 años; 22 (14 hombres y 8 mujeres) más de 25 años.[9]

Compulsando información, se ha especulado que en la primera mitad del siglo XIX la población del área que hemos indicado como *alakaluf*, en los archipiélagos occidentales, podría haber alcanzado unos 4.000 individuos, la que al finalizar el siglo llegaría sólo a 500. Hacia 1925 el grupo estaría ya reducido a 150, a 100 en 1946 (año en que el etnólogo Joseph Emperaire comenzó sus investigaciones en Puerto Edén), a 60 en 1953 y en 1971 a los 47 citados en el párrafo anterior.[10]

Abordando este problema, J. Emperaire señalaba que en 1946 "la población *alakaluf* comprendía todavía 48 mujeres, de las cuales 27 eran adultas, 8 adolescentes y 13 niñas. En 1948 no comprendía más que 43 mujeres, de las cuales 25 eran adultas, 5 adolescentes y 13 niñas. El resultado demográfico se caracterizaba ya por una disminución del 10% de la población femenina en el espacio de dos años. Cinco años más tarde, en 1953, se hizo más catastrófico todavía. Sobre los 17 grupos previstos por la encuesta, 5 no incluían ninguna mujer viviendo en el territorio de los *Alakaluf*. En los 12 grupos restantes se contaron 24 mujeres (disminución de 50% en relación a 1946), incluyendo dos personas de edad avanzada, 4 mujeres jóvenes que, casadas varias veces, no han tenido hijos, 5 mujeres con hijos (pero escasos) que mueren de corta edad (dos niños escapados a la muerte son mestizos), 5 mujeres que han tenido descendencia numerosa y aparentemente normal, pero 3 de ellas han sobrepasado la cuarentena de edad y muchos de sus hijos han muerto, sea accidentalmente, sea por enfermedades desconocidas, finalmente 8 niñas o adolescentes de menos de 18 años. Toda la posibilidad de sobrevivencia del grupo está por consiguiente representada por 2 o 3 mujeres adultas y por 8 niñas o adolescentes, de las cuales es seguro que varias dejarán los archipiélagos o morirán antes de haber alcanzado la edad adulta".[11]

Clairis ha hecho notar que "la mal planteada transculturación y ayuda tuvo como consecuencia incapacitarlos para su propia vida, sin abrirles el camino para una nueva, convirtiéndolos en mendigos dependientes de una ayuda que quizás no necesitaban. En 1968 se les construyeron por la Corporación de la Vivienda ocho casitas de madera en la bahía de Puerto Edén, que no corresponden a ninguna relación funcional con su propia vida. Sin embargo, siguen viviendo en estas casitas, menos una familia que no estaba allí durante la distribución y vive en choza (...); al mismo tiempo se fomentó la instalación de pobladores chilotes, cuyo número debe llegar a unos 300. La presencia de estos pobladores aumentó las dificultades de los *qawasqar*, quienes muy difícilmente pueden competir con los primeros (...). La mayoría de los hombres adultos sólo mantienen actualmente su vida nómada saliendo con sus botes de remo (la antigua canoa ha desaparecido) a largos viajes de caza de lobos marinos, nutrias, etc., que duran dos o tres meses o más (...). El producto de estas cacerías pasa rápidamente a manos de los chilotes a cambio de alguna botella de vino, aguardiente o atado de cigarrillos (...). Desgraciadamente la imposibilidad que tienen de manejar el dinero debido a la pobreza del sistema numérico de su lengua, no les permite salir beneficiados. Su estado de salud no es excelente: tuberculosis, los reumatismos y las enfermedades venéreas son frecuentes".[12]

La población *yámana* –ocupando un área más restringida– fue numéricamente inferior. Puede conjeturarse que hacia el siglo XVIII pudo llegar a unos 3.000 individuos, estimación que, al igual que con otros pueblos nómadas, resulta absolutamente especulativa. En todo caso la población parece haberse mantenido sin variaciones de importancia hasta la segunda mitad del siglo pasado, cuando sufrió una caída que se acentuó en la primera mitad del siglo XX, quedando reducida a un poco más de medio centenar. A partir de ese momento la desintegración demográfica se acelera hasta llegar al número actual (Fig. 9).

El antropólogo Padre Martín Gusinde anotaba al respecto en 1919 que estimaba "demasiado bajo el número de 500, calculados por Fitz Roy como total de los individuos de la tribu de los yámanas". Señala luego que el pastor anglicano Thomas Bridges, "quien se estableció en Ushuaia el año 1870, determinó el número de estos indios en 3.000; pero un censo levantado por él mismo en 1884 obtuvo las cifras siguientes: 227 hombres, 316 mujeres y 356 niños, que dan un total de 899 indios; a este número deben agregarse unos 50 niños huérfanos, de modo que la pobla-

[9] Clairis 1972: 200, 1978: 30.
[10] Laming-Emperaire 1972: 179.
[11] Emperaire 1955: 93.
[12] Clairis 1978: 30-31.

Figura 9. Canoero fueguino según Conrad Martens, dibujante de la expedición del *Beagle*. Se trata de un *yámana* (Fitz Roy los llamaba *tekeenica*). Al fondo puede verse una habitación de forma cónica, típica de las islas australes (la choza de los canales occidentales, por el contrario, era en forma de cúpula o colmena).

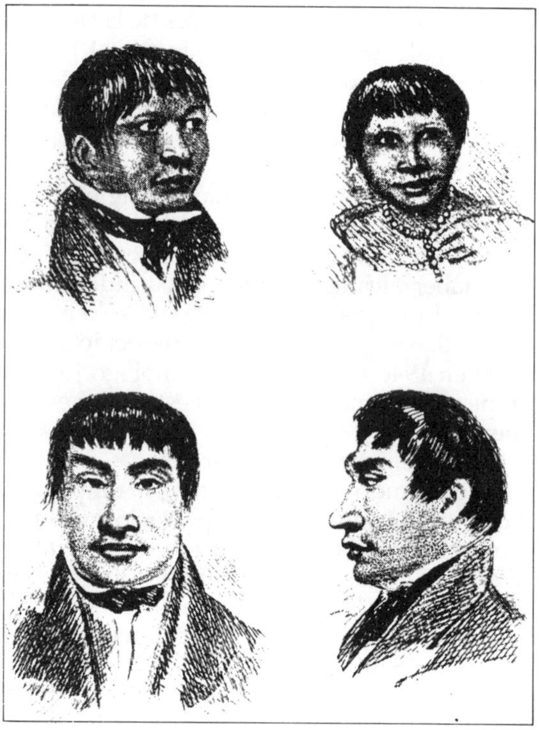

Figura 10. Los fueguinos que fueron conducidos a Inglaterra en el bergantín *Beagle*, en 1830, según retratos realizados por el comandante Robert Fitz Roy. Arriba, a la izquierda, James (Jemmy) Button; a la derecha, Fuegia Basket; abajo, frente y perfil de York Minster. Otro bautizado Boat Memory falleció en Londres en noviembre del año ya indicado. Sus edades aproximadas eran 14, 9, 26 y 20 años, respectivamente. El primero era *yámana*, los restantes *qawasqar (alakaluf)*. Luego de una estadía de un año en Gran Bretaña, regresaron a Tierra del Fuego en el mismo navío, el que también conducía esta vez al naturalista Charles Darwin. De estos fueguinos, el más conocido ha resultado ser Jemmy Button, por haber dado su nombre a un libro del escritor Benjamín Subercaseaux, el que constituye una versión novelada del viaje de Darwin a Chile.

ción *yámana* alcanzaba más o menos a 1.000 individuos. En marzo del siguiente año, en 1885, estalló entre ellos una epidemia de sarampión con consecuencias muy lamentables, que redujo el número de los indios a la mitad (...). Su número ha seguido disminuyendo de año en año y los tristes sobrevivientes no pasan hoy en día de 100, según un cálculo bastante exacto".[13]

En 1946 el Dr. Alejandro Lipschutz y colaboradores pudieron recoger información sobre la existencia de 63 *yámanas*, de los cuales 19 podían ser considerados como aborígenes puros, es decir que en la investigación sobre sus antecedentes genealógicos no aparecieron ascendientes de origen blanco. El número se reducía a 10 al separar aquellos que podían ser estimados como *yámanas* puros –5 hombres y 5 mujeres–, los cuales no poseían antecedentes conocidos de mestizaje con otros grupos indígenas fueguinos (*selknam* o *qawasqar*). En 1971 pudimos constatar la existencia de sólo ocho *yámanas* sin mestizaje y 40 con ascendientes donde se contaban tanto indígenas de otros grupos como no-indígenas.[14]

Se hace indispensable hacer aquí una observación de carácter general, válida para la protohistoria y la historia de los distintos grupos étnicos del extremo Sur, especialmente en lo que se refiere a los factores que aceleraron el proceso de descomposición demográfica. Hay que distinguir dos etapas netamente diferenciadas, consistiendo la primera de ellas en el trato absolutamente esporádico con navegantes de paso en el área, tanto en el estrecho de Magallanes como en los canales occidentales; también en el sector del cabo de Hornos desde 1616 y, a partir de la tercera década del siglo pasado, en el canal Beagle (Figura 10).

[13] Gusinde 1980: 54-55.

[14] Lipschutz *et al.* 1946, 1947; Lipschutz & Mostny 1950; Ortiz-Troncoso 1973.

Además de los navíos de España, otros pertenecían a potencias marítimas coloniales como Holanda, Gran Bretaña y Francia. Desde luego que los estrechos de Magallanes y de Lemaire, así como el paso al sur del cabo de Hornos, eran considerados sólo como vías de comunicación entre el Atlántico y el Pacífico; no existió prácticamente ningún proyecto de colonización en sus riberas, con excepción del fallido intento organizado por el capitán Pedro Sarmiento de Gamboa a fines del siglo XVI. Se constata, de tal manera, que las tierras de esa vasta región carecían de valor a los ojos de potenciales pioneros que hubiesen pensado asentarse allí definitivamente. La proverbial dureza de su clima bastaba para amedrentar a los emprendedores y hacer desistir a todos aquellos que proyectasen la explotación de los recursos naturales de la zona austral.

Esta situación hizo que el contacto europeo-indígena, ya presente en toda su crudeza en otras regiones de América, quedase allí postergado. Así la población indígena austral no tuvo que sufrir bajo la imposición de sistemas laborales que pudiesen acarrear graves disminuciones de población, como estaba ocurriendo en las zonas mineras de los Andes y en las regiones agrícolas del área del Caribe. Las ocasionales incursiones terrestres de los extranjeros fueron de poca amplitud y los escasos incidentes armados con los aborígenes no tuvieron ninguna trascendencia. Más graves pudieron ser los eventuales conflictos entre los diferentes grupos étnicos. En otros términos la interacción fue escasa, episódica y poco significativa.

A mediados del siglo XIX esta situación se transforma, y comienza a producirse la incorporación paulatina y real de los territorios australes a los intereses de las nuevas repúblicas de Argentina y Chile, lo que a su vez se expresó en un conflictivo contacto colono-indígena. La competencia por el espacio físico fue letal para los *selknam* de la Isla Grande de Tierra del Fuego, cuya extinción culminó en nuestra época. En cuanto a los *yámanas* y *alakaluf (qawasqar)*, por ocupar territorios que quedaban fuera de los intereses directos de los colonizadores, sólo se vieron afectados indirectamente a causa del contacto progresivo con individuos y elementos de culturas no nativas, tales como loberos, buscadores de oro, etc., con la consecuente introducción de bebidas alcohólicas y enfermedades, especialmente tuberculosis".[15]

El auténtico genocidio cometido con los cazadores *selknam* u *ona* de Tierra del Fuego constituye uno de los episodios más dolorosos de la historia del indígena americano. Aunque esto se encuentra fuera del tema central de este capítulo por tratarse de nómadas terrestres, las atrocidades cometidas con ellos ejemplifican una norma de conducta que por desgracia fue frecuente entre los colonizadores blancos. Los intereses que se movieron y la desproporción de medios en la competencia entre colonos e indígenas por un mismo suelo, dejaron huella en numerosa documentación de las postrimerías del siglo pasado. La política de crear reducciones o concentrar a los indígenas en establecimientos cerrados, practicada en la misma época en otros países, queda reflejada en estas líneas que Mauricio Braun, gran propietario rural fueguino, dirigía en 1894 a uno de sus asociados: "Es bien desagradable este asunto de los indios, pero qué hacer, tenemos que extirpar a los indios de la Tierra del Fuego y llevarlos todos a la Isla Dawson". Y en una carta fechada al año siguiente expresa: "El Padre Fagnano presentó una solicitud concerniente a los indígenas y nosotros convinimos en dar una libra esterlina por cada indio que enviáramos a la isla Dawson, y esto yo confío encontrará su aprobación, yo pienso que es el modo más barato para deshacernos de ellos, más corto que dispararles, lo que además es censurable".[16]

Concluyendo como lo hace el historiador magallánico M. Martinic, "...nos atreveríamos a aseverar que las matanzas de indígenas, aplicando un cálculo conservador, habrían alcanzado una cifra estimada en un par de centenares de personas, con lo que al fin podemos convenir atribuyendo a la colonización ganadera el exterminio –en verdad un genocidio– por acción directa (muertes) y por acción indirecta (deportaciones) de más de dos tercios de la población indígena existente en 1893, colocándosela en el camino de próxima extinción en un solo lustro". Agrega, refiriéndose a los culpables, que directamente se vio implicada la colonización ganadera y sus representantes, pero también "las autoridades, el Gobierno de Chile, responsables –por delito de omisión– por no concebir racionalmente una política de colonización que salvaguardara el derecho de los habitantes naturales de la Tierra del Fuego (quienes al fin y al cabo también eran chilenos), y por no evitar que se procediera, como se procedió de hecho, a des-

15 Ortiz-Troncoso 1973: 81.

16 Citado por Martinic 1973: 42-43.

pojarlos a través de las concesiones; por dejar hacer en increíble desidia y por permitir que ocurrieran sucesos que afrentarían a la nación y mancharían una época".[17]

No obstante su condición marítima, que los alejaba de los territorios ambicionados por los colonos, los canoeros no se libraron del todo del sistema que intentaban imponer los blancos. El contacto de los *alakaluf* o *qawasqar* con los representantes del gobierno chileno, a partir de la fundación del Fuerte Bulnes (1843), estuvo durante largo tiempo basado en dos elementos de juicio por parte de la autoridad: primero, el afianzado prejuicio sobre la gratuita agresividad de estos indígenas; segundo, su afán de apropiarse del ganado ajeno, es decir la práctica del delito de abigeato. De más está decir que no se requerían mayores pruebas o testimonios para aceptar toda sospecha que recayese sobre los indígenas. Podría agregarse que esto siempre acarreó desproporcionadas represalias hacia ellos, en las que cada res desaparecida era cancelada con la vida de varios indígenas.

Se han citado casos como el ocurrido en 1873, cuando durante un incidente entre *alakaluf* y soldados despachados en expedición punitiva por el Gobernador de Magallanes, seis indígenas resultaron muertos y las tropas se llevaron a Punta Arenas a doce niños capturados. Al año siguiente ocurría otro caso semejante con ocho indígenas muertos (incluyendo dos mujeres), y tres niños capturados. En 1906, el cónsul alemán en Punta Arenas, denunciando la desaparición de un colono de su nacionalidad de la que él acusaba a los naturales, no vacilaba en definirlos como "salvajes" y "seres que son una vergüenza para la humanidad", aconsejando que fuesen deportados y concentrados en la isla Dawson.[18] Como es bien conocido, la aglomeración de indígenas en Dawson, en la Misión de San Rafael de la Congregación Salesiana, sólo sirvió para que las epidemias dieran más rápidamente cuenta de ellos.

---

[17] Martinic 1973: 63 y 65.

[18] Martinic 1979: 39.

BIBLIOGRAFÍA

CLAIRIS, CH.
1972 "Les Alakaluf de Puerto Edén", 1971. *Objets et Mondes, la Revue du Musée de l'Homme* 12 (2): 197-200.

1978 "La Lengua Qawasqar (Alakaluf)". *Vicus Cuadernos, Lingüística* (Amsterdam) 2: 29-44.

COOPER, J. M.
1917 *Analytical and Critical Bibliography of the Tribus of Tierra del Fuego and Adyacente Territory.* Bureau of American Ethnology, Smithsonian Institution, Washington.

1946 "The Chono". En *Handbook of South American Indians* (J. H. Steward, ed.), vol. I, pp. 46-54. Bureau of American Ethnology, Smithsonian Institution, Washington.

EMPERAIRE, J.
1955 *Les nomades de la mer.* Gallimard, París.

GALLEZ, P. J.
1976 "La más antigua descripción de los yámanas". *Karukinka, Cuaderno Fueguino* 15: 17-31.

GUSINDE, M.
1980 Informe del Jefe de Sección (Museo de Etnología y Antropología de Chile). En *Expedición a Tierra del Fuego* (Introducción de M. Orellana R.), pp. 27-62. Editorial Universitaria, Santiago.

HYADES, P. D. J.
1885 "La chasse et la pêche chez les Fuéguiens de l'archipel du cap Horn". *Revue d'Ethnographie* 4: 514-553.

LAMING-EMPERAIRE, A.
1972 "Pêcheurs des archipels et chasseurs des pampas". *Objets et Mondes, la Revue du Musée de l'Homme,* 12 (2): 167-184.

LIPSCHUTZ, A., G. MOSTNY & L. ROBIN
1946 "The Bearing of Ethnic and Genetic Conditions on the Blood Groups of Three Fuegian Tribes". *American Journal of Phys. Anthropology,* 4 n. s. (3): 301-322.

LIPSCHUTZ A., G. MOSTNY, H. HELFRITZ, F. JELDES & M. LIPSCHUTZ
1947 "Physical Characteristics of Fueguians. An Analysis Aided by Photography". *American Journal of Phys. Anthropology,* 5 n. s. (3): 295-322.

LIPSCHUTZ, A. & G. MOSTNY
1950 "Cuatro conferencias sobre los indios fueguinos". *Rev. Geografía de Chile.*

LOTHROP, S. K.
1928 *The Indians of Tierra del Fuego.* Museum of the American Indian, New York.

MARTINIC BEROS, M.
1973 "Panorama de la colonización en Tierra del Fuego entre 1881 y 1900". *Anales Inst. de la Patagonia* 4: 5-69.

1979 "La política indígena de los gobernadores de Magallanes 1843-1910". *Anales Inst. de la Patagonia* 10: 7-58.

MOESBACH, E. W. DE
1978 *Diccionario Español-Mapuche.* Siringa Libros, Buenos Aires.

MOLINA, J. I.
1776 *Compendio della storia geografica, naturale e civile del Regno del Chile.* Bologna.

ORTIZ-TRONCOSO, O. R.
1973 "Los yámanas, veinticinco años después de la Misión Lipschutz". *Anales Inst. de la Patagonia,* 4: 77-107.

1975 "La navegación indígena en el confín austral de América". *Revista de Marina* (Madrid). Junio: 1-11.

WALBEECK, J. VAN
1643 *Journael van de Nassausche Vlot.* Amsterdam.

CAPÍTULO VI

LOS AONIKENK (TEHUELCHES), CAZADORES TERRESTRES DE LA PATAGONIA AUSTRAL

Mateo Martinic B.[1]

1. LOS AONIKENK EN EL SIGLO XVIII

Tras el inicial contacto realizado en la bahía de San Julián, en abril de 1520, entre la gente de Hernando de Magallanes y los aborígenes del territorio meridional continental de América, y luego de la primera y fantasiosa descripción que sobre ellos dejara el cronista Antonio Pigafetta, cundió fecunda la leyenda acerca de su gigantismo, que, al parecer, les había hecho merecedores del gentilicio con el que pasaron a ser conocidos: *patagones*.[2]

Corriendo el siglo XVIII, en particular una vez que el paso de los llamados navegantes científicos por aguas y costas meridionales permitió conocer e informar con mayor racionalidad sobre este pueblo de cazadores, comenzó a ceder el mito que había rodeado la noción de su existencia y que había hecho estragos en la creencia popular de esos siglos.

No fue asunto sencillo superar tan falsa imagen, por el contrario, la polémica entre intelectuales arreció al promediar la centuria decimooctava, pero al fin pasó a campear la sensatez: "Como los relatos que se refieren a ellos están plagados de exageraciones sobre otros temas, está permitido dudar de que exista realmente una raza de hombres enteramente formada por gigantes (...)", hubo de sentenciar el ilustre Buffon.[3]

Así, mientras la discusión académica se mantenía, se fue progresando en el conocimiento sobre las características étnicas y culturales de los indígenas conocidos como patagones.

Aunque el primer aporte informativo moderno debe atribuirse al capitán John Narborough, quien navegó por el estrecho de Magallanes en 1670 y 1671, la mayor contribución inicial provino de las sucesivas recaladas de navíos franceses en el litoral nororiental del gran canal, especialmente en la bahía de San Gregorio, y que ocurrieron durante las tres primeras décadas del siglo XVIII. Luego, durante la segunda mitad del mismo siglo, los fondeos en los parajes donde los indígenas solían concentrarse y los consiguientes contactos establecidos con ellos realizados durante los viajes de los capitanes John Byron (1764), Louis Antoine de Bougainville (1766-1767) y Antonio de Córdoba de la Vega (1786), proporcionaron a la ciencia etnológica noticias verosímiles y suficientes como para tener una noción apropiada sobre los cazadores nómades que habitaban el territorio oriental patagónico del reino de Chile, al Norte del estrecho de Magallanes.

Puede tenerse como clásica la descripción que de ellos nos dejara Bougainville,[4] quien los presentaba como una nación cuyos individuos eran de buen aspecto físico, complexión robusta, estatura aventajada, saludables formas y hasta agradable presencia; que vestían con pieles de animales con el pelaje vuelto hacia adentro; que gustaban de adornos en sus personas y caballos, que poseían como arma principal la boleadora, y que cazaban sirviéndose, además, de los perros; que vivían

---

[1] Instituto de la Patagonia-Universidad de Magallanes.

[2] El origen del topónimo *Patagonia* y por derivación del gentilicio patagones es materia de interpretación interminable. La mayoría de los autores ha aceptado sin mayor crítica la versión que se consigna en este trabajo. Sin embargo hay estudios antiguos y recientes que señalan un origen epónimo para la denominación, inspirado en la literatura caballeresca postrera para el caso de la novela *Primaleón* (Ramón Morales, *in. lit.*).

[3] Citado por Coyer en "Sobre los gigantes patagones", p. 71.

[4] "Viaje alrededor del mundo por la fragata del Rey "Boudeuse" y la fusta "Estrella" en 1767, 1768, 1769", pp. 65 y sgtes. y 133 a 135.

en toldos confeccionados con cueros y palos, habitaciones que podían armar, desarmar y trasladar con facilidad donde quiera los llevara su índole trashumante; que poseían algunas creencias y prácticas rituales, que amaban con pasión a sus hijos y que, en fin, no tenían un carácter feroz y hasta podía considerárseles amistosos.

No obstante lo ajustada, cabe completar esta descripción por lo somera y entregar información sobre los aborígenes patagones.

Estos se nombraban a sí mísmos *aonikenk*, esto es, "gente" u "hombres del sur", y pertenecían a un grupo humano que habitaba el territorio estepario situado en la Patagonia austral, entre el estrecho de Magallanes y el río Santa Cruz, el Atlántico y el pie de monte cordillerano, y cuyos orígenes se remontaban algunos milenios atrás, entroncando con la última de las corrientes migratorias de pueblos cazadores que arribaron al sur de América (Período IV de Bird o Tardío de Massone). Los mapuches, con los que llegarían a relacionarse después, los designaron con el nombre de *tehuelche*, denominación que admite varias acepciones, que fue recogida por autores como Falkner, Cruz Cano y Olmedilla en el siglo XVIII (toelchus, tehuelches o ·tehuelhets), y que pasaría a imponerse como gentilicio en el entendimiento común durante el siglo XIX.

La economía de los aonikenk estaba basada en la caza, principalmente de guanacos y avestruces, animales de los que obtenían tan-

to su provisión alimentaria, cuanto materiales para vestido, abrigo, habitación y otras necesidades. Eran asimismo recolectores de especies vegetales comestibles o estimulantes, y de mariscos, cuando merodeaban por las costas de su vasto dominio.

Su vida social estaba caracterizada por una amplia libertad, pues no poseían jerarquías formales de mando. Para el uso excepcional de la caza, los hombres obedecían al cazador más hábil y experto. En la vida cotidiana se imponía la división del trabajo según normas con-

Figura 1. Gigantes patagones y europeos haciendo trueque en bahía San Gregorio, estrecho de Magallanes. Grabado de Dom Pernetty, siglo XVIII (esta ilustración es característica de la época del mito del gigantismo patagón). (Todas las fotografías de este capítulo pertenecen al Archivo Fotográfico Histórico "Armando Braun Menéndez", Instituto de la Patagonia, Universidad de Magallanes.)

Figura 2. Campamento tehuelche en puerto Peckett, estrecho de Magallanes. Dibujo de Ernest Goupil, expedición Dumont d'Urville, 1838.

suetudinarias: a las mujeres, que eran ciertamente hacendosas: les cabía elegir los sitios de campamento, levantar (y desarmar) los toldos; buscar agua y leña y cocinar; preparar cueros y cocer las distintas manufacturas de su artesanía, amén de criar a los hijos. Los varones ocupaban su tiempo en aparente indolencia, comiendo, descansando y jugando, y, ocasionalmente, en algunos trabajos artesanales; su actividad se concentraba en las faenas cinegéticas y guerreras.

En cuanto a su compleja vida espiritual, los aonikenk conservaban y trasmitían sus creencias míticas que se referían a seres superiores: Elal, el más poderoso, que había creado la vida y la mantenía; y el Gualicho, ser siniestro a quien se imputaba la causa de los males que solían afligir a los humanos. Su tradición atesoraba numerosas leyendas que explicaban aspectos complejos o sencillos del acontecer natural. Practicaban el shamanismo y realizaban ceremonias de iniciación referidas a la pubertad. La celebración matrimonial, las enfermedades y la muerte de un ser querido o respetado y otros sucesos relevantes del pasar cotidiano también eran materia de manifestaciones rituales.

La más que milenaria estadía en el territorio que habitaban había permitido conocer a la perfección sus características geográficas. Contribuyó a ello el arraigado hábito nómade que quizá se había originado en la natural transhumancia de las especies animales más cotizadas, especialmente de los guanacos. Pudieron así valorizar apropiadamente aquellos lugares más favorecidos por razones topográficas y por la existencia de agua, lo que a su vez aseguraba abundante presencia animal y recursos vegetales. Cobraron así temprana preferencia por los mismos, haciendo de ellos asiento de sus *aik'n* o paraderos tradicionales, cada uno con su nombre distintivo.

Al parecer no establecieron divisiones territoriales precisas, a la manera de los *haruwen* de sus lejanos parientes selknam de allende el estrecho de Magallanes, aunque hay indicios que sugieren una suerte de preferencia comarcal o distrital relativamente exclusiva y no suficientemente diferenciada entre grupos.

La cuantía numérica de la población aborigen de la América austral en el período precolonizador, esto es, hasta la primera mitad del siglo XIX, es una de las cuestiones más arduas de la etnología. Constituye una norma obligada para especialistas o historiadores la inferencia poblacional partiendo de los antecedentes que se tienen de los encuentros ocasionales producidos entre navegantes y aborígenes a partir del tiempo de arribo de los europeos.

Sobre tal base y teniendo como verídicos los datos de Byron, Bougainville y Córdoba, que afirman la presencia de varios centenares de indígenas, hasta 800, como es el antecedente suministrado por el segundo para la bahía de San Gregorio en 1766, y debiendo necesariamente entenderse que tal número no podía corresponder a la totalidad de la población, cabe concluir que ésta debió ser de a lo menos el doble, si no el triple, de la cifra mayor consignada, para el vasto territorio precedentemente acotado y que debe estimarse en alrededor de 50.000 kilómetros cuadrados.

Nómades como eran por hábito ancestral, tal carácter se afirmó una vez que los aonikenk adoptaron el uso del caballo, introducido dos siglos antes por los españoles en la costa del río de la Plata con ocasión de la primera fundación de Buenos Aires. Este hecho debió ocurrir hacia la cuarta década del siglo XVIII, teniendo como referencia inicial la observación hecha en 1741 por Bulkeley y compañeros en el cabo Vírgenes.

La adquisición y empleo del equino hubo de significar una variación fundamental en la vida de los aonikenk, tanto que bien puede afirmarse que con él comienza una etapa histórica en su cultura que ha sido nominada con propiedad como el "complejo ecuestre".

En efecto, el progresivo empleo del caballo debió estimular el hábito nómada de los naturales y ampliar de modo considerable el ámbito geográfico de su movilidad. Tal vez a partir de entonces llegó a término la relación de permanencia grupo-comarca que en el pasado habría determinado la existencia de concentraciones humanas en grado de autonomía unas respecto de otras, en las áreas más favorables del extenso país tehuelche meridional.

El uso ecuestre en la actividad cinegética fue también de consecuencias, pues permitió extender el rango territorial de las cacerías y asegurar la provisión alimentaria, gracias a la mayor capacidad de desplazamiento adquirida y a la velocidad del caballo, lo que permitió descontar o neutralizar la ventaja que a guanacos y avestruces prestaba su notable rapidez. Forzó también a un cambio en la panoplia indígena, privilegiando el empleo de las boleadoras en desmedro del arco y la flecha, por ser aquéllas más fácil de usar en carrera y con una eficacia mortal para la caza.

El uso ecuestre favoreció asimismo los desplazamientos a distancia, más allá del país aonikenk, hacia el norte, a los territorios habitados por parientes étnicos de centro y norpatagonia, y por los mapuches del Nahuel Huapi, generándose una interrelación cultural y social que se haría más nutrida a partir del siglo XIX. Esto permitió a los tehuelches meridionales adquirir bienes, artesanías y hábitos propios de otras etnias, inclusive el gusto por los juegos de azar adquiridos a su vez por el trato de éstas con los españoles. La relación no siempre fue pacífica y así no fueron escasos los encuentros armados, en los que por lo común los belicosos mapuches debieron resultar triunfadores. La tradición indígena recordaría en particular uno de estos enfrentamientos, el del río Apaleg, en la Patagonia central preandina, en el que habrían participado los tehuelches meridionales. Esta particular circunstancia pudo influir en el decrecimiento numérico de la etnia, que hubo de advertirse hacia la tercera década del siglo XIX, en comparación con la población estimada durante el último tercio del anterior.

2. LA PRESENCIA EUROPEA OCASIONAL Y SU INFLUJO SOBRE LA VIDA INDÍGENA

Luego de la última de las expediciones científicas mencionadas se produjo una interrupción en el tráfico marítimo por el estrecho de Magallanes –vía por la que los navegantes habían accedido tradicionalmente al mundo aonikenk–, que tomó largo tiempo y que se reanudó con el inicio de la tercera década del siglo XIX. No fueron ajenas a ese fenómeno las consecuencias propias de las guerras napoleónicas y de la independencia de las colonias españolas en América. Con el advenimiento de la paz en Europa y el establecimiento de las repúblicas que surgieron de la desmembración del imperio hispano, como también de la consolidación de la hegemonía naval británica sobre los mares del globo, el antiguo tráfico por aguas meridionales americanas revivió inclusive más activo.

Les cupo iniciarlo a los foqueros ingleses y norteamericanos, una vez que se descubrieron y comenzaron a explotarse los apostaderos de lobos de uno y dos pelos, cuyas pieles conformaban desde hacía más de medio siglo un artículo muy cotizado en el comercio peletero mundial, al punto que el mismo había significado el arrasamiento virtual de antiguas loberías ubicadas en las costas orientales de la Patagonia, las Malvinas y las Shetland del Sur.

Así, estos navegantes debieron recalar de modo ocasional en la bahía de San Gregorio, lugar de tradicional encuentro con los indígenas patagónicos, y establecer con éstos una relación aperiódica, circunstancia para la que los naturales estaban atentos de modo permanente, pues tal sitio era un paradero de habitual concurrencia. Tan frecuente fue el paso de los navegantes cazadores, que por mucho tiempo los sencillos tehuelches creyeron que la faena lobera era la única razón de presencia extraña en la periferia de su dominio.[5]

"La exena (sic) de confusión que ocasiona la llegada de un buque excede toda descripción. No bien hubo aparecido éste en la bahía, cuando se cubrió la ribera hasta una distancia considerable de hombres, mugeres y niños. Todos trahían (sic) sus cueros u otro artículo que tuviesen de comercio, presentando un aspecto de una feria de la clase más rústica". Así relataría el misionero norteamericano William Arms la llegada de un buque a San Gregorio en enero de 1834, poniendo de relieve la conmoción que invadía a los indígenas cuando se producían tales arribos. Luego, reflexionando sobre el efecto moral de tales visitas, añadiría: "lo primero por que preguntaban (los indios) era por ron, después por tabaco; se volvían locos por estas dos cosas. La fuerza de sus apetitos y pasiones, y las tentaciones que se les presentan, deben ser siempre grandes obstáculos para difundir aquí el Evangelio".[6]

Los navegantes naturalmente tenían interés en trocar las pieles, y también la carne de guanaco que podían tener los indígenas, para renovar la siempre escasa provisión de a bordo, por diversos artículos que ansiaban éstos: herramientas y efectos de metal, cuchillos, hachas, cuentas de vidrios, paños coloridos, además de azúcar, harina, aguardiente, ron u otros licores y tabaco; en menor grado les interesaban, por entonces, las armas de fuego y la pólvora.

Este intercambio, no obstante tener un carácter ocasional, asumiría progresiva importancia y hubo de conformar el principio de un proceso de relación que a la larga tendría consecuencias determinantes para la evolución cultural y aun para la sobrevivencia indígena. Tan apreciado llegó a ser por los tehuelches, que si no se aceptaban su interés y creciente afición por los productos de los civilizados, difícilmente podía establecerse una relación

---

[5] Cfr. Robert Fitz Roy, "Narración de los Viajes de levantamiento de los buques de S. M. *Adventure* y *Beagle*, en los años 1826 a 1836", tomo I, p. 148.

[6] "Extracto de los diarios de los señores Arms y Coan", p. 140.

satisfactoria con ellos. Tal lo comprobarían en desilusionantes experiencias los misioneros William Arms y Titus Coan (1833-34), Allen Gardiner (1842) y Teophilus Schmid (1858-63), y también el piloto Franklin Bourne, quien debió soportar un angustiante cautiverio de algunos meses por carecer de valores de intercambio (1849).

De cualquier modo, mucho ayudó este trato mercantil para que la relación entre los indios y los arribados ocasionales fuera cada vez más amistosa, lo que no obstó para que, de manera excepcional, se produjeran contados sucesos luctuosos cuya causa no siempre pudo imputarse a la presunta agresividad indígena originada en la codicia u otros sentimientos. Para el caso, bien vale recordar la carta preventiva que hacia 1826-27 redactara el capitán lobero William Low, dirigida a cualquier nave que pasara por el estrecho y por la que daba a conocer las amistosas disposiciones de los indígenas y recomendaba darles buen trato y "no engañarlos, pues tenían buena memoria y se resentían seriamente".[7]

La relación que de ese modo hubo de establecerse ya con carácter permanente, tuvo consecuencias que resultaron determinantes para la evolución de la vida aonikenk. Desde luego, los indígenas en su transcurso llegaron a aficionarse por las bebidas alcohólicas que los patrones y pilotos loberos les suministraban sin escrúpulo alguno. Su consumo cobraría tal importancia corriendo los años, que se impondría una suerte de dependencia del mismo en grado insuperable, con influencia sobre aspectos conductuales y económicos.

De igual manera, de la relación que se comenta, derivó el creciente conocimiento sobre las armas de fuego para fines cinegéticos, de ataque y defensa personales, y el consiguiente interés por procurárselas, circunstancia que de modo progresivo influiría en el cambio de hábitos consuetudinarios.

El trato, además, hubo de incrementar el bagaje instrumental indígena con elementos novedosos como eran las herramientas de uso corriente entre los civilizados (martillos, limas, formones, etc.) y de instrumentos útiles varios, como hachas, cuchillos, tijeras, leznas, agujas, dedales y otros para fines tanto de carácter utilitario como de ornato, en el caso de los dedales.

Influyó por fin el trato mercantil así mantenido, en el acostumbramiento indígena a la presencia extraña y aun en la tolerancia a una

permanencia temporal en su territorio, aspecto éste que tendría consecuencias irreversibles en el futuro.

Ello significaba el inicio de una etapa nueva en la evolución de su sencilla y más que milenaria cultura, que iniciaría el lapso histórico final de su existencia étnica en suelo chileno.

3. VIDA COMÚN INDÍGENA EN EL TIEMPO ANTERIOR A LA COLONIZACIÓN

Para esa época, 1830 a 1840, la etnia aonikenk tal vez no excedía del millar de almas, población ciertamente escasa para un territorio tan extenso como era el que conformaba su solar histórico. Los misioneros Arms y Coan que convivieron con los tehuelches por espacio de nueve semanas entre noviembre de 1833 y enero de 1834, alternando entre sus paraderos de Dinamarquero y San Gregorio, estimaron su número en alrededor de 800 individuos, pero advirtieron la posibilidad de mayor cantidad.

Gente libre como eran, ello no obstaba para que reconociendo una circunstancial preeminencia de algún indio principal, se agruparan bajo su transitoria conducción. Así, en la época de que se trata, Fitz Roy singularizó al grupo de San Gregorio como obediente a la jefatura de la afamada india María, puntualizando que un tal Bysante debía ser considerado como "jefe principal" de los indígenas (1826). Arms y Coan, en su prolongada estadía, individualizaron a cinco grupos: uno de ellos sujeto al nombrado Capitán Congo,[8] al que describieron como "gran jefe de la nación[9] y joven de suave fisonomía, de figura alta y elegante y mucha gracia natural en los movimientos";[10] otro, obediente a la "reina" María; un tercero, dependiente de Santurión, cristiano aindiado que había ganado algún ascendiente sobre los indígenas;[11] un cuarto sujeto a jefatura desconocida, con el que no llegaron a trabar conocimiento pues merodeaba por campos del interior; y, por fin, los "Su-

---

[7] Fitz Roy, *op. cit.*, tomo I, p. 146.

[8] Este jefe es nombrado Kongre por Dumont d'Urville, quien lo conoció en puerto Peckett en 1838. Los chilenos lo llamaron Huisel o Wisel, y Wissale los británicos.

[9] Op. cit., p. 132.

[10] Id., p. 133.

[11] Las informaciones y crónicas concernientes a la época lo mencionan asimismo con los nombres de Santorín, Santo Río, Santos Centurión y San León.

palios" de la península de Brunswick, que no eran otros que los más tarde tristemente afamados guaicurúes. Éstos integraban un reducido grupo conformado por mestizos de Kawéskar y Aonikenk. Aquellos eran nómades canoeros de los mares interiores de Otway y Skyring, con quienes mantenían antiguo trato en la zona del istmo de la península mencionada y su vecindad. Los guaicurúes, aunque habían adoptado las costumbres de los tehuelches, eran objeto de su permanente desprecio por considerarlos indios malos (Martinic, 1984).

Al producirse el asentamiento de los chilenos en la costa del estrecho y entablarse las relaciones con los patagones, las informaciones de los primeros años (1843 a 1846) hacen referencia a dos grupos principales que obedecían a dicho Centurión o Santurión y Huisel.

La reducida nación aonikenk, haciendo honor a su nomadismo ancestral, se movía durante las distintas épocas del año recorriendo su vasto solar desde las costas del estrecho de Magallanes al río Santa Cruz, y desde los feraces y espectaculares distritos fluviales y lacustres subandinos hasta el poco atractivo litoral atlántico. Su ir y venir periódico había dado forma a sendas o rutas que desde Brunswick conducían hacia el norte, a los campos de la laguna Blanca y Dinamarquero, al sector volcánico de Pali Aike y valle del Gallegos, y cruzando éste, a los distritos regados por el río Coyle y al gran valle de Santa Cruz. Por la costa del estrecho, la senda indígena

Figura 3. Indio patagón en la bahía San Gregorio. Dibujo de Fitz Roy, 1826-30.

tradicional pasaba por las comarcas de Oazy Harbour, San Gregorio y Kimiri-Aike, para alcanzar hasta el cabo Posesión y la entrada atlántica del gran canal. Una tercera gran ruta, siguiendo los cursos ramificados del Coyle, y una cuarta, que costeaba probablemente el río

Figura 4. Tehuelches cazando guanacos. Dibujos de Theodor Ohlsen en Magallanes, hacia 1884.

154

Santa Cruz, confluían en los altos valles de Última Esperanza, distritos donde existían manadas de caballos salvajes, hasta donde concurrían ocasionalmente para capturarlos.

En la vecindad de estas sendas se situaban los territorios tradicionales de caza y sobre las mismas sus paraderos o *aiken*, para los que, cabe reiterarlo, tenían denominación precisa.[12] De entre tantos lugares, la comarca litoral de San Gregorio, donde debieron situarse varios de tales paraderos, y el paraje de Dinamarquero, tierra adentro, encrucijada de rutas y cabecera de un valle pastoso y rico en vida animal, fueron a lo largo del tiempo sus lugares preferidos de concentración poblacional, aun con grado de cierta permanencia temporal.

Los aonikenk amaban con pasión su país estepario, cuyas particularidades geográficas y recursos conocían al dedillo. Nada pues les resultaba más grato que oír alabar sus pampas, al punto que tal referencia podía considerarse como un auspicioso saludo introductorio, según dejarían constancia algunos viajeros.

Además de la relación con los kawéskar, ya mencionada, la tuvieron también con sus parientes étnicos del norte del Santa Cruz, los *mecharnúekenk*. Este trato ultrafluvial debió acentuarse con el dominio del caballo, circunstancia que les llevó a emprender cada cierto tiempo prolongados recorridos hasta la colonia Carmen de Patagones, junto al río Negro, y de modo excepcional hasta Buenos Aires. También llegaron hasta la cordillera neuquina, en viajes redondos que enteraban tres o más millares de kilómetros. Conocieron y trataron de esa manera a los *teushkenk* (tehuelches de la Cordillera, del oeste de Santa Cruz y Aisén); a los gününaken del norte de Santa Cruz y del Chubut; a los mapuches (manzaneros) de Nahuel Huapi y del Limay, y por fin a los diversos grupos pampas del norte del río Negro.

Esta relación interétnica contribuyó a enriquecer la cultura aonikenk, permitiendo incorporar a sus hábitos artesanías como la del tejido, de probable influjo mapuche, que tanto implicaba técnica, como formas y diseños ornamentales. Pasaron, así, a practicarla en rústicos telares para la confección de fajas de ornamento para sus cabalgaduras y probable-

mente de algunas prendas de vestir o de abrigo. Es posible, también, que durante sus visitas a los indios septentrionales hayan podido observar trabajos de platería y que después debieron repetir en ruda variante artesanal, cuando el trato con los navegantes o la ocurrencia de naufragios en sus costas les procuraron trozos de bronce o cobre. Con ellos pudieron fabricar botones, hebillas, adornos y otras cosas, principalmente mediante técnicas de corte, perforación y moldeo. En esta labor pudieron aplicar los conocimientos de manejo de las herramientas de otros pueblos y se dieron maña para inventarlas con los recursos propios del territorio.

4. LA PRESENCIA COLONIZADORA EN EL TERRITORIO ABORIGEN

A poco de iniciada la quinta década del siglo XIX, en 1843, ocurrió un suceso que afectaría de variada manera al reducido mundo aonikenk, influyendo de modo determinante en su evolución final. Fue éste la ocupación del territorio sudpatagónico por parte de la República de Chile, en su condición de sucesora del antiguo reino indiano, hecha efectiva con la fundación de un fortín o puesto militar que debía servir para el progresivo desarrollo de la colonización.

Así, por vez primera, en dos y medio siglos transcurridos desde el efímero y trágico intento fundacional hispano sobre las costas del estrecho, los aonikenk pudieron conocer a gentes de ajena procedencia que venían con la determinación de permanecer en su territorio.

En noviembre de 1843, a días escasos de la inauguración del Fuerte Bulnes –modesta expresión inicial de jurisdicción chilena en las regiones meridionales–, aparecieron delante de su empalizada los primeros tehuelches, de algún modo enterados sobre aquella presencia extraña. Su trato con los chilenos fue todo lo amistoso que podía esperarse, no obstante el recelo de éstos que no conocían la tranquila índole de los indígenas y el acostumbramiento que había producido en ellos el arribo y relación precedente con los hombres blancos.

Meses después, en marzo del año siguiente, llegó al fuerte el jefe Santurión o Centurión acompañado de numerosos indígenas, oportunidad que la autoridad a cargo, el gobernador Pedro Silva, quiso aprovechar para estrechar el incipiente trato, interesado como estaban él y el Gobierno de Chile en asegurar de partida una convivencia armoniosa con los

12 Koikash Aiken, Horsh Aiken, Namer Aiken, Ciaike, Kolk-Aike, Kimire Aike, Okerereraike, Ush Aiken, Pali Aike, Juniaike, Rose Aike y Chej-Chej Aike son los nombres de algunos de estos paraderos, que han conseguido rescatarse ubicados todos en actual suelo chileno.

dueños seculares del territorio en donde se había dado principio a la ocupación. Contando con la buena disposición de Santos Centurión, Silva suscribió con él un curioso "Tratado de amistad y comercio", que en lo sustancial comenzaba por reconocer la jurisdicción chilena, para afirmar sobre una base formal aquella relación (Martinic, 1979).

Marchados este jefe y su gente, apareció Huisel con los suyos, quien con talante menos favorable que aquél, le espetó a Silva "por qué había venido a poblar sin haberle avisado a él",[13] haciendo alarde, de paso, de la amistad que lo ligaba con el gobernador de Buenos Aires, general Juan Manuel de Rosas, y con la autoridad militar del poblado de Patagones. En ello ha de verse, por una parte, la única reacción contraria ante el asentamiento colonizador y, por otra, el primer atisbo de la rivalidad que se generaría entre chilenos y argentinos respecto del dominio sobre el suelo patagónico y que involucraría a los propios tehuelches.

A pesar de tan altanero comienzo, el ánimo indígena se mostró propicio al buen entendimiento recíproco, una vez que el gobernador Silva procuró disipar con regalos aquel disgusto.

Superado el incidente, que de cualquier modo mantuvo con recelo por algún tiempo a la autoridad chilena, que temió que pudiera ser el preanuncio de eventuales perturbaciones para una posesión que deseaba afirmar con tranquilidad, se fue haciendo periódica la relación entre los indígenas y los chilenos, en forma de un tráfico mercantil que se ciñó al patrón de intercambio ya practicado por aquéllos con los navegantes.

La confianza mutua acabó por imponerse, el trato se hizo sostenido y se mantuvo en nivel satisfactorio durante la permanencia de la colonia en punta Santa Ana, prosiguiéndose de mejor modo todavía luego de la fundación de Punta Arenas en 1848.

El infausto acontecimiento que significara el criminal alzamiento del teniente Miguel José Cambiazo, que arruinó el surgiente segundo establecimiento colonial del estrecho (noviembre 1851-enero 1852), y su imprevista secuela de fines del último año, interrumpió una relación que se auguraba como conveniente y fructífera. En efecto, entre los desgraciados incidentes de aquel suceso luctuoso estuvo el asesinato de algunos indios que al parecer pertenecían a la parcialidad guaicurú. Esta lamentable circunstancia fue causa, una vez restaurada la colonia de Punta Arenas, de que en octubre de 1851 algunos de los integrantes asesinaran al gobernador Bernardo E. Philippi y otras personas, en lo que se consideró como un acto de venganza.

Como la investigación posterior dejó ver la participación de los tehuelches en este y otros sucesos criminales contemporáneos, a lo menos en grado de instigación, estos indígenas, incluyendo a los guaicurúes, fueron puestos en interdicción por las autoridades, lo que significó la interrupción del trato mercantil hasta 1855. Fue ésta, por lo demás, la única suspensión que con tal carácter se registraría en la relación colono-tehuelche, la cual habría de prolongarse sobrepasando el siglo hasta el tiempo de la extinción de la etnia en suelo chileno.

No tardó en restaurarse la confianza recíproca, con lo que retornó el comercio tan vivamente deseado por unos y otros. Él mismo había de alcanzar tal importancia, que por los siguientes tres lustros representaría para la colonia magallánica virtualmente la única fuente de actividad económica, pues pieles y plumas serían los productos característicos de que aquélla podría disponer para su comercio externo.

Para los tehuelches, que de modo insensible fueron mostrando una inclinación creciente por los artículos propios de una cultura distinta, y que en algunos casos, como en el del alcohol, se transformó en dependencia, ese intercambio resultó esencial y casi irremplazable, pues Punta Arenas, no obstante su pequeñez y precariedad como centro de vida, presentaba el máximo atractivo que podía darse para los indígenas. Así, desde el medio siglo si no antes, cesó el antiguo trato con los navegantes en la bahía de San Gregorio y otros ocasionales sitios de la costa y aflojó el que se mantenía en igual carácter con el asentamiento argentino del río Negro, para concentrarse en la colonia magallánica. Ello otorgó además una importancia adicional al paradero de Dinamarquero, situado como estaba sobre el eje de comunicación entre la península de Brunswick y el estuario del Santa Cruz, límite de la jurisdicción de facto que ejercía Chile sobre el territorio patagónico sudoriental.

Durante este lapso y más allá del propio beneficio que obtenían, los tehuelches fueron, vale reiterarlo, el sostén casi providencial que animaba económicamente la vida del aletargado establecimiento penal-militar, que eso más que colonia en forma era Punta Arenas.

---

[13] "La política indígena de los gobernadores de Magallanes, 1843-1910", p. 12.

De allí que se les acogiera con abiertas muestras de amistad, que el carácter pacífico de los indios estimulaba más todavía, sujetándose su periódica llegada a un curioso ceremonial de recepción que mucho los halagaba y con el que la autoridad procuraba solemnizar aquella provechosa relación.

Sus distintos jefes, Guaichi, Casimiro, Krim, Carmen, Caile, Olki, Gemoki y Cuastro, entre otros, eran objeto de una cultivada consideración amistosa de parte de los representantes gubernativos, que tanto deseaban asegurar el beneficio mercantil, cuanto confirmar la convivencia armoniosa entre los indígenas y los colonos. Algunos inclusive, como fuera el caso de Casimiro y Pedro Mayor, fueron invitados a la capital chilena y agasajados allí. Aquél además, ladino como era, supo granjearse un trato especial pues recibió un grado militar honorífico y la paga correspondiente en onzas de oro, detalles con los que, de cualquier modo, y conocido como era su carácter, se buscaba tenerlo grato y sumiso.

5. LA CUESTIÓN DEL DOMINIO PATAGÓNICO

Cuando la relación transitaba por tan auspiciosa vía de mutua aceptación y provecho recíproco, una circunstancia que hasta entonces permanecía soterrada pasó a manifestarse con alguna inquietud para la tranquila posesión territorial chilena, como fue la pretensión de dominio manifestada por la Confederación Argentina sobre el suelo patagónico meridional.

El asunto, iniciado en verdad en 1847 con una protesta diplomática planteada cuatro años después de la ocupación nacional del estrecho de Magallanes, se mantuvo larvado hasta que fue reavivado promediando los años 60 por algunos espíritus nacionalistas. Entre ellos se hallaba el argentino Luis Piedra Buena, personaje cuyas correrías por mares australes le habían dado una fama casi legendaria.

Los tehuelches andaban involucrados en este asunto y jugaron una suerte de papel protagónico que, de no haber mediado circunstancias imprevistas, habría tenido consecuencias de significación para la suerte de la jurisdicción y presencia nacionales en el territorio patagónico meridional.

En efecto, considerando que todo intento de asentamiento que pretendiera hacerse en la región del estrecho de Magallanes –hacia donde iban las miras del gobierno del Plata–, tendría asegurada en buena medida su éxito si se contaba de antemano con la adhesión indígena, el Presidente Bartolomé Mitre invitó a Buenos Aires a Casimiro Biguá, para entonces el más afamado de los jefes indígenas. Se lo ganó obsequiándolo, honrándolo y otorgándole los títulos de "Cacique de San Gregorio" y "Jefe Principal de las Costas Patagónicas hasta las puntas de las Cordilleras de los Andes", acordándose además en la ocasión de un tratado que Casimiro suscribió asumiendo la representación de los tehuelches meridionales.[14] En lo esencial, los patagones expresaban su desconocimiento sobre la jurisdicción chilena en el territorio austral y ratificaron la determinación de apoyar la creación de una colonia argentina en la bahía de San Gregorio.

Así las cosas, desde 1866 y por los próximos tres años los tehuelches fueron actores de una cuasicomedia de soberanía que mantuvo inquieta a la autoridad chilena de Punta Arenas y que afortunadamente no concluyó en tragedia. Estaban ellos abastecidos de armas, de municiones (y de licor), y divididos además, pues si algunos jefes habían adherido a la causa argentina, otros tomaron partido por Chile. Es menester considerar que aun divididos, de haber querido atacar a la colonia de Punta Arenas, podrían haberlo hecho con serio riesgo para la vida de sus habitantes, a los que superaban en la proporción de tres a uno cuando menos. Así anduvieron enredados entre ellos, sin acabar de entender cómo se les quería utilizar en un asunto en el que a la larga habrían de ser los únicos perdedores, pues su territorio sería definitiva y completamente ocupado por extraños.

La circunstancia de haberse iniciado por aquel tiempo la guerra de la Triple Alianza, en la que la Confederación Argentina era uno de los contendientes conjuntamente con Brasil y Uruguay contra Paraguay, obligó al gobierno de ese país a desestimar cualquier aventura austral que pudiera asumir un sesgo semejante, con lo que el mentado proyecto de ocupación en San Gregorio no llegó a materializarse. No fue ajena, por cierto, a su fracaso la firme actitud adoptada frente a Piedra Buena por el gobernador chileno Óscar Viel, de la colonia de Magallanes.

Al fin de tanta solicitación, nombramientos y obsequios sólo quedó entre los tehuelches un sentimiento de encono que pudo agravar las frecuentes rencillas intestinas y dio por tierra con el prestigio e influencia de Casimiro, quien acabó oscuramente sus días.

---

[14] "La política indígena...", citado, p. 26.

6. EL DECRECIMIENTO POBLACIONAL

Para el comienzo de los años 70 del pasado siglo, la ya prolongada y bien consolidada relación entre los aonikenk y los colonizadores, permitía constatar una consecuencia lamentable de carácter indirecto, como era la progresiva disminución del contingente indígena. Ésta derivaba principalmente de la afición que los tehuelches habían cobrado por el consumo alcohólico, en grado de vicioso exceso, lo que había acarreado y acarreaba secuelas perniciosas de variada clase.

Conocido por ellos desde el siglo anterior el maligno sortilegio anímico del alcohol, la afición debió manifestarse una vez que la presencia de los foqueros y navegantes comenzó a ser frecuente en los litorales y que éstos comenzaron a utilizar el licor como artículo de trueque, dejando de lado cualquier consideración moral.

Figura 5. Comercio de pieles y plumas entre los tehuelches y los habitantes de la colonia de Punta Arenas. Dibujo de Th. Ohlsen hacia 1884.

Figura 6. La viajera inglesa Lady Florence Dixie visitando el campamento aonikenk de Dinamarquero, 1879. Dibujo de Julius Deerbohm, 1879.

La instalación permanente de asentamientos colonizadores, fuera de los casos de Fuerte Bulnes y Punta Arenas, o de una factoría mercantil en el islote Pavón del río Santa Cruz, por parte de Luis Piedra Buena, permitió aumentar de manera regular el intercambio y consecuentemente asegurar el abastecimiento alcohólico para los indígenas.

Más lo fue todavía cuando, a contar de 1870, el crecimiento poblacional de Punta Arenas y la necesidad de desarrollar actividades económicas, hizo que muchos de sus habitantes adoptaran la profesión de "traficantes con los indios", lo que los llevó a adentrarse periódicamente en territorio indígena en busca de sus tolderías para practicar el comercio que ya no se satisfacía con la ocasional visita de los tehuelches a la colonia.

Debió ser tan grande la cantidad de licor que por tal intermedio se introdujo en los aduares indígenas, que la propia autoridad llegó a alarmarse.

"El abuso que se ha cometido por los especuladores de llevarles licores a sus campamentos, ha sido la causa de accidentes desgraciados i estos enfelices [que] lamentan el no poder contener su pasión por el licor, se presentaron a U.S. mismo pidiendo no se permitiese la introducción de ese artículo.

Con ese motivo, se ha prohibido esa clase de negocio i los buenos resultados de esa medida no se han dejado esperar."[15]

Así participaba el gobernador Viel a su superior el ministro de RR.EE. y Colonización Adolfo Ibáñez, quien había visitado tiempo antes la colonia, la evolución del asunto sobre el que él mismo había tomado conocimiento. Preocupaba especialmente a Viel que, como consecuencia del abuso en la bebida, disminuyera visiblemente la población tehuelche, según venía constatándolo año tras año. Ya en su memoria de 1871 había expresado sobre el particular: "su número según datos adquiridos decrece día a día, sin haber a qué atribuir su causa pues no se tiene noticia reinen entre ellos enfermedades o epidemias.

Como la experiencia a demostrado que la raza indíjena desaparece tanto más pronto cuando mayor es el contacto con los civilizados, es de suponer obedezcan a la misma ley".[16]

Y volviendo al punto en la memoria del año siguiente, manifestaba: Su número decrece cada día, "no tanto por las enfermedades, cuanto por sus bárbaras costumbres".[17]

En efecto, las reyertas a que daban lugar las borracheras concluían por lo común con algunos indios muertos. De allí derivaban las venganzas de los parientes de los asesinados hacia los ofensores, con lo que solía producirse una seguidilla de crímenes.

El sucesor de Viel, Diego Dublé Almeida, también se refirió a esta lamentable costumbre al informar al ministerio de Colonización que los tehuelches eran pacíficos (...) "y que solo tienen lugar grandes matanzas entre ellos cuando se exceden en la bebida. Las consecuencias de este vicio las lamentan concluidos los efectos del licor, y aun han solicitado de esta Gobernación no permita la internación de aguardiente en la Patagonia".[18]

La situación no había pasado, por cierto, inadvertida para un observador como el explorador George Munsters, quien al cabo de su afamado viaje transpatagónico escribiría: "Los tehuelches no cuentan absolutamente con más estimulantes que las provisiones ocasionales de aguardiente obtenida en su tráfico con las colonias, y esto y las enfermedades, la viruela especialmente, están reduciendo su número rápidamente".[19]

Queda visto que a la nefanda influencia del alcohol sobre los rudos hábitos indígenas hay que atribuir la causa principal de la preocupante disminución de la población aonikenk durante la década de 1870.

No obstante ser la comentada razón la responsable directa e indirecta de la reducción demográfica indicada, no debe excluirse la ocurrencia de enfermedades obtenidas del contacto entre indígenas y civilizados.

Los tehuelches debieron adquirir por simple relación o contagio diversas enfermedades que de cualquier modo en su desarrollo fueron causa de mortandad, inermes como pudieron estar sus organismos fisiológicamente vírgenes para defenderse de aquellos males. Éstos inclusive tuvieron en ocasiones carácter epidémico, como lo comprobara el misionero Schmid en 1863, cuando un catarro infeccioso llevó a la tumba a varios indígenas entre niños y adultos. Entonces, en su ingenua creencia, éstos dijeron que la enfermedad "había sido enviada por el Presidente de Chile para exterminarlos".[20]

[15] Correspondencia de Colonización. Gubernatura de Magallanes 1871-73. Memoria administrativa correspondiente al año 1872. Archivo Min. RR.EE.
[16] Id.
[17] Ibíd.
[18] Ibíd.
[19] "Vida entre los patagones", p. 138.
[20] "Misionando por Patagonia Austral 1858-1865", p. 68.

En este complejo contexto debe entenderse la visible disminución de la población tehuelche meridional, que hacia 1875 el gobernador Dublé Almeida estimaba en cuatro o cinco centenares de almas, pero que en la realidad debía ser aún inferior.

7. TRANSCULTURACIÓN Y ACULTURACIÓN

El trato interétnico del que eran partícipes los aonikenk desde hacía seis décadas, había significado en su transcurso y significaba al iniciarse el cuarto final del siglo XIX, cambios profundos e irreversibles en su cultura, tanto por la aceptación e incorporación progresiva de valores y formas de ajena procedencia, como por el abandono de los propios de carácter inmemorial.

Cronológicamente el primer influjo determinante procedió de la esfera mapuche. Está comprobado que el dominio y uso del caballo amplió el rango de movilidad geográfica, posibilitando relaciones interétnicas aborígenes. Así, al cabo de ocasional pero largo trato, los aonikenk conocieron y asimilaron distintas costumbres que afectaron su evolución vital a través de la incorporación de prácticas artesanales y destrezas varias, de modo favorable aunque no fácil de ponderar.

A pesar de su desarrollo, a esta influencia cultural vino a sumarse otra de más lejana procedencia, que se hizo sentir con el cada vez más frecuente contacto y creciente y sostenida relación, entre los tehuelches y los arribados a su territorio como visitantes y principalmente como colonizadores. De modo directo sus bienes y algunas de sus costumbres pasaron a ser conocidos y apreciados incorporándose o introduciéndose de manera activa o pasiva en la vida aonikenk. Ello significó que con los años alcanzaron importancia, la que se advirtió especialmente en el bagaje instrumental de los cazadores nómades. Su antigua utilería sencilla, de factura lítica u ósea, fue dejada de lado para ser sustituida por herramientas y artefactos variados, productos del ingenio civilizado. Cuando ello no ocurrió respecto de determinado instrumental (raspadores, por ejemplo), se optó por la utilización de material vítreo, desecho del consumo alcohólico. Su panoplia hubo de variar coetáneamente, influida como estaba por el uso ecuestre, y enriquecida con el empleo de las armas de fuego que, entrado el tercio final del siglo XIX, pasó a ser determinante en acciones de ofensa y defensa personales.

Para apreciar el cambio ergológico y utilitario basta comparar lo que había encontrado Fitz Roy en 1832 (1933, III: 170-172), con lo que registró Ramón Lista en 1877-1878 (1975: 118).

Viene al caso transcribir la descripción que dejara el explorador Alejandro Bertrand, quien visitó en 1855 una toldería tehuelche establecida en Dinamarquero:

"En el toldo de Papón vimos unas ocho o diez carabinas Winchester i una corneta en la que el indio ejecutó con toda maestría el toque llamado de 'tropa'. Veíanse también algunas monturas, lazos, riendas, cueros de guanaco, boleadoras i varios utensilios, entre los que notamos ollas de fierro, teteras, tachos, asadores, un cucharón, un trípode de fierro para poner las ollas al fuego, etc.

La vista de tales objetos nos hacía creer que nos hallábamos en el rancho de un 'inquilino' más bien que en el toldo de un patagón".[21]

No paró allí el influjo cultural de los colonizadores, pues de modo directo o indirecto forzó cambios en hábitos cinegéticos y guerreros; en la vestimenta (incorporación de la camisa y calzoncillos en los varones), y en el juego y diversiones (naipes y dados), etc.

Asimismo y por razón del consumo alcohólico, el influjo alcanzó al comportamiento social, afectó la salud y comprometió la pervivencia de la etnia. Inclusive, fue causa de la modificación en la conducta aborigen respecto del medio ambiente (recursos de la caza), obligando a un esfuerzo que fue más allá de sus necesidades vitales de alimento y abrigo, para permitir atender la demanda de suministro de pieles y plumas silvestres. Por fin, hasta incorporó el lucro como hecho novedoso en sus costumbres.

Todo este conjunto de cambios tecnológicos, cinegéticos, sociales y anímicos, consecuencia de tan insuperable influjo de ajeno origen, permite caracterizar la fase histórica final de la cultura aonikenk que hemos denominado "complejo alcohólico", y que explica el fuerte y progresivo proceso de transculturación que la afectara durante el siglo XIX.

No debe excluirse de este análisis la ocurrencia coetánea del fenómeno de aculturación. Éste se produjo de hecho por abandono y sustitución de hábitos tecnológicos. Pero, aunque resulta difícil de determinar, es probable que haya ido acompañado de circunstancias aní-

---

[21] Alejandro Bertrand: "Memoria sobre la Rejión Central de las Tierras Magallánicas" (*Anuario Hidrográfico de la Marina de Chile*, XI, p. 239).

micas que pudieran quizás influir en un abandono progresivo y aun en la pérdida completa de las enseñanzas tradicionales para la educación de los hijos.

El deterioro cultural de la etnia revestía hacia la octava década del siglo XIX un carácter definitivamente irreversible, marcaba la decadencia y preanunciaba el término de una forma de vida tradicional.

8. OCUPACIÓN COLONIZADORA DEL TERRITORIO TEHUELCHE Y SUS CONSECUENCIAS

Hasta 1878 la presencia y actividad de los colonos de Punta Arenas, si bien constante desde el inicio de la década, no se había manifestado con asentamientos permanentes en el distrito estepario situado al norte del istmo de Brunswick y litoral septentrional del estrecho de Magallanes, es decir en territorio propiamente indígena.

Pero una vez que la exitosa experiencia realizada en 1877 por Henri Reynard con un rebaño de 300 ovejas malvineras, en la isla Isabel, probó que la crianza podía desarrollarse con éxito en campos abiertos, los terrenos del norte y nororiente de Punta Arenas comenzaron a ser pedidos por distintos pioneros que querían instalar allí sus establecimientos pastoriles.

De ese modo, para 1883 se encontraba ocupado todo el litoral, desde Cabo Negro hasta la Primera Angostura y parte de la costa del canal Fitz Roy y mar de Skyring. Esta ocupación, aunque en parte recayó sobre antiguos campos de caza, no afectó a los tehuelches que, reducidos en número, se movían por tierras del interior hasta sectores tan distantes como los valles de Última Esperanza y los fluviales de los cursos medio y superior del Coyle y del Gallegos. Pero una nueva oleada colonizadora pasó a ocupar después los terrenos de la segunda línea, entre los cuales se comprendían llanuras y valles predilectos de los indios, Dinamarquero, Ciaike, cuenca de la laguna Blanca. Entonces, a contar de 1886-87, los patagones pudieron advertir cómo en lo mejor de sus tierras ancestrales comenzaban a surgir estancias ovejeras, en tanto que los alambrados delimitatorios de concesiones que pasaron a construirse, se convertían poco a poco en otras tantas barreras para su libérrima movilidad.

Muerto Papón hacia 1892, bajo cuya jefatura se agrupó en el hecho la totalidad de los indígenas que quedaron viviendo en territorio chileno luego de la división jurisdiccional establecida por el tratado de 1881, el contingente aborigen se subdividió en dos grupos principales, constando además la existencia de uno o dos menores. De aquéllos, uno fue el que reconoció la jefatura de Mulato, indio rico y principal –pero que carecía de la prestancia que se les conociera a otros caciques como Casimiro, Orkeke (Olki) y al mismo Papón–, que pareció concentrarse en el valle del río Zurdo, en la inmediata vecindad de la frontera (paradero de Chej-Chej Aike). Consta que diez años después, frecuentaba también los campos de Brazo Norte, río Chico y cerro Picana, situados hacia el oriente, en la zona volcánica.

Otro grupo, posiblemente inferior en número, continuó ocupando los campos del norte de Dinamarquero hasta el río Gallegos y estuvo sujeto al indio Canario, guapo mocetón que lucía la estampa clásica de la etnia patagona. El grupo radicó sus toldos en lugares tales como la laguna Pelecha y Juniaike, un paradero tradicional sito en el valle del río Gallegos Chico.

De los grupos menores, se sabe del dirigido por un chileno llamado Ignacio, al que en 1887 se le encontró establecido con cinco toldos en el lugar denominado Panteón, al norte del río Ciaike y en la zona de su valle superior. Un probable segundo grupo menor pudo merodear o tener como centro de actividad la zona del antiguo paradero Ush-Aiken y terrenos aledaños. Con todo, no podría descartarse la posibilidad de tratarse de subdivisiones meramente temporales por razón de actividades o de trato con colonizadores.

Restaba todavía otro contingente tehuelche, cuya cuantía se desconoce, y que para 1892-1898 se encontraba establecido en el remoto distrito de Última Esperanza en el amplio valle del río Vizcachas, zona próxima a los cazaderos tradicionales de caballos baguales. Obedecía a la jefatura de Francisco Blanco, que quizá pudo ser el Paynakán de los misioneros salesianos. El explorador Hans Steffen, a quien se debe la referencia, constató que esa comunidad indígena poseía gran cantidad de caballos y de vacunos, y que mantenía amistosa relación con los primeros colonos pioneros que comenzaron a asentarse en esa región preandina.

De tal manera, a contar de 1885, la colonización pastoril fue avanzando por cuatro o cinco frentes, ocupando paulatinamente la parte principal del antiguo solar aonikenk más meridional. Así, desde el sur (Punta Arenas),

Figura 7. Cacique Papón, jefe tehuelche que alcanzó nombradía en la colonia de Magallanes durante los años 1870 y 1880 del siglo XIX, a quien el gobernador Diego Dublé Almeida le otorgó el título de "Subdelegado chileno de la Patagonia" en 1875.

Figura 8. Cacique Mulato, jefe de la última parcialidad étnica aonikenk en territorio chileno. Fotografía realizada en Punta Arenas hacia 1900.

los ejes de penetración tenían por objetivo los campos de la laguna Blanca, Penitente y Valle del Zurdo, hacia el occidente; del Bautismo y Valle del Ciaike, en la parte central; y por el noreste, salvadas las cumbres de San Gregorio, los cañadores de Kimiri Aike y Meric y sus campos vecinos; desde el estuario del Río Gallegos, en la parte atlántica, y siguiendo hacia el oeste el eje del gran valle fluvial, la corriente colonizadora se desplazó progresivamente por valles menores y cañadores tributarios del sur del río. De esa manera los indios vieron paulatinamente limitada su área territorial de libres correrías a una suerte de isla geográfica que se extendía de occidente a oriente por dos centenares de kilómetros, desde Morro Chico y Valle del Zurdo a los terrenos volcánicos del Río Chico, a ambos lados de la frontera chileno-argentina, comprendiendo algunos valles fluviales menores, las pampas altas aledañas y las abrigadas formaciones basálticas.

9. LOS ÚLTIMOS AONIKENK CHILENOS

Cuando en 1893 el gobernador de Magallanes, Manuel Señoret, dispuso la realización de una comisión exploratoria por los campos de la cuenca de Laguna Blanca para verificar el estado de la colonización y tomar conocimiento de otros aspectos referidos a su desarrollo, instruyó en particular a sus integrantes –el capitán de Ejército Ramiro Silva y el teniente de la Armada Baldomero Pacheco–, para que ubicaran a los tehuelches que merodeaban por esa parte del territorio, se impusieran sobre sus costumbres y consideraran la posibilidad de extendérseles concesiones para el caso que quisieran adoptar hábitos más sedentarios y establecerse de modo permanente bajo jurisdicción nacional. Señoret buscaba con ello dar una seguridad siquiera relativa a los indígenas para proseguir su existencia libre de perturbaciones por parte de los colonos.

Así fue como, al retorno de los exploradores, se otorgó al jefe Mulato una reserva en el valle del río Zurdo (10.000 hectáreas), para que se radicaran él y sus indios, y prosiguieran viviendo al uso tradicional, adoptando paulatinamente las formas de vida de los civilizados. No obstante aprovechar tal reserva, los tehuelches continuaron moviéndose libremente por los campos no ocupados situados hacia el oriente, en la vecindad de la frontera, según se ha visto.

Entretanto, la codicia de los colonizadores, en especial de los vecinos, pronto puso su interés en la mentada reserva y así los tehuelches comenzaron a verse hostilizados por aquéllos que buscaban quedarse con sus terrenos. Así fue como en 1896, algunos indígenas que solían cazar guanacos en la zona norte de Dinamarquero y laguna Pelecha, debieron sufrir la agresión de un airado colono, molesto porque aquéllos en sus correrías le cortaban los alambrados. Fue, hasta donde se conoce, el único caso de tal carácter registrado a lo largo de la prolongada relación con los indígenas.

Estaba visto así que se aproximaba la hora final para los aonikenk en el suelo chileno.

El cacique Mulato, quien con su bonhomía se había ganado la estima y la simpatía de la población de Punta Arenas, reclamó en forma repetida ante el Gobernador por los atropellos de que era objeto su gente. Señoret lo recibió con amabilidad y le prometió usar de su autoridad para alejar a los invasores que lo perturbaban. Pero no fueron más que promesas vanas ya que, según llegaría a acusarse, el mandatario se hallaba comprometido con algunos estancieros británicos que poblaban el sector controvertido.

Cansado el cacique, optó por dirigirse a Santiago para reclamar ante el propio Presidente de la República, Federico Errázuriz Echaurren, el amparo que inútilmente procuraba conseguir. El Presidente recibió con amabilidad al noble jefe, escuchó su demanda y le prometió hacer justicia.

Pasaron algunos años durante los cuales Mulato aguardó paciente el cumplimiento de la promesa presidencial. Viendo que nada sucedía y confiando siempre obtener un trato justiciero, viajó por segunda vez a la capital de la República, esta vez en compañía de sus familiares más íntimos, tornando a visitar al primer mandatario, de quien recibió muestras de aprecio y nuevas promesas de justicia.

Triste peregrinar el de este viejo jefe, que reclamaba para su raza el derecho de vivir en paz en los campos de caza que le pertenecían desde tiempos inmemoriales.

Alentado una vez más por la acogida presidencial, Mulato se dirigió hasta Valparaíso para embarcarse de regreso a la Patagonia. Allí, su nuera contrajo la viruela. Pronto el temido mal hizo progresos en ella, de tal forma que al arribar a Punta Arenas debió ser internada en el lazareto. Como había de esperarse, la mujer falleció a los pocos días y Mulato se dirigió a su toldería, pero llevando consigo él y demás familiares el mortal contagio. De esa manera no se pudo evitar que en un lapso brevísimo falleciera el hijo, luego el propio Mulato y finalmente casi la totalidad de los indios del grupo dependiente: tal fue la violencia y celeridad de la epidemia. Corría diciembre de 1905.

La esposa de Mulato y con ella los contados sobrevivientes abandonaron espantados el paradero de Río Zurdo, dirigiéndose hacia el paraje Coy Aike en suelo argentino, zona donde merodeaban algunos parientes. Allí falleció aquélla a poco de llegar, enferma de la viruela que había contraído, contagiando de paso a los demás indígenas que se encontraban en el lugar. La mortal eficacia de la enfermedad llevó a la tumba en pocos meses a dos grupos completos de tehuelches meridionales, contándose las víctimas en número superior al centenar.

Desaparecida en forma tan triste la indiada de Mulato y antes posiblemente el grupo de Canario, sólo quedaron en territorio nacional los tehuelches sujetos a la jefatura de Francisco Blanco, en el valle de Vizcachas. Pero tal permanencia apenas si sobrepasaría en un año al alejamiento de los sobrevivientes del valle del Zurdo, pues Blanco y su gente fueron corridos hacia tierra argentina por la Sociedad Explotadora de Tierra del Fuego, poderosa empresa ganadera que en 1905 había adquirido la propiedad de los campos en que ellos tenían sus cazaderos.

Virtualmente extinguida la etnia en suelo magallánico, todavía pudo constatarse alguna presencia aonikenk en su antiguo territorio por espacio de una veintena de años. Ésta se manifestó con unos cuantos solitarios que, porfiados, vivieron como verdaderos anacoretas, cobijados en cuevas de la zona volcánica de Brazo Norte, subsistiendo en parte por la caza al modo ancestral y en mayor medida por la caridad del ganadero propietario de los campos. Con el último de estos solitarios que habitaron en una cueva del cráter de Rose Aike, posiblemente hasta 1930, se extinguió para siempre la afamada e interesante etnia aonikenk en territorio chileno.

10. EL LEGADO DE SU RAZA

Al concluir la relación de los avatares finales de una existencia más que milenaria, cabe reflexionar sobre lo que ha sido el legado aonikenk para quienes los sucedieron en el dominio y uso del territorio meridional.

Desde luego quedaron incorporados a la geografía local algunos de los incontables topónimos que en su áspera lengua habían distinguido a sus paraderos o asientos temporales en su incansable recorrido transhumante. Recogidos por baqueanos, exploradores y pioneros, pudieron salvarse para recordar en el tiempo, más allá de su característica individualizadora, el afecto profundo que los patagones tuvieron por su país estepario y en el que habitaron en total armonía con la naturaleza.

Consiguieron permanecer algunas de las muchas leyendas que otrora los aonikenk solían transmitir de generación en generación como parte de su riqueza espiritual, y que se han incorporado a nuestro propio acervo folclórico y cultural magallánico.

Quedaron también usos artesanales, recogidos, cultivados y muy difundidos antaño, especialmente por la gente de campo y ogaño practicados sólo por contadas personas. Entre ésos están la confección de aperos de montura, de botas de potro y de las siempre estimadas capas de pieles, cuya cuidadosa y firme costura hecha con fibras de tendones de guanaco aún maravilla a los entendidos.

De las tradiciones que se mantuvieron durante el período postcolonizador, ya que después se fueron perdiendo por razón de los cambios de costumbres, están muchos usos rurales, entre otros la caza de guanacos y avestruces con boleadoras; formas y preparados culinarios con especies silvestres, que ya sólo son meros recuerdos literarios.

Magra herencia, por cierto, la que pudo dejar una etnia noble y libérrima, que debió rendir tributo a la arremetida de una cultura más fuerte y avasalladora antes que se consiguiera profundizar en el conocimiento de lo que debió ser su rica existencia.

BIBLIOGRAFÍA

ARMS, William y Titus COAN
1939   "Estracto de los diarios de los señores...". En *Revista de la Biblioteca Nacional,* tomo III, Nº 9, primer semestre, pp. 104-152, Buenos Aires.

BERTRAND, Alejandro
1886   "Memoria sobre la Rejión Central de las Tierras Magallánicas". En *Anuario Hidrográfico de la Marina de Chile,* tomo XI, Santiago.

BOUGAINVILLE, Louis ANTOINE
1946   "Viaje alrededor del mundo por la fragata del Rey *Boudeuse* y la fusta *Estrella* en 1767, 1768 y 1769". Espasa-Calpe Argentina S.A., Buenos Aires.

COYER, François Gabriel
1984   "Sobre los gigantes patagones. Carta del Abate... al Doctor Maty, Secretario de la Royal Society de Londres". Ediciones de la Universidad de Chile, Serie Curiosa Americana, Santiago.

FITZ ROY, Robert
1932   "Narración de los viajes de levantamiento de los buques de S. M. *Adventure* y *Beagle* en los años 1826 a 1836", tomos I y III. Biblioteca del Oficial de Marina, Centro Naval, Buenos Aires.

LISTA, Ramón
1975   "Mis exploraciones y descubrimientos en la Patagonia (1877-1880)". Ediciones Marymar, Buenos Aires.

MARTINIC B., Mateo
1978   "Exploraciones y Colonización en la Región Central Magallánica 1853-1920". *Anales del Instituto de la Patagonia* 9: 5-42, Punta Arenas.

1979   "La política indígena de los gobernadores de Magallanes 1843-1910". *Anales del Instituto de la Patagonia* 10: 7-58, Punta Arenas.

1984   "San Gregorio, centro tehuelche meridional". *Anales del Instituto de la Patagonia* 15: 11-25, Punta Arenas.

1984a   "Los gaicurúes, ¿un grupo racial definido o un accidente étnico?" *Anales del Instituto de la Patagonia* 15: 63-69, Punta Arenas.

s/f   "El uso de las armas de fuego por los aonikenk" (in. lit.).

MARTINIC B., Mateo y Alfredo PRIETO I.
1985-86 "Dinamarquero, encrucijada de rutas australes". *Anales del Instituto de la Patagonia* 16: 53-83, Punta Arenas.

MASSONE M., Mauricio
1981   "Arqueología de la región volcánica de Pali-Aike (Patagonia meridional chilena)." *Anales del Instituto de la Patagonia* 12: 95-124, Punta Arenas.

1984   "Los paraderos tehuelches y prototehuelches en la costa del estrecho de Magallanes". *Anales del Instituto de la Patagonia* 15: 27-42, Punta Arenas.

MUNSTER, George CH.,
1964   "Vida entre los patagones. Un año de excursiones por tierras no frecuentadas desde el estrecho de Magallanes hasta el río Negro". Solar/Hachette, Buenos Aires.

SCHMID, Teófilo
1964   "Misionando por la Patagonia Austral 1858-1865." Academia Nacional de la Historia, Buenos Aires.

SEGUNDA PARTE

COSMOVISIÓN Y LENGUAJE

CAPÍTULO VII

LA COSMOVISIÓN AYMARA

Dr. Juan van Kessel *

INTRODUCCIÓN

Los aymaras de Tarapacá forman parte de un pueblo andino milenario que hoy se extiende desde las orillas del lago Titicaca, pasa por el Altiplano boliviano y la cordillera de la Primera Región de Chile y termina en el Noroeste de Argentina. Este pueblo se compone de múltiples etnias que, a pesar de las repetidas reorganizaciones administrativas llevadas a cabo durante la Colonia y la República, es posible distinguirlas hasta hoy día con criterios lingüísticos y sociométricos.

Básicamente tres o cuatro etnias aymaras, agrupadas en otras tantas comunidades mayores, han ocupado desde hace más de mil años la actual provincia de Iquique. La primera etnia es el eje Isluga-Camiña; la segunda Cariquima-Tarapacá, y la tercera es Mamiña-Pica.[1] Cada una de estas etnias tenía su hábitat en franjas paralelas que se extendían de oeste a este, desde la Pampa del Tamarugal, pasando por las quebradas de la precordillera, las alturas andinas y llegando hasta el Altiplano boliviano. Además extendían sus viajes anuales de intercambio de productos hasta la costa y los valles subtropicales del oriente. Estas franjas no tienen carácter de territorio cerrado y continuo, sino son "archipiélagos verticales": zonas que abarcan todos los niveles ecológicos y en que se encuentran dispersos los poblados como islas que, todas juntas, componen

el sistema socioeconómico y político de la etnia. La cosmovisión de los pastores aymara de Tarapacá tiene acentos diferentes de aquélla de los agricultores. La primera se observa en el culto de las costumbres que todavía se celebra. La segunda está desaparecida y la conocemos más bien por estudios comparativos, por informantes y fuentes escritas.

El relieve ecológico de cada una de estas tres franjas es muy similar y ofrece un máximo de recursos económicos, como lo indica el esquema 1. Las escasas precipitaciones que suelen aparecer desde el oriente, originan una vegetación bastante pobre. Las nieves acumuladas en las cumbres nevadas se distribuyen mediante una decena de ríos que riegan las quebradas y todos mueren en la Pampa del Tamarugal. Estos ríos permiten desarrollar una agricultura de terrazas regadas. Las mismas quebradas forman las rutas naturales del traslado humano y del intercambio de productos. La diversidad ecológica que indica este esquema dio también origen a una diversa organización económica, social y política de las diferentes etnias (cf. Van Kessel, 1980: 117-134) y a la organización mitológica del espacio aymara, como explicaremos en estas páginas.

La historia de los aymaras es agitada. Desde el auge de la cultura Tiwanaku (del s. VIII al s. XII) hubo una permanente rivalidad entre aymaras y urus; entre "gente de la tierra" y "gente del agua". Ambos pueblos habrían sido conquistados por el Inca Túpac Yupanqui (+/– 1470) y habrían formado desde entonces el *Collasuyu*. Pero dentro del *Tawantinsuyu* no perdieron su identidad histórica y cultural. En la simbología incaica fueron identificados con sus antiguos animales mitológicos: la serpiente y el pez, y al mismo tiempo legitimados por estos símbolos.

Un golpe desastroso recibieron los aymaras a causa de la Conquista y en las campañas

---

* Free University, Institute of Cultural Anthropology, Amsterdam.

[1] La variación lingüística que se observa hasta hoy lo confirma. El caso del pueblo de Mamiña es particular. Parece tratarse de mitimaes *quechua* llegados a fines del s. XV, que posteriormente integraron la tercera etnia como *"collana ayllu"* (ayllu principal), haciendo así la competencia a Pica, cuya zona de alcance desconocemos.

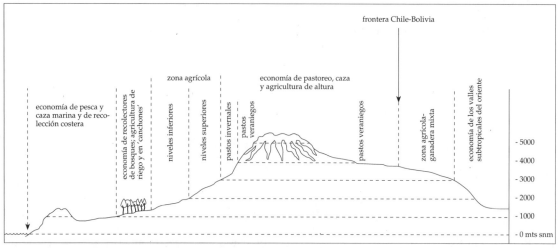

Esquema 1. El hábitat original de los aymaras de Chile; corte transversal Iquique - Cancosa.

de erradicación de idolatrías (1534; 1600-1650). Posteriormente las etnias de Tarapacá tuvieron un período de relativo aislamiento (1700-1850) que les permitió recuperarse del profundo traumatismo de la Conquista. Se cicatrizaron las heridas y se produjo un nuevo equilibrio espiritual, expresado en una cosmovisión reestructurada y en el culto sincrético correspondiente.

Después de la Guerra del Pacífico (1879) y la anexión de Tarapacá a Chile se desarrolló un proceso de incorporación sistemática en la sociedad chilena: en su economía (minera), en su cultura (criolla), en su religión (católica romana y posteriormente protestante sectaria). Este proceso de chilenización o modernización significó el impacto más destructivo a su cosmovisión y a su identidad cultural. La política contemporánea de chilenización atenta contra la supervivencia de los aymaras como pueblo.

Por cosmovisión aymara entendemos la visión mitologizada de su geografía, su historia y su universo espiritual, una visión que le ofrece un modelo explicativo a su mundo y que da sentido a su existencia. El hábitat de los aymaras de Tarapacá, su pertenencia al pueblo milenario andino y los impactos históricos que sufrieron, explican en parte esta cosmovisión. Su vitalidad, flexibilidad y resistencia se deben a un factor no material, como es la creatividad del pueblo aymara que supo dar siempre sentido positivo a los fenómenos decisivos, aun a los más duros, que impactaron su existencia milenaria. En este trabajo exponemos, a partir de la mitología y del culto, la visión aymara del espacio y del tiempo así como la posición que en este cosmos ocupan el hombre y la comunidad.

1. LA PERCEPCIÓN DEL ESPACIO

Los pueblos andinos se autodefinen en estrecha relación con su hábitat particular y aquí nos limitaremos por el medio geográfico natural de la región con sus diferentes pisos ecológicos. Este medio andino dio origen y bienestar a su comunidad y es también la base natural de la cosmovisión andina, en cuanto a que su ecología ofrece al aymara los elementos con que construyó su visión del mundo inmaterial o sobrenatural. Ambos términos son propios de la filosofía occidental, pero para el aymara existe una sola realidad que es siempre y en todo concreta y velada a la vez: la visión del sabio descubre el ser profundo de las cosas y el significado íntimo de los fenómenos. La cosmovisión aymara abarca ambos aspectos: su medio natural y su mundo sobrenatural. Es una visión religiosa que sacraliza el medio natural y que, al mismo tiempo, legitima la posición y función existencial del hombre en ese medio. La cosmovisión da sentido definitivo a su existencia, inspiración a su lucha por sobrevivir y energía a la defensa de su identidad étnica.

Esta cosmovisión se formó en diferentes épocas del pasado aymara y refleja los grandes impactos de su historia. Para demostrar esto existen dos caminos complementarios: indagar los testimonios dejados por los cronistas y analizar –una a una– las distintas capas o estratos de que se compone el culto aymara contemporáneo. El estudio de la tradición oral y de las evidencias arqueológicas confirmará los resultados. Esta investigación enseña que el cataclismo de la Conquista con la erradicación de idolatrías separa las dos secciones más

Figura 1. La marka Isluga: el "Torre Mallku" e Iglesia T'alla.

Figura 2. Imaginería: San Antonio, patrono del pueblo de Isluga.

notorias del culto. El aymara contemporáneo indica el conjunto de los ritos y símbolos de origen cristiano con el nombre de "religión" en tanto que los rituales de origen precolombino son sus "costumbres". Sin embargo, el culto aymara es uno solo; un culto sincrético, mestizado; un culto anual y coherente que se desarrolla al ritmo de las estaciones; un culto público y comunitario con rango de liturgia. No es la yuxtaposición de dos cultos, sino constituye una liturgia estructurada y centrada en la tierra, como lo demuestra Hans van den Berg (1989). La cosmovisión que existe detrás de este culto sincrético es una sola: estructurada, coherente y reestructurada continuamente. Es viva, flexible y creativa. Inter-

preta e integra los fenómenos y experiencias que sin cesar trae el desarrollo de la historia al pueblo aymara.

La parte más antigua del culto sincrético aymara –las costumbres– son los rituales dirigidos a los *Achachilas,* o *Mallcus,* que son los espíritus de las montañas nevadas que circundan sus pueblos (cf. Cadorrete, 1977: 133), a la *Pachamama* (la madre tierra, celebrada en su propio lugar de vivienda, a niveles de 4.000 m de altura en la cordillera o en el altiplano y venerada como la siempre fértil madre universal que alimenta toda la vida del mundo), y el *Amaru* (la serpiente, que se vincula a la economía de las aguas: los ríos y canales de irrigación de las tierras agrícolas, a 2.000-3.000 m). Éstos son los tres sectores o niveles del *Akapacha,* representados en la parte central del esquema 2.

1.1. *ACAPACHA*

Cada *Achachilla* o *Mallcu* tiene nombre propio: el nombre del cerro que en los mitos de la región se presenta como un personaje de carácter dramático y cósmico. Los cerros pueden ser hombre o mujer. Generalmente, este nombre coincide con el nombre geográfico, pero también existen nombres secretos, usados solamente en contexto ritual (Martínez, 1976: 13). *Mallcu* significa: señor con autoridad y prestigio, mandatario (ver: Horst Nachtigall, 1966: 276-280). *T'alla* es el equivalente femenino: señora.

En todas las celebraciones rituales de la comunidad cordillerana se recuerda a los *Achachillas,* llamados *Mallcus (T'allas)* o "Compadres" (Comadres). Se les invoca en situaciones de crisis y necesidad, tanto personal como colectivamente. Anualmente, los *Mallcus* reciben (o recibían) su culto específico y solemne, en el mes de febrero, en el "Día del Compadre", en que la gente sube al cerro, hasta cierta altura, y levanta un palo llamado "arco", que es revestido como pastor y ornado con los signos señoriales de prestigio para representar al espíritu. Una mesa-altar de piedra, una *huilancha* o sacrificio de sangre, sahumerios, coca, alcohol y oraciones, una comida ritual con la carne del sacrificio, bailes y, a veces, un diálogo consultativo con el espíritu referido a problemas o crímenes, en que un yatiri "hace hablar al cerro" en voz alta, y el cóndor que representa el cerro, son los elementos principales de este culto por medio del cual la comunidad espera que este poderoso espíritu la beneficie con sus riquezas de aguas productivas y con su protección.

Niveles ideológicos	Figuras mitológicas	Naturaleza de los seres	Función de los seres	Lugar del culto	Naturaleza del culto y del celebrante	Origen
"Arajpacha" (cielo).	Dios; Virgen; Santos (Patronos), Sol, Viracocha.	Dios lejano; Creador, que "ordena".	Mantención del cosmos ideal.	Templo, ubicado fuera del pueblo.	Religión (culto público). Fiestas Patronales dirigidas por el Sacerdote.	Cultura incaica y cristiana.
"Aca pacha" (nuestro mundo). Zona del saber andino.	1. Mallku (Cóndor). 2. Pachamama (Puma - Lagarto - Sapo). 3. Amaru (Serpiente - Pez).	Fuerzas de la Naturaleza, subordinadas por la creación.	Mantención del mundo cultural autóctono.	1. Cerro. 2. Corral. 3. Campo. Universidad del saber andino.	Costumbres (culto privado): dirigidas por los ancianos: 1. Día del Compadre. 2. Floreo. 3. Limpia de canales. Biblioteca del saber andino.	Elementos culturales autóctonos aymaras.
"Manqhapacha" (Infierno).	Demonio, condenados.	Fuerzas destructivas desordenadas pero dominadas.	Mantención del caos (como cosmos alternativo después del kuti).	Noche, cuevas, roqueríos, minas.	Brujería: (culto secreto): embrujo, dirigido por el brujo Laika.	Elementos cristianos y autóctonos "redefinidos cristianamente".

Esquema 2. Resumen de la cosmovisión aymara, 1: la visión del espacio.

La *Pachamama* es recordada también en todas las ocasiones rituales autóctonas. En cada intercambio de la *chuspa* de coca, en cada brindis y cada trago, se le ofrecen unas hojas de coca, unas gotas de alcohol. "A la virgina", tal como la llaman en su lenguaje secreto, lenguaje desarrollado por los aymaras, no sólo por el respeto y la reserva con que se trata lo sagrado, sino más bien como forma de protección para sus costumbres religiosas contra la Inquisición española y el desprecio que sufre actualmente la religión autóctona de parte de grupos autodenominados civilizados o modernos (Monast, 1965: 51-53). Por lo demás, no se conoce esposo ni procreador que tuviera relación con la *Pachamama* y su llamada virginidad expresa claramente que ella genera la vida en la tierra, por su propio y autosuficiente poder creador (Eliade, 1967: 142). El día particular del culto a la *Pachamama* es la fiesta de la fertilidad del ganado, llamada "Floreo" o "Enfloramiento", que es celebrada por los pastores cordilleranos en enero o febrero, la estación de las fértiles lluvias de verano, de la abundancia de pastos y nacimiento de los camélidos. Las ceremonias han sido descritas en otra oportunidad (Van Kessel, 1991), pero aquí nos interesa recordar que el lugar del culto es el corral del ganado y que en esta ocasión también se levanta el "arco de vida".

Amaru, serpiente (en aymara *katari*) es un nombre y un mito que en la actualidad poco se escucha, pero se vincula al culto del agua en la precordillera, y particularmente a la limpieza y apertura de los canales de riego, poco antes de la inauguración del nuevo ciclo agrícola. El culto a la serpiente en el norte de Chile, con sus ceremonias en la oportunidad de la limpia de acequias, lo describió R. Lagos en 1971. Este culto que se desarrolla en el campo, está también relacionado con el "arco", pero a éste no lo encontramos en la inauguración sino en la clausura del ciclo agrícola, y precisamente en la celebración del día de las Cruces de Mayo.[2]

El conjunto de las "costumbres" culmina en el culto a estos tres: *Mallcu, Pachamama* y *Amaru*. Éstas son ciertamente las celebraciones más antiguas de los aymaras actuales y tienen en común que la autoridad tradicional aymara o el jefe de familia funciona como celebrante y sacrificador. Se trata de un triple culto a la fertilidad de la tierra que gravita, en este ambiente semidesértico más que en otras zonas, alrededor del agua que da la vida. El *Mallcu* como cuidador y dispensador de las reservas de aguas de las montañas; la *Pachamama* como arquetipo de la siempre fértil naturaleza y de los campos y pastizales abundantemente regados, y el *Amaru* como principio de la distribución económica del agua de riego que fertiliza terrazas y cultivos. La tríada *Mallcu-Pachamama-Amaru* se refiere a la tríada de origen, abundancia y distribución del agua que da la vida. Ella está localizada en los cerros ("arriba", o "delante"), en los campos de pastoreo ("acá"), y en los valles y quebradas ("abajo", o "atrás"). La orientación es siempre hacia el oriente ("delante"), que es hacia

---

[2] Para una descripción de la fiesta de las Cruces de Mayo en la zona agrícola del Norte de Chile, ver J. van Kessel, 1975, pp. 349-362.

el origen del agua y la vida. Nótese que las lluvias aparecen desde el oriente, como también el sol, que es otro símbolo del dios cultivador andino, originario del ambiente inca. La zona de la cuidadosa distribución del agua está "atrás" o "abajo". Su límite está allá en el desierto donde el agua termina y la vegetación muere.

Esta tripartición del espacio vital de los aymaras corresponde, desde el punto de vista económico y ecológico, a los siguientes niveles: 1) las cumbres de las montañas; 2) la cordillera en los niveles de pastoreo y de agricultura complementaria; 3) los valles y quebradas de la precordillera con la agricultura en terrazas regadas. La orientación (al oriente) de la economía de agua y del culto a la tierra correspondiente incluye, a la vez, un rango jerárquico de esta tríada y ofrece un fundamento religioso a la estructura social, económica y política de la comunidad aymara. Las etnias aymaras encuentran su centro social, político y religioso en las zonas altas de pastoreo. Las comunidades agrícolas de los valles bajos acuden a la sede de los *kurakas* y a los santuarios principales de las zonas altas. Isluga es un ejemplo típico de la hierópolis aymara: el centro del mundo –*acapacha*– y donde Cielo y Tierra (e Infierno) –en términos más andinos el mundo de arriba, de acá y de adentro– se encuentran.

El occidente es la dirección hacia donde van los muertos. Así se fue en el comienzo también Viracocha mismo, el dios creador y cultivador de los Andes: partió sobre la "gran cocha" –el gran mar occidental– después de haber terminado su obra de creación.[3] El arco de la vida que observamos en el triple culto, se levanta en el oriente, cubre el mundo, y desciende en el occidente. Como ciclo, este arco significa precisamente "Nueva vida de la muerte"; esto se refiere a la economía agrícola (la semilla que cae en la tierra, muere y produce nueva vida), como también a la economía ganadera (la *huilancha* o víctima sacrificada, que recibe un entierro ritual y asegura la nueva crianza de ganado, considerada como la vida renovada o "resurrección"), y, aun, hace referencia a la comunidad humana misma (que a través de la muerte, entierro y culto de los antepasados, se renueva continuamente). De la misma manera, volverá Viracocha también al culminar la era que él había iniciado con su obra.[4]

Así, el *acapacha*, que es el mundo propio del aymara, forma un universo completo y acabado, sin cielo ni infierno. Los tres superiores que personifican estas zonas ecológicas del hábitat, *Mallcu-Pachamama-Amaru*, son para el aymara fuerzas divinas dentro del mundo en que participan en forma directa e inmediata y que mantienen este orden cósmico establecido.[5] De ahí que la mitología del aymara sea la expresión de una visión del mundo (y de la economía), sumamente sensible al misterio, visión que no recurre a explicaciones "sobrenaturales" o "extraterrestres", sino que se concentra y orienta completa y exclusivamente a "este mundo", un mundo que lleva todas las fuerzas misteriosas en sí mismo. En consecuencia, los conceptos antinómicos metafísicos de materia-espíritu, son también extraños a esta cosmovisión. Mientras, durante 500 años, los misioneros europeos –católicos y protestantes– predicaron un dios radicalmente distinto de este mundo material creado por él y superior a él; o sea, un dios transcendente el concepto andino de dios, de su presencia, función y acción en el mundo era la de un dios inmanente.

Desde siempre, el espacio sideral y el subsuelo han sido de eminente interés para el aymara. El primero porque define el calendario agrícola y predice las alternativas del tiempo y del clima. El segundo porque ofrece sus recursos minerales de oro y plata indispensables para el culto andino, y de cobre, incorporado tempranamente en su tecnología agrícola y guerrera. Pareciera que para el aymara precolombino la visión tripartita del hábitat se repite en la tríada de: cielo (espacio de los astros), tierra (espacio de los humanos) y subsuelo (espacio de los minerales y sus cuidadores). Esta triada se indica con los nombres de: *arajpacha, acapacha, manqhapacha*. Cielo y subsuelo son parte del mundo total e influyen en

---

[3] Cf. F. Pease, 1973, y Monast, 1965, pp. 72-73.

[4] Los muertos quedan también activamente presentes como miembros de la comunidad en el *acapacha* de los

aymaras, en forma de momias, huacas, etc., o sencillamente "en su casa" (la tumba). Se produjo confusión cuando la escatología cristiana introdujo la distinción entre cuerpo y alma y la existencia de las almas de los difuntos ubicada "en el más allá", sea en el cielo (angelitos), sea en el infierno (condenados); cf. Monast, 1965, pp. 42-43. De hecho, el aymara nunca ha relegado a sus difuntos realmente a un *arajpacha* o *manqhapacha* (cf. J. van Kessel, "Muerte y ritual mortuorio", entre los aymaras en: Norte Grande, Nº 6 1979, pp. 77-91; y Paredes, 1963, pp. 17-36; Nachtigall, 1966, pp. 258 y ss.; pp. 290-294).

[5] Todas las divinidades autóctonas tienen alguna forma de "cuerpo", localizado en algún fenómeno ecológico; cf. J. Monast, 1965, p. 81.

la vida de los seres humanos en la tierra. Estos tres son los espacios orgánicos del universo aymara. Representan tres zonas mitológicas controladas cada una por sus propias divinidades y delimitadas por fronteras no franqueables que "unen y separan". Los innumerables mitos y leyendas del zorro y del cóndor enseñan que el paso de una a otra "pacha" es torpe, ridículo, insensato y fatal para el atrevido.

Originariamente, las tres *pachas* mitológicas no formaban zonas ideológicas. Sin embargo, desde hace mucho tiempo –por lo menos desde la dominación incaica– el aymara reconoce también un universo extraño a este mundo: un mundo superior, o cielo, y un mundo inferior, o infierno; y esto, precisamente como consecuencia de las sucesivas dominaciones que le impusieron una cultura y una religión dominante. Lo interesante es que bajo estas condiciones no desapareció la cosmovisión autóctona del aymara, ya que hasta hoy día persiste su *acapacha* con las divinidades que personifican el misterio de la vida y la fertilidad. Las culturas dominantes tampoco lograron nunca ofrecerle una interpretación –mitológica o científica– más satisfactoria de su mundo. Si bien sus divinidades perdieron jerarquía de seres supremos, también es cierto que ellas mantuvieron para el aymara sus funciones tradicionales, como las cercanas e inalienables divinidades "propias". Por eso, en adelante –aunque bajo la supervisión y control del lejano dios supremo, *Inti,* el sol de los Incas, y posteriormente del Dios *Awki* cristiano (Dios Padre) de los españoles–,[6] siguieron cumpliendo sin menoscabo con sus actividades beneficiosas de dar vida a la comunidad aymara.

1.2. *ARAJPACHA*

Arajpacha (bajo la dominación de los regímenes foráneos, inca y español) es para el aymara más allá del espacio de los astros, todo un mundo diferente, superior al de los mortales. Es un universo extraterrestre, de donde procede un control general sobre el *acapacha* según el modelo de los poderes de control político externo que se ha ejercido sobre el mundo aymara. La supremacía absoluta de los dioses del *arajpacha* les permite un control decisivo sobre el *acapacha*, pero ellos no deciden

en forma directa o detallada sobre la suerte, el bienestar y la salud de los humanos, sino que ejercen su gobierno por intermedio de los dioses autóctonos, avasallados.

El "mundo de arriba" se compone esencialmente de *Inti* (el Dios Sol), más o menos identificado con *Viracocha* (Guardia, 1962: 142-144) y posteriormente como imagen o presencia del Dios español.[7] En la zona *arajpacha* encontramos también al Dios Awki (Dios Padre), a Cristo como "Justo Juez", a la Virgen María, a los apóstoles y a los santos, particularmente los santos patronos de la comunidad, que se encuentran representados y "viviendo" en el templo del pueblo (Monast, 1965: 59-60). Su lugar propio es el Cielo, imaginado altamente elevado sobre la tierra. No tienen presencia o función inmanente propia en el mundo de los hombres *(acapacha)* y encarnan los elementos culturales exógenos. Las funciones del "Dios lejano" son las del creador (una vez realizada la obra de creación, se retiró del mundo), y de "Ser Supremo" que ordena y controla a sus ejecutivos del panteón cristiano y autóctono).[8] El lugar del culto es el templo, el santuario de la *Marka* o pueblo central de la comunidad. El celebrante es el sacerdote, tradicionalmente un español o criollo, no un aymara, sino un representante del grupo cultural o religioso dominante. En su ausencia, una persona autóctona lo representa y realiza algunas funciones de menor categoría. La celebración culminante es la fiesta patronal, que –más allá del santo patrono– se dirige a la totalidad de la corte celestial y al Dios Supremo mismo. La procesión es una verdadera hierofanía del Santo que baja de sus alturas y realiza su "visita" a la comunidad en forma majestuosa y benévola a la vez, pero también con terrible poder castigador, y que vuelve a ascender a las alturas para permanecer durante todo el año en el Cielo. Mientras tanto su representación –la imagen del santo– permanece en el templo cerrado esperando la próxima hierofanía. El vestuario de los seres celestiales es –desde la época colonial española– aquél del sacerdote-celebrante o el de la aristocracia española.[9] El aymara no

---

[6] Se encuentra a menudo la presentación del sol con cara de hombre y bigote a la moda de los señores españoles de la Colonia, y se llama "el Señor".

[7] Cf. Guardia, 1962, pp. 194 y ss., y J. Monast, 1965, pp. 23 y ss.; pp. 48 y ss.

[8] "Dios ordena y la Santa Tierra da, produce", así es la formulación lacónica de la relación existente.

[9] Un ejemplo muy claro de todo esto es la imagen de Santiago, representado como guerrero español montado en su caballo blanco, que reduce con su espada a un autóctono, pagano, atropellado por su caballo (cf. Monast, 1965, p. 43). Las divinidades autóctonas, por el contrario, como los *Mallcus* y la *Pachamama*, se imaginan

actúa como celebrante en la "religión" porque ésta es el monopolio del grupo cultural dominante desde la Colonia hasta la fecha. En la "religión" el aymara está presente pasiva o receptivamente, como beneficiario y como sacrificante (o seudotributario al Señor). Con ese fin deja sus terrenos de pastoreo y su estancia, y aun el pueblo festivo, ya que el templo se encuentra, simbólicamente, fuera del pueblo cordillerano. Antes de la fiesta, en la antevíspera, se desarrollan sus "costumbres" dirigidas por las autoridades andinas y destinadas a las divinidades del *acapacha*. Después del culto al santo comienza la fiesta en la plaza y en el pueblo. Las celebraciones religiosas autóctonas, las "costumbres", se desarrollan dentro del mundo propio del aymara: en su casa, sus campos, su corral, y él mismo es celebrante y sacrificador.

1.3. *MANQHAPACHA*

El *manqhapacha* (que bajo la dominación española significa, más allá del simple subsuelo, "Infierno") está poblado también con elementos mitológicos de origen cristiano-español. Es el lugar del Diablo (Demonio, Maligno) y de los "condenados" (que son las almas de los que en vida fueron malhechores y criminales),[10] el reino de los poderes de la destrucción y el caos, poderes siempre sujetos y controlados por las fuerzas divinas del *arajpacha*. El culto de estos poderes de la oscuridad y de la noche nace de la colaboración y alianza con los poderes del *manqhapacha*. La brujería que culmina en el asesinato simbólico del enemigo es condenada por todos, y era castigada severamente, tanto por el inca como por la autoridad colonial. Pero no todo lo que el doctrinero y el inquisidor condenaban como brujería, ni toda ceremonia "negra" que hoy día se considera como tal, lo es efectivamente.[11] Sin embargo, el brujo, llamado *laika*, es el celebrante y entendido de ese culto que se dirige a las divinidades de los tres pachas, es decir, incluye a los espíritus del *manqhapacha* en sus

ceremonias, sea con fines filantrópicos, sea con fines criminales. Su dominio es la noche, los roqueríos inaccesibles, las cuevas y minas. El mundo inferior o infierno constituye una contraparte equivalente al mundo superior o cielo, de acuerdo al principio estructural básico, de la reciprocidad simétrica. Tal como se complementan Oriente y Occidente ("delante" y "detrás"), a ambos lados del centro, el culto del *Mallcu* de las alturas y el culto del *Amaru* de las quebradas y valles, a ambos lados del centro principal de la comunidad aymara y de la Pachamama;[12] de la misma manera se complementan y se equilibran para el aymara el Cielo y el Infierno, a ambos lados del mundo propio del aymara, el *acapacha*. Ambos, *arajpacha* y *manqhapacha* –en el sentido de Cielo e Infierno, por fas o por nefas– son originarios de la cultura y la religión dominante. La función del *manqhapacha* es sancionar religiosa y éticamente la estructura de la dominación colonial (y, anterior a ella, la incaica). Para establecer un nuevo régimen religioso, el pastor pentecostal se vale en su discurso proselitista del argumento del *manqhapacha*, sembrando con ello un verdadero terror. Sin embargo, el mismo aymara puede recurrir a las fuerzas sobrenaturales en la "religión".[13] Cuando el *laika* recurre a las fuerzas infernales con fines criminales, se vende al "maligno", e incurre en el pecado más grande; acarrea la venganza del *arajpacha* por oponerse al poder y a las órdenes del Supremo Creador. El castigo de su insubordinación contra el Dios Supremo es terrible, porque este *laika* termina como un condenado, un alma errante y sin descanso (cf. Monast, 1965: 153). Además, sufre en vida el profundo desprecio de la gente que, sin em-

---

vestidas con el ropaje tradicional de los aymaras. El demonio es representado como caballero alto, delgado, vestido en fino traje negro; hasta confundirse con la imagen del "gringo".

[10] Ciertos crímenes muy graves son la causa de "condenación", como brujería, incesto en primer grado y las relaciones sexuales entre compadres.

[11] I. Rösing (Mundo Ankari III, 1990) demostró que el *laika*, aun cuando ofrece una "misa negra", opera generalmente como médico y no como brujo.

[12] Otro caso interesante de esta reciprocidad simétrica en la cosmovisión señala G. Martínez con referencia a los *Uywiris* (los lugares favorecedores de la comunidad o estancia), que se agrupan en los de arriba y los de abajo, es decir, a ambos lados del "acá" (1976: 60-63).

[13] No queremos afirmar con esto que la brujería entre los aymaras existiera a consecuencia de la introducción de la figura del diablo por los misioneros españoles. El mundo aymara siempre estuvo poblado de un sinfín de espíritus y poderes locales (piedras, pasos de montaña, ríos, vertientes, árboles, etc.). Éstas son fuerzas buenas, cooperadoras o peligrosas y malas. Desde la conquista, estas fuerzas fueron colocadas bajo un capitán cristiano; el Diablo, o bien, identificadas con él, que fue cotizado como el más peligroso y poderoso de todas las fuerzas malignas. La gente tiene mucho temor y desprecio al *laika* –el "brujo"– y su honorario es muy elevado, según M. R. Paredes (1963, pp. 17-36), que lo sataniza como tantos otros autores. En cambio I. Rösing (Mundo Ankari III, 1990), que se dedicó al estudio de estos rituales, confirma su equivocación.

Figura 3. Isluga: Calvario del Santo Patrono.

Figura 4. Isluga: Ritual de producción: adorno de la Cruz de Mayo.

bargo, le tiene un gran temor. De todos modos, se aísla de la comunidad, pero no le faltan clientes que le piden un "trabajo" en secreto –por precios muy elevados–, más que nada impulsados por la venganza contra un enemigo que se desea eliminar.

Imbelloni (1946: 245 ss.), hablando de la ideología cuzqueña, y Kusch (1970: 140 ss.), analizando la estructura de la cosmovisión aymara contemporánea a partir de los rituales observados en Toledo (pueblo entre Isluga y Oruro, que históricamente ha mantenido muchos contactos de intercambio con los aymaras de Chile), señalan aquella tripartición como estructura de la cosmovisión andina. Al mismo tiempo, destacan el carácter ético valorativo de las tres zonas llamadas en kechua *Hananpacha-Kaypacha-Uk'upacha.* Según esta cosmovisión, el mundo existencial, *acapacha,* está suspendido entre dos extremos: lo fasto y lo nefasto; entre dos principios: el principio de la creación u ordenación del mundo y el del *Kuti* (vuelco, caos, muerte) (Kusch, 1970: 148).

Sin embargo, en la ideología oficial incaica, el concepto central en la cosmovisión aymara –*Pachamama*– se reduce a una idea o divinidad marginal en el panteón del Inca.[14] Analizando los nombres de los 350 adoratorios del Cuzco, concluimos con Kusch (1970: 147) en que éstos consideran las divinidades de los tres pachas, aunque observamos que existe sólo el recuerdo de la Pachamama, que es en

la Huaca de Ayllipampa, la "llanura de la Victoria". En la cosmovisión y teología cristiana colonial, la zona intermedia del *acapacha* desapareció totalmente. Solamente existe lo fasto y lo nefasto. No hay tolerancia ni espacio neutro. Aquí aparece claramente la incompatibilidad de la cosmovisión de los aymara-cristianos y de los latino-cristianos.

El principio básico de ordenación es una tripartición que parte de un punto central y continúa, hacia lados simétricamente opuestos, por dos extremos que se equilibran. Tripartición ecológica y tripartición mitológica en su cosmovisión se juntan y se refuerzan mutuamente como principio básico de ordenación. La cosmovisión tripartita lleva a valorar altamente el principio ético y práctico del justo equilibrio, *tinku,* entre los extremos ecológicos, sociales, políticos y económicos. El hombre sabio busca llevar vida acertadamente en el *acapacha,* el mundo existencial del ego, ajustando su existencia y su comportamiento al justo equilibrio entre los extremos opuestos del *arajpacha* y del *manqhapacha.* Así, "estando bien con Dios y con el Diablo", se logra aquel *tinku.*[15]

---

[14] En la ideología cuzqueña, ocupa el lugar central otra divinidad: Wiracocha, el dios creador, ora identificado con el Sol-Inti, ora caracterizado como su contraparte y complemento natural. Wiracocha y Sol-Inti se contraponen como "tierra baja, agua, costa" frente a "cielo, fuego, montaña" (Wachtel, 1971: 130; Kendall, 1973: 183-184; Pease, 1973: 43-44). Entre estos dos extremos en que la mitología se concretiza, está suspendido nuevamente el mundo del diario vivir del Tawantinsuyu.

[15] *Tinku* es un concepto tan fundamental como multívoco en la estructura social, económica y política de la sociedad andina. Es un principio básico en la cosmovisión del aymara. *Tinku* significa: 1. Límites: el límite entre el territorio de dos estancias, ayllus o sayas. Se considera que este límite separa y une a la vez a los grupos. 2. Combate ritual: el combate entre dos ayllus (cf. sayas) de una misma comunidad, constituye un mecanismo de continua redistribución de las tierras de la comunidad entre los grupos contendientes, de acuerdo a la presión demográfica relativa de sus partes. 3. Equilibrio: el equilibrio entre dos partes, por ejemplo en la carga de un llamo o burro, que debe cargarse con pesos iguales en ambos lados. 4. El punto de confluencia de dos ríos. 5. El verbo "tincuy" significa emparejar, equilibrar, adaptar, las dos partes iguales, que son opuestas y complementarias; que

Kusch (1970: 342) y Von Wedemeyer (1970: 40-41) mencionan también los siguientes animales mitológicos, vinculados a los diferentes niveles ecológicos del antiguo mundo aymara, que observamos hasta hoy día en su ritual como símbolos centrales: El Cóndor, vinculado a un primer nivel de las cumbres de las montañas; el Felino, relacionado con el segundo nivel, de los campos de pastoreo (agregamos aquí el Lagarto y el Sapo); y la Serpiente, igual que el pez vinculada al tercer nivel, de las tierras bajas de agricultura y costa y a las aguas de abajo. En Tarapacá no aparece el Pez como símbolo. Por la dominación incaica consiguieron estos símbolos una reinterpretación ideológica que se agregó al significado básico ecológico. Así, el Cóndor está por la zona ideológica de *Hananpacha*, del orden imperial, del fasto incaico. En esta función lo veneran como mensajero del Sol y como representante del poder y esplendor incaico en la tierra *qolla*. La Serpiente consiguió, en la zona ideológica de *Uk'upacha*, una segunda interpretación, significando el pueblo *qolla* (aymara), vencido, sujetado y despreciado, pero temible y presto a levantarse, como la Serpiente, contra el Inca. En este contexto, un significado simbólico de la Serpiente es el *Kuti*, el vuelco, lo nefasto, que amenaza el orden establecido. Señalamos este traslado de símbolos de las zonas ecológicas a zonas ideológicas cuzqueñas, para poder observar cómo el Inca asumió y reinterpretó positivamente el símbolo del Cóndor; y cómo reconoció a la Serpiente en su propia referencia: del pueblo legitimado ante el Inca por su propia etnicidad, pero avasallado y presto a revolucionar el orden establecido. Los incas no satanizaron jamás los símbolos sagrados de los aymaras, sino que los reconocieron y valorizaron jerárquicamente dentro del nuevo orden político andino y en un nuevo sistema, ahora ideológico.

Bajo la dominación cristiana de la Colonia, ocurrió un segundo traslado de los símbolos aymaras hacia otras zonas de significación. Esta nueva reinterpretación, propagada por los misioneros e introducida parcialmente entre los mismos aymaras, en cuanto cristianizados, fue simplemente negativa, por cuanto todos estos animales simbólicos, inclusive el puma, el lagarto y el sapo, fueron reinterpretados como diabólicos. Todos fueron relegados a la zona del *manqhapacha*, Infierno. Esta reinterpretación no deja legitimación alguna a la etnicidad aymara. De ahí que las campañas de erradicación españolas fueran etnocidarias. Los misioneros, erradicadores de idolatrías de los s. XVI y XVII, y los predicadores protestantes contemporáneos, condenan y satanizan radicalmente los símbolos sagrados de los aymaras, demostrando así sus intenciones etnocidarias.

Otra metáfora para indicar las tres zonas eco-ideológicas que siguen vigentes en los rituales contemporáneos (Kusch, 1970: 186) es aquélla del Padre (*arajpacha*, lo fasto) como figura protagónica, del Hijo Mayor (*manqhapacha*, lo nefasto) que planea el Vuelco o bien la inversión del orden conocido, *Kuti*, y del Hijo Menor (*acapacha*, Ego) que busca asegurar su existencia ante la continua amenaza del Vuelco, dedicando su primera lealtad al Padre, pero templando su conducta ritual con ceremonias dirigidas a su eterno competidor: el Hijo Mayor, que lo acecha. Es decir: Ego busca asegurarse una existencia duradera y tranquila por la moderación y el justo equilibrio.

En la relación entre los tres niveles del universo y del culto *arajpacha-acapacha-manqhapacha*, se distingue siempre un orden jerárquico que refleja la estructura de la dominación y la visión del dominador. Por esta razón, llevan el carácter de niveles ideológicos: *arajpacha* es la expresión de la cultura dominante (incaico-cristiana) y de los elementos superestructurales que le corresponden, como la Iglesia, el Estado, las normas jurídicas y éticas vigentes en esa cultura, y el culto oficial, ortodoxo, institucionalizado, las fiestas patrias y los desfiles cívicos. En esta perspectiva el *manqhapacha* tiene por función sancionar religiosa y éticamente aquella estructura de dominación; la condena divina por no sujetarse al orden establecido y canonizado, en que se basa la legitimación del poder dominante y concretamente la represión de parte del poder eclesiástico y estatal.

1.4. LA COSMOVISIÓN AYMARA Y LA IDEOLOGÍA DE LA DOMINACIÓN

Comparando la tríada autóctona (*Mallcu-Pachamama-Amaru*) con la tríada aymara cristianizada (*arajpacha-acapacha-manqhapacha*), que posteriormente es también la del aymara "civilizado" o "chilenizado", se destacan algunas diferencias:

---

juntas constituyen un equilibrio dinámico; que realizan una unión fértil y provechosa, y una unidad de equilibrio tensa y móvil, como la que se da entre el principio masculino y el femenino. Este concepto se suele traducir como "reciprocidad", principio estructural de la economía y sociedad autóctona. (Cf. Mayer y otros, 1974; Duviols, 1973.)

1. La tríada autóctona original es una visión religiosa, estructurada en base a la situación ecológica y al mundo en que la comunidad autóctona vive y trabaja. La segunda tríada –la de los aymara-cristianos– es sincretista y es una ideología religiosa del aymara contemporáneo que refleja en términos mitológicos la estructura de dominación colonial y neocolonial.

2. Dentro de ambas tríadas, la índole de la oposición de extremos es diferente. La primera está fundada en la ecología, es la expresión mitológica de las estructuras política, social y económica de la comunidad, donde casi no se observa la contradicción de la dominación de las clases o castas, sino que está conformada por elementos estructurales mutuamente complementarios que, en su conjunto, garantizan un equilibrio estructural dinámico e independiente, según el principio *tinku*, que comúnmente se traduce por "equilibrio y reciprocidad". La segunda tríada, cargada ideológicamente, es la dominación (neo)colonial, en que ambos extremos: *arajpacha* y *manqhapacha*, son las expresiones de otro principio irreducible: el principio de contradicción entre dominante y dominado. En términos ético-religiosos éste es el principio irreductible entre el Bien y el Mal.

3. En la perspectiva de la dominación, la tripartición ya no comienza en un centro que se prolonga en ambos extremos, sino en una cumbre "sagrada" que controla jerárquicamente dos pisos inferiores: lo profano y lo nefasto. Lo profano ha de sacralizarse, es decir: incluirse sin reserva en lo sagrado, y rechazar definitivamente lo nefasto.

4. Una tercera observación se refiere al rechazo –por parte de la agrupación dominante no andina– de la tripartición ideológica que sostiene la cosmovisión del aymara sincretista. La ideología dominante occidental no la reconoce. Sataniza el *acapacha* y reduce la tríada a una díada. Cuando, durante la Colonia, la élite política y eclesiástica dominante interpreta el segundo nivel –*acapacha*, el nivel de "las costumbres"– como diabólico o, posteriormente y en términos secularizados, como primitivo y como una peligrosa fuente de nacionalismo indio, lo relega así al tercer nivel ideológico –*manqhapacha*, lo nefasto– para legitimar las campañas (antiguas y nuevas) de extirpación de idolatrías, y para justificar religiosamente el etnocidio. En tiempos postcoloniales y neocoloniales –los s. XIX y XX– y bajo la corriente laicizante, se observa una reducción similar de la tríada: los grupos dominantes urbanos reformulan la antigua ideología colonial en términos de patriotismo y progreso, llegando a una verdadera religión laicizada. Según esta ideología, las "costumbres" del nivel de acapacha constituyen una forma de primitivismo y un folklore extraño al ser nacional chileno. De ahí que las costumbres pertenezcan a la "anticultura" y, en consecuencia, al tercer nivel de lo nefasto. Bajo la doctrina de la seguridad del Estado se aplica el mismo paradigma. A partir de esta doctrina se maneja una política de "culturización" y "chilenización" y una explotación neocolonial de los recursos mineros encontrados en la región aymara según la planificación neoliberal del desarrollo. La educación pública de parte de los organismos estatales desconoce la etnicidad aymara. La ideología de la dominación militar (1973-1990) redujo la tríada del aymara sincretista a la díada de las relaciones sociales (neo)coloniales, para en seguida intentar solucionar la contradicción expresada en esta díada por la eliminación de *manqhapacha* (llamada ahora "la oposición"), tachándola de "anticultura".[16] En breve: para el poder dominante, la zona del *acapacha* no existe o no tiene derecho a existir. Es llamada: "diabólica", "subversiva", "primitiva" o "antipatriota", según se trate del sector religioso o político-secularizado de la sociedad dominante.

5. Los misioneros del neocolonialismo son –aunque muchas veces inconscientemente– el profesor que predica el nacionalismo y la chilenidad, el sacerdote (y más aún el pastor protestante) que predica el cristianismo occidental, culturalmente no adaptado al mundo aymara, sino a los grupos dominantes a nivel nacional e internacional. Ignoran el espacio del *acapacha* y rechazan de algún modo sus valores y símbolos. Pretenden reducir, en la conciencia del aymara, el universo moral y religioso a la díada

---

[16] El misionero canadiense Jacques Monast reconoce que la zona de *acapacha* subsiste con toda su vitalidad entre los aymaras de Carangas: "L'irruption du christianisme au coeur des Andes marque un tournant dans l'histoire religieuse des quétchuaymaras. Parce qui est du fond doctrinal, je crois que l'influence de la novelle religion ne prédomina jamais sur les deux courantes antérieures. Le christianisme fournit avant tout aux indiens un vocabulaire nouveau, pour exprimer en termes catholiques leurs croyances traditionelles" (1965: 20). El historiador chileno Óscar Bermúdez (1972: 138) reconoce, en el aparente conservantismo de los aymaras chilenos respecto a sus "costumbres" (c.q. la zona del *acapacha*) una intención decidida de ofrecer resistencia a la política cultural vigente.

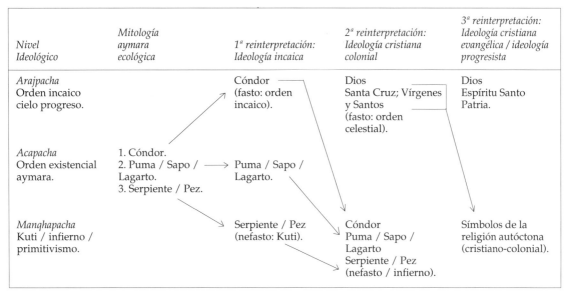

Nivel Ideológico	Mitología aymara ecológica	1ª reinterpretación: Ideología incaica	2ª reinterpretación: Ideología cristiana colonial	3ª reinterpretación: Ideología cristiana evangélica / ideología progresista
Arajpacha Orden incaico cielo progreso.		Cóndor (fasto: orden incaico).	Dios Santa Cruz; Vírgenes y Santos (fasto: orden celestial).	Dios Espíritu Santo Patria.
Acapacha Orden existencial aymara.	1. Cóndor. 2. Puma / Sapo / Lagarto. 3. Serpiente / Pez.	Puma / Sapo / Lagarto.		
Manqhapacha Kuti / infierno / primitivismo.		Serpiente / Pez (nefasto: Kuti).	Cóndor Puma / Sapo / Lagarto Serpiente / Pez (nefasto / infierno).	Símbolos de la religión autóctona (cristiano-colonial).

Esquema 3. Ideología de dominación: reinterpretación y satanización de los símbolos aymaras.

del *arajpacha-manqhapacha* (respectivamente: chilenidad-tribalismo; cultura-primitivismo; progreso-obscurantismo; cristianismo-paganismo; Dios-Demonio; Bien-Mal). Estos misioneros actúan así cuando descalifican las "costumbres" del nivel de *acapacha* y las relegan al nivel de *manqhapacha,* el reino de la anticultura y del paganismo. Mientras tanto instalan –como indica el Esquema 3, "Reinterpretación y satanización de los símbolos aymaras"– cada vez nuevos dioses foráneos, símbolos de valores supremos impuestos, en *arajpacha* circunscrito por ellos mismos, para controlar así la conciencia y la cultura aymaras.

Sin embargo, en la conciencia de los aymaras chilenos y particularmente entre los pastores de la cordillera, persiste hasta hoy el campo mítico del *acapacha,* que se concibe claramente como distinto a los otros dos campos *arajpacha* y *manqhapacha* e irreductible a ellos. Esta clara conciencia del aymara cordillerano es el fundamento religioso de la identidad cultural y la conciencia de su etnicidad. Esta conciencia mantiene la población autóctona en existencia como grupo étnico particular, aymara.[17]

---

[17] Distinta es la situación en grandes sectores de la Precordillera chilena como también en el medio religioso de pentecostales y otras sectas fundamentalistas. En aquellos sectores, y en la medida en que la misión de "chilenización" y de "cristianización" ha logrado éxito, el aymara perdió también su identidad cultural, se orientó más decididamente hacia el Occidente adoptando en forma más completa las pautas culturales urbanas. En la misma medida desaparecieron, de su discurso y de su conciencia, las referencias al *acapacha,* matriz de su identidad étnica.

6. La zona del *acapacha* tiene un significado para el aymara contemporáneo que es muy distinto de lo que significa a los ojos del mestizo y del representante de la sociedad circundante, dominadora. Para el aymara contemporáneo, el *acapacha* representa una zona de valores existenciales y está cargado de sentido y significado positivo por cuanto es el espacio de su mundo: el mundo de sus dioses y sus antepasados, su fe y su identidad, su ganado y sus tierras, sus cerros y aguas. Es el espacio donde vive y proyecta su existencia, el espacio de su origen, su hogar y su futuro. Es el espacio propio que siempre ha sabido camuflar ante el criollo o defender con astucia ante el mestizo.

La cosmovisión cristiana no logró eliminar la autóctona. El *acapacha* con su panteón persistió y en cierto modo fue ampliado y enriquecido. La cosmovisión dominante le agregó una nueva dimensión que, en la conciencia del aymara, reubicó el *acapacha* en un contexto colonial y cristiano. Los españoles subyugaron los dioses andinos al dios vencedor y aquéllos quedaron bajo la supremacía de las divinidades cristianas. No ocurrió ni erradicación ni remplazo. Lo que se presenta como una nueva dimensión en la cosmovisión aymara y como la revelación de un mundo superior y un mundo inferior –un mundo del Bien y del Mal– es, históricamente, la imposición, reinterpretación, aceptación de un nuevo orden cósmico-religioso-político, pero definido e impuesto desde afuera por el conquistador, a la vez que reinterpretado a lo an-

Figura 5. Isluga, ritual de producción: mesa ritual con ofrendas que acompañan la huilancha.

Figura 6. Ancuaque: Torre Mallcu y Guanapa, cerro sagrado, protector. En tiempo de lluvia se escucha el pinguillo. 1988.

dino por el aymara. Este proceso originó una contradicción latente e innata en la nueva cosmovisión andina: una concepción diferente del universo cristiano en que se contradicen aymara-cristianos y latino-cristianos, feligreses andinos y clérigos europeos. La nueva dimensión es efecto de la ideología de la cultura dominante, pero también da prueba de la resistencia, creatividad y vitalidad de la cosmovisión autóctona. El conquistador europeo no logró reemplazar o erradicar la cosmovisión andina, o remplazarla por la latino-cristiana. Los andinos supieron –Dios sabe cómo– andinizar, integrar y asimilar la cosmovisión cristiana en la autóctona. La mitología y las divinidades cristianas fueron acomodadas en una coexistencia jerarquizada con las autóctonas.

2. LA VISIÓN DEL TIEMPO

El *acapacha* –universo tempo-espacial del aymara– es un mundo completo y acabado sin edén original ni paraíso final restaurado en "el final de los tiempos".[18] Sin embargo, esta cosmovisión no da oportunidad a un modelo estático del mundo, como veremos al analizar la visión aymara del tiempo. Ésta se define a partir de los ciclos naturales (especialmente del año solar, del clima y del ciclo vital humano) y del ciclo laboral-festivo estructurado sobre la base de los anteriores. Es una visión eminentemente cíclica del tiempo, que se prolonga en la percepción de un macrociclo: el

tiempo mitológico de la oscuridad y del sol, con apertura a un nuevo cataclismo y un nuevo tiempo. Movimientos revolucionarios, milenarios y carismático-protestantes inciden en esta expectativa. Se trata de un mundo o universo –*pacha* significa universo tanto espacial como temporal, tanto mundo como era– que se renueva constante y cíclicamente, que por lo tanto es radicalmente ahistórico, pero a la vez sujeto al *kuti,* o "vuelco" del mundo actual y abierto a un mundo nuevo por aparecer, y simbolizado en la figura del "Hijo Mayor" que atenta contra "el Padre".

Van den Berg (1989, 153) explica cómo el modelo aymara más antiguo de la división del tiempo se basa en el año solar, el que da origen a dos grandes períodos separados por los solsticios de verano e invierno. Por este principio se guían particularmente los pastores trashumantes. La segunda división, más relevante que la anterior, se basa en el ciclo climático que conoce tres estaciones muy marcadas y observadas por los agricultores: una época seca, una lluviosa y una fría. Según las actividades agrícolas se ha dividido el año conforme a estas épocas, en tiempo de siembra, de crecimiento y cosecha. La tripartición del ciclo anual se ha elaborado más detalladamente de acuerdo a las tareas agrícolas pormenorizadas y al ciclo festivo-ritual. El esquema tripartito es el que prima como modelo fundamental para la ordenación del tiempo, especialmente entre los pastores aymaras del altiplano. La bipartición, de origen preagrícola, sigue marcando la actividad trashumante y festiva de los pastores y dejó vestigios entre agricultores. El esquema bipartito interfiere así como contrapunto en el modelo fundamental tripartito. La visión del ciclo agrícola trifásica persiste en el altiplano chileno donde la escasa agricultura tradicional de papas y quínoa se ejerce en secano. En cambio, entre los agricul-

---

[18] "Todo esto nos lleva a la conclusión de que los nativos no habían llegado a la concepción de Dios ni del Demonio, ni mucho menos a un antagonismo entre ellos" (C. A. Guardia Mallorga, 1962, p. 133).

tores de los valles interandinos que cultivan chacras regadas en un medio desértico sin temporada húmeda, prevalece la concepción bifásica del año agrícola, definida por las temperaturas de verano e invierno. Van den Berg, autoridad en la materia, analiza vestigios y testimonios de los dos modelos de división básica del año, uno bipartito y otro tripartito, que coexisten hasta hoy día. Este autor acepta además una división ritual-religiosa tripartita del tiempo que se basa tanto en la división del tiempo según el clima, como en su división según las actividades agrícolas.

Bajo la dominación incaica se ha acentuado el culto religioso al Sol, marcado necesariamente por los momentos del solsticio y los dos períodos opuestos de invierno-verano. La dominación española introdujo otra visión del tiempo, originaria de Europa, marcada por cuatro estaciones diferentes y un calendario litúrgico correspondiente. En este esquema coincide la primavera con la Semana Santa que celebra la vida renovada; el solsticio de invierno con Navidad, fiesta de luz y nueva vida prometida, y otoño con la fiesta de los muertos (1 de noviembre), que recuerda el fin del ciclo vital, humano y vegetal. Los aymaras, a pesar de estar en otro hemisferio, adoptaron aparentemente sin ningún problema el calendario litúrgico cristiano (Soria, 1955, pp. 131 ss.; Lewellen, 1977, pp. 117 ss.). Sin embargo, analizando bien ese proceso con Van den Berg (1987), resulta que esta adopción fue selectiva y además previa reinterpretación y andinización de sus fechas y fiestas. Gracias a las múltiples coincidencias y correspondencias, los aymaras podían "acomodar sus fiestas nativas a las fiestas castellanas" (Jordá: 1981, p. 175, en Van den Berg, 1989), o incorporarlas a ellas.

Un último elemento que entra en la visión aymara del tiempo es su visión del ciclo vital humano proyectado en el mito de la *Pachamama* y su ciclo vegetal. El ciclo humano es trifásico: juventud, madurez, vejez, y se renueva relacionando la vejez con la sexualidad y la fertilidad del campo, como enseña el ritual (Van den Berg: 1989, 56-64; 83-90). En una transferencia metafórica se percibe el ciclo vital de la *Pachamama*: 1. la época húmeda de las lluvias corresponde a la niñez y la juventud;[19] 2. la madurez corresponde a la época fría, período dinámico marcado por la madurez de los cultivos y la cosecha, la abundancia y la confección del chuño entre los agriculto-

res, el "costeo" y los viajes de canje de los pastores; las fiestas de la zona agrícola y la participación de los pastores en ellas; 3. la vejez corresponde a la época seca de la *Pachamama* y está orientada a la nueva vida que pronto va a brotar, como enseñan los símbolos y conceptos del ritual de los muertos.

A partir de estos principios diseñamos a continuación el esquema de la visión del tiempo cíclico, comenzando por el análisis del ritual agropecuario, llamado "costumbres", que es el estrato más antiguo; y luego el análisis del ritual de origen cristiano y de sincretización que forjó una sola liturgia integrada, la que interpreta la visión aymara de la estructura del tiempo cíclico.

2.1. LAS "COSTUMBRES" Y EL TIEMPO CÍCLICO

Las actividades económicas, organizadas según el ritmo de las estaciones y enmarcadas todas en rituales de producción, definen más que nada la concepción del tiempo en la cosmovisión del aymara.[20] Estas actividades siguen hoy el mismo esquema que en tiempos preincaicos y vistos en resumen son de la siguiente manera:

Los pastores de altura bajan a fines de marzo a la precordillera para pasar el invierno con su ganado en las cabeceras de los valles altos (2.500-3.000 msnm.) y dicen: "Vamos a la costa". En estos campos habitan casas provisorias y dispersas llamadas *pascana*, dedicando relativamente más tiempo que en verano al ganado y menos tiempo a otras actividades como tejer y construir. En otoño e invierno mantienen un contacto social y de intercambio más intensivo con las comunidades agrícolas, particularmente en la oportunidad de las fiestas patronales de esa zonas, las que tienen lugar en el intersticio agrícola. En estos meses aumentan la cooperación y la ayuda laboral con sus parientes agrícolas, en trabajos de limpieza de canales, arreglos de terrazas y servicios en las fiestas patronales. Participan también en el floreo de los corderos que los agricultores celebran en San Juan (24 junio). Se trata de contraprestaciones de servicios, ya que las familias de pastores suelen arrendar chacras y campos de pastos naturales de sus parientes agrícolas y reciben otros servicios. En primavera, septiembre u octubre, los pastores parten con su ganado, sus enseres y telares, sus escasas herramientas, cosechas y

---

[19] *Uma huahua* es: niño de agua, niño tierno.

[20] Van Kessel, 1980: 120-124.

alimentos originarios de la precordillera, a la alta cordillera, donde ocupan sus viviendas principales (uta), agrupadas en estancias, para pasar allí, a 4000 msnm, el verano. En esta zona se encuentran también sus pueblos principales (marka) y sus santuarios, como Isluga y Cariquima, donde en pleno verano celebran sus fiestas patronales y donde cada familia (extensa) dispone de una casa ceremonial (kamana) en el barrio que corresponde a su ayllu. El tiempo de la trasquila es noviembre-diciembre. De octubre a diciembre es la época favorable para la construcción, actividad con tierra, agua, piedra y paja, íntimamente vinculada a la Madre Tierra. La construcción es a la vez trabajo y celebración; la casa que resulta es un lugar de respeto religioso y casi sagrado. En verano dedican más tiempo a las actividades textiles. En diciembre-enero nacen las crías de los camélidos que exigen mucha atención del pastor por los peligros del campo que son el cóndor y el zorro. Si tardan las lluvias, tienen lugar también en enero las ceremonias respectivas. En enero se marcan los maltones (camélidos de un año) en la oreja –quillpa– y el pastor festeja su tropa –el floreo– y su pacarina (un ojo de agua en su campo que simboliza la fertilidad de la tierra). Pocas semanas después, en el "día del Compadre", siguen las ceremonias a los Mallcus, los espíritus de los cerros. Luego, en febrero o marzo, cuando el ganado está gordo, sigue el tiempo del carneo y del charqueo. La "cosecha" de los pastores ("la tropa es mi chacra") consiste en charqui, grasa, cueros, lana y tejidos, pero también en hierbas medicinales y chuño. Esta es llevada en el viaje de "costeo" que se aproxima, para su canje por productos agrícolas.

Los agricultores demuestran menos movilidad que los pastores. En invierno (julio), comienzan los preparativos del año agrícola con la limpieza de los canales de riego. A comienzos de agosto ocurren las ceremonias de súplicas y previsión del tiempo y la lluvia, se preparan las chacras y se efectúan las primeras siembras. Estas continúan durante cuatro meses, según el clima previsto, el tipo de cultivo y de chacra, y casi alcanzan a Carnaval, fiesta de la alegría para agradecer los primeros cultivos que están a punto de madurar. En verano no falta la oportunidad de participar en las fiestas patronales de los pastores (desde el 20 de noviembre hasta el 2 de febrero): suele haber comparsas y otros colaboradores para acompañar a los alféreces en sus fiestas. Los agricultores participan también en los grandes floreos de la cordillera, ya que muchos de ellos mantienen una tropita de camélidos que sus parientes en la zona cuidan durante el año en mediería. Las cosechas, de enero a mayo, concluyen con la fiesta de las Cruces de Mayo. En otoño e invierno se aprovechan las heladas nocturnas para la confección de chuño.[21] En el solsticio de invierno, los agricultores celebran sus fiestas patronales, en que participan muchos pastores que en esos momentos están con su ganado "en la costa" (las cabeceras de los valles agrícolas).

Todas las actividades económicas van acompañadas de "rituales de producción", de modo que resulta un ciclo litúrgico completo, con ritos diarios y sencillos, "costumbres" imperiosas y fiestas grandes, tanto a nivel personal y de familia como de comunidad. Este ciclo litúrgico marca la estructura del tiempo.

En verano ocurren las principales celebraciones entre pastores: 1. Las actividades de construcción, altamente ritualizadas y comunitarias,[22] ocurren en primavera, especialmente en octubre y noviembre. 2. Las celebraciones referentes a la fertilidad del ganado –quillpa, floreo y pacarina– ocurren en verano, a fines de diciembre y enero. 3. Las celebraciones en honor a los Cerros tienen lugar en el día de los Compadres, último y penúltimo jueves antes de Carnaval.

Por el contrario, entre los agricultores, las principales celebraciones ocurren durante el invierno: 1. En mayo, con el día de Las Cruces, se celebra la fiesta de la cosecha, anticipada ya en Carnaval y el Pachayampe. 2. La fiesta del floreo de los corderos se celebra alrededor del 24 de junio. 3. La fiesta de la fertilidad de las chacras y la "limpia de las acequias" ocurre afines de julio y se prolonga en el 1º de agosto, el día de la previsión del clima y la inauguración del año agrícola.

Ubicando estos seis momentos del ceremonial aymara en el círculo del calendario, se observan las siguientes regularidades (ver esq. 4):

1. Las fiestas de Mallcu y de las Cruces de Mayo, se refieren y celebran ambas en las alturas del cerro. Las Cruces de Mayo con Arco –réplica del arco levantado al Mallcu– se encuentran en los cerros que bordean las quebradas y valles agrícolas. El cóndor está presente en las ceremonias de la cordillera.

2. La fiesta del floreo, tanto de los camélidos en la cordillera como de los corderos en la precordillera, se celebra en el corral, es decir,

---

[21] Actualmente los agricultores prefieren conseguir el chuño de los pastores o lo compran en el altiplano boliviano.

[22] Cf. Nachtigall, 1966: 195-200.

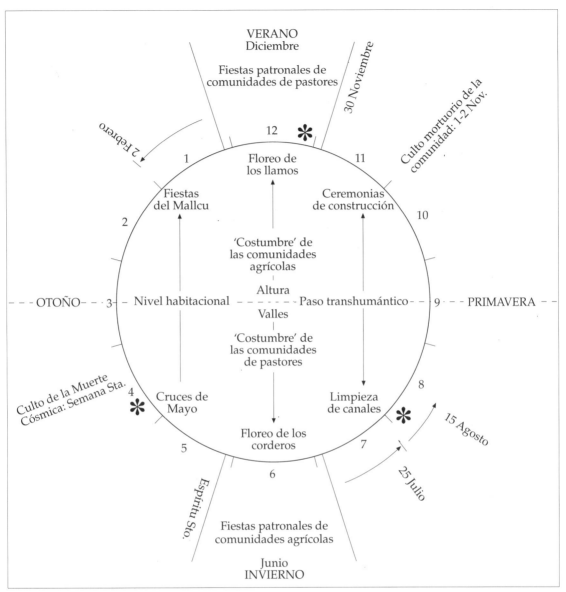

Esquema 4. Resumen de la cosmovisión aymara, 2: la visión del tiempo. Las "Costumbres" autóctonas están dentro del círculo; las fiestas sincrético-cristianas fuera del círculo; la bipartición del ciclo anual indicada por la oposición verano-invierno; la tripartición marcada por estrellas * en el anillo de los 12 meses: período seco (ago.-nov.) - húmedo (dic.-mar.) - frío (abr.-jul.).

en el nivel habitacional, y se dirige a la principal figura del panteón autóctono: la *Pachama-ma*, la madre universal. En la cordillera, el puma está presente en la forma de un gato montés embalsamado. En las fiestas de floreo –igual que en las fiestas del Mallcu y de las Cruces de Mayo– se reconoce una categoría y prestigio superior a la fiesta de la cordillera (de los llamos) sobre la fiesta de la precordillera (de los corderos).

3. La fiesta de la siembra (o limpieza y apertura de las acequias) y la fiesta de la cons-

trucción (de romper la tierra para las fundaciones, y la apertura de un canal que conduzca el agua al lugar de la construcción), se dirigen ambas hacia abajo, hacia el lugar vinculado al *Amaru* en la zona agrícola. La serpiente se encuentra solamente en las vasijas rituales. En la precordillera se observa en esta fiesta una preeminencia de categoría y prestigio. Esta distribución de preeminencias favorece a las celebraciones de la Cordillera, en particular a las fiestas del *Mallcu* y del Floreo, de acuerdo a la tradicional diferencia de prestigio entre los ayllu de pastores y de agricultores. Por lo demás, los representantes de los pastores se hacen presentes en las fiestas de primavera de la precordillera, y los representantes de los agricultores participan en las fiestas del Floreo de la cordillera (pero raramente en las fiestas de los *Mallcus*).

4. Las fiestas de verano tienen lugar en la zona de pastoreo, y las fiestas de invierno ocurren en la zona agrícola. Tal como verano e invierno, las fiestas de los agricultores (respecto de la economía agrícola) forma el complemento de las fiestas de los pastores (respecto de la economía pastoril-ganadera), de acuerdo al principio de reciprocidad (o *tinku*) en que se asientan las estructuras de las comunidades andinas.

5. El eje de oposición en el esquema 4 –que es una oposición de reciprocidad– une y opone las estaciones de verano y cruza perpendicularmente el segundo eje: el eje de la simetría que une y opone primavera y otoño, y que está marcado por el traslado del ganado y la migración trashumántica entre cordillera y precordillera: la primera migración (en otoño) sucede de las alturas hacia la precordillera, y la segunda (en primavera), de la precordillera a las alturas.

2.2. LA "RELIGIÓN" Y EL TIEMPO CÍCLICO

Sobre la actividad económica y liturgia prehispánica se ha depositado una segunda capa de ritos y fiestas cristianas. En éstas se observa también un modelo de complementariedad dentro del ciclo anual. Las fiestas patronales de la cordillera suelen ocurrir en verano, y las de la precordillera tienen lugar en invierno. En ambas está representada la comunidad hermana del nivel ecológico opuesto, de modo que se afianzan allí las relaciones sociales y económicas. La razón de la distribución de las fiestas patronales según el nivel ecológico y estación del año es obvia: la organización social del trabajo agrícola y pastoril.[23]

El culto de la muerte significa para el aymara la celebración de la vida nueva que surge de la muerte. La comunidad recuerda a sus muertos los días 1 y 2 de noviembre, en primer lugar a los fundadores de la comunidad, llamados "Almamundo". Esta celebración ocurre en primavera, en el tiempo de la siembra. Mediante el culto de los muertos y los antepasados, se espera asegurar el crecimiento y la prosperidad de la familia y de la comunidad entera. Este culto tiene para el aymara el significado de la nueva vida para la familia y la comunidad, vida que surge de la muerte. Aunque el "Arco de la Vida" no se levanta en esta oportunidad, la cruz de la tumba está en el centro del culto, recibe adornos similares y asume, de hecho, la función de Arco de la Vida. La cruz se levanta de la tumba y la muerte, y en su parte superior está adornada con verde y flores, o sea, está estructurada como el Arco de la Vida observada en otras ceremonias y simboliza también la vida que surge de la muerte.

Seis meses más tarde, en Semana Santa, se celebra en ambos niveles ecológicos la muerte de Cristo (marzo-abril). De sus ceremonias y costumbres, hay que concluir que se trata de la celebración de la muerte y la resurrección cósmicas, y de la lucha entre el Cosmos y el Caos, que pasa por un momento crítico al finalizar y recomenzar el ciclo anual. Las hierbas medicinales, para la vida, se cogen en Semana Santa; el Justo Juez, Cristo, está muerto en Viernes Santo, lo que permite el robo impune, y exige "Combatir al Maligno" (se organiza una caza de vizcachas, animal del diablo; hay que ayunar, para participar así en la crisis del paso y ayudar al ciclo nuevo a iniciarse). La celebración de noviembre se refiere a la muerte que amenaza la comunidad misma, y pretende asegurar la nueva vida estimulada por sus antepasados muertos; la celebración de abril (en otoño), se refiere a la muerte de la naturaleza y del cosmos, y pretende asegurar el paso al nuevo ciclo anual, que perpetúa el cosmos y la vida de la flora y la fauna. Tanto pastores como agricultores celebran el doble culto de la muerte (de la comunidad y el cosmos), el que se insertó en el calendario en dos momentos opuestos –primavera y otoño–, expresando una simetría de oposición de equilibrio y complementariedad que es el principio básico de estructuración del tiempo.

La capa cristiana en la liturgia sincrética del aymara la podemos representar en el anillo exterior del esquema 4.

---

[23] Un informante de Cariquima explica el ritmo de las fiestas sociales, y su carácter complementario dentro del sistema global de la liturgia aymara: "Las fiestas de la cordillera y la costa (precordillera) van como los pies de uno que anda en bicicleta: uno arriba, otro abajo, uno abajo y otro arriba. Así no más van, y siempre ha sido así".

Figura 7. Isluga, Cultane: La vivienda de fiesta: Kamana.

Figura 8. Isluga: Ritual fúnebre, el juego de la palama.

2.3. LA ECOLOGÍA Y LA ESTRUCTURA DEL TIEMPO CÍCLICO

La liturgia aymara marca los jalones del tiempo. Partiendo de la idea de la eterna repetición de los fenómenos de la vida y la naturaleza, y la eficacia de la fiel observancia de fiestas y costumbres, el aymara pretende apoyar ritualmente la continuidad del cosmos y de la comunidad; la prosperidad y la reproducción permanente del ganado, la perpetuidad de la vegetación y la chacra; la transición de verano a invierno, y de invierno a verano; y así asegurarse de una existencia duradera y tranquila. Es una visión cíclica y bifásica del tiempo similar al que tiene del ciclo de vida y muerte. Concibe el tiempo como un ciclo de vida –la vida de la *Pachamama*– y como un ciclo delicado, frágil y detalladamente articulado. La oposición verano-invierno en el calendario litúrgico asienta la división de funciones económicas entre comunidades agrícolas y ganaderas y expresa una visión de la economía y la sociedad aymara como unidad dual de elementos simétricamente opuestos y complementarios, de acuerdo al principio *tinku*. Finalmente, divisamos en el calendario también la concepción del espacio y de la tríada *Mallcu-Pachamama-Amaru* y la conciencia aymara de la unidad tempo-espacial del *pacha*. Mientras en la visión científica el tiempo se define como una infinitud amorfa de elementos mínimos e idénticos, para el aymara el tiempo es algo vivo y orgánico como la *Pachamama* misma con una estructura refinada. La estructura básica del tiempo está dada por el ritmo del medio natural ecológico y meteorológico, concebido con una misma estructura de reciprocidad y oposición. El aymara, consciente de formar parte del acontecer cósmico y misterioso de vida y muerte –"*Pacha-*

mama, tómame, tenme por tu hijo"–[24] vive con ésta una concepción rítmica y orgánica del tiempo. El ritmo del tiempo orgánico le asegura la continuidad rítmica de la vida biológica, económica, social y ceremonial de su comunidad. Llevado por la conciencia de connaturalidad y participación respecto del mundo circundante (su *Pachamama*), adorna aquella estructura básica del tiempo con sorprendente imaginación y fexibilidad, con refinamiento y delicadeza, llenándola a nivel local con una infinidad de detalles propios y significancias específicas que, en parte, escapan a nuestra observación.

El ritmo del ciclo vital de la *Pachamama* define en el calendario aymara las fases de dos ciclos económicos interdependientes –de trashumancia pastoril andina y de agricultura de precordillera– y las articulaciones cotidianas de quehaceres rituales, sociales y económicos. En el juego complicado de simetrías, aparece una asimetría: la prioridad de la cordillera. Sin embargo, ésta concuerda con el origen de las lluvias y de los ríos, con la orientación de la economía de aguas (hacia oriente) y con la orientación axiológica del aymara (hacia las regiones de altura).

En síntesis, reconocemos en la construcción aymara del tiempo, la vigencia de los mismos principios culturales, observados en el análisis de su estructura del espacio. Son los principios de complementariedad y oposición; de simetría y continuidad cíclica; de participación y lealtad cósmica; de la existencia (comunal y personal) normada por el ritmo vital de *Pachamama*; de la alta valoración del misterio de la vida y de los fenómenos naturales que, observados y meditados profundamente,

---

[24] Oración antigua según Bertonio, 1612: 242.

constituyen la guía para su actuar; y, finalmente el *tinku*, que es el principio del equilibrio natural y de la captación del momento justo y la proporción para cada una de sus acciones.

2.4. EL *KUTI* Y LA EXPERIENCIA DEL TIEMPO HISTÓRICO

En su visión del tiempo aparecen también hechos "históricos", únicos y decisivos, que son experiencias trascendentales de su pasado. Son hechos totalmente ajenos a las actividades agropecuarias y que introducen una concepción lineal e histórica del tiempo. Se trata de cataclismos que el aymara recuerda en términos de *kuti* de su pasado mitológico e histórico (Imbelloni, 1946: 76-117) y que teme hoy como amenaza del futuro. Mencionemos aquí tres de estas experiencias: el *kuti* de su mitología, que dio origen a la era del sol, la conquista y la explotación poscolombina, y el *kuti* esperado por el aymara contemporáneo.

En la visión de su pasado el aymara cuenta el mito del fin de una era anterior y el comienzo de la época del sol: "Así comenzó el tiempo –*pacha*– del sol: antes había gentiles que vivían en *chullpas*. El sol todavía no había aparecido. En el cielo estaba solamente la luna. Entonces se dijo a la gente que el sol venía. Ellos pensaban que venía del occidente. Entonces hacían sus casitas con muros gruesos y puertitas chiquititas al oriente, para no quemarse. Sólo unos pocos se hundieron en el agua y ellos se salvaron".[25]

Kuti es también el vuelco fatal experimentado repetidas veces en la historia incaica y colonial. La dolorosa conciencia del retroceso histórico de la comunidad andina es efecto de su experiencia de la dominación poscolombina: la economía agropecuaria de la hacienda colonial, eclipsada en el siglo XVIII por la minería argentífera de Huantajaya, posteriormente por la economía salitrera, y finalmente, la expansión de la economía urbana. La conciencia de esta historia, viva en el recuerdo del aymara, se traduce actualmente en fenómenos de anomia y en una constante emigración a la ciudad. Las grandes insurrecciones indígenas, como las de Túpac Amaru II (1780-1782), fueron interpretadas como "kuti" (Hidalgo, Ms., 1977: 6-7). Entre las experiencias históricas políticas más recientes y

menos trascendentales están: la conquista de 1879, la revolución de Paz Estenssoro en Bolivia (1953-1962), el llamado "Padre de los Indios" que les devolvió sus tierras. En términos de *kuti* y con recuerdos del cataclismo mitológico en que se quemó el mundo previo de la oscuridad para dar origen al mundo actual del sol, el aymara concibe ahora el mensaje del fin del mundo predicado por la secta pentecostal que anuncia la quema del mundo "material" existente y la aparición de un mundo nuevo, "espiritual". En Bolivia, muchos aymaras mineros, sindicalizados y políticamente activos han esperado, también en términos de *kuti*, la gran revolución predicada por los marxistas que ha de establecer una nueva era de justicia social.

Por la visión del pasado mitológico y por la conciencia del *kuti* futuro, sea como utopía política o como mito escatológico, los aymaras se sienten más confirmados en su tradicional actitud de precaución por lo que pueda suceder y por el futuro inseguro. Esta cautela por el posible vuelco radical de los tiempos y de la historia, equivale a un indicio más de su concepción del tiempo que, además de ser cíclica, es lineal e histórica.

CONCLUSIÓN

La cosmovisión aymara ordena religiosamente el mundo del aymara en sus tres dimensiones: sus relaciones sociales en el sentido más amplio, sus relaciones con divinidades y antepasados, y sus relaciones con el medio natural. Una definición viable de esta cosmovisión sería: la visión religiosa que tiene el aymara de su historia y su geografía en términos mitológicos, que ordena su mundo tempo-espacial de tal modo que sirve de fundamento último para las estructuras de la comunidad aymara. Los párrafos anteriores exponen cómo esta visión de su historia y geografía está marcada tanto por su relación existencial con la tierra, como por la conciencia de su posición como minoría étnica dominada. Por otra parte, indican que su visión del tiempo –visión a la vez cíclica e histórica– está marcada tanto por su milenaria organización económico-espacial como por el mito del *kuti*, el que interpreta su experiencia histórica y su esperanza utópica o escatológica. Finalmente observamos que la cosmovisión aymara está en crisis, como la comunidad aymara misma. Actualmente cosmovisión y comunidad sufren una presión más fuerte que nunca, el efecto de una políti-

[25] Pauwels, 1983: 63-64.

ca socio-económica y cultural integracionista. Sin embargo, a esta altura, observamos entre aymaras también reacciones de tipo renacentista que permiten estar confiados, si no seguros, que la cosmovisión aymara, como toda mitología y toda ideología, bajo las presiones del momento histórico se dobla, pero no se rompe.

BIBLIOGRAFÍA

ALBO, X. (comp.)
1988   "Raíces de América; el mundo aymara. Alianza Editorial-Unesco, Madrid.

BERMÚDEZ, O.
1972   "El oasis de Pica". Ms. Publicado por Universidad de Tarapacá, Arica.

BERTONIO, L.
1612   "Vocabulario de la lengua aymara."

BOUYSSE-CASSAGNE, T.
1987   "La identidad aymara; aproximación histórica" (Siglos XV y XVI); HISBOL-IFEA. La Paz-Lima.

CADORETTE, R.
1977   "Perspectivas mitológicas del mundo aymara"; en: Alpanchis Nº 10. Cusco.

DUVIOLS, P.
1973   "Huari y Llancuaz; agricultores y pastores, un dualismo prehispánico de oposición y complementariedad", en: Revista del Museo Nacional de Lima, vol. 39.

ELIADE, M.
1967   "Lo sagrado y lo profano". Madrid.

GUARDIA, C.
1962   "El enigma del dios Wiracocha", en: Actas y trabajos del II Congreso Nacional de Historia del Perú, vol. 2. Lima.

HIDALGO, J.
1977   "La rebelión de 1781 en El Corregimiento de Atacama", Ms. Publicado en Revista Chungará Nº 9, Arica.

IMBELLONI, J.
1946   "Pachacuti IX, el Incario Crítico". Buenos Aires.

JORDA, E.
1981   "La cosmovisión aymara en el diálogo de la fe; Teología desde el Titicaca". PUC, Lima.

KENDALL, A.
1975   "De Inca's". Bussum.

KUSCH, R.
1970   "El pensamiento indígena americano". México.

LAGOS, R., y CRUZ, E.
1971   "Limpia de canales y acequias de Santiago de Río Grande." Ms.

LEWELLEN, Th.
1977   "The Aymara in Transition: Economy and Religion in a Peruvian Community. U. of California at Boulder, Boulder, U.S.A.

LLANQUE, D.
1990   "La cultura aymara. Desestructuración o afirmación de identidad"; IDEA-Tarea, Lima-Chucuito.

MARTÍNEZ, G.
1976   "Los Uywiris de Isluga". En Homenaje al Rvdo. P. Gustavo Le Paige, Universidad del Norte, Antofagasta.

MAYER, E., y otros
1974   "Reciprocidad e intercambio en los Andes peruanos". IEP, Lima.

MESA, J., y GISBERT, T.
1966   "Contribución al estudio de la agricultura andina". La Paz.

MONAST, J.
1965   "L'universe religieux des Aymarás". Montréal.

MONTES, F.
1986   "La máscara de piedra; simbolismo y personalidad aymaras en la historia". La Paz.

NACHTIGALL, H.
1966   "Indianishe Fischer, Feldbauer und Viehzuchter". Beitrage zur peruanischen Volkerkunde. Berlin.

PAREDES, M.
1963   "Mitos, supersticiones y supervivencias populares de Bolivia". 3ª edición. La Paz.

PEASE, F.
1973   "Wiracocha, el dios creador de los Andes". Lima.

RÖSING, I.
1990   "Abwehr und Verderben: die schwarze Heilung"; Mundo Ankari, III, Nördligen, Zweitausendeins.

SORIA, L.
1955   "El calendario aymara"; en: Khana, 5 (9-10): 130-135.

VAN KESSEL, J.
1975   "La imagen votiva en la cosmovisión del hombre andino contemporáneo"; CIREN-CIS, Nº 1, Iquique.

1980   "Holocausto al progreso. Los aymaras de Tarapacá". CEDLA, Amsterdam.

1991   "Mitos y ritos de los Aymaras de Tarapacá". HISBOL, La Paz. (en prensa)

VAN DEN BERG, H.
1989   "La tierra no da así no más; los ritos agrícolas en la religión de los aymaracristianos". CEDLA, Amsterdam.

WACHTEL, N.
1971   "La vision des Vaincus". Ed. Gallimard París.

WEDEMEYER, I. VON
1970   "Sonnengott und Sonnenmenschen; Kunst und Kult, Mithos und Magie im Alten Perú". Tübingen.

CAPÍTULO VIII

RELIGIOSIDAD MAPUCHE CONTEMPORÁNEA: ELEMENTOS INTRODUCTORIOS

Rolf Foerster G.
Hans Gundermann K. [1]

Sueño que estoy en la luz de mi Padre
(el Río Lleno)
y mis cántaros descansan en su mesa de plata
Sueño que me abraza el canelo
que camina en el viento
(soplido de su aire sostengo su silbo)
En la cascada sueño que las machis ancianas
me enseñan sus cantos
la sabiduría de escuchar la Tierra
Los antepasados me llaman
Y he soñado estos sueños, ya lo sabes abuela
que vives en el cielo inmenso rocoso
¿Pero y este cuchillo y estas banderas
moviéndose
y esta alegría en mis ojos?
¡Levanto mi Rewe! bailan bailan
los remedios de Nahuelbuta.

ELICURA CHIHUAILAF

INTRODUCCIÓN

Presentamos en este capítulo una síntesis de la religiosidad mapuche contemporánea, realizada sobre la base de resultados obtenidos por numerosos investigadores y nuestra experiencia en "terreno" en distintas zonas del territorio mapuche-huilliche.

Partimos del siguiente supuesto: lo humano, en toda sociedad, sólo es posible por el establecimiento de un límite, de una frontera, es decir, de oposiciones constituyentes como naturaleza/cultura, profano/sagrado. En la sociedad mapuche el límite se representa en la mitología *(epeu y nütram)* y en las creencias *(admapu)* y se vive en el rito.[2] Este último, cuando adquiere un sentido sacrificial *(nguillatún),* simboliza la contradicción entre la vida y la muerte y, a través de ella, la oposición naturaleza/cultura, inmanencia/trascendencia, de "modo que cada una nos remite a la otra y todas ellas en conjunto al problema del sentido y del valor" (Morandé 1978). La institucionalidad de lo religioso, al estar centrada en el plano del rito, supone la existencia, por un lado, de una comunidad que lo realiza y, por el otro, de una tradición que constantemente se reactualiza. A manera de hipótesis proponemos que a partir de la "Pacificación de la Araucanía" (1860-1882) comenzó a redefinirse la representación del límite y de la institucionalidad religiosa mapuche. Para los mapuches, tanto en el pasado como en el presente, lo sagrado es sinónimo de poder (de don) y lo profano sinónimo de carencia (de conflicto, de lucha entre el bien y el mal, de precariedad). En este escenario no sólo los ritos son fundamentales sino también aquellas instancias más "personales" de acceso a lo sagrado: el *peuma* (sueño) y los *perimontún* (visiones). En este contexto la evangelización de los mapuches puede ser entendida como

---

[1] La parte segunda relativa a los ritos del nguillatún fue escrita en conjunto entre Rolf Foerster G. y Hans Gundermann. La investigación sobre la religiosidad mapuche ha sido llevada adelante en su totalidad en el Centro Ecuménico Diego de Medellín. En el último año Rolf Foerster ha contado con el apoyo de Fondecyt (proyecto 90-555), lo que ha permitido a los autores ligar el tema de la religiosidad con el sincretismo y la identidad. Hans Gundermann es investigador del Taller de Estudios Aymaras.

[2] Para Geertz los límites se reducen a tres planos, en que el caos "amenaza irrumpir en el hombre: en los límites de su capacidad analítica, en los límites de su fuerza de resistencia y en los límites de su visión moral. El desconcierto, el sufrimiento y la sensación de una paradoja ética insoluble constituyen, si son bastante intensos y duran lo suficiente, radicales desafíos a la proposición de que la vida es comprensible y de que podemos orientarnos efectivamente en ella; son desafíos a los que de alguna manera debe tratar de afrontar toda religión por "primitiva" que sea y que aspire a persistir" (1987: 97).

un proceso de sincretismo y de síntesis que revoluciona su simbolismo.

Este conjunto de afirmaciones definen el campo que abordaremos en estas páginas. En primer lugar describiremos las representaciones y sus principios de articulación que subyacen en las creencias, mitos, ritos, etc. En segundo lugar, trataremos las funciones simbólicas que establecen los ritos. En tercer lugar, conoceremos la institucionalidad necesaria para el desenvolvimiento de lo religioso.[3] En cuarto lugar, el impacto de la evangelización y, por último, analizaremos la relación entre religiosidad e identidad. Al final hay un anexo que trata de la conexión entre sueño (peuma) y religiosidad mapuche.

1. REPRESENTACIONES, SIMBOLISMO, PANTEÓN Y MITOLOGÍA

> En este suelo habitan las estrellas
> En este cielo canta el agua
> de la imaginación
> Más allá de las nubes que surgen
> de estas aguas y estos suelos
> nos sueñan los antepasados
> Su espíritu -dicen- es la luna
> El silencio su corazón que late.
>
> ELICURA CHIHUAILAF

1.1. LAS REPRESENTACIONES

El orden del universo, del mundo, aparece con claridad cuando consideramos a lo sagrado como una síntesis entre lo condicionado –el mundo cotidiano y temporal– y lo incondicionado, el mundo mítico y atemporal. Esto es posible por el empleo de símbolos que están relacionados con las clasificaciones esenciales a cuyo mérito se debe que todas las cosas se encuentren ordenadas (Cazaneuve, 1972).

En la sistematización del universo clasificatorio mapuche destacan la obra de Louis Faron, Ester Grebe y Tom Dillehay. En los últimos años contamos, además, con la reflexión de intelectuales mapuches como Martín Alonqueo, Armando Marileo y Juan Ñanculef.

Faron realizó su trabajo de campo en áreas cercanas a Temuco en la década de 1950. Constató una serie de oposiciones complementarias cuyo simbolismo estaba asociado a la "moralidad religiosa". Para él, el principio ordenador del sistema fue el de "izquierda y derecha". Sus cuadros son los siguientes:

IZQUIERDA	DERECHA	IZQUIERDA	DERECHA
malo	bueno	oeste	este
muerte	vida	norte	sur
noche	día	invierno	verano
enfermedad	salud	frío	caliente
wekufe	espíritus ancestrales	luna	sol
brujo	machi	agua	sangre
reñu	wenumapu	habla	leng. ritual
Kai-Kai	Tren-Tren	océano	tierra
pobreza	abundancia	abajo	encima
hambre	saciedad	azul	amarillo
		negro	blanco
		laico	sacerdote
		pecado	expiación
		(fuera)	campo ceremonial

Cuadro 1.

Una segunda observación de Faron fue que el orden izquierdo contenía a las categorías "inferiores" y el derecho a las "superiores" y se introdujo así un principio de jerarquía:

IZQUIERDA	DERECHA
mujer/niños	hombre
kona	lonko
joven	anciano
linaje subordinado	linaje dominante
receptor de regalos	donador de regalos
receptor de mujeres	donador de mujeres
incesto	matrimonio
winka	mapuche
reducción	congregación ritual

Cuadro 2.

Una simple mirada al Cuadro 2 evidencia cómo "categorías mentales" valoran y dan sentido a las prácticas sociales más esenciales de la sociedad mapuche, como el sistema de alianzas parentales regidas por el "operador matrilateral" (casamiento preferencial con la hija del hermano de la madre) y el "congregacionalismo ritual".

María Ester Grebe amplió de una manera notable el sistema clasificatorio a otras esferas de la cultura mapuche: al espacio, al tiempo, los colores, los instrumentos musicales, la mitología, etc.[4] Identificó el dualismo como el princi-

---

[3] Los mapuches contemporáneos utilizan la expresión feyentún para referirse justamente a las creencias en "Dios, en los wekufe, en anchimallen, en witranalwe y en el nguillatún" (Harcha 1978: 168). Armando Marileo titula su manuscrito sobre la religiosidad de su pueblo Mapuche-Feyentún.

[4] Para Lévi-Strauss el pensamiento salvaje se define por su coherencia interna y por su capacidad de exten-

pio ordenador de la visión cósmica mapuche. El dualismo, para esta autora, es un "sistema interpretativo integral del universo" que "postula la existencia de dos principios heterogéneos, disímiles e irreductibles, los cuales estarían presentes tanto en las configuraciones culturales complejas como en sus elementos constituyentes o aspectos particulares de su realidad... (y) cuya base reside en la conjunción de dos principios opuestos que forman parejas de oposiciones, tales como: bien/mal, hombre/mujer, vejez/juventud, etc. Es condición necesaria para lograr el equilibrio cósmico la yuxtaposición o síntesis de dichas polaridades" (Grebe 1974: 47). A diferencia de Faron, consideró que la oposición fundamental es entre el bien y el mal; "en efecto, la connotación negativa del lado izquierdo y positiva del lado derecho son subproducto de una orientación espacial de la cultura mapuche hacia el este, punto cardinal óptimo hacia el cual se dirigen las rogativas rituales, por lo tanto, al enfrentarse hacia el este, el lado izquierdo se ubica hacia el norte (punto cardinal negativo) y el lado derecho hacia el sur (punto cardinal positivo). A nuestro juicio, el punto de partida de las parejas de oposiciones mapuches reside en el par antitético bien y mal" (Grebe *et alter.* 1971: 10).

A partir de nuestra experiencia de terreno, nos parece que el "modelo" de Faron está más cerca de la realidad, porque homologar el universo de los seres y de las cosas a la clasificatoria del bien y del mal, puede llevar a pensar –por ejemplo- que "el terror" que siente el mapuche frente al *wekufe* (mal) es análogo al color negro, que Grebe clasifica en la misma categoría. Hay, además, un cierto relativismo en la oposición bien/mal. El negro –para seguir con el mismo ejemplo– es utilizado en algunos *nguillatunes* para pedir lluvias cuando hay amenaza de sequía; los adornos de plata, altamente valorados, dejan de serlo sin embargo en determinados contextos rituales. Los ejemplos son infinitos (sobre este punto véase más adelante el apartado 5.1. *Pillán y Wekufe*). Por otro lado, muchas de las oposiciones son pensadas como complementarias (hombre/mujer; día/noche) o antagónicas (incesto/matrimonio; bien/mal). Las primeras pertenecen propiamente al campo del "dualismo" no así las otras.[5]

1.2. COSMOVISIÓN

A partir de catorce testimonios, Grebe construyó el siguiente esquema del cosmos: siete plataformas cuadradas iguales que están superpuestas en el espacio. Su creación se realizó en forma descendente "tomando como modelo la plataforma más alta". Las plataformas se pueden agrupar en cinco de cielo *(wenumapu: meliñom, kelañom, epuñom, kiñeñom, ankawenu)*, una de tierra *(mapu)* y una de infierno *(minchemapu)*. Hay plataformas de bien y de mal. Las de bien son las cuatro primeras y "son el aposento ordenado y simétrico de los dioses, espíritus benéficos y antepasados". Las de mal son dos: *ankawenu* y *minchemapu*, son zonas oscuras, extrañas y caóticas, allí residen "los espíritus maléficos *(wekufes)* y los hombres enanos o pigmeos *(laftrache)*". Por último, "la contradicción derivada de la oposición de estas dos zonas cósmicas en perpetuo conflicto se proyecta dinámicamente en la tierra, mundo natural en el cual este dualismo se sintetiza" (Grebe *et alter.*: 1972: 49). Dillehay, por su parte, añade que cada uno de estos niveles "tiene su dimensión horizontal orientada por los cuatro puntos cardinales. Cada punto cardinal representa un grado menor de lo bueno, partiendo del este como punto de referencia inicial. Las superficies verticales se interceptan unas a otras a través de la dirección este-oeste. Al ascender los planos, un ancestro pasa desde la esquina ubicada en la parte este (muy bueno) hacia la esquina de la parte oeste (muy malo) del próximo nivel más alto hasta que se alcanza el mundo del *wenumapu*" (1990: 90). Una última observación de Dillehay se refiere a la ubicación de los elementos tróficos en el *wenumapu*: los carnívoros al *meliñom*; carnívoros y herbívoros al *kelañom*; herbívoros y plantas al *epuñom*; y, por último, las plantas, seres inorgánicos, agua, al plano del *kiñeñom* (1990: 88 y 101).

Esta formalización sobre el cosmos posiblemente corresponda a lo que Faron llamó *special language* de oficiantes rituales y *machi* (1964: 98, 102). Un saber, por lo tanto, cuya forma de transmisión es selectiva y restringi-

---

sión prácticamente ilimitada (una "devoradora ambición simbólica") (1972a: 319).

---

[5] Mege ha calificado el dualismo de Faron y de Grebe de "ingenuo" por reducir la significación a "una única oposición entre dos términos a partir de un criterio simple, eligiendo además un único contexto de significación...

se supone una monosemia para cada término, reduciendo toda la riqueza polisémica de cada uno a una sola proposición, sin ambigüedades, sin acepciones. Supone, en definitiva, a la cultura mapuche basada en mecanismos semióticos de una simpleza absurda, donde lo derecho e izquierdo, lo bueno y lo malo, día y noche, etc., darían cuenta de todos sus contenidos y sutilezas, reduciéndola a una especie de positivismo lógico chato y unívoco" (1987: 123).

da a un número limitado de individuos (como *nguillatufe, machi, dungumachife*), pero sin que lleguen a representar, por este hecho, castas o cofradías de sacerdotes y especialistas.[6]

Por otro lado, no existe constatación etnográfica, en el pasado, acerca de este cosmos. Incluso hoy esta representación vertical es rechazada por algunos investigadores mapuches.[7] Sin embargo, en la obra de Alonqueo encontramos algunos antecedentes que confirman esta visión: "su espíritu de machi se remontará al séptimo cielo, allá donde está su gran protector que le dio el ser y el poder" (1985: 51). El rewe de la machi puede tener siete peldaños, eso significa "siete estados de cielo o poder, es la congregación que tiene sumo poder y de mayor jerarquía" (*op. cit.*: 53). Por último, "ahora mi espíritu remontará al séptimo cielo donde está mi Dios de fortaleza para unirme con Él" (*op. cit.*: 70). Dillehay, en su trabajo ya citado, concluye que "mis estudios del mundo etéreo y cosmológico de los mapuches confirman varios rasgos observados por Ester Grebe, Pacheco y Segura, especialmente lo referente a la organización espacial del mundo *wenumapu*", añadiendo a continuación que en lo referente a la ubicación jerárquica y a la ubicación de estatus de los dioses mayores, de los espíritus y de los antepasados, existen en la actualidad "pocos mapuches que se recuerden de este aspecto de su cultura, y en algunos casos la gente ya no tiene suficientes conocimientos del pasado para reconstruir el molde completo" (1990: 89).

Volvamos al principio dualista teniendo en cuenta estos antecedentes y preguntémonos sobre el alcance que tiene. Recordemos que el dualismo es "un principio de organización, susceptible de recibir aplicaciones muy diversas... En ciertos casos, el principio se aplica sólo a las competencias deportivas; en otros se extiende a la vida política; en otros abarca incluso la vida religiosa ceremonial. Por fin, puede extenderse al sistema de matrimonio" (Lévi-Strauss 1969: 116). El dualismo es una estructura binaria, qué duda cabe, pero puede recubrir una estructura ternaria: por ejemplo, entre los *winnébago* lo alto es representado por un polo –el cielo–, mientras que lo bajo exige dos: la tierra y el agua. O que las "antítesis que sirven para expresar el dualismo pertenecen a dos categorías diferentes: unas son verdaderamente simétricas, las otras son falsamente simétricas; estas últimas no son otra cosa que tríadas disimuladas bajo formas de díadas, gracias al subterfugio lógico que consiste en tratar como dos términos homólogos un conjunto formado en realidad por un polo y un eje, que no son objeto de la misma naturaleza" (Lévi-Strauss 1972b: 140). La misma mitología mapuche se vale de este último tipo de estructura para superar oposiciones antagónicas (véase 1.7). Veremos a continuación cómo los mapuches se representan a la "divinidad" bajo un principio mucho más complejo que el dualismo: la cuatripartición.[8] También constataremos, cuando abordemos los ritos, que no es posible sostener que en la tierra "el dualismo se sintetiza".

1.3. PANTEÓN

Para Grebe dos son los principios ordenadores de las divinidades: el sexo (masculino/femenino) y la edad (vejez/juventud) y cuya "unidad tetralógica básica está formada por cuatro dioses que componen una familia nuclear organizada de la siguiente manera:

	MASCULINIDAD	FEMINEIDAD
VEJEZ	Dios Anciano	Diosa Anciana
JUVENTUD	Dios Joven	Diosa Joven

(Grebe *et alter*. 1971: 4)

Una constatación de este esquema se encuentra en Martín Alonqueo (1979) y Armando Marileo (sf). Ambos insisten, al comparar su religiosidad con la cristiana, que el principio ordenador no es el trinitario, sino el de la cuatripartición. Hay, por otro lado, numerosos ejemplos donde este "modelo" se aplica: al *wenumapu* (los cuatro cielos), a la compren-

---

[6] Armando Marileo en un manuscrito aclara que la "cultura mapuche se mueve a través de dos tipos de conceptualizaciones o interpretaciones: a) *kuifi dungu ka kuifi kimün:* lo auténtico, original y tradicional; b) *we dungu ka we kimün:* popular, simple y/o actual". Su reflexión la define como "auténtica", de allí que su objetivo al escribir sea "orientar a nuestros hermanos mapuches y no mapuches en el uso correcto de estos conceptos" (sf).

[7] Curaqueo ve en el uso de las distinciones cielo, mediocielo, tierra y bajo tierra una analogía con las categorías cristianas de cielo, purgatorio, tierra e infierno. Para él "este eje no existe entre los mapuches, donde más bien la clasificación tiene un sentido horizontal, a través del cual el muerto no asciende, sino que camina hasta llegar al *kulchenmayeu*, lugar donde llega después de haberse purificado" (1989-1990: 28).

[8] Las estructuras duales, ternarias o cuatripartitas se valen de ese principio general del espíritu que es el binarismo.

sión del "universo", a las agrupaciones mapuches (picunches, huilliches, pehuenches, lafquenches), en el rito del *nguillatún* (número de bailes, de oraciones, etc.), en el *machitún*, etc. Es posible que la cuatripartición sea un "símbolo", un "patrón" de los que Geertz nos dice que "dan sentido" y "forma conceptual objetiva a la realidad social y psicológica, al ajustarse a ella y al modelarla según esas mismas estructuras culturales" (1987: 92).

Los mapuches sostienen numerosas creencias de una relación homológica entre lo divino y lo humano. Se lleva al extremo de postular que los dioses desempeñan en el *wenumapu* las mismas actividades que los humanos en el *mapu*: "se cree que en el espacio alto los dioses poseen tierras cultivables, pájaros y animales, habitan rucas y realizan actividades cotidianas similares a las del hombre y actividades rituales tales como el *nguillatún*" (Grebe *et alter., op. cit.*: nota 8) (es muy posible que esta última actividad sea propia de los antepasados). Faron, por su parte, puntualiza que los dioses tienen mujeres e hijos y "la lógica mapuche parece atribuirles cualidades patriarcales a los dioses en orden de simplemente doblar el universo". En el plano ritual, sin embargo, las mujeres e hijos de los dioses no son figuras importantes (1964: 51).

Ahora bien, la unidad básica tetralógica estaría presente en las diversas familias de divinidades "poseyendo cada una de ellas un determinado nivel jerárquico y función dentro de la configuración mítica total" (Grebe).

El ámbito privilegiado de los dioses es el *wenumapu*, un mundo ordenado, simétrico y equilibrado. Por las funciones otorgadas a las divinidades se deduce que ellas "gobiernan integralmente el mundo sobrenatural y natural, poseyendo estrechos vínculos con los seres humanos a quienes otorgan toda clase de beneficios materiales y espirituales" (Grebe *et alter., op. cit.*: 6). Empero, la comunidad creyente suplica, en última instancia, a *Ngenechén*, ya que Él "solo es capaz de controlar a los dioses menores" (Faron, *op. cit.*: 53).

Si en el *wenumapu* reinan el orden y equilibrio e imperan las fuerzas del bien, en el *ankawenu* (o *raninwenu*) y en el *minchemapu* reina lo inverso, el caos, donde predominan las fuerzas del mal. Es un mundo de "espíritus malignos conocidos bajo el término genérico de *wekufe* y, aunque no "forman grupos simétricos sino que aparecen como entidades solitarias y aisladas", existe un "poder supremo de las fuerzas del mal (el que) reside en el *mapu-rei*, jefe superior que reina en el *ankawenu* y dirige a los espíritus maléficos" (Gre-

be *et alter., op. cit.*: 6). El poder de los *wekufe* es el causante, entre otros males, de la enfermedad y de la muerte (véase Pillán y Wekufe).

¿Se puede generalizar este panteón a otras áreas mapuches? La investigación de Faron y de Gundermann en las regiones mapuche y pehuenche, respectivamente, y la nuestra en la zona huilliche, ponen de manifiesto un panteón menos elaborado, sobre todo de las divinidades (no así de los espíritus malignos) Faron menciona las siguientes: *ñenechen, Kupukafucha, Huillifucha/Huillikushe, Lafkenfucha/Lafkenkushe, Tralkanfucha/Tralkankushe, Antufucha/Antukushe, Kuyenfucha/Kuyenkushe* (1964). A ellas hay que agregar los antepasados míticos. En el área pehuenche (Alto Biobío), en la posición apical del panteón, hay una pareja de dioses que rigen los destinos del cosmos, éstos son el *Chau* (también llamado *Chachau* (padre), *Ñenechen* (dueño o tutor de los hombres), *Antu-rey-fucha* y *Antu-rey-kushe* (anciano(a) rey sol). Como divinidades menores están los *Pewenfucha/Pewenkushe* (pewen: *Araucaria araucana*), *Choñoiwefucha/Choñoiwekushe, Mawidañenechen o Mawidanemapún, Wunelvefucha/Wunelvekushe* (*Wunelve*: planeta Venus), *Ketrireifucha/Ketrireikushe*. En el último peldaño del panteón se ubican los antepasados (Gundermann 1981). Kuramochi y Nass, en una investigación reciente en el área precordillerana (altura del Lago Calafquen), mencionan el siguiente panteón: "Dios Padre, Dios Madre, los antepasados, los espíritus protectores de Dios y los *ngen* de los montes, aguas y montañas" (1988: 45).

1.3.1. *Ngenechen, ¿un dios creador y único?*

El conjunto de los autores mencionados enfrentan una problemática difícil de resolver. Se trata de la forma, significación e importancia de *Ngenechen* (Ñenechen, Chao, etc.). Cooper se refirió a él como a la divinidad creadora de la naturaleza y del hombre. Guevara (1908), Latcham (1924), Metraux (1973) y Dowling (1973) ven en este rasgo una clara influencia de la evangelización. Faron, por su parte, constató "la posición apical de Ñenechen en el panteón" (1964: 50); a igual conclusión llegó Grebe. No obstante, estos dos últimos autores consideran que dicha "creencia" es "inconsistente con gran parte de las creencias mapuches" (Faron, *op. cit., loc. cit*) o deja a la "estructura politeísta... incólume" (Grebe *et alter., op. cit.*: 4). Alonqueo, profesor normalista y ligado a la Iglesia católica, da una explicación distinta y consistente con apreciaciones de otros investigadores (Keller 1955):

"...el pueblo mapuche no emplea la palabra creador, sino la palabra autor o dueño. Pero los cronistas y escritores traducen esta palabra por Dios; por esta razón han dado amplitud a su imaginación para decir: Dios del agua, Tierra, Sol, gusanos, etc., y así decir que el pueblo mapuche tiene una multitud de dioses y, por lo tanto, es politeísta... para el mapuche no hay más que un solo Dios Soberano Creador, aunque nombre varias personas en Dios: *Fucha* o *Feta*, *Kushe*, *Weche wentru* e *Ilcha domo*; así como los cristianos creen en la Trinidad, sin ser por ello politeístas... (nosotros invocamos) a Dios bajo las cuatro personas y el *Fileu* es el Espíritu de Poder y Sabiduría de Dios" (Alonqueo 1979: 223).[9]

Armando Marileo, en una obra aún inédita, explicita que las distintas expresiones para nombrar al Chau Ngenechen –al modo de Alonqueo– no se refieren a "dioses diferentes, sino que son cuatro formas a través de las cuales se representa al padre creador, dándosele una categoría humana".[10] El *Chau* sería "el principio de las cosas y el final de ellas", recibiendo denominaciones tales como *Elchen Chau*, *Elmapun*, *Ngünechen*, *Ngünemapun Chau*.[11] Juan Ñanculef también rechaza la ase-veración de la existencia de varios dioses –"es estereotipar nuestra religiosidad"–, para él el verdadero Dios es *Elchen*, "el que dejó la gente". No obstante, "la mayoría del pueblo mapuche habla de *Ngenechen*, que literalmente traducido no es lo mismo, pues significa el que administra la gente" (1990: 11-12). Por último, Domingo Curaqueo se opone a toda homologación de la divinidad mapuche con "la idea de un solo Dios, como lo conciben los cristianos"; *Ngenechen* no debe ser entendido como un dios único, ya que dicha traducción fue "hecha por los jesuitas para enseñar la religión y explicar la existencia de un dios único universal" (1989-1990: 30-31).

Una tesis reciente sobre los símbolos oníricos de tres machis insiste en la centralidad de *Ngenechen*. *Ngenechen* o *Chao* Dios es visto, en los *peuma* de la machi Antonia como "viejo, con barba, con chalas, pelo no muy negro y sentado en la mesa"; en los *peuma* de Rita como "alto, pelo largo medio negro, barba larga, no muy viejo, con terno y ropa azul"; por último, en Carmen, "*Chao* Dios es un hombre que no se mueve, con toda su cara, sin barba y no viejo. Él es como un cerro y como un volcán" (Baeza 1989: 38-44).

Para terminar este punto vamos a reproducir la "oración medular" del principal rito de la sociedad mapuche, el *nguillatún*. A través de ella se nos harán evidentes las múltiples dimensiones del Dios mapuche: creador, sostenedor, "alimentador", protector, castigador, poderoso, etc., y de las obligaciones que se derivan de la relación de reciprocidad:

"Señor, Padre y Dios nuestro, aquí están los productos de las semillas que habéis hecho brotar de la tierra; pues estamos rogándote con estos productos de las semillas y ofreciéndote, Señor, este don que nos diste para vivir. Señor, con tu mano generosa, nos habéis proporcionado abundantes semillas, las que se siembran en la tierra... te imploramos y te suplicamos que des valor y aliento a nuestro corazón y mente y fuerza y muchas gracias a nuestra inteligencia y pensamientos, para resistir los males y tentaciones del diablo y de esta manera aceptar y continuar en la senda del bien para agradarte siempre.

"Oh, Padre Generoso y Creador de los muchos animales, que pueblan la tierra...

---

[9] En otro lugar Alonqueo precisa más el concepto de Fileu (Ffil.eú): éste sería el espíritu de Dios-Ngenechen que une a las cuatro divinidades, haciendo de todas ellas una (1979: 161).

[10] Soublette al abordar la temática del Dios Creador mapuche cree necesario distinguir entre el pensamiento sapiencial y el mitológico. En el primero "se manifiesta una tendencia esquemática de índole matemática, la cual se traduce en figuras geométricas y estructuras numéricas cuaternarias". En el segundo, "no hay esquemas matemáticos sino narración de acontecimientos de contenido simbólico". Ahora bien, si se quiere "responder a esta interrogante por otras vías, es preciso recordar que el signo cruciforme del cultrún, que representa el gran todo y las instancias de su gestación geométrica... muestra que la tradición sapiencial mapuche concibe el acontecimiento cósmico de una formación o creación del universo a partir de la nada de las formas, aunque el proceso descrito (en una versión mítica) se parece más a un crecimiento espontáneo que a una creación por la acción de un demiurgo... Quizás la evangelización acentuó en la religión mapuche la línea de pensamiento que yo he llamado propiamente mitológica, por lo cual adquiriría en este relato del mito de la creación un lugar tan destacado el Dios Jefe y el hecho de formar un universo visible en colaboración con otras potestades celestes" (1988: 53-54).

[11] La traducción de estos términos dada por Marileo es la siguiente: Elchen: elün = crear, dejar, hacer; che = gente, hombre. Elmapun: elün = crea, etc.; mapu:

tierra, suelo, naturaleza. Ngüneen: sostenedor, manejar, gobernar, guiar voluntariamente. Chau = padre. El término *Ngünechen Chau* entonces sería: "Padre protector, sostenedor, gobernador, es decir, SER SUPERIOR" (sf).

Ahí estáis, Padre Creador y Dispensador de la riqueza y fertilidad de la tierra... con tu gran riqueza de plata que distribuyes entre tus hijos que te la solicitan... Ahí estáis, Padre Nuestro, en tu trono del cielo, desde donde presidís el destino de tus hijos que colocasteis en la tierra.

"Señor misericordioso que estáis en el cielo, tú que eres nuestro Dios Creador y Poderoso, ampáranos, ten misericordia de nosotros; creemos que tú, Dios Creador, eres el dueño de todo lo que existe, y creemos firmemente que Tú existes y vives siempre y estás cuidándonos y vigilándonos desde lo alto con tu poderosa mano y divina providencia. Confiamos en ti, Señor, clamamos tu protección y misericordia, elevando nuestras súplicas y oraciones hacia ti, pidiéndote que derrames tus bendiciones, gracias y misericordias sobre nosotros, todos los que estamos congregados aquí en este lugar de oración. Padre del Cielo, Padre Eterno Dios del Cielo, diariamente renovamos y renovaremos nuestras súplicas, peticiones, ruegos y oraciones que salen de nuestro pobre corazón para alcanzar y tener fuerzas suficientes y valor para no ofenderte con nuestras malas acciones, y sólo te pedimos y te imploramos tu protección y amparo y te pedimos que nos inspires buenos pensamientos rectos para cumplir fielmente nuestras obligaciones y deberes y promesas que hemos hecho y hacemos ante ti y ante nuestros antepasados. Así te suplicamos, Señor, que nos sigas asistiendo, guiándonos y cuidándonos en todo instante y momento de nuestra vida y te rogamos que no nos mandes grandes castigos de lluvias, sequías y temblores y no nos mandes enfermedades y muerte, tanto para nosotros como para nuestros animales, porque es temible tu ira, Señor, y nunca hemos querido ni queremos ofenderte ni faltarte el respeto que mereces como Padre y Creador" (Alonqueo 1979: 43-48).

A través de esta oración se percibe con claridad que la imagen del Dios mapuche está asociada a un esquema de reciprocidad, donde la divinidad aparece como donante de "toda clase de beneficios"[12] y donde el mapuche debe hacer una serie de contraprestaciones –la más importante está definida como el respeto al *Admapu* y cuya máxima expresión es el rito del *nguillatún*– para restablecer la reciprocidad, so pena de castigos:

"Estamos de pie, rogándote con la fuente de sangre en nuestras manos: es la sangre de vida que te rogamos, con que te suplicamos, Señor. Padre Dios, Eterno, recibe y acepta esta oferta de sangre que te hacemos, porque tú la creaste y nos la entregaste para vivir y movernos. Estamos terminando nuestros ruegos con que te hemos agradecido sinceramente y muy humildemente por todos tus favores recibidos. Señor, hemos cumplido con nuestra promesa contigo y con nuestros antepasados, de honrarte y alabarte y servirte públicamente en este Campo Santo de oración, que nos dejaron nuestros antepasados para bendecir tu nombre, Señor" (Alonqueo 1979: 54).

Ricardo Salas ve, por su parte, en las oraciones mapuches un doble movimiento: el primero, utiliza metáforas de la filiación ("padre", "hijo") para pedir alimento, buen tiempo; y, el segundo, se expresa en metáforas más telúrica-cosmológicas ("sol", "Señor del Universo") para "celebrar la fuerza del Ser Supremo para reequilibrar el cosmos" (1991: 41).

En resumen. Se podría sostener que en torno a *Ngenechen* existe una tradición que se vale para su representación del esquema de la cuatripartición (Alonqueo, Grebe, Marileo), el cual puede ser reducido a un principio único (*Chao* Dios, por ejemplo) con distintas manifestaciones en el cosmos.

1.3.2. *Los antepasados*

El papel de los antepasados ha sido tratado exhaustivamente por Louis Faron. Lo central es la creencia de que los antepasados son mediadores, intercesores entre los hombres y las divinidades mayores. Este carácter supone una cierta deificación o sacralización de ellos: "el concepto de múltiples deidades es visto como una progresión del hombre hacia la deidad, expresada, por una parte, como un ordenamiento jerárquico de deidades mayores, menores e inferiores y, por otra parte, en el conocimiento de que todos los mapuches pueden con el tiempo transformarse en Halcones del Sol" (1964: 53).

Existen antepasados míticos (*antupainko*) y auténticos (*kuifiche*). Los primeros son pan-

---

[12] Ana María Oyarce, señala, por ejemplo, que las prácticas abortivas no son comunes entre los mapuches "dado el valor que poseen los niños y la idea de que son un don de Ngenechen" (1989: 20).

mapuches, sin nexos de filiación con ningún grupo particular. Los segundos, en cambio, se relacionan con sus parientes a través de líneas de descendencia directa. En otras palabras "la diferencia entre estos dos tipos de antepasados radica, primariamente, en una función del tiempo y en sus estatus, dentro de la genealogía de linajes" (Dillehay 1990: 81). En el plano ritual esto se refleja en que en el *nguillatún* "son los ancestros generalizados, los dioses regionales locales y el creador *Ngenechen,* quienes comandan la atención de la gente. Los antepasados auténticos sirven a los grupos pequeños de gran homogeneidad y están más íntimamente involucrados en las ceremonias fúnebres y en la continua lucha entre el chamán y el brujo" (Faron 1964: 63).

Los antepasados recorren la tierra en compañía de los dioses y están "siempre vigilantes, alertas para proteger y ayudar a sus parientes vivos". La responsabilidad (reciprocidad) por parte de los vivos hacia sus antepasados se sustenta en que, para que los últimos gocen de "tranquilidad y beatitud eterna", los primeros deben respetar y mantener sus tradiciones *(admapu).* Así cuando "...los vínculos que mantienen se relajan o se rompen a causa de alguna infracción al código moral causada por la negligencia de sus herederos, ellos peligran de ser atrapados por los brujos y forzados a realizar malos actos en la noche" (Faron 1964: 64). Faron explicita así la íntima relación entre estructura social y moralidad religiosa haciendo de esta última "la fuerza integradora más importante que opera en la sociedad mapuche" (1969: 249).

El poder de los antepasados no proviene sólo de su función mediadora y paradigmática, sino también de que ellos "representan la historia total de su cultura, constituyendo de este modo las fuentes de conocimiento para todo el conocimiento y acción humanos" (Dillehay 1990: 76) [para la problemática sobre seres que no son ni "vivos" ni "muertos" (antepasados) véase 1.7.4.].

1.3.3. *Los mediadores*

En este apartado trataremos de determinados mediadores –Piedra Santa (Lumaco),[13] Mankian (Puerto Saavedra),[14] Kallfü Malen (Loncoche),[15] Tripaiantu y Nigishma (Isla Huapi,

Futrono), Abuelito Huenteao (Pucatrihue, Osorno),[16] etc.– que están presentes en la vida religiosa de las comunidades mapuche-huilliches. Ellos determinan o definen un espacio sagrado –al "encantarse" en el lugar– y son objeto de culto –generalmente de forma anual o cíclica–, de una o más comunidades. En torno a ellos giran, por decirlo así, un conjunto de relatos *(epeu* y *nütram)* sobre sus características y poderes, sobresaliendo un tipo de discurso profético. Por ejemplo, las profecías de Mankian sobre el terremoto del año 1960; la de Kallfü Malen y del Abuelito Huenteao sobre la pérdida de la riqueza por la poca fe de los mapuches, etc.

En el pasado ya se constataba la existencia de piedras habitadas por espíritus poderosos. Las más conocidas fueron la de Retricura, Erquitue, Curalhue y Gupalcura (Guevara 1908). Ubicadas en las rutas más transitadas, eran los caminantes los que les rendían culto haciéndoles ofrendas, rogativas y pequeños sacrificios. Aun hoy en día existen estas "piedras". No obstante, nos parece que en torno a los "mediadores" se está produciendo un sincretismo religioso extremadamente rico, al incorporarse nuevas dimensiones simbólicas como consecuencia de la evangelización. El más sorprendente es el de Piedra Santa, no sólo por ser un homólogo cúltico de Yumbel, sino también por hacer de su espíritu –María Guacolda– un correlato de la Virgen María, que ayuda y protege a los mapuches contemporáneos en su lucha por la subsistencia social, económica y cultural.

1.4. *NEYEN, PELLÚ Y AM*

Este apartado lo reseñaremos con los antecedentes entregados por Armando Marileo, un joven lonko de Puerto Saavedra, quien en los últimos años se ha dedicado a estudiar y reflexionar, con sus mayores, sobre su cultura. Su obra aún permanece inédita. Lo que nos interesa de sus aportes son las consideraciones sobre tres "conceptos" que están presentes en la cosmovisión mapuche: *Neyen* (o *Newen), Pellú* (o *Püllü)* y *Am.*

El *Küme Neyen* [17] es un término que designa al "alimento" que da "vida" al hombre, a los antepasados y a la naturaleza; proviene del *Chau Ngünechen,* de allí que sea "soplo, alimento espiritual":

---

[13] Foerster 1985b.
[14] Alonqueo 1985.
[15] Kuramochi 1986.

[16] Foerster 1985a.
[17] Augusta traduce *newen,* bajo forma sustantiva "la fuerza; el alma"; y como adjetivo: firme (1916: 147).

"El mapuche concibe que todos los animales, plantas, los ríos, montes y el hombre poseen un espíritu: aquel que les da la vida y el aliento".

Es esta concepción de la relación naturaleza-espíritus-antepasados-divinidades la que obliga al mapuche a tener un respeto casi sagrado por el "medio ambiente":

"...los ancianos inculcaban a sus hijos y nietos que para efectuar cualquier trabajo, romper la tierra o arar, cortar un árbol o sacrificar un animal debían pedir permiso al *Elmapun Chau Ngünechen*. Al mismo tiempo agradecer por lo que él ha dispuesto para sus hijos". En otras palabras: "no se puede ocupar lo que es del *Wenu Mapu Chau* sin antes haber pedido permiso y haber orado, decían. Una mamá mapuche le enseña a su hijo que a *Chau Ngünechen* se le deben agradecer y ofrecer los primeros frutos del año en recompensa de lo que ha dado".

El *Weda Neyen* o *Kürüf*, son "las fuerzas del mal". El *Küme* o *Weda Neyen* "pueden habitar en el hombre que hará diferenciarse muy bien a la persona".

Gumucio ha utilizado el concepto de *Newen (Neyen)* para la comprensión de la cosmovisión mapuche. Su argumento parte de la creencia en el *Ngenemapu* como principio ordenador ("lo que maneja la tierra"): "Todo gira en torno a este principio en un circuito de múltiples sendas donde intiman los polos de la inmanencia y de la trascendencia y por donde avanzan los Señores de la Tierra (como diría Elías Arze), hombres y mujeres del *Mapu*. Nos podemos aproximar a este mundo, aunque por necesidad imperfectamente, desde diversas perspectivas. Puede ser a partir de la dinámica rotunda del *Newen,* la fuerza física y espiritual que se nutre del fruto del campo y del huerto, y de la experiencia concreta del entorno natural, o puede ser siguiendo la senda vehemente y a la vez sutil del *Kimün*, el saber" (1989: 26-26).

El *Püllü* [18] "es otro espíritu del *Wenumapu Chau Ngünechen*. Éste habita en la tierra para acompañar al hombre y protegerlo del mal". En otro lugar Marileo identifica al *Püllü* con la tierra o "con el suelo que se pisa o trabaja y también una fuerza o *Neyen*, proveniente de

la tierra". [19] También el *Chau Ngünechen* puede ser interpretado como "un ser no corporal: es un *Küme Neyen* y *Küme Püllü*".

El *Am* es también un "espíritu", pero particular a cada hombre, "es el yo invisible o no corporal". Su existencia está concebida desde lo alto "por el *Küme Neyen* y protegida por el *Küme Püllü*". Cuando la persona muere "su Am se desprende del cuerpo y también del *Küme Püllü*. En la otra dimensión este Am podría continuar su existencia a través del *Küme Neyen* como espíritu de los antepasados". [20]

---

[18] *Pellú*, el alma, según Augusta (1916: 174).

[19] Ñanculef, otro joven intelectual mapuche, precisa que el "pvllu, para nosotros los mapuches no es inmaterial, como lo es el espíritu para los católicos; para los mapuches tiene implícita relación con la tierra, es como la superficie de ella; es algo tenue pero material. Es común decir Kelv Pvllu para decir la tierra colorada. O, escuchar en un funeral al despedir un muerto decir Fuela Pvllu Getauymi, por decirle ahora serás como la tierra" (1990: 12).

[20] Para Augusta el *Am* es "la sombra del muerto, a veces: el alma separada del cuerpo, o el muerto que subsiste de una manera indefinida, más material que espiritualmente (muerto que anda penando) (1916: 7). Latcham nos proporciona un esquema que relaciona *Am* y el *Pellú* a través del culto a los muertos. Éste tendría dos momentos, el primero sería el "cuidado y preocupación de tener siempre contentos y satisfechos a los espíritus de los muertos recientes (*Am*) porque éstos aún no se alejaban de la tierra, sino que continuaban residiendo en la vecindad del cadáver, y asistían a las fiestas y borracheras y aun a las reuniones caseras. En estas ocasiones eran generalmente visibles, asumiendo la forma de animales, aves o insectos para rondar al contorno de sus antiguas moradas. Para tenerlos propicios y para evitar que hiciesen daño a los vivos, se les hacían libaciones y se les dejaban ofrendas... Mientras quedaba presente el recuerdo del difunto, suponían que su *Am* no se alejaba. Aparecía a sus deudos en sueños, se hacía presente en los pensamientos e indicaba su presencia de varios otros modos. Cuando comenzaban a borrarse estos recuerdos, era porque los *Am* se alejaban a la tierra de los muertos o de los espíritus convertidos en *Pülli*, los que solamente de vez en cuando volvían a visitar la tierra y aún así en forma invisible... Pero como estos *Pülli* o espíritus los creían dotados de poderes sobrenaturales y dominaban y tenían a sus órdenes los espíritus de las fuerzas naturales, se les tenía siempre respeto y veneración. En segundo término, los ritos y ceremonias del culto eran destinados a propiciarlos y a procurar que sus poderes se empleasen en beneficio de sus deudos o descendientes. El fundador de la familia, del clan o de la tribu figuraba como jefe de los demás *Pülli* y era en especial al espíritu de éste, a quien iban dirigidas las plegarias y que era el verdadero objeto de culto. Él era el verdadero pillán, empleando este término en el sentido genérico que había llegado a tener al arribo de los españoles" (1924: 737-738). Para Ñanculef "la aceptación mapuche real de *Am*, es que configura una especie de aire suspendido, una especie de nebulosa que se disipa y se transforma. Es como si tuviera dos tiempos; una posición de ser y otra de no ser; encendido-apagado, etc. El *Am* es como la naturaleza particular de ser de cada individuo; así si éste hubiera sido travieso en vida, sus travesuras se quedarían en el recuerdo colectivo y si llegare a penar, entonces se diría que es su *Am*, que experimenta lo que el muerto en vida fue" (1990: 12).

Como se recordará, en el Capítulo II presentamos un debate –que se dio en las primeras décadas de este siglo– sobre las transformaciones en la religiosidad mapuche. Uno de los puntos centrales giró en torno a las expresiones *Pillán* y *Wekufe*. Böning (1974) y Schindler (1988) han vuelto sobre ellas. Algunas de sus conclusiones son de gran importancia para nuestro tema, en la medida que nos aproximan a la comprensión de "significantes" que tienen la capacidad de dar cuenta –por decirlo así– de lo numinoso (un término más amplio que lo sagrado).

Pillán: "A base de su detallada y cuidadosa investigación Böning llega al siguiente resultado: los mapuches llaman Pillán a lo vigoroso, a lo extraordinario, a lo poderoso, al inquietante fenómeno" (Schindler 1989: 185). De allí que pueda ser entonces soporte, por decirlo así, de los antepasados, los que al retornar a la tierra lo hacen con dichos atributos (Curaqueo 1989-1990: 30).

Con no menos rigor Schindler trata el término *wekufe* concluyendo que: "1. No despierta en todas partes entre los mapuches sólo asociaciones negativas. 2. Como la palabra pillán, *wekufe* se usa a menudo como adjetivo, o si se prefiere otra expresión, como atributo. También se le puede describir como epíteto. Al parecer, al igual que *pillán,* designa en su sentido fundamental una cualidad... (y), si alguien insiste en una interpretación, *wekufe* se podría traducir como "lo prodigioso", "lo tremendo" o "lo demoníaco" en el sentido en que lo entendían los antiguos griegos o el poeta alemán Goethe" (*op. cit.:* 200).

Así, *pillán* y *wekufe* evidenciarían la realidad ambivalente de lo numinoso. La investigación de Kuramochi sobre el *wekufe* confirma estos resultados: "los entes malignos pueden manifestar su poder a través de fuerzas que pueden resultar benéficas o dañinas según sea la conducta de quien tiene contacto con ellas. En tal sentido *kalfü Malen,* la Doncella Celestial que es una niña cautivada por Dios en una montaña para protección de los hombres, proporciona fuerza, apoyo, a quien tiene fe en ella. Hay relatos que dan testimonio de su poder benéfico, así se dice sobre el apoyo dado a los de Temuco a través de un felino que les ayudó en la guerra de defensa en contra de los españoles. En algunos lugares se la invoca en los ruegos ceremoniales. Pero también puede ser una influencia maligna para quienes por burla o curiosidad merodean el lugar sagrado, y la gente puede enloquecer por tal

razón (don Mariano Cheuquefilo, un informante nuestro, la llamó *wekufe* en una ocasión)" (1990: 45).

En esta misma óptica, Larraín comprende a uno de los *wekufe* más recurrentes en la vida cotidiana mapuche: el *huitranalhue.* Figurado como un hombre que monta en un caballo blanco y ataviado con abundantes prendas de plata, puede ser tipificado como la "inversión del antepasado: no colabora en la sobrevivencia de los vivos, sino que se mantiene a costa de ellos", pero su "mito advierte sobre los peligros de esta inversión del orden" (Larraín 1988: 85), además, "refuerza el culto a los antepasados y la concepción del orden cósmico basada en la supremacía de los muertos sobre los vivos, y el mundo sobrenatural sobre el natural" (Larraín 1988: 98).

1.6. EL PANTEÓN HUILLICHE

Los estudios en el área huilliche son escasos. Nuestra investigación sobre las divinidades en la zona de San Juan de la Costa (Foerster 1985) puso en evidencia un panteón que en su ápice ubica a *Chao* Dios, le sigue *Chao Trokin, Chao Antu, Pucatrihuekeche* y Mamita Luna. Este orden está presente en las oraciones de las rogativas o *lepun* que se llevan a efecto en la comunidad de Punotro.

Una de las divinidades que tienen mayor relevancia y que no se mencionan directamente en las oraciones es el Abuelito Huenteao. Éste vive "encantado" en las rocas de las playas de Pucatrihue y su simbolismo presenta varias dimensiones: amo de las aguas y de los productos del mar y también del trueno, "profeta" (sus mensajes de desgracias se relacionan con el olvido de las costumbres ancestrales), mediador entre los hombres y Chao Dios y, por último, "maestro" que enseñó a los humanos el *lepún (nguillatún).* Tanto en el pasado como en el presente se le pide por "buenas cosechas, otros que llueva..., las solteras marido, éstos mujer, etc." (Cañas 1911: 289). La extensión de estas creencias llega hasta el Lago Ranco por el norte, Chiloé por el sur y al este hasta la cordillera de los Andes.

En el área del Lago Ranco (isla Huapi) la divinidad predominante es *Chao Ngenechen.* Sus atributos más destacados son:

1.6.1. *Creador del mundo y del huilliche*

La creación del mundo "del cielo y de la tierra" es obra de Dios y fue realizada en un momento indeterminado. Actualmente, es común la alusión al relato del Génesis para describir el nacimiento del mundo. Un ejemplo es el siguiente:

"Dios dejó el *pewunhuentue,* que quiere decir donde se sacan la suerte. Quedaría así cuando se descubrió la seca. Yo he encontrado bíblicamente eso, en el primer Antiguo Testamento: dice que Dios descubrió la seca, las tinieblas y la oscuridad, así estaba todo el mundo, sobre eso vino. Trabajó seis días y el sábado descansó, ése es el día del reposo. El día domingo dicen que lo hicieron los hombres cuando llegó Cristo".

La existencia del mapuche se remonta a la creación misma: "El mapuche vive desde que es mundo, antidiluvianos somos nosotros. Chao Ngenechen nos creó y nos dio la tierra en que vivimos".

Esta afirmación es la que permite, más que ninguna otra, la valoración del mapuche. Tiene además la virtud de dar a la identidad un fundamento trascendente al ponerla más allá de toda institución humana.

1.6.2. *Dador de la salvación*

El Dios Creador, el Dios Padre (*Chao Ngenechen*) preocupado por la suerte de sus hijos les envía dos "ángeles" (*Tripaiantu* y *Nigishma*), que descienden desde los cielos *(wenumapu)* a la tierra (mapu) para "encantarse" en la cumbre más alta de la isla llamada Tren-Tren. Desde allí anuncia, a los habitantes de la isla Huapi, los peligros y desgracias que se ciernen sobre ellos. En el pasado, gracias a los avisos recibidos por estos ángeles, los mapuches lograron salvarse de un caos cósmico: del diluvio:

"Dios Jehová mandó virtudes, ángeles a esta tierra, por eso, en su tierra los mapuches sabían que iba a venir el diluvio. El ángel que llegó primero a avisar, a la raya del sol a tocar las cornetas, el mapuche le puso *Tripaiantu,* que quiere decir "la salida del sol de la cordillera". Son dos ángeles, el otro se llama *Nigishma".*

El lugar de salvación estará junto a los ángeles en el Tren-Tren: "Dios dejó al mapuche un arca natural que es el Tren-Tren; y esa palabra quiere decir que creció antiguamente, en el tiempo del diluvio".

Los ángeles aparecen como mediadores entre los hombres y la divinidad. Son calificados como "abogados de los mapuches", es decir que defienden e interceden por el mapuche ante Dios.

El Tren-Tren es el espacio más precioso y protegido de toda la isla por su numinosidad, por su hierofanía, por manifestar lo sagrado. Es el lugar de los "dioses" y donde los antepasados fueron salvos, permitiendo así la continuidad de los mapuches.

Resulta entonces comprensible que el gran rito de fertilidad *(nguillatún),* que se realiza todos los años, comience con una peregrinación al Tren-Tren (se inicia con la puesta del sol, en su cumbre se sacrifica un cordero y se baila hasta el amanecer para regresar al alba al lugar donde se hará el *nguillatún* o *lepún).*

No obstante, la preocupación y la bondad de *Chao Ngenechen* por los hombres, adquiere una nueva dimensión cuando envía a la tierra ya no ángeles o profetas, sino que a su mismo Hijo: Cristo. Por medio de Él los salva del "pecado del mundo": "que por el pecado del mundo mandó a su Hijo a la tierra, para encarnarse en una mujer". Este acontecimiento sucede "después del diluvio, mil cuatrocientos años pasaron, ahí vino la fecha".

Por último, la Virgen del Carmen, como madre, es la salvadora no sólo de los mapuches sino de todo el país: "La Virgen María es nuestra madre, porque nacimos de una madre. La Virgen del Carmen fue la salvadora de nuestro país cuando se iba a perder en la guerra. Ella nos guía y nos salva de toda enfermedad".

1.6.3. *Maestro del* Ad-Mapu *(el saber permanente)*

Salvado el mapuche del diluvio, Dios envía profetas a enseñar las costumbres; la más sagrada de ellas es la del *nguillatún* ("holocausto y música"), que es precisamente el rito que permite comunicarse con lo sagrado, con el Padre, con Dios: "Después que llegaron los libros se vino a conocer la religión. Pero la religión ya estaba aquí, nuestras creencias tal como las hacemos nosotros. Jehová Dios había mandado profetas antiguamente, antes que Jesucristo...; ésos vinieron a enseñar toda la música que existe en la raza mapuche. ¿Cuándo íbamos a aprender solos eso?".

1.6.4. *Dador del peuma (saber contingente)*

El Dios creador y salvador es también un Dios sabio que conoce "todo". Su bondad consiste, ahora, en transmitir su conocimiento y su sabiduría a los hombres, a través del *peuma* (sueño): "Los abolengos de nosotros no sabían leer, pero tenían anuncios en el sueño, ahí sabían lo que iba a pasar, las señas, cuántas cosas. Ésa es una ciencia natural del hombre. En la Biblia también se encuentran el sueño, las cuatro revelaciones. En la prehistoria, los viejitos conversaban esas cosas a sus hijos, después, por intermedio de ellos les conversaban a otros y así cuanto se iba haciendo los abuelos lo conversaban e iba quedando como una conversa. Los abuelos sabían, porque Dios les había dejado el entendimiento. Por sueños se guiaban, por el sueño sabían todo, conocían los astros, si iba a haber un tiempo malo, si iba a llover o si iba a haber un calor, cuanta cosa".

En otras palabras, un vínculo permanente de Dios con los hombres. Dios se revela en el sueño, les anticipa el futuro, para que así puedan desempeñarse, de un mejor modo, en sus vidas y en sus actividades agrícolas; les señala los problemas y las dificultades. Y como cada sueño encuentra en la realidad (futura) su confirmación, Dios se muestra como portador de signos de verdad (para la relación entre sueño y religión, véase el Anexo 1).

1.6.5. *Dador de la vida*

Para el mapuche la tierra no se basta a sí misma, requiere de lo sagrado, de Dios, para que dé sus frutos. De allí la necesidad del rito anual, que tiene como fundamento simbólico una doble "creencia": por un lado, que todo proviene de Dios (la fertilidad de las mujeres y de los campos, etc.); y por otro, un Dios poderoso que es capaz de detener los males que azotan a los campos: plagas y epidemias.

En el *nguillatún*, entonces, se dan "las gracias al Señor y también se pide por las necesidades; que tengamos buenas cosechas, que nos liberemos de las epidemias, de las plagas; que Dios tenga misericordia y que nos produzca el trabajo, que no haya enfermedades, por la salud y la vida. Como todo religioso, pedimos que pase un buen tiempo".

A modo de conclusión, sobre el Dios mapuche y huilliche, podemos decir que *Ngenechén* (y sus diversas expresiones) es una divinidad que permanece dentro del cosmos (y no fuera). El cosmos es su creación, pero a la que no se enfrenta, sino que la impregna (hierofanías).

No es un Dios trascendente en la medida que es identificable con fenómenos naturales (sol, montañas, etc.) y humanos (sexo, edad, y actividades); no actúa históricamente sino cósmicamente (véase más adelante), no es un Dios de exigencias éticas (lo que sí está presente en la oración de Martín Alonqueo) y al depender de sacrificios, está sujeto a la manipulación ritual.

1.7. MITOLOGÍA

El estudio de los mitos mapuches[21] tiene su antecedente histórico en las obras de Lenz (1895, 1912), Gusinde (1920) y Guevara (1908, 1925). Recientemente ha sido abordado por Faron, Lévi-Strauss (1970), Foerster *et alter* (1978-1979), Carrasco, A. Salas (1983), R. Salas (1991), Slater, Larraín.

1.7.1. *Tren-Tren y Kai-Kai*

Hay un consenso en considerar al mito del Tren-Tren y Kai-Kai, con sus diversas variantes, como el de mayor relevancia tanto por su difusión histórica[22] y contemporánea, como por su relación con los sistemas de representación[23] y con las prácticas rituales (especialmente con el *nguillatún*).

---

[21] Los relatos, discursos o "literatura" mapuches han sido clasificados por Lenz. Sus categorías aún tienen vigencia. Reconoce, en primer lugar, "el estilo retórico u oratorio *(weupin)*, usado en ceremonias religiosas y sociales, y la producción literaria (que carece de una denominación genérica); ésta la clasifica en una parte cantada *(gülkatun)*, considerada poética, y una parte en prosa, conformada por dos subtipos de narraciones según el argumento: los cuentos o relatos ficticios *(epeu)* y las relaciones o cuentos históricos *(nut'amkan)* base de la epopeya mapuche; los *epeu*, a su vez, los clasifica en cuentos de animales, mitológicos y de origen europeo" (Carrasco I. 1988: 705). En la última década Hugo Carrasco distingue dos géneros en el "folklore literario mapuche": los *epeu* y los *nütramkan* (1981: 29-33). En un trabajo más reciente clasifica los "relatos míticos" según el tiempo o la "gran época" en que ocurrió "el evento primordial hierofánico", lo cual hace variar "a los seres presentes y a las circunstancias en que desarrollan sus acciones" (1990: 104). Sánchez, por su parte, incluye en los relatos orales de los mapuches pewenches dos *perimontun*, los define como *nütram*, precisando sus diferencias con los *epeu*: sus protagonistas son "personas de carne y huesos... contienen también elementos míticos" (1988: 300).

[22] La primera versión que conocemos es del siglo XVII (Rosales 1877, T. I). Tenemos la impresión de que la obra evangelizadora de los jesuitas en la Araucanía ayudó al menos a su mantención al ser utilizada como un texto con validez histórica (Foerster 1991).

[23] Existen excelentes trabajos sobre este punto. Véase Riquelme-Olmos (1986), Gordon (1986) y Mege (1987).

Superando las interpretaciones psicológicas (Guevara) y naturalistas (Lenz), Faron relacionó dos variantes actuales del mito con el de Mankian y el de Tramaleufu-Winkaleufu. Según el autor, "todas estas versiones se relacionan, de alguna manera, con nociones de moralidad, es decir, con ideas sobre el bien, el mal y la redención. Pero el punto esencial... es que se puede observar una función especial del mito en la vinculación que provee entre los vivos y los muertos" (1988: 9).

La demostración de Faron es convincente en lo que respecta a la moralidad (véase 1964). En la vinculación entre los vivos y los muertos, Tren-Tren "no es descrito como el salvador de la humanidad o como el fundador de los mapuches contemporáneos (como tampoco) sirve para refundir a los mapuches dentro de un gran grupo de filiación común". La conexión entre los vivos y los antepasados sólo es posible por "mitos que rodean a varias deidades locales" (*op. cit.:* 11).

Lévi-Strauss designa a este mito como de "origen de los araucanos" y lo introduce para demostrar "...de manera indirecta la homología formal que acabamos de reconocer entre la piragua y el hogar doméstico" (1970: 152). El motivo que Lévi-Strauss destaca es "el origen de la calvicie". En efecto, relacionándolo con mitos amazónicos concluye que allí "...la calvicie resulta de una inmersión en el agua durante una traslación por el eje horizontal. Según (el mito mapuche), resulta de un acercamiento al sol causado por una elevación por el eje vertical. En el primer caso, habría sido evitada si viajeros activos (nadan con vigor), en vez de zambullirse en el elemento líquido, hubieran navegado en una piragua que es una vasija de madera. En el segundo, la calvicie parece evitable para viajeros pasivos (la montaña le sirve de ascensor) que huyen del agua y se resguardan contra la proximidad del sol por medio de una vajilla (es decir vasijas) de madera. En efecto los antiguos araucanos no desconocían la alfarería, pero hacían de madera su vajilla de mesa. De ahí que los misioneros a los que debemos las primeras versiones del mito se regocijaran con su inconsecuencia: ¿cómo es que platos hechos de un material combustible hubieran podido proteger de un cielo abrasador? Por el contrario, esta particularidad tecnológica nos parece calzar bien con una inversión mítica que asigna a vasijas culinarias, pero de madera, el mismo papel protector contra una calvicie de origen solar que, si nuestra hipótesis es exacta, los mitos amazónicos asignan por preterición a la piragua monóxila contra una calvicie de origen acuático. Por aquí se confirmaría, pues, la equivalencia de la piragua y el hogar doméstico, como mediadores respectivos entre aquí y allá sobre el eje horizontal o, en el eje vertical, entre lo bajo y lo alto" (*op. cit.:* 154). Lévi-Strauss concluye que "el estudio de los mitos sobre el origen de la cocina nos condujo a concebir una oposición entre el mundo podrido que resulta de la disyunción del cielo y la tierra, y el mundo quemado que resulta de su conjunción. Para la mitología araucana estos dos mundos corresponden a los de Kai-Kai y Tren-Tren. Y todos los demás mitos que hemos discutido hasta ahora están penetrados por esta oposición fundamental que difractan, por decirlo así, sobre varias bandas, cada una de las cuales filtra un matiz de significado" (*op. cit.:* 154-155).

1.7.1.1. Kai-Kai y Tren-Tren y los problemas de los mitos de origen

Hugo Carrasco introduce el mito del Tren-Tren y Kai-Kai en la compleja problemática de cómo los mapuches dan cuenta de la creación del universo y de los hombres. Al no ser el mito en referencia un relato explícito sobre la creación, el autor postula a manera de hipótesis, que puede "ser considerado como mito de origen en la cultura mapuche 1) con la salvedad de que manifiesta la 'segunda creación' o 'segundo nacimiento' del pueblo mapuche (y no la primera, cuyo texto está casi perdido, deformado o simplemente puede no haber existido, por lo cual momentáneamente hay que dejarlo en suspenso); y 2) por su capacidad de generar y desprender nuevos mitos relativamente independientes: es muy probable que a partir de dos episodios del texto originario se hayan desarrollado los que ahora conocemos como mitos de Sumpall y de Mankian" (1986: 27).

Esta "carencia" en la mitología mapuche de un mito cosmogónico ha llamado la atención a más de un investigador. No obstante, existen algunos mitos mapuches donde se relata en detalle cómo y de que forma se creó el mundo (Bertha Köessler-Ilg, Sperata de Sauniere y Fritz-Contreras). Ahora bien, todos los autores reconocen que estos relatos sufren, por decirlo así, la influencia del cristianismo, sin que ello signifique la pérdida de la lógica mítica mapuche. Nos parece que esta problemática es semejante a la del Dios Creador. En ambos casos, la sociedad mapuche fue y es interpelada por el "encuentro religioso" (evangelización), obligándola a generar una respuesta adecuada, es decir en continuidad y en ruptura con su pasado.

La relación entre este mito y el problema de la identidad cultural es obvia, al tematizar el mapuche la identidad como un don. Armando Marileo lo expone así: "Si la cultura mapuche surge después de la 'gran inundación' dando origen a nuestro pueblo; como asimismo el hecho mismo produce otro elemento conocido también como el mito del Sumpall, es obvio entonces que el origen del nguillatún está en el *epeu* del Tren-Tren y Kai-Kai, siendo ésta como principio de todos los aspectos culturales, religiosos y sociales del pueblo mapuche que posteriormente culmina con la derrota del rival (Kai-Kai) originando una forma propia de acercamiento entre los sobrevivientes y Chau Ngünechen y como premio de la fe y fidelidad es permitido ser el principio de una nueva cultura, el pueblo mapuche" (1989: 47).

1.7.1.2. Kai-Kai y Tren-Tren, la cuestión sacrificial

Numerosas versiones de este mito hacen explícita la necesidad del sacrificio (con una víctima humana) para que la vida, la nueva vida, pueda constituirse. Al conflicto entre Kai-Kai y Tren-Tren, que mata a los hombres (los transforma en animales o en rocas), logra ponerse fin sólo con la muerte ritual de una víctima. El origen está marcado por un sacrificio que hacen los hombres a las divinidades.

Una nueva lectura de este mito nos puede llevar a comprender su actual vigencia. Para ello es necesario un marco distinto de análisis sobre la relación entre la violencia y lo sagrado. Girard, rechazando todo desplazamiento del sacrificio al terreno de lo imaginario, localiza su real función como violencia de recambio: "Es la comunidad entera la que el sacrificio protege de *su* propia violencia, es la comunidad entera la que es desviada hacia unas víctimas que le son exteriores. El sacrificio polariza sobre la víctima unos gérmenes de disensión esparcidos por doquier y los disipa proponiéndoles una satisfacción parcial" (1983: 15).

Kai-Kai y Tren-Tren es una metáfora de la sociedad mapuche para dar cuenta de su propia violencia interna, de sus conflictos y rivalidades, de los celos y envidias, los que llevaban a la comunidad a su disgregación (mímesis de apropiación); el sacrificio de la víctima reúne a la comunidad, hace converger a la comunidad en un mismo adversario al que todos quieren sacrificar (mímesis del antagonista), con la "con-

vicción absoluta de que allí estaba la causa única de sus males... La vuelta a la calma parece confirmar la responsabilidad de esa víctima".

Este conjunto de hipótesis nos hace más comprensible la relación de este mito con la estructura sacrificial del *nguillatún* y del *machitún* (en este último es donde con mayor claridad se percibe la transformación de la mímesis de apropiación en mímesis del antagonismo).

1.7.2. SUMPALL, MANKIAN
(Ver Anexo Mítico)

Nos interesa destacar el segundo punto de Carrasco, tratado en el apartado anterior. El origen de los mitos del Sumpall se desprendería del motivo de hombres transformados en peces que fecundan a las mujeres y el de Mankian por la transformación de hombres en "peñas". Aunque es difícil demostrar cuál de los relatos fue primero, lo notable es que todos ellos pertenecerían a un mismo conjunto mítico. Por nuestra parte, hemos demostrado que la mitología del Abuelito Huenteao, en el área huilliche, está igualmente dentro de ese campo (Foerster 1986).

Hugo Carrasco también ha analizado más profundamente el muy difundido mito del Sumpall (1981, 1982). La oposición fundamental del conjunto de las variantes del mito "...puede definirse como quitar/dar y que en un ámbito se especifica por bienes económicos (carencia/posesión) y figuradamente sexuales (soltería/unión matrimonial), y en otro ámbito por vida cosmológica (muerte/vida) y figuradamente axiológica (mal/bien) (1982: 117). Valiéndose del análisis estructural, que parte del supuesto de que el mito funciona como un mecanismo simbólico de síntesis o de sublimación de contrarios, el autor concluye que la "...oposición quitar/dar en sus múltiples manifestaciones resume sintetizadamente la historia del pueblo mapuche en el presente siglo. Ésta es una dramática realidad que la conciencia indígena supera (a nivel simbólico) en el relato mítico, en el cual al problema se le atribuyen propiedades factibles de ser controladas, lo que se expresa en el profundo anhelo de superarlas mediante la práctica de una costumbre tradicional querida y respetada: el *trafquiñ*" (*op. cit.*: 122).

Adalberto Salas ha contrastado el mito del *Sumpall* con los relatos sobre el Trülke wekufe, poniendo en evidencia sus semejanzas y diferencias: "Tal como el Sumpall, el Trülke *wekufü* debe buscar pareja fuera de su grupo, o sea, debe ir a la tierra a raptar a una mujer.

Pero, en vez de proseguir normalmente el proceso matrimonial con el pago del precio de la novia, hay una interrupción y la segunda etapa no tiene lugar. No hay matrimonio, no se entrega la muchacha al Trülke *wekufü*, sino por la fuerza se la rescata de su poder". Esta constatación lleva a Salas a preguntarse: "¿Por qué los terrestres cooperan con el Sumpall y no con el *Trülke wekufü*? ¿Por qué el rapto llevado a cabo por el Sumpall se considera orientado hacia el matrimonio, y el rapto llevado a cabo por el *Trülke wekufü* se considera como una agresión?". La respuesta, según Salas, debería buscarse en la connotación diferenciada entre el *Sumpall* y el *Trülke wekufe*. El primero, pertenecería, al igual que el hombre, al dominio de la "vida superior", que exige cooperación y complementación; el segundo, en cambio, es un enemigo "declarado de la humanidad", la unión con un humano es siempre monstruosa, de allí que no pueda existir cooperación alguna (1983: 33).

El mito de Mankian se asemeja al del Sumpall por una serie de motivos, a tal punto que es tratado como una variante de él. No obstante, nos parece que existen algunas diferencias muy significativas entre ellos. Una versión de Alonqueo nos permitirá dar cuenta de ellas (véase anexo mítico). El relato se inicia dando cuenta de una serie de índices de verosimilitud histórica (personajes, fechas y hechos reales) y de calificaciones del personaje (cacique, principal, católico). Continúa con hechos de verosimilitud "mítica". Mankian es un personaje "ahuincado": aliado de los españoles en la guerra y que abandona sus antiguas creencias para profesar la religión católica; que no da "crédito" al poder de lo sagrado "mapuche" y que se burla de los creyentes en dicho poder. Mankian será un personaje castigado por desvalorizar lo sagrado mapuche. Se mofa de su capacidad de dar y lo hace "ambiguamente" ya que pide una desgracia. Desvaloriza a lo femenino, a la madre, ya que el agua es un manantial que en la mayoría de las versiones se identifica con el rumor de la orina de una mujer. Su pueblo le permite que sea católico y ahuincado, pero lo sagrado (la madre) no acepta que se le subestime y será castigado por esto. Transformado en piedra, llorará sangre frente a su mujer (la que simboliza la tradición y que "llora sangre" por imposición de la luna). Mankian se reconcilia con su pueblo al pedir ayuda al "Dios de su raza", y el pueblo lo reconcilia con las divinidades y los antepasados gracias a los ritos que le dedican. De este modo, el relato de Manquian es un paradigma. Es posible que esta reconciliación (la que queda más clara en la segunda versión entregada por Alonqueo 1985) lo transforme en un poder, en un mediador. Es un personaje "encantado", sagrado que como tal mantendrá esa ambigüedad: piedra que reúne a ambos sexos, que produce temor y atracción; que "atrapa mujeres" y que a cambio da peces.

Los mitos Sumpall y Mankian, a diferencias de otros *epeu*, gozan en la actualidad de una capacidad de incorporar elementos "materiales" propios de la cultura *huinca*, por ejemplo Mankian puede andar en auto, en camión, o en avión (Carrasco 1988, Montecino 1986).

1.7.3. *Epeu de animales*

La rica tradición de los cuentos de animales ha sido estudiada –con métodos estructurales– por Fernando Slater. Se trata de relatos donde aparecen con mucha claridad diversos conflictos entre el puma (= tío paterno, *malle*) y el zorro (= sobrino, *malle*): "Las inferioridades económicas y matrimoniales de Zorro y las apropiaciones excesivas de Tigre permiten expresar relaciones reales que han marcado a la sociedad mapuche. En los dos ámbitos (la caza y el matrimonio) se intenta significar un conflicto percibido en la distinción generacional, identificando a éste con las relaciones que fundan la caza y el matrimonio. El proceso mediador observado en ambos grupos de cuentos responde a una armadura común, pero en cada oportunidad se recurre a códigos distintos. Si consideramos que el rasgo básico, en todos los casos, es la competencia generacional, podemos concluir que los cuentos duplican un mismo sentido en dos niveles. En ambas ocasiones se tiende a negar un conflicto advertido por el grupo en su experiencia o, al menos, postergarlo al plantearlo de otra manera. Constituyen, de esta forma, una verdadera teoría" (1979: 142).

Los conflictos parentales entre el tío materno *(weku)* y su sobrino *(chokum)* están simbolizados en el mito *Tratrapai*. Las diversas variantes tratan de resolver la tensión que sufre el intercambio generalizado (casamiento entre primos cruzados matrilaterales) en la sociedad mapuche (Foerster 1980).

1.7.4. *Relatos de viajes de los vivos a la tierra de los muertos o de los muertos a la tierra de los vivos*

Los estudiosos de la cultura mapuche no han dudado en colocar estas experiencias personales –visitas de vivos al más allá y "muertos" al más acá– en la categoría de *epeu* (Lenz, Guevara, Salas, Contreras y Poblete) y hacer su análisis como un corpus "cerrado", a la manera de los "mitos" (Slater 1988).

Al parecer, lo central de estos relatos es poner en evidencia que la oposición entre la vida y la muerte –vivida por el narrador– debe ser reconocida, ya que el no hacerlo hace que la vida social se vuelva imposible: "...los relatos superan la contradicción planteada por la existencia de dos grupos de parientes (los vivos y los muertos) en el momento en que su existencia y su oposición son reconocidas como necesarias para la vida social. Para que pueda haber sociedad se debe reconocer esta distinción, pues la confusión crea la ambigüedad social. De esta forma, la vida social al reconocer esta oposición, conecta la vida con la muerte y se establece, simultáneamente, como su mediadora. Ahora bien, el recorrido manifestado por los relatos concluye siempre en una situación de plenitud, la cual se logra con posterioridad a la inmersión en un estado confuso" (Slater 1988: 41). Los estados confusos o de no plenitud son aquéllos como no-muerte y no-vida; los plenos, son la vida y la muerte (entendida esta última como la vida en la tierra de arriba o *wenumapu*). El paso del primero al segundo "es provocado u orientado por mecanismos sociales (*machi*, parientes, acción ritual)... de este modo, es la sociedad la que logra efectuar el tránsito entre la vida y la muerte recobrando el orden alterado" (Slater 1988: 41).[24]

Por nuestra parte digamos que a través de la mitología y con ella todo el sistema de representaciones adquiere un carácter de verdad profunda, incuestionada; el mito la sacraliza al remitirla a esa "realidad primordial" de los orígenes, de la creación y donde tradición y rito se encargan de reactualizarla permanentemente.

---

[24] A conclusiones parecidas llegan Contreras y Poblete: "el viaje mítico (en cualquiera de sus modalidades) se revela como proyectivo a un proceso de conjunción entre el mundo natural y sobrenatural y viceversa, apuntando a un proceso de mejoramiento a obtener para culminar en una disyunción de los mismos, reconociéndose –entonces– en los relatos una conjunción temporal" (1988: 2-3).

2. LOS RITOS

Cuatro, cuatro. Cuatro, cuatro
contigo he velado Madre Tierra
y en la mañana el agua fresca
es una constelación
Cuatro, cuatro. Cuatro, cuatro
¡ya!, ha descansado el sol.

ELICURA CHIHUAILAF

INTRODUCCIÓN

En el capítulo anterior hemos entregado diversos antecedentes que evidencian la necesidad que tiene la sociedad mapuche de realizar una serie de ritos. Nos parece que dos serían los motivos centrales que impulsan estos ritos:

1. La representación dramática de los límites, es decir la actualización de los sistemas de creencias, de mitos y de relatos referentes a lo sagrado y a los dioses.

2. Hacer posible la conexión o el encuentro entre lo sagrado y lo profano (oposición que se refracta a antepasados/vivos, etc.). El supuesto que está detrás es que lo sagrado es el ámbito del poder y de la plenitud y que lo profano, en cambio, es el ámbito de la carencia y de la impotencia. Esto explica que la oposición entre lo sagrado y lo profano sea de un carácter complementario y que constituya el principio capital de todo el orden cósmico. Entonces, por las características peculiares de cada uno de ellos y, por su no menos indispensable comunicación, la sociedad requiere regular sus mutuas relaciones. Y esto se logra a través de los ritos. Por medio de los ritos positivos, la naturaleza de lo sagrado y/o de lo profano deviene en su contrario y, por medio de los ritos negativos, se mantiene a ambos dentro de su ser respectivo, es decir, se los aísla (Mauss, Caillois).

Los ritos más estudiados en la sociedad mapuche son el *nguillatún* y el *machitún*. En ambos el objetivo principal es la mediación entre lo sobrenatural y lo humano, expresada ya sea en acciones simbólicas destinadas a la obtención de medios de existencia –cuya dotación no depende nunca por completo de las capacidades humanas, sino de un orden divino (*nguillatún*, por ejemplo)–, o a la restitución de la salud y el equilibrio síquico y social subvertido por la irrupción de fuerzas malignas que manipulan la enfermedad y la muerte (*machitún*).

Partiremos describiendo los ritos funerarios. En éstos pueden señalarse acciones tendientes a crear y actualizar las relaciones con los antepasados, lo que los aproxima a los ritos propiciatorios; pero, al mismo tiempo, acciones que buscan mantener la integridad del componente "espiritual" del difunto, que es víctima potencial de los seres del mal en su tránsito al wenumapu. Esto último los acerca a los fines del machitún. Acto seguido, continuaremos con los ritos de iniciación. Estos configuran la identidad de la persona mapuche al relacionarlos socialmente con su linaje (el nombre propio: güi) y espiritualmente con sus antepasados (identidad de personalidad). Luego se abordará el nguillatún, para continuar con el wetripantu, el machitún, y la descripción de nuevas expresiones rituales.

2.1. EL RITO FUNERARIO

Si bien este rito ha sufrido numerosas transformaciones, identificándose externamente con las ceremonias chilenas (Gundermann 1981), mantiene algo esencial del pasado: hacer "del muerto un verdadero muerto, un antepasado".

Cuando acontece la muerte, el destino del "alma" (véase en la primera parte, Neyen, Pellú y Am) del difunto es incierto: puede ser capturada por los brujos y transformada en un wekufe. El rito tiene como fin asegurar que el "alma" tenga un viaje sin dificultad a la tierra de arriba (Faron, Grebe) o al kulchenmayeu.[25] Juegan en la ceremonia un rol destacado los weupines, parientes del difunto que cumplen la función de "alabar al muerto, establecer una relación genealógica de su status respecto a su linaje y del que está unido por matrimonio y rogar a los antepasados del linaje para que lo ayuden a escapar de las fuerzas del mal" (Faron 1969: 248).

Al abandonar la condición humana y acceder definitivamente a la tierra de arriba, wenumapu, el antepasado habita junto a los dioses uniéndose a las potencias extrahumanas, pero sigue, no obstante, unido a los hombres por diversos lazos que perduran en la mente de los vivos, rindiéndosele culto (ofrendas y rogativas) en el día de los muertos (primero de noviembre), en los nguillatunes, etc. El antepasado se transforma así en un mediador: participa tanto de la condición "sagrada" como de la humana. Símbolo sacro, es un arquetipo de la sublimación religiosa (síntesis entre lo humano y lo extrahumano).

Según Curaqueo el retorno del antepasado a la tierra como espíritu ancestral (pillán), permite "dar buena suerte y protección a su familia y comunidad"; no obstante, para "apresurar su acción se le debe practicar el ritual de súplicas llamado pillantún... Sólo así actúa violentamente, ahuyentando a los espíritus perturbadores, los cuales aprovechan la presencia de gentíos para introducir discordias, pendencias y otros disturbios" (1989-1990: 30).

Kuramochi y Nass han descrito otro rito ligado al culto de los antepasados denominado chalilelfünün, el que se celebra antes que el rito del nguillatún. La comunidad oficiante se dirige en la madrugada al cementerio a "visitar a las almas de los muertos: alwe y rogar a Ngenechen... El rito centrado en el culto a los antepasados refleja la complejidad del comportamiento ceremonial y del pensamiento simbólico mapuche. Un denso sistema de comunicación de significados y valores culturales relaciona el pasado de los antepasados con el presente y el futuro de la comunidad mapuche actual" (1989: 35).

En la zona de Lumaco-Purén existe una costumbre, no muy extendida, de enterrar a las personas importantes en una especie de túmulos (cuel). Tom Dillehay observa que estos lugares sirven a las machis para "re-alimentar la relación entre los ancestros y la población viva"; también cumplirían una función de aproximación del cuerpo a la tierra del cielo (wenumapu) y, por último, serían "usados por miembros de los linajes y familias locales como un 'mapa' o nudo físico de referencia para familias y linajes en el patrón de la comunidad y la red de parentesco" (1986: 189).

2.1.1. La muerte y su interpretación

Para los mapuches, tanto en el pasado como en el presente, la muerte es pensada y vivida como una realidad provocada por la acción de los brujos (kalku). No hay muerte natural, aunque la persona sea un anciano o una anciana:

[25] Curaqueo nos proporciona la siguiente oración-cántico que se le hace a un difunto: "Ya eres muerto,/ya eres muerto,/camina hacia el oriente,/camina hacia el oriente,/ allá está el kulchenmayeu,/allá está el kulchenmayeu,/ no mires hacia atrás,/ no mires hacia atrás,/ tu mirada es fuerte,/ tu mirada es fuerte,/ puede ocasionar la muerte,/ puede ocasionar la muerte,/ a tus familiares,/ a tus familiares,/ tenles compasión,/ tenles compasión,/ camina hacia el oriente,/ camina hacia el oriente,/ camina hacia el kulchenmayeu" (1989-1990: 29-30).

"Murió mi hijo (marido, hermano, tía, abuela).

¡Ay de mí! Cáspita.

¡Qué hice yo, que me ha hecho maldad el mal dominador de los hombres (*wedá Ngënechen*) o el mal demonio (*weda wekufe*) o el hechicero (*kalku che*)!

Si estuviera aquí este mal hechicero (*weda kalku*) que me ha muerto a mi pariente, también lo mataría así" (Augusta 1934: 7).

La determinación de quién fue el causante de la muerte es un tema verdaderamente obsesivo para los mapuches. Hay una cierta constante en las sospechas, la que recae generalmente sobre las mujeres (Faron 1969; Montecino 1984). Incluso en el pasado eran acusados los niños. Las *machis* u otro especialista reconocían, a través de una manipulación del cuerpo del difunto, quién era el responsable. En la mayoría de los casos, éste era castigado con la muerte.[26] La explicación que se dan los mapuches para entender la acción de la brujería es la "envidia", y cuyos significados "son variados, pero siempre convergen en significar lo que despierta en 'otros' la prosperidad, la posesión de bienes, la cualidad de trabajador" (Montecino 1984: 67) del difunto.

2.2. RITOS DE INICIACIÓN (*LAKUTÚN, KATANKAWÍN*)

A continuación detallamos un rito cuya área de distribución es restringida (reducciones pehuenches localizadas en la cordillera de los Andes: en el Cajón del Queuco y del Biobío), pero cuyo sentido se puede rastrear en toda la zona de la Araucanía. Nos referimos a la ceremonia de imposición del nombre (*güi*) de los recién nacidos, llamado *lakutún*. Cuando se nombra a una mujer se realiza el *katankawín* (festejo de la perforación de las orejas).

Generalmente los nombres son donados por la generación ascendente alternada de los receptores, es decir, por los abuelos paternos (*laku*) a los nietos (*laku*). Si se tiene en cuenta el carácter exogámico de los linajes y la norma de los matrimonios matrilaterales, los nombres de los hombres circularán al interior del linaje y los de las mujeres entre otros linajes.

En la ceremonia de *lakutún* y de *katankawín* se hacen ofrendas para que los dioses ayuden al nuevo vástago en su vida futura y se ruega, también, para que los atributos espirituales del donador sean igualmente poseídos por el receptor. Gracias al nombre común se establece entre ellos una identidad nominal que deberá traducirse, a lo largo de su vida, en colaboración recíproca (identidad sustantiva). Incluso cuando muere uno de ellos, el que sobrevive adquiere el status de doliente: participa en la propiciación de la partida del muerto al mundo de los antepasados y proporciona víveres para los gastos del entierro. A su vez, el *laku* fallecido es proclive a favorecer al vivo a través de sueños (*peuma*) en los que le da avisos y consejos. A la vez intercede por él ante las divinidades.

Todo este proceso de identidades compromete naturalmente a los antepasados muertos, ya que éstos "viven" en la tierra gracias al *güi*. Están encarnados, por decirlo así, en la personalidad de sus descendientes y éstos tienen la obligación moral de repetir lo que ya hicieron por ellos. Veremos en el rito del *nguillatún* del Alto Biobío cómo este sistema se actualiza a través de los bailes *choikepurún*.

En la región de la Araucanía este tipo de rito ha dejado de realizarse. No obstante, en Bunster hay referencias ligadas al rito del *wetripantu* (véase más adelante); Durán y Catriquir han puesto en evidencia algunas de las consecuencias a las que hoy se enfrentan los mapuches por el uso del sistema de nombres occidentales: "a) Resolver una doble identidad personal, b) Responsabilizarse de una identificación extraña a su conocimiento, y c) Acelerar su desidentificación étnica, viviendo sentimientos de culpa o de rechazo, según fuera su postura y/o personalidad" (1990: 56).

2.3. *NGUILLATÚN*

Las primeras descripciones del *nguillatún* son de comienzo de siglo (Coña, Augusta, Robles), aunque hay referencias fragmentarias de los siglos pasados. Hoy día contamos con un mayor número de información (incluso visuales, como videos y fotos) sobre los diversos modos en que realizan este rito en el área de la Araucanía.

Los antecedentes históricos son poco precisos. Las fuentes posibles parecen ser dos. La primera, constituida por ritos propiciatorios para el bienestar general realizados por linajes y agrupaciones locales de tipo antiguo (*lofche*), que aún perduran en algunas zonas, como

---

[26] En el siglo XVIII, las autoridades de Valdivia prohibieron la compra y venta de mapuches que se refugiaban en la ciudad, ellos escapaban de sus tierras para evitar ser inmolados a causa de ser considerados brujos (Gunkel 1942).

rituales de linajes, segmentos de linaje o familias extensas patrilocales. La segunda, son las asambleas regionales y parlamentos que se hacen con el objetivo de tratar asuntos de guerra, incursiones allende la cordillera, alianzas políticas, etc., que en el pasado contemplaban la propiciación a los dioses para el éxito de acuerdos e iniciativas colectivas.

Las razones que llevan a realizar un *nguillatún*, en este siglo, son múltiples. Las hay de orden místico y de orden institucional. Las primeras consisten en indicaciones de entes sobrenaturales, a través de *peuma* (sueños) y *perimontún* (visiones), que especifican la necesidad de realizar el rito. Se asocian comúnmente a insatisfacción divina. Al no complementarse con el ciclo ritual normal, podemos definirlos como ritos extraordinarios. En cada región se reconoce una periodicidad regular de *nguillatunes*. En la zona de Cautín y más al sur, una comunidad patrocina el rito con uno, dos y hasta cuatro años de intervalo, aunque se participa anualmente del *nguillatún* porque los segmentos de cada congregación ritual corresponden a varias comunidades y reducciones (Faron 1964: 94-95; Titiev 1951: 129; Hilger 1957: 335). El máximo conocido de cinco ritos colectivos anuales en la comunidad de Cauñicú en el Alto Biobío (Gundermann 1981) y el patrocinio cada cuatro años, parecen ser los extremos de un continuo entre los que se intercalan ritos cada tres, dos y una veces en el año (para más detalles véase el Capítulo III).

Desconocemos estadísticas sobre la realización de *nguillatunes* en el territorio mapuche-huilliche; sólo hay encuestas parciales: en el Alto Biobío todas las comunidades efectúan uno o más en el año; de 22 comunidades en Arauco, 11 llevan a cabo la ceremonia;[27] en San Juan de la Costa, al menos hasta 1985, sólo las comunidades de Punotro. En la zona de Temuco-Imperial-Carahue es sabido que casi la totalidad de ellas ha participado o realizado *nguillatunes* en los últimos años.

2.3.1. *Breve descripción del* nguillatún

Los *nguillatunes* tienen lugar en un *lepún,* un sitio especialmente dispuesto para este fin, y en cuya periferia se distribuyen los concurrentes. En su centro, y a veces también en el sector oriental del campo, se ubica un altar principal *(rewe)* y otro secundario *(llangi-llangi)*. Hay bas-

tante disparidad de una zona a otra sobre la composición de estos altares y la presencia o ausencia de altares secundarios. En las regiones cordilleranas el altar se compone de vegetales, como araucarias, lleuques, perales, manzanos, y banderas amarillas y azules. En la Araucanía las banderas suelen ser blancas y negras, es más común el *purawe* o "escala" de las *machis* y los vegetales mencionados son laurel, maqui y canelo (véase en Latcham 1924; Augusta 1934; Moesbach 1976; Casamiquela 1964 y Gundermann 1981). *Rewe* es en definitiva un lugar depurado, como su etimología lo indica: *re* = "puro, genuino, exclusivo" (Moesbach 1976: 224; Augusta 1966: 207), y *we* = "lugar o espacio". La forma como se constituye es doble. Por una parte, reuniendo símbolos y objetos de lo sagrado y, por otra, depurando el lugar antes y durante los ritos con acciones como el *awún*. Su objetivo es crear condiciones apropiadas para la comunicación y comunión con lo divino.

Un mínimo de dos días y un máximo de cuatro dura un *nguillatún*. Este se compone de una sucesión de actos rituales, en su mayoría repetidos varias veces, que en conjunto entregan una imagen de marcada simetría. Esto permite decir a autores como Casamiquela que "toda la ceremonia consiste fundamentalmente en la alternancia, ritualmente ordenada, de... piezas fundamentales" (1964: 25). Este desarrollo en segmentos idénticos y repetidos se reproduce en todos los *nguillatunes*, variando acciones, su número y la distribución de ellas, pero no la relación entre tales segmentos.

En el Alto Biobío, por ejemplo, los *nguillatunes* de Cauñicú se inician y terminan con la "entrada" y "salida" del *rewe*. El primero consiste en galopes circulares y gritos *(awún)* destinados a "limpiar" el lugar, seguido de la constitución del altar; el segundo, la descomposición del altar para, a continuación, realizar *awún*. Durante los tres días del rito se llevan a efecto cuatro series de cinco bailes *tregilpurún* (cinco por la tarde del primer día, cinco en la mañana siguiente, cinco en la tarde y cinco en la mañana del tercero). Los *amupurún*, otro baile en el que tienen un rol propiciatorio activo las mujeres, son cuatro, ordenados en dos diurnos y dos nocturnos alternados (Gundermann 1981: 70).

La palabra *nguillatún* se descompone en *nguillatu* = pedir y *n* = acción de. *Nguillatún* es entonces "la petición", "el ruego". Estos momentos están asociados al sacrificio, teniendo lugar por lo común inmediatamente antes, durante o después de la manipulación de animales y de otras diversas ofrendas. Hay una

---

[27] Thiesen 1989.

Figura 1. Grupo de mujeres y un tocador de *kultrún* que canta *(tayel)* a las bailarinas de *nguillatún.*

Figura 2. Baile colectivo en un *nguillatún* del Alto Bíobío.

Figura 3. Momento de la ceremonia de un *peutebún* en el Alto Biobío.

Figura 4. Un pequeño *nguillatún* familiar en el Alto Bio-bío. (Fotografías Hans Gundermann.)

referencia explícita, en un registro lingüístico, de aquello que se solicita en forma de contra-partida a las potencias divinas. Como se puede comprobar en la oración incluida como anexo, se pide por el clima, por la siembra, por las cosechas, para que no haya enferme-dades, por la abundancia de alimentos, por la fortaleza y vitalidad espiritual.

De modo general, el sacrificio es el esta-blecimiento de una relación de contigüidad entre dos términos inicialmente separados, hombres y dioses, a través de una víctima de la que se desprenden los hombres y se destina a las divinidades, a las cuales se ofrece o in-mola. El término de la relación se resuelve en un desequilibrio en favor de los hombres. Esta resolución depende del polo divino. La inten-cionalidad de las oraciones canaliza la com-pensación en el ámbito de las necesidades o del interés particular de los hombres, en una proporción adecuada a las dimensiones de los interlocutores (Lévi-Strauss 1972a: 324-328).

Como constata Titiev (op. cit.: 130) es difí-cil hacer una caracterización unitaria de los sacrificios en los *nguillatunes* por sus muchas variaciones. Un esquema resumido es el si-guiente. Un *ngenpin, ngendungu* o *nguillatufe* (directores del rito), en persona o delegando atribuciones a ayudantes, dan muerte a una o más víctimas ubicadas en las inmediaciones del altar, por lo común corderos, de los que se extraen corazones y sangre. Es posible que se saque la sangre de una de las orejas de las víctimas sin darle muerte o, en caso extremo, se les cortan. Los *ngenpin* manipulan los cora-zones durante las oraciones; la sangre se re-parte a los congregados, para ser asperjada o simplemente vertida en un recipiente, en el *llangi-llangi* (un altar secundario). Antes o más comúnmente después de la muerte del ani-mal, se hacen ofrendas de bebida ritual, *mudai* o *chavid*, y una segunda serie de oraciones, las que, como en el primer caso, pueden dupli-carse y ser ejecutadas exclusivamente por los sacerdotes. Es común también que estas se acompañen de bailes. Los sacrificios pueden hacerse sólo en una oportunidad en el rito, dos veces, o tantas como días dure la reunión religiosa. Las oraciones, a veces en un lengua-je altamente estereotipado, consisten en la indicación a las divinidades de lo que se ha acordado pedirles o de lo que siempre se les solicita. El cuerpo de las víctimas puede ser íntegramente quemado en un fogón, especialmente dispuesto para ello al oriente del altar. También la víctima puede ser parcial o totalmente consumida y los restos quemados y enterrados. El humo del fogón ritual, cuando lo hay, hace las veces de vehículo hacia lo alto *(wenumapu)*. Otro tanto cumple, en ciertas zonas, el humo del tabaco. La comunión que implica la ingestión de la víctima suele ir acompañada de algunas prescripciones negativas. Allí donde la propiciación a los ancestros tiene lugar en los *nguillatunes,* los interesados despliegan un esquema semejante pero más simple de víctimas, ofrendas y oraciones. Por último, cuando *machis* toman el lugar de sacerdotes u oficiantes laicos, están allí como auxiliares. Su rol es básicamente el de oficiante de plegarias en nombre de la congregación (para más detalle de este último punto véase 3.2.)

Los bailes que se asocian a las oraciones y al sacrificio reciben varios nombres. En el Alto Biobío es *amupurún* ("baile caminando"). En Argentina se habla de *shaf-shafpurún, ngellitupurún, amupurún* y *ringki-ringkitún (shaf-shaf* = arrastrar los pies; *ngellitún* = tener el cuerpo encogido, con las rodillas dobladas, *ringki-ringkitún* = saltar) (Casamiquela op. cit.: 128). En la Araucanía *loncomeo (lonco* = cabeza). En todos los casos bailan grupos numerosos de congregados, hombres y mujeres. Su accionar está dirigido por un *ngenpín, nguillatufe, machi* u otros oficiantes dependientes de los anteriores. La distribución espacial y el accionar es también variable. Cuando danzas y oficios están separados del sacrificio y las oraciones, como en Cauñicú, se aprecia que las invocaciones y el sentido general del baile es común con el sacrificio: pedir por el bienestar general. Cuando están reunidos en un solo acto corresponden a acciones complementarias de un mismo momento e intención ritual.

Otros bailes, comunes en *nguillatunes* de la Argentina y de la cordillera y precordillera chilena, llamados *tregilpurún* o *choikepurún*, no contienen ninguna referencia a lo divino, aun cuando sean hechos en un rito en el que la actividad considerada más importante es evidentemente religiosa. En muchos *nguillatunes* dicha actividad ocupa, de hecho, la mayor parte del tiempo que permanece reunida la congregación. En el análisis que realizamos, se propone una interpretación alternativa a la de Guevara, que los consideraba "vestigios del clan totémico, época en que los individuos danzaban para identificarse y agradar al animal reverenciado" (1908: 312); o a la de Manquilef, quien afirma que "... son representaciones pantomímicas de los movimientos y carreras de dos aves que, dadas la flexibilidad del cuerpo y la perspicacia para descubrir el peligro, han hecho de ellas el símbolo de las fiestas místicas del pueblo mapuche" (1914: 187), y a la de Casamiquela, que desplaza su atención del totemismo a la magia como fuerza productiva: "la imitación animal ha de buscarse en un ideario de magia de la caza" (op. cit.: 143). Un examen más detenido ofrece caminos de interpretación distintos. Bailan grupos de hombres danzantes reclutados de linajes, a quienes cantan sus mujeres *(tayil).* Tales cantos remiten a los nombres vernáculos masculinos *(güi).* Estos se transmiten entre hombres y mujeres del mismo grupo de linaje, pero mientras los trasmitidos por vía masculina se perpetúan de generación en generación, los de las mujeres circulan con el matrimonio. En los *nguillatunes,* entonces, se cantan nombres de un linaje. El mensaje de estos bailes se refiere más bien a formas ideológicas de expresión del principio de descendencia patrilineal en el contexto de una congregación religiosa.

Las pantomimas tienen que ver efectivamente con los queltehues o tregiles *(Belonopterus cayenensis)* y los avestruces americanos *(ptrerocnemia pennata pennata,* D'Orbigny), pero el empleo con fines rituales de aspectos de su etología no es exactamente totemismo –entendiendo por éste, en sentido estricto, una metáfora entre dos sistemas de diferencias, por el lado de la naturaleza la diferencia de las especies y por el de la cultura la de los grupos sociales–, sino más bien un símbolo de las múltiples relaciones sociales pensadas analógicamente, en las que la naturaleza es el modelo de significaciones culturales. Los mapuches han encontrado en las dos aves nombradas características de su etología que las hacen comparables, o equivalentes, con las características que a sus ojos definen los grupos de parentesco patrilineales.

2.3.2. *Los* nguillatunes *entre los huilliches*

Hay similitudes y diferencias con los *nguillatunes* del norte de la Araucanía y de los pehuenches.

En primer lugar, en lo que se refiere al espacio sagrado, entre los picunches éste no se cierra, sino que está abierto generalmente hacia el oriente. Tampoco se usan los arcos de salida y entrada y se desconoce el uso del "interrogatorio". Idéntico es para ambos el sentido de crear un espacio sagrado purificado, resguardado de lo profano y sobre todo del *wekufe* (el mal).

En segundo lugar y tocante al tiempo, se destaca el hecho de que éste sea de carácter continuo en Punotro: el día y la noche en nada se distinguen; en cambio, entre los picunches, se diferencian ritualmente estos estadios (simbolismo solar).

En tercer lugar, los bailes: entre los huilliches no se danzan los bailes del *loncomeo* ni del *choikepurún,* sino el *wuchaleftu,* que es colectivo y no de grupos discretos como los anteriores. El *wuchaleftu* se asemeja a los *amupurún* de los pehuenches del Alto Biobío. Otra diferencia, es el número de bailes: tres y no cuatro como en el área picunche.

En cuarto lugar, la música: los ritos entre los huilliches están fuertemente sincretizados por las tradiciones campesinas chilotas, nada se conserva de los "toques" característicos del *kultrún.*

En quinto lugar, el sacrificio: entre los pehuenches del Alto Biobío, el sacrificio de los corderos se realiza el tercer día y es el momento culminante del rito. Se les extraen los corazones y con la sangre se asperja colectivamente. Entre los huilliches, la sangre de los animales se deja fluir en la tierra y el sacrificio no ocupa un lugar específico en el ritual (esto no le niega su radical importancia) como queda de manifiesto en la rogativa de Costa Río Bueno y en Punotro, donde toda la rogativa se considera como "sacrificial".

2.3.3. *Análisis del* nguillatún

El *nguillatún* es un rito fundamentalmente positivo (aunque contiene en su interior muchos ritos negativos). En lo esencial consiste en una celebración comunitaria, festiva y sacrificial con la finalidad de propiciar a las divinidades y antepasados para obtener los dones de la fertilidad, la salud, el bienestar, etc.

Su carácter comunitario lo trataremos en el capítulo siguiente. El ánimo y el espíritu del *nguillatún* es festivo y se materializa en la abundancia de alimentos compartidos. Las familias los acumulan con meses e incluso años de anticipación, para ser consumidos dispendiosamente. El rito se diferencia del tiempo no ritual por la oposición escasez/abundancia y comunitario/familiar. Lo festivo no se detiene ahí ya que correlativamente están los numerosos bailes diurnos y nocturnos que comprometen a los linajes (*choikepurún*) o a

toda la comunidad (*amupurún*). También lo festivo se expresa en la música, en los cantos, en las diferentes fases del ritual donde la comunidad exorciza a los *wekufes,* etc.

La dimensión sacrificial es el centro del rito en la medida que permite conectar lo profano (lo que carece de fundamento) con lo sagrado (la realidad mítica fundante) por intermedio de una víctima. El sacrificio –generalmente de corderos o chivos– es acompañado de oraciones con aspersión de sangre y de chicha (*chavid*). No obstante, en el rito también se usan otros medios sensibles para generar una comunicación con la esfera sobrenatural, tal es el caso del humo del tabaco (acción que antecede o precede a las oraciones), del baile y del canto (para que los dioses "escuchen y acojan mejor aquello que se dice"), de tal modo que todo el proceso consiste en "hacer llegar un mensaje a los receptores divinos a través de una serie de signos y símbolos con el fin de generar por su intermedio un conjunto de condiciones necesarias a la vida mapuche" (Gundermann 1985: 123).

El *nguillatún* es un sistema de significaciones. Esto quiere decir que los gestos, acciones, objetos y, obviamente, oraciones y discursos, tienen en él carácter significativo. Son signos y símbolos organizados sistemáticamente. Si ello es así, pueden ser tratados según un marco conceptual semiológico-lingüístico. Los ritos son formalmente lenguajes que, además de expresar o traducir relaciones sociales, establecen una comunicación y desarrollan una praxis simbólica: entre los dioses y los hombres en el sacrificio; entre los grupos de parentesco en los bailes del *choikepurún.*

Su carácter de sistema se manifiesta en el conjunto de convenciones colectivas necesarias para la comunicación ritual. En el caso del *nguillatún* se dirá, por lo tanto, que lo que interesa no es tal o cual ceremonia observada en un tiempo y espacio dados, sino, en un segundo momento de la investigación, discernir tras las actuaciones particulares (semejantes ritos en distintos lugares, los mismos ritos hechos por una comunidad) un conjunto sistemático de significaciones. Los signos rituales presentes en los *nguillatunes* reunirían a este respecto cuatro particularidades que los diferencian de los signos lingüísticos. Primero, los soportes materiales de que hacen uso los signos del rito son múltiples. Se destacan los sonidos, los gestos, los desplazamientos, los objetos y sustancias. En segundo lugar, estas materias significantes, además de significar pueden tener paralelamente un uso. Esto es, que su significación primera es la de una función utilitaria.

Por ejemplo, los sombreros que se depositan al pie del altar antes de orar en los *nguillatunes* significan respeto ante las divinidades con quienes se "hablará", pero los sombreros son ante todo un medio de protegerse del sol. En tercer lugar, en los signos de que hace uso el rito, a diferencia de los lingüísticos, frecuentemente existe una relación motivada entre el significado y sus soportes materiales. Un ejemplo es la ofrenda de cereales (significante) en los *nguillatunes*. Estos no significan sólo "granos ofrendados" y no están allí porque evoquen solamente los demás granos, sino que representan bienestar y buen pasar (significado). En cuarto lugar, muchas de las unidades significativas del rito van más allá del mismo; constituyen un repertorio amplio de representaciones, la visión del mundo y de la sociedad en la cultura mapuche no es exclusiva de los ritos (Gundermann 1981: 3-7).

Pero el rito del *nguillatún* entraña algo más: con él se reactualiza el mito y el vínculo con los "dioses". La reactualización del mito en el *nguillatún* adquiere a veces un sentido explícito. Por ejemplo, en Isla Huapi (Lago Ranco), la ceremonia comienza con el viaje de una comitiva a la colina del Tren-Tren donde efectúa un sacrificio a las divinidades (dos de las cuales se "encantaron" allí, según la expresión local, después del diluvio). Su sentido implícito es más complejo: según Gundermann las dimensiones cosmológicas y culinarias "muestran una organización formalmente idéntica al tipo de oposiciones con función mediadora (del) sacrificio. Así, por ejemplo, la isomorfia entre las oposiciones míticas fuego/agua, Tren-Tren/Kai-Kai, respecto de las oposiciones blanco/negro de las víctimas. Además permiten reunir en un gran haz de correlación oposiciones rituales del sacrificio y oposiciones míticas, y constatar que en el seno mismo de las víctimas y ofrendas, el intento simbólico del equilibrio se realiza plenamente" (1981: 117). El mito del *Tren-Tren* y del *Kai-Kai* es el argumento simbólico del rito del *nguillatún*. Allí se dice que si los hombres no quieren morir quemados (Tren-Tren se acerca peligrosamente al sol) o podridos (Kai-Kai, ama de las aguas que transforma a los hombres en peces) deben realizar un sacrificio. El rito reactualiza el mito como única posibilidad de alcanzar un equilibrio cósmico: evita así la amenaza quemante del sol (sequía) o de las aguas celestes (lluvias interminables) o terrestres (maremotos). Mito y rito explicitan así la responsabilidad cósmica de los hombres. De allí la urgencia de celebrar los *nguillatunes*. La mayoría de los mapuches están conscientes de todo esto, so-

bre todo cuando señalan que las calamidades "naturales" se deben exclusivamente a la no realización del rito. El terremoto de 1960, por ejemplo, fue vivido como castigo por el relajamiento del *admapu* –cuya máxima expresión es el *nguillatún*– lo que provocó un reavivamiento ritual en todo el territorio mapuche, a tal punto que en la zona de la costa se actualizó el rito de un modo idéntico al mito, con un sacrificio humano.

En un reciente trabajo, Grebe ha destacado este mismo proceso con la modalidad de los cantos *tayil*: "se le atribuye origen divino y el poder de provocar el descenso de un ser sobrenatural –dios o espíritu– a la tierra durante el período culminante de ciertos ritos mapuches" (1988: 240).

Una de las dimensiones más profundas del rito está en la manera de abordar los problemas de la reciprocidad y de la legitimación del trabajo (la oposición naturaleza/cultura) para toda la cultura mapuche. Según Morandé, todo rito sacrificial consiste: 1) en la consagración de la víctima, es decir, su separación de la esfera de lo profano y su posterior introducción en la sagrada; la víctima es "transformada en el representante de todos por la obra de una consagración que resulta convincente"; 2) la muerte en la víctima será "considerada como acto de reciprocidad y, en cuanto tal, liberación de la comunidad que paga, por medio de la víctima, su rescate, el precio correspondiente a lo recibido y que ahora es necesario devolver"; y 3) el "banquete sacrificial, generaliza el valor realizado por la víctima... [la que] sacrificada en representación de cada uno, vive después de su muerte en todos los miembros de la comunidad sacrificial que son reos de la sangre derramada" (1984: 100).

Ahora bien el "rito no tiene por objeto formular el problema de la reciprocidad, sino realizarla como valor mediante la eficacia simbólica de la representación. No es la exposición de una teoría, sino la producción de un acontecimiento con sentido para toda la comunidad. La fuerza de su credibilidad no radica en la solidez o consistencia de la mitología que acompaña al rito, sino en la muerte vicaria, en la experiencia límite que significa su representación". Así el rito tiene una función central: "al destruir el excedente o la riqueza acumulada legitimaba el trabajo para todo un nuevo ciclo quedando en suspenso, pero no negada, la realización del valor de la reciprocidad" (Morandé op. cit.: 101).

De este modo, con sus cultos de *nguillatún*, la sociedad mapuche contribuye al mantenimiento del orden cósmico en la medida que, al destruir ritualmente las ofrendas y devolvérselas así a las divinidades, pueden reconciliar su trabajo con la naturaleza y con el orden divino, como también hacer efectiva la realización de la reciprocidad.

2.4. *WETRIPANTU*

Aunque el *nguillatún* es un rito que se despliega en un tiempo predominantemente cíclico, recursivo (cada cuatro años en algunas zonas, cada año, en otras), puede efectuarse ocasionalmente en circunstancias especiales como desgracias naturales, sueños, etc. Hay, sin embargo, una día sagrado y festivo para los mapuches que es celebrado todos los 24 de junio. Nos referimos al *wetripantu*. Este ha sido escasamente estudiado por los antropólogos, incluso Faron no lo menciona.

La expresión *wetripantu* es traducida por Augusta como "año nuevo, el tiempo en que vuelven a crecer los días hasta el día más largo; año nuevo político" (1916: 254). Titiev nos da la siguiente descripción del modo como se celebraba esa fecha: "Cuando se acercaba el cambio de año, cada *lonko* o cacique enviaba a sus *werkenes* (mensajeros) a invitar a mucha gente. Era costumbre que se incluyera a las hijas casadas, sus maridos y parientes políticos, así como también a otros parientes y amigos personales. Los sirvientes del jefe preparaban grandes cantidades de comidas y bebidas favoritas y se esperaba que los invitados trajeran mucho pan y carne fresca, pero nunca bebidas. Inmediatamente antes de la llegada de los visitantes, el *lonko* sacrificaba una oveja y oraba por paz y felicidad para él, sus seguidores y sus invitados. Mientras rezaba, miraba el cielo, dirigiéndose al buen dios *Ngenechén*, a menudo llamado *Chau* (Padre). Cada cierto tiempo él soplaba el *pimuntuwe*, un disco de piedra perforado, que los mapuches reverenciaban mucho y de vez en cuando desde un plato de madera salpicaba sangre de la oveja sacrificada. Se esperaba que los invitados se quedaran de dos a siete días...A pesar de que estas reuniones incluían actividades religiosas, eran presididas por jefes seculares y no por *machis*" (1951: 94).

No obstante, para las *machis* es también una fecha muy especial porque ese día renuevan ritualmente sus poderes (véase el párrafo siguiente). Además, en algunas áreas, éste se asocia con los ritos de imposición del nombre propio (Bunster).

Es muy reveladora la conjunción entre las manifestaciones rituales mapuches y las campesinas, propias de la fiesta de San Juan: azote de árboles, baños nocturnos, sacar la suerte", comidas típicas, etc. Se puede hacer una historia de este proceso: el predominio ritual mapuche es ocultado –por decirlo así– por el campesino para continuar, en los últimos años, gracias al accionar de organizaciones mapuches urbanas, con el florecimiento de lo mapuche en la celebración, rescatándose con ello lo propio a los rituales del solsticio.[28]

2.5. *MACHITÚN*

Existe una amplia bibliografía histórica y contemporánea sobre este rito de "sanación" y de las personas, divinidades y poderes involucrados (Casamiquela, Faron, Grebe, Gutiérrez, Métraux, San Martín).

La persistencia de este complejo sistema ritual es notable, sobre todo si se tiene en cuenta que desde el siglo XVII comenzó a ser duramente reprimido por las autoridades españolas –civiles y religiosas–, tanto en la zona central como en la frontera y en el corazón mismo de la Araucanía.[29] También sorprende la perdurabilidad de su estructura interna, la que fue descrita por Pineda y Bascuñán a mediados del 1600.

Para numerosos autores, en la sociedad mapuche el ritual chamánico desempeñaría un papel mucho más importante en la vida religiosa que el rito del *nguillatún*. Los factores que llevan a tal afirmación se refieren al rol desempeñado por su ejecutora (la *machi*) en la comunidad y en el *nguillatún*, así como a los elementos vinculados directa e indirectamente a su figura: *rewe*, fuego sagrado, *kultrún*, etc.[30] Nuestra opinión es que estamos frente a dos complejos rituales con orientaciones, finalidades y simbolismos diferenciados. La *machi* tiene su lugar en el *machitún*, en el *nguillatún* ella se desempeña simplemente como conocedora de las tradiciones (*admapu*) (para más detalles véase Cap. 3).

---

[28] Véanse Bunster 1968: 106-109, el folleto *Wetripantu* de la Sociedad Lonko Kilapán y la Sociedad Pelondungun, la Revista *We Pewn*, Nº 13, 1988, y más recientemente el folleto *We Xipantu*, publicado por la Coordinadora de Instituciones Mapuches (1991).

[29] Dougnac 1981.

[30] Por ejemplo, para Métraux "el machi o chamán es la figura dominante de la vida religiosa de los indios araucanos" (1973: 155). Para Rosa la machi es "el principal factor de cohesión social" de la comunidad (1977a y b). Incluso una organización mapuche, *Consejo de Todas las Tierras*, hace de ellas las depositarias de la tradición mapuche y por tanto forman parte de su Consejo.

La diferencia fundamental entre *nguilla-tún* y *machitún*, es que el primero es un rito sacrificial, de consagración, mientras que el segundo carece de esta dimensión. Sin embargo la *machi* es una "consagrada" por los "dioses" a la lucha contra las fuerzas del mal *(wekufe)*. De allí la importancia que los mapuches le otorgan, ya que si bien el mal se significa en una persona concreta, no es menos cierto que afecta, por distintos motivos, al grupo en su totalidad.[31] Por otro lado, los "éxitos" de la machi en su lucha contra el mal, evidencian o verifican la eficacia simbólica de la mitología y de los sistemas tradicionales de representación (Perrin 1988: 61).[32]

2.5.1. *La consagración de la* machi

La consagración de la *machi* tiene dos fases. La primera es la de su iniciación propiamente tal, caracterizada por la "posesión del *Fileu*". Según Alonqueo "el pueblo mapuche sabe conscientemente la existencia del bien y del mal en esta tierra... para mantenerlo en el bien y que sean fieles a su dios, creó un conjunto de funciones bajo la vigilancia de su Espíritu de Poder y Sabiduría que se llama *Fileu*, quien mantiene encendida la llama del amor y busca al ser que desempeñará esta gran función de *machi* a través de los tiempos". Por ello la persona debe estar "dotada de las siguientes condiciones: vocación o llamado divino; comprobada fehacientemente la voluntad de *Ngenechén* de escogerla (la que deberá pasar) por las siguientes etapas: a) Preconsagración *(uthruffpermán)*; esta ceremonia ritual es el primer paso del llamamiento divino comprobado y señalado como *machi*; b) Consagración: hay tres categorías en este conjunto de funciones... que se caracterizan por el número de peldaños de su insignia o signo de distinción: *Kemú-Kemú*, de 4, 5, 6 y 7 peldaños. Cada peldaño significa un poder del *Fileu*, El Gran Espíritu del Poder y Saber de *Ngenechén*-Dios" (1979: 155-156).

Abramos un paréntesis para tratar dos puntos. El primero es referente al *Fileu* (o *Vileo*). Alonqueo precisa en otro lugar que el *Fileu* es además el espíritu de un antepasado *machi* que se encarna en "ella para mantener la cadena de oro que sirve de unión entre ella y sus antepasados que tenían ese orden" (op. cit.: 170). Esta contradicción o confusión entre "espíritu de Dios" y "espíritu de un antiguo machi", ha sido analizada "históricamente" por Métraux: "El ser sobrenatural, o más exactamente los seres sobrenaturales que se invocan, son el o los vileo, machi del cielo. Este nombre nos es familiar. Un *vileo* es un chamán que se distingue en el arte de diagnosticar la causa de las enfermedades. Las oraciones se dirigen, pues, a los chamanes del cielo, que velan sobre sus colegas terrestres y los asisten en sus tratamientos. Bajo la influencia cristiana, éste o estos chamanes celestes han cedido el paso a un personaje más augusto: El Dios Padre, El Creador, El Dominador; etc. Pero este Dios, *Ngenechén*, es designado por epítetos que hacen de él una especie de chamán todopoderoso, jefe de la cofradía... La diferencia entre *vileo* y Dios es imperceptible y no tiene más que un carácter histórico. Este análisis demuestra que bajo la acción del cristianismo, los espíritus tienden a ser asimilados al Dios cristiano" (1973: 177).

El segundo punto se refiere a lo que Alonqueo llama "vocación comprobada fehacientemente". Lo que está detrás de esta afirmación es la duda, siempre presente en toda *machi*, "...en cuanto a la identidad del ser sobrenatural que la ha designado. De lo contrario, ¿cómo explicar la insistencia con la cual estas *machis* proclaman en toda ocasión que sus oraciones proceden de Dios, que las ha escogido?" (Métraux op. cit.: 165). En otras palabras, en materia de revelaciones sobrenaturales, para los mapuches (basta leer el texto de Coña 1973) toda prudencia es poca.

Cerremos este largo paréntesis y volvamos a los ritos consagratorios de la *machi*. Cuando la *machi* ya ha alcanzado su consagración, deberá actualizarla cíclicamente. Es el "aspecto operacional de la renovación del *rewe*", el que tiene dos manifestaciones rituales:

"1. La renovación de ramas que se hacen normalmente en el Año Nuevo mapuche, que ocasionalmente coincide con la celebración de San *Kuann* o San Juan, que se celebra el 24 de junio;

"2. La renovación del *Kemú-Kemú*, el palo labrado con peldaños que se plantó y se comenzó a usar el día de la consagración, como

---

[31] "Cuando se manifiesta la enfermedad en alguien, este mal tiene el carácter de afección colectiva por cuanto, por decirlo de alguna manera, la enfermedad compromete a todos los miembros de la familia y la comunidad. Este sentido arborizado de la dolencia se corresponde con la etiología, ya que, muchas veces, es una falta del grupo o de alguien del grupo la que ha anidado el estado mórbido" (Kuramochi, ms.).

[32] La *machi* es una "hermeneuta", nada de lo que ocurra en una comunidad se le escapa, todo es interpretado, significado por ella, incluso hoy en día los *peuma* (sueños) (Nakashima 1990).

insignia del poder y se renueva cada 5, 6 y 7 años cuando hay alguna circunstancia especial que aconseja hacerlo".[33]

2.5.2. *El rito chamánico*

Pasemos ahora a detallar algunos aspectos del rito chamánico de curación. Se podrían distinguir tres "subsistemas": a) diagnóstico del mal; b) expulsión del mal y c) revelación "sobrenatural" sobre la sanación. En cada uno de ellos intervienen "agentes sobrenaturales".

a) Diagnóstico del mal

La *machi* se vale de distintos medios para conocer el mal que aqueja a una persona. Lo puede hacer a través del examen de la orina del paciente, la que se le entrega en un frasco de vidrio transparente. Ella "agita el líquido y observa la forma que toma el remolino. El color, la consistencia, incluso el olor ayudan a la *machi* a formarse un cuadro clínico exacto del paciente en consulta" (Gutiérrez 1987: 110).

El mal también puede ser reconocido por los signos misteriosos o extraordinarios que hayan sido observados por el enfermo o sus parientes: "quebradura de las extremidades en un animal, llamaradas de fuego observadas por los vecinos en el techo de la ruka, una gallina que se mueve dibujando círculos concéntricos, la pérdida de animales, el descubrimiento de huevos podridos enterrados cerca de la casa, etc." (Gutiérrez 1987: 110). En el Alto Biobío las personas que han sufrido de *perimontún* generalmente se enferman (Sánchez 1988: 300).

Otro medio utilizado es por contagio del mal a los animales. Por ejemplo, se coloca un cordero encima del aquejado, posteriormente se mata el animal y se le examinan sus entrañas (Augusta 1936: 30-31); o se hace sudar un caballo y se juntan el aliento del animal y el del enfermo; luego la *machi* auscultará el primero para reconocer las causas que aquejan al segundo (Housse).

Asimismo, el mal se reconoce por revelaciones del más allá. Esto es posible por un rito llamado *pewutún*, en el cual interviene la *machi* con todos sus instrumentos para comunicarse con las "divinidades". Con una prenda del enfermo –generalmente una blusa o una prenda íntima– realiza una serie de cantos y

oraciones, para terminar en un trance; luego su ayudante interpretará sus mensajes. Se le considera como el "más complejo e infalible pronóstico respecto de las causas que han producido la enfermedad" (Gutiérrez 1987: 110).

b) Expulsión del mal

Los ritos que se desarrollan en esta fase pueden ser caracterizados como de exorcismo. Conforman una buena parte del ritual chamánico, el que dura generalmente dos días. Para algunos autores comenzaría con un *pillantún*, un "rito simple y solitario" que realiza la *machi* con sus instrumentos *(kultrún)* en la madrugada (Gutiérrez: 111).

Ya frente al enfermo, la machi comienza con una plegaria inicial, dirigida a las divinidades principales *(Fucha Chau, Kusche Ñuke, Weche Wentru, Ilcha Domo)*, al "dios de las cascadas de aguas puras y cristalinas" y al "dios de *machi*, Madre de *machi*"; también se dirige a la familia y parientes del enfermo para señalarles que "he llegado hasta aquí con el mayor respeto... no me gusta atropellar" como también que su elección como *machi* fue hecha por "vosotros, Padre y Madre" (Alonqueo 1979: 163).

Concluida esta plegaria, se da inicio a la curación propiamente tal con una oración-canción llamada *Ngillathuñmankuthran*. Esta tiene distintos momentos: "oración de fricciones"; "oración de exorcismo", en la que se conjura al diablo para que abandone el cuerpo de la criatura de Dios; "invocación a Dios", para pedirle más refuerzos y la acción directa de su mano; "impetración a Dios para que le mande el espíritu de fortaleza para recibir sus inspiraciones y su revelación de lo que motiva la enfermedad... y le revele los remedios virtuosos"; intervención del *dungumachife* y de los "lanceros armados de lanzas o escopetas y sables". En este momento juegan un rol destacado los parientes y vecinos del enfermo(a). Todos están "en pie de guerra" para expulsar al *wekufe* del enfermo; el *dungumachife* y la *machi* dialogan para hacer intervenir activamente a los parientes en la lucha contra el mal; la oración concluye con una recitación de conjuros, acompañada de fricciones del cuerpo de la enferma con hierbas medicinales deshojadas (Alonqueo 1979: 165-168).[34]

---

[33] El ritual de renovación del *rewe* tiene como nombre: *Ngeikurewen*. Según San Martín se haría cada cuatro años (1976: 203).

[34] En este sistema pueden ser colocados los ritos que San Martín llama "ritos eliminatorios": 1. *Würkül.awen.ün* (tomar remedio); 2. *Ngüler kutran.ün* (masajear el cuerpo del enfermo); 3. *Foye wenche wemü wëkufü* (espantar superficialmente el espíritu maligno con el *foye*); 4. *Kultrung*

c) Revelaciones "sobrenaturales" de la sanación

Terminada la fase anterior comienza el *kuimín*, o éxtasis de la *machi*, el que tiene, según Alonqueo, dos partes: 1. *Konpapëllün*, posesión del espíritu del *Fileu*, en cuya conjunción a la *machi* se le hacen "revelaciones saludables"; 2. *Wuldunuthun*, transmisión de las revelaciones del *Fileu a* la familia del enfermo (comprende también la desposesión de la machi del espíritu del *Fileu*).[35]

En esta fase la *machi* hace uso de su *rewe*, subiendo por él explicita el viaje de su "alma" a la "tierra de arriba", su comunicación con ese otro mundo: su "cuerpo humano es el vehículo de lo sagrado", los dioses se encarnan, "cabalgan" al fiel, le imprimen estremecimientos y brincos, le prestan su voz (Heusch 1973: 255).

En los estudiosos subsiste una duda sobre este "encuentro" de la *machi* con lo "sobrenatural". Para Alonqueo la posesión es clara, lo mismo que para Kuramochi: "En el trance, el espíritu, escuchando los ruegos, baja a la tierra desde lo alto, *wenumapu*, y se incorpora a la mente, al ser de la *machi*, para poder comunicarse. Desde este momento la *machi* ya no es persona, es otro ser: alguien con un espíritu de lo alto dentro de ella, el cual transmite, cantando, su mensaje" (ms). Para San Martín se trataría más bien de un viaje del espíritu protector de la *machi* (*"machi püllü"*) al *Puelmapu* (1986: 192).[36] La argumentación de Gutié-

rrez es confusa, nos habla, por un lado, de que las futuras aprendices de *machi* son posesionadas por el "espíritu de *machi*" –el que, al parecer, se conservaría como un espíritu protector o auxiliar (lo define como *"pillán"*)– y, por otro lado, la *machi* tendría el poder de "transportarse a las regiones de los espíritus" (1978: 107), momento en que quedaría "sin alma". Para Métraux cuando la *machi* cae en trance es "poseída por un espíritu al que se le interroga sobre el fin de la enfermedad, y al que se le implora socorro" y también es el momento en "que sube al cielo para recibir de mano de Dios o de un ser sobrenatural el o los remedios de los que se servirá" (1973: 194).[37]

Ya se trate de una u otra modalidad, lo importante es que ella recibe un conocimiento, un poder, que le permite curar a las personas. Este conocimiento –los remedios para usar–[38] proviene de las divinidades, ya sean éstas antiguos espíritus de *machis*, de un espíritu protector, o de *Ngenechén*.

d) ¿Qué fue del kalku?

En el pasado reciente la sociedad mapuche determina con precisión quién era el que ha-

---

wenchw wemü wëkufü (espantar superficialmente el espíritu maligno con el *kultrung*).

[35] San Martín distingue en esta parte dos ritos:
1.) Preparatorios "para la acción terapéutica del *machi püllü*":
–*Llafülmachin*: darle fuerza a la *machi*.
–*Pentukuwïn*: saludar.
–*Ramtukan chem kutranngen*: preguntar por la enfermedad.
–*Ngillatún pütremmeo*: oraciones con ofrenda de cigarrillos.
2.) Eliminatorios:
–*Kultrungtun ka küimin*: tocar el *kultrung* y caer en trance.
–*Kultrung wallo wemü wekufün ina kutran domo*: corretear el espíritu maligno alrededor de la enferma.
–*Ngüler kutran.ün*: masajear el cuerpo del paciente.
–*Chomadwe këtral*: tizones encendidos (1976: 180-184).
[36] Manquilef, en su obra *Comentarios del pueblo araucano*, define al *kuimin* como un baile extático: "al practicarse el *kuimin* la *machi* y al quedarse dormida, el cuerpo tirita, pues está sin alma. Ésta recorre presurosamente las regiones en busca de las revelaciones que hará a sus oyentes. A fin que su *püllü* regrese pronto, el ayudante efectúa

el baile denominado *llañkañ*. Estos dos bailes marchan siempre unidos en la cuestiones míticas y mágicas del araucano" (1914: 174).

[37] Algunas observaciones. Para Heusch el chamanismo pertenecería al dominio de la magia: "el chamán rivaliza con los dioses, los combate a veces, los engaña, asciende hacia ellos en un movimiento de orgullo que hace de él como el igual o el rival de los dioses" (1973: 257). Nos parece que estas observaciones no serían pertinentes para el caso mapuche, sobre todo cuando las *machis* insisten en su elección y posterior apoyo por la divinidad. Al parecer las cosas no fueron así en el pasado. El padre Rosales, en el siglo XVII, constata justamente un chamanismo que tendía a rivalizar con los dioses. Es posible que este cambio tenga su origen en la evangelización, cuestión ya señalada por Métraux.
Una segunda observación se refiere al término posesión. Heusch ha insistido en que no se debería usar este concepto para el caso del chamanismo, en la medida que se "opone en bloque al chamanismo en esto: el chamanismo se nos aparece como un ascenso del hombre hacia los dioses, una técnica y una metafísica ascensionales; la posesión es un descenso de los dioses y una encarnación" (1973: 260). En el caso mapuche se darían las dos situaciones. La posesión de la *machi* está más cercana a una revelación, ya que el "espíritu" que se apodera de su cuerpo no sustituye su alma por otra (como es normal en los cultos de posesión africanos).
[38] Las plantas medicinales están categorizadas de forma casi homóloga con la etnotaxonomía de las enfermedades. Grebe pudo ordenar así 65 plantas en: *rekutran*, *wekufetún*, *kalkutún*, *kisu-kutrán* y *contra-lawen* (sf).

bía provocado o causado la enfermedad o la muerte de las personas o animales, o dañado los sembradíos. Generalmente esto lo hacía la machi. La venganza de las familias afectadas era mortal y se desencadenaba así la violencia. No obstante, una "junta", encabezada por uno o más *lonkos,* montaba un rito donde el acusado asumía su papel de víctima y era sacrificado por toda la comunidad. Con ello se le ponía fin a la violencia.

¿Pero qué pasa hoy día? Al no practicarse dichos ritos, y a la vez subsistir el conjunto de creencias sobre el mal y sus consecuencias, como la violencia (mímesis de apropiación), los conflictos merodean dentro de la comunidad sin lograr a su víctima, la que permitiría canalizar y expulsar esa violencia.

2.5.3. *Algunas consideraciones sobre el* machitún

La ambigüedad que sufre la *machi* proviene del abandono que hace de su condición humana ordinaria en su viaje al más allá o de la posesión que sufre. Por ésta se carga de potencia numinosa (de lo insólito y de lo extraordinario) transformándose en un personaje ambivalente. A su vez, por el contacto personal con las fuerzas y espíritus del mal que ella combate, "hace que la gente tema a determinadas *machis* como malhechoras potenciales, como capaces y sospechosas de brujería" (Faron 1969: 245). Su aceptación entre los hombres no se debe tanto a su integración al grupo, sino a que lo protege colocándose fuera de él. De este modo, la *machi* es "una especie de sacrificado" por la comunidad a la lucha entre las fuerzas del bien y del mal, gracias a su contacto con las fuerzas numinosas (Cazaneuve 1972).

En la "geometría del alma" mapuche hay una dialéctica de la posesión: con una dimensión positiva (*Fileu*) que da origen a la *machi,* y otra negativa (*wekufe*) que da origen al "enfermo". Sin embargo, en ambos casos, hay enfermedad. La primera, se supera con los ritos de consagración y de renovación; la segunda, por los ritos del machitún. Estos últimos se despliegan en el ámbito del exorcismo con vistas a la desposesión del *wekufe* del cuerpo del enfermo. Esto queda muy claro en las fases del ritual en las que se conmina al *wekufe* a que salga del cuerpo del enfermo. Las metáforas de las oraciones son de guerra:

"Dios Eterno y Soberano y Todopoderoso, dueño del poder de las armas y lanzas y de los instrumentos bélicos con que com-

batir a tu enemigo. Debes tomar tu lanza de oro y debes hacer uso de ella contra el pérfido enemigo, el empedernido enemigo que continuamente te busca el odio y continuo combate. Por esta razón, te pido, Señor, que tomes tu lanza de oro para correr al enemigo y lo expulses para siempre y en definitiva lances al diablo con su pestilencia" (Alonqueo 1979: 135).[39]

En el plano del simbolismo encontramos diferencias notables entre el rito del *nguillatún* y el *machitún.* Si en el primero prevalece una clasificatoria transparente, determinada por conceptos y categorías, en el segundo, en cambio, predomina un simbolismo compuesto por formas y seres fluidos y caóticos (Grebe) y a "lo sumo tocados de una vaga fabulación cuando se los imagina en figura de demonios" (Cazaneuve 1972: 188).

El discurso chamánico juega un papel central en la curación. Los mapuches distinguen cuatro categorías:

"1. El *llellipún* es una recitación ritual introductoria que se desarrolla de acuerdo a esquemas logogénicos en el ritmo de inflexión tonal de la palabra.

2. El *ngillatuiñma* es una recitación ritual dramática que cumple, a menudo, una función exorcista para ahuyentar a los *wekufes.* Suele representar un combate entre el chamán y el *wekufe.*

3. El *machi-ül* es el cántico ritual por excelencia, vehículo de comunicación del proceso terapéutico y del chamán con sus dioses, espí-

---

[39] La analogía con la guerra, con la lucha, está presente en los *weichafe* o "guerreros armados de lanzas y otras dos personas que los acompañan". Para Alonqueo toda *machi* debe usar a estos guerreros para expulsar el mal. Sus gritos y sonajeras "simbolizan fuerzas y alientos" para la *machi* (1979: 160). También, uno de los colores con que es pintado el *kultrún* de la machi, el rojo, "trae *aukán*" (guerra o pelea). Si bien es cierto que los "dioses" del canto de las machis –*meli tayiltufe*– son divinidades menores, no lo es menos que ellos "aparecen en el panteón mítico mapuche en el mismo nivel jerárquico de los dioses guerreros *(meli weichafe),* los dioses de la rogativa *(meli nguillatufe)* y de los cuatro puntos cardinales" (Grebe 1973: 32).

Rosa (1972) y Kuramochi (sf) han señalado ciertas analogías entre la "lucha" de la *machi* y las "luchas" de los mapuches contra el *huinca.* Para el segundo, las "guerras religiosas son más largas y enconadas, según lo muestra la historia. Y aquí está, en los *machis* que siguen siendo elegidos y que siguen actuando en bien de la gente, la actualización constante de este enfrentamiento cubierto por un impulso hacia la identidad enfrentada a otra nación".

ritus auxiliares y chamanes difuntos, con el *wekufe* y el paciente.

4. El *tayil* es un cántico al cual se le atribuye origen divino, transferido por los dioses a la *machi* durante el sueño iniciático. Es un medio de comunicación trascendente por tener el poder de bajar a los dioses y espíritus desde el *wenumapu* hasta la tierra; y asimismo, desencadenar el trance extático" (Grebe 1986: 49).

Uno de los instrumentos de la *machi*, el principal, ha sido objeto de numerosas investigaciones. Nos referimos al *kultrún* (el término más usado, que puede ser traducido como tambor) o *kawín-kurra* (fiesta de piedras, aludiendo con ello el choque de los objetos interiores del *kultrún*). Su simbolismo, para Grebe, estaría definido por una "síntesis dialéctica del universo" (véase 1.2), y que "resume los componentes cósmicos y terrestres, materiales e inmateriales" (1973: 27). Para Armando Marileo también el *kultrún* daría cuenta de su particular esquema de la divinidad y del cosmos: los cuatro componentes de la familia creadora –*Fücha Chau, Kuse Ñuke, Weche Wentru* y *Ülcha Domo*– se "encuentran graficadas en la superficie del *kultrún* y representados por un pequeño círculo y en su alrededor por cuatro semicírculos, es decir, por el sol y cuatro medias lunas. El sol y la luna al estar ubicados en el *wenumapu*, en lo sagrado, sitio del bien o *Küme newen*, se considera parte de la creación, elemento exclusivo para beneficio del hombre y que en cada uno de ellos está presente el padre del *wenumapu* a través del *Küme newen* y *Küme püllü*, por tal razón el *antü* (sol) es considerado padre o, mejor dicho, allí habitan los cuatro componentes de la familia, al igual que en el *küyen* (luna) (sf).

El *kultrún*, manejado por la *machi*, tiene poder curativo: "se asusta el *wekufe* con ellos. Se asusta dentro del enfermo. Se va corriendo el *wekufe* a otra parte. Con canto y *kultrún* se va el *kutrán* (enfermedad) y *wekufe*" (Grebe 1973: 31). También se le asignan "propiedades diagnósticas y profilácticas. En el *pewutún* (ritual de diagnóstico), se aplica el toque de *kultrún* sobre alguna prenda interior blanca del enfermo colocada al sol. Mediante este acto, se cree que el instrumento contribuye a captar e identificar la etiología y síntomas de la enfermedad, facilitándose así su diagnóstico. Se utiliza, asimismo, su toque para prevenir la llegada de la enfermedad a un hogar o a un posible enfermo, evitándose que el espíritu maligno tome posesión del enfermo" (Grebe op. cit.: 31).

2.6. NUEVAS EXPRESIONES RITUALES

En la literatura antropológica son escasas las referencias a la participación y celebración de los mapuches en ritos y festividades religiosas *huincas*. La excepción es la obra de Ximena Bunster, cuya investigación fue desarrollada en siete comunidades de Quepe, entre los años 1961-1965. La autora describe el calendario anual de ceremonias. Se incluyen no sólo los ritos de *nguillatún* sino también fiestas como Año Nuevo, San Juan (junio), Las Cármenes (julio), San Francisco (octubre), Todos los Santos (noviembre) y Pascua (diciembre) (1968, Cap. IV). En el área huilliche predominan los cultos "marianos": la Virgen de la Candelaria (febrero), de Lourdes (febrero), Día del Tránsito (agosto), de las Mercedes (septiembre), La Purísima (diciembre) (Foerster 1985a, Cap. IV). Entre los pehuenches del Alto Biobío: San Sebastián (20 de enero y 20 de marzo); Cruz de Mayo (3 de mayo); San Antonio (13 de julio); las Cármenes (16 de julio); San Juan; San Pedro; Transito; San Roque (16 de agosto); Santa Rosa; San Francisco; Día de los Muertos (1 de noviembre) y la Pascua.

Sólo entre los huilliches las celebraciones a los santos –los "patrones" de las iglesias– sobrepasan el ámbito de los núcleos familiares, congregando a numerosas comunidades el día de su devoción.

En torno a los cultos de San Sebastián y de la Candelaria es donde encontramos una mayor presencia o participación mapuche. Su "fama de milagreros" (para la salud de las personas) es compartida por amplios sectores y el pago a los "favores" se realiza bajo la modalidad de la manda.

El calendario religioso mapuche se ensambla con el de la religiosidad popular campesina compartiendo ambos su sentido ritual, comunitario y festivo. Son estas dimensiones las que posibilitan el "encuentro", pero también y en menor grado la participación de la Virgen y de los santos como mediadores equivalentes a los antepasados entre los mapuches. No obstante, en algunas zonas se han desarrollado cultos alternativos a los católicos como, por ejemplo, en el día de San Sebastián, las comunidades de los alrededores de Lumaco y Purén peregrinan a Piedra Santa (Foerster 1985b). Por otro lado, al ser ordenadas las fiestas en un ciclo, se conserva una de las facetas de la comprensión tradicional del tiempo indígena: el ciclo agrícola. En este punto es notable la síntesis entre San Juan (24 de junio) y el *wetripantu*, Año Nuevo mapuche.

De los sacramentos católicos, el bautismo es el más requerido (Foerster 1991). Su acción purificadora puede ser captada por la siguiente relación: los *perimontún*, según Gilberto Sánchez, se producirían por el contacto con un "espíritu malo", que perturba profundamente a la persona. "Antes pasaba eso –el *perimontún*– porque había personas que no tenían agua *(ngekelai ta che ta tukukolelu)*, entonces esa alma *(inamongen)* no subía a la Gloria, sino que quedaba en la tierra, en la oscuridad *(dumiññauki)*, penando para siempre" (1988: 301). La manera de exorcizar el *perimontún* es a través de la "señal de la cruz". Los *perimontún* habrían disminuido por efecto del ritual bautismal.[40]

Lamentablemente, carecemos aun de investigaciones detalladas sobre la "aculturación" religiosa en este plano, que nos permitan profundizar los "encuentros y desencuentros" entre la "fe" indígena y la popular.

3. LAS INSTITUCIONES RELIGIOSAS MAPUCHES

Rakiduwammaken tañi baci wvnen pu ce Peñmakefiñ ñi ge leliwvl nielu xipapeyvm antv.
Pienso en mis antepasados muertos
Veo sus ojos vueltos hacia el oriente.

ELICURA CHIHUAILAF

3.1. LA COMUNIDAD RITUAL

No existe rito sin una comunidad de fieles, como tampoco una comunidad religiosa sin su correspondiente ritual. En palabras de Mauss, "no hay ningún sistema coherente de creencias que no se haya ligado, necesariamente, a otro sistema también coherente de personas". En la sociedad mapuche los ritos –descritos en los apartados anteriores– son la única instancia capaz de convocar y estructurar a amplios agregados (familias, linajes, comunidades), ninguna otra institución goza de este privilegio. Es esta realidad la que permite afirmar la vigencia de las representaciones y de las prácticas religiosas mapuches.

3.1.1. *La comunidad ritual en los ritos del* nguillatún *y del* awn

La relación entre comunidad y religiosidad ha sido analizada por Faron a través del concep-

to de "congregacionalismo ritual". Esta es una institución comunal que se constituye con agregados sociales que están estructurados por relaciones parentales. Así *nguillatún* y *awn* descansan en obligaciones "sostenidas entre los grupos de linaje, relaciones que implican la participación regular de unidades en una congregación ritual de muchas reducciones. Esta reunión tiende a coincidir con la expresión regional del sistema de matrimonios matrilaterales, es decir, de los grupos de donadores y receptores de mujeres" (Faron 1969: 243).

Según Faron esta coincidencia entre los linajes relacionados por el operador matrilateral y la congregación ritual se produjo sólo después del establecimiento del sistema de reducciones. Efectivamente, este investigador ha insistido en que desde que se inmovilizaron en pequeñas reducciones, a finales del siglo XIX y principios del XX, los linajes aumentaron sus miembros, su estabilidad y su significación social. Se cristalizó entonces el principio de unidad corporativa de los linajes. Los resultados más significativos de estos cambios son dos: en primer lugar que el *nguillatún* será realizado por unidades mayores que las familias extendidas y, en segundo lugar, que la veneración de los antepasados deja de ser local para abarcar ancestros más generales (1964: 104).

El vínculo entre la estructura de la sociedad mapuche y los ritos públicos, según este autor, confirma la hipótesis de Durkheim de que ritos y creencias "revitalizan a la comunidad y contribuyen a la integración social" (1964: 107).

Faron realizó un análisis detallado de los agregados comprometidos en los ritos del *nguillatún* y el *awn* para verificar este argumento; y para la comprensión de la estructura de la comunidad ritual, elaboró un diagrama (modelo ideal) (Figura 5). En él están indicadas reducciones de A hasta H2. El achurado horizontal de A, B y C sirve para mostrar que ellas forman la unidad responsable de la conducción del *nguillatún*. Una de las tres reducciones actuará como responsable del rito; al año siguiente le tocará a la otra y así sucesivamente hasta completar el ciclo (A-B-C-A). La unidad básica de la congregación ritual está así constituida por tres reducciones. Ahora bien, esta agrupación tripartita no es cerrada, al contrario, reducciones vecinas (las D, las E y las F) enteradas de la realización de un *nguillatún* podrán participar: "hay poca o ninguna coincidencia de actividades ceremoniales, estando libre, por tanto, cada reducción para asistir a la celebración de otras. A través de

---

[40] Comunicación personal.

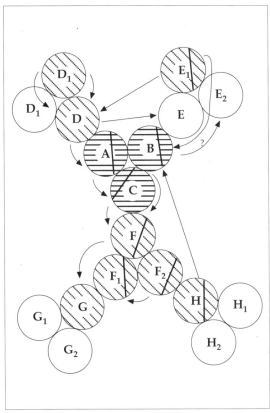

Figura 5. Representación esquemática de reducciones en una congregación ritual (Seg. Faron 1964, 110).

Figura 6. Despliegue de colores rituales en los tocados femeninos y la bandera en cancha ritual del *nguillatún*, Lumaco.

todo el territorio mapuche existen series de tales ciclos ceremoniales. Entre un grupo congregacional y otro ocurre coincidencia ceremonial, pero, a causa de la identificación congregacional, esto no es de importancia para la participación regular de alguna única congregación ritual" (1964: 112).

La relación entre A, B y C es de obligatoriedad, mientras que las del conjunto A-B-C con los conjuntos D, E y F es sólo deseable. La presencia de unidades G y H sólo sirve para mostrar que la frontera de la congregación ritual es de una fidelidad mixta. En palabras de Faron "las G y las H pueden elegir asistir a un *nguillatún* realizado en la reducción C... y si pertenecen a diferentes esferas rituales (no bosquejadas en el diagrama) su asistencia a una celebración, sea en el ciclo A-B-C o en el F-F1-F2 es puramente opcional. Ellas tenderían a asistir a un *nguillatún* realizado por las F más a menudo que aquéllas de la unidad A-B-C" (op. cit.: 113).

El sector mayor de los achurados de cada reducción representa al linaje determinante y, el menor, a los linajes subordinados. Las flechas de la figura indican los lazos matrimo-

niales pautados por el sistema matrilateral (casamiento preferencial con la hija del hermano de la madre, es decir, con la categoría de las *ñuke*). Ahora bien, esta situación tiende a cerrarse al interior de las congregaciones: "la mayor parte de los matrimonios contraídos una generación atrás y durante los últimos diez años caen dentro de la congregación ritual" (Faron 1964: 119). Uno de los factores explicativos para este nexo sería el sistema de moralidad religiosa.

La bisección de los achurados está hecha también para recordar que el linaje dominante lo es tanto por el mayor número de sus miembros, como por sus derechos territoriales. En el *nguillatún* esto se expresa en que el linaje dominante aporta "los principales funcionarios rituales" (el *nguillatufe*), los que tomarán las decisiones más importantes acerca de la realización como también se preocuparán de gran parte de los detalles de la organización y de hacer las mayores contribuciones de alimentos y animales para sacrificar (Faron 1964: 121).

El papel más destacado en el *nguillatún* lo desempeña el *nguillatufe,* a tal punto que Faron lo calificó de sacerdote ritual. Él dirige la ceremonia y, aunque no tiene poderes especiales propios, su figura "simboliza la conexión entre los vivos y los dioses-antepasados". Cada reducción tiene su propio "jefe-sacerdote". Su liderazgo ritual está garantizado por su saber y habilidad ritual, como también por tener en sus manos el poder político (es el heredero directo del fundador del linaje dominante de la reducción). Cuando se lleva a efecto un *nguillatún* que compromete a varias reducciones (en el diagrama A-B-C), el *nguillatufe* será aquel de la reducción anfitriona, los otros colaborarán con él y representarán a sus respectivos grupos "ante sus ancestros y dioses regionales" (Faron 1964: 124 y ss.)

La identidad de papeles entre el cacique y el *nguillatufe* tiene una gran importancia para la sociedad mapuche. Según Faron el cacique identificado como sacerdote tiene una poderosa influencia en el mantenimiento de la integridad comunal, en la continuidad y cohesión de la congregación ritual y en la estructura global de la moralidad mapuche; de allí que sostenga que la totalidad de las relaciones forjadas en la ceremonia del *nguillatún* sea, más que cualquier otra estructura de la sociedad mapuche, la que configura y distingue a los mapuches como una identidad cultural y social frente a la sociedad y cultura chilenas (op. cit.: 126-127).

La investigación de Faron fue hecha en la década de 1950. Hoy día algunas de sus conclusiones deben ser verificadas, por la sencilla razón de que se han producido transformaciones en la sociedad mapuche que han alterado en parte la comunidad ritual. Veremos en el punto 3.2. una de las más relevantes.

En la década de 1970 Thomas Melville y Milan Stuchlik entraron a cuestionar el principio estructurador de los linajes en la comunidad ritual. Para ellos las relaciones sociales mapuches quedan mejor definidas por estructuras egocéntricas (Stuchlik) o por el predominio de "relaciones diádicas" (Melville).[41] En 1980 Dillehay ha vuelto a las hipótesis de Faron al admitir que en el *nguillatún* "su administración, [es] llevada a cabo por tres linajes de anfitriones cada año con la responsabilidad de celebrar el suceso que se alternan de una unidad a otra" (1990: 96).

---

[41] Así se expresa Melville: "El *nguillatún*... se presenta no tanto como un rito de solidaridad congregacional, sino más bien como un rito cuya función es reconfirmar las relaciones diádicas de amistad personal, las que pueden o no estar basadas en nexos de parentesco con los miembros de otras congregaciones" (1976: 127).

3.1.2. *La comunidad ritual del* machitún

Se podrían distinguir dos niveles de comunidad que en la realidad se traslapan. El primero se refiere al hecho de que todo rito de *machitún* requiere de la participación de los parientes y vecinos del enfermo. Estos pueden desempeñar diferentes papeles: *weichafe*, *afafafe*, *langkan*, etc. Grebe no duda en calificar de comunidad ritual la integración que se produce entre la *machi*, el enfermo y sus parientes (1986: 48). La importancia de esta comunidad es capital para la eficacia terapéutica, ella se constituye como una opinión colectiva, que junto a la creencia de la machi en sus técnicas y del enfermo en el poder de ésta, "forman a cada instante una especie de campo de gravitación en cuyo seno se definen y sitúan las relaciones entre el brujo y aquéllos que él hechiza" (Lévi-Strauss 1972b: 152).

El segundo nivel, es que cada *machi* tiene por decirlo así su propia comunidad, donde goza de prestigio, de confianza, de seguridad. Sólo en el seno de esa comunidad su eficacia, y por tanto sus éxitos, son posibles; fuera de esa comunidad ella puede ser tipificada de *kalku machi*, por tanto temida y odiada por los males que se le atribuyen.

La relevancia de la *machi* para "su" grupo pasa, como lo ha señalado Lévi-Strauss, por la readaptación de la comunidad, por medio del enfermo, a problemas predefinidos. Esto se logra por la colaboración, "entre la tradición colectiva y la invención individual", en la elaboración y modificación de una estructura, es decir, de "un sistema de oposiciones y correlaciones que integra todos los elementos de una situación total donde hechicero, enfermo y público, representaciones y procedimientos, hallan cada uno su lugar" (1972b: 165).

3.2. NGUILLATUFE Y MACHI

En numerosas descripciones de *nguillatún* la *machi* reemplaza al *nguillatufe*. Este hecho ha llevado a numerosos autores a considerarla como indispensable e insustituible en la realización del *nguillatún*. Más aún, la han considerado como la figura más destacada de "toda" la religiosidad mapuche. Es el caso por ejemplo de Métraux: "el *machi* o chamán es la figura dominante de los indios araucanos" (173: 155). La misma opinión comparten Casamiquela y Grebe.

No obstante, el papel desempeñado por la machi en el *nguillatún* ha sido cuestionado desde comienzos de siglo. Latcham consideraba a

Figura 7. Machis con sus *kultrunes* en una ceremonia de rogativa en la zona de Lumaco.

Figura 8. Rogativa de *machis* tocando sus *kultrunes*. (Fotografía Hernán Ojeda.)

Figura 9. Awn: Carrera ritual de jinetes alrededor de la cancha de *nguillatún.*

las *machis* como simples espectadoras de este rito (1924: 677). Moesbach tenía el mismo juicio: "no ejerce funciones sacerdotales más que en un sentido muy restringido, el sacerdote es el *Ngenpin. El ngenpin* (literalmente dueño de la palabra, su portavoz) es el oficiante y sacerdote que dirige la ceremonia religiosa, independientemente de la *machi* o jefe local". En la descripción de *nguillatunes* de Augusta y de Robles Rodríguez, tampoco aparece la *machi* y lo mismo sucede con las observaciones más recientes, como las realizadas por Inés Hilger y Gundermann. Sin embargo, Titiev es de una opinión totalmente contraria, afirma categóricamente que las *machis* tienen un papel central en los *nguillatunes* (1951: 130).

Faron resolvió este problema de un modo relativamente simple: "...mi parecer es que cualquier prominencia que haya logrado la *machi* en la ceremonia del *nguillatún*, está en proporción a la pérdida del conocimiento ritual y a la declinación en el número de *nguillatufes* competentes a través de todo el territorio mapuche. Ellas han adquirido importancia en los ritos de fertilidad por una carencia. Ellas son introducidas en esta importante ceremonia para compensar los vacíos en el conocimiento ritual" (Faron 1964: 105). Ahora bien, cuando la *machi* ocupa el lugar del *nguillatufe*, el *nguillatún* cambia su sentido según Faron: "si se le pide a una *machi* que oficie y lleve a cabo lo más importante del procedimiento ritual, la ceremonia tomará un giro más chamanístico que sacerdotal" (Faron 1964: 105).

El reemplazo del *nguillatufe* por la *machi* es un signo de desintegración social. Al desaparecer las categorías sociales de cacique y *nguillatufe*, la comunidad se debilita y se fracciona en unidades menores (familias): "en ausencia de integración política y ritual (una implica la otra) la reducción no forma más una unidad verdaderamente corporada". Este proceso es, además, correlativo a la división de la tierra y a la transformación de la brujería en un rol eminentemente disfuncional.

En el momento que Faron hizo estas observaciones, este proceso era, por decirlo así, marginal. No obstante, el proceso de sustitución del *nguillatufe* por la *machi*, se hizo general en las décadas siguientes. Empero, según la investigación de Dillehay, esto no provocó el quiebre de la identidad ideológica mapuche, la que "se mantiene intacta y sirve como la cuerda principal que mantiene enlazadas las múltiples comunidades" (1985: 154). Esto es posible, porque se ha elaborado una "nueva tradición ritual" en la cual la *machi* ocupa una posición "axial... como mediador que legitima proyectos, acontecimientos y acciones de las comunidades mapuches de las autoridades políticas "reales", de los jefes o *lonkos*, ante el cuerpo de autoridad último –el *admapu* o ley consuetudinaria. Es sólo la *machi* quien controla el conocimiento esotérico de los sagrados códigos y normas de la sociedad mapuche y de cómo se legitima la autoridad de los jefes. A partir de esta posición la *machi* mantiene un rol muy influyente, aunque a menudo oculto, en los asuntos políticos de la sociedad entera. Este rol se ha acentuado particularmente desde los inicios del siglo XX, cuando el impacto del sistema de reducciones disminuyó el poder político de los *lonkos*" (op. cit.: 142).

Es cierto que la machi controla "el conocimiento esotérico de los sagrados códigos y normas de la sociedad mapuche". Pero cualquier antropólogo, con una cierta experiencia de terreno en las comunidades, sabe muy bien, que las *machis,* por un lado, sólo dominan una *parte* de ese conocimiento y, por otra, que son controladas por la comunidad, ya que pesa sobre ellas toda una ambigüedad, que es producto de su contacto y manipulación de lo numinoso, y por eso pueden ser vistas como *kalku.* Un ejemplo notable de control comunitario sobre las *machis* lo da Martín Alonqueo al referirse a los sucesos de 1960 (1985: 96-100).

Por otro lado, el análisis de Dillehay deja en pie uno de los problemas capitales de la religiosidad mapuche –que Faron fue el primero en explicitar sistemáticamente–, esto es, la propiciación en el *nguillatún* de los ancestros de la comunidad. Los antepasados son mediadores, Halcones del Sol, que caminan junto a los dioses y que velan por el destino de los vivos. De allí que se les propicie para que intercedan ante *Ngenechén* por los asuntos mundanos y cósmicos. En este esquema, la introducción de la machi es una "anomalía" (Faron 1963: 156) por dos razones: en primer lugar, porque la *machi* al provenir de una comunidad lejana desconoce a los ancestros que la comunidad propicia y, en segundo lugar, porque la comunidad corre el riesgo de que ella pueda utilizar sus peligrosas técnicas para manipular a los ancestros del grupo (Faron op. cit.: 156).

La "anomalía" dejaría de ser tal si la comunidad ritual obviara la mediación de los antepasados para circunscribirse sólo a *Ngenechén*. Hay varios antecedentes empíricos que evidencian esta transformación en la religiosidad mapuche. Uno de ellos es la comprensión y relación con el *admapu*. El respeto al *admapu*

como modelo arquetípico es vivido actualmente como un vínculo directo con *Ngenechén*. Un informe sobre la religiosidad mapuche para el área de Chol-Chol así lo confirma: "...las costumbres tradicionales son portadoras del recuerdo de Dios. Hay costumbres en distintos planos, pero las importantes son las costumbres religiosas, por lo tanto, el olvido de las costumbres religiosas carga el mayor peso de ofensa a Dios" (Teología y Vida 1977). Y, cuando los mediadores existen –como en la zona huilliche– son enviados por Dios desde el cielo, a diferencia, entonces, de los antepasados que son "enviados", por la comunidad ritual, desde la tierra a los cielos.

4.   RELIGIOSIDAD MAPUCHE Y EVANGELIZACIÓN

> Y a veces no hay nada, les digo. Nada.
> Los días sin asidero pasan.
> Mis hermanos me dicen:
> Oye el canto de las aguas.
> (Ven, inclinémonos a beber en sus orillas.)
> De la esperanza has de beber.
>
> ELICURA CHIHUAILAF

4.1. UN BALANCE NEGATIVO

¿Cuál ha sido el impacto del cristianismo en la vida religiosa de los mapuches en este siglo? La lectura de los capítulos anteriores, que resume gran parte de la investigación antropológica sobre el tema, deja entrever que la evangelización no habría afectado sustancialmente ni a las representaciones, ni a los ritos, ni a la comunidad ritual. Posiblemente la excepción sea el área huilliche. Allí se puede pensar que el cristianismo ha dejado su huella, sobre todo en una de las maneras de representar a *Ngenechén* como Creador, pero incluso este rasgo, para algunos antropólogos, podría ser prehispánico.

El balance que realizó Faron en la década del 1950 sobre la acción misionera en el área mapuche propiamente tal, es negativo: "...la diseminación de creencias y prácticas cristianas ha caído en terreno estéril" (1964: 200) Y añade a continuación que todos los etnólogos mapuches estarían de acuerdo con esta afirmación. Casi treinta años después dicha opinión parece mantenerse. Efectivamente, un estudio realizado por el Instituto Indígena de Temuco en el área de Chol-Chol, publicado en la revista de teología de la Universidad Católica (*Teología y Vida*, vol. XVIII, 1977, N°s 2 y 3) concluye, en una de sus partes, señalando que "generalmente no se tiene conocimiento de nuestro Señor Jesucristo. Algunos saben que es un señor que fue muerto y se fue al cielo. Cuando existe este conocimiento, no tiene mucho vigor, por considerarse un hecho de la historia pasada que no tiene incidencia en la vida actual. A veces hay conocimiento de la Virgen María, pero que a menudo viene asociada a Ñuke Dios, la madre de Dios, sin relación con su maternidad de Jesús". Belec, sacerdote y director por algunos años del Instituto Indígena, con una larga experiencia pastoral en las comunidades, llega a las mismas conclusiones, incluso señala que hay otras dimensiones del cristianismo que no han logrado prender entre los mapuches, como la "moral" (referida, por ejemplo, al robo) y el pecado (1984: 207).

4.2. LAS TRANSFORMACIONES

Sin embargo, en otro artículo Belec describe un fenómeno no captado por los antropólogos hasta esa fecha, y que a nuestro modo de ver es revelador de cambios profundos que se estarían dando en la religiosidad mapuche. El párrafo en cuestión es el siguiente:

> "...se ha producido o un rechazo profundo (del cristianismo) o una yuxtaposición bastante bastarda de elementos de ambas religiones, o un complejo de reniego de la cultura religiosa propia para tentar de adoptar, bastante mal por lo demás, una religión no siempre bien comprendida" (1977: 308).

Veamos cada una de estas alternativas a partir de nuestra experiencia e investigación en terreno. En primer lugar, lo que Belec ha llamado "de rechazo profundo". Nosotros no conocemos ninguna comunidad donde se haya producido este fenómeno. Los mapuches han aceptado no sólo a sacerdotes y pastores sino también a sus iglesias y participan en ellas, aunque no como lo desearían éstos. Ello nos lleva a la segunda alternativa, la de "yuxtaposición... bastarda". Hay que reconocer, a lo largo de todo el territorio mapuche, un sincretismo religioso, producto de una evangelización realizada tanto por la Iglesia Católica (y desde fines del siglo pasado por las iglesias protestantes), como por el contacto con la piedad popular campesina. Así, no es extraña la presencia de numerosos mapuches en las grandes peregrinaciones y fiestas religiosas campesinas, como las realizadas para San Sebastián, La Candelaria, etc. Así también, la presencia de toda una serie de símbolos cristianos en los ritos del *nguillatún* y *machitún*. No cabe duda que la conciencia religiosa mapuche ha captado en esos símbolos religiosos nuevos lo numinoso (el misterio), y los ha reinterpretado desde su tradición (lo que no es raro porque la cualidad de todo símbolo es justamente su capacidad polisémica, gracias a su relación indirecta e intuitiva con lo significado).

Veamos una experiencia que sintetiza ambas situaciones y que ejemplifica el sincretismo: "Un hombre mayor de la reducción de Cauñiku, casado con una "chilena" y padre de la familia, era conocido por su proverbial fe religiosa. Combinaba la práctica religiosa tradicional con los ritos y creencias cristianas. Es así como no perdía ocasión de asistir a misas, novenas, procesiones, cultos, enseñanzas doctrinarias, etc. En una oportunidad comentó su disconformidad con los sacerdotes y religiosas que en los últimos tiempos visitaban la zona. Estos llegaban con ideas extrañas, políticas según él. Relató luego un sueño tenido días antes, en el que se le indicaba que se alejara de las prácticas y creencias católicas y retomara con exclusividad los conceptos y ritos religiosos mapuche. A partir de ese año efectuó un pequeño rito propiciatorio junto a su familia en el patio de su casa. Además, se eximió de misas y adoctrinamiento. Pasados un par de años tuvo una experiencia capital: en momentos en que sacaba el *menkue* (ceramio para la preparación de la bebida ritual, *chavid*) de la casa, a la salida del sol, para hacer el rito, desde el sur apareció una enorme masa luminosa que lo enceguró e hizo perder el sentido de la orientación. Esto no fue visto por nadie más de la casa, pues era de madrugada. Transcurrido un rato, se lo encontró orando en dirección al poniente (dirección ritualmente negativa, asociada a la muerte). Pasados algunos días de este turbador suceso, la persona en cuestión falleció. La interpretación de este suceso hecha por las personas de la comunidad, fue que una entidad llamada *cheruvé* habría captado su alma, lo que le ocasionó su muerte física. Los que lo conocían a él, asocian este resultado con las ambigüedades y dudas religiosas del afectado, las cuales, en alguna medida, movilizaron la desgraciada intervención del *cheruve*" (Gundermann 1981: 23-24).

Ahora bien, que el resultado del sincretismo sea una yuxtaposición bastarda, nos parece un problema que atañe a los prejuicios iluministas del autor. Lo concreto es que hoy existe un sincretismo religioso que se produce a nivel del símbolo y del rito y no a nivel del logos o en la coherencia de las creencias (el logos no puede abarcar al símbolo y si lo hace lo transforma en signo).

En este punto no dejan de ser interesantes las equivalencias que los mapuches establecen entre sus creencias y prácticas religiosas con las del cristianismo. Demos algunos ejemplos:

Ngenechén	= Dios
Virgen María	= *Ngenechén Kushe*
Santos y el Papa	= antepasados
diluvio	= *Tren-Tren*
diablo	= *wekufe*
misa	= *nguillatún*
bautismo	= *lakutún*

Nos parece que estas equivalencias les han servido para demostrarse –a sí mismos y a los otros huincas– que las diferencias existentes entre la expresión religiosa *huinca* y mapuche son sólo "formales" y no de "contenido".

La tercera alternativa es la de un "complejo de reniego de la cultura religiosa propia, para tentar de adoptar, bastante mal por lo demás, una religión no siempre bien comprendida". Tenemos la impresión de que Belec se refiere al pentecostalismo mapuche, que "reniega" de la comunidad ritual y rechaza, simultáneamente, una serie de creencias tradicionales para fundar un nuevo culto. Este proceso no fue observado por los etnólogos anteriores a 1960 porque era un fenómeno relativamente reciente. El pentecostalismo mapuche tiene, sin embargo, una "continuidad" con la comunidad tradicional en el plano del rito, en la comprensión de la divinidad y en la legitimación del trabajo. Nosotros hemos insistido en que para comprender esa continuidad-ruptura, debemos superar los marcos teóricos esencialistas y nominalistas. Lo que está en curso, a nuestro modo de ver, es un nuevo proceso de adaptación religiosa y de acomodo comunitario, que es una respuesta no secularizada a la crisis comunitaria, producida por la división de las reducciones, la pauperización económica, el debilitamiento de las estructuras internas de poder, la precariedad de

las organizaciones locales y regionales y fundamentalmente –para seguir en la línea de Faron– el predominio de las *machis* sobre los *nguillatufes*. La investigación sobre esta nueva etapa está recién comenzando, de allí que sólo hayamos bosquejado al final de este ya largo artículo la tarea que nos queda por delante.

Por otro lado, percibimos que el "pentecostalismo mapuche" es un excelente test para evaluar la evangelización, en la medida de que sólo es posible si previamente ha existido un contacto y encuentro con la religiosidad popular (la que es impensable sin su encuentro y síntesis con la experiencia religiosa indígena), ya que se puede sostener que el pentecostalismo se desenvuelve, de un modo radical, en el campo de la fe popular. Por último, evidencia un hecho fundamental: entre los mapuches, como en la religiosidad popular, lo que convoca, en última instancia, son los ritos. Sólo en este plano, el mapuche funda y expresa su identidad y su diferencia con los *huincas* (la persistencia del *nguillatún*) y no en el plano de las creencias (las discrepancias en este nivel les tienen sin cuidado; no es el caso de los mapuches urbanos que militan en organizaciones indígenas que reivindican determinadas creencias ancestrales como ámbito de la identidad, posiblemente porque para ellos la religiosidad es algo más pensado que vivido).

Los análisis de Ricardo Salas sobre el universo religioso mapuche confirman que el cristianismo en la Araucanía "ya no es algo superpuesto, sino que es algo propio, que ha sido incorporado por un movimiento interno a la propia cultura..., que la innovación semántica presente en el simbolismo y en el lenguaje ritual permite asegurar que el universo religioso mapuche tiene una vitalidad que va más allá de la desestructuración social y cultural que se experimenta en algunas zonas de la Araucanía... logra reinterpretar simbólica y metafóricamente su experiencia religiosa existencial e histórica" (1991: 19).

Lo que sucede hoy en las comunidades mapuches puede ser tipificado entonces de sincretismo –"una conjugación de dinámicas socio-religiosas distintas y desiguales, en que sectores subordinados generan sus universos simbólicos" (Irarrázabal 1991: 4)–, el cual manifiesta una energía y un núcleo potencial para afianzar la identidad.

5. RELIGIOSIDAD MAPUCHE E IDENTIDAD

Era una flor inmensa / suspendida en su aroma
Era una rosa blanca / sostenida en su brillo
Era una voz lejana / ahogándose en el eco

SEBASTIÁN QUEUPUL

5.1. IDENTIDAD Y TRASCENDENCIA

En primer lugar, el mapuche piensa y vive su identidad religiosamente, de un modo trascendente, podríamos decir, en la medida que el *admapu* es concebido y representado como un don de *Chao Ngenechén*. El *admapu* es el conjunto de símbolos y de prácticas tradicionales (las que son reinterpretadas constantemente), como también las creencias que señalan que el mapuche y la tierra (mapu) fueron creados por el *Chao*. Con los ritos se recrea y se revive el *admapu* y así también la reciprocidad con *Ngenechén*, por los nuevos dones otorgados (la vida, la salud, la fertilidad, etc.). El mapuche, entonces, se concibe como una criatura precaria que requiere de lo sagrado, en la medida que sólo ahí está el fundamento de lo real.

En segundo lugar, la relación identidad-religiosidad se refiere a que las representaciones o símbolos sagrados "tienen la función de sintetizar el *ethos* de un pueblo –el tono, el carácter y la calidad de su vida, su estilo moral y estético– y su cosmovisión, el cuadro que ese pueblo se forja de cómo son las cosas en la realidad, sus ideas más abarcativas acerca del orden" (Geertz 1987: 89).

Por último, los símbolos sagrados se articulan no en logos sino en el rito. Con esto queremos decir que la identidad no es un proyecto o un horizonte de valores que impulse la actividad humana a la búsqueda de nuevas formas de concretar los valores, sino que ella se realiza de forma inmediata en el culto ritual (Morandé 1977: 176).

Ahora bien, con la "pacificación" –la incorporación subordinada de los mapuches a la sociedad chilena– se produjo la transformación de la sociedad mapuche, generándose con ello un nuevo tipo de precariedad (la falta de tierras, etc.) como también un nuevo referente "salvífico": el Estado (encarnado en una figura "trascendente": el Presidente de la República). A éste se le reviste con algunos de los atributos de la divinidad, en la medida que se le concibe como una fuente de dones (de tierra, de mediación en los conflictos intra e interétnicos, etc.). Correlativamente a este proceso surgieron, desde 1910 en adelante, una serie de organizaciones mapuches de presión que van a exigir al Estado que cumpla esa función (Foerster-Montecino 1988).

Sin embargo, el mapuche es muy claro en señalar que existen diferencias cualitativas entre ambos referentes salvíficos. *Chao Ngenechén* es el símbolo y la fuente –como ya dijimos– de la vida; el Estado, en cambio, es fuente sólo de determinadas donaciones. Más aun, y de forma contradictoria, en todo mapuche hay siempre latente, aun hoy, una conciencia y un deseo de que el huinca desaparezca ya que se le responsabiliza a él de todos sus actuales males. Y es esta conciencia la que alimenta toda una utopía "milenarista", volcada en la esperanza de que el pasado sin los *huincas* retorne (Foerster 1986, en esta recopilación). El pasado es entonces engrandecido, embellecido y mitificado, con ello se transforma en un referente posible para la renovación futura del mundo mapuche. Esta esperanza no ha sido abandonada, sobre todo cuando es verificada y realizada parcialmente en el acto mismo de la esperanza y en el gran rito del *nguillatún* (o en su transformación pentecostal) que recrea el antiguo y legendario orden (de allí que cada *nguillatún* esté marcado por la abundancia y la reciprocidad plena entre los hombres y entre ellos y *Chao Ngenechén*).

La relación de esta utopía con el rito del *nguillatún* se encuentra en el siguiente relato recogido por Augusta:

"Hubo un tiempo en que los mapuche no eran gente. Desde que hay *huincas* han aparecido todas las enfermedades, habíanse quedado pobre los mapuche, no tenían ya sus animales, ni su plata. Habían quedado solamente algunos mapuche pobres, fueron empleados en el trabajo, todos eran reducidos a mozo. Todos los días trabajaban, les daban no más que parca comida. Les ahuecaban un palo, en éste les daban la comida, (pero) poca no más. En el día comían una vez solamente. Iban a comer, y volvían a su trabajo. No se daba al pobre con qué cubrirse. Todos los días trabajaban; salían de su trabajo (y) lloraban recordando su pobreza. Un día cierto indígena fue empleado en la cortadura de árboles, su patrón se puso al lado de él: no cortó el árbol pronto, entonces fue pegado. Se puso triste, (pero) siempre ruega a Dios en su miseria. Entonces un día se llegó a él un extranjero anciano y pobre con vestido andrajoso que le habló de esta manera: '¿Por qué estás tan afligido?', le dijo, 'Porque me hacen padecer tanto en el trabajo; ni me dan comida siquiera', dijo al extranjero anciano. Entonces le dijo: 'Te daré una seña, una *pifilca* (flauta); te la mandaré mañana. (Con ésta) os buscaréis, cuantos hayan quedado en cada tierra, para encontraros. Acabaréis con estos *huincas*'. Al día siguiente, le fue traída la *pifilca*. Con esta *pifilca*, ahora se buscaron, se dieron recados una tierra con otra; hicieron bolas para jugar a la chueca, (también) hicieron cuchillos y lanzas de *luma*. Con esta *pifilca* pedían cuanto querían. Cierto día quiso ir a otra parte y dijo a su *pifilca*: quiero pasar este río. Luego para él hubo un puente hecho, puente de sólo tres culebras, en que pasó al otro lado. Habiendo pasado, dejaron noticia, en cuánto tiempo habían de acabar con los *huincas*. Primero jugaron a la *chueca* incesantemente. Cuando jugaban sus patrones les miraban. Les gustaba a éstos la manera de hacer su juego de chueca. Sólo ellos (jugaban), no admitieron en su juego extranjero alguno. Entretanto prosiguieron su asunto. Sólo después de estar todos bien informados fijaron el nombre del día (decisivo), estando reunidos en su cancha de *chueca*. Fijaron (un plazo de) ocho días; reunidos ellos, hicieron nudos para tener sabido el día en el cual habían de realizar su junta general. Cuando faltaba poco para la concentración se juntaron en el bosque. En seguida invadieron (las casas de) los *huincas*, no muy de noche, en horas que dormía toda la gente. Acabaron con los *huincas* de todas las tierras. Desde entonces quedaron en mejor situación. Después se juntaron e invocaron a Dios que les había favorecido para vivir otra vez como gente. Hicieron la *trutruca* (especie de corneta). En una pampa, pampa con bella vista, mediante su *pifilca* preguntaron cómo habían de rogar a Dios para ser más felices. La *pifilca* les contestó que habían de hacer una zaranda. Con tal fin plantaron cuatro estacas, para dejar allí, en una artesa, sangre de animal, la del animal finalizado en la junta. 'Con esto agradaréis' (a Dios), se les dijo. En el sacrificadero dejaron harina. El que había recibido la *pifilca*, hizo la rogativa. Ahora ellos hicieron rogativas a Dios. Fue quemado el animal, todo fue quemado, con el fin de hacerlo bien de esta manera (a satisfacción de Dios). Les aceptó su rogativa *Ngenechen* (Dominador de los hombres). En esta for-

ma se quedó para siempre la rogativa. Todos los indígenas han de hacer sus rogativas sirviéndose del corazón de animales. Entonces *Ngenechen*, creador de los hombres, escucha sus rogativas. Desde entonces volvieron a ser gente, a tener toda clase de animales y sembrados para vivir" (Augusta 1934: 16-19).

A través de este relato mítico, podemos observar cómo los mapuches administran el sacrificio. Seguimos en esta interpretación a Guirard (1983): 1º) la violencia que sobre la sociedad mapuche ejerce el *huinca* –la que es padecida como una realidad de pobreza, miseria, enfermedad– es desviada hacia una víctima externa: el *huinca*; 2º) eliminado éste, la violencia propia a toda sociedad permanece, la que será detenida, domesticada o regulada por el sacrificio de los animales ("una violencia sin riesgo de venganza"). Lo notable de estos procedimientos es que otras sociedades indígenas enfrentadas a la opresión del "blanco" sucumbieron por una crisis sacrificial, es decir, la violencia no pudo ser polarizada sobre los enemigos externos, volcándose entonces sobre ellos y destruyéndolos.[42]

Sin embargo, la relación con el *huinca* es más compleja, sobre todo en lo relacionado con el abandono del *admapu* y el "ahuincamiento" del mapuche. Nuevamente encontramos el mismo procedimiento: eliminación del *huinca*, pero ahora el internalizado en el mapuche (la víctima se traslada al interior). Un relato de los sucesos acaecidos en la costa de Nueva Imperial, en 1960, pone en evidencia esta necesidad y el modo de cómo se resuelve simbólicamente (sacrificio figurado de un *huinca*: niño de pelo rubio):

"...durante el gran fenómeno del terremoto y maremoto del año 1960, como abogado defensor de su gente (Manquean), no podía mantenerse en silencio ni ajeno a este acontecimiento tétrico, sino que consecuente con su misión, aparece a un *machi*... en una visión o en sueño para notificar a su gente por intermedio de ella. La *machi* sufre *wenwen*, es decir que la *machi* sufre de una posesión o encarnación de un sueño revelador que la pone fuera de sí. Durante este estado solicita

---

[42] El relato anticipa la dimensión sacrificial a través de la *pifilca*: ésta, en el pasado, era hecha con los huesos de una víctima sacrificada. Otro dato significativo es que el relato precisa que los mapuches en su pobreza, "no eran gente", no tenían animales, por tanto, nada que sacrificar.

entrevistarse con los principales de la comunidad. El *lonko* y los jefes del hogar acuden a verla para imponerse del estado de la *machi*. Impuestos de esta situación personalmente, en forma detallada, sobre la revelación que poseía la *machi*, inmediatamente con la *machi* acordaron hacer una citación general a la comunidad entera a una amplia reunión, donde ella misma expusiera... las revelaciones que ella ha recibido para que la misma comunidad tomara una resolución definitiva sobre la petición de Manquean. Tomados los acuerdos fijaron una fecha fija y determinada a corto plazo... Cumplida la fecha... concurrieron a la reunión. Aquí la *machi* se presentó ante el público y manifestó las revelaciones transmitidas y la petición hecha por Manquean, diciendo: 'que Manquean se me ha aparecido en sueños y no me suelta hasta que vosotros cumpláis la petición de él. Me dice que los hombres están muy malos y se han olvidado de su Dios y no hacen ya *nguillatún* en debida forma y han tomado la costumbre de los *huincas*; identificándose con ellos en sus malas costumbres, olvidándose de las costumbres mapuches de su Dios. Dios está muy enojado con ustedes por las maldades que cometen contra Él; vosotros sois muy ingratos y como consecuencia del olvido, ingratitudes y maldades, Dios les ha mandado este castigo para que se arrepientan de sus faltas y vuelvan arrepentidos a Él, desechando sus maldades y cumplan su sagrada voluntad para aplacar la ira. Para que el *nguillatún* sea agradable a Dios, Manquean me pide que saquéis un niño inocente del pelo rubio, en vez de un cordero, si no lo hacen así, el Budi (lago) y el mar se unirán para acabar con ustedes y borrarlos de esta zona'. Esta petición y anuncio cayeron como un balde de agua fría en el cuerpo de los presentes. Hallaron muy dura la petición, pero es más duro y tremendo el anuncio hecho que involucra una tremenda y dura amenaza" (1985: 99-100).

La diferencia de este relato con el anterior radica en que la víctima es ahora interna al propio grupo, y donde la sustitución es inversa: en el primer caso los *huincas* son sustituidos por animales, en el segundo los animales son sustituidos por un *huinca*. No obstante, en ambos casos la violencia logra ser regulada al encontrar un chivo expiatorio. Un relato recogido por Kuramochi nos entrega una nueva

versión de estos "hechos", se trata de Dios que da muerte a los *huincas* directa o indirectamente:

"Se dice que antiguamente existía un gran cacique que se llamaba Calfucura... Una vez vio en sueños un gran combate. Entonces dijo a sus guerreros: "Iremos a una tierra lejana a pelear". Marcharon así al atardecer, caminaban con pesar, iban con hambre y sed, con mucho calor por el pedregal. Calfucura les dijo que descansarían, que el calor era insoportable. Por esto, el gran jefe se arrodilló y pidió al Padre Dios que una nube les viniera a hacer sombra, al instante se formó una gran nube y ellos descansaron refugiándose en su sombra. Luego se marcharon para combatir en la guerra, allí tomaron a los españoles y acabaron con ellos. Sin embargo, no todos habían muerto; entonces Calfucura hizo que tronase y los que quedaron murieron por los efectos del trueno. Gritó a sus jóvenes guerreros que subieran a sus caballos trayendo todo consigo: bienes y animales. Fue así que el gran cacique Calfucura se enriqueció junto a su gente. Ya contaba con un poder absoluto y nadie podía vencerle".

Pero este dios que da muerte es un dios exigente a quien le da la vida (poder); su ley no puede ser violada y si lo es, da muerte a quien la viola:

"Dicen que el gran jefe Calfucura tuvo otro sueño. En éste, se le ordenaba dar muerte a dos novillos; los novillos eran dos españoles a quienes debía matar; mas éstos se arrodillaron y le suplicaron que no lo hiciera y como Calfucura tenía gran corazón se compadeció y no les quitó la vida. Al devolverse se sintió mal, le pesaba el no haber cumplido con el mandato. Entonces dijo: Voy a morir, porque he cometido un error" (1991: 98-99).

Ley y Dios se confunden en el pensamiento, en la tradición mapuche. No existe, por tanto, un más allá de la ley como espacio de vida, de libertad, de subjetividad.[43] El imperio

---

[43] Sólo la tradición judeo-cristiana conoce este más allá de la ley. El mito de Abraham es su primera expresión: lo que le pide el Ángel de Dios a Abraham es no sacrificar a su hijo, pide violar la ley de Dios (dicha ley es el sacrificio del primogénito). Lo que pide el Ángel es hacerse libre y ponerse encima de la ley. Abraham obede-

de la ley es un circuito de violencia sin fin, del cual no hay escape. Esta armadura mítica puede implicar una doble lectura: 1) sólo con la vuelta a la ley (*admapu*) el pueblo podrá renacer (el relato de Augusta sobre el origen del *nguillatún*); 2) su pérdida traerá la ruina y la muerte:

"En otros tiempos la gente era rica. Nuestro Padre del Cielo les concedió riqueza, hasta un filón de plata bajo el cerro poseían. De ahí sacaban para hacer sus joyas. Pero junto a la mina les había sido dada *Calfu Malen* [una niña que se volvió espíritu en un cerro, "nuestro Dios la cautivó"] a la que era necesario pedir su favor. Todos la recordaban constantemente y por ello tenían una buena vida. Ahora, los que somos mapuche, hemos olvidado hasta nuestra propia lengua. En consecuencia hemos perdido nuestra herencia, todo se ha ido, ya no queda suerte en la tierra. Sin embargo, aún existiría ese espíritu y su poder en el cerro. Nuestro error es habernos olvidado de lo que somos y de nuestras tradiciones y costumbres que nos daban bienestar. Por ello estamos en esta pobreza sin tierras que cultivar ni animales que criar, porque lo que tenemos es insuficiente" (Kuramochi 1991: 140-142).

Estos antecedentes que relacionan las representaciones (mito), el rito, la congregación ritual y la situación de precariedad, se podrían multiplicar. Lo que nos interesa es insistir en que lo expuesto atestigua que la religiosidad no sólo es constituyente del ahora, sino también armadura y código de la utopía/antiutopía mapuche.

Pensamos que esta utopía y su negación, es inseparable del pensamiento analógico, tiene vigencia en los mapuches que viven, o han sido socializados, en el seno de las comunidades campesinas. No obstante, su futuro es incierto por la creciente influencia de los procesos de aculturación (donde escuelas, medios de comunicación y migración articulados por el mercado, compiten en la constitución de nuevos sujetos). En los mapuches urbanos, de segunda o tercera generación, su identidad no está regulada obviamente por las categorías mítico-religiosas. Es posible entonces prever que nos enfrentaremos a cambios significativos en el modo de concebir la identidad mapuche (el punto será cómo ella se ligará con la identidad tradicional, con el ethos cultural mapuche).

5.2. LA LUCHA POR LA TIERRA Y SU UNIVERSO MÍTICO-RITUAL

Las movilizaciones de los mapuches por la tierra nos pueden servir para una mejor comprensión del "funcionamiento" del universo religioso mapuche (en su sincretismo), los límites y horizontes de la praxis. La pregunta que trataremos de responder es la siguiente: ¿por qué lo religioso se ha "mezclado" en las amplias movilizaciones que han realizado por defender, recuperar o ampliar sus tierras?

Un primer dato es que la tierra (el *mapu*) es comprendida como formando parte del cosmos; esto significa que su valor está regulado o determinado por el lugar que tiene dentro de ese cosmos, es decir, por sus relaciones con el *wenumapu* y con el *inchemapu* (véase la sección I del Capítulo 3). Sin el *mapu*, sin la tierra, el cosmos deja de tener sentido.

En segundo lugar, el *mapu* es el lugar de los vivos, de los hombres. Ellos son lo que son gracias al *admapu*. El *admapu* comprende, en su parte más esencial, la cuestión ritual. En el rito los hombres asumen lo que Eliade llama su "responsabilidad cósmica". El discurso mitológico es la armadura simbólica de dicha comprensión, es la que obliga a la actividad ritual a ejercerse para la mantención del cosmos. Ahora bien, para que todo esto suceda, los hombres no sólo necesitan establecer un espacio discontinuo (sagrado) en el *mapu*, sino que también están obligados a trabajar, hacer de la tierra un espacio "productivo", para obtener suficientes frutos para vivir, un vivir que es inseparable de la comunión (ritual) entre los hombres y la divinidad:

ce. Por tanto, no obedece a ninguna norma y ninguna ley, sino que al obedecer se hace libre una libertad que lo pone a él por encima de la ley. Al ser libre, Abraham es soberano frente a la ley. Él juzga sobre la ley, y el Ángel le pide reivindicar esta libertad. A Abraham la obediencia lo hace libre, porque lo que se le pide, es ser libre. Esta libertad la afirma al *no* matar a su hijo y al enfrentar a toda su sociedad, toda su cultura. Esta libertad es su fe... La inversión de la historia del sacrificio, en cambio, ubica la fe de Abraham en su disposición y su buena voluntad de matarlo" (Hinkelammert 1991: 17).
Para Girard, como también para Hinkelammert, la segunda expresión se encuentra en la muerte de Jesús. No obstante, al igual que para el mito de Abraham, su lectura será sacrificial.
Ambos autores nos proponen superar la ignorancia que supone la operación sacrificial: "Los fieles no conocen y no deben conocer el papel desempeñado por la violencia. En esta ignorancia, la teología del sacrificio es evidentemente primordial. Se supone que es el dios quien reclama las víctimas; sólo él, en principio, se deleita con la humareda de los holocaustos; sólo él exige la carne amontonada en sus altares" (Girard 1983: 15).

"De la tierra depende nuestra vida, qué haríamos sin tierra los mapuches, adónde iríamos, adónde haríamos nuestras rogativas sin tener terreno".

En tercer lugar, y consecuente con lo anterior, los mapuches piensan su tierra como un don de *Chao Ngenechén:*

"De Dios recibimos ese regalo, nuestro padre, y es Él el que nos dejó natural en nuestro *mapu*".

El don de la tierra tiene como contrapartida la obligación de todo mapuche de cuidarla, protegerla, quererla.

En cuarto lugar, la tierra es el sitio donde vivieron y descansan los antepasados:

"La tierra para el pueblo mapuche es una cosa muy sagrada porque en ella nacieron nuestros antepasados. En esta tierra ellos descansaron y descansan hasta el momento".

Pero también por ella los antepasados dieron la vida, murieron por defenderla. Y esto es una nueva forma de sacralizarla.

"Nuestra fe está en la tierra porque sin la tierra tampoco nosotros no hacemos nada como pueblo mapuche y por eso muchos de nosotros hemos dado la vida y seguiremos luchando con más fuerza".

Todas estas dimensiones se juntan (y se sobredeterminan) en el discurso (simbólico) y en la praxis de los mapuches. El tránsito a la identidad se hace así de forma inmediata:

"La madre tierra nos cobija como raza y como pueblo".

De estas simples observaciones se puede comprender por qué toda lucha por la tierra está signada por el rito, por las rogativas. Las "tomas de tierras" a lo largo de este siglo son inseparables de esos nexos con lo sagrado, con las divinidades, con los antepasados. Incluso las tomas de tierras bajo el gobierno de Allende fueron precedidas o seguidas de *nguillatunes.* Si esto es así, las movilizaciones mapuches sobrepasan con creces la consigna campesina de "la tierra para el que la trabaja".

Las historias familiares de las parentelas mapuches están marcadas por los signos de una violación a la "madre tierra", por parte de uno o más *huincas.* Es una herida que los mapuches desean curar, pero que sigue abierta y con ello en los campos de la Araucanía se oye un clamor sordo que en determinados momentos se transforma en violencia, desesperación o movilización. Pero también esa herida es simbolizada, en muchos casos, como una carencia que los *huincas* deben solucionar. Los mapuches piensan dicha realidad bajo el "concepto" de la reciprocidad: los *huincas* tienen una deuda, deben pagarla. Otros la interpretan bajo las categorías bíblicas que hacen emerger un sujeto histórico:

"La nación aborigen en la defensa de nuestra tierra, de nuestra identidad y de nuestra existencia, no tiene nada de diferencia con el pueblo judío. Éste en el destierro volvió a su creencia recuperando con ello la Tierra Santa. Así estamos nosotros actualmente, en el destierro, pero estamos trabajando para poder recuperar nuestros derechos aborígenes, nuestra existencia".

En resumen, a las dimensiones simbólicas tradicionales del *mapu* se le sobreponen o añaden, desde la subordinación de la sociedad mapuche a la sociedad chilena, nuevas dimensiones, generándose con ello un conflicto de interpretaciones que da pie a conductas variadas y a esperanzas diversas, no obstante, todas ellas apuntan a los modos de encarar un presente precario y hacer vivible el futuro.

ANEXO I

RELIGIOSIDAD Y SUEÑO *(PEUMA)*

En las sociedades "primitivas", la puerta está siempre abierta entre las dos mitades de la vida del hombre (nocturna y diurna): hay cambios incesantes entre el sueño y el mito, entre el imaginario individual y las constricciones sociales. En definitiva, que la cultura penetra lo psíquico y que lo psíquico se inscribe en lo cultural (Bastide 1967: 178).

La hipótesis que sugerimos es la siguiente: los sueños mapuches *(peuma)* tienen una relación clara y precisa con la esfera y con el modo de producción comunitarios de los discursos y prácticas religiosas, son parte de ellos en la medida en que el sueño es un lugar de recreación y de afirmación de las creencias y prácticas religiosas.

Explicitaremos tres situaciones para confirmar esta hipótesis:

1. A través de los sueños las divinidades se comunican con los humanos.

2. A través de los sueños la *machi* deviene en cuanto tal.

3. A través de los sueños, los espíritus ancestrales comunican la necesidad de ser propiciados.[44]

1. A través de los sueños las divinidades se comunican con los humanos: los mapuches afirman que el único lugar donde han visto a las divinidades es en los sueños (también en los *perimontún*, o visiones), sólo en esa realidad se los representan con toda claridad. Pero también los hombres pueden ir, en sueños, al *Wenumapu*. El caso de Martín Painemal H. es ilustrativo (Foerster, 1983), también el de Carmela Romero:

"Yo he soñado con ese viejo, con *Ngenechén*, he andado cerca de él. Él ha estado con una yunta de bueyes, igual que mapuche con su *chiripa*, pero no tiene nada de camisa, no viste nada como nosotros. Viste como los antiguos. Es grande, tremendo hombre, vive en el campo con su yunta de bueyes. Un día yo estaba muy enfermo 'ahora me voy a morir', me dije en mí. Soñé: fui al *Wenumapu*, me recibieron. Llegué allá en las cinco escaleras, pero pura rodilla llegué. La tercera parte, hay unos árboles, una palmera, me arrodillé allí, recé, comprendí la rezadura. Y seguí a otra escalera, seguí caminando, arriba, el *Wenumapu* era igual que aquí, plano. Hay pasto, hay cementerio. Tienen rejas, así tienen la gente allá. Habían muchos árboles moviéndose, están vivos todos, no tienen tranquilidad, todos moviéndose y dándote la bendición. Cuando uno tiene buen espíritu recibe ese sueño".

2. A través de los sueños, la *machi* deviene en cuanto tal: el estudio más acabado sobre el chamanismo entre los mapuches lo realizó Metraux. En el capítulo dedicado a la vocación y consagración de la *machi* señala:

"La mayor parte de los *machis* pretenden haber cedido a una llamada sobrenatural. Podemos preguntarnos si la elección divina no es la forma tradicional de consagrarse al chamanismo y la única que ofrece todas las garantías de éxito. Cualquiera que haya sido el motivo real de la vocación de una *machi*, ésta, por una interpretación sutil, era atribuida a la voluntad de un espíritu o a la de un Dios Supremo. Muchas *machis* dicen haber sido constreñidas por la divinidad y reclaman así su ayuda a la que estiman tener derecho. Frente a una curación difícil, recurren de buena gana a Dios o al espíritu que las ha escogido, recordándole que le deben asistencia. La elección sobrenatural toma frecuentemente la forma de un sueño. La elegida sueña que se encuentra cerca de una cascada. Se ve cubierta de ramas de copihue, árbol mágico. Oye un canto que retiene sin fatiga. Soñará también que un *machi* muerto hace tiempo le ordena ocupar su lugar, etc." (1973: 161-162).

Los sueños no sólo dan origen a la carrera chamánica, también gracias a ellos los iniciados reciben un nuevo nombre; posteriormente, le sirven para descubrir el porvenir o los sucesos acaecidos en otro lugar y fundamentalmente, por los *peumas*, sus espíritus protectores le dan luces de cuál es el mal y de cómo sanar a los enfermos.

El complejo de asistentes que rodean a la *machi*, esto es, el *dungumachife*, (traductor de los mensajes que entrega la *machi*), los ayudantes en la recolección de yerbas medicinales, las mujeres que la ayudan a entrar en trance por medio del toque de *kultrunes*, han llegado a serlo a través de sueños, en donde la divinidad o un espíritu les "avisa" el llamado a formar parte de esta constelación.

3. A través de los sueños los espíritus ancestrales se comunican con los seres humanos y con la comunidad para ser propiciados.

La propiciación de los espíritus ancestrales forma parte de uno de los núcleos de la esfera religiosa mapuche, sobre todo porque si no se les propicia, vuelven a la tierra, rondando las moradas de los parientes irresponsables, para así recordarles su obligación.

---

[44] En términos de la comunicación con lo "sobrenatural" el sueño es lo inverso del rito: en el primero, los emisores son los dioses y los receptores son los hombres; en el segundo, los emisores son los hombres y los receptores son las divinidades. Esta inversión simétrica es homóloga a una oposición entre una comunicación diurna (rito) y una comunicación nocturna *(peuma)*.

Además, estos espíritus, en el viaje, pueden ser capturados y transformados en *wekufes*. Para evitar esto, la propiciación se hace necesaria. Además debe ser vista, también, como una forma de reciprocidad a la ayuda que realizan los espíritus de los antepasados a los vivos.

Todo este sistema adquiere sentido, sólo a partir del sueño: por medio de él se sabe de los dioses, de los ancestros y de cuándo deben ser propiciados.

Saquemos una conclusión provisoria para terminar este anexo: si el sueño es sinónimo de inconsciente, habría que desprender que la religiosidad mapuche está anclada, por decirlo así, en él, y que este nivel de los sujetos es, posiblemente, el más difícil de todos de ser "aculturado" (Bastide, 1973). Esto explicaría, en alguna medida, la persistencia de las creencias religiosas mapuches y la incapacidad de la "guerra pacífica" (Augusta) dada por las iglesias en contra de ella en su afán "civilizador".

Obviamente, esta hipótesis se liga de modo directo con la autoproducción religiosa, al interior de un modo de producción comunitario de las prácticas y discursos religiosos.

ANEXO MÍTICO

TREN-TREN Y KAI-KAI
(versión resumida por Lévi-Strauss)

En tiempos muy antiguos un diluvio destruyó la humanidad. Según algunas versiones, fue un castigo por las costumbres disipadas. Todos lo imputan a una serpiente monstruosa, ama del océano, llamada *Kai-Kai*, según su voz. Huyendo del ascenso de las aguas y de la oscuridad que reinaba, los humanos cargados de víveres subieron a una montaña de cima triple, que pertenecía a otra serpiente, enemiga de la primera. Se llamaba *Ten-Ten*, también de acuerdo con su voz; acaso había llegado a adoptar el aspecto de un pobre viejo para advertir a los hombres del peligro que los amenazaba. Quienes no treparon suficientemente aprisa perecieron ahogados; se mudaron en peces de especies que, más tarde, fecundaron a las mujeres que acudían a pescar durante la marea baja. Así fueron concebidos los antepasados de los clanes que tienen nombres de peces.

A medida que los sobrevivientes subían por el flanco de la montaña, ésta se elevaba o, según otras versiones, flotaba en la superficie de las aguas. Largo tiempo *Kai-Kai* y *Ten-Ten* trataron de vencer. Por último ganó la montaña, mas no sin haber acercado tanto los humanos al sol que tuvieron que protegerse la cabeza con los platos en que habían acumulado sus provisiones. Pese a estas sombrillas improvisadas, muchos perecieron y varios quedaron calvos. Tal es el origen de la calvicie.

Cuando *Kai-Kai* se declaró vencida, no quedaban más que una o dos parejas sobrevivientes. Un sacrificio humano les permitió obtener el descenso de las aguas. Y repoblaron la tierra.

TRATRAPAI
(versión resumida por Lévi-Strauss)

Los sobrinos del viejo Tratrapai anhelaban casarse con sus primas *(ñuke)*. El viejo les impuso pruebas de las que salieron triunfantes, pero él acabó por matar a sus hijas antes que separarse de ellas. Para vengarse, los pretendientes aprisionaron al sol en una jarra, provocando una noche de cuatro años. El viejo Tratrapai murió de hambre, los pájaros amenazados ofrecieron a los héroes mujeres suplentes, a las que rechazaron una tras otra. Finalmente casaron con mujeres tuertas presentadas por el avestruz. Otra versión dice que partieron al país de los muertos en pos de sus prometidas, y, según una tercera variante, éstas resucitaron gracias a la sangre que manaba de la cabeza cortada de su padre.

MANKIAN-SUMPALL
(versión de Hugo Carrasco, 1981)

Dicen que lo agarraron... lo agarraron en aquel mar, me dijo, ya lo sabías, me dijo. No, lo escuché no más, le dije. Pero en verdad fue así: entonces entró en el mar, a mariscar. Entró ahí. Entonces dijo el niño (había agua, salía una vertiente del peñasco para lavarse la cara). Entonces dijo (allá) (porque) le gustó esa agua que producía como un tintineo, es agradable tu murmullo, malvada; si fueras mujer te quería, decía. Entonces entró en el mar. Entonces le dijo el Shumpall: ya me quieres. Entonces dicen que pisó una piedra que estaba afuera (del mar), una piedra pequeña. Cuando la pisó, fue tomado, dicen que agarraron al Mankian. Mankian se llamaba el niño. Entonces gritó: ¡Ay qué me pasó! se pegaron mis pies en esta piedra, no puedo levantarlos. Me ha pasado algo muy malo. Entonces gritó. Había gente (ahí), dicen. Entonces lo vinieron a ver. Cuando lo vinieron a ver lo tiraron, lo tomaron de los pies, lo levantaron, (pero) no se pudo. Dicen que estaba ahí la madre. Carajo le ha ocurrido algo muy malo a mi hijo, ¡qué voy a hacer!, ¿qué cosa me lo habrá agarrado? Entonces le hicieron una rogativa. Mientras hacían los preparativos, acordaron cómo desenterrar la piedra. Parecía que era una piedra chica. Vayan a buscar una barreta, vamos a romperla en pedazos, dijo la madre. Cuando los que iban a romperla la querían levantar, gritó el que tenía pegados los pies: no me hagan eso, son mis pies los que van a golpear, dicen que decía. Entonces golpearon la piedra, la rompieron, más gritó. Entonces sangró la piedra, ahí donde le plantaban la barreta, no sé qué hora sería entonces, dijo mi tío materno. Transcurrido un día, al otro día, se le convirtieron en piedras sus pies. No se le podía hacer nada, mejor hagámosle una rogativa, bailémosle. Cómo podrías salir, le dijeron al niño. Carajo háganme el favor de rogar por mí, me podrían soltar. En la madrugada otra vez hicieron lo mismo: le hicieron rogativa, se comió carne (por él). Estuvieron ocupados en eso, se comió sangre. Más se convertía en piedra. En una semana ya toda su piel estaba tapada por la piedra. Quizá en unas dos semanas se transformó completamente en piedra.

Déjenme así mejor, ya estoy así, ya estoy sujeto (y) no saldré nunca. No saldré nunca, pues ya estoy sujeto. Pero no me pasa nada (malo); déjenme así, no gasten más, rueguen por mí, bailen. Por eso, déjenme *mudai*, pónganlos en fila (los cántaros), dijo. Pónganlos en fila. Entonces se lo hicieron así. Ya estoy sujeto así, dijo. Déjenme así, dijo. Ya estoy sujeto así, dijo. Entonces la madre no pudo hacer nada. Entonces fue a rogar, dejó sus cantaritos. Entonces salió el mar dijo mi tío materno (y) tapó todos los cantaritos. Después que salió el mar (y) se volvió, no quedaba *mudai*. Pero los cantaritos estaban ahí, no les había pasado nada. Después, en los otros días, (ya) no fue visto. Pero la cara de la piedra era de una persona, igual a la de ese hombre.

MANKIAN
(versión de Martín Alonqueo)

"El cacique gobernador de la Mariquina, a mediados del siglo XVII, don Juan Manqueante, aliado de los españoles desde la incursión holandesa en 1643 hasta el levantamiento indígena de 1655 y calificado por la historia como el hombre más preponderante nacido bajo el cielo de la Mariquina, nos ha dejado una impresionante leyenda que puso fin a su historiada leyenda".

Antiguamente existía un sendero costero como vía de comunicación que unía el valle de Mariquina (Maricunga), con la zona de Toltén. Durante el trayecto había que pasar por un estrecho desfiladero conocido por el nombre de 'La punta de Nigue', donde existía un hermoso manantial al cual los comarcanos le atribuían poderes mágicos.

Manqueante (Cóndor del Sol), que según el insigne historiador colonial el P. Diego de Rosales fue de convicciones católicas, no dando crédito a que aquellas aguas tuvieran la fuerza de hacer el bien o el mal, se burla de sus coterráneos.

Fue así que viajando desde sus dominios de Mariquina hacia Toltén –fue su último viaje– acompañado de su hermano Tanamilla, hace un alto junto a la vertiente de Nigue para beber de sus frescas y límpidas aguas. Una vez llenos los cachos, Tanamilla insta a su hermano para que pida una gracia, pero Manqueante, mofándose, en vez de una gracia pide una terrible desgracia.

Sacando su ancho pecho y fijando su dominante mirada en el manantial, con voz de trueno, desafía a la fuente a que lo convierta en estatua de piedra, no había terminado tal fatal pedimento cuando se siente pegado de los pies a la roca donde estaba.

Aterrorizado en su impotencia por zafarse y ayudado por Tanamilla, Manqueante arrepentido clama misiricordia a Dios, al manantial, a todos los santos del cielo y también al "Nguenechén" el dios de su raza. Pero todo fue en vano, no hubo perdón, la sentencia estaba firmada; durante tres días se realizó su completa transformación de ser viviente a piedra inerte.

De todos los confines de la provincia acudieron a Nigue a testimoniar su adhesión y afecto al cacique encantado. Cuentan que su mujer favorita, al acariciar su rostro con la mano, lo vio derramar lágrimas de sangre, huyendo despavorida, por lo cual posteriormente nunca más nadie hizo ademán de tocar aquella enigmática dura roca.

Con el correr del tiempo y como secuela de los cataclismos, la estatua de Manqueante quedó ubicada en la resaca del mar; sector que afirman los pescadores de Mehuin y Queule es muy rico en peces y abundante en moluscos, pero en el que nadie se atreve a acercarse mucho a la piedra de figura humana por temor a que les suceda una desgracia.

Mucha gente se ha llevado Manqueante –se cuenta– de preferencia del sexo femenino, que atraídos por el embrujo de la escultura han desaparecido de la faz de la tierra; gente encantada que mora en un mundo sofisticado, de fantasía."

ORIGEN DEL NGUILLATÚN

Había dos hombres de este lugar (Toltén) que partieron un día a cruzar la parte ancha del río. La corriente los arrastró hasta el mar, volcaron y murieron ahogados. Hubo muchos dolientes, los parientes de estos hombres, que sintieron gran remordimiento con su intempestiva muerte. Estos hombres eran muy queridos, eran líderes –lonkos– de su pueblo. En Quilliche –entre Villarrica y Toltén– vivía una poderosa *kalku* (bruja) que envió un mensaje a los deudos. El mensaje decía que, bajo una condición, les prometía regresar a los dos hombres ilesos a sus familiares. La condición era ésta: los deudos debían ir a la casa de la *kalku* antes del cuarto día después de recibir el mensaje (cuatro y sus múltiplos son números sagrados para los mapuches). Debido a la gran distancia y la ausencia de caminos, los deudos fueron incapaces de llegar antes del octavo día. La *kalku* les dijo que habían tardado demasiado y que desde entonces los espíritus de los dos hombres ahogados serían malos espíritus a su servicio. Ella los había tomado del mar y colocado en el volcán Villarrica donde tenía su caverna *(renü)*. Dijo a los deudos que los espíritus permanecerían allí y que, en adelante, ellos causarían mucho daño a la gente. Crearían grandes inundaciones y períodos de sequía, lo que arruinaría las cosechas y causaría la muerte de muchos animales. Los deudos regresaron a la costa a esperar la predicción de la bruja. Un día, al cuarto después que llegaron a Toltén, dos aves sin nombre se les aparecieron a los dolientes. Estos pájaros movieron sus cabezas como saludo y dijeron a la gente que tomarían los nombres de *Tramaleufu* y *Winkaleufu*, y que lograrían romper el control de la bruja sobre ellos. Esto era bajo la condición de que la gente realizara después de aquello una ceremonia de *nguillatún*. La gente adoptó la palabra y ha realizado la ceremonia cada año desde hace largo tiempo atrás. Este es el modo en que se originó el *nguillatún* entre los mapuches.

HUENTEAO
(versión en Rolf Foerster, 1985a)

El Taita Huenteao vivía encantado en el mar en Pucatrihue. Los mapuches caminaron hacia allá. Entonces Canillo, dicen que voló, salió del mar y se puso ahí en el sol con ramo de laurel. Estaba ahí y él no iba a bajar hasta que se mueran todos ¿por qué habían hecho eso con él? La gente se fue toda al mar, rogándole a Canillo que bajara del sol para que pase el claro, venga la lluvia y se pueda volver a tener sementera. Todos en esa rogativa saltaban en el mar, pidiéndole a Huenteao. Huenteao también rogó y le dijo a Canillo que por qué no se bajaba del sol, que cese la sequía y que haya otra vez comidas, alimentos, porque la gente se estaba muriendo del hambre. Canillo dijo, "¡no!, yo no quiero, porque me hicieron ese mal tan grande, así es que yo no bajo, ni tonto me bajo del sol, así es que no, que se mueran, para qué hicieron eso conmigo".

No hallaban qué hacer, qué cosa poder hacer para que el Canillo bajara. Después sacaron el acuerdo y le dijeron: "Mira Taita Huenteao, Canillo es soltero y ¿por qué no le da una hija?, creemos que así puede bajar". "Buena idea, ya pues –dijo el Taita Huenteao– si él quiere casarse con mi hija, listo y así él puede bajar". Le ofrecieron en la misma rogativa la hija y Canillo se rió y dijo: "Bueno, si verdaderamente me da la hija Huenteao entonces ahí sí que yo bajo, porque eso me interesa" y bajó del sol, bajó Canillo con su laurel y después Taita Huenteao le dio la hija.

Y se celebró el casamiento en el mar en la misma rogativa con toda la gente, un tremendo casamiento. Huenteao le dijo a Canillo: "Tú te quedas aquí en mi casa, como sos yerno y nunca más salgas a hacer daño a ninguna gente, te esclavizas aquí". Desde entonces Canillo quedó aprisionado ahí en la casa y con la hija de Huenteao. De esa vez ya no pasaron más las sequías.

Y ahí nació y quedó la rogativa y también la idea del Taita Huenteao que cuando algo pasa, hay mucha lluvia, hay mucho calor, bueno hay que recurrir a Huenteao.

BIBLIOGRAFÍA[45]

AGUIRRE, Patricio
1980   "Recopilación y clasifica-
        ción de relatos orales ma-
        puches", Memoria de Te-
        sis para optar al título de
        Profesor de Estado en Cas-
        tellano, Universidad de
        Chile, Temuco.

ARAVENA, N.; BETANCOURT, S.;
CORTEZ, X.; FUENTES, J.;
HAUNSTEIN, M.; MONSALVES,
E.; MORA, P; PÉREZ, J.;
QUIÑONES, M.
1983   "El relato mítico mapuche
        en comunidades de la oc-
        tava y novena región", Se-
        minario conducente al títu-
        lo de Profesor Estado en
        Castellano, UFRO, Temuco.

ARROYO, Bernardo
y ZAMBRANO, Mireya
1978   "Misionismo y cultura ma-
        puche. Hacia una visión
        interna de contacto y cam-
        bio. Comunidad de Repo-
        cura, Chol-Chol, Chile",
        Tesis conducente al grado
        de Licenciatura en Antro-
        pología, Pontificia Univer-
        sidad Católica de Chile,
        Sede Temuco.

ALONQUEO, Martín
1979   Instituciones religiosas del
        pueblo mapuche, Ediciones
        Nueva Universidad, San-
        tiago.

1985   Mapuche, ayer-hoy, Editorial
        San Francisco, Padre Las
        Casas.

AUGUSTA, Félix José de
1916   Diccionario Araucano-Espa-
        ñol y Español-Araucano, Im-
        prenta Universitaria, San-
        tiago.

1934   Lecturas araucanas, Edito-
        rial San Francisco, Padre
        Las Casas.

BACIGALUPO, Ana M.
1988   "Definición, evolución e
        interrelaciones de tres con-
        ceptos mapuches (Pillán,
        Nguenechén y Wekufe)",
        Tesis para optar al grado
        de Licenciado en Historia,
        Universidad Católica, San-
        tiago.

BAEZA, Patricia
1989   "Identificación de algunos
        símbolos en un corpus de
        relatos de sueños y visio-
        nes en machis", Seminario
        conducente al título de
        Profesor de Estado en Cas-
        tellano, UFRO.

BAHAMONDE, A.; ESCOBAR, W.;
GAETE, L.; MUÑOZ, A.; PÉREZ, G.;
RUIZ, J.; VENEGAS, A.
1979   "Recopilación y análisis de
        algunos relatos orales ma-
        puches de la Región de la
        Araucanía", Seminario pa-
        ra optar al título de Profe-
        sor de Castellano, Univer-
        sidad de Chile, Temuco.

BARRIGA, A.; BRAVO, N.;
CAMPOS, M.; VALERIA, L.;
VÁSQUEZ, R.; VIVALLO, J.
1984   "Origen y naturaleza de
        los personajes míticos ma-
        puches", Seminario para
        optar al título de Profesor
        de Castellano, UFRO, Te-
        muco.

BASTIDE, Roger
1973   El prójimo y el extraño, Ed.
        Amorrortu, Buenos Aires.

BELEC, Francisco
1977   "El 'Misionero católico en
        Chile' y la religión mapu-
        che", en Historia y Misión,
        Serie: La fe de un Pueblo,
        Nº 6, pp. 307-312.

1984   "Catequesis para el pueblo
        mapuche", en Servicio,
        Nº 86, pp. 206-207.

1989a   "¿Puede un mapuche lle-
        gar a ser católico", en Nü-
        tram, año V, Nº 3, pp. 31-42.

1989b   "¿Es posible evangelizar al
        pueblo mapuche y al mis-
        mo tiempo respetar su re-
        ligión?", en Nütram, año V,
        Nº 4, pp. 10-24.

BENGOA, José
1985   Historia del pueblo mapuche,
        Sur, Santiago.

1986   "Sociedad criolla, sociedad
        indígena y mestizaje", en
        Proposiciones, Nº 12, pp.
        121-140.

1987   "Apuntes sobre la acción
        misional de la Iglesia en-
        tre los mapuches chile-
        nos", en Nütram, año III,
        Nº 1, pp. 3-18.

1988   "500 años después... En el
        debate de los 500 años del
        descubrimiento de Améri-
        ca", Nütram, año IV, Nº 1,
        pp. 8-18.

BENGOA, J.; DE RAMÓN, A.;
BECKER, C.; SALINAS, M.
1986   "La Iglesia Católica, el pro-
        ceso colonial y la evange-
        lización de los indígenas
        en Chile", Área Pastoral
        Social de la Conferencia
        Episcopal de Chile, Santia-
        go.

BIBAR, Gerónimo de
1961   Crónica y relación copiosa y
        verdadera de los reynos de
        Chile, Edición facsimilar y
        a plana del Fondo Históri-
        co y Bibliográfico José To-
        ribio Medina, Santiago.

BÖNING, Ewald
1974   Der Pillanbegriff der Mapu-
        che, Studia Instituti Missio-
        logici Societatis Verbi Di-
        vini, Steyler Verlag: San
        Agustín.

BUNSTER, Ximena
1968   "Adaptation in Mapuche
        Life Natural and Direc-
        ted", Columbia University.

BUSTOS, Ester; CONTRERAS,
Marcos, ET ALTER
1988   "La creación del mundo en
        relatos mapuches precordi-
        lleranos de Calafquén",
        Memoria para optar al tí-
        tulo de Profesor de Estado
        en Castellano, Universidad
        de la Frontera, Temuco.

CAILLOIS, Roger
1984   El hombre y lo sagrado, FCE,
        México.

CAÑAS PINOCHET, Alejandro
1911   "Estudios de la lengua
        Veliche", en Ciencias Natu-
        rales, Antropológicas y Et-
        nológicas, vol. XI de los
        Trabajos del IV Congreso

---

[45] En esta bibliografía la literatura sobre la religiosidad mapuche para el siglo XX es más o menos exhaustiva, no así para los siglo XVI, XVII, XVIII y XIX.

Científico (1908-1909), Imprenta Barcelona, Santiago.

CÁRDENAS, Antonio
1975   *Ngenechén, dios de Arauco,* Editorial Brecha, Rancagua.

CARRASCO, Hugo
1981   "El mito de Sumpall en relatos orales mapuches", Tesis de Magister, Universidad Austral de Chile.

1982   "Sumpall: un relato mítico mapuche", en *Revista Frontera,* Nº 1, pp. 113-125.

1984   "El ser mítico Sumpall en la cultura mapuche", en *Revista Frontera,* Nº 3, pp. 129-139.

1986   "Trentren y Kaikai: segundo nacimiento en la cultura mapuche", en *Estudios Filológicos,* vol. 21, pp. 23-24.

1988   "Observaciones sobre el mito de Mankian", en *Actas de Lengua y Literatura Mapuche,* Nº 3, pp. 115-128.

1990   "La lógica del mito mapuche", en *Estudios Filológicos,* vol. 25, pp. 101-110.

CARRASCO, Iván
1987   "Dos epeu de trabajo y matrimonio", en *Actas de Lengua y Literatura Mapuche,* Nº 1, pp. 77-89.

1988   "Literatura mapuche", en *América Indígena,* vol. XLVII, Nº 4, pp. 695-730.

CASAMIQUELA, Rodolfo
1964   *Estudio del nguillatún y la religión araucana,* Universidad del Sur, Bahía Blanca.

CAZANEUVE, Jean
1972   *Sociología del rito,* Amorrortu, Buenos Aires.

CERDA, Patricio
1990   "Equivalencias y antagonismos en la cosmovisión mapuche y castellana", en *Nütram,* año VI, Nº 2, pp. 11-35.

CONTRERAS, Constantino
1991   "El mito del Rey-Inca en los huilliches", en *Nütram,* año VII, Nº 1, pp. 14-32.

CONTRERAS, José Francisco
1987   "Evangelización de mapuches", en *Servicio,* Nº 120, pp. 15-16.

CONTRERAS, Sergio
1987   "Evangelizar la cultura mapuche", en *Servicio,* Nº 113, pp. 12-16.

CONTRERAS, Verónica
y POBLETE, Teresa
1988   "El viaje mítico: un caso de semiosis marcada en los epeu míticos mapuches", en *Actas de Lengua y Literatura Mapuche,* Nº 3, pp. 1-8.

COÑA, Pascual
1973   *Memorias de un cacique mapuche,* Icira, Santiago.

CORREA, Luis; DONARI, Lídice y RIVERA, Lilian
1986   "El relato del viejo Latrapai: un análisis estructural", Memoria para optar al título de Profesor de Estado en Castellano, Universidad de la Frontera, Temuco.

CURAQUEO, Domingo
1975   "Algunas formas culturales del pueblo mapuche", en *Antropología,* Nueva Epoca, Nº 2, pp. 41-52.

1989-1990 "Creencias religiosas mapuches. Revisión crítica de interpretaciones vigentes", en *Revista Chilena de Antropología,* Nº 8, pp. 27-33.

DÍAZ, Raúl
1986a   "Rehue: un espacio sagrado", en *Revista de la Fundación del Magisterio de la Araucanía,* Nº 3, pp. 6-9.

1986b   "¿Cruz-Kruo?", en *Revista de la Fundación del Magisterio de la Araucanía,* Nº 2, pp. 7-8.

DILLEHAY, Tom
1985   "La influencia política de los chamanes mapuches", en *CUHSO,* vol. 2, Nº 2, pp. 141-157.

1986   "Cuel: observaciones y comentarios sobre los túmulos en la cultura mapuche", en *Revista Chungará,* Nos 16-17, pp. 181-193.

1990   *Araucanía: presente y pasado,* Editorial Andrés Bello, Santiago.

DOUGNAC, Antonio
1981   "El delito de hechicería en Chile Indiano", en *Revista Chilena de Historia del Derecho,* Nº 8, pp. 93-107.

DOWLING, Jorge
1973   *Religión, chamanismo y mitología mapuches,* Editorial Universitaria, Santiago.

DURÁN, Teresa
1986   "Identidad mapuche", en *América Indígena,* vol. XLVI, Nº 4, pp. 691-722.

1987   "Rasgos culturales del pueblo mapuche-huilliche", en *Pastoral Indígena,* pp. 35-50.

DURAN, Teresa y CATRIQUIR, Desiderio
1990   "El nombre personal en la sociedad y cultura mapuches. Implicancias étnicas y educacionales", en *Boletín Informativo Kimel Dungu,* Nº 2, pp. 41-57.

ELIADE, Mircea
1979   *Historia de las creencias y de las ideas religiosas,* Ediciones Cristiandad, Madrid, (2 T.).

ESCOBAR, M.; PAINEQUEO, J.; PEDREROS, N.
1981   "Concepto del folclore literario mapuche", Seminario para optar al título de Profesor de Estado en Castellano, UFRO, Temuco.

FARON, Louis
1956   "Araucanian Patri-Organization and the Omaha System", en *American Anthropologist,* vol. LVIII, Nº 3, pp. 435-456.

1961   "On ancestor propitiation among the Mapuche of Central Chile" en *American Anthropologist,* vol. 63, Nº 4, pp. 824-830.

1964   *Hawks of the Sun,* University of Pittsburgh Press, Pittsburgh.

1969   *Los mapuches, su estructura social,* Instituto Indigenista Interamericano, México.

1988   "La montaña mágica y otros mitos de origen de los mapuches de Chile central", en *Nütram,* año IV, Nº 2, pp. 9-14.

FERNÁNDEZ, Ana
1982   "Rogativas mapuches", en *Amerindia,* Nº 7, pp. 109-144.

FOERSTER, R.; GONZÁLEZ, H.; GUNDERMANN, H.
1978-1979 "Kai-Kai y Tren-Tren. Análisis estructural de un grupo de mitos mapu-

ches", en *Acta Literaria*, N°s 3-4, pp. 27-40.

FOERSTER, Rolf
1980   "Estructura y funciones del parentesco mapuche: su pasado y presente", Tesis de Licenciatura, Escuela de Antropología, Universidad de Chile.

1983   *Vida de un dirigente mapuche*. Martín Painemal H., GIA, Santiago.

1985a   *Vida religiosa de los huilliches de San Juan de la Costa*, Ediciones Rehue, Santiago.

1985b   "Piedra Santa: el Yumbel mapuche", en *Pastoral Popular*, vol. XXXVI. N° 4, pp. 25-27.

1988   "Milenarismo, profetismo y mesianismo en la sociedad mapuche", en *América Indígena*, vol. XLVIII, N° 4, pp. 773-789.

1989   "Identidad y pentecostalismo indígena en Chile" en *Revista Creces*, vol. 10, N° 6, pp. 12-18.

1991a   "Las misiones de los jesuitas en la Araucanía: 1608-1767", en *Revista Mensaje*, N° 397, pp. 64-70.

1991b   "Temor y temblor frente al indio-roto", en *Revista de Crítica Cultural*, año 2, N° 3, pp. 39-44.

FOERSTER, Rolf y MONTECINO, Sonia
1988   *Organizaciones, líderes y contiendas mapuches: 1900-1970*, Ediciones CEM.

FRITZ, Rubén y CONTRERAS, Marcos
1988   "El origen del mundo y del hombre en relatos orales de la cultura mapuche", en *Actas de Lengua y Literatura Mapuche*, N° 3, pp. 103-114.

GEERTZ, Clifford
1957   "Ethos, World View and Analysis of Sacred Symbols", en *Antioch Review*, vol. 17, N° 4. (Usamos una versión en español realizada por la Universidad Católica del Perú.)

1987   *La interpretación de las culturas*, Gedisa, Barcelona.

GIRARD, René
1982   *El misterio de nuestro mundo*, Ediciones Sígueme, Salamanca.

1983   *La violencia de lo sagrado*, Editorial Anagrama, Barcelona.

GONZÁLEZ, M.; MARTÍNEZ, M.; SAN MARTÍN, X.; TORRES, M.
1984   "Relaciones, intervenciones y consecuencias entre seres míticos y naturales", Seminario para optar al título de Profesor de Estado en Castellano, UFRO.

GORDON, Américo
1986   "El mito del diluvio tejido en la faja de la mujer mapuche" en *Actas de Lengua y Literatura Mapuche*, N° 2, pp. 215-223.

GREBE, M.E.; FERNÁNDEZ, J.; FIEDLER, C.
1971   "Mitos, creencias y concepto de enfermedad en la cultura mapuche", en *Acta de Psiquiatría de América Latina*, T. XVII, N° 3, pp. 180-193. (Nosotros usamos una versión mecanografiada que está en el Museo de Temuco.)

GREBE, M.; PACHECO, S.; SEGURA, J.
1972   "Cosmovisión mapuche", en *Cuadernos de la Realidad Nacional*, N° 14, pp. 46-73.

GREBE, María Ester
1973   "El kultrún mapuche: un microcosmo simbólico", en *Revista Musical Chilena*, año XXVII, N°s 123-124, (usamos como versión un apartado, pp. 3-42).

1974   "Presencia del dualismo en la cultura y música mapuche", en *Revista Musical Chilena*, T. XXVIII, N° 123-124, pp. 4-42.

1986   "El discurso chamánico mapuche: consideraciones antropológicas preliminares", en *Actas de Lengua y Literatura Mapuche*, N° 2, pp. 47-66.

1987   "La concepción del tiempo en la cultura mapuche", en *Revista Chilena de Antropología*, N° 6, pp. 59-74.

1988   "Mito y música en la cultura mapuche: el tayil, nexo simbólico entre dos mundos", en *Actas de Lengua y Literatura Mapuche*, N° 3, pp. 229-241.

s.f.   "Etnociencia, creencias y simbolismo en la herbolaria chamánica mapuche" (ms. de 9 páginas).

GUARDA, Margarita
1984   "Descripción de contenidos significantes en las ceremonias sagradas mapuches en su contexto actual", Memoria, Universidad Católica, Temuco.

GUEVARA, Tomás
1908   *Psicología del pueblo araucano*, Imprenta Cervantes, Santiago.

1925   *Historia de Chile: Chile prehispánico*, Santiago.

GUMUCIO, Juan Carlos
1988   "Anumka pu pullu, plantas espirituales mapuche", en *Actas de Literatura Mapuche*, N° 3, pp. 277-287.

1989   "Los vegetales como el reflejo del saber de un pueblo: el modelo mapuches", en *Nütram*, año V, N° 4, pp. 25-36.

1991   "Convergencias de las utopías, el patrimonio religioso mapuche en la búsqueda de una sociedad multicultural", en *Nütram*, año VII, N° 25, pp. 13-19.

GUNDERMANN, Hans
1981   "Análisis estructural de los ritos mapuches nguillatún y pentevún", Tesis de Licenciatura, Escuela de Antropología, Universidad de Chile.

1985a   "Interpretación estructural de una danza ritual mapuche", en *Revista Chungará*, N° 14, pp. 115-130.

1985b   "El sacrificio en el ritual mapuche: un intento analítico", en *Revista Chungará*, N° 15, pp. 169-195.

GUSINDE, Martín
1920   "Otro mito del diluvio que cuentan los araucanos", en *Publicaciones del Museo de Etnología y Antropología de Chile*, T. II, N° 2, pp. 183-200.

GUTIÉRREZ, Jorge Tibor
1984   "Machitún: ceremonia terapéutica mapuche, Tesis de Licenciatura, Escuela de Antropología, Universidad de Chile, Santiago.

236

1987 "El 'machitún': rito mapuche de acción terapéutica ancestral", en *Actas del Primer Congreso Chileno de Antropología,* Santiago, pp. 99-125.

HARCHA, Layla
1978 "Definición empírica de historia en una comunidad rural mapuche: el caso de Rukapangue", tesis para optar al grado académico de Licenciatura en Antropología, U.C. de Temuco.

HENRÍQUEZ, Rodrigo
1977 "El concepto de Dios en los mapuches", Memoria, Universidad Católica, Temuco.

HERNÁNDEZ, Antonio
1907 *Confesionario por preguntas y pláticas doctrinales en castellano y araucano (según el manuscrito inédito del misionero franciscano A. Hernández Calzada, 1843),* publicado por Rodolfo Schuller, F. Becerra M. Editor, Santiago.

HERREROS, Osvaldo
1985 "Antecedentes de la misión rural en el pueblo mapuche, en HERREROS, Osvaldo (ed) *Mapuches e Iglesia,* Concepción, 1985.

1985 *Mapuches e Iglesia,* Concepción, 1985.

HEUSCH, Luc de
1973 *Estructura y praxis. Ensayos de antropología teórica,* Siglo XXI, México.

HILGER, Sor Inez
1957 *Araucanian child life and its cultural background,* Smithsonian Institution, Washington.

HINKELAMMERT, Franz
1991 *La fe de Abraham y el Edipo occidental,* DEI, San José, Costa Rica.

HOBSBAWM, Eric
1983 *Rebeldes primitivos,* Editorial Ariel, Barcelona.

HOUSSE, Emile
1940 *Una epopeya india,* Zig-Zag, Santiago.

IRARRÁZABAL, Diego
1988 "El pueblo mapuche en la evangelización", en *Nütram,* año IV, Nº 1, pp. 19-27.

1990 "Utopía autóctona, progreso moderno, reinado de Dios", en *Tópicos,* Nº 1, págs. 183-208.

1991 "Sincretismo indígena, negro, mestizaje en la religión mariana", Chucuito, (ms. de 23 págs.).

ISLA, Héctor
1985 "Los sueños de iniciación de machi, una perspectiva a la expresión artística pictórica", Memoria para optar al título de Profesor en Artes Plásticas, Universidad Católica, Temuco.

JOSEPH, Claude
1930 "Las ceremonias araucanas", en *Boletín del Museo Nacional,* T. XXXIV.

KELLER, Carlos
1955 "La idea de Dios de los araucanos", en *Fines Terrae,* año 2, Nº 7, pp. 3-15.

KOESSLER-ILG, Bertha
1954 *Cuentan los araucanos,* Espasa-Calpe, Buenos Aires.

1962 *Tradiciones araucanas,* Universidad Nacional de la Plata, Buenos Aires (T. I).

KURAMOCHI, Yosuke y NASS, Juan Luis
1988 "Kamarikún. Valoración de la tradición y de la casualidad", en *Actas de Lengua y Literatura Mapuche,* Nº 3, pp. 26-56.

1991 *Mitología mapuche,* Colección 500 años, Nº 40, Abya-Yala, Quito.

KURAMOCHI, Yosuke
1984 "Los donantes en El viejo Latrapai", en *Actas de Lengua y Literatura Mapuche,* pp. 89-102.

1986 "Kallfü Malen", en *Actas de Lengua y Literatura Mapuche,* Nº 2, pp. 91-106.

1990 "Aproximación a la temática del mal a través de algunos relatos mapuches", en *Nütram,* año VI, Nº 4, pp. 39-50.

s.f. "Contribuciones etnográficas al estudio del machitún" (ponencia presentada a las Cuartas Jornadas de Lengua y Literatura Mapuche, 1990) (ms.)

LARRAÍN, Sara
1988 "El mito de huitranalhue en la narrativa mapuche", en *Aisthesis,* Nº 7, pp. 75-100.

LATERNARI, Vittorio
1965 *Movimientos religiosos de libertad y salvación de los pueblos oprimidos,* Editorial Seix Barral, Barcelona.

LATCHAM, Ricardo
1924 "La organización social y las creencias religiosas de los antiguos araucanos", en *Publicaciones del Museo de Etnología y Antropología de Chile,* T. III, Nᵒˢ 2, 3, y 4, pp. 245-868.

LEIVA, ARTURO
1991 "El chamanismo y la medicina entre los araucanos", en Leiva, A. *et al. Los espíritus aliados,* Colección 500 años, Nº 31, Ediciones Abya-Yala, Quito.

LENZ, Rodolfo
1895 *Estudios Araucanos,* Imprenta Cervantes, Santiago.

1912 *Tradiciones e ideas de los araucanos acerca de los terremotos,* Imprenta Cervantes, Santiago.

LEVI-STRAUSS, Claude
1969 *Las estructuras elementales de parentesco,* Editorial Paidos, Buenos Aires.

1970 *El origen de las maneras de mesa,* Siglo XXI, México.

1972a *El pensamiento salvaje,* FCE, México.

1972b *Antropología estructural,* Eudeba, Buenos Aires.

LIEMPI, Gloria
1987 "Gracias a Dios por ser mapuche", en *Nütram,* año III, Nº 1, pp. 19-22.

1989 "Nguillatún en la gran ciudad", en *Nütram,* año V, Nº 2, pp. 52-56.

LIEMPI, Sergio
1987 "Mapudungun y nguillatún como expresión de la condición humana universal", en *Actas de Lengua y Literatura Mapuche,* pp. 265-278.

LINCOPI, Juan
1986 "Cosmovisión mapuche aspectos religioso-creenciales", en *El Cristiano,* año XCII, junio-agosto.

LLAMIN, Segundo
1984   "Tres textos bilingües: mapudungun-castellano", en *Actas Jornadas de Lengua y Literatura Mapuche*, pp. 201-205.

1985   *Tüfa chillkatun mapudungun meu*, Imprenta y Editorial Küme Dungu, Temuco.

1987a   *Federico ñi nutram II, Federico feypi kiñeke wimtum*, Imprenta y Editorial Küme Dungu, Temuco.

1987b   *Federico ñi nütram III, Federico feypi kiñeke küdaw*, Imprenta y Editorial Küme Dungu, Temuco.

1987c   *Federico ñi nütram II, Imprenta y Editorial Küme Dungu*, Temuco.

1987d   *Federico ñi nütram IV, Federico feypi fillke dungu ñi kimel*, Imprenta y Editorial Küme Dungu, Temuco.

LLANQUINAO, H.; MANDIOLA, T.; TROMBERT, D.
1971   "Algunos antecedentes etnográficos de la comunidad mapuche Maquehue", Memoria de Tesis para optar al título de Asistente Social, Universidad de Chile, Temuco.

MANQUILEF, Manuel
1914   "Comentarios del pueblo araucano", en *Revista del Folklore Chileno*, Nos 3-5.

MARCEL, Mauss
1970   *Lo sagrado y lo profano*, Barral Editores, Barcelona.

MARILEO, Armando
1989   "Aspectos de la cosmovisión mapuche", en *Nütram*, año V, Nº 3, pp. 43-47.

s.f.   "Mapuche-Feyentún" (ms).

MEGE, Pedro
1987   "Los símbolos constrictores: una etnoestética de las fajas femeninas mapuches", en *Boletín del Museo Chileno de Arte Precolombino*, Nº 2, pp. 89-128.

MELVILLE, Thomas
1976   "La naturaleza del poder social del mapuche contemporáneo", en *Estudios antropológicos sobre los mapuches de Chile sur-central*, Universidad Católica, Temuco.

MÉNDEZ, Gabriela del Carmen
1986   "Las ceremonias del pueblo mapuche, en *Boletín Museo Mapuche de Cañete*, Nº 2, pp. 33-38.

METRAUX, Alfred
1973   *Religión y magias indígenas de América del Sur*, Ediciones Aguilar, Madrid.

MOESBACH, Wilhelm
1976   *Voz de Arauco*, Imprenta San Francisco, Padre de Las Casas.

MONTECINO, Sonia
1983   *Los sueños de Lucinda Nahuelhual*, PEMCI, Santiago.

1984a   *Mujeres de la Tierra*, CEM-PEMCI, Santiago.

1984b   "Mulher mapuche e cristianismo: reelaboraçao religiosa e reliosa e resistencia étnica", en CEHILA (ed), *A Mulher pobre na historia da igreja Latino-Americana*, pp. 186-199.

1986   *El zorro que cayó del cielo y otros relatos de Paula Painen*, CEM-PEMCI, Santiago.

MONTECINO, Sonia y CONEJEROS, Ana
1985   *Mujeres mapuches: el saber tradicional en la curación de enfermedades comunes*, CEM, Santiago.

MORANDÉ, Pedro
1977   "Algunas consideraciones sobre la conciencia en la religiosidad popular", en *Iglesia y religiosidad popular en América Latina*, CELAM, Nº 29, pp. 170-191.

1980   *Ritual y palabra*, Centro Andino de Historia, Lima.

1984   *Cultura y modernización en América Latina*, Universidad Católica, Santiago.

1988   "Perspectivas de la evangelización de las culturas indígenas", en *Nütram*, año IV, Nº 1, pp. 3-7.

MOREL, Alicia
1982   *Cuentos araucanos. La gente de la tierra*, Editorial Andrés Bello, Santiago.

NAKASHIMA, Lydia
1990   "Punkurre y Punfuta. Los cónyuges nocturnos, pesadillas y terrores nocturnos entre los mapuches de Chile, en Perrin, M. (coordinador), *Antropología y experiencias del sueño*, Colección 500 años, Nº 21, Ediciones Abya-Yala, Quito, pp. 179-194.

NOGGLER, Albert
1980   *Cuatrocientos años de misión entre los araucanos*, Editorial San Francisco, Padre de las Casas.

ÑANCULEF, Juan
1990   "La filosofía e ideología mapuches", en *Nütram*, año VI, Nº 4, pp. 9-16.

ÑANCULEF, Juan y GUMUCIO, Juan Carlos
1991   "El trabajo de la machi: contenido y expresividad", en *Nütram*, año VII, Nº 25, pp. 3-19.

OSSA, Manuel
1989   "En busca de una identidad mapuche. Ensayo de interpretación teológica de una novela", en *Nütram*, año V, Nº 4, pp. 37-42.

OYARCE, Ana María y GONZÁLEZ, Ernesto
1986   "Kallfulicán, un canto mapuche. Descripción etnográfica, análisis musical y su correspondencia con el aspecto literario", en *Actas de Lengua y Literatura Mapuche*, Nº 2, pp. 245-263.

OYARCE, Ana María
1989   "Conocimientos, creencias y prácticas en torno al ciclo vital en una comunidad mapuche de la IX Región de Chile", en *PAESMI*, Serie de Documentos de Trabajo, Nº 2.

PAINEMAL, Eusebio
1987   "Los mapuches y el Papa", en *Nütram*, año III, Nº 2, pp. 21-22.

PARKER, Cristián
1991   "Cultura mapuche y prácticas médicas tradicionales en la Región del Biobío", en *Nütram*, año VII, Nº 25, pp. 45-74.

PINTO, J.; CASANOVA, H.; URIBE, S.; MATTHEI, M.
1988   *Misioneros en la Araucanía, 1600-1900*, Ediciones Universidad de la Frontera, Serie Quinto Centenario, Temuco.

238

PINTO, Jorge
1988   "Misioneros y mapuches, el proyecto del Padre Luis de Valdivia y el indigenismo de los jesuitas en Chile", en *Serie Nuevo Mundo: Cinco Siglos (Encuentro de Etnohistoriadores)*, Nº 1, pp. 70-92.

1991   "Etnocentrismo y etnocidio. Franciscanos y jesuitas en la Araucanía", en *Nütram*, año VII, Nº 2, pp. 3-23.

s.f.   "Misioneros italianos en la Araucanía, 1600-1900. Evangelización e interculturalidad" (ms).

PINTO, PLAZA y VILLEGAS, Juan
1985   "Análisis de relatos orales míticos mapuches", Memoria para optar al título de Profesor de Estado en Castellano, Universidad de la Frontera, Temuco.

POBLETE, Teresa y CONTRERAS, Verónica
1987   "La fuerza maléfica en los epeu míticos mapuches", en *Actas de Lengua y Literatura Mapuche*, Nº 2, pp. 35-46.

PRANAO, Victorio
1987   *Chakaykoche ñi nütram*, Imprenta y Editorial Küme Dungu, Temuco.

1988   *Chakaykoche ñi kuyfi nütram*, Imprenta y Editorial Küme Dungu, Temuco.

RADOVICH, Juan Carlos
1983   "El pentecostalismo entre los mapuches del Neuquén", en *Relaciones de la Sociedad de Antropología*, T. XV, pp. 121-132.

REDONDO, Valeria
1989   "El cotidiano de una machi mapuche", informe de práctica profesional, Escuela de Antropología, Universidad Austral.

RELMUAN, María Angélica
1981   "Ta ti sumpall ülchadomo", en *Papeltuain Mapudungun Meu*, Temuco.

RIQUELME, Gladys y RAMOS, Graciela
1986   "El contenido del relato en la manifestación gráfica del mito del Tren-Tren y Kai-Kai", en *Actas de Lengua y Literatura Mapuche*, Nº 2, pp. 201-214.

ROBLES RODRÍGUEZ, Eulogio
1942   *Costumbres y creencias araucanas*, Santiago.

ROJAS, Arturo
1987   "Gijatun", en *El Canelo*, Nº 3, pp. 10-11.

ROSA, Oscar
1972a   "Reflexiones sobre la importancia social de la machi", en *Revista de Ciencias Sociales* (Valp.), Nº 3, pp. 143-152.

1972b   "Reflexiones sobre el machitún araucano y sus antecedentes sociales", en *Revista de Ciencias Sociales*, Nº 4, pp. 161-165.

1974   "La eficacia simbólica de la machi araucana", en *Revista de Ciencias Sociales*, Nº 5, pp. 71-78.

ROSALES, Diego de
1877-78 *Historia General del Reino de Chile, Flandes Indiano*, Imprenta del Mercurio, Valparaíso, 1877-1878, tres tomos.

QUIROZ, Daniel y OLIVARES, Juan Carlos
1987   "Amutuan Pucatra Aguelito Huentiao, Amutuan Pucatra (permanencia de una pauta adaptativa en San Juan de la Costa)", en *Boletín Museo Mapuche de Cañete*, Nº 3, pp. 13-26.

s.a.   "La religiosidad mapuche en la actualidad", en *Teología y Vida*, vol. XVIII, Nos 2-3.

SALAS, Adalberto
1983   "Dos cuentos mitológicos mapuches: el sumpall y el trülke wekufu. Una perspectiva etnográfica", en *Acta Literaria*, Nº 8, pp. 5-35.

SALAS, Ricardo
1990   "Tres explicaciones del universo religioso mapuche: aspectos teóricos de la etnología religiosa de T. Guevara, R. Latcham y L. Faron", en *Nütram*, año VI, Nº 3, pp. 36-46.

1991   "Una interpretación del universo religioso mapuche", en *Nütram*, año VII, Nº 25, pp. 20-44.

SÁNCHEZ, Gilberto
1988   "Relatos orales en pewenche chileno", en *Anales de la Universidad de Chile*, 5ª Serie, Nº 17, pp. 289-360.

SAN MARTÍN, René
1976   "Machitún: una ceremonia mapuche", en Dillehay, Tom (ed.) *Estudios Antropológicos sobre los mapuches de Chile sur-central*, Universidad Católica, Temuco, pp. 164-209.

1977   "Nuevos antecedentes para un estudio de la ceremonia terapéutico-religiosa de los mapuches: el machitún", en *Historia y Misión*, Serie La fe de un pueblo, Nº 6, pp. 204-209.

SAUNIERE, Sperata de
1918   "Cuentos populares araucanos y chilenos", en *Revista del Folklore Chileno*, T. VII.

SEGUNDO ENCUENTRO RELIGIOSO ECUMÉNICO MAPUCHE-HUILLICHE
1987   En *Nütram*, año III, Nº 4, pp. 3-34.

SCHINDLER, Helmuth
1988   "The kultrung of the Mapuche", en *Revindi*, Nº 1, pp. 62-73.

1989   "Pillán 3", en *Actas de Lengua y Literatura Mapuche*, Nº 3, pp. 183-204.

SILVA, Osvaldo
1984   "En torno a la estructura social de los mapuches prehispánicos", en *CUHSO*, vol. 1, Nº 1, pp. 89-115.

SLATER, Fernando
1979   "Análisis estructural del cuento de animales mapuches", Tesis de Licenciatura de Antropología, Universidad de Concepción.

1988   "Relatos mapuches sobre los vivos y los muertos", en *Aisthesis*, Nº 7, pp. 23-42.

SOUBLETTE, Gastón
1988   "El mito mapuche de la creación", en *Aisthesis*, Nº 7, pp. 43-73.

STUCHLIK, Milán
1976   *Life on a half share*, Hurst Company, Londres.

THEISEN, Eugenio
1989   "¿Chumley Mapuche Arau-
        co mew? (¿Cómo está el ma-
        puche en Arauco?)", en *Nü-
        tram,* año V, Nº 4, pp. 46-51.

TITIEV, Mischa
1951   *Araucanian Culture Intran-
        sition,* Michigan Universi-
        ty Press, Michigan.

1969   "Araucanian Shamanism",
        en *Boletín del Museo Nacio-
        nal de Historia Natural,*
        T. XXX, pp. 299-306.

VILLALOBOS, Sergio
1989   *Los pehuenches en la vida
        fronteriza,* Ediciones Uni-
        versidad Católica de Chi-
        le, Santiago.

ZAPATER, Horacio
1973   *Los aborígenes de Chile a tra-
        vés de cronistas y viajeros,*
        Editorial Andrés Bello.

1990   "Algunas acotaciones so-
        bre el padre Luis de Val-
        divia y la Guerra Defensi-
        va", en *Tópicos,* Nº 1, pp.
        59-62.

CAPÍTULO IX

COSMOVISIÓN FUEGUINA:
LAS CORDILLERAS INVISIBLES DEL INFINITO

Daniel Quiroz Larrea *
Carlos Olivares Toledo *

> A mí muchas veces cuando estoy pensando me acuerdo de esta gente, me da realmente pena, después de haber tanta gente y hoy día que no haiga ni uno. Uno piensa así y da una tristeza única. Me acuerdo de fulano, de fulana de tal, medio parientes, de mis padres y que yo también he vivido ahí con ellos y que al último tenía que quedar yo solo.
>
> Don LUIS GARIBALDI HONTE; en Chapman 1990: 82

1. COSMOVISIÓN FUEGUINA: UNA METAFÍSICA SALVAJE

Los hombres, desde sus orígenes, han fabricado imágenes sobre una naturaleza que siempre les resulta extraña, para poder dominarla. Imágenes fascinantes que cubren los desnudos muros de mundos que de otra manera se ven vacíos. El pensamiento construido es una actividad exclusiva de los hombres; narraciones, voces repetidas que nunca dicen lo mismo, cosmovisiones.

La cosmovisión, la "weltanschanung" salvaje, es una representación que las gentes hacen de sí mismas, enlazando en un todo los elementos explicativos de la dinámica de la identificación y la diferenciación; de la tradición y la contingencia; de la vida y la muerte. Compartimos con otros autores la idea de que lo salvaje representa con exactitud la extrañeza radical que sentimos respecto del otro; "si no entendemos al salvaje, es por la misma razón por la que él no se entiende a sí mismo" (Baudrillard 1991: 159).

La cosmovisión fueguina, la visión del mundo de los habitantes de la Tierra de los Fuegos, de los selk'nam, haush (subgrupo selk'nam), yamana y halakwulup, muestra los errores de los antropólogos buscadores de for-

mas arcaicas originales, de monoteísmos primitivos, de estructuras elementales. Sus dioses no son representados ni se les rinde culto, "no son más que nombres" y palabras para designar lo que se encuentra más allá de la sociedad:

> "... alteridad cósmica de los cielos y los cuerpos celestes, alteridad terrestre de la naturaleza cercana. Sobre todo, alteridad originaria de la propia cultura: el Orden de la Ley, como institución de lo social (o cultural), no es contemporáneo de los hombres, sino de un tiempo anterior a ellos" (Clastres op. cit.: 73).

La cosmovisión fueguina es una metafísica salvaje sólo del nosotros y el mundo. Ella no se pregunta por el otro, pues ese otro no existe, "son fantasmas de otro mundo" (Baudrillard 1991: 147); inventos, metáforas. Son *koliot*, no hombres, extranjeros. Son cosas impensables porque no existen.

Martín Gusinde, entre 1919 y 1924, y Anne Chapman, desde 1965, son los antropólogos que más han escudriñado en la dirección que miraban los fueguinos y rescatado textos que nos hablan de sus metafísicas y de sus visiones del mundo. Las historicidades y estructuralidades que cada uno trae de sus maestros Schmidt y Lévi-Strauss *enmascaran lo ya enmascarado*. Los textos que leemos no son sólo

---

* Dirección de Bibliotecas, Archivos y Museos.

de los selk'nam, sino también contienen las preferencias, virtudes, defectos, miedos, pavores, secretos y alegrías de los mismos antropólogos; incluso las nuestras, en lo que ustedes están leyendo. No somos del todo ajenos. La realidad que vemos no es más que un juego de máscaras.

Las diferencias entre Gusinde y Chapman no sólo se encuentran en sus fundamentos teóricos, sino también en otros asuntos más humanos. Gusinde era hombre como también lo fueron sus principales informantes: Tenenesk, Toín, Halemink. Chapman es una mujer como lo fueron Lola y Angela. Seguramente parte de sus diferencias se originan en distinciones de género. Evidentemente las cosmovisiones de Tenenesk y Lola no pueden ser idénticas.

Aunque estos autores abarcan casi por completo el conocimiento de los selk'nam, no debemos dejar de mencionar a sus antecesores: Bridges (1893), Gallardo (1910), *Furlong* (1917), Lothrop (1928), y los misioneros salesianos Coiazzi (1914), *Beauvoir* (1915), Borgatello (1915), Tonelli (1926) y Agostini (1929).

No podemos olvidar, sin embargo, que los relatos de los nativos que entresacamos de entre las miles de páginas que nos ofrecen estos antropólogos, representan una *sonrisa postrera, una duda que nos atraviesa:*

"Existe en todos estos relatos una especie de fulgor de engaño, de ilusión óptica del mito, como si los aborígenes nos soltaran al mismo tiempo lo más profundo y auténtico (el mito bajo su forma austral más misteriosa), y lo más moderno e hipotético: la incertidumbre de cualquier relato, la duda absoluta respecto al origen. (...) no hacen el menor esfuerzo para garantizarnos la verdad de lo que dicen. Es su manera de mantener el secreto y de reírse de nosotros, que, en el fondo, somos los únicos que queremos creer."

Baudrillard op. cit: 147.

Nuestro objeto es, por ende, el comentario de esos textos que entregan indicios, pero jamás cuestionar las reglas del juego.

Siendo los selk'nam el único grupo estudiado por ambos, los hemos escogido como centro de nuestra reflexión, independientemente del hecho de que son con más propiedad, junto a los haush, los llamados fueguinos.

Los relatos nos muestran la existencia de innumerables seres, de diversas características, cada uno atado a su tiempo, a su espacio; cada uno con su propia historia y lugar, con sus parientes y enemigos. Habitantes de los cielos y de las tierras. Incluso unos viven debajo de ella y sólo emergen para las celebraciones. Los seres se agrupan formando mundos y estos mundos obedecen a reglas formuladas desde el principio de los tiempos.

2. UN HABITANTE DEL FIRMAMENTO: *TEMÁUKEL*

Durante el crepúsculo del 17 de mayo de 1923, el *óruken hayin*, el viento del sur, azotó implacable el campamento de Lago Fagnano. Los hombres buscaron refugio en la choza de Tenenesk, chamán *haush*, informante predilecto y amigo de Gusinde. Ese día, le escucharon decir:

Al principio existía *Temáukel;* más tarde llegó también *Kenós. Kenós* fue enviado por *Temáukel.*

Temáukel había encargado a *Kenós* la misión de repartir este mundo; a los *selk'nam* les tocó luego en suerte la Isla Grande: su terruño.

Kenós no tenía padres, pues *Temáukel* lo ha enviado aquí a tierra desde el cielo.

Kenós también fue comisionado por *Temáukel* para indicar a los *howenh y ch'on* la manera como debía vivir cada uno, cómo debían conducirse frente al otro, cómo debía llegar a ser cada uno un hombre bueno (...).

Antes que todos los antepasados estuvo *Temáukel;* él es el primero de todos los *howenh y ch'on.* Recién después vino *Kenós;* pero aquél ya estaba antes (...).

Él ha hecho la primera cúpula celestial y la tierra primitiva; pero nunca ha venido aquí a esta tierra. Aquí ha enviado a *Kenós.* Él mismo se mantiene muy alejado, detrás de las estrellas, allí reside, allí permanece siempre. Tanto tiempo hace que ya está allí.

Gusinde op. cit.: 466-467, 480.

En un principio, nada. Sólo *Temáukel*, el primero de los *howenh.* Después, la cúpula celestial, el firmamento, desprovisto de estrellas. Algunos vacíos inmensos penetran quietamente el silencio. Una luz crepuscular rielaba en la superficie de la tierra informe, estremeciendo las penumbras inmóviles. Lejos de la cor-

Figura 1. Familia *selk'nam* en su campamento (Agostini, 1929).

Figura 2. Selk'nam pintados para el juego Kewanix (Gusinde, 1923).

dillera del fin de la tierra, en el fondo del abismo brumoso, en toda la vastedad de aquellas alturas, palpita poderoso el corazón del mundo. En la región del cielo de este, o *wintek,* se yergue una de las cuatro cordilleras invisibles del infinito, donde mora el poder universal: *Temáukel.*

En la oscuridad de la noche, alrededor de un fogón que ahora se ha reducido a puras cenizas inertes, el viejo levanta la mano señalando el firmamento repleto de estrellas y con voz trémula insiste:

Aquí, por encima de nuestra tierra, se extiende el cielo: detrás de él vive *Temáukel.*

Gusinde, op. cit: 471.

La cordillera mágica del cielo del este era también llamada por los *selk'nam* cordillera de las raíces (Chapman 1986: 128), pues de allí procede todo el poder que permite la creación y existencia de las cosas. A pesar de la inmovilidad de *Temáukel,* una de sus principales características es que todas las cosas del mundo se han originado de él. Es espíritu puro, eterno e infinito, creador de la misma cúpula celestial y de la tierra informe. Es fuerza ambivalente: señorea sobre la vida y la muerte.

La anciana Lola Kiepja, última mujer-chamán de los *selk'nam*, sentada en su casita en la estancia de Luis Garibaldi Honte, sola junto a su brasero, cantando, enviaba su espíritu a las cordilleras infinitas para nutrirse de otros poderes, los de su propia historia:

Estoy aquí cantando, el viento me lleva,/ estoy siguiendo las pisadas de aquellos que se fueron./ Se me ha permitido venir a la montaña del poder./ He llegado a la gran cordillera del cielo,/ camino hacia la casa del cielo./ El poder de aquellos que se fueron vuelve a mí./ Yo entro en la casa de la gran cordillera del cielo./ Los del infinito me han hablado.

Chapman 1990: 39.

Temáukel o *Pemáulk*, el *aiyemok so onh haskan*, el habitante del cielo del este, es eternidad, origen e inmovilidad. Después de *Temáukel*, el primero, el mundo de los *howehn*. El mundo de los *ch'on* vendrá una vez instaurada la muerte verdadera.

3. LA ESTRELLA DE LAS MADRUGADAS INVERNALES: *KENÓS*

La poderosa eternidad creadora que mana en las cordilleras invisibles sin derramarse más allá, supera las dificultades de la inmovilidad, enviando a la tierra un ser que pareciera un pedazo de sí mismo, *Kenós*. Un trozo de eternidad interviene el mundo informe, repleto sólo de luz crepuscular. Antes de todos los antepasados, *Kenós*: antes de *Kenós* sólo *Temáukel*.

El padre de todas las cosas del mundo sólo pudo existir cuando la cúpula celestial, todos los cielos, extendieron su manto sobre él. Eso fue su madre. No una madre como la nuestra, que entre gritos pare y luego risueña amamanta al crío. Aquélla manera de nacer todavía no existía. Su padre es el sur. Este asunto era clarísimo para *Tenenesk*.

Al principio, la tierra era lisa y plana. Aún carecía de montañas, valles, ríos y del ancho mar. Desde cualquier punto, *Kenós* podía abarcar con su mirada esta tierra. El suelo era duro y seco. En ninguna parte había terreno pantanoso. *Kenós* podía marchar en línea recta hacia todas las direcciones. Se trasladaba de un lado a otro, y aún llegaba hasta donde el cielo y la tierra

se tocaban. Así era la situación aquí cuando llegó *Kenós*. Sólo existía la tierra plana, que era mucho más pequeña que la actual, pues la cúpula celestial estaba mucho más baja que ahora. En aquel entonces no había ni nubes, ni estrellas. Las estrellas, como también el sol y la luna, vinieron después. Ellos son *howenh* (...).

El firmamento era transparente. Sólo más tarde se le antepusieron las nubes, las neblinas y torbellinos de nieve, que son antepasados. Aún no existían ni el viejo hombre-sol *Kranakhataix*, ni su hijo *Kran*. Sólo había tanta luz como al amanecer o al anochecer. Toda la superficie, hasta allí donde se tocan el cielo y tierra, estaba habitada por nuestros antepasados. En aquella época, el cielo tenía una ubicación más baja. *Kenós* lo elevó a mayor altura, hasta allí donde está ahora. Con eso ha creado más espacio para los *selk'nam*. *Kenós* recorrió todos los lugares del ancho mundo. Por todas partes se detenía observando todo. Reflexionaba acerca de cada cosa que veía. Esta tierra de aquí fue entregada por él a los *selk'nam*. El otro mundo se lo entregó a los demás pueblos. Ellos tienen su propio firmamento, bajo el cual viven.

Gusinde op. cit.: 838-839.

Kenós fue el padre de los antepasados míticos, los primeros seres vivientes. Distribuye las tierras a cada uno de los linajes. Es creador del lenguaje que posibilita la construcción de los significados que pueblan de sentido el mundo. También instaura algunas normas morales para regular las relaciones entre los hombres.

El acto mágico de la creación de los antepasados nunca pudo olvidarlo *Tenenesk*.

Cuando *Kenós* había peregrinado por todo el ancho mundo, regresó nuevamente hasta aquí. Entregó esta tierra a los *selk'nam*. En aquel entonces, *Kenós* estaba totalmente solo. Nadie más que él había en la tierra. Miró en torno suyo: fue hacia un lugar húmedo. Aquí extrajo un *haruwenhhos* (mata de pasto con tierra adherida), al que exprimió el agua. Con él formó un genital masculino, un *she'es*. Lo depositó en la tierra. Luego extrajo otro terrón y a esto también le exprimió el agua. Con él formó un genital femenino, un *ashken*. *Kenós* dejó entonces juntos a ambos terrones, y se fue de aquel lugar. Durante la noche, los dos terrones se unieron. De esto surgió uno, igual que un hombre. Este fue el primer antepasado. Aquél creció inmediatamente. Cuando llegó la noche siguiente, aquellas dos figuras se unieron nuevamente. Otra vez nació inmediatamente uno. Y así sucedió todas las noches durante mucho tiempo: cada noche surgía un nuevo antepasado. Rápidamente se pobló nuestro territorio. Al cabo de un tiempo, había mujeres en buen número. A partir de entonces se unieron hombre y mujer. La cantidad de personas aumentó continuamente.

Gusinde op. cit.: 549.

Kenós es el creador, a pesar suyo, de la vida eterna, de la vida después de la vida, una que no termina, se transfigura, se transforma. La vida, una vez que llegan las marcas de la vejez, se hace menos llevadera. Por ello, *Kenós* instaura, para él y tres compañeros –*Shénuke* entre ellos–, la vida después de la vida, la metamorfosis.

Kenós, junto con aquéllos tres hombres, se trasladó hacia el norte, lejos. Allí quería intentar morir; en el sur no lo había logrado ninguno de ellos. Caminando hacia el norte, estos cuatro se arrastraban tan torpemente como personas seniles. Ya sólo hablaban quedamente y con gran fatiga; debilitados y cansados, se comportaban como lo hacían las personas enfermas de muerte. Penosamente habían alcanzado el norte. Allí ordenaron a la demás gente que los envolvieran en sus capas y los colocaran en la tierra. Ahora, aquellos cuatro hombres yacían totalmente inmóviles, estaban realmente muertos. Pero al cabo de pocos días adquirieron nuevamente movilidad. Lentamente se movieron, primero poco, luego más. En primer lugar comenzaron a mover los labios. Susurraron algo, primero hablaron quedamente, luego más fuerte, y por último se levantaron y se pusieron de pie. Cada uno de ellos vio entonces a los restantes (...). Aquellos cuatro continuaron viviendo desde entonces, se sentían nuevamente frescos y su aspecto era otra vez juvenil.

Gusinde op. cit.: 552.

Kenós lava a los ancianos, los despierta del sueño senil, los rejuvenece, disipando los olores nauseabundos de la putrefacción cadavérica. Cadáveres sin muertos. Cuerpos y espíritus con movimientos propios. El morir se transforma en sueño. El agua reconstituye lo corrupto, el espíritu siempre podrá morar en una casa. El mundo de los antepasados creados por *Kenós* es un mundo ordenado. Todo el acontecer transcurre en acuerdo a los preceptos éticos entregados a ellos de manos de *Kenós*. La vida de ese mundo, transformada en imperecedera, se reproduce con asombrosa rapidez, sorprendiendo a *Kenós*. Entonces, aterrado por el devenir, abandona la tierra en dirección a *Temáukel*.

En su regreso al firmamento se convierte en estrella, Aldebarán, una estrella de la constelación del Toro.

4. UNA ESTRELLA ROJA EN LA CONSTELACIÓN DE ORIÓN: *KWÁNYIP*

En la memoria de todos los *selk'nam* del campamento de lago Fagnano, sin deseos de morirse aún, merodeaba el recuerdo de *Kwányip*, la figura más poderosa en la cosmovisión selk'nam. Es el hijo incestuoso de una alta montaña y su hija, emparentada con las flechas. Tenía un hermano mayor y dos sobrinos. Se había casado con dos hermanas, la lechuza y el murciélago. Su familia había venido desde el norte, desde el otro lado del océano, arreando manadas enormes de guanacos mansos.

En esos tiempos, en Tierra del Fuego, los guanacos eran animales espantadizos y salvajes y vivían en las cimas de las montañas. *Kwányip* era un hombre muy egoísta. A todas partes llevaba sus animales. A diferencia de los otros hombres, él no tenía que esforzarse en participar en largas y agotadoras cacerías para obtener comida; le bastaba con estirar su mano y coger una pieza de su rebaño. Incluso, él y su familia eran los únicos en comer carne de guanaco. Todos los otros hombres sentían envidia de aquello.

Una de las hazañas de *Kwányip* fue la distribución oportuna del día y la noche, la creación de lo íntimo. En esos tiempos, cuando en el cielo campeaba el viejo hombre-sol, el día duraba mucho más que la noche. Oscurecía por un tiempo breve y la gente no estaba contenta, pues dormían juntos por muy poco tiempo. Les daba vergüenza que otros los vieran. *Kwányip* estaba de acuerdo. Hizo que la oscuridad durara cada vez más hasta igualar a la claridad y la gente quedó muy conforme, pues nadie podía reírse ahora de ellos. Había más oscuridad para superar las vergüenzas.

Kwányip no estaba solo. Desde un territorio a otro caminaba *Shénuke*, compañero y continuador de *Kenós*. Tenenesk cuenta que la gente relataba con sumo placer sus rencillas: "*Shénuke* siempre fue adversario de *Kwányip*. Aquél era envidioso y trataba de causar daño a éste. *Shénuke* provenía del sur. *Kwányip* era oriundo del norte". (Gusinde op. cit.: 561). Fundamento mítico del antagonismo norte-sur en el mundo de los hombres, el abismo en la casa del *haín*.

Shénuke evocaba ingratos y desagradables recuerdos entre los *selk'nam*. Además de atemorizar y tiranizar a la gente, se dedicaba a lavar a los ancianos para prolongar la existencia, según lo ordenado por *Kenós*. En junio de 1923 Inxiol dice:

> *Kenós* había encargado a *Shénuke* que lavara a las personas que se levantaban nuevamente después del profundo sueño. *Shénuke* le contestó: "Sí, lavaré a la gente". Después que *Kenós* abandonó la tierra, uno tras otro, los antepasados se presentaban a *Shénuke* diciéndole: "¡lávame!". Y *Shénuke* lavaba a cada uno de ellos. Después de esto, cada uno se sentía nuevamente juvenil y con alegría de vivir (...).
>
> El hermano mayor de *Kwányip*, *Aukmenk*, se comportó un día como si quisiese morir. Entonces el hermano menor tomó el manto de aquél y envolvió a su hermano con él. Luego lo depositó en la tierra y lo tapó. Así, *Aukmenk* yacía totalmente inmóvil.
>
> Al cabo de unos días, *Aukmenk* se movió nuevamente un poco, comenzando a revivir. El hermano menor lo observó. ¡Pero no le gustaba nada que su hermano mayor volviera a vivir! Rápidamente corrió al lugar donde aquél yacía. *Kwányip* echó mano de todo su poder de chamán. Trabajó muy duro: ¡Su hermano mayor no debía levantarse nuevamente y volver a vivir! Entonces el *Kwányip* mayor no volvió a despertarse. Quedó tendido en la tierra, ¡nunca más se levantó! ¡Así quedó muerto hasta el día de hoy! Desde aquel momento ya nadie puede despertarse y levantarse del lecho cavado en la tierra, sino que queda muerto para siempre.
>
> Gusinde op. cit.: 556, 563-564.

Molesto con todo esto, *Shénuke* monta en cólera y corre hacia el firmamento rodeado por sus dos mujeres. Se transforma en Proción, el lucero vespertino. Es el instante en el que se instaura la muerte verdadera, la muerte que nosotros conocemos. Más tarde lo seguirá el mismo *Kwányip* y su familia, pintándose el cuerpo con tintura ocre, se transforma igualmente en estrella y asciende al firmamento. Es Betelgeuze, una estrella roja de la constelación de Orión y sus parientes son los astros que la acompañan.

5. LA PERSECUCIÓN CHAMÁNICA: *KRA* Y *KRAN*

En la época de los antepasados, el sol y la luna, las estrellas y los vientos, las colinas y los torrentes eran nómades, igual como lo fueron los *selk'nam*. Cada familia viajaba durante trechos por sus territorios, permanecían un tiempo en alguna parte y luego volvían a emprender la marcha.

Los antepasados hombre-sol y mujer-luna ocupan un rol bastante importante en la cosmovisión *selk'nam*. La ausencia del viejo hombre-sol y la debilidad de su hijo permiten, como ya lo dijimos, a *Kwányip* manipular la magnitud de la obscuridad y la luz, estableciendo el ciclo del día y la noche.

En los inicios, los hombres estaban subordinados al poder que ejercían las mujeres. Ellas tomaban las decisiones relevantes para el óptimo funcionamiento de la sociedad. Sometidos, los hombres cumplían las labores cotidianas. Afanosos mantenían el fuego, ensimismados asaban la carne en los fogones, silenciosos trabajaban los cueros, ateridos cuidaban a los niños. Su posibilidad de rebelión fue neutralizada en el horror brutal causado por los espíritus del *haín*, ritual iniciático de las mujeres.

Atemorizados, los hombres no sabían qué hacer. Engañados, creían en la existencia verdadera de los espíritus. Todavía no se enteraban de la realidad: los espíritus del *haín* eran mujeres disfrazadas.

En el relato del largo mito del origen del ceremonial secreto, Tenenesk señala lo que los hombres llegarían a saber. El conocimiento de lo ignorado permitirá hacer sociedad:

> Ellas mismas se pintaban el cuerpo y se colocaban las máscaras de corteza en la cabeza; hoy lo hacía tal mujer, mañana tal otra. Así se iban turnando, y de esta manera todos los hombres eran engañados. Las mujeres astutas hacían todo esto con la mala intención de infundir a los hombres miedo y terror. Los hombres siempre

Figura 3. Partida de caza *selk'nam* (Agostini, 1929).

Figura 5. Familia *selk'nam* en viaje (Agostini, 1929).

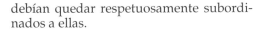

Figura 4. Mujeres *selk'nam* transportando el campamento (Agostini, 1929).

Figura 6. Selk'nam en la Misión Candelaria, Tierra del Fuego.

debían quedar respetuosamente subordinados a ellas.

Gusinde op. cit.: 840.

Entre todas, *Kra*, la mujer-luna, era mujer astuta y poderosa, con tremenda influencia sobre las otras mujeres. Ella adjudicaba a los hombres las tareas correspondientes a cada uno. Estaba casada con *Kran*, el hombre-sol, cazador de guanacos, hijo de *Kranakhátaix*, el viejo hombre-sol.

Uno de los hombres más ancianos del campamento de Lago Fagnano, Shaipoten, en la anochecida de un día de verano de 1919, al irrumpir la luna llena en el firmamento, levantó su mano empuñada y con gesto fiero amenazó a la luna. Luego, inició el relato del mito:

Kran y *Kra* vivían con los *howenh*. Ellos eran marido y mujer. Aquí, en nuestra tierra, aquí vivían. Eso era en los tiempos en que las mujeres se reunían a solas en la choza ceremonial. La mujer-luna dirigía y dominaba a todas las demás mujeres. Los hombres debían quedarse en las viviendas con los niños.

Pero el hombre-sol era un chamán astuto. Descubrió que en la choza grande había solamente mujeres, no estaban los presuntos espíritus. Las mujeres habían engañado a todos los hombres. Entonces los hombres acometieron contra aquellas mujeres. Hubo una terrible lucha, sólo algunas pocas mujeres pudieron escapar. La mujer-luna también era una poderosa chamán. Los hombres no se atrevieron a matarla, pero el hombre-sol, su esposo, le propinó algunos golpes duros. Cada vez que descargaba un golpe, se producía un ruido espantoso, temblaba toda la tierra. Entonces el hombre-sol desistió de golpearla /.../ pero aún se observan las cicatrices en el rostro de la mujer-luna /.../ *Kra* corrió rápidamente hacia el cielo. *Kran* se precipitó tras ella. Siguió persiguiendo a su mujer. Hasta hoy no la ha podido alcanzar.

Gusinde, op. cit.: 576.

El descubrimiento del engaño posibilita a los hombres la revelación del secreto rigurosamente guardado por las mujeres. La revelación desencadena la rebelión de los oprimidos, quienes después de matar a todas las mujeres, ancianas, adultas y adolescentes y, asegurando la transformación de los antepasados femeninos en cosas del mundo, instauran un nuevo orden social. Este es nuevamente una mimesis del otro, de lo anterior. Sólo se invierte la relación de dominio entre los sexos.

En la ideología *selk'nam*, el poder inmensurable de las cordilleras invisibles del infinito permite la creación de la tierra junto con el firmamento. Ese poderío envía e instala al primer antepasado, creador de sus iguales y de la sociedad que los sustentará eternamente. La instauración de la muerte otorga origen al hombre, al *selk'nam*, que todavía se muestra como un ser apartado de su singularidad.

Instalar entre los hombres la idea de sociedad es asunto que también necesita de una violencia fundadora. Esa violencia resulta del enojo rabioso de hombres que han descubierto las artimañas de su desgracia. La muerte de los antepasados femeninos es la única vía para acceder al control del poder. Una vez obtenido, sin desearlo y ni siquiera sospecharlo, los hombres-antepasados originan la sociedad histórica, la que intentaron reconstruir en sus instantes postreros Gusinde y Chapman. Esa es la abatida por el calibre 44.

6. EL MUNDO DE LOS *HOWEHN*: LOS ANTEPASADOS

Los antepasados, *Temáukel* y *Kenós*, *Shénuke* y *Kwányip*, *Kra* y *Kran*, constituyeron una sociedad de espíritus puros, antropomorfos e inmortales. En ella se encuentran representadas la sociedad y el estilo de vida *selk'nam*. Entonces, cada uno de los hombres pertenecientes al grupo sentirá su realidad presente como mimesis de lo otro, del pasado mítico. La mimesis provocará en los hombres la convicción de ese otro mundo como algo ciertamente real, indesmentible.

Los antepasados son sociedad fundada en el deseo de uno solo: *Kenós*. Este ser mítico aprovecha el poder creador de la eternidad, *Temáukel*. Cada uno de ellos procede de la eternidad para nunca tener fin. El principio es el del origen de una totalidad invariable que sólo estará expuesta a las transformaciones, nunca al término. En esta perspectiva, el etnocidio perpetrado contra la sociedad *selk'nam* representará una paradoja de difícil comprensión.

El origen es un estallido que lanza a la existencia todas las cosas del mundo. Nada puede haber que no haya estado en el principio. Nada podrá perecer. Las cosas del mundo no tendrán más salida que existir y transformarse. Dicha transformación ocurrirá sólo cuando la muerte sea instaurada, cuando el sueño senil que rejuvenece se convierta en sueño eterno provocador de la corrupción cadavérica, la destrucción de la relación del espíritu puro y su soporte. Una parte del hombre se vuelve corruptible. La muerte pareciera ser el retorno del espíritu a la totalidad eterna de donde ha salido *Temáukel*. Es el alma de los hombres que regresan a las cordilleras invisibles del infinito.

Entre ellos, la muerte de los dioses significa el nacimiento de los hombres, su creación. La intervención de *Kwányip* en el orden establecido por *Kenós* provoca la alteración suficiente para obligar la transformación del mundo mítico en otro mundo. La alteración no es otra cosa que la instauración de la muerte entre los hombres. Los motivos de aquella instalación son absolutamente humanos. *Kwányip* no deseaba compartir la carne de sus guanacos con su hermano. Los *selk'nam* son el resultado accidental de un asesinato, el ejercicio de una violencia devastadora entre seres míticos. Es violencia fundadora, que aparecerá una y otra vez en la sociedad *selk'nam*, sea en la relación entre las personas como en las actividades rituales.

Instaurada la muerte, los antepasados dejan de ser espíritus puros, se materializan. Se transforman para convertirse en las cosas del mundo, se fijan. Adquieren diversidad sustancial y formal. La unicidad se transforma en multiplicidad. Es la deriva total del ser y sus bordes. Para los *selk'nam*, el hombre es hijo de la muerte, de aquello que nosotros llamamos *nihilidad*. Proviene de la ruptura de la totalidad indiferenciada, fundamentalmente conservadora, que se convierte en unicidades expuestas al drama del tener que perecer siempre. Al ser hijo de la transgresión, el hombre es la desgracia de los dioses. La vida es mimesis del pasado mítico y como tal no es incongruente ni tampoco insignificante. El hecho de ser mimesis condenará a los *selk'nam* a su destrucción. Para ellos no existía escapatoria frente al acoso del etnocidio. Todo estaba determinado desde el principio, desde los instantes de la explosión original, desde *Temáukel*.

En la ideología *selk'nam*, el hombre no es hijo de dios, tampoco de la razón. El hombre es un ser insospechado, hijo de la muerte. No existe una divinidad creadora. Los textos etnográficos construidos por Martín Gusinde, a pesar de pretender hacernos pensar que dicha sociedad era monoteísta, *reiteran a gritos ni siquiera lo contrario, sino, otra cosa*. La diferencia total que permanecerá, en buena parte, sumergida en la insignificancia. Su etnocidio habla acerca de la instauración de la ausencia como otra forma de ser. Una forma a la que no podemos preguntar indagándole.

Los antepasados son las cosas del mundo *selk'nam*. Hijos de la ruptura cruenta del sueño senil, algunos se han convertido en ríos, pájaros, estrellas, montañas, lagunas, arbustos, pastizales, lluvias y vientos. Cada cosa del mundo es un antepasado. Todos ellos son parientes. Los vientos provenientes de todas las direcciones de los puntos cardinales son cuñados entre sí. El arco iris es hermanastro de la luna. El colibrí es nieto del búho. El zorro y la laucha son hermanos que se amaron durante siglos. También lo son la bandurria con el frailecillo. El canquén de pecho colorado es hijo amoroso del cielo sur.

Quien de ellos se sentía viejo, se tendía en el suelo y caía en un profundo sueño. Quedaba como muerto. Después se levantaba nuevamente y era lavado por *Kenós*. Recomenzaba a vivir con renovado vigor juvenil. Así lo hacía varias veces. Pero el que ya no sentía placer de vivir, se acostaba por última vez cerca de su choza, y no se levantaba más. Así quedaba como montaña o ascendía al firmamento. Alguno se iba a otra parte, donde se sentía a gusto, y allí se transformaba en una colina y se quedaba en ese lugar. Cada uno de los antepasados se quedó en el territorio, ninguno ha abandonado nuestra tierra. Aquí se encuentran aún hoy, las montañas, los peñascos, los acantilados, el ancho mar, los ríos y las lagunas. También se quedaron aquí los muchos animales, los astros y las nubes. Todos ellos son nuestros antepasados; ¡se los puede hallar en todas partes!

Gusinde op. cit.: 652-656.

7.   EL MUNDO DE LOS *CH'ON*: LOS *SELK'NAM*

La Tierra de los Fuegos, *Karukinka*, la Isla Grande, fue ocupada desde hace más de 10.000 años (Massone 1987: 18), por grupos de cazadores terrestres de guanacos que llegaron desde las tierras del norte. Hace sólo un siglo, todavía encontrábamos grupos de estos cazadores en las pampas fueguinas: los *selk'nam* y los *haush*, viejos conocidos de los europeos que colonizaron la América más austral.

En la Patagonia, en la estepa desolada de Pali Aike, en los lugarejos de Cerro Sota y Cueva Fell, al fondo de las excavaciones arqueológicas, fueron encontrados fragmentos de conversaciones en un dialecto indescifrable, rezongos de niños pidiendo más carne de puma, esquirlas de cantos chamánicos, trozos de puntas de flechas pedunculadas, gritos, lágrimas y llantos. También aparecieron restos óseos correspondientes a esos hombres. Ellos habitaron los angostos y fértiles valles a orillas del río Ciaike. Desde hace 11.000 años instalaron campamentos periódicos en sus riberas pantanosas. Eran cazadores de fauna pleistocénica, hoy extinguida. Complacidos, se alimentaban de caballos, guanacos, pumas, zorros, roedores y pájaros.

Amorosamente, los esqueletos de sus muertos fueron cremados. Una modalidad funeraria que pretende reafirmar la negación a la vida impuesta por la muerte. También el hombre interviene a fuego los restos creados por la muerte como una manera de apropiarse de ella: es el hombre el que determina la verdadera muerte, la muerte metafísica. Se hace partícipe en el proceso. Desea evitar la contemplación contaminante de la corrupción cadavérica, convirtiendo a la muerte en un objeto de pensamiento; la pinta de negro para no mirarla a los ojos.

Seguramente emparentada con ellos, es la población que ocupaba Tierra del Fuego. En una de sus estaciones, en el abrigo rocoso de Marazzi, los hombres quemaban los cuerpos de sus hermanos. En épocas más recientes, hace un milenio, los cazadores de guanacos y cururos de Tres Arroyos sepultaban a sus muertos cubriéndolos con tintura ocre (Massone op. cit.: 28). Los hombres ya cumplían con las enseñanzas de *Kwányip*. Es enmascaramiento que realza la presencia de la muerte. Le pintan un atavío para irse, para ascender a otros mundos.

Los cazadores de guanacos, los vagabundos en la estepa, atrapados en el pozo del tiempo, parecieran querer decirnos algo con los colores de la muerte: el negro de las cenizas y el ocre de la pintura de arcilla denotarían cosmovisiones diferenciadas. Todavía no podemos saber qué susurran esos restos de milenios.

Mientras transcurría el tiempo, los hombres se alejaban del norte, caminando. Seguían los caminos abiertos por el anciano dueño de la palabra. Nunca supieron el instante preciso de su arribo. Solamente podían evocar desde su memoria un tiempo remoto e intuir una distancia inconmensurable. En Río Grande, Ángela Loij nunca pudo olvidar:

Figura 7. Niños *kloketen* (Gusinde, 1923).

Figura 8. Cazadores *selk'nam* (Agostini, 1923).

Figura 9. Selk'nam asesinado sobre la pradera fueguina (Expedición Popper, 1886).

Karukinka, esa tierra que está por allá lejos. Sí, ésa es *Karuk.* Estaría junta la tierra, sí, porque estaban cazando guanaco esa gente, venían unas cuantas familias y llegarían donde estaba la tierra, creo (en) aquellos tiempos, años, siglos ya. Quedaron aislados (sic) ahí. Por un terremoto habría sido que quedaron aislados en esta tierra. Pero éste (hace) siglos de años. Quedaron, hasta que aumentaron mucho. Sí, mucha gente. Ahí quedó *Karuk,* solo sí. *Karuk.*

Chapman 1990: 50.

Durante diez mil años, enteros, no era una tierra ajena, era el lugar de toda su vida. Los *selk'nam* siempre lo supieron. En los inicios del siglo XX, los escasos miembros sobrevivientes, en gran número pertenecientes al grupo norteño, todavía decían: *¡yikwak haruwenh aina!,* ¡ésta es nuestra tierra!

En ella encontraban los salvajes todas las cosas del mundo para ir enlazando generaciones de cazadores. Los conocimientos de la actividad, durante siglos, fueron trasmitidos de padres a hijos: en los rastros del guanaco los hombres averiguan sus hábitos. Luego, la persecución. Los perros furiosos siguen la huella, corren, acosan a dentelladas a la bestia. Los hombres se aproximan para disparar sus flechas al pescuezo, cae, se levanta sangrando, huye. Los perros desgarran los lomos. Huye hacia la llanura pastosa. Los hombres van tras el rastro de la sangre. Se detiene el animal, cae. Los hombres de cuerpo pintado llegan junto al animal para acabar con su vida.

Antes, ninguno conocía la caza de los guanacos. *Tenenesk* contaba, a veces, una historia:

Mientras vivía *Shakanushoyi,* la gente no necesitaba ir de caza, ni manejar arcos y flechas, pues él alcanzaba los guanacos a la carrera. Pero ahora, la situación había cambiado para todos ellos. Especialmente sus parientes, los *Keyáishk* (el cormorán negro), estuvieron muy apenados por su muerte. Aún hoy están totalmente de negro a causa del duelo, provocado por la pérdida de aquel corredor que pertenecía a su familia. A partir de entonces, la gente no tuvo más remedio que fabricarse arcos y flechas. Se ejercitaron en su manipuleo y fueron a cazar con ellos. Más tarde, los *Keyáishk* también enseñaron a sus perros cómo debían localizar a los guanacos y arrearlos en dirección a los cazadores.

Gusinde op. cit.: 628.

Para los *selk'nam*, su *Karukinka* no sólo es tierra, sino también el manto celestial que la cubre, y la cosmovisión hecha de caminos y significados, de preguntas y dudas, el cielo. Es la totalidad absoluta. Es el "mundo" del hombre. ¡*Yikwa ni selk'nam!* significa "¡nosotros somos los *selk'nam!*: ¡nosotros somos los hombres!, afirma el sentimiento de comunidad autónoma e indivisible, habitante.

En la totalidad absoluta, junto al mundo de los antepasados y al mundo de los hombres se encuentra el mundo de los espíritus: los del bosque y los del *haín*.

8. LOS ESPÍRITUS LUJURIOSOS DEL BOSQUE: LOS *YOSHI*.

Un "divertimento" de su pensamiento son los *yoshi*, espíritus lujuriosos de los bosques. Poseen *kashpi* diferente ánima de los hombres. Seres masculinos, poseen un cuerpo distinto al de los hombres, visibles a su antojo, habitantes de la espesura. Ninguno sabe de su origen, ni siquiera *Tenenesk*.

Mucho hace ya que pienso en ello, pero no puedo descubrir cómo han llegado hasta nosotros los *yoshi*. Nuestros mayores tampoco lo sabían. Los *yoshi* no son antepasados ni *selk'nam*. Hace mucho que los *yoshi* están en nuestra tierra, pues hay gran número de ellos.

Gusinde op. cit.: 673.

Son personajes arteros, astutos, con poder para intensificar la profundidad del sueño de un hombre o una mujer con el propósito de penetrarlos con su enorme pene. Las víctimas de esa lujuria se transforman en personas infértiles. Los *yoshi* niegan la posibilidad de la vida al "quemar" los órganos reproductores de la gente. Cierran el camino a la muerte. Ella no podrá ser porque la vida tampoco podrá ser.

Los *yoshi* también pueden causar la muerte de las personas. Algunos poseen una fuerza extraordinaria. Llevan en sus manos una piedra bastante esférica. Casi siempre en las noches buscan pacientemente al solitario, a los caminantes fatigados que todavía están lejos del campamento.

El *yoshi* acecha con gran placer a un marido, para luego llevarse consigo a su esposa. En este caso arroja con la mano su piedra redonda contra el hombre. Esta piedra tiene gran poder de penetración y acierta con gran seguridad. Si el hombre ha sido herido, por lo general cae inmediatamente y muere.

Gusinde op. cit.: 675.

9. LOS ESPÍRITUS DEL *HAÍN*

La choza ceremonial del *haín* era una representación complejísima de un cosmos. Un cono abierto hacia el este. Ese espacio vacío es la puerta, la abertura al infinito. Es una hendidura que proyecta un peligroso abismo sin fin sobre la tierra, separando los territorios del norte de los del sur. En ese hueco imaginario e interminable, los hombres que no guardaban el debido cuidado podían caer a la profundidad y morir verdaderamente. Una grieta para que muchos espíritus habitantes del subsuelo, entre ellos *xalpen*, el engendro lunar femenino, pudiera emerger a la superficie para aterrorizar, matar y comerse a los hombres.

Los cuatro puntos cardinales de la circunferencia de la choza, representan el centro de los cuatro cielos del infinito; los cielos situados más allá del firmamento. En el cielo o *cho'on* del norte está *kamuk*, origen del viento del mar. En el cielo del sur, *Kéikruk*, origen del viento del sur. En el cielo del oeste, *Kéinenik*, origen del viento del oeste. En el cielo del este, *Wintek, Temáukel*: origen de todo lo existente.

Más allá de los cielos, las cordilleras invisibles del infinito. Cordilleras míticas, fuentes del poder de los chamanes. Aquélla del este, la más poderosa, la más alta. A su cima, pocos chamanes pudieron llegar. Es la cordillera de las raíces. La cordillera resbalosa (Chapman 1986: 125-128).

Los espíritus del *haín* son los monstruos de las profundidades. Hijos de los abismos del firmamento y la tierra. Espíritus singulares; no son antepasados, ni hombres, ni *yoshi*. Son otra cosa, indescriptible. Poseen formas y colores múltiples, variedad de caracteres. Cada uno de sus movimientos y cantos son diferentes. En ellos, sobra una mayoría masculina, prevalece el sexo femenino. Quien les mirase, no estaba seguro de qué cosa podían ser. Incluso, antes de morir, Ángela Loij todavía estaba llena de dudas.

> Los espíritus no parecían hombres. No se podía imaginar que lo fueran.
>
> Chapman, 1986: 135.

Como ningún otro ente de la cosmovisión *selk'nam*, ellos son habitantes del pensamiento. Sus guaridas siempre se encuentran en los conocimientos del chamán. Los espíritus pertenecen a un texto mítico que se despliega, espectacular, en momentos de conmemoración, cuando los muchachos se convierten en hombres. En ese instante, los hombres son soporte de la representación mágica.

> En tiempos remotos era gran incentivo para jerarquizar la reunión de los hombres que un actor capaz, famoso, se hubiera comprometido a asistir. Por su sola personalidad se presentaban participantes que llegaban de parajes lejanos. Ese actor pone siempre en juego todo su saber para representar de la mejor manera posible el papel que le asignaron, y todos los espectadores, incluso las mujeres y los niños, disfrutan plenamente de su actuación.
>
> Gusinde op. cit.: 819.

Espíritus que enlazan los mundos reales, aunque apartados de los *howenh* y de los *selk'nam*, son una metamorfosis para la fuga de las esferas dispersas, agujero de gusanos; espacio sagrado para espejar el cosmos; vuelco, ronda del pensamiento que se derrama para construir metáforas. Cantos, susurros. Gritos en la oscuridad de la noche. Movimiento. Voces, nuevas palabras, traducción diferente de un mismo texto. Seres provenientes de mundos ignorados. Aparecidos:

> *Sho'orte, Matan* y los demás "espíritus" son seres provenientes de otras esferas, que se acercan a la Choza Grande y ocasionalmente salen al exterior para hacerse ver,

cumplido este propósito, desaparecen nuevamente en la choza del *haín*.

> Gusinde op. cit.: 878.

10. EL APOCALIPSIS DE LA SANGRE: LA GUERRA Y LA MUERTE

El origen del hombre se encuentra en la instauración de la muerte entre los antepasados. Sin desearlo, *Kwányip* es el creador del hombre. Este es cuerpo materializado que se muestra como un recipiente en cuyo interior habita el espíritu, el *kashpi*. La muerte sobreviene en el instante de la ruptura de la relación entre los componentes que forman el hombre. El *kashpi* abandona el cuerpo que había sido su soporte, abandona la tierra, se encamina en dirección a *Temáukel*:

> Al morir, el alma se va de aquí y asciende hacia *Temáukel*. Allí se queda a partir de entonces. Las almas permanecen detrás de las estrellas.
>
> Gusinde, op. cit.: 516.

Al producirse la ruptura, la palabra no se puede expresar, el cuerpo se corrompe en silencio, el espíritu se marcha desolado. Este hombre es un ser para la muerte. El fin del hombre es la muerte, la separación del espíritu que habita el interior del cuerpo; que él pueda regresar al *sho'onh*, al cielo de su linaje. El fin del hombre también es el silencio de los que carecen de palabra. Cumpliendo con la obligación instaurada por *Kenós*, el ánima andará el mismo recorrido efectuado por aquel antepasado. Nunca tendrá fin su existencia.

Los motivos de la muerte son diversos. Un día, la muerte decide allegarse al hombre viejo para hacerlo sucumbir. Morir de viejo, después de agonizar horas, es el verdadero morir. Esto lo sienten los *selk'nam* como una transformación.

Diferente es la muerte causada por la enfermedad. El hombre enfermo sabe que el materializado poder maléfico, el *kwake* de un chamán, ha penetrado su ánima, o cuando la muerte es aun más rápida y dolorosa, una forma virulenta de poder, el *shánem* se le ha introducido en el cuerpo. Un cuerpo traspasado de *shánem* no puede evitar la muerte.

Kra, la mujer-luna, poderosa chamán, puede causar el exterminio de los niños y de los hombres. Los *selk'nam* prohíben a los niños mirar la luna. Los eclipses son considerados como manifestación extrema de odio, ira y crueldad de la mujer-luna. El chamán es llamado a sosegarla para proteger la vida de las personas.

> La mujer-luna nos odia a nosotros, los hombres, tremendamente. Nadie está a salvo de ella. Mata furtivamente a uno de nosotros y lo devora. Más de uno de nosotros ya ha perecido de esta manera, pues ella es una chamán poderosa. Su poder no ha disminuido desde que está allí en el firmamento. Cuando su ira contra nosotros, los hombres, crece mucho, aparece totalmente teñida de rojo. Es entonces cuando devora nuevamente hombres, en especial niños. El color rojo que se puede apreciar en ella en esa oportunidad proviene de la sangre humana que consume.

> Gusinde op. cit.: 577.

En noches de luna roja, el peligro de muerte también se cierne sobre los chamanes. Ellos deben enviar su *wáiyuwen* para que averigüe quién será la víctima de *Kra,* la mujer-luna. Transformado en un aguilucho, el *wáiyuwen* volará remontando el firmamento para visitar a la luna en los instantes del eclipse. Enfurecida, ella arrojará sobre el chamán un trozo de piel ensangrentada. Luego, hambrienta, engullirá su *wáiyuwen.* Esa es la desgracia de un chamán. Herido de gravedad al tiempo después, acabará su vida: es la muerte lenta, la más lenta de todas las muertes.

> Luna tiene mi vincha bajo sus rodillas. / Luna acaba de tomar mi vincha. /Estoy seguro de que luna me ha tomado. Estoy bajo sus rodillas.

> Chapman, 1990: 209.

El cadáver de las personas fallecidas no recibe ningún tratamiento para su sepultación. Nadie podría pensar en lavarlo, cerrarle los ojos o la boca. La muerte es negación de la corporalidad. Los *selk'nam* sienten profunda repugnancia por los cadáveres y huesos humanos. Los restos humanos se transforman en una materia contaminadora. Una importante preocupación es realizar un entierro que impida a los animales salvajes comer la carne corrupta. Los *selk'nam* no podrían soportar el haber comido de un animal de ésos.

Los chamanes *selk'nam* también poseen *kashpi.* Los chamanes mueren a causa del poder superior y maléfico de otros chamanes. Al morir el oficiante, su ánima no sigue el camino de *Kenós.* Ella permanece cerca de la vivienda que cobijaba su cuerpo esperando penetrar el cuerpo de un aprendiz. Los *selk'nam* piensan que el espíritu de estos hombres incrementa su poderío al morir. El *kashpi* de un chamán pareciera ser inmortal, mientras encuentre un cuerpo donde encarnarse, siempre que haya sido sepultado boca arriba. De lo contrario, el *kashpi* no podrá salir del cadáver.

Los selk'nam responsabilizan a *Temáukel* de la muerte de los hombres. En el mundo de los antepasados, la eternidad poderosa no hizo absolutamente nada por impedir a *Kwányip* la instauración de la muerte verdadera.

Entre los *selk'nam* los gritos fúnebres de los deudos son alaridos, lamentos monótonos en las horas crepusculares. La gente se rasguña la piel, con un trozo de vidrio se abren heridas sangrientas en el pecho, los brazos y las piernas. Todos se pintan la cabeza, el rostro y el cuello con tintes ocres. Es el *k'armán,* la pintura de luto. Los deudos dolientes reiteran el mismo gesto de *Kwányip* al morir su hermano.

Los acosos, las balas, las enfermedades, los misioneros, los gobernantes, la extrañeza, la incomprensión, la intolerancia los fue transformando en estrellas. La muerte se los fue llevando, uno por uno, hasta no quedar ninguno. En un canto chamánico para curar a un guerrero, del más célebre, escuchamos a Lola Kiepja decir:

> El poder de las mujeres es corto. Estoy sentada junto a uno que fue muerto en la guerra, aquel que partió.

> Chapman 1990: 211.

Entres los *selk'nam* la última guerra interétnica ocurrió alrededor del año 1900 en los territorios de Estancia Carmen. Uno de los linajes había asesinado a un hombre, miembro de otro linaje. La familia de Tenenesk fue acusada del hecho de sangre. Con fiereza y desenfado, los vengadores atacaron a la parentela del chamán, degollando a muchas mujeres y a algunos niños. Tenenesk perdió a dos de sus hermanos y él mismo, orgulloso, sintió que la vida se le iba rauda por las heridas de esas tres puntas de vidrio azul enterradas en la profundidad de su espalda. La luna odiosa devoraba sin cesar a los hombres. Esperando, Tenenesk aguardaba el momento propicio para atacar. El odio acrecentaba su magnitud espantosa. Meses después, alrededor de treinta cadáveres se pudrían entre los pastizales. Había sido la última guerra entre dos linajes diferentes.

Figura 10. Espíritus *kloketen* (Gusinde, 1923).

Figura 12. Grupo de *selk'nam* (Agostini, 1929).

Figura 11. Juego de lucha entre los *selk'nam* (Agostini, 1929).

Figura 13. Kotaich, representación *selk'nam* durante el *kloketen* (Gusinde, 1929).

En la sociedad *selk'nam* los motivos de guerra son la violación de los derechos de propiedad de los linajes patrilineales sobre sus territorios, y los conflictos de poder entre los chamanes de familias diferentes. Un motivo todavía más relevante es el reparo al homicidio de algún pariente, la venganza de sangre. Muchas noches, sentados junto al fogón, los hombres piden a la memoria rememorar mitos de guerreros prestigiados. En el otoño de 1923, Toin aún podía recordar muchas historias de antepasados.

Soikaten estaba muy triste, porque había perdido a todos sus parientes. Su mente clamaba venganza. Pronto comenzó a reunir amigos en torno suyo. Logró establecer una fuerte tropa de hombres. Durante el verano siguiente emprendió la marcha. Atacó a los parientes y amigos de *Kaskóyuk*. Muchos de ellos fueron muertos, ¡quería vengarse a fondo! Cuando hubo muerto un gran número de sus enemigos, *Soikaten* se dio por satisfecho, pues su venganza había sido amplia.

Gusinde op. cit.: 604.

Antes de ir a buscar reparación, los hombres entonan cánticos de contienda, se pintan el cuerpo con tintes ocres, enmascaran su faz con maquillajes escarlata y blanco. Quien hiciere de jefe en ese momento usará un atavío para su cabeza confeccionado con piel de zorro y plumas grandes de ala de gavilán o búho. En penumbras, sean de la mañana o de la tarde, saldrán sigilosamente al encuentro del enemigo. El combate finalizará momentáneamente, al morir alguno de los hombres involucrados en las tareas de la venganza. Quien sea el vencedor regresará henchido de alegría a su campamento.

En la sociedad *selk'nam* la actividad de la guerra es ocupación exclusiva de los hombres. La participación de las mujeres y los niños se reduce a su condición de botín, a pesar de no ser ése el fin del conflicto. En los hombres, su cualidad guerrera sólo emerge en el instante de asumir el deber de no dejar en la impunidad el homicidio de un pariente, culminación de un proceso de violencia recíproca. Ninguno puede escapar a la venganza, no importando el tiempo transcurrido entre el homicidio y su reparación.

La sangre que se ha derramado contamina hasta la muerte: se vuelve líquido maléfico. El poderío del fluido que infiltra la trama parental, ensuciando, obliga al *selk'nam* a la venganza. No tiene otra manera de recuperar su pureza. La sangre posee un doble valor, es algo maléfico que se transforma en benéfico. Los hombres deberán lavar las impurezas impuestas sobre su linaje derramando la sangre de los ofensores. Ella será considerada fluido benéfico capaz de limpiar todo lo que se encuentra contaminado.

El derramar sangre hasta la muerte es la única alternativa cultural existente en la sociedad *selk'nam* que permite restaurar el daño provocado por la violencia. El vengador no se aparta de ningún precepto ético al asesinar. Inocente, sólo actualiza un valor cultural. La guerra motivada por la venganza de sangre permite al hombre ser consecuente a los contenidos de su ideología. Es lo que la sociedad espera de él. Si no cumple, dejará de ser hombre.

El hombre se sabe habitante perecedero del mundo, sujeto en tránsito. La muerte es algo inevitable. La muerte es una mugre. Los cuerpos contaminados de muerte pierden la palabra. Perdida la palabra, el cuerpo pierde su lugar en el mundo. Mientras su cuerpo, boca arriba, se pudre en un lugar del bosque de lenga, el ánima imperecedera deberá caminar sola hasta el firmamento, siguiendo los rastros de *Kenós.* Así, hasta el final.

Y de ahí vinieron las guerrillas éstas. Eran como venganzas, una atrás de otra. Ya al último, ni se sepultaban. Entonces ya era el destino de la destrucción de ellos, terminar la raza de una vez, que vengan otras, que venga Popper, que venga Mc Lenan, que vengan los escoceses a poblar la Tierra del Fuego.

Don Luis Garibaldi Honte; en Chapman, 1990: 59

BIBLIOGRAFÍA

AGOSTINI, Alberto
1929   Mis viajes a la Tierra del Fuego. Milán.

BAUDRILLARD, Jean
1991   La transparencia del mal. Barcelona.

BEAUVOIR, José María
1915   Los *selk'nam:* indígenas de la Tierra del Fuego. Buenos Aires.

BORGATELLO, Maggiorino
1915   Patagonia meridionale e Terra del Fuogo. Turín.

BRIDGES, Thomas
1893   La Tierra del Fuego y sus habitantes. Boletín del Instituto Geográfico Argentino, 14: 221-241.

CLASTRES, Pierre
1987   Investigaciones en antropología política. México.

COIAZZI, Antonio
1914   Los indios del archipiélago fueguino. Revista Chilena de Historia y Geografía. 13.

CHAPMAN, Anne
1986   Los *selk'nam.* La vida de los onas. Buenos Aires.

CHAPMAN, Anne
1987   La isla de los Estados en la Prehistoria. Buenos Aires.

CHAPMAN, Anne
1990   El fin de un mundo. Buenos Aires.

FURLONG, Charles
1917   The Haush and Ona: Primitive Tribes of Tierra del

Fuego. International Congress of Americanists, 19: 432-444.

GALLARDO, Carlos
1910   Tierra del Fuego. Los Onas. Buenos Aires.

GUSINDE, Martín
1986   Los indios de Tierra del

Fuego: los *selk'nam*. Buenos Aires.

LOTHROP, Samuel
1928   The Indians of Tierra del Fuego. Contributions from the Museum of the American Indian, 10.

MASSONE, Mauricio
1987   Las culturas aborígenes de

Chile Austral en el tiempo. Hombres del Sur, Santiago: 11-46.

TONELLI, Antonio
1926   Grammatica e Glosario delle Lingua degli Ona-Selknam, Terra del Fuoco. Turín.

CAPÍTULO X

LENGUAS INDÍGENAS DE CHILE

Adalberto Salas *

1. INTRODUCCIÓN

1.1. LAS LENGUAS INDOAMERICANAS CHILENAS. PRESENTE Y PASADO

Dentro del territorio de Chile continental existen hoy tres grupos indígenas, descendientes directos de los habitantes prehispanos de América. Son los *aymaras*, los *mapuches* o *araucanos* y los *alacalufes* o *kawésqar*. Las otras poblaciones autóctonas que residieron en el suelo americano que hoy es Chile, no pudieron sobrevivir como entidades lingüísticas y socioculturalmente diferenciadas, ante el absorbente modo de vida europeo-occidental. El proceso de extinción de los grupos aborígenes se prolongó hasta las primeras décadas del siglo XX, cuando desaparecieron los *atacameños* del Gran Salar de Atacama, los *onas* o *selk'nam* de Tierra del Fuego, y los *yámanas* o *yaganes* de los canales australes.

En la zona norte del país, al interior de Antofagasta, vivieron los *atacameños,* agrupados en pequeños caseríos de barro, madera de quisco y piedra volcánica, situados en los oasis, quebradas y valles regados, donde cultivaban sus huertos y chacras y criaban su ganado. Su lengua es conocida en la literatura especializada con los nombres de *atacameña, kunza, likanantai* y *(u)lipe.* A la llegada del conquistador, la población atacameña estaba reducida a las áreas periféricas, a lo largo del borde oriental del Gran Salar de Atacama, adonde había sido empujada por la llegada a su territorio de pueblos invasores. La pequeña y disgregada sociedad atacameña no pudo resistir el impacto e inició su proceso de extinción, el que concluyó a mediados del siglo XX.

En la fecha de su extinción como minoría lingüística, los atacameños estaban concentrados en los pueblos que bordean el Gran Salar de Atacama, entre otros: Caspana, San Pedro de Atacama, Toconao, Peine y Socaire. Los habitantes actuales hablan castellano, pero mantienen la tecnología agraria tradicional –especialmente en lo que respecta a la manipulación del agua–, el estilo de vida agrario-pastoril, y algunas prácticas ceremoniales relevantes. Entre éstas es muy prominente la ceremonia de limpiado de acequias, llamada *talátur.* Entre los componentes verbales de esta ceremonia figuran canciones en kunza junto a fórmulas de salutación y brindis en castellano. En la década del cincuenta la lengua kunza ya no se usaba en absoluto como lengua de comunicación, de modo que el texto de las canciones de *talátur* era simplemente "ejecutado" de memoria. En otras palabras, el kunza había pasado a funcionar solamente como una lengua ritual, algo así como el latín en la liturgia católica anterior al Concilio Vaticano II.

El kunza alcanzó a ser descrito en gramáticas y vocabularios preparados por los grandes polígrafos chilenos del siglo pasado: San Román 1890, Echeverría y Reyes 1890, Vaisse *et al.* 1895 y Schuller 1908.

Al sur del territorio atacameño, en los valles regados del Norte Chico, vivieron los *diaguitas.* Tal como los atacameños, eran agricultores y pastores, asentados en pequeñas aldeas, aisladas unas de otras, sin una estructuración social superior a los pequeños grupos locales.

Diversos factores históricos desencadenados por la llegada del conquistador español, fueron determinantes de la desaparición total de la etnia diaguita. Hacia 1600 los diaguitas chilenos estaban totalmente extinguidos. De su lengua sólo quedaron rastros en la toponimia del área.

Al otro extremo del país, en las estepas y bosques de la Isla Grande de Tierra del Fue-

---

* Universidad de Concepción.

257

Figura 1. Mujer tejiendo con telar de cintura. Atrás, el hombre hila. Enquelga.

Figura 2. Madre e hija tejiendo fajas. Enquelga.

Figura 3. Hombre tejiendo con palillos. Isluga.

Figura 4. Pastora de Enquelga (Figuras 1, 2, 3 y 4 fotografías de Fernando Maldonado.)

go, vivieron los *onas* o *selk'nam*. Estos eran cazadores nómadas. Organizados en pequeños grupos familiares, recorrían a pie grandes extensiones de territorio dedicados a la caza de mamíferos y aves.

Al parecer nunca fueron los onas un grupo numeroso (unos 4.000 individuos a mediados del siglo pasado; V. Clairis 1985: 16, nota), y rápidamente desaparecieron durante el proceso de colonización moderna de las tierras australes. Para todos los efectos prácticos, el ona es hoy una lengua extinguida.

En el confín sur de América, en los archipiélagos que van desde la península de Brecknock hasta el Canal de Beagle, vivió el grupo humano más austral del mundo: los nómadas canoeros conocidos en la literatura antropológica como *yámanas* o *yaganes*. De una población, calculada para el siglo pasado, en unos 3.000 individuos (V. Clairis 1985: 16, nota), sobreviven hoy solamente tres mujeres, radicadas en Ukika, una pequeña aldea situada en las cercanías de Puerto Williams, en Isla Navarino. Por haber pasado ya la edad reproductora, por su matrimonio con colonizadores hispanohablantes, por haber criado a sus hijos y nietos como hispanohablantes, estas mujeres son claramente hablantes terminales de la lengua yámana.

Entre 1919 y 1924, el misionero austríaco Martín Gusinde, de la Congregación del Verbo Divino, realizó cuatro expediciones a Tierra del Fuego. Reunió sus observaciones sobre la lengua y la cultura de los indígenas australes –los onas o selk'nam, los yámanas o yaganes y los alacalufes o kawésqar– en una monumental obra en tres volúmenes (Gusinde 1931, 1937, 1974), hoy un clásico de la lingüística y antropología fueguinas.

1.2. EL PASCUENSE, UN VERNÁCULO CHILENO NO INDOAMERICANO

A las tres lenguas vernáculas indoamericanas conservadas hasta hoy –aymara, mapuche, alacalufe– hay que añadir el *pascuense* o *(vaná a) rápa núi,* incorporado al paisaje lingüístico chileno en 1888, cuando Policarpo Toro tomó formalmente posesión de isla de Pascua a nombre del gobierno chileno.

1.3. LA LINGÜÍSTICA INDÍGENA EN CHILE

En Chile el interés académico universitario por el estudio de las lenguas vernáculas autóctonas, es relativamente reciente. De hecho, fue en 1964 que apareció el primer estudio de una lengua indoamericana chilena preparado con la metodología de la lingüística descriptiva moderna. Es la descripción fonológica del mapuche preparada por Max Sergio Echeverría Weasson, 1964. En 1973 apareció la primera descripción fonológica del pascuense (Salas), en 1976 la del aymara chileno (Clair-Vasiliadis) y en 1982 la del alacalufe (Aguilera 1982b y 1983). Desde entonces hasta ahora estas lenguas están siendo objeto de intensivos proyectos de investigación en las diversas universidades chilenas.

Al momento del desarrollo en Chile de la lingüística descriptiva, el kunza del Salar de Atacama y las lenguas fueguinas –con excepción del alacalufe– se encontraban en las etapas finales de su proceso de extinción. La situación fue mejor en Argentina, donde el ona o selk'nam alcanzó a ser descrito por Najlis en 1973, 1975 y el yámana o yagán por Golbert 1977, 1978. La fonología de la variedad chilena del yagán está descrita en Guerra 1989 y 1992; en Salas y Valencia 1990 viene una descripción de la pronunciación yagana, complementada con una lista léxica.

1.4. UNA VISIÓN PANORÁMICA DE LAS LENGUAS INDÍGENAS CHILENAS ACTUALES

En las páginas que siguen se presenta un bosquejo de cada una de las lenguas vernáculas habladas hoy en Chile. Cada bosquejo incluye información sobre la situación del bilingüismo vernáculo castellano, clasificación tipológica y filiación genética de la lengua, pronunciación y características morfosintácticas más prominentes. A modo de ilustración se ha incorporado, para cada lengua, una pequeña lista léxica. En el texto y en las notas viene una información bibliográfica destinada a servir de orientación al lector interesado en profundizar alguno de los aspectos presentados.

Información sobre la distribución territorial de las minorías que hablan estas lenguas, estimación de su masa poblacional, características ecológicas de las áreas que ocupan, subdivisión en parcialidades étnicas, etc., se encuentra en Dannemann y Valencia 1989, única obra de conjunto de orientación etnográfica y lingüística sobre los grupos autóctonos de Chile.

2. EL AYMARA (aymara)

2.1. EL BILINGÜISMO AYMARA-CASTELLANO

Durante las últimas décadas, la sociedad global hispanochilena ha quebrado el aislamiento geográfico de la minoría aymara, mediante mejoras sustantivas en la red vial, en los sistemas de intercomunicación radiotelefónica, en el alcance de la radio y televisión, en la creación de escuelas, y muy especialmente, mediante reformas en la organización y funcionamiento de escuelas especiales situadas en puntos clave del territorio aymara.[1]

Como consecuencia directa de la intensificación del contacto con la sociedad hispánica, los aymaras chilenos han tenido que aprender a comportarse en más y más contextos sociales nuevos que exigen el uso del castellano. En otras palabras, el castellano ha pasado a ser una condición dada en el ambiente social que ningún individuo aymara puede proscribir o ignorar completamente.

La sociedad aymara chilena actual vive, entonces, una situación de bilingüismo. En términos generales, se desenvuelve en castellano en actividades orientadas hacia la sociedad global y en aymara en actividades orientadas hacia su cultura tradicional andina.

Siendo el castellano función del inevitable contacto con la sociedad global –prestigiosa y atractiva– los niños son tempranamente iniciados en su uso en la casa, por su propios padres. Posteriormente la escuela sistematiza y formaliza la enseñanza del castellano, tanto en lo que respecta al sistema lingüístico en sí, como a sus contenidos culturales y su visión del mundo. El predominio del castellano en los niños, muchas veces concomitante con la relegación o la postergación del aymara, observado por Harmelink (1985: 18, 27-28, 29-31), por Grebe (1986: 43-45), y por Gundermann (1986: 169-170, 173), puede ser explicado en términos de una preparación deliberada para el contacto, primero en el hogar y luego en la escuela.

---

[1] Se trata de la creación de las llamadas "escuelas fronterizas de concentración". V. Gundermann 1986: 165-166.

En el mismo sentido, los segmentos poblacionales en los que se aprecia más claramente el predominio del español, son precisamente aquellos que tienen a su cargo la mayor parte del contacto: hombres maduros, adultos y jóvenes. En los ancianos de ambos sexos el predominio del aymara es claro: ellos se han retirado a la vida intrafamiliar y aparentemente su ámbito más amplio de acción es el grupo vecinal, en tanto que sus actividades rutinarias están orientadas hacia la cultura tradicional. En edades comparables, en las mujeres predomina el aymara, y en los hombres el castellano como lo nota Grebe 1986: 44. (V. también Valencia 1984: 54). Las actividades laborales femeninas se ejercen más bien en el ámbito doméstico interno, el más tradicionalista e inaccesible al contacto. Es en vista de esta orientación del trabajo que los aymaras dan menos escolaridad a sus hijas que a sus hijos: son éstos –no aquéllas– los que van a tener a su cargo la mayor parte del contacto con los hispanohablantes.

Grebe (1986: 43) vincula además el predominio del castellano con la localización en la precordillera: "Son monolingües de castellano los pueblos cordilleranos (costinos), quienes hace tiempo perdieron la lengua aymara. Sólo algunas personas de edad avanzada pueden hablarla o comprenderla un poco..." En su opinión, sólo hay bilingüismo en el altiplano, pero con notorio predominio del castellano.

Harmelink (1985: 18-29) presenta la situación en forma más matizada y realista que Grebe. Dado un continuum entre dos extremos –probablemente inexistentes– constituidos por aymaras monolingües de aymara y aymaras monolingües de castellano, el predominio de una u otra lengua parece depender de varios parámetros:

– distancia relativa con respecto a los centros urbanos mayores del área (Arica e Iquique);

– tamaño del poblado, principalmente el estatus de poblado en oposición al de simple caserío (o "estancia");

– facilidad de acceso, o sea "... el tiempo y la dificultad involucrada en un viaje a un pueblo en particular" (1985: 20);

– importancia política, dependiente de "si un pueblo cumple alguna función oficial" (1985: 20);

– grado de influencia externa, manifestado por la presencia de la institucionalidad nacional en un poblado dado.

El tamaño del poblado parece ser decisivo, ya que de él dependen los otros parámetros: los poblados más grandes tienen mejores caminos, son elegidos como sedes de los servicios públicos nacionales, tienen siempre escuela, etc.

La operación de estos parámetros hace necesario distinguir entre poblado ("pueblo" en la denominación de Harmelink) y caserío; entre altiplano y cordillera; y además, separar la provincia de Iquique en términos del mayor aislamiento geográfico de su enclave aymara. Se obtiene así el siguiente diagrama que ilustra el patrón general de uso de la lengua aymara:

Mínimo	–precordillera: pueblo
↑	–precordillera: caserío y altiplano: pueblo
Grado de uso del aymara	–altiplano: caserío –Iquique: pueblo
↓	
Máximo	–Iquique: caserío

(1985: 21). Dentro de este patrón general entran a funcionar las variables individuales de sexo y grupo de edad; predominio del aymara en los ancianos y del castellano en los niños, predominio del castellano en los hombres y del aymara en las mujeres.

En último término, los parámetros de Harmelink apuntan a que en los lugares en los cuales el contacto con la sociedad hispánica es más consistente y permanente, antiguo y arraigado, predomina el castellano, e inversamente, donde el contacto es más bien esporádico y reciente, predomina el aymara. Por otra parte, las relaciones comerciales de los aymaras chilenos con los aymaras bolivianos, se manejan normalmente en aymara (V. Harmelink 1985: 23, 31-34), lo que contribuye a mantener equilibrada la situación de bilingüismo.

En general el castellano hablado por los aymaras es acentuado. En algunos casos puede llegar a ser tan fluido como el de un hispanohablante nativo, pero siempre marcado por algunas desviaciones en la pronunciación y en la estructura gramatical.[2] Algunas de estas desviaciones están motivadas por interferencia del aymara, en tanto que otras reflejan simple falta de conocimiento y dominio de la estructura fonológica y gramatical del caste-

---

[2] Urquhart, 1987, ha descrito algunas de las características desviantes del castellano aymara, especialmente las relativas al uso del artículo y el pronombre.

llano. Dependiendo de factores tales como habilidad lingüística individual, grado de exposición al castellano nativo, y calidad de éste, algunos aymaras presentan en castellano sólo un ligero acento extranjero en la pronunciación y defectos menores en la gramática, en tanto que su dominio del léxico y de la gramática es relativamente satisfactorio. En cambio, otros hablan un castellano precario, apenas suficiente para las transacciones más simples y elementales y sólo para comunicarse con hispanohablantes bien dispuestos a cooperar en la interacción.

Grebe (1986: 43-44) observa que los niños aprenden primero el castellano y después, cuando ya tienen 4 a 6 años, el aymara (V. también Harmelink 1985: 29-31 y Gundermann 1986: 173). Esto significa que el primer –y más decisivo– contacto con el castellano se da a través de un modelo que tiene deficiencias y limitaciones: es el castellano extranjerizante y muchas veces precario que hablan los adultos aymaras en caseríos y poblados. Más tarde actúa la escuela, ofreciendo al niño un mejor modelo lingüístico, el del profesor. Por lo general, en las escuelas del área aymara trabaja personal docente monolingüe castellano, procedente de medios urbanos y con preparación universitaria de tres años (Gundermann 1986: 16-167), y que, por lo tanto, es buen exponente del castellano general chileno que practica la norma culta. Pero en la escuela los planes y programas en general, y en particular los de la asignatura de castellano, son los mismos que se aplican en todo el país y, por lo tanto, están orientados hacia niños lingüística y culturalmente hispanos.[3] El sistema escolar chileno no ofrece enseñanza diferenciada para los miembros de las minorías lingüísticas nacionales, como sería por ejemplo la enseñanza del castellano como segunda lengua. Así las cosas, el niño aymara en la escuela aprende a leer y escribir en castellano, y mejora en algún grado su desempeño oral, no tanto por acción de la escuela en cuanto tal, sino por la simple exposición al castellano hablado por el profesor. Sin embargo, dadas las condiciones demográficas del área, los niños están expuestos mayormente al castellano hablado por otros aymaras, con lo cual los rasgos desviantes en la fonología y en la gramática, las limitaciones en el léxico y los desajustes pragmáticos, tienden a fijarse y generalizarse, pasando a constituir la norma de un dialecto nuevo que podemos llamar "castellano andino" o "castellano aymarizado".

Obviamente, la sociedad aymara actual vive bajo la presión de fuerzas que operan en dirección asimilatoria a la cultura hispánica de la nación. La universalización del castellano entre los aymaras es un claro ejemplo objetivo de la operación de dichas fuerzas asimilatorias.

La cultura europea occidental se asimila tanto por su sola presencia como deliberadamente por medio de instituciones integradoras. Su presencia presiona una constante corriente emigratoria aymara hacia las ciudades del litoral (Gundermann 1986: 164, 167), impone cambios occidentalizantes en la vida interna de las comunidades, y sobrevaloriza la adquisición del castellano y de la educación formal como instrumentos poderosos de promoción social. Las instituciones típicamente integracionistas, tales como la escuela o algunas formas de la misión protestante, "desaymarizan": la escuela imponiendo el castellano y los contenidos culturales occidentales, y la catequesis protestante reemplazando el catolicismo andino tradicional por "... una forma rígida de cristianismo que, negando explícitamente las creencias y el ritual aymara... exige el abandono de todos los signos visibles de la condición aymara, sindicándolos de atraso y primitivismo: vestimenta, juegos, ajuar doméstico, construcción, lengua aymara y otros". (Gundermann 1986: 169). La postergación o directamente la proscripción de su lengua por parte de los propios aymaras, no es sino la manifestación conductual visible del deseo de la población de integrarse a la vida nacional. Se desprende de las opiniones de los informantes de Grebe que algunos aymaras visualizan hoy su lengua y cultura tradicionales como un obstáculo para su participación en la sociedad europea occidental (1986: 14-47). Harmelink (1985: 28-31) coincide parcialmente con Grebe al decir que "existe un sentimiento definido de que el conocimiento del aymara y la habilidad para hablarlo no le sirve a la persona tanto como poder hablar español", pero no detecta actitudes de rechazo hacia la lengua aymara. En cambio, entre gente de edad avanzada, él aprecia más bien una actitud de "fuerte apego" (1985: 29), que tiene como reflejo en los grupos de edad menor el uso del aymara como señal de respeto y deferencia cuando se dirigen a los ancianos (1985: 26).

En resumen, la minoría aymara residente en territorio chileno es bilingüe de castellano

---

[3] Gundermann (1986) hace una exposición crítica –sosegada y disciplinadamente dramática– del desajuste pragmático, programático y doctrinario entre la escuela chilena y la sociedad aymara.

y aymara. Grebe (1986) insinúa que la situación marcha hacia el monolingüismo de castellano, o sea, hacia la pérdida del aymara,[4] pero una conclusión así puede estar en algún grado y medida dirigida por el procedimiento de entrevistas utilizado en la investigación; las preguntas directas suelen desarrollar respuestas referidas al nivel ideal, no al nivel factual o real.[5] Esto significa que frente a una pregunta directa sobre cualquier aspecto importante de su conducta, la gente suele responder, aun de buena fe, verbalizando lo que sienten que deberían hacer, no lo que realmente hacen. La obtención de respuestas factualmente verídicas depende de una multitud de factores, usualmente no considerados o impracticables en las condiciones de encuestas o entrevistas.

La observación directa del aymara hablado en Chile sugiere una situación diferente a la que Grebe señala. El material recogido en los últimos diez años (listas léxicas, paradigmas verbales, textos ocasionales, textos tradicionales, canciones, etc.) no revela en absoluto el desmantelamiento tan característico de las lenguas en proceso directo de extinción. Incluso en los informantes más aculturados, por ejemplo, un muchacho de algo más de veinte años, estudiante universitario procedente de Belén, un área de largo y sostenido contacto con el mundo hispanohablante, se apreció una pronunciación aymara segura y consistente, una buena masa de vocabulario activo y una capacidad normal de comprensión. Hace diez o quince años, este joven era un niño precordillerano, de esos que según Grebe "...hace tiempo perdieron la lengua aymara..." (1986: 43).[6]

2.2. FILIACIÓN GENÉTICA

Según Hardman (1978) y Hardman *et al.* (1988), el aymara pertenece a la familia lingüística *jaqi*.[7] En importancia numérica, ésta es la segunda de las familias lingüísticas andinas, después de la quechua.

Tres son las lenguas jaqi existentes hoy:

1. El *kawki*, hablado hoy por unas doscientas personas ancianas en la provincia de Yauyos, departamento de Lima, en Perú;

2. El *jaqaru*, hablado en la misma área por unas dos mil personas; y

3. El *aymara*, cuyo centro territorial es el altiplano andino en el área circundante al lago Titicaca. Cuenta con unos tres millones de hablantes (Hardman *et al.* 1988: 1, 13n.), distribuidos en Bolivia y Perú, a los que hay que añadir núcleos más pequeños situados en Argentina y en Chile.

Todas las lenguas jaqi se caracterizan por la simplicidad de su sistema vocálico, de sólo tres unidades: *i, a, u* (aun cuando *i/u* suelen presentar variantes no significativas algo más bajas, *e/o* respectivamente). También es característica la gran riqueza y complejidad de su consonantismo: 36 en kawki y en jaqaru la misma cantidad, pero las consonantes en sí no son completamente congruentes. El aymara –como se verá en detalle más adelante– tiene un sistema consonántico más simple, de sólo 26 unidades.·

También estas lenguas se caracterizan por la complejidad de su morfología verbal y por su sintaxis relativamente simple. Esto significa que los enunciados están compuestos mayormente por una larga palabra, el verbo, el cual expresa, mediante partículas sufijadas a su raíz, todos los contenidos necesarios para que la enunciación tenga sentido completo en sí misma. Por ejemplo, en aymara, una sola palabra:

parlakipasipxañanakasakipunirakïspawa

es una unidad comunicativa completa, equivalente a todo un período oracional complejo en castellano: "Yo sé que es deseable y que es necesario que nos comuniquemos entre todos siempre no más" (Yapita 1972, citado en Hardman 1978: 9). En castellano la sintaxis (combinación de palabras entre sí formando frases, cláusulas, oraciones, períodos, etc.) es compleja y la morfología (estructura interna de la palabra) es más bien simple. En las lenguas jaqi la situación es exactamente inversa.

Uno de los puntos más discutidos en la literatura especializada es la relación entre el aymara y el quechua, o para decirlo más exactamente, entre la familia jaqi y la familia quechua.[8]

---

[4] En el mismo sentido apuntan algunos pasajes de Gundermann (1986: 167, 169, 170) y Harmelink (1986: 26).

[5] Harmelink (1985: 1-4) discute brevemente las limitaciones de la entrevista directa como procedimiento para recopilar información relativa al uso del lenguaje. Dadas las condiciones de la entrevista con preguntas directas, ésta es recomendable más bien para el estudio de sistemas de actitudes.

[6] La mejor presentación de la situación sociolingüística actual en el dominio aymara, es de Gundermann (1988), al que tuve acceso cuando ya este artículo estaba en proceso de impresión.

[7] Pronunciado *xáqe*, que significa "persona, ser humano". Los detalles de la transcripción vienen más adelante, en la sección "La fonología".

[8] En el uso corriente se habla del quechua como si fuera una sola lengua. En realidad se trata de un grupo de lenguas emparentadas cercanamente entre sí, muchas veces llamadas –de un modo más o menos informal– "dialectos quechuas" (Torero 1964).

La posición clásica, formulada inicialmente por Orr y Longacre (1968), sostiene que las lenguas jaqi y el quechua están genéticamente vinculadas, o sea, son el resultado actual de la fragmentación de una sola lengua anterior, el quechumara.[9]

2.3. LA FONOLOGÍA

En el aymara hablado en Chile hay tres vocales: **i͂e, a, u͂o**; veinticuatro consonantes: **p, p″, p′, t, t″, k, k′, k″, q, q″, q′, ĉ, ĉ″, ĉ′, s, x́, x, m, n, ñ, l, λ, p**; y dos semiconsonantes: **y, w**.

La vocal **a** tiene siempre una pronunciación similar a la del castellano en palabras como p**a**ño, t**a**rro.

Las vocales **i, u** se pronuncian como en castellano p**i**lla, p**u**lla. Las variantes **e, o** son similares al castellano p**e**sa, p**o**za.

Las variantes **e** y **o** aparecen en dos formas:

–en contacto –inmediato o distanciado– con alguna de las consonantes llamadas post-velares (**q, q″, q′, x**);

–en posición final de la palabra, alternando con las vocales básicas **i** y **u**. En el área sur del territorio aymara se prefieren en posición final las variantes **e** y **o** (**ie-io-ue-uo**). En el área norte se prefieren en esta posición las vocales básicas **i** y **u** (**ei-eu-oi-ou**).

Las siguientes consonantes son muy similares al castellano:

– **p** como en **p**asa;

– **t** como en **t**apa, pero el ápice lingual debe estar apoyado en los alvéolos superiores (y no en la cara interna de los incisivos superiores);

– **k** es igual a la **qu** del castellano en palabras como **qu**izás, **qu**eso: el dorso de la lengua debe tocar la parte posterior del paladar duro;

– **ĉ** es igual a la **ch** castellana en **ch**apa;

– **s** es siempre igual a la **s** del castellano, como en **s**al;

– **x́** es igual a la **j** en la pronunciación del castellano de Chile de palabras como **j**irafa, **j**efe: el dorso de la lengua debe estrecharse contra la parte posterior del paladar duro;

– **m** es igual al castellano: **m**asa;

– **n** igual al castellano: **n**ada;

– **ñ** igual al castellano: **ñ**ato;

– **l** igual al castellano: **l**ado;

– **r** es siempre igual a la r castellana en palabras como pe**r**a;

La consonante **λ** se pronuncia como la **ll** en el castellano del centro y norte de España: **ll**ave, **ll**uvia.

Las siguientes consonantes no existen en castellano: **q, p″, t″, k″, q″, p′, t′, k′, q′, ĉ″, ĉ′, x**.

La consonante **q** es parecida a la **c** en el castellano **c**asa, pero durante su articulación el postdorso de la lengua debe tocar la parte posterior del velo del paladar.

La consonante **x** es parecida a la **j** castellana en palabras como **j**arro, **j**ota, **j**ugo, pero durante su articulación el postdorso de la lengua debe aproximarse a la parte posterior del velo del paladar.

Las consonantes **p″, t″, k″, q″, ĉ″** son "aspiradas". Los órganos de la cavidad oral toman la misma posición que para **p, t, k, q, ĉ**, pero la articulación de cada consonante debe finalizar en un soplo de aire. El soplo debe tener la consistencia necesaria como para mover una hoja de papel puesta frente a la boca o hacer oscilar –o incluso, apagar– la llama de una vela situada a unos 5 centímetros de la boca.

Las consonantes **p′, t′, k′, ĉ′** son "glotalizadas". Los órganos de la cavidad oral toman la misma posición que para **p, t, k, q, c** respectivamente, pero simultáneamente se retiene la respiración en la garganta. Al mismo tiempo que se articula la consonante, se libera bruscamente el aire retenido, el que egresará con un chasquido glotal.

La semiconsonante **y** se pronuncia como la **i** castellana en p**i**ano, a**i**re. La semiconsonante **w** se pronuncia como la **u** castellana en c**u**ando, ca**u**sa. Lo más característico de las semiconsonantes en su comportamiento silábico es que nunca forman sílaba por sí solas: cuando aparecen entre una vocal y una consonante, forman sílaba con la vocal siguiente. Se comportan, entonces, como consonantes.

Teniendo en cuenta que las semiconsonantes están pautadas como consonantes, se puede decir que la frontera silábica aymara depende de dos reglas:

– toda consonante forma sílaba con la vocal que la sigue; y

– dos consonantes contiguas pertenecen a sílabas diferentes.

Por ejemplo:

í-si ~ í-se	ropa
ín-ti ~ ín-te	sol
ĉá~ĉa	hombre
páq-si ~ páq-se	luna

---

[9] Una breve presentación viene en Key 1979: 48-52.

Los siguientes ejemplos contienen semi-consonantes:

áy-ĉa	carne
áw-k"i	padre
pá-ya	dos
qó-wa	coba (un arbusto)

En su forma básica las palabras aymaras pueden ser de dos, tres y cuatro sílabas, de las cuales siempre es tónica la penúltima:

á-qo	muela
wi-ĉín-ka	cola, rabo
ĉ"i-ĉ"i-lín-k"a	mosca

Son muy características las palabras –mayormente de dos sílabas– que tienen sus vocales iguales ("reduplicación vocálica") como:

áka	este (demostrativo)
aráma	noche
lip'íĉi	cuero
míĉi	gato
úru	día

Cuando las palabras están iniciadas por vocal, ésta se pronuncia como en alemán, con "ataque duro", esto es, conteniendo brevemente la respiración antes de pronunciar la vocal en sí. El efecto práctico del ataque duro es que no habrá *liaison* o enlace entre la consonante final de una palabra y la vocal inicial de la palabra siguiente.

Todas las consonantes pueden aparecer en posición inicial de sílaba, pero **r** sólo ha sido registrada iniciando sílabas intermedias. En posición final de sílaba no han sido encontradas las siguientes consonantes: **p, t, k", t", k", q", p', k', q', c, c", c'**, salvo cuando ocurre el fenómeno de elisión de vocales.

La siguiente lista léxica ilustra los rasgos más prominentes de la pronunciación del aymara:

1.	agua	uma
	boca	laka
	brazo	ampara (V. mano)
4.	cabeza	p'eqe
	cara	aẋanu
	ceniza	q"eλa
	cielo	arax-paĉa
8.	corazón	ĉima ĉuyma
	día	uru
	diente/muela	aqo
	espalda/hombro	kaλaĉi
12.	estrella	warawara
	fuego	nina
	guata	poraqa
	hombre	ĉaĉa

16.	hueso	ĉ"ak"a
	humo	ẋewq'e
	lengua	laxra
	luna	paqse
20.	lluvia	xaλu
	mano	ampara
	monte	qoλo
	mujer	warmi
24.	nariz	nasa ~ ñasa
	niebla/camanchaca	urpu
	noche	arama
	ojos	nayra
28.	orejas	ẋinĉu
	pecho	pira
	pelo	lak'uta
	pene	aλu
32.	perro	anoqara ~ anoxara
	pie	kayu
	piojo	lap'a
	pierna	ĉara
36.	sangre	wila
	senos	ñuño
	sol	inti
	uña	siλu
40.	vulva	ĉenqe

2.4. DIVISIÓN DIALECTAL

En el área sur del territorio aymara tienen lugar las siguientes particularidades en la pronunciación de las consonantes:

– **p** se pronuncia como la **b** del castellano ám**b**ar, tam**b**or, cuando está precedida de **m**:

a**mp**ara se pronuncia am**b**ára: 'mano'

– **t** se pronuncia como la **d** del castellano an**d**ar, can**d**or cuando está precedida de **n**:

i**nt**i se pronuncia i**nd**e: 'sol'

(recuérdese que en el área sur se prefieren las variantes **e/o** en la posición final, en tanto que en el área norte se prefieren las vocales básicas **i/u**).

–**k** se pronuncia como la **g** del castellano cuando está precedida de **n**, como en ma**ng**a, gri**ng**o. Se marca así en la transcripción: **g**

p"ata**nk**a se pronuncia p"ata**nǵ**a: 'guatitas'

–**g** se pronuncia como la **g** del castellano ma**ng**a, gri**ng**o, pero articulada con el postdorso lingual apoyado contra la parte posterior del velo del paladar. Se marca así en la transcripción: **ǵ**

to**nq**u se pronuncia to**ng**o

En el área norte tiene lugar la siguiente peculiaridad de pronunciación: la consonante **q** en posición no inicial puede pronunciarse como la **j** del castellano a**j**o, pero articulada con el postdorso lingual apoyado contra la parte posterior del velo del paladar. Se la marca así en la transcripción: **x**.

pa**q**si puede pronunciarse pa**x**si: 'luna'[10]

Las peculiaridades de pronunciación examinadas sugieren que desde el punto de vista lingüístico el territorio aymara chileno se divide en dos áreas: una septentrional o nortina, y otra meridional o sureña. Todo parece apuntar a que las diferencias entre ambas áreas son más bien menores: detalles en la pronunciación –como los ya expuestos– o preferencia por una palabra frente a otra. El aymara chileno tampoco parece tener grandes diferencias con el boliviano.[11]

En enunciados pronunciados a velocidad normal es muy característica la elisión de la vocal final de algunas de las palabras del enunciado, pero no la de la palabra final. Como el acento conserva su lugar, cuando hay elisión de la vocal final esta resulta con acentuación aguda, en vez de la acentuación normal grave. La elisión vocálica más consistente es la de la última vocal del complemento directo.

También es consistente la elisión de la última sílaba en los numerales **maya**, 'uno' y **paya**, 'dos', con alargamiento de la vocal remanente.

En la conjugación verbal es frecuente la caída o pérdida de algunas vocales –y hasta de sílabas completas– internas, lo que deja como resultado grupos de dos y más consonantes en el interior de la palabra.

Descontada la elisión vocálica, las palabras del enunciado retienen claramente su identidad fonológica, sin fusionarse unas con otras.

En enunciados normales, todas las sílabas se pronuncian con la misma intensidad y altura de tono, con excepción de la sílaba tónica de cada palabra, que es ligeramente más alta y tensa, y de la última sílaba de todo el enunciado, que es ligeramente más baja y laxa. El descenso tonal final aparece no sólo en afirmaciones, sino también en enunciados interrogativos, ya que parece que la diferencia entre aseveración e interrogación se expresa no por la entonación, sino más bien por medio de palabras interrogativas o de sufijos (nominales o verbales) o por una combinación de ambos recursos.

La expresión de valores oracionales por medio de recursos morfológicos bien puede considerarse una característica tipológica de la lengua aymara. Claramente es ésta una lengua polisintética sufijante. Otra manifestación de esta característica tipológica es la retención de la identidad fonológica de las palabras en el enunciado y de los componentes de palabras (raíces y distintos tipos de sufijos). Aun cuando la gramática del aymara hablado en Chile está por investigarse, los materiales ya reunidos,[12] permiten visualizar una rica y compleja sufijación nominal y especialmente verbal que, como vimos, es una característica de las lenguas jaqi que diferencia el aymara del castellano por la simpleza de la estructura morfológica de este último. Por medio de estos sufijos se expresan en aymara en una sola larga palabra (verbo o sustantivo) relaciones, matices, detalles físicos, espirituales, afectivos, cognitivos y pragmáticos del ser y del acontecer, que en castellano expresamos mayormente por varias palabras organizadas en frases y oraciones. El material reunido muestra también que el aymara hablado en territorio chileno no es sustancialmente diferente al hablado en Bolivia, aun cuando ya han sido detectados algunos puntos bien específicos de variación fonológica y léxica.[13] Que haya variación de vocabulario no tiene nada de sorprendente, pero la variación fonológica, en cambio, es importante puesto que le sugiere a Harmelink (1985: 12-13) –basándose en sus propios datos y en observaciones de Hardman (1983)– que el aymara chileno representa un estadio arcaico de la lengua, en comparación con el aymara central de Bolivia, más innovador.

---

[10] Descripciones fonológicas más detalladas y expresadas en lenguaje técnico, vienen en Clair-Vasiliadis (1976) y Salas y Valencia (1987).

[11] Sobre la variación fonológica y léxica en el aymara de Chile es instructivo y motivador el breve tratamiento de Harmelink 1985: 10-17 y listas léxicas comparativas en Apéndices 4 y 7.

---

[12] Se trata de los matériales estudiados en Salas y Valencia (1987).

[13] Me refiero a la nasal velar considerada fonémica por Clair-Vasiliadis (1976) en el aymara de Isluga, en la provincia de Iquique, y registrada también por Harmelink 1985: 12. Valencia y yo encontramos una nasal postpalatal y otra postvelar que ocurren sólo ante las oclusivas correspondientes (postpalatales/postvelares). El corpus que utilizamos para nuestro trabajo de 1987 no nos mostró la nasal velar en posiciones no asimilatorias, ya que estaba constituido únicamente por sustantivos, adjetivos e infinitivos, en tanto que la única aparición de la nasal velar en posición que sugeriría estatus fonémico es en morfemas ligados de I p. sgl.

3. EL MAPUCHE O ARAUCANO
(mapudungu)

3.1. EL BILINGÜISMO MAPUCHE-CASTELLANO

Hasta fines del siglo pasado, las exitosas guerras defensivas dejaron a la sociedad mapuche en una situación de aislamiento cultural que favoreció el monolingüismo de la población. De hecho, en la época de la incorporación, la mayor parte de la población era monolingüe de mapuche. A lo largo de los últimos cien años esta situación ha cambiado en el sentido de que el castellano se ha impuesto casi universalmente entre los mapuches, de modo que hoy la población es mayoritariamente bilingüe.[14]

El bilingüismo mapuche-castellano aparece como un continuum entre dos extremos: mapuches monolingües de mapuche y mapuches monolingües de castellano. Los ancianos, especialmente los que viven en los sectores más alejados de los centros poblados, están en un punto que se aproxima al monolingüismo mapuche. Por su parte, los que han emigrado de las comunidades y residen en ambientes urbanos, están en un punto del continuum que se aproxima al monolingüismo castellano. En otras palabras, el uso predominante del castellano parece ser función del grado de participación en la vida nacional, en tanto que el uso predominante del mapuche parece ser función del grado de retención de la cultura vernácula.

El grueso de la población mapuche está en los puntos intermedios del continuum. Algunos mapuches hablan predominantemente mapuche y reservan el castellano sólo para sus contactos con la población hispana. Otros hablan predominantemente castellano y usan el mapuche sólo cuando no tienen otra alternativa. Los mapuches residentes en las comunidades suelen estar en el primer caso: hablan castellano sólo cuando viajan a las ciudades y deben interactuar con hispanos para comprar, vender, hacer trámites civiles o comerciales, requerir servicios, etc. Los emigrados de data más o menos reciente suelen estar en el segundo caso: hablan mapuche sólo con ocasión de sus periódicas visitas a sus parientes de las comunidades, especialmente cuando éstos son ancianos. Esto significa que para los mapuches el mapuche es la lengua para la vida co-

Figura 5. Lonco mapuche. Zona de Boroa. (Fotografía de Humberto Ojeda.)

munal tradicional y el castellano es la lengua para el contacto con la sociedad hispánica y la participación en la vida nacional. Una situación tal de bilingüismo es inestable en el sentido de que la supervivencia de la lengua mapuche depende de la supervivencia de esta cultura.

La población no mapuche residente en la Araucanía es monolingüe de castellano: no habla ni entiende mapuche. No tiene la necesidad de hacerlo, ya que como grupo dominante puede prescindir de la sociedad mapuche. En cambio, ésta no puede marginarse totalmente de su participación en la vida nacional, y la participación implica necesariamente el uso del castellano. En otras palabras, la necesidad de interacción viene desde la sociedad mapuche, motivada siempre por su inserción en la sociedad chilena, que es la que impone las reglas de la interacción; entre otras, hablar castellano.

Así las cosas, la lengua mapuche es hablada siempre por personas mapuches cuando interactúan entre ellas en situaciones referidas a la cultura mapuche tradicional, lo que normalmente ocurre en el ambiente interno de las

---

[14] El desarrollo histórico del impacto del castellano sobre la sociedad mapuche ha sido tratado por Durán y Ramos (1986 y 1987).

comunidades. Si hay un hispanohablante involucrado en la interacción, o si ésta está motivada por el contacto con la sociedad hispánica, se habla castellano, aun cuando el tema de la conversación sea la cultura mapuche tradicional. Por ejemplo, dos mapuches que están comentando las incidencias del último partido de *palin* ("chueca") hablan mapuche, pero si están conversando sobre los precios del lupino en los poderes compradores, hablan en castellano. Un mapuche describiéndole a un etnógrafo un mito mapuche, o a un médico los síntomas de una enfermedad, o a un funcionario sus necesidades crediticias, habla en castellano. Más aún, la sola presencia (real o potencial) de un hispanohablante en la escena del diálogo, fuerza el uso del castellano.

En estas condiciones, la lengua mapuche es la marca objetiva más clara de tal identidad sociocultural: lo habla solamente quien es mapuche, vive como mapuche, y se expresa en relación a los aspectos mapuches de su existencia personal.

Como el castellano es la lengua auxiliar para las interacciones con hispanohablantes, los segmentos poblacionales más afectados por el contacto son los que presentan un mayor grado de bilingüismo: niños en edad escolar, jóvenes y adultos de ambos sexos. A medida que la gente envejece tiende a espaciar sus viajes a la ciudad, permaneciendo la mayor parte de su tiempo en las comunidades, con lo cual revierte al monolingüismo mapuche, ya que allí el castellano es superfluo. En las comunidades los ancianos conviven con los niños preescolares, a los que transmiten el mapuche. Pero los niños son tempranamente –aun antes de alcanzar la edad escolar– iniciados en el bilingüismo por sus propios padres, quienes suelen visualizar el buen dominio del castellano como un poderoso instrumento de promoción social en el mundo externo a las comunidades.

La escuela chilena ha jugado un rol central en la adquisición del castellano y de las formas básicas del comportamiento urbano moderno por parte de la población mapuche. Aun cuando las escuelas de la Araucanía están pautadas según el modelo único para todo el país, y, en consecuencia, no tienen ni planes ni programas especiales para la atención lingüística y cultural a las minorías vernáculas, ellas representan una inmersión significativa en la lengua y la cultura de la sociedad dominante. En la escuela el niño queda expuesto a la lengua y los contenidos culturales hispánicos. Allí se asienta su bilingüismo, logrando un aceptable equilibrio entre el mapuche y el castellano. Más tarde, a partir de la edad juvenil, este equilibrio se romperá según la orientación de la vida individual.

El joven que emigra a la ciudad está, muy probablemente, destinado a salir del bilingüismo en favor del uso predominante del castellano. En cambio, el que queda en las comunidades, mantiene más bien el uso predominante del mapuche, mientras que su castellano queda restringido al estatus de lengua auxiliar para el contacto. Al quedar inmerso en el medio hispanohablante, el mapuche emigrado a la ciudad mejora notablemente su nivel de dominio del castellano, pero el desuso deteriora su dominio del mapuche. El mapuche residente en las comunidades, en cambio, no desarrolla su castellano más allá de los niveles comunicativos mínimos.

Por lo general, las personas en las que predomina el mapuche presentan un castellano muy característico, con notorias interferencias del mapuche en la pronunciación y en la gramática, con estructuras gramaticales relativamente simples y un vocabulario más bien limitado. Suelen tener serias dificultades de comprensión y de expresión en esta lengua. Muchos manejan muy mal los aspectos pragmáticos de la comunicación lingüística, de modo que su comportamiento verbal resulta insatisfactorio o chocante para la población hispanohablante.

La ruptura más dramática del bilingüismo tiene lugar cuando en el ambiente familiar y comunal, los mayores les hablan a los niños solamente en castellano, prohibiéndoles sistemáticamente el uso del mapuche. En estos casos, la única lengua que los niños aprenden es el castellano precario y aberrante que hablan sus padres. No hablan mapuche ni hablan un castellano satisfactorio para el mundo hispánico. Últimamente esta situación se ha extendido tanto en la Araucanía, que ya se puede hablar de la existencia de un verdadero dialecto regional del castellano, hablado por la población mapuche y al que los especialistas llaman "castellano mapuchizado" (Hernández y Ramos 1978, 1979), caracterizado por palabras castellanas, pero pronunciadas, estructuradas y organizadas al modo mapuche, y muchas veces usadas con un contenido semántico mapuche. Este dialecto es visualizado por la población hispanohablante como una manifestación lingüística de segundo orden, frecuentemente ridiculizada en conversaciones privadas y hasta en espectáculos públicos.

En las escuelas los niños mapuches se enfrentan a serios problemas derivados de su particular estatus lingüístico. Como ya quedó dicho, las escuelas de la Araucanía están pautadas sobre el patrón general para todas las escuelas chilenas: la misma organización institucional, los mismos planes y programas, el mismo tipo de personal docente. La enseñanza se imparte, por supuesto, en castellano, porque presupone un educando hispanohablante. A este niño hispanohablante nativo se le enseña a leer y escribir en castellano, y en castellano se le enseñan los contenidos culturales hispánicos, entre otros, castellano culto, gramática formal y apreciación de obras literarias chilenas, sudamericanas y españolas. Está claro que en una escuela así no hay lugar para un niño mapuche, que no habla castellano o que habla un castellano mínimo. Es ilusorio pensar en que un sistema educacional tan desajustado lingüística y culturalmente con su población, pueda cumplir adecuada y eficientemente sus objetivos específicos y generales. La escuela rural en la Araucanía debiera estar programada sobre el principio básico de que nadie puede ser alfabetizado en una lengua que no habla; o, formulado en términos más generales, nadie puede ser educado en una lengua que no entiende ni habla. Diversas configuraciones programáticas y curriculares surgen de la aplicación de este principio, pero pueden reducirse a dos posibilidades extremas:

a) la población mapuche deberá ser alfabetizada y educada en mapuche, en tanto que se le enseñará gradualmente el castellano con la metodología de la enseñanza de las lenguas extranjeras; o

b) la población mapuche deberá ser alfabetizada y educada en castellano, después de un intensivo período de preparación en la lengua oral que deje a los niños a un nivel de competencia lingüística equivalente al que tienen los niños hispanohablantes al incorporarse al sistema educacional.[15]

La aplicación de estas soluciones y, sobre todo, sus consecuencias para la vida de la sociedad mapuche y de la sociedad nacional, tendrían que ser objeto de cuidadosos estudios de planificación lingüística y educacional.

Ya se dijo que los mapuches emigrados a las ciudades tienden a salir de la situación de bilingüismo, orientándose hacia el uso predominante del castellano. A la larga, inevitablemente, llegan al deterioro o a la pérdida de su competencia lingüística en mapuche. Sin embargo, durante la última década se aprecia entre algunos mapuches de residencia urbana el surgimiento de una muy definida actitud de lealtad hacia su lengua nativa, cuya manifestación más relevante ha sido el propósito deliberado de cultivar el mapuche como lengua escrita.

Muchos líderes intelectuales mapuches visualizan el cultivo escrito del mapuche como un medio para asentar ante la comunidad hispanohablante el prestigio de la lengua y de la identidad sociocultural mapuche, y para preservar en textos escritos la cultura vernácula tradicional, afectada –cuando no directamente amenazada– por el impacto de la sociedad hispánica.

En respuesta a este interés, la Sociedad Chilena de Lingüística ha llegado recientemente a la proposición de un alfabeto mapuche, en cuya elaboración trabajaron equipos de lingüistas profesionales, líderes intelectuales, escritores y profesores mapuches. Se aprovechó la experiencia obtenida en la realización de talleres de lectoescritura en mapuche llevados a cabo a partir de 1980 en la Universidad Católica de Temuco y en el Instituto Lingüístico de Verano (Metrenco).[16]

El alfabeto propuesto trata de conciliar la fidelidad en la representación de la pronunciación mapuche con las prácticas ortográficas del castellano, con el propósito de minimizar la interferencia del alfabetismo en mapuche con el alfabetismo en castellano. Especial cuidado han tenido los proponentes en obtener un alfabeto de uso cómodo para los efectos de la escritura a máquina y de imprenta. Dentro de lo posible, han procurado no alejarse mucho del sistema ortográfico en que están escritas las grandes obras clásicas sobre la lengua y la cultura mapuches, escritas desde fines del siglo pasado por el padre capuchino Félix de Augusta y sus cohermanos.[17]

3.2. LA LENGUA MAPUCHE. DENOMINACIONES

Los mapuches se denominan a sí mismos *mapuĉe*, que significa literalmente "gente de la tierra", compuesto de *mapu* "tierra" y *ĉe* "gen-

---

[15] Una representación detallada de estas alternativas en Salas, 1983.

[16] Gallardo, 1986 y 1988, examina críticamente la labor de estos talleres dentro del contexto de un proceso de planificación lingüística global para las minorías autóctonas chilenas. V. también Gallardo 1984.

[17] Sobre los detalles del alfabeto propuesto ver Sociedad Chilena de Lingüística 1988: 21-24 y 63-100, y Salas 1992 a: 511-513. Sobre el aporte de los capuchinos al conocimiento de la lengua y la cultura de los mapuches, V. Salas 1980: 25-26 y 1985.

te, persona". La palabra **araucano** con que se los conoce en la literatura histórica y antropológica, no existe en la lengua mapuche. En realidad es un gentilicio formado en castellano a partir de **Arauco**, nombre que el conquistador español dio a la cuenca inferior del río Biobío. A su vez, la etimología de **Arauco** es incierta, posiblemente se trate de una temprana castellanización del mapuche **ragko** "aguas gredosas", compuesto de **rag** "greda" y **ko** "agua". Se ha señalado también como étimo posible de **Arauco** al quechua **awka** "rebelde, salvaje", calificativo que los soldados y funcionarios del imperio incaico habrían aplicado a los mapuches por su belicosidad.

El nombre **araucano** se impuso en Chile hasta bien entrado el siglo XX, posiblemente por influencia del poema épico de Alonso de Ercilla, que tan marcada importancia ha tenido en la formación de la conciencia histórica del país. Modernamente, los antropólogos y los lingüistas tienden a utilizar la denominación vernácula (**mapuche**), en tanto que los historiadores tienden a usar la denominación hispánica (**araucano**). Fuera de los círculos académicos, la denominación **mapuche** es normal en la Araucanía, donde la gente vive en contacto cotidiano con la población mapuche actual. En el resto del país predomina la denominación libresca **araucano**, mayormente aplicada a la población autóctona de la época heroica de las Guerras de Arauco, cantada en la epopeya de Ercilla. Los campesinos hispánicos de La Araucanía llaman **paisanos** a sus vecinos mapuches. Estos, por su parte, llaman **wiŋka**, literalmente "ladrón, asaltante, usurpador", a los hispanochilenos.

La nomenclatura refleja la tensión entre los grupos. Los mapuches aceptan bien la palabra **mapuche**, pero son sensibles a los matices despectivos de los derivados **mapuchón** o **mapuchito**. La denominación que sienten como más ofensiva es **indio**. Los hispanohablantes más sensitivos la evitan y recurren eufemísticamente a alternativas como **indígena** o **aborigen**.

Los mapuches llaman a su lengua **mapuθuŋu**, literalmente "habla de la tierra", formado sobre **mapu** "tierra" y **θuŋu** "habla". Algunos prefieren la denominación de tipo verbal **mapuθuŋun**. Al castellano lo llaman **wiŋkaθuŋu (n)** "el habla (o el hablar) de los chilenos".

3.3. LA DIVISIÓN DIALECTAL

La población mapuche actual es sensiblemente uniforme desde el punto de vista lingüístico. Las diferencias en el habla de las distintas regiones son insignificantes: unos cuantos detalles de pronunciación y de vocabulario. El núcleo de la estructura fonológica y gramatical y del vocabulario, es el mismo a través de todo el territorio mapuche.

A fines del siglo XIX, Rodolfo Lenz distinguió, desde el punto de vista lingüístico, cuatro grupos mapuches, que él denominó **picunche**, **moluche**, **pehuenche chileno** y **huilliche**, distribuidos así:

– picunche, hablado en llano central hasta la provincia de Malleco, IX Región;

– moluche, hablado en el área llamada Araucanía Central, más o menos correspondiente a la provincia de Cautín, IX Región;

– pehuenche chileno, hablado por la población residente en la precordillera y vertiente occidental de la Cordillera de los Andes, entre las provincias de Biobío (VIII Región) y de Valdivia (X Región);

– huilliche, hablado en la X Región.

Según Lenz, los grupos menos diferenciados entre sí son el moluche y el pehuenche. Estos tienen pocas diferencias con el picunche. El grupo más divergente es el huilliche.[18]

Hoy, a casi cien años de la división de Lenz, el grueso de la población mapuche es moluche. Los grupos picunche y pehuenche son definitivamente minoritarios, en tanto que los huilliches están prácticamente extinguidos, a excepción de algunas pequeñas agrupaciones en el área de San Juan de la Costa, en la provincia de Osorno, X Región.[19]

Los grupos distinguidos por Lenz no corresponden a parcialidades lingüísticas o culturales internamente reconocidas por los mapuches mismos. Con la sola excepción de *pehuenche*, los nombres elegidos por Lenz son deícticos en mapuche, no nombres de grupos definidos. Así, *picunche* es una castellanización de *pikumĉe* "nortino", formado por **pikum** "norte" y **ĉe** "gente". Del mismo modo, *huilliche* procede de **wiλiĉe** "sureño", compuesto de **wiλi** "sur" y **ĉe** "gen-

---

[18] V. Lenz 1895: 7. Referencias detalladas en Salas 1992a: 494-495.

[19] Croese, 1980, llega a una división sustancialmente similar a la de Lenz; distingue tres ramas:

1) septentrional (picunche de Lenz),
2) central (moluche y pehuenche de Lenz) y
3) meridional (huilliche de Lenz).

Las subdivisiones establecidas por Croese son menos seguras; sus indicadores han sido tratados por Key 1976 como casos de fluctuación entre fonemas. Una discusión detallada en Salas 1992a: 500-505.

te". Por su parte, **pehuenche** viene de **peweŋĉe** "gente del piñón" (de **peweŋ** "piñón" y **ĉe** "persona"), que es el nombre que los mapuches del llano central dan a los mapuches cordilleranos, entre quienes es característica la recolección para consumo y venta del fruto ("piñón") del pino araucaria. A su vez, desde el punto de vista de los pehuenches, los mapuches del llano central son **ŋoluĉe** (o **moluĉe**) "gente del occidente", formado de **ŋolu** (o **molu**) "occidente" y **ĉe** "gente".

3.4. LA FILIACIÓN GENÉTICA

Tradicionalmente se ha considerado que el mapuche es una lengua aislada, "sin relación directa de parentesco" con ninguna de las lenguas del cono sur (Lenz 1896: XXII). Para Englert (1936: 80), en cambio, hay "un probable parentesco, aunque lejano, entre el mapuche, el quechua y el aymara".

En la clasificación de Tovar (1961: 194-199) el mapuche aparece en el tipo II ("andino") junto al quechua, aymara, huarpe (allentiac y millcayac), lule-tonocoté, tehuelche, ona y yámana. Según la clasificación estándar, el mapuche pertenece a la subfamilia araucana (familia araucano-chon), del grupo andino, tronco andino-ecuatorial (Greenberg 1960: 794, cit. en Key 1979: 42).

Louisa R. Stark (1970) y Eric P. Hamp (1971) han vinculado genéticamente el mapuche con el maya. Mary R. Key (1978a, 1978b, 1981) sostiene que el mapuche está emparentado con las lenguas tacano-panoanas (Perú y Bolivia), el quechua y el aymara (Perú y Bolivia) y el mosetene (Bolivia). Por el sur el parentesco llega hasta el alacalufe (kawésqar), el yagán (yámana) y el ona o selk'nam, junto a las otras lenguas chon. Por el norte, las relaciones genéticas distantes llegan hasta las lenguas uto-aztecas (América del Norte) y aztecas (México).

Últimamente, David L. Payne (1984) ha planteado el parentesco entre el mapuche y las lenguas de la familia arawak (del grupo ecuatorial, tronco andino-ecuatorial, Greenberg 1960: 794, cit. en Key 1979: 42).

3.5. LA FONOLOGÍA

El sistema fonológico del mapuche consta de seis vocales: **a, e, i, o, u, ï**; tres semiconsonantes: **y, w, g**; y 18 consonantes: **ĉ, θ, f, k, l, λ, m, n, ṇ, ñ, ŋ, p, r, s, t, ṭ, tr**.[20]

La pronunciación de las vocales es la siguiente:

–**a** es similar a la **a** castellana en **a**ro;

–**e** es similar a la **e** castellana en **e**so;

–**i** es similar a la **i** castellana en h**i**po;

–**o** es similar a la **o** castellana en **o**sa;

–**u** es similar a la **u** castellana en **u**so.

La sexta vocal, **ï**, es desconocida en castellano. Se puede pronunciar:

1) Como una **u**, pero con los labios puestos en la posición de una **i**; en posición inicial absoluta puede estar precedida de una **g** muy breve y poco audible; en posición final puede estar seguida de esta g, por ejemplo:

ïλ̂ca   o giλ̂ca   muchacha
tromï o tromïg   nube

2) como una **e** muy breve y poco audible, pero articulada con el dorso de la lengua (no el ápice) ligeramente arqueado hacia arriba; ésta es la pronunciación normal con posición media como en:

mïr   par, pareja

Las semiconsonantes **y, w**, se pronuncian respectivamente como la **i** en t**i**enda, pe**i**ne, y la **u**, en p**u**ente, ca**u**sa. La semiconsonante **g** se pronuncia como la **g** castellana en la**g**o pero bastante más relajada. Ejemplos:

yu	nariz	eymi	tú
wa	maíz	awka	yegua
tregïl	treile	regle	siete

La pronunciación de las consonantes es la siguiente:

– **ĉ** como en castellano **ch**apa;
– **k** como la **c** en castellano **c**asa, **c**osa, **c**una y como la **qu** en **qu**eso, **qu**izás;
– **l** como en castellano **l**ado;
– **m** como en castellano **m**ano;
– **n** como en castellano **n**ada;
– **ñ** como en castellano **ñ**ato;
– **p** como en castellano **p**asa;
– **t** como en castellano **t**asa

La consonante **θ** se pronuncia de dos maneras:

---

[20] Descripciones fonológicas especializadas en Contreras y Echeverría, 1965; Echeverría, 1964; Lagos, 1981,

1984; Salas 1978. Álvarez-Santullano, 1986, es una descripción fonológica del huilliche hablado en San Juan de la Costa, provincia de Osorno, X región. Sánchez 1989: 291-293 contiene una breve presentación de la fonología del pehuenche del Alto Bío-Bío.

1) como la **z** o la **c** (en los grupos **ce**, **ci**) del castellano de Castilla, por ejemplo en **zo**rro, **ce**rca;

2) como la **d** en castellano, pero con el ápice lingual ligeramente apoyado entre los incisivos superiores e inferiores:

θomo   "mujer"

La consonante **f** se pronuncia:
1) como en castellano;
2) como la **v** en inglés **v**ein "vena" o la **w** en alemán **W**ein "vino":

folil   raíz

La consonante **l̯** se pronuncia como la **l** en castellano, pero con el ápice lingual ligeramente apoyado entre los incisivos superiores e inferiores:

laku   abuelo, nieto patrilineal

La consonante **λ** se pronuncia como la **ll** en castellano de Castilla:

λako   tibio

La consonante **n̯** se pronuncia como la **n** en castellano, pero con el ápice lingual ligeramente apoyado entre los incisivos superiores e inferiores:

n̯amun̯   pie, pata

La consonante **ŋ** se parece a la **ng** del inglés bri**ng**, "traer", si**ng**, "cantar", thi**ng**, "cosa". Es una **n** pronunciada con la lengua en la posición de la **g**. Se puede obtener una imitación pasable pronunciando simultáneamente una **n** y una **g**:

ŋapin   novia

La consonante **r** es parecida a la **rr** del castellano, pero durante su articulación el ápice lingual no debe vibrar; puede estar ligeramente apoyado en los alvéolos superiores, o puede estar fuertemente doblado hacia el fondo de la boca ("_retrorrefleja"):

raki   bandurria

La consonante **s** es parecida a la **s** del castellano pero se pronuncia con el ápice lingual apoyado en los alvéolos superiores (como la *s* del castellano de Castilla):

sañue   chancho

La consonante **t̯** es parecida a la **t** del castellano, pero con el ápice lingual apoyado entre los incisivos superiores e inferiores:

t̯apïl̯   hoja de árbol

La consonante **tr** se pronuncia como el grupo **tr** del castellano chileno vulgar, por ejemplo en **tr**ampa; o como la **tr** del inglés **tr**ip "viaje":

trapi   ají[21]

Alguna de las seis vocales debe aparecer en toda sílaba. Las vocales pueden estar solas o precedidas o seguidas de una consonante o semiconsonante. Sin embargo, en posición postvocálica no aparecen las consonantes ĉ, k, p, t̯, t, tr.

Las palabras mapuches simples pueden tener una, dos o tres sílabas, como en:

θef   soga
ñuke   madre
piλmaykeñ   golondrina

Pero dada la índole de la lengua son frecuentes las palabras largas, sustantivos compuestos o formas verbales ricamente flexionadas o una mezcla de ambos, como en:

fitrapïtraŋerumekey
gran-panza-tener- de repente-siempre-él
de repente se pone panzón

El acento mapuche no es contrastivo, o sea, su posición no está vinculada con un significado dado. De hecho, el acento puede desplazarse dentro de una palabra, sin que se produzcan cambios de significado o distorsión de la palabra. Las palabras terminadas en consonante o semiconsonante tienden a ser agudas; las palabras terminadas en vocal pueden ser agudas o graves, como en:

l̯afkén̯   mar, lago
kóyl̯a/koyl̯á   mentira

Cuando en una palabra hay mucha distancia entre la sílaba inicial y la sílaba tónica, aparece un acento secundario en la primera o segunda sílaba, como en:

wàŋïlén   estrella
weyùlkïléy   está nadando

La siguiente lista léxica ilustra el fonetismo mapuche:

---

[21] No se ha hecho referencia aquí a los casos de fluctuación entre fonemas detectados en Key (1976), y tratados por Croese (1980) como indicadores de variación dialectal.

1.	agua	ko
	boca	wïn̯
	brazo	lip̯a
4.	cabeza	lon̯ko
	cara	an̯e
	ceniza	trufken
	cielo	wenu
8.	corazón	piuke
	día	an̯t̯ï
	diente	foro
	espalda	furi
12.	estrella	wan̯ïlen
	fuego	kïtral
	guata, vientre	pïtra
	hombre	wentru
16.	hueso	foro
	humo	pitrun
	lengua	kewün̯
	luna	kïyen̯
20.	lluvia	mawïn̯
	mano	kuwï
	montaña	mawiθa
	mujer	θomo
24.	nariz	yu
	niebla	trukïr
	noche	pun̯
	ojos	n̯e
28.	oreja	pilun
	pecho	ruku
	pelo	lo ko
	pene	pïnïn
32.	perro	trewa
	pie	n̯amun̯
	piojo (de la ropa)	tïn̯
	pierna	ĉan̯
36.	sangre	moλfi
	senos	moyo
	sol	an̯t̯ï
	uña	wili
40.	vulva	kutri

3.6. LA MORFOSINTAXIS[22]

En mapuche los sustantivos no están agrupados en géneros, ni varían formalmente por número. Cuando se trata de animados, la palabra en sí implica un sexo dado y excluye al otro, como en:

[22] Augusta, 1903, y Moesbach, 1963, son las únicas gramáticas completas del mapuche contemporáneo disponibles. Una evaluación detallada de Augusta, 1903 –sin lugar a dudas la mejor de las dos– viene en Salas (1985: 225-241). Una visión panorámica de la estructura fonológica y gramatical viene en Salas (1992b: 73-208). Una guía bibliográfica comentada de los estudios modernos aparece en Salas, 1980 y 1992a. Augusta, 1916, es el único diccionario mapuche disponible.

ĉao	padre
pa̯lu	tía (patriliteral)
pan̯i	puma (macho)
pan̯kiλ	puma (hembra).

o incluye ambos sexos, como en:

trewa	perro, -a
narki	gato, -a

Para expresar formalmente el número se puede utilizar una partícula libre **pu**, que indica plural, como en:

pu trewa	los perros-as

o se puede indicar la cantidad precisa por medio de los numerales:

kïla trewa	tres perros –as

El sistema de numerales es decimal, con palabras para unidades:

1 (**kiñe**), 2 (**epu**), 3 (**kïla**), 4 (**meli**), 5 (**keĉu**), 6 (**kayu**), 7 (**regle**), 8 (**pura**), 9 (**ayλa**); y para 10 (**mari**), 100 (**pataka**) y 1.000 (**waran̯ka**).

Las decenas se obtienen así:

Unidad	X 10	=	Decena
kiñe			diez
epu			veinte
kila	mari		treinta
...			...
aya			noventa

las centenas se obtienen así:

Unidad	X 100	=	Centena
kiñe			cien
epu			doscientos
kila	pataka		trescientos
...			...
ayla			novecientos

El mismo procedimiento permite formar los numerales de mil:

Unidad	X 1.000	=	Milena
kiñe			mil
epu			dos mil
kïla	waran̯ka		tres mil
...			...
ayλa			cuatro mil

y las unidades se añaden a los numerales así formados, por ejemplo:

(2	X	10)	+	9	=	29
epu		mari				ayλa

El sistema puede recurrir hasta formar 9.999.

(9 X 1.000) + (9 X 100) + (9 X 10) + 9
ayλa waraŋka ayλa pataka ayλa mari ayλa

Al no haber géneros, los adjetivos tienen una sola forma, como puede apreciarse en:

–kiñe　　　ĉoθ　　　alka
un　　　　amarillo　　gallo
　　　　un gallo amarillo

–kiñe　　　ĉôθ　　　aĉawaλ
una　　　　amarilla　　gallina
　　　　una gallina amarilla

pero los adjetivos pluralizados están marcados por el sufijo –ke, como puede apreciarse en:

–kiñe　　　kïme　　　mansun
un　　　　buen　　　buey
　　　　un buen buey

–epu　　　kïme-ke　　mansun
dos　　　　buenos　　buey
　　　dos buenos bueyes

La mayor parte de los sustantivos son simples, pero es posible hacer composiciones, en las que el primer elemento modifica al segundo, como puede verse en:

piĉi　　　　-θomo
chico　　　mujer
niña

–plata　　　–ĉemkïn
plata　　　cosas
platería

Hay también sustantivos derivados. Por ejemplo, el sufijo –we "lugar lleno de..." se puede añadir a otro sustantivo:

miλa　　　oro
miλa-we　yacimiento aurífero

o el sufijo homófono –we "instrumento para..." se puede añadir a una raíz verbal:

lepï-we
barrer-instrumento
escoba

o el sufijo –fe "actor, agente" se puede añadir a una raíz verbal:

weñe-fe
robar-gente
ladrón

El verbo mapuche es formalmente muy complejo. Mínimamente presenta diferencias por modo, persona y número. Hay tres modos: real (o indicativo), hipotético (o subjuntivo) y volitivo (o imperativo):

kïθawimi　　trabajaste　　(real)
kïθawïlmi　　si trabajas　　(hipotético)
kïθawŋe　　　¡trabaja!　　(volitivo)

Hay tres personas: 1ª, 2ª y 3ª. Las dos primeras están marcadas por número: singular, dual y plural. La 3ª persona no está afectada por la distinción de número. Por ejemplo, en modo real se encuentran las siguientes siete formas:

Sgl.　1ª　tripan　　　salí
　　　2ª　tripaymi　　saliste
Dl.　　1ª　tripayu　　　salimos (dual)
　　　2ª　tripaymu　　salisteis (dual)
Pl.　　1ª　tripaiñ　　　salimos (plural)
　　　2ª　tripaymïn　　salisteis (plural)
　　Sin expresión de número:
　　　3ª　tripay　　　salió, salieron

y hay otra serie comparable en modo hipotético y otra en modo volitivo. Si es necesario, puede precisarse el número de la 3ª persona por medio de dos palabras sueltas: eŋu "dual de 3ª persona", eŋïn "plural de 3ª persona":

tripay　　ruka　　meo　　eŋu
salió　　casa　　de　　dual
ellos dos salieron de la casa

tripay　　ruka　　meo　　eŋïn
salió　　casa　　de　　plural
varios de ellos salieron de la casa

Las palabras eŋu y eŋïn pueden fusionarse con la forma verbal, como en:

koniŋu　　　ruka　　meo
entró dual　　casa　　a
ellos dos entraron a la casa

koniŋïn　　　ruka　　meo
entró plural　casa　　a
varios de ellos entraron a la casa

De acuerdo con las distinciones de persona y número en el verbo, hay pronombres personales para 1ª y 2ª persona en singular, dual y plural:

	Singular	Dual	Plural
1ª persona	iñĉe	iñĉu	iñĉiñ
2ª persona	eymi	eymu	eymin

pero no hay pronombres para la 3ª persona. Cuando es necesario, puede recurrirse al demostrativo **fey** "ése, ésa, ésos, ésas". Ni los pronombres personales ni el demostrativo **fey** son obligatorios, ya que la persona y el número, cuando corresponde, están claramente marcados en la forma verbal.

Uno de los rasgos más prominentes del verbo mapuche es su capacidad para expresar varias personas interactuantes entre sí, como puede apreciarse en:

leli–n	yo miré
leli-e-n	tú me miraste

la desinencia –**n** indica que ambas formas están conjugadas en 1ª persona singular. Esta es la "persona focal" de la forma verbal. En **lelin** la 1ª persona focal es el agente y no hay otra persona interactuante con ella. En cambio, en **lelien** hay una 2ª persona singular comportándose como agente. Es la "persona satélite". Como ésta es agente, la persona focal corresponde al paciente de la interacción:

leli	mirar
–e	persona satélite 2ª sgl. agente
–n	persona focal 1ª sgl. paciente
tú me miraste	

En cambio en:

lelifiñ   yo lo (la, los, las) miré

la persona focal 1ª singular (**-ñ**, una variante de –**n**) es agente, y la persona satélite 3ª (**-fi**) es paciente. En:

lelieneo	él (ella) me miró,
	ellos (ellas) me miraron

la persona focal 1ª singular (**-n**) es paciente, y la persona satélite 3ª (**e...eo**) es agente. En:

leliŋen   alguien me miró

la persona focal 1ª singular (**-n**) es paciente, y la persona satélite 3ª indefinida (**-ŋe**) es agente. El sistema entero es muy complejo: cada verbo transitivo (o transitivizado) contiene una treintena de formas que expresan una completa red de interacciones personales.

Si la forma verbal contiene un paciente, éste puede ser directo, como en:

lelien   tú me miraste (a mí)

o indirecto, lo que se logra por medio de un tipo de sufijos "indirectizantes", como en:

leli-ñma-e-n	ñi	ñawe
tú me miraste eso	mi	hija

el sufijo –**ñma** indica que la persona focal paciente 1ª singular (**-n**) es paciente indirecto de

la acción de mirar (**leli**) realizada por la persona satélite 2ª singular (**-e**). El paciente directo de la acción es una persona, animal o cosa perteneciente al paciente indirecto: **ñi ñawe** "mi hija". En el siguiente ejemplo:

leli-ñma-fi-ñ	ñi	ñawe
yo lo miré eso	su	hija

(compárese **leli-n** "yo miré", **leli-fi-ñ** "yo lo miré a él") la gente es la persona focal 1ª singular (**-ñ**, una variante de –**n**), el paciente es la persona satélite 3ª (**-fi**); es paciente indirecto, lo que está marcado por –**ñma**. El paciente directo es **ñi ñawe** "su hija (de él, el paciente indirecto)".

El sistema tiene una complejidad adicional. Si la acción implica alejar al paciente directo de la esfera del paciente indirecto, se usa el sufijo –**ñma**, pero si implica acercamiento del paciente directo hacia el paciente indirecto se usa el sufijo –**lel**, como puede apreciarse en los siguientes ejemplos:

kintu-n	mamïλ
yo busqué	leña

kintu-e-n	
tú me buscaste	(a mí)

kintu-ñma-e-n	mamïλ
tú me buscaste eso	leña

kintu-lel-e-n	mamïλ
tú me buscaste eso	leña

La diferencia entre los dos últimos enunciados es la siguiente: el sufijo –**ñma** es separativo e indica que la leña era del hablante y que el oyente la buscó para sí; el sufijo –**lel** es aproximativo e indica que el oyente buscó leña para llevársela al hablante. En el siguiente ejemplo:

ŋi	a-fi-ñ	kaweλo
yo	lo compré	caballo
compré el caballo		

ŋiλa-ñma-fi-ñ	Antonio	ñi kaweλo
yo lo compré eso	Antonio	su caballo
yo le compré su caballo a Antonio		

ŋiλa-lel-fi-ñ	Antonio	ñi kaweλo
yo lo compré eso	Antonio	su caballo
yo le compré su caballo a Antonio		

la forma **ŋiλ añmafiñ** indica por medio del indirectizante separativo –**ñma** que el caballo era de Antonio, quien lo vendió al hablante. La forma **ñiλ alelfiñ** indica por medio del indirectizante aproximativo –**lel** que el hablante fue quien compró el caballo y se lo dio a Antonio.[23]

En el modo real el verbo mapuche presenta cuatro matices temporales. La forma básica corresponde a un presente o a un pretérito indefinido:

nie-n   kiñe   tralka
tengo   una   escopeta

rapi-n   mikro   meo
vomité   micro   en
vomité en la micro

Hay un sufijo **–fu** que indica pretérito remoto, o sea, que la acción ya no sigue vigente como en:

nie-fu-n   kiñe   tralka
tenía   una   escopeta

Este sufijo sirve para expresar acciones pasadas anuladas por una acción posterior, como en:

kuyθa-fu-n waka, welu weñeñmaŋen
cuidé   vaca   pero alguien me robó eso
cuidé la vaca, pero me la robaron

Otro sufijo de tiempo es **–a** que tiene el valor de futuro, como en:

kon-a-n   ruka   meo
entraré   casa   a
entraré a la casa

que es muy usado para dar órdenes suavizadas como:

kiθaw-a-ymi   ¡trabajarás!

es una forma de mandato más suave que el imperativo **kiθaw– e** ¡trabaja!

El último sufijo de tiempo es **–afu** que expresa acciones futuras condicionadas, como en:

θunu-afu-n   pile   ñiθol
yo hablaría si desea jefe
si el jefe quiere, yo hablaré[24]

Dos son los tiempos más usados en modo hipotético: la forma básica y el pretérito remo-

to (**-fu**). La forma básica indica acción hipotética vigente, como en:

θuŋu-li   (aλkïtuŋean)
si hablo (alguien me escuchará)

Las formas en pretérito remoto indican hipótesis no cumplidas en el pasado, como en:

θuŋu-fu-li   (aλkïtuŋea fun)
si yo hubiese hablado (alguien me habría
                        escuchado)

Las formas verbales en modo real se niegan por medio del sufijo **–la**, como en:

tripa-n   salí
tripa-la-n   no salí

en modo hipotético se niegan por medio del sufijo **–no**, como en:

θuŋu-lmi   si hablas...
θuŋu-no-lmi   si no hablas...

y en modo volitivo se niegan por medio del sufijo **–kil**, como en:

kon–ŋe   ¡entra!
kon-kil–ŋe   ¡no entres![25]

El verbo mapuche es muy rico en la expresión de detalles físicos y espirituales de la acción, expresados por medio de sufijos, entre otros los siguientes:

–por medio del sufijo **–rke** el hablante puede indicar que la información es nueva para él, como en:

kewaymi   peleaste
kewa-rke-ymi peleaste (ahora que
              me lo dices lo sé)

o que había pasado inadvertida para él como en:

ŋoλimi   te embriagaste
ŋoλi-rke-ymi te embriagaste (ahora
              recién me di cuenta)

o que la información no es de su responsabilidad, como en:

ïrarïmi   gritaste
ïrarï-rke-ymi dicen que gritaste

–el sufijo **–ke** indica acción acostumbrada, como en:

ŋoλimi   te embriagaste
ŋoλi-ke-ymi   siempre te embriagas

---

[23] Para el enfoque tradicional de este punto de la morfología verbal mapuche V. Augusta, 1903: 58-86 y Mostny, 1943. La exposición del texto está basada en Salas 1992b: 119-137. Enfoques divergentes en Grimes, 1985, 1986 y Rivano, 1991.

[24] Para un tratamiento diferente de los tiempos verbales mapuches V. Croese, 1984.

[25] Más detalles sobre la negación en mapuche en Harmelink, 1987.

–el sufijo **–tu** indica que la acción representa una vuelta a un estado originario de cosas, como en:

kïpaymi   viniste
kïpa-tu-ymi   viniste (volviendo)

–el sufijo **–pe** indica acción reciente, como en:

lefimi   corriste
lef-pe-ymi   recién corriste

Hay una serie completa de tres locativos:

ïrarïmi   gritaste
ïrarï-pa-ymi   gritaste acá
ïrarï-pu-ymi   gritaste allá
ïrarï-me-ymi   fuiste allá a gritar

que se pueden combinar con dos sufijos adverbiales: **–yekï** "acción gradual" **–r** "acción puntual", como en:

i-yekï-me-ymi   fuiste comiendo
i-yekï-pa-ymi   viniste comiendo
i-r-pu-ymi   hacia allá pasaste a comer
i-r-pa-ymi   hacia acá pasaste a comer

Varios de estos sufijos pueden ocurrir en una sola forma verbal, siguiendo un orden rígidamente pautado.[26]

La lengua mapuche no sólo dispone de un rico inventario de verbos, sino que, además, cualquier palabra puede transformarse en verbo por medio de diversos sufijos de función verbalizadora. Por ejemplo, mediante el sufijo **–tu** la palabra **ruka** "casa" puede transformarse en **rukatu** "edificar una casa", como en:

rukaturkeymi   dicen que edificaste una casa

o la palabra **ilo** "carne" puede dar origen a **ilotu** "comer carne", como en:

ilotulan   no comí carne

Por este procedimiento hasta frases completas pueden transformarse en verbo, como en:

fïtrakepolaynatuley
grandes-polainas-verbalizador-durativo-él-real
él usa grandes polainas

kïmewentruŋelaymi
buen-hombre-verbalizador atributivo-negativo-real-tú
tú no eres un hombre bueno

En mapuche es muy característica la llamada "incorporación del complemento directo". Esta funciona así: el verbo y el complemento directo se juntan entre sí y el conjunto resultante se conjuga como si fuera un verbo simple. Por ejemplo: **ʎasu** "lacear" y **kaweʎu** "caballo" forman el verbo **ʎasukaweʎu** "lacear el caballo", como en:

ʎasukaweʎupïθan
lacear-caballo-por no dejar no más-yo real
por no dejar no más le eché el lazo al caballo.

Se pueden juntar dos verbos para formar uno nuevo. Por ejemplo: **awkantu** "hacer travesuras" y **meke** "ocupar tiempo en algo", pueden unirse en **awkantumeke** "estar durante un tiempo haciendo travesuras", como en:

kom anṱï awkantumekey pu trewa
todo día   está traveseando pl. perro
los perros pasan el día haciendo travesuras

Los verbos mapuches presentan un conjunto de seis o siete formas equivalentes al modo infinitivo de los verbos castellanos (infinitivo, gerundio, participio), mediante las cuales se pueden expresar finas relaciones de subordinación. Por ejemplo, el sufijo **–lu**, combinado con el sufijo **–a** de futuro (**-alu**), indica la finalidad o el propósito de una acción, como en:

tripay kintuafilu ta ĉi ŋïrï
salió   a buscarlo   el   zorro
Salió a buscar el zorro

en tanto que el sufijo **–el**, combinado con el sufijo **–a** de futuro (**–ael**), expresa la finalidad o el propósito de todo un evento, como en:

konkeïŋïn   paliwe meo ta ñi paliael eŋïn
entran ellos pl. cancha a   su jugar ellos pl.
Ellos entran a la cancha a jugar.[27]

3.7. LA LITERATURA ORAL TRADICIONAL

Las artes verbales ocupan un lugar destacado en la cultura mapuche. Se cultivan las adivinanzas (**kuṇeo** o **kuṇew**), la oratoria ritual y ceremonial (**wewpin**), la narrativa histórica (**ŋïtram**), y la narrativa de ficción (**epeo** o **epew**).[28]

---

[26] Los detalles pueden consultarse en Augusta 1903: 330-331. Otros sufijos verbales de este tipo en Salas 1969, 1970, 1984b: 39-41 y 1992b: 107-159.

[27] Una presentación detallada de este tipo de formas verbales en Salas 1992b: 161-208.

[28] En Salas 1984a, hay una pequeña colección de 18 *ku eo*, en presentación bilingüe con análisis morfosintáctico y estilístico.

Los **epeo** son la manifestación más prominente de la literatura oral tradicional mapuche. Se polarizan alrededor de dos temas clave: los **epeo** míticos y los **epeo** de animales. Los primeros son de tono tétrico y sombrío, su universo es el de los hechiceros, las creaturas demoníacas, los difuntos. Los **epeo** de animales son de tono liviano y de sentido fabulesco: los animales reales del territorio mapuche interactúan antropomorfizados como estereotipos conductuales, tales como la astucia, la fuerza física, la ingenuidad, etc.[29]

3.8. INFLUENCIA DEL MAPUCHE EN EL CASTELLANO DE CHILE

Rodolfo Lenz estableció lo que se podría llamar el enfoque clásico de las relaciones entre el mapuche y las características más prominentes del fonetismo del castellano de Chile: pronunciación alveolar de **t/d** ante **r** (como en **entre**, **liendre**), pronunciación asibilada (o sea, sin vibración del ápice lingual) de **r** en posición inicial (como en **ropa**), y tras **l/n** (como en **alrededor**, **enredo**) y en los grupos **rr** y **dr** (como en **trapo**, **droga**); pronunciación asibilada de **rr** (como en **perro**), pronunciación bilabial de **f**, aspiración de **s** final, etc. Estas características fueron atribuidas por Lenz a influencia mapuche, hasta el punto en que llegó a afirmar que el castellano vulgar en Chile "es principalmente español con sonidos araucanos" (1940: 249). Partiendo de argumentos histórico-demográficos y dialectológicos, Amado Alonso (1953) ha demostrado que la posición de Lenz es insostenible: ni en la pronunciación ni en la estructura gramatical del castellano de Chile hay un solo rasgo que pueda ser atribuido con cierta seguridad a influencia del mapuche.

En lo que respecta al léxico, la influencia del mapuche en el castellano chileno es también mínima en cantidad e importancia: las únicas palabras de origen mapuche de uso general en Chile, son nombres de lugares y algunos relativos a la flora y fauna autóctonas.

La nula o mínima influencia del mapuche en el castellano de Chile sugiere por lo menos la necesidad de volver a plantearse el proble-ma de la importancia del componente mapuche en la formación de la identidad sociocultural chilena. En todo caso, desde el punto de vista de la lengua –con toda su carga cognitiva y cultural– la incidencia del mapuche no es significativa.[30]

4. EL ALACALUFE (kawésqar)

4.1. EL BILINGÜISMO ALACALUFE-CASTELLANO

Dentro del contexto actual de desintegración de su cultura tradicional, los últimos alacalufes conservan su lengua vernácula, la que utilizan en todas las actividades internas de su grupo. En sus contactos con miembros de los otros dos segmentos poblacionales de Puerto Edén, funcionarios y colonos –o incluso en la sola presencia de éstos– utilizan invariablemente el castellano (Clairis 1985: 28; Aguilera 1978: 22). Esto significa que los alacalufes deben someterse a hablar castellano, o sea, darse el trabajo de ser bilingües. Los funcionarios y los colonos chilotes son *monolingües de castellano*. Simplemente, ellos dan por sentado, como cosa obvia, fuera de toda discusión o cuestionamiento, que son los alacalufes los que deben acomodarse a sus interlocutores hispanohablantes en la situación comunicativa. Queda muy bien reflejado un hecho fundamental: la identidad alacalufe, con todos sus atributos –entre ellos su lengua– es visualizada por los miembros de los otros grupos como un agregado insignificante, cuando no definitivamente indeseable. Los chilenos no tienen ninguna necesidad de aprender la lengua de los alacalufes. En cambio éstos no pueden sustraerse a la necesidad de hablar castellano. Ellos dependen de los hispanos, no a la inversa. De hecho, las interacciones entre alacalufes e hispanos están siempre referidas a la cultura nacional amplia o a la subcultura chilota y motivadas por la necesidad alacalufe de incorporarse a éstas, aunque sea superficial y momentáneamente, por ejemplo para vender botecitos a los pasajeros de un barco de línea, engancharse como tripulante de un barco pesquero o pedir una donación de ropa o víveres a una institución de beneficencia.

Los alacalufes adultos hablan un castellano mínimo (Clairis 1985: 28), mayormente modelado sobre el castellano chilote, y apenas

---

[29] En Lenz 1895-1897 hay varios *epeo* con traducción semilibre y notas. Es excelente la colección recogida en Augusta 1910. En Salas 1984b: 42-94 hay una muestra de dos *epeo*, uno mítico y otro de animales, grabados en cinta magnetofónica, transcritos fonémicamente y con dos traducciones al castellano. En Salas 1992b: 211-338 hay 14 *epeo* en versión bilingüe, con interpretación etnográfica.

[30] Una discusión más detallada de este punto viene en Salas 1992c.

suficiente para interacciones pragmáticas elementales con los hispanohablantes, tales como comprar, vender, trocar y recibir instrucciones simples. La competencia de los niños alacalufes es algo mejor, principalmente por acción de la escuela, pero como contrapartida, se aprecia algún deterioro en su dominio de la lengua vernácula (Aguilera 1978: 23). Por otra parte, el desaparecimiento o la disminución de los contextos sociales tradicionales, por ejemplo, de las grandes partidas colectivas de caza, tiene que haber tenido algún efecto destructivo o desintegrador sobre la lengua vernácula de los adultos mismos.[31] Si la situación se agudiza, podría eventualmente desembocar en la extinción de la lengua vernácula.

4.2. DENOMINACIÓN Y DIVISIÓN DIALECTAL

Los alacalufes de Puerto Edén se llaman a sí mismos **kawésqar**[32] literalmente "ser humano, persona, gente". La denominación **alacalufe**, generalizada en Chile, les es completamente desconocida.[33] Dividen terminológicamente a la población no autóctona en **yemmá** (kawésqar) "(gente) blanca" y **kstapón** "chilote" o su variante despectiva **kstaporáy** (Aguilera 1978: 20). La palabra general para "extranjero" es **palsĉéwe**. No se aprecia la existencia de un nombre específico para su lengua, la que es referida simplemente como **afséksta** "habla, hablar".

Aguilera (1978: 41-42 y 1982: 21) sigue la división clásica de Martín Gusinde, la que distingue tres grupos alacalufes, según su área de dispersión:

1) meridional, entre la península de Brecknock por el sur y el cabo Tamar por el norte;

2) central, "...islas y canales que se extienden comenzando por la boca meridional del canal Smith hasta su salida septentrional incluyendo el amplio territorio oriental de Última Esperanza";

3) septentrional, desde la "boca meridional que conduce al canal Sarmiento, finalizando en la margen sur del golfo de Penas".

La mayor parte de los alacalufes de Puerto Edén pertenece al grupo septentrional, aunque al menos uno, Celia Navarino (Nº 26 en el

Figura 6. Kawésqar vestido con cuero de lobo marino.

censo de Clairis 1985: 33), es **tawóksers**, literalmente "gente del sur", correspondiente al grupo central de Gusinde (V. Aguilera 1978: 31). Aparentemente, las diferencias entre la lengua de los **kawésqar** y los **tawóksers**, se manifiestan más bien en el léxico.[34]

4.3. LA INVESTIGACIÓN LINGÜÍSTICA DEL ALACALUFE

Aguilera (1978: 32-46) presenta un panorama completo de la historia de la investigación lingüística sobre el alacalufe, desde 1688-1689 hasta 1977, o sea, desde el vocabulario de 225 palabras y algunas frases, recogido en Puerto Galland, por el navegante francés Iouhan de la Guilbaudière,[35] a lo largo de diez meses en-

---

[31] Sobre el bilingüismo de los alacalufes de Puerto Edén, V. Aguilera 1978: 19-25.

[32] Clairis 1985 transcribe *qawasqar*.

[33] Aguilera (1978: 25-31) reseña los diversos nombres que viajeros y exploradores han dado a esta etnia.

[34] Aguilera (1978: 127-128) registra una lista de 69 diferencias léxicas entre ambos dialectos; por ejemplo "agua" en kawésqar es *cafaláy* y en tawóksers es *akcókar*.

[35] El vocabulario de Guilbaudière fue publicado por Gabriel Marcel en las actas del *8ème Congrès International des Amèricanistes. 1890.* París, 1892. Clairis (1985: 39-53) reproduce, con una traducción española preparada por Patricio Moreno (Ediciones Universidad de Concepción,

tre 1688 y 1689, hasta el artículo "Lingüística fueguina" de Christos Clairis, de 1977. Con posterioridad a 1978 han aparecido los siguientes estudios:

1) Aguilera y Brito (1980-1981) presentan un relato mítico, en un formato muy elaborado, que incluye: a) dos versiones producidas por el narrador, una en castellano y otra en alacalufe (en transcripción fonética amplia); b) una traducción en la que se consignan los equivalentes castellanos de cada una de las palabras y componentes de palabras del texto alacalufe; c) una traducción literal al castellano, en la que se conserva el orden del texto original alacalufe; d) una traducción libre al castellano; y e) un análisis sintáctico y estilístico del relato;

2) Aguilera (1982a) presenta una breve descripción del fonetismo alacalufe y del vocabulario correspondiente a préstamos culturales recientes;

3) Aguilera (1982b y 1983) trae una descripción completa de la fonología de la palabra en alacalufe;

4) Clairis (1985) entrega una descripción completa de la lengua, en la que reúne y amplía información dispersa en 15 artículos suyos publicados entre 1972 y 1985 (para los detalles bibliográficos de estos artículos V. 1985: 513-514); la parte propiamente descriptiva del libro, (1985: 357-502) está dedicada a la fonología, la morfología y la sintaxis;[36] entre el material complementario aparece un vocabulario alacalufe-español (1985: 317-355), los apuntes lingüísticos inéditos de José Emperaire (1985: 223-316), la transcripción de 17 textos en alacalufe (1985: 69-222), las páginas introductorias al vocabulario recolectado en el siglo XVII por Iouhan de la Guilbaudière, y una breve introducción etnográfica complementada con un censo de la población alacalufe de Puerto Edén al año 1971 (1985: 13-39).

4.4. LA FONOLOGÍA

El alacalufe hablado en Puerto Edén tiene seis vocales: **i, e, æ, a, o, u**.[37] De ellas, **i, e, o** y **u** tienen aproximadamente la misma pronunciación que tienen en castellano. La vocal representada por **ae** se pronuncia como la **a** en el inglés **cat,** "gato". La **a** en alacalufe se pronuncia normalmente como en castellano, pero cuando está en contacto con la consonante **q** su sonido se parece más bien al del francés **pâte,** "pasta", al inglés **card,** "tarjeta".

Hay 16 consonantes: **p, t, k, q, p', t', k', ĉ, ĉ', f, s, h, m, n, l, r**; y dos semiconsonantes: **y, w.**

La pronunciación de las consonantes es la siguiente:

p como la **p** en castellano **paño;** a veces se pronuncia ligeramente aspirada como en inglés **paper,** "papel";

t como la **t** en castellano **taza;** pero pronunciada con el ápice lingual apoyado en los alvéolos superiores;

k como la **c** en castellano **casa, cosa, cuna.** Se trata de una consonante velar, o sea, durante su producción el postdorso lingual obstruye momentáneamente la cavidad oral en la zona del velo del paladar. En castellano de Chile, la **qu** en palabras como **quizás, queso,** y la **k,** en palabras como **kilo, kerosene,** es postpalatal, o sea, la obstrucción tiene lugar en la zona posterior del área palatal. La **k** alacalufe es siempre velar, cualquiera que sea la vocal que la sigue;

f como en castellano **faro, feo, filo, foso, fusil.**

s como en castellano **saco, seco, silla, sopa, suyo;** pero en posición final de sílaba se pronuncia a veces como la **sh** en inglés **cash** (al contado).

ĉ como en castellano **chapa;**

m como en castellano **masa;**

n como en castellano **nariz;**

l como en castellano **lado;**

r como en castellano **caro;** en posición intervocálica se puede pronunciar además como la **rr** en castellano **carro.**

Las consonantes **q, p', t', ĉ', k', h** no tienen correspondiente en la fonética castellana:

Concepción, Chile), las páginas introductorias al vocabulario, en las que Guilbaudière presenta información etnográfica sobre los alacalufes.

---

[36] Toda la descripción está preparada con el aparato metodológico de André Martinet. En consecuencia, el material morfosintáctico viene organizado en dos partes: sistémica y sintaxis, que no son congruentes con la división habitual en morfología y sintaxis. V. Aguilera 1988 y Salas 1988.

---

[37] En esta presentación de la fonología alacalufe sigo con modificaciones menores a Aguilera 1982b y 1983. Mayormente las modificaciones consisten en una diferente elección de signos; por ejemplo, aquí se usa **y** en vez de **j** para la semiconsonante palatal.

q se pronuncia como la **c** en castellano **casa**, **cosa**, **cuna**, pero con el postdorso lingual obstruyendo la cavidad oral en la zona uvular. Debe distinguirse cuidadosamente de la velar **k**. También puede pronunciarse "aspirada", esto es, seguida de un soplido producido en la laringe. Una tercera posibilidad es pronunciarla como una **j** castellana (como en **jarro**, **jota**, **julio**), pero articulada en la zona uvular.

Las consonantes **p'**, **t'**, **k'** y **ĉ'** son "glotalizadas" o "eyectivas". En lo que respecta a la cavidad oral, la articulación es igual a la de **p**, **t**, **k**, y **ĉ** respectivamente. La diferencia está en que simultáneamente se retiene la respiración en la garganta; al mismo tiempo que se articula la consonante se libera bruscamente el aire retenido, el que egresa con un chasquido glotal.

h es aspirada como la **h** en inglés **house**, "casa" o en alemán **Haus**, "casa". Ocasionalmente se pronuncia como la **j** castellana (en palabras como **jarro**, **julio**).

Las semiconsonantes **y** y **w** se pronuncian respectivamente como las vocales **i**, **u** de palabras castellanas como **piano**, **puente**, **aire**, **causa**, o sea, en una sola emisión de voz con la vocal contigua, formando una sola sílaba con ésta.

Además de las consonantes propiamente tales, existe un golpe glotal (?) de estatus dudoso. Un golpe glotal se produce reteniendo momentáneamente el aire en la laringe y liberándolo bruscamente.

El acento alacalufe es libre y puede desplazarse a lo largo de las tres últimas sílabas de una palabra, sin producir alteración en la percepción de la palabra: en cualquier distribución acentual (esdrújula, grave, aguda), la palabra mantiene su significado.

En alacalufe son muy característicos los grupos consonánticos: hasta tres consonantes agrupadas pueden aparecer en posición inicial o final de palabra, en tanto que en posición intermedia pueden aparecer grupos de hasta cuatro consonantes.[38] En general, las consonantes aisladas o agrupadas se pronuncian con bastante tensión articulatoria, en tanto que las vocales son más bien relajadas y difusas.

Las siguientes palabras ilustran el fonetismo alacalufe:

1.   agua   ĉafaláy
       boca   afkstáy

---

	brazo	arktésqar
4.	cabeza	taskár
	cara	taskál
	ceniza	aymakás
	cielo	árka
8.	corazón	ĉenáks
	día	aswál
	diente	serékte
	espalda	taqáyte/taqáytqal
12.	estrella	ĉ'elasáwe
	fuego	afĉár
	guata, vientre	ówskstay
	hombre	aksánas
16.	hueso	qár
	humo	ayékyu
	lengua	qaláktaes
	luna	akéwek-sélas
20.	lluvia	áperk
	mano	terwá
	montaña	wésqar
	mujer	asátap
24.	nariz	nóws
	niebla, neblina	k'eplás/áyqer
	noche	ak'yáwe
	ojos	tás
28.	orejas	k'yáwe
	pecho	kyepqárpe
	pelo	tásqar-éyok
	pene	hayéso
32.	perro	kyóro
	pie	qát
	piojo	qamálay
	pierna	qát (V. pie)
36.	sangre	kstánkse
	senos	ĉeqyáw
	sol	arkák-sélas/aswél-sélas
	uña	ksteyésqar
40.	vulva	k'yót

4.5. EL VOCABULARIO ALACALUFE. PERSPECTIVA ETNOGRÁFICA

El vocabulario alacalufe es muy sensible a las condiciones del ambiente patagónico. Por ejemplo, dispone de palabras específicas que establecen distinciones en la flora y fauna –especialmente marina– que en castellano no se hacen o se hacen de un modo superficial por medio de perífrasis. Por ejemplo, para el mamífero marino que en castellano se llama *lobo marino*, con una perífrasis que indica que no se trata de una denominación básica, hay en alacalufe cuatro palabras:

ĉekéya	lobo marino común
arkáse	lobo marino fino
yekertáwan	lobo marino macho
ĉeĉenákar	lobo toruno

---

[38] Toda la información léxica y gramatical siguiente está tomada de Aguilera 1978.

Del mismo modo, hay palabras específicas para los distintos tipos de patos marinos que en castellano se distinguen perifrásticamente –sólo cuando es necesario–, por medio de adjetivos aplicados al sustantivo *pato:*

pato anteojillo	qarqáyes
pato barrero	wasána/qaltálk
pato lile	ayyárak
pato quetro	qárwes
pato volador	yéryen

Esto evidencia una manera diferente de ver el mundo: en castellano se trata de diferentes clases de patos, en alacalufe son aves marinas completamente diferentes entre sí.

La cultura tradicional de canoeros nómadas cazadores y recolectores marinos se refleja en un matizado vocabulario vinculado a la embarcación tradicional (**káyef**). Por ejemplo:

a) maniobras, tales como **ahálay** "achicar la embarcación", **asákyar** "arriar la vela", **yekólay** "empujar la embarcación", o **kersákta** "izar la vela".

b) implementos y partes, tales como **ahásqe** "achicador" con su **arqár** "asa" y su **kyótqal** "base"; **ĉepkenáhar** "ancla"; **ĉ'afasktéhar** "brasero de barro para llevar fuego en la canoa"; **tafáqay** o **kcewéskar** "remo corto antiguo"; o **ĉersákta** "vela de embarcación";

c) desplazamientos por vía marítima, tales como **ĉelkokénar** "encontrar navegando"; **ĉelhóhoy** "llegar navegando"; **aqakénak** "salir al encuentro navegando"; o **ĉelkwáyeks** "zarpar";

La riqueza del vocabulario alacalufe también se aprecia cuando se encuentra vinculado a las actividades de caza y recolección marinas, por ejemplo: **kwátal** "anzuelo", **yewayóhar** "arpón para cazar lobos"; **t'ánt'ar** "arpón de varios dientes"; **ama** "arpón doble para pescar"; **ĉ'áwes** "fisga"; **e ekwák** "garrote, para matar lobos"; **senékste** "honda para cazar pájaros"; diversos tipos de lazos, como **féyĉek** "lazo de cuero de lobo", **táy** "lazo de voqui", **tánqe** "lazo para cazar patos quetro", **arkás** "lazo múltiple"; **kĉawéskar** "lienza de pesca"; **feytĉétqal** "red para cazar lobos".

4.6. LA MORFOSINTAXIS

En general, los sustantivos y adjetivos alacalufes no presentan variaciones formales de género y número, pero en los sustantivos que implican la noción de persona, puede especificarse el femenino por medio del sufijo **–sélas**. Por ejemplo:

ayhyól	hijo (en general, hombre o mujer)
ayhyól-sélas	hija (mujer)

La hembra de algunos animales puede especificarse por medio de la yuxtaposición de la palabra **wálak** "hembra". Por ejemplo:

k'eyéto	gato (en general, macho o hembra)
k'eyéto-wálak	gata (hembra)

En la cosmogonía alacalufe, el sol y la luna son humanos femeninos, y por lo tanto llevan sufijo **–sélas**:

aswál-sélas	sol
ak'éwek-sélas	luna

Hay un sufijo "minificador", **–yeké**, parecido al diminutivo castellano, pero sin los valores afectivos que éste tiene. Por ejemplo:

káyef	canoa
káyef-yeké	canoa (modelo escala de tamaño manual).

El minificador **–yeké** y el femenino **–sélas** pueden combinarse entre sí, como en:

yemmá
persona blanca (no alacalufe/no chilota)
yemmá-sélas-yeké
persona blanca –femenino-minificador
niña blanca

Hay un sufijo **–s** de valor posesivo-partitivo (genitivizador o partivizador). Tiene significado posesivo en:

kyóro-s   tasqár
perro-genitivo   cabeza
la cabeza del perro

El significado de partitivo (parte de un todo, explícito en el enunciado o implícito en la cultura), puede apreciarse en el siguiente ejemplo de Aguilera y Brito (1980-1981: 309):

yála   kawesqár   arksá-s   **wa**
antiguo persona   joven-partitivo
Antiguamente un joven cuando

kyus   ĉaĉár   askét'   laálte   kuteké
su   padre   nutria   y
su padre nutrias y

kayésqa   léyes   ksepĉes-asos...
pájaro   buscar irse-pretérito
pájaros se había ido a cazar...

el posesivo-partitivo –s, sufijado a **arksá** "joven" indica "...la pertenencia del protagonista a un grupo o un clan, en el cual él integra el subgrupo de los más jóvenes" (Aguilera y Brito 1980-1981: 316).

A partir de raíces verbales pueden formarse sustantivos por medio de sufijos:

–**ap** "agente", por ejemplo, de **leyes** "ver, cuidar" se forma **leyés-ap** "cuidador, guardián";

–**har** "instrumento", por ejemplo, de **yemó** "bogar" se forma **yemóhar** "remo".

El alacalufe forma sustantivos compuestos con mucha facilidad; los compuestos son de dos miembros, como en:

káwés	+	éyok =	káweséyok
piel		pelo	vello corporal

o de tres miembros, como en:

tas	+ kstáy	+ ĉafaláyhar	=	taskstaycafalayhar
ojo	canal	botella		anteojos

(Nótese que el último componente, **ĉafaláyhar** "botella", contiene a su vez dos elementos: **ĉafaláy** "agua" y –**har** "sufijo instrumental".)

La facilidad con que el alacalufe forma palabras nuevas por medio del recurso de la derivación o la composición puede explicar la relativa falta de préstamos del castellano en su vocabulario: frente a un objeto inexistente en la cultura tradicional, el alacalufe prefiere formar un término nuevo desde su interioridad a acomodar la palabra castellana a su fonetismo. Por ejemplo:

kyuyés	+ har	
relámpago	+ sufijo instrumental = ampolleta	

Sin embargo, el recurso del préstamo no está ausente del todo, como puede apreciarse en:

asúiska (del castellano **azúcar**)
azúcar

kyapitán (del castellano **capitán**)
capitán, patrón de lancha

a veces el préstamo castellano alterna con la voz tradicional:

apala ~ wayena (del castellano **ballena**)
ballena

En los pronombres personales propiamente tales hay formas para 1ª y 2ª persona, sin contraste por número, pero finamente matiza-

dos desde el punto de vista de la vinculación entre persona y acción. Así, para la 1ª persona existen una forma "simple" o "trascendente", **ce** (o **ĉes**), que no marca el tipo de vinculación entre persona y acción, y dos formas "compuestas" (**ĉoĉo**):

1) forma simple **ĉe-es-ĉe** (apocopada: ces), que tiene valor atributivo, como en:

ĉe-es-ĉé	af-kyáwelna	
yo	estoy sano	

ĉes	yenák	asár
yo	soy	malo

o valor de agente, como en:

ĉes	kskená	kekyáyeks-pas
yo	huí	corriendo

o valor de experimentador, como en:

ĉes	talks	kehéna-yenák
yo	cigarrillos	quiero

2) forma compuesta **ĉóĉo** (apocopada: **ĉo**) de valor autoactivante, como en:

ĉóĉo	káyef	yéksor
yo mismo	bote	veo

Dos formas han sido registradas para la 2ª persona: una simple o trascendente, **ĉaw**, y una exhortativa, **ĉaws** o **ĉaes**, como en:

ĉaws	yémo	kehená-ka
tú (invitado)	remar	deseas
¿quieres remar?		

Para la 3ª persona se usa el demostrativo **tow** "ése" o se sufija al verbo la forma –**qey**, como en:

asá-qey
comer él
él comió

aparentemente, la presencia del sufijo verbal –**qey** de 3ª persona es opcional: no aparece si el sujeto está mencionado en el enunciado. Así en:

...kyus	ĉaĉár	askét'	laálte	kuteké
su	papá	nutria	y	

kayésqa	leyes	ksepĉés-asos...
pájaro	buscar	irse-pretérito

(Aguilera y Brito 1980-1981: 309) la marca de 3ª persona, **qey**, no aparece en la forma verbal porque el sujeto ya está expresado en el enunciado (**kyus ĉaĉar** "su papá").

No se han registrado sufijos verbales para la 1ª o 2ª persona. Al parecer, basta la aparición en el enunciado del pronombre personal correspondiente donde no se aprecian marcas de persona en la forma verbal (táwon-yenák):

caws   káyef   arláy   táwon-yenák
tú   bote   grande   tener-presente
tú tienes un bote grande

El enunciado está atribuido al oyente, 2ª persona singular, por medio del pronombre personal respectivo (**caws**, "tú").

Si bien el verbo alacalufe se ve relativamente insensible a la variación por persona, parece estar bien diferenciado desde el punto de vista del tiempo (ubicación en un punto de la línea temporal) y del aspecto (duración en el tiempo).

Para Aguilera (1978: 56-57), las distinciones temporales se expresan de dos maneras:

1) por medio de una partícula, **–asós**, "pretérito", que aparece como nexo conjuntivo en las oraciones compuestas, por ejemplo:

kwosá   kawésqar   kwos   laálte
después persona   después   nutria
... después de que el joven

qar-ker-asós
matar – durativo – pretérito
estuvo matando la nutria...

2) por medio de sufijos opcionales que establecen las siguientes distinciones temporales:

– presente   **–yenák**
– pretérito puntual   **–pas**
– pretérito reciente   **–áfqat**
– pretérito remoto   **–hóraras**
– futuro   **–sékwe**

Se ha registrado un sufijo opcional, **–ker**, que expresa aspecto durativo, o sea, presenta la acción o el evento como prolongándose en el tiempo, por ejemplo en:

ĉo   laáltes   yeksór-pas
yo   nutria   ver pretérito reciente
recién vi una nutria

la duración del "ver" no está expresada, pero más bien se entiende como acción concluida; en cambio en:

co laáltes yéksor-kér-pas
yo nutria ver-durativo-pretérito-reciente
recién estuve viendo una nutria

la acción del "ver" está presentada en su duración temporal: **vi** (concluido o perfectivo) vs. **estuve viendo** (durativo o imperfectivo).

Aguilera y Brito (1980-1981: 305 y 313) presentan otros dos sufijos verbales vinculados al modo, o sea, al grado de consistencia y realidad atribuidos a la acción o al evento del verbo:

–ay "imperativo", como en:

seĉéwor-aĉá?-ay
traer-referencial-imperativo
¡trae eso!

y **–aekstá**, "hipotético", como en:

?eyekwákyar-sekwé-aekstá-ket
matar con garrote-futuro-hipotético-reforzativo
matarás (al coipo) con el garrote

este único ejemplo sugiere más que un sentido hipotético, un valor de evento o acción condicionada al cumplimiento de una hipótesis: "dado que el coipo entre, lo matarás a garrotazos" o "si el coipo entra, lo matarás a garrotazos".

También está descrito en Aguilera (1978: 56) un prefijo verbal, **ĉeĉáw–**, de sentido "reflejo" o "reflexivo", como puede apreciarse en:

ĉeĉáw-séyes-yenák
reflejo peinar presente
peinarse (uno mismo)

En el texto presentado por Aguilera y Brito 1980-1981 se puede constatar la aparición, en el discurso alacalufe, de una serie de partículas, algunas pertenecientes al ámbito del verbo ("partículas verbales") y otras pertenecientes más bien al ámbito de la oración completa ("partículas irrestringidas"), cuya función es –aparentemente– la de vincular al hablante con su enunciado. Por ejemplo, la partícula irrestringida **–sa** tiene como función subrayar la información focal del enunciado, y la partícula verbal **hoyok**, llamada "narrativa", tiene como función indicar que el contenido del enunciado procede de relato tradicional, y no de la experiencia directa y personal del emisor.

4.7. LA INVESTIGACIÓN LINGÜÍSTICA DEL ALACALUFE. ESTADO ACTUAL

La lengua alacalufe ha sido estudiada, desde la década del '70, por dos lingüistas profesionales: Óscar Aguilera y Christos Clairis. Trabajando separadamente, ambos investigadores han venido entregando a la comunidad científica sus observaciones en artículos publicados en revistas especializadas nacionales y extranjeras.[39] En

---

[39] Aguilera 1978, 1982a, 1982b, 1983, 1984a, 1984b, 1985a, 1985b,1988 y Aguilera y Brito 1980-1981. Para los artículos de Christos Clairis aparecidos antes de 1985, V. Clairis 1985: 513-514.

Figura 7. Mujer rapanui (Fotografía de Alfredo Cea).

Figura 8. Hombre rapanui (Fotografía de Alfredo Cea).

1985 Christos Clairis publicó una descripción completa de la lengua (Clairis 1985: 357-502).

Las publicaciones de Aguilera y de Clairis son altamente especializadas, en el sentido de que están dirigidas a un público lector preparado en lingüística descriptiva. Hasta el momento no se ha escrito en Chile una obra de divulgación, que ponga al alcance del público no especializado el conocimiento que los profesionales han acumulado en dos décadas de investigación de la lengua alacalufe.

5. EL PASCUENSE (vaná a rápa núi)

5.1. EL BILINGÜISMO PASCUENSE-CASTELLANO

La población isleña nativa es bilingüe de pascuense y castellano. El pascuense es la lengua normal de la vida intrafamiliar y, en general, de las interacciones cara a cara entre isleños. El castellano es la lengua de las interacciones con los continentales y de las situaciones producidas por el contacto con la cultura euro-

peo-occidental, incluido el contacto epistolar entre isleños (Gómez Macker 1982: 95).

Dadas estas condiciones, el comportamiento bilingüe aparece mayormente en la población adulta. Los niños en edad preescolar y los ancianos tienden al monolingüismo en pascuense, ya que su dominio interaccional suele estar limitado a la familia y a pequeños grupos de pares. El niño todavía no se ha incorporado al contacto y el anciano ya se ha retirado de él.

Para los niños, la adquisición masiva del castellano empieza en la primera institución de contacto con la sociedad hispánica: la escuela, que es el factor más eficiente en la adquisición de la lengua y la cultura hispánicas. En términos de la inmersión escolar, el niño aprende el castellano, aun cuando la escuela, por su diseño mismo, no incluye la enseñanza formal y sistemática del castellano como segunda lengua. Gómez Macker dice al respecto que en la escuela el aprendizaje del castellano "... se ha visto tradicionalmente entorpecido por múltiples circunstancias..." entre las cuales destaca el que se utilice "...en la enseñanza del castellano, las mismas metodologías y los mismos textos elaborados para hispanohablantes monolingües"; para concluir evaluando el proceso completo de enseñanza del castellano como "...asistemático, inadecuado y, a menudo, contraproducente a juzgar por los resultados deficientes". (Gómez Macker 1982: 98).

La severidad de la crítica de Gómez Macker está objetivamente motivada por el desempeño, en general pobre, de los pascuenses en castellano. En efecto, la población nativa isleña sabe sólo el castellano mínimo suficiente para manejar interacciones elementales con los hispanohablantes. Las interacciones que requieren el uso del castellano cultivado e intelectualizado, tanto oral como escrito, caen completamente fuera de la competencia lingüística de los nativos. Gómez Macker considera que ésta "...podría ser una de las principales causas –si no la principal– del constante fracaso escolar de la población estudiantil isleña que año tras año viaja al continente para continuar sus estudios. Su deficiente dominio del castellano les [sic] impide competir exitosamente con otros alumnos chilenos" (1982: 98).

En un pasaje, Gómez Macker afirma que "...la lengua castellana al alcance de los isleños es ya una de las variedades más dialectalizadas del castellano hablado en el país" (1982: 96), lo cual sugiere que el castellano hablado por los pascuenses presenta masivamente rasgos fonológicos, gramaticales y léxicos típicos, divergentes del castellano estándar chileno, algunos atribuibles a interferencia de las pautas fonológicas, gramaticales y léxicas de la lengua pascuense, y otros atribuibles a internalización deficiente de las pautas del castellano. Gómez Macker no hace esta última distinción, sino que vincula directamente todos los rasgos del castellano isleño a influencia de la lengua pascuense: "El español isleño corresponde a una variedad dialectal *con fuerte influencia de la lengua rapa nui*". (1986: 60, lo destacado es mío). Aduce ejemplos, entre los que se encuentran algunos que efectivamente pueden atribuirse a interferencia del pascuense, como "inseguridad en la realización de fonemas del castellano inexistentes en lengua rapanui, tales como /ĉ/, /g/, /l/, /r̄/, /s/" y otros que pueden atribuirse a limitaciones en el modelo castellano aprendido, como "...utilización de léxico rudimentario cotidiano... predominio de formas orales coloquiales".

Aun cuando el castellano isleño está siendo investigado desde 1973 por Gómez Macker (1982: 97-98), no han aparecido trabajos descriptivos que entreguen información factual sobre el dialecto. La única referencia concreta es el siguiente párrafo (parcialmente citado más arriba) de Gómez Macker:

[el castellano pascuense presenta] inseguridad en la realización de fonemas inexistentes en lengua rapa nui, tales como /ĉ/, /g/, /l/, /r̄/, /s/; tendencia a agregar vocales en sílaba final abierta; eliminación de grupos consonánticos; destrucción del diptongo; introducción de préstamos léxicos rapa nui; utilización de léxico rudimentario cotidiano; alteración del orden estructural de la oración; inseguridad en el uso de las concordancias; predominio de formas orales coloquiales. (1986: 60).[40]

Desde 1976 el Ministerio de Educación ha puesto en marcha un *Nuevo Plan Educacional Experimental y Laboral para la Isla de Pascua*, "en el cual se contempla, por primera vez, la enseñanza oficial de la lengua pascuense en la Escuela de la Isla" (Gómez Macker 1982: 96), como una asignatura del plan de estudios en los primeros seis años de la educación básica, con cuatro o cinco horas semanales (V. Gómez Macker 1986: 58).

La enseñanza oficial del pascuense en la escuela isleña está inserta en el contexto de un proyecto global de cultivo de la lengua pascuense, el que también incluye alfabetización vernacular de isleños adultos y la formación de escritores nativos.

El programa está siendo implementado por personal del Instituto Lingüístico de Verano en convenio con la Universidad Católica de Valparaíso. Inicialmente, Roberto Weber y Nancy Thiesen de Weber prepararon un sistema ortográfico alfabético adecuado a la expresión escrita del pascuense (Weber y Thiesen 1985), y han dirigido la preparación de material didáctico para la enseñanza del vernáculo en la Escuela de Isla de Pascua (V. Gómez Macker 1982: 96) y dos *Talleres de Escritores Rapa Nui*, uno en 1984 y otro en 1985. Los textos producidos en el Taller de 1984 fueron reunidos posteriormente en un volumen publicado por la Intendencia de la V Región (1986) y vienen presentados en pascuense y castellano. Algunos son de orientación folclórica (relatos, leyendas), y otros se vinculan con

---

[40] En la cita debe haber una errata. Tiene más sentido si se lee "tendencia a agregar vocales en sílaba final *cerrada*".

la experiencia individual del escritor (poemas, anécdotas).[41]

5.2. LA LENGUA PASCUENSE. CLASIFICACIÓN Y TIPOLOGÍA

La lengua pascuense pertenece a la rama polinésica de la familia austronésica, hablada desde el sudeste asiático hasta la Isla de Pascua (Comrie 1981: 236). Desde el punto de vista tipológico, estas lenguas son aislantes. En las lenguas aislantes –a veces llamadas también analíticas– las palabras son invariables, y las categorías gramaticales y las relaciones sintácticas se expresan por medio de palabras independientes ("partículas"), y no por variaciones formales de las palabras de contenido, como ocurre en las lenguas flexivas. Por ejemplo, en castellano, el plural de los sustantivos está marcado por una variación formal en el sustantivo mismo: la adición del sufijo –s o –es, como en **hombre/hombre-s**; **árbol/árbol-es**; en cambio, en pascuense se recurre a la partícula **a**, como en:

taŋáta	hombre
ŋa taŋáta	hombres
túmu	árbol (tronco)
ŋa túmu	árboles (troncos)

Otro ejemplo. En una lengua altamente flexiva, como el latín, la relación de poseedor (o genitivo) se expresa por medio de una variación formal en el sustantivo: **terra** (tierra) vs. **terræ** (de la tierra), como en:

terræ	umbilicus
de la tierra	el ombligo
el ombligo de la tierra	

En cambio, en pascuense esta misma relación se marca por medio de la partícula **o**, como en:

te	píto	o	te	henúa
el	ombligo	de	la	tierra

La misma situación se da en el verbo. Por ejemplo, en castellano el tiempo, el modo, la duración y la persona (con su número) están marcados en la terminación verbal, por ejemplo en **nadaste** se puede reconocer la raíz **nad**, la vocal temática de 1ª conjugación **–a**, y la marca de pretérito perfecto (indefinido) y la 2ª persona singular **–ste**. En cambio, en pascuense, estas mismas nociones se expresan por medio de partículas separadas:

i	káu	kóe
pretérito	nadar	tú

Todo esto significa que en una lengua aislante como el pascuense –y todas las demás lenguas polinésicas– la morfología (o sea, la estructura interna de las palabras) es sencilla, en tanto que la sintaxis (o sea, la pauta de combinación de palabras y partículas en la oración) es compleja.

Los pascuenses llaman a su lengua **vanáŋa rápa núi** (abreviado **rápa núi**), literalmente "el habla (o el hablar) de **rápa núi**". Por su parte, **rápa núi** es el nombre nativo de Isla de Pascua. Fuentes (1960: 309) discute así su significado:

...nombre dado a la Isla de Pascua en la mitad del siglo diecinueve por los navegantes procedentes de Tahiti. Su etimología no es pascuense, ya que si así fuera, su traducción sería: **brillo grande**. Es más posible que sea netamente tahitiana, en cuyo caso podría traducirse por: Piedra grande. En tahitiano, **rápa**: piedra plana. También tiene un paralelo en: **pápa núi**, de **pápa**: tierra en neozelandés, y piedra plana o superficie plana en tahitiano. Sin duda se alude a la poca altura que tiene Pascua sobre el nivel del mar, en comparación con Isla de Tahiti, o con las más próximas islas, todas ellas con grandes elevaciones sobre el mar.

5.3. LA FONOLOGÍA

En pascuense hay cinco vocales **i**, **e**, **a**, **o**, **u**; y diez consonantes: **p**, **t**, **k**, **ʔ**, **v**, **h**, **m**, **n**, **ŋ**, **r**.[42]

Las vocales se pronuncian aproximadamente como en castellano. Entre las consonantes las siguientes:

p	t	k	m	n

---

[41] Es razonable preguntarse por qué, si se trataba de introducir una reforma lingüística en la educación, no se implementó una política de optimización de la enseñanza del castellano, en vez de una orientada al cultivo del pascuense. Los pobres resultados del sistema actual –denunciados por Gómez Macker– y las expectativas de los padres (Cf. Gómez Macker 1979: 102-103), aconsejaban prioridad para una reforma orientada al castellano y no al pascuense.

---

[42] Guerra *et al.* 1984 es una descripción detallada de la fonología del pascuense V. también Weber y Thiesen 1982. En Weber y Thiesen 1985 hay mucha información fonológica aducida a propósito de la preparación de un sistema ortográfico para el pascuense. Para descripciones de tipo tradicional puede consultarse Englert 1978 y Fuentes 1960.

son muy parecidas al castellano, aunque las tres primeras tienen una ligera aspiración, como en inglés **pea** (arveja), **tea** (té) y **key** (llave). Además, la consonante **t** se pronuncia mayormente con el ápice lingual apoyado en los alvéolos superiores, no tanto en la cara interna de los incisivos superiores.

Las siguientes consonantes no existen en castellano:

–v se pronuncia siempre con el labio inferior ligeramente apoyado en el borde de los incisivos superiores ("labiodental");

–h es igual a la **h** inglesa en **house** (casa) o alemana en **Haus** (casa) (**h** aspirada);

–ʔ es un sonido llamado "golpe glotal". Se puede obtener una imitación pasable conteniendo momentáneamente el aire en la boca entreabierta y dejándolo salir todo de una vez, sin mover para nada la boca. Se debe oír un ruido parecido al que se produce cuando uno se aclara suavemente la garganta; la pronunciación más enfática del golpe glotal se da entre dos vocales idénticas (como en **raʔá**, sol) y entre dos vocales una de las cuales sea **i** o **u** (como en **Káʔi-Káʔi**, afilado o **Kapúʔa**, (niebla). Entre otras vocales se oye muchas veces como un simple corte en la corriente de voz (hiato). En posición inicial puede reducirse hasta un simple ataque vocálico duro;

–ŋ se pronuncia como la **ng** del inglés **long** (largo); se puede imitar pronunciando una 𝗀 como en **gato**, pero con el velo del paladar muy bajo, de modo que el sonido egrese por la nariz ("**n** velar"). Una alternativa más fácil, pero menos correcta, es pronunciar muy juntas una **n** y una **g**;

–r se pronuncia en toda posición igual al castellano **cero**, **pero**, **moro**.

La mayor parte de las palabras pascuenses tienen sílabas formadas por una consonante –incluido el golpe glotal– y una vocal, como en:

pí-ro	hediondo
tú-mu	árbol, tronco de árbol
ká-ru	semilla
ʔá-ka	ancla
mó-tu	islote
pó-ki	niño, niña
tá-ne	hombre (varón)

Dos vocales contiguas se pronuncian en diptongo, o sea, en la misma sílaba. Así:

kái	comer
káu	nadar

Ambas son monosílabas. Así, en **kauháŋa** (ingle) hay tres sílabas (**kau-há–ŋa**) con los segmentos vocálicos **au** formando diptongo; en cambio, en **kaʔúŋa** (fila, hilera), también hay tres sílabas (**ka-ʔú–ŋa**), pero los dos segmentos vocálicos, **a** y **u**, están en sílabas diferentes, por efecto del golpe glotal, el que realiza aquí como un simple "corte" entre vocal y vocal.

Del mismo modo, **henúa**, tierra, tiene dos sílabas (**he-núa**), en oposición a **matúʔa**, padre, madre, que tiene tres sílabas (**ma-tú–ʔa**).

Lo normal es que la segunda vocal de la secuencia se pronuncie relajada. Así, en **téa** (rubio) la **a** es laxa ("desilabizada"); en cambio en **teʔa**, flecha, la **a** tiene articulación normal, plenamente silábica.[43]

En una misma sílaba pueden concurrir dos vocales iguales, la segunda de ellas laxa, como **éepe**, macizo, corpulento (vs. **épe**, lóbulo de oreja).

Una alternativa viable para estos casos es postular la existencia de vocales breves (**i**, **e**, **a**, **o**, **u**), opuestas a vocales largas (**i:**, **e:**, **a:**, **o:**, **u:**), de modo que "macizo, corpulento" es **é: pe**, con **e:** larga, en oposición a "lóbulo de la oreja" **ʔépe**, con **e** breve. Esta es la alternativa elegida por Weber y Thiesen (1982 y 1985) y Guerra *et al.* (1984).

Las palabras pascuenses pueden tener dos sílabas, como:

ŋútu	boca
háŋa	bahía, caleta

tres sílabas, como:

va–hí–ne	mujer
ti–ŋá-ʔi	matar

o cuatro sílabas, como:

ma-ta-hí-ti	año
ha-ʔa-tá-ʔa	aislado

La mayor parte de las palabras son graves, pero hay algunas palabras agudas, como:

---

[43] Guerra *et al.* 1984 y Weber y Thiesen 1982 y 1985 sostienen el punto de vista exactamente opuesto: para ellos, dos vocales contiguas están siempre en hiato. En mi visión, a veces están en diptongo y a veces en hiato –separadas por un golpe glotal, el que puede ser lenis– de modo que hay contraste entre *kái-kái* "juego manual y verbal con un lacito de cordel", que tiene dos sílabas, y *káʔi-i-káʔi* "afilado", que tiene cuatro sílabas. En otras palabras, para mí el contraste es diptongo vs. hiato (o golpe glotal); para mis colegas el contraste es hiato vs. golpe glotal, y no hay diptongos.

matá	obsidiana
maŋó	tollo
pahí	barco
?ananá	piña[44]

Son muy frecuentes las palabras reduplicadas. Los componentes de la reduplicación conservan su acentuación individual, como en:

páka-páka	seco
?íti-?íti	pequeño
?ópa-?ópa	balanceo
néhe-néhe	bonito

Claramente la lengua es de ritmo silábico. Esto significa que la diferencia de perceptibilidad entre sílabas tónicas y sílabas átonas es poca, de donde las palabras retienen su identidad fonológica y su audibilidad cuando se combinan unas con otras para formar unidades morfológicas (compuestos) y sintácticas (frases, oraciones). Guerra et al. (1984) registran unos pocos casos excepcionales de pérdida de sonidos en habla rápida.

La siguiente lista léxica ilustra el fonetismo pascuense:

1.	Agua	vái
	boca	háha~ŋútu
	brazo	keké?u
4.	cabeza	pu?óko
	cara	aríŋa
	ceniza	e?o-é?o
	cielo	ráŋi
8.	corazón	mahátu
	día	mahána
	diente	ního
	espalda	tú?a/~ívi
12.	estrella	hetú?u
	fuego	áhi
	guata, vientre	manáva
	hombre	taŋáta
16.	hueso	ívi
	humo	áu
	lengua	aréro
	luna	maahína
20.	lluvia	úa
	mano	ríma
	montaña	ma?úŋa
	mujer	ví?e~vahíne

24.	nariz	íhu
	niebla	kapú?a
	noche	póo
	ojo	máta
28.	oreja	taríŋa
	pecho	úma
	pelo	rau?óho
	pene	?úre
32.	perro	paihéŋa
	pie	vá?e
	piojo	kútu
	pierna	horéko
36.	sangre	tóto
	senos	?ú?u
	sol	ra?á
	uña	maikúku
40.	vulva	komári

5.4. GRAMÁTICAS, DICCIONARIOS Y OBRAS DE CONSULTA

Se han escrito dos descripciones completas del pascuense, que incluyen pronunciación, gramática y vocabulario: Englert, 1978; y Fuentes, 1960. Las dos son obras preparadas dentro de la tradición de estudios gramaticales y lexicográficos anteriores al desarrollo en el país de la lingüística descriptiva. Ambas están basadas en la observación directa de la realidad lingüística pascuense. Englert es de gran interés por su cuidadoso registro de usos antiguos. Fuentes trae una enorme cantidad de material –su diccionario registra 4.300 ítemes léxicos– mayormente recogidos de informantes nativos.[45]

6. EL YÁMANA O YAGÁN (háusi kútə)

El yámana o yagán, la lengua más austral del mundo, fue hablada hasta fines del siglo pasado por un grupo de canoeros nómades extendido a lo largo de los archipiélagos y canales del confín mismo de América, entre la Península de Brecknock y el Cabo de Hornos. Actualmente se encuentra en los momentos finales del proceso de extinción. En la aldea de Ukika, cercana a Puerto Williams, en Isla Navarino, viven cuatro mujeres –todas de más de sesenta años– hablantes terminales de la lengua. Tres de ellas son yaganas y una es alacalufe, criada en la comunidad yagana. Ha-

---

[44] Guerra et al. 1984: 33-36 y Weber y Thiesen 1982: 141 indican que las únicas palabras agudas son aquéllas terminadas en vocal larga, pero yo no recuerdo que la vocal tónica en ma ó, matá, pahí me haya impresionado como especialmente larga. Podría ser al revés: la vocal se oye más larga porque es tónica.

[45] Guerra et al. (1984: 33-36) incluyen una presentación de la bibliografía lingüística sobre el pascuense, entre 1778 y 1982.

Figura 9. Tenenesk, chamán selknam (Gusinde, 1923).

Figura 10. Mujer yámana confeccionando un cesto (Agostini, 1929).

blaron yagán de niñas, pero ya en edad juvenil se integraron a la cultura hispánica y abandonaron el uso real de la lengua vernácula. Se casaron con colonos hispánicos del área y criaron a sus hijos y nietos como monolingües de castellano. Dos de ellas recuerdan muy bien palabras aisladas en yagán, pero no presentan mayor competencia real en la lengua. La descripción de la pronunciación del yámana-yagán presentada por Salas y Valencia 1990 fue preparada a partir de listas léxicas producidas por estas dos mujeres. Ellas llaman a su lengua **háusi kútə**, y al castellano **póla kútə**.

6.1. LA FONOLOGÍA

Hay siete vocales: **i**, **e**, **æ**, **ə**, **a**, **o**, **u**; dieciséis consonantes: **p**, **t**, **k**, **tr**, **ĉ**, **s**, **ŝ**, **h**, **y**, **r**, **w**, **m**, **n**, **l**, **ř**. Hay además un golpe glotal (**ʔ**) similar al descrito más arriba para el alacalufe y el pascuense.

Las vocales **i**, **e**, **a**, **o**, **u** se pronuncian aproximadamente como en castellano. La vocal **æ** se pronuncia como la **a** del inglés **cat** (gato); la vocal **ə** es parecida a la **u** del inglés **cup** (taza).

La pronunciación de las consonantes es la siguiente:

p se pronuncia como en inglés **paper** (papel); **t** como en inglés **tape** (cinta); **k** como en inglés **key** (llave); **tr** como en inglés **travel** "viaje"; **ĉ** como en castellano **chapa**; **f** como en castellano **farol**; **s** se pronuncia mayormente como en castellano, pero a veces presenta una variante retrofleja, o sea, durante su articulación, el ápice lingual está curvado hacia el fondo de la boca; **ŝ** como la **sh** en el inglés **shower** (ducha); **h** como en inglés **house** (casa); **y** como la **i** en castellano **piel**; **r** es siempre retrofleja; **w** como la **u** en castellano **puente**; **m** como en castellano **mano**; **n** como en castellano **nada**; **l** como en castellano **lado**; y **ř** como la **r** en castellano **cara**.

La sílaba puede estar formada por una vocal sola, como en:

á-nan   canoa

o por una vocal y una consonante, como en:

an-táe-pa   carne

o por una consonante y una vocal, como en:

mə-tən   tres

o por una consonante, una vocal y una consonante, como en:

píh   animal, pájaro

289

Las palabras pueden ser de una sola síla-ba, como:

yáeŝ   mano

de dos sílabas, como:

ŝú-ŝa   pingüino

de tres sílabas, como:

tah-ká-fi   congrio negro

de cuatro sílabas, como:

kin-hin-té-ka   aguilucho

de cinco sílabas, como:

tu-ma-ləh-tə́-ka   fogata

y de seis sílabas, como

ha-təh-kə-lón-ka-ra   patalarga

pero los dos últimos tipos son poco frecuen-tes.

La sílaba tónica es la más audible; la síla-ba o sílabas átonas son breves, relajadas y di-fusas, lo que da a la palabra un marcado ritmo acentual. Hay palabras agudas, como:

ha-ka-ĉír   zorzal

graves, como:

lá-kəs   concha

o esdrújulas, como:

ŝá-kə-təh   martín pescador

En palabras largas, si hay mucha distan-cia entre la sílaba inicial y la sílaba tónica, apa-rece un acento secundario sobre la sílaba inicial, como en:

tù-ma-ləh-tə́-ka   fogata

donde la sílaba **tu** lleva un acento de menor intensidad que el que va en la sílaba tónica **tə**.

Las siguientes palabras ilustran el fonetis-mo del yámana-yagán:

1.	agua	sima
	boca	yáʔ
	brazo	kaméin
4.	cabeza	lamə́na
	cara	ĉéisa
	ceniza	áfua
	cielo	wákul
8.	corazón	sáeskin
	día	maóla
	diente	tún
	espalda	uŝuála
12.	estrella	ahpérnih
	fuego	pusáki
	vientre	wéina
	hombre	yámana
16.	hueso	hátuŝ
	humo	úsku
	lengua	lən
	luna	hanúha
20.	lluvia	paléna
	mano	yáeŝ
	montaña	tulára?
	mujer	kípa
24.	nariz	káŝuŝ
	niebla	fóka
	noche	láekəh
	ojos	təlla
28.	orejas	uhkír
	pecho	kayápas
	pelo	ústa
	pene	pínuŝ
32.	perro	yasála
	pie	káuya
	piojo	wə́m
	pierna	látəs
36.	sangre	sápa
	senos	tápas
	sol	ləm
	uña	káluh
40.	vulva	wáhar

6.6. EL VOCABULARIO YÁMANA-YAGÁN. PERSPECTIVA ETNOGRÁFICA

El vocabulario yagán está muy bien adaptado a la naturaleza austral, lo que se refleja en distinciones que normalmente no se hacen en castellano. Así, hay tres palabras para el cai-quén:

kímua   caiquén (de pampa)
lúrh   caiquén (colorado)
ŝáekuŝ   caiquén (de playa)

Al castellano *pingüino* corresponden dos palabras en yagán:

ŝúŝa   pingüino corriente
kalaóina   pingüino emperador

Al castellano *congrio* corresponden dos pa-labras en yagán:

tahkáfi   congrio negro
imahára   congrio colorado

Hay palabras para animales marinos que en castellano distinguimos muy superficial-mente, como:

tapáera   lobo marino de dos pelos
áma   lobo marino corriente
kéikus   leopardo marino

Se aprecian pocas palabras de origen hispánico. La mayor parte de los objetos de la cultura europea tienen nombre tomado del inglés, como:

páeti	cama, en inglés *bed*
síp	oveja, en inglés *sheep*
sóspi	cacerola, en inglés stew-pan
wíntə	ventana, en inglés window
wúl	lana, en inglés *wool*
húka	anzuelo, en inglés, *fish-hook*

En algunos casos no es claro si el anglicismo desplazó a una palabra tradicional o si vino a llenar un concepto nulo en la cultura vernácula, como ocurre en:

rótəna	podrido, en inglés *rotten*
líf	hoja de árbol, en inglés *leaf*
sítə	semilla, en inglés *seed*
táel	cola, en inglés *tail*
ráunta	redondo, en inglés *round*
fáta	grasa, en inglés *fat*
fláuers	flor, en inglés *flower*
hórna	cuerno, en inglés *horn*

A veces el anglicismo y la palabra autóctona quedaron en contraste parcial, como en:

uhfién	puerta (de la casa tradicional)
tuár	puerta (moderna), en inglés *door*
láina	hilo de pescar
uŝuámi	hilo (tradicional, hecho de nervio de ballena o guanaco)
ĉituftəka	frazada (tradicional)
plánkən	frazada (moderna), en inglés *blanket*
áʔmi	aguja (tradicional, de hueso)
nísel	aguja (moderna), en inglés *needle*

En muchos casos hay conciencia del anglicismo, como en **tí** (té, en inglés **tea**) **kofí** (café, en inglés **coffee**) o **móns** (mes, en inglés **month**); pero en otros casos no, como en **rótəna** (podrido, en inglés **rotten**) o **fóka** (niebla, en inglés **fog**). La gran cantidad de anglicismos y la notoria ausencia de hispanismos, sugieren que el primer contacto con la cultura europea tuvo lugar a través de anglohablantes, probablemente marinos y misioneros. Durante este período se dio el proceso común y corriente de recepción selectiva de objetos culturales. Cuando sobrevino el poblamiento moderno del área, a fines del siglo pasado, el castellano y la cultura hispánica desplazaron y sustituyeron integralmente a la lengua y la cultura tradicionales, llevándolas a la situación de colapso final.

CONCLUSIONES

Las lenguas vernáculas chilenas son claramente lenguas de minoría. Entre todas no alcanzan a totalizar 600.000 hablantes, que representan un porcentaje muy bajo de la población total del país, estimada en unos catorce millones de habitantes, en su inmensa mayoría monolingües de castellano.

Para los efectos de la situación sociolingüística actual del país, el contacto entre la población mayoritaria hispanohablante y los hablantes de lenguas vernáculas es un hecho histórico moderno, que lleva poco más de cien años, iniciado en pleno período republicano. Los aymaras, los kunzas, y eventualmente algunos quechuas, quedaron insertados en la nación chilena a raíz de los ajustes territoriales que siguieron a la Guerra del Pacífico. Hacia esta misma época se hizo plenamente efectiva la incorporación de los mapuches a la institucionalidad nacional chilena, una vez concluida la Campaña de Pacificación de la Araucanía. En 1888 se proclamó la soberanía chilena sobre la Isla de Pascua. Hacia 1880 se inició el poblamiento chileno del territorio magallánico, área de residencia de los onas o selknam. En las primeras décadas de este siglo, se hizo sostenido y frecuente el contacto entre los alacalufes y los loberos chilotes con los tripulantes de los barcos que navegaban entre Punta Arenas y los puertos del litoral central. En el entresiglo empezaron a llegar colonos, loberos y buscadores de oro al territorio de los yámanas.

A fines del siglo pasado, cuando el contacto se produjo, el castellano estaba definitivamente arraigado como lengua nacional, con características bien asentadas y vinculado con una cultura nacional bien definida de base hispánica.

En estas condiciones, cuando se produjo el contacto, la sociedad hispánica no fue afectada ni siquiera superficialmente por el contacto con los pueblos indígenas. Los funcionarios, colonos, pioneros y pobladores llevaron a las nuevas tierras la lengua castellana y la cultura europeo-occidental y las impusieron a las poblaciones autóctonas.

Ante el impacto, los grupos más pequeños y disgregados desaparecieron, absorbidos por la sociedad chilena. Los grupos más numerosos o mejor protegidos, que lograron mantenerse formando comunidades en un espacio dado relativamente libre de la presencia masiva de hispanos, pudieron mantener su identidad sociocultural tradicional, al margen de la vida global de la nación y sólo dentro de los espacios reservados a la minoría.

La preservación de las lenguas vernáculas está determinada por la retención de la cultura tradicional de las minorías, en tanto que la adquisición del castellano es consecuencia de la presión de la sociedad dominante.

Así las cosas, a los cien años de contacto, el uso de las lenguas vernáculas ha quedado reducido a la vida interna de las familias y de las comunidades, en tanto que el castellano es la lengua de la participación en la vida global de la nación. En los últimos años, a medida que se intensifica la influencia de la sociedad hispánica, el castellano ha ido penetrando en la vida interna de las familias y comunidades, restringiendo severamente el uso de las lenguas vernáculas y comprometiendo, a veces, su existencia misma. En un sentido muy literal, las lenguas vernáculas habladas hoy en Chile, son supervivientes del verdadero cataclismo sociocultural que representó para los pueblos y las culturas nativas el poblamiento europeo del territorio chileno.

BIBLIOGRAFÍA

AGUILERA FAÚNDEZ, Óscar
1978   "Léxico Kawésqar-Español, Español-Kawésqar (Alacalufe Septentrional)" BFUCH XXIX: 7-149.

1982a   "Notas sobre la lengua kawésqar". *Boletín Indigenista. Chile.* 2: 21-33.

1982b   "Fonemas kawésqar. Esbozo de la fonología de la palabra. I parte". *Boletín Indigenista. Chile.* 3: 16-30.

1983   "Fonemas kawésqar (fonología de la palabra). II parte". *Boletín Indigenista. Chile.* 4. 49-67.

1984a   "Puerto Edén revisitado... Segunda Parte: Textos cosmogónicos kawésqar" *Trilogía* 4 (6) julio: 13-16.

1984b   "Pronombres kawésqar (alacalufe septentrional)". *Trilogía* 4 (7) diciembre: 59-83.

1985a   "El verbo kawésqar (alacalufe septentrional)" *Trilogía* 5 (8) julio: 45-71.

1985b   "Un documento rescatado para la historia de la investigación lingüística kawésqar (alacalufe)" *Trilogía* 5 (9) diciembre: 65-69.

1988   Reseña a Clairis 1985. *Lenguas Modernas* 15: 173-200.

AGUILERA FAÚNDEZ, Óscar y María Eugenia BRITO
1980-81 "Análisis de un texto kawésqar". BFUCH XXXI: 303-329.

AGUILERA FAÚNDEZ, Óscar; María Eugenia BRITO y Hugo NERVI
1984   "Puerto Edén revisitado: cuarta expedición etno-lingüística al grupo kawésqar (alacalufe septentrional)". *Trilogía* 4 (6) julio: 7-12.

ALONSO, Amado (1939,1940)
1953   "Examen de la teoría indigenista de Rodolfo Lenz". *Estudios Lingüísticos. Temas Hispanoamericanos.* Madrid. Gredos. V. pp. 332-398.

ÁLVAREZ-SANTULLANO, Pilar
1986   "Descripción fonológica del huilliche, un dialecto del mapuche o araucano del centro-sur de Chile". Concepción. Universidad de Concepción. Tesis de M. A. en Lingüística.

AUGUSTA, Félix de
1903   *Gramática Araucana.* Valdivia. Imprenta Central J. Lampert.

1910   *Lecturas Araucanas (narraciones, cuentos, canciones, etc).* Valdivia. Imprenta de la Prefectura Apostólica. En colaboración con el P. Sigifredo de Fraunhaeusl.

1916   *Diccionario araucano-español y español-araucano.* Santiago. Imprenta Universitaria. Tomos I y II.

CLAIR-VASILIADIS, Christos
1976   "Esquisse phonologique de l'aymara parlé au Chili". *La Linguistique* 12, 2: 143-152.

1977   "Lingüística fueguina" BFUCH. XXVIII: 29-47.

1985   *El qawasqar. Lingüística fueguina. Teoría y descripción.* Anejo 12. *Estudios Filológicos.* Valdivia. Universidad Austral de Chile.

COMRIE, Bernard
1981   *Language Universals and Linguistic Typologie. Syntax and Morphology.* Oxford. Basil Blackwell.

CONTRERAS, Heles y Max Sergio ECHEVERRÍA WEASSON
1965   "Araucanian Phonemics". IJAL 31,2: 132-135.

CROESE, Robert A.
1980   "Estudio dialectológico del mapuche". *Estudios Filológicos* 15: 7-38.

1984   "Tiempo verbal en mapudungun". *Actas. Jornadas de Lengua y Literatura Mapuche.* Temuco. Universidad de la Frontera e Instituto Lingüístico de Verano. v. pp. 64-75.

DANNEMANN, Manuel y Alba VALENCIA
1989   *Grupos aborígenes chilenos, Su situación actual y distribución territorial.* Santiago. Instituto de Investigaciones del Patrimonio Territorial de Chile. Universidad de Santiago de Chile. Colección "Terra Nostra" Nº 15.

DURÁN, Teresa y Nelly RAMOS

1986 "Incorporación del español por los mapuches del centro sur de Chile durante los siglos XVI, XVII y XVIII". *Lenguas Modernas*. 13: 17-36.

1987 "Incorporación del español por los mapuches del centro-sur de Chile durante el siglo XIX". *Lenguas Modernas*. 14: 179-196.

ECHEVERRÍA y REYES, Aníbal

1890 *Noticias sobre la lengua atacameña*. Santiago. Imprenta Nacional.

ECHEVERRÍA WEASSON, Max Sergio

1964 "Descripción fonológica del mapuche actual" BIFUCH XVI: 13-59.

ENGLERT, P. Sebastián

1936 "Lengua y literatura araucanas". *Anales de la Facultad de Filosofía y Educación. Universidad de Chile*. I, 2 y 3: 62-109.

1978 /1948/ *Idioma Rapanui. Gramática y diccionario de la Isla de Pascua*. Santiago. Editorial de la Universidad de Chile.

FUENTES, Jordi

1960 *Diccionario y gramática de la lengua de Isla de Pascua*. Santiago. Editorial Andrés Bello.

GALLARDO, Andrés

1984 "La situación mapuche, problema de planificación lingüística". CUHSO 1: 151-188.

1986 "Las lenguas vernáculas de Chile en la perspectiva de una planificación lingüística". *Lenguas Modernas* 13: 7-16.

1988 "El desarrollo de la escritura en lenguas vernáculas de Chile". *Sociedad Chilena de Lingüística* 1988: 37-57.

GOLBERT de GOODBAR, Perla

1977 "Yagán I. Las partes de la oración". *Vicus-Lingüística* I: 5-60.

1978 "Yagán II. Morfología nominal". *Vicus-Lingüística* II: 87-102.

GÓMEZ MACKER, Luis A.

1979 Proyecto de investigación.

Lengua pascuense 1976-1979". *Estudios Generales* 1: 99-116.

1982 "El bilingüismo en Isla de Pascua". *Signos* XIV, 19: 91-99.

1986 "Bilingüismo y biculturalismo en Isla de Pascua". *Lenguas Modernas* 13: 55-65.

GÓMEZ MACKER, Luis A. y Marianne PÉRONARD TH.

1983 "Alcances sico-pedagógicos de una investigación: descripción del castellano hablado en Isla de Pascua". RLA 21: 13-22.

GREBE, María Ester

1986 "Cambio sociocultural y bilingüismo aymara-español en Isluga". *Lenguas Modernas* 13: 13-53.

GREENBERG, Joseph H. /1956/

1960 "The general classification of central and southamerican languages". *Men and cultures. Selected papers of the 5th International congress of anthropological and ethnological sciences. Philadelphia. September 1956*. Ed. Anthony F.C. Wallace. Philadelphia. University of Pennsylvania Press. V. pp. 791-794. Cit. en Key 1979.

GRIMES, Joseph E.

1985 "Topic inflection in Mapudungun Verbs". IJAL 51, 141-163.

GUERRA EISSMANN, Ana María

1989 "Esbozo fonológico del yagán". *Actas del Octavo Seminario Nacional de Investigación y Enseñanza de la Lingüística*. Santiago. Universidad de Santiago de Chile y Sociedad Chilena de Lingüística. V. pp. 88-93.

1992 "Las fluctuaciones de fonemas en el yagán". R.L.A. 30: 171-182.

GUERRA EISSMANN, Ana María; Daniel LAGOS ALTAMIRANO, Antonio RIFFO FARÍAS y Carlos VILLALÓN PÉREZ

1984 "Fonología del vaŋa a rapanui". *Nueva Revista del Pacífico* 25: 32-124.

GUNDERMANN KRÖLL, Hans

1986 "Un ensayo de crítica a los programas educacionales

aplicados a los aymara". *Revista de Tecnología Educativa* IX, 3: 161-181.

1988 "Antecedentes sociolingüísticos de la lengua aymara en el norte de Chile". Arica. Ms. Taller de Estudios Aymara.

GUSINDE, Martín

1931 *Die Feuerland-Indianer. Band I: Die Selk'nam*. Mödling bei Wien. Anthropos. Cit. en Aguilera 1978.

1937 *Die Feuerland Indianer. Band II: Die Yamana*. Mödling bei Wien. Anthropos. Cit. en Aguilera 1978.

1974 *Die Feuerland-Indianer. Band III/1: Die Halakwulup*. Mödling bei Wien. St. Gabriel. Cit. en Aguilera 1978.

HAMP, Eric P.

1971 "On Mayan-Araucanian Comparative Phonology". IJAL 37, 3: 156-159.

HARDMAN, Martha J.

1978 "La familia lingüística andina jaqi. Jaqaru, kawki, aymara". *Vicus-Lingüística* II: 5-28.

1983 *Jaqaru: Compendio de estructura fonológica y morfológica*. Lima. Instituto de Estudios Peruanos. Cit. en Harmelink 1985.

HARDMAN, M. J., Juana VÁSQUEZ y Juan de Dios YAPITA, con Lucy THERINA BRIGGS, Nora CLEARMAN ENGLAND y Laura MARTIN /1974/

1988 *Aymara. Compendio de estructura fonológica y gramatical*. La Paz, Bolivia. Instituto de Lengua y Cultura Aymara.

HARMELINK, Bryan L.

1985 *Investigaciones lingüísticas en el altiplano chileno. Un estudio sobre la comunidad aymara chilena*. Arica. Ms. Instituto Linguístico de Verano y Universidad de Tarapacá.

1987 "La negación en el mapudungun". *VII Seminario de Investigación y Enseñanza de la Lingüística*. Universidad Católica de Valparaíso y Sociedad Chilena de Lingüística. V. pp. 149-159.

HERNÁNDEZ, Arturo y Nelly RAMOS
1978   "Rasgos del castellano hablado por escolares mapuches. Estudio de un caso". R.L.A. 16: 141-149.

1979   "Estado actual de la enseñanza del castellano a escolares mapuches del área rural. Un problema de bilingüismo y lenguas en contacto". Estudios Filológicos 14: 113-127

INTENDENCIA DE LA V REGIÓN
1986   A Amu o Rapa Nui. Relatos de la Isla de Pascua. Santiago. Editorial Andrés Bello.

KEY, Mary Ritchie
1976   "La fluctuación de fonemas en la teoría fonológica". Signos: Estudios de Lengua y Literatura 9. 1: 137-143.

1978a   "Araucanian Genetic Relationships". IJAL 44.4: 280-293.

1978b   "Lingüística comparativa araucana". Vicus-Lingüística II: 45-55.

1979   The Grouping of South American Indian Languages. Tübingen. Gunter Narr.

1981   "North and South American Linguistic Connections". La linguistique 17. 1: 3-18.

LAGOS ALTAMIRANO, Daniel
1981   "El estrato fónico del mapudungu(n)". Nueva Revista del Pacífico 19-20: 42-66.

1984   "Fonología del mapuche hablado en Victoria". Actas. Jornadas de Lengua y Literatura Mapuche. Temuco. Universidad de la Frontera e Instituto Lingüístico de Verano. V. pp. 41-50.

LENZ, Rodolfo
1895-97 "Estudios Araucanos". Anales de la Universidad de Chile. XC: 359-385, 843-878; XCI: 195-241; XCIII: 427-438; 507-555; XCIV: 95-120; 245-262; 691-719; 841-865; XCVII: 331-352; 491-504; 623-662; XCVIII: 177-185; 187-207; 301-388; 499-525; 739-777. Referencias detalladas en Salas 1992a. Hay edición conjunta: Estudios Araucanos. Materiales para el estudio de la lengua, la literatura i las costumbres de los indios mapuches o araucanos. Santiago. Imprenta Cervantes. 1895-1897.

1896   Introducción a los Estudios Araucanos, publicados en los "Anales de la Universidad de Chile" Tomos 90 i siguientes, con un Apéndice Bibliográfico. Santiago. Imprenta Cervantes.

1940   /1893/ "Para el conocimiento del español de América". Amado Alonso y Raimundo Lida (eds.) El Español en Chile. Buenos Aires. Biblioteca de Dialectología Hispanoamericana VI. V. pp. 209-258.

MOESBACH, P. Ernesto Wilhelm de
1963   Idioma mapuche, dilucidado y descrito con aprovechamiento de la Gramática Araucana del P. Félix José de Augusta. Padre Las Casas. Imprenta San Francisco.

MOSTNY, Grete
1943   "Las transiciones y los pronombres personales en el idioma mapuche". Revista Chilena de Historia Natural 4,5: 144-146.

NAJLIS, ELENA L.
1973   Lengua Selknam. Buenos Aires. Universidad del Salvador. Instituto de Filología y Lingüística. Cit. en Clairis 1985.

1975   Diccionario Selknam. Buenos Aires. Universidad del Salvador. Instituto de Filología y Lingüística. Cit. en Clairis 1985.

ORR, Carolyn y Robert E. LONGACRE
1968   "Proto-Quechumaran". Language 44,3: 528-555. Cit. en Key 1979.

PAINE, David L.
1984   "Sobre el desarrollo histórico de los sufijos de referencia cruzada del mapudungun". Actas. Jornadas de Lengua y Literatura Mapuche. Temuco. Universidad de la Frontera e Instituto Lingüístico de Verano. V. pp. 1-17.

RIVANO FISCHER, Emilio
1991   Topology and Dynamics of Interactions, with Special Reference to Spanish an Mapudungu. Lund. Travaux de l'Institut de Linguistique de Lund 25. Lund University Press.

SALAS, Adalberto
1973   "The phonemes of the language of Easter Island". R.L.A. 11: 61-66.

1978   "Mapuche-Español. Análisis fonológico contrastivo". Vicus-Lingüística II: 57-86.

1980   "La lingüística mapuche en Chile". R.L.A. 18: 23-57.

1983   "¿Alfabetizar y enseñar en mapudungu? ¿Alfabetizar y enseñar en castellano? Alternativas para la escuela rural en la Araucanía chilena". R.L.A. 21: 59-64.

1984   "Dieciocho kuneo (adivinanzas) mapuches". Anales de la Universidad de Chile. Estudios en Honor de Rodolfo Oroz. 5ª Serie, 5: 459-475.

1984a   Textos Orales en Mapuche o Araucano del Centro-Sur de Chile. Concepción. Editorial de la Universidad de Concepción.

1985   "Fray Félix José de Augusta. Su aporte a los estudios de la lengua y cultura de los mapuches o araucanos". CUHSO 2,2: 197-272.

1988   Reseña a Clairis 1985. R.L.A. 26: 113-153.

1992a   "Lingüística mapuche. Guía bibliográfica". Revista Andina 10,2: 473-537.

1992b   El mapuche o araucano. Fonología, gramática y antología de cuentos. Madrid. Editorial Mapfre. Colecciones Mapfre 1492. Colección Lenguas y Literaturas Indígenas 3.

1992c   "El componente indoamericano en la identidad sociocultural chilena. Una presentación etnolingüística". Por aparecer en Acta Literaria 17.

SALAS, Adalberto y Alba VALENCIA
1988   "Fonología del aymara altiplánico chileno". Revista de Filología y Lingüística de la Universidad de Costa Rica 14,2: 119-122.

1990   "El fonetismo del yámana o yagán. Una nota en lingüística del salvataje". R.L.A. 28: 147-169.

SÁNCHEZ, Gilberto
1989   "Relatos orales en pewence chileno". *Anales de la Universidad de Chile. Estudios en honor de Yolando Pino Saavedra*. 5ª Serie, 17: 289-360.

SAN ROMÁN, Francisco J.
1890   "La lengua kunza de los naturales de Atacama" *Revista de la Dirección de Obras Públicas. Sección de Geografía*. 5: 1-20.

SCHULLER, Rodolfo
1908   *Vocabulario y nuevos materiales para el estudio de la lengua de los indios licanantai (atacameños)-calchaquí.* Biblioteca de Lingüística Americana II. Santiago. Imprenta Cervantes.

SOCIEDAD CHILENA
DE LINGÜÍSTICA
1988   *Alfabeto mapuche unificado.* Temuco. Pontificia Universidad Católica de Chile.

STARK, Louisa R.
1970   "Mayan affinities with Araucanian". *Papers from the sixth regional meeting.* *Chicago Linguistic Society, April 16-18, 1970.* Chicago. Chicago Linguistic Society. V. pp. 57-69. Cit. en Key 1979.

TORERO, Alfredo
1964   "Los dialectos quechuas". *Anales Científicos de la Universidad Agraria* 2: 446-478.

TOVAR, Antonio
1961   *Catálogo de las lenguas de América del Sur.* Buenos Aires. Editorial Sudamericana.

URQUHART MATHEU, Jorge
1987   "Hacia una caracterización del castellano andino: el artículo y el pronombre en seis poblados de la I Región". *VII Seminario de Investigación y Enseñanza de la Lingüística.* Valparaíso. Universidad Católica de Valparaíso y Sociedad Chilena de Lingüística. V. pp. 297-308.

VAISSE, Emilio; Félix
HOYOS y Aníbal ECHEVERRÍA
y REYES
1895   "Glosario de la lengua atacameña". *Anales de la Universidad de Chile* XCI: 527-556.

VALENCIA, Alba
1984   "Minorías lingüísticas aborígenes en Chile. Situación actual". *Revista Chilena de Humanidades.* 6: 53-73.

WEBER, Roberto y Nancy
THIESEN de WEBER
1982   "Apuntes sobre la fonología de la lengua rapa nui de Isla de Pascua". *Signos* 14, 19: 135-143.

1985   *Hacia el establecimiento de un sistema escrito para el rapa nui, lengua de la Isla de Pascua.* Valparaíso. Universidad Católica de Valparaíso e Instituto Lingüístico de Verano.

YAPITA MOYA, Juan de Dios
1972   *Literatura Aymara* (Revista literaria en aymara, publicada por ILCA, Casilla 2681. La Paz, Bolivia). Cit. en Hardman 1978.

GLOSARIO ANTROPOLÓGICO Y CULTURAL DE LA ETNOGRAFÍA

Ay	Aymara
Ao	Aonikenk
Ma	Mapuche
Ra	Rapanui
Ka	Kawéskar
Que	Quechua
Se	Selknam
Ya	Yagán

A

ABUELOS: Ancestros en el área aymara-atacameña.

ACAPACHA: (Ay) En la cosmovisión, es el mundo habitado por el hombre. También Acapacha o Aca-Pacha.

ACHACHILA: (Ay) Mallcus o espíritus de las montañas nevadas que dominan una aldea.

ACORRALAR: Sistema de pesca que saca partido en los canales australes de la gran amplitud de las mareas, colocando piedras como barreras en el reflujo para retener las presas.

ADMAPU: (Ma) Conjunto de tradiciones; derecho consuetudinario.

ADUARES: Rancherías o tolderías de indios.

AHU: (Ra) Altar o centro ceremonial compuesto por una plataforma de piedras donde se instalaban estatuas (moai).

AHUINCADO: (Ma) Amigo del huinca, del blanco.

AIK'N (Aiken): (Ao) Paradero tradicional de los tehuelches = aiken.

AINY: (Ay) Relaciones económicas o rituales de reciprocidad.

AKSO: (Ay) Prenda femenina de vestir a modo de saya.

AKSU (Axsu/Aqsu): (Ay) Prenda textil principal del vestir femenino.

ALAKALUFE o ALAKALUF: Ver Kawéskar.

ALERCE: *(Fitzroya patagonia)* Conífera del Sur de Chile.

ALFÉREZ: Cargo anual y voluntario, responsable de las fiestas religiosas andinas.

ALLAMUNDO: (Ay) Fundadores de la comunidad.

ALLENTIAC: Lengua del grupo étnico huarpe, Mendoza, Argentina.

ALLQA: (Ay) Contraste de colores naturales en una prenda textil que expresa la idea de contrariedad o ruptura.

AMARU: (Que) KATARI, en aymara; serpiente. Se vincula al culto del agua.

ANAKO: (Ay) Prenda textil femenina.

ANKAWENU (o Raninwenu): (Ma) En la cosmovisión, mundo donde predominan las fuerzas del mal o caos.

ANOMIA: Ausencia de normas.

ARAJ-PACHA: (Ay) En la cosmovisión, el mundo de arriba.

ARAJSAYA (Arajjsaya): (Ay) Parcialidad de arriba en la organización dual o de mitades.

ARCAICO: En América, estadio cultural anterior a la domesticación plena de animales y plantas. Género de vida con actividad económica basada en la caza, la pesca y la recolección.

AONIKENK: (Ao) Tehuelches del sur. Habitantes protohistóricos e históricos de la pampa patagónica, entre el río Santa Cruz y la costa norte del estrecho de Magallanes. ("Gente del Sur".)

ARCHIPIÉLAGOS VERTICALES: Engloba el concepto andino de explotación simultánea de varios pisos ecológicos por una etnia, desde la cabecera gobernante, mediante colonias distantes entre sí y sin dominios de espacios intermedios.

AROHA: (Ra) Cariño (de los jóvenes), en isla de Pascua.

ASHKEN: (Se) Genital femenino.

ATACAMEÑO: Gentilicio para los habitantes del Salar de Atacama, Región de Antofagasta y alrededores; por extensión, sinónimo de la lengua kunza, propio de esta etnia.

AWATIRI: (Ay) Pastor mítico del ganado.

AWKA: (Que) Rebelde, salvaje.

AUQUI (Awki): (Ay) Dios cristiano; Dios Padre, Cristo como Jesús Juez.

AYLLU: (Ay/Que) Comunidad andina básica ligada por lazos de parentesco; tiene generalmente un ancestro común y derechos colectivos a territorios.

AYMARA: (Ay) Jaqe-aru. Idioma de la familia lingüística jaqi.

B

BANDOLA: Instrumento de 16 cuerdas derivado de la guitarra, de fabricación local o casera.

BOFEDAL: Vega en la puna de Tarapacá y Antofagasta. Muchas veces son artificialmente regadas. Otros dicen bofadal.

BOSQUE DECIDUO: Bosque cuyos árboles cambian anualmente de follaje.

C

CALEUCHE: (Ma) Buque fantasma de la mitología chilota.

CANCHONES: Forma de cultivar la tierra, en el norte de Chile, sobre la base de producir una depresión larga de ancho mesurado hasta la profundidad que alcanza la humedad capilar de la napa freática (agua subterránea).

CARÁCTER EXOGÁMICO: Mecanismo de parentesco, que obliga a una alianza (matrimonio) fuera de la familia.

CASA-BOTE: Tipo de habitación tradicional de Rapa Nui que tiene forma de bote invertido.

CAUCAU: (Ma) Gaviota.

CHALLA (Ch'alla): (Que) Gesto ritual, asperjar.

CHARQUI (Ch'arqui): (Que) Carne secada al aire y al sol. "Conserva" natural en el altiplano.

CHILIWEKE: (Ma) Camélido de los mapuches, de filiación genética aún desconocida. Llamado también por los cronistas "carnero de la tierra".

CHOIKE PURUN: (Ma) "Baile del avestruz", danza que imita los movimientos de esta ave.

CHONOS, los: Grupo étnico de economía marítima que vivía entre el golfo Corcovado y la península de Taitao.

CHUECA: Véase palín.

CHULLPAS (Ch'ullpas): (Ay) Humanidad anterior a la actual, desaparecida por la aparición del sol. Por extensión, ruinas preaymaras o arqueológicas. Se aplica también a estructuras de piedra o adobe que tienen carácter ritual y que, a veces, han servido de sepultura.

CHUÑO (Ch'uño): (Que) Papa deshidratada por un sistema de congelamiento y desecación producto de las variaciones térmicas diarias en el altiplano.

CHUSIS: (Ay) Frazada o cobertor aymara.

CHUSPA (Ch'uspa): (Que) Bolsita pequeña para la coca que se cuelga al cuello.

CLAN: Del celta *clann* = hijo. Agrupación de linajes cuyos miembros provienen de un antecesor común.

COFLAR: Cantos y rezos al difunto durante su velatorio. (En Peine, según G. Mostny se trataría de una variación fonética local para referirse al "coplar", la recitación de textos funerarios y coplas en Chile Central.)

COIPA: Gorro de lana con orejeras.

COLPA: Ritual andino.

COLLANA AYLLU (Qollana Ayllu): (Que) Ayllu principal o de donde salen los dirigentes.

COLLASUYO (Qollasuyo): (Que) Una de las divisiones cuatripartitas del Imperio Inca (Tawantinsuyu), correspondiente al sector suroeste.

CONTRASTIVO: En lingüística, la función constrastiva del acento. Consiste en individualizar un segmento frente a los restantes segmentos análogos presentes en el enunciado.

COSMOVISIÓN: Es la forma de percepción del mundo particular de una etnia.

"COSTUMBRES": Rituales tradicionales de origen precolombino entre los aymaras.

CTÓNICO: Dice relación con las profundidades de la tierra.

CURACA: Véase kuraka.

D

DALCA: (Ma) Tipo de embarcación actualmente en uso en Chiloé.

DAMANA: (Ay) Casa ceremonial.

DEÍCTICOS: Todo elemento lingüístico que en un enunciado hace referencia a la situación, al momento y al hablante. Ejemplo: "*corrí* por el campo".

DÍADA: De dos.

DIALECTOLÓGICOS: (Argumentos) (Lingüística). Descripción comparativa de los diferentes dialectos en el espacio.

DIVISIÓN DUAL DE LA SOCIEDAD: Organización social basada en dos grupos complementarios, jerárquica o ritualmente subordinado uno al otro.

DOMOPEWEN: (Ma) Ejemplar femenino de la araucaria (*Araucaria araucana*).

DUNGUNMACHIFE: (Ma) Especialista cuya misión es registrar y transmitir los mensajes de la machi durante las rogativas. Etimológicamente: lengua de la machi.

E

ECOCOMPLEMENTARIEDAD: Sistema económico que busca la obtención complementaria de recursos ecológicos situados, a veces, en lugares distantes entre sí.

ECOSISTEMA: Relación de dependencia en que se encuentran los seres vivos en un ambiente determinado.

ELAL: (Ao) El más poderoso aonikenk que creó la vida y la mantiene.

ENDOGAMIA: Sistema de parentesco que privilegia la alianza (matrimonio) al interior de la comunidad.

ERGOLOGÍA: Equivalente a "cultura material de un pueblo". Todo el bagaje de utensilios y objetos que utiliza.

ERRADICACIÓN O EXTIRPACIÓN DE IDOLATRÍAS: Actos ejecutados por los sacerdotes católicos en el siglo XVII, destinados a erradicar de las poblaciones indígenas los rituales tradicionales considerados idólatras.

ESTANCIA: Asentamiento ganadero en el altiplano, con casa habitación, corrales y campos de pastoreo.

ETHOS: Concepto usado para globalizar sistemas sociales y culturales plenos. Ejemplo: "alma nacional", "carácter nacional", "espíritu nacional".

ETIOLOGÍA: Estudio sobre las causas de las cosas.

EXHORTATIVAS: (Lingüística) Expresión retórica de rogar o pedir.

EYECTIVAS: (Lingüística) Consonantes llamadas glotalizadas o recursivas son consonantes independientes de la respiración (golpe glotal).

F

FAMILIA EXTENSA: Aquélla compuesta por mayor número de miembros que la familia nuclear.

FAMILIA NUCLEAR: Compuesta sólo por el padre, la madre y los hijos.

FILIACIÓN GENÉTICA DE LA LENGUA: Origen genético; filogenia lingüística; estudio diacrónico de una lengua.

FLOREO: Fiesta tradicional andina relacionada con el ciclo ganadero, en que se colocan adornos de lanas multicolores al ganado.

FONOLÓGICA (Estructura): Los sonidos interrelacionados con significados de una lengua.

G

GENITIVIZADOR: (Lingüística) Función de genitivo: relativo a la facultad de generar o producir algo.

GENTILES: Ancestros míticos andinos.

GLOTALIZADAS: (En lingüística) Sonido cuya articulación supone un golpe de glotis.

GUAICURÚES: Habitantes antiguos de la península de Brunswick, mestizos kawéskar y aonikenk.

GUALICHO: (Ma) Ser siniestro de los tehuelches a quien se imputaba la causa de los males que afligían a los humanos.

GUERRA DEL PACÍFICO: La guerra entre Chile y los aliados Perú y Bolivia, de 1879 a 1884.

H

HANGA (o HOONU): (Ra) Bahía o rada.

HARUWEN: (Se) Divisiones territoriales de los selknam u onas.

HARUWENKHOS: (Se) Mata de pasto con tierra adherida.

HAUMAKA: (Ra) Vidente que hace la narración del descubrimiento de la isla por el héroe cultural Hotu Matúa.

HAUSH: Subgrupo selknam de la península de Mitre; su cultura gozaba de cierta adaptación al mar. Se conoce también con el nombre de Manekenk.

HOONU: (Ra) Véase Hanga.

HUACA (Wak'a): (Que) Divinidad andina prehispánica. Lugar sagrado y también las representaciones de una divinidad.

HUILANCHA: Ritual andino que supone un sacrificio de sangre de camélido.

HUILLI: (Ma) Sur, punto cardinal.

HUILLICHES: (Ma) Gente del sur.

I

ILLA: En Caspana, textil usado en ritual de techamiento de casas.

INAPIRE MAPU: (Ma) Precordillera.

INCUÑA (INKUÑA): (Ay) Textil andino de uso ritual.

INTI: (Que/Ay) Sol.

J

JAQI: (Ay) Familia lingüística a la que pertenece el aymara.

K

KALAPURKA: (Ay) Comida típica.

KAMANA: (Ay) Habitación de dimensiones amplias, aptas para celebración de las fiestas.

KATURIRI: (Ay) Candidato a alférez para el año venidero, quien recibe el estandarte del saliente, del pasiri.

KAWÉSKAR: (Ao) Conocidos también como alacalufes o qawáskar. Habitante nómade canoero de los canales occidentales de la Patagonia; se movían entre la península de Taitao y la boca occidental del estrecho de Magallanes.

KOFKE: (Ma) Pan.

KOMARE: (Ra) Vulva.

KONA: (Ma) Joven guerrero.

KULTRUN: (Ma) Tambor ritual.

KUNZA: (Ku) Lengua de los atacameños.

KURAKA: (Que) Señor étnico andino.

KUTI: (Que/Ay) Pachakuti. Vuelco del mundo, caos en los Andes.

L

LAFKENCHES: (Ma) Habitantes del litoral.

LAFQUEN MAPU: (Ma) Costa marítima litoral.

LAIKA: (Ay) Brujo.

LAKI: (Ay) Yatiri o sabio especializado en curar enfermedades.

LAKITAS: Conjunto de músicos en los Andes.

LAKU: (Ma) Abuelo paterno.

LAKUTUN: (Ma) Ceremonia para recibir el nombre del abuelo.

LAMNEN: (Ma) Término clasificatorio de parentesco para referirse a la hermana biológica o clasificatoria patrilineal.

LELFUNCHES: (Ma) Gente de los llanos.

LELFUN MAPU: (Ma) Valle Central.

LEPUN: (Ma) Sitio destinado para practicar un nguillatún. Entre algunos huilliches, indica la ceremonia de rogativa.

LENGUAS FLEXIVAS: (Lingüística). Lenguas cuyas palabras están provistas de morfemas gramaticales que indican la función de las unidades.

LICHIGUAYO (Lichiwayo): (Ay) Tipo de flauta.

LOFCHE: (Ma) Asentamiento familiar.

LOFPEWEN: (Ma) Agrupación de araucarias que se cree unidas por vínculos familiares.

LONKO: (Ma) Cabeza, cacique, líder étnico.

LL

LLIJLLA: (Ay) Textil de la vestidura andina, también llamado aguayo.

M

MACHI: (Ma) Chamán.

MACHITUN: (Ma) Ritual terapéutico.

MALLKUS: (Ay) Espíritu de las montañas. También significa señor étnico.

MALTONES: Camélidos de un año.

MANAVAI: (Ra) Cerco de piedra para proteger las plantaciones.

MANQHA-PACHA: (Ay) Mundo de abajo. Por extensión, infierno.

MANQHASAYA: (Ay) Parte de abajo en el pueblo o marka.

MAPUDUNGU: (Ma) Idioma vernáculo, lengua de la tierra.

MARKA: (Ay) Pueblo central de una comunidad.

MARKA-QOLO (Marka-Qollu): (Ay) Espíritu de los cerros, en áreas andinas.

MATA: (Ra) Linaje; grupo de parentesco que desciende de un ancestro común.

MATAA: (Ra) Hacha, punta de proyectil, cuchillo hecho de obsidiana.

MATRILOCALIDAD: Se dice de un sistema de matrimonio en que la pareja establece su residencia en tierras del linaje materno o femenino.

MAUKU: (Ra) Maleza o pasto; por extensión, se aplica a los chilenos.

MECHARNUEKENK: (Ao) Habitante aborigen del norte del río Santa Cruz, en la pampa patagónica.

MILCALLAC: Idioma de los huarpes, habitantes indígenas de la región de Cuyo, Argentina. [Millcayac].

MINKA: (Ay) Trabajo colectivo (Minga).

MITO: Estructura narrativa compuesta por unidades interrelacionadas de significación, dentro del dominio de lo fantástico.

MOAI: (Ra) Estatua de piedra antropomorfa de gran tamaño.

MONOSEMIA: Vocablo de un solo significado.

MORFOSINTÁCTICAS: Particularidades sintácticas y estructurales de una lengua.

MOROCHO: Variedad de maíz.

MOTU: (Ra) Islote.

MUDAI: (Ma) Chicha, bebida fermentada.

N

NEN: (Ma) (Ngen) Dueño, dominador.

NGUILLATÚN: (Ma) Rito colectivo de rogativa.

NGUILLATUFE: (Ma) El que organiza y celebra la rogativa.

NILIU: (Ma) Fruto de la Araucaria (*Araucaria araucana*).

NOMINALIZADA: (Lingüística). Estructura "oración matriz" incrustada por una oración sintagmática nominalizada.

Ñ

ÑENECHE: (Ma) (Ngenechen) Dios supremo. "Dueño de los hombres".

ÑUKE: (Ma) Madre, tía materna e hija del hermano de la madre.

O

OPOSICIONES: Diferencia entre dos o varias unidades distintivas. Ej: /a/ /e/

ORONGO: (Ra) Centro ceremonial situado al borde de la caldera del volcán Rano Kau.

P

PACARINA (Paqarina): (Que) Lugar mitológico de origen.

PACIFICACIÓN DE LA ARAUCANÍA: Proceso de ocupación por el Estado de Chile de las regiones indígenas del centro del país en la segunda mitad del siglo XIX.

PACHAYAMPE: (Ay) Ritual andino de cosecha.

PACHAMAMA: (Ay/Que) Madre tierra, madre universal andina.

PAGOS: Ofrendas rituales andinas.

PAIGASA: (Ay) Despedida del difunto.

PALAMA: (Ay) Ritual fúnebre.

PALÍN: (Ma) Chueca, juego tradicional de pelota.

PASCANA (Paskana): Paradero andino usado por pastores o agricultores.

PASIRI: (Ay) Alférez de la fiesta; (el pasante).

PATRILINAJE: Grupo familiar basado en un sistema de parentesco unilineal de preminencia masculina.

PATRILINEALIDAD: Mecanismo de parentesco unilineal varonil.

PATRILOCALIDAD: Sistema de matrimonio por el cual la residencia de la pareja queda determinada por la del marido o de su padre.

PAYA: (Ay) Dos.

PEHUENCHE (Pewenche): (Ma) Pueblo indígena de la cordillera andina, residente al oriente de la Región de la Araucanía chilena.

PERIODO DE LA FRONTERA: Etapa de conflictos bélicos protagonizados por mapuches y españoles durante la Colonia y la República temprana .

PEUMA: (Ma) Sueño.

PEWENTO: (Ma) Tierra del pewen (*Araucania araucana*).

PEWENMAPU: (Ma) Ver pewento.

PILLANTÚN: (Ma) Ceremonia mapuche de invocación al pillán.

PISANGALLA: Especie de maíz andino del que se hacen las "palomitas".

POLIGINIA: Práctica de casarse con varias esposas.

POSTVELARES: (Lingüística) Consonantes, cuyo punto de articulación se encuentra en el paladar blando (r francesa en *rat*).

Q

QAWASQAR: Ver Kawéskar.

QUEÑUA: (*Polylepis tarapacana*). Árbol bajo que crece sobre los 3.800 a 4.000 m en el altiplano andino.

QOLLCA (Qollqa): (Que) Silo, edificación para almacenar. Su estructura depende del tipo de productos a almacenar.

QUILLPA: (Ay) Ceremonia de la marcación del ganado joven.

QUINOA-QUINUA: Gramínea cultivada por los naturales del altiplano (*Quenopodium quinua*).

R

RANINWENU: (Ma) Esfera cronológica donde predominan las fuerzas del mal.

REDUCCIONES: En el área mapuche, demarcaciones de terrenos en que fueron radicados los indígenas por el gobierno chileno a fines del siglo pasado, después de las campañas de Pacificación de la Araucanía.

REHUE (Rewe): (Ma) Altar, escala ceremonial.

REY INKA: Divinidad postcolonial andina. Forma parte del ciclo mítico mesiánico del retorno del Inka.

RONGO-RONGO: (Ra) Tabletas con inscripciones grabadas.

RUYTUCHO: (Ay) Primer corte de pelo que ocurre después del destete del niño aymara, alrededor del año de edad.

S

SALLOA (Sallka): (Ay) Designa a flora y fauna específica, es decir, no a todo lo silvestre en general, sino a especies que son los dobles de animales domésticos o plantas actuales. Por ejemplo, la vicuña y el huanaco son salloa de la alpaca y la llama.

SELK'NAM: Ona; etnia de la Isla Grande de Tierra del Fuego.

SHE'ES: (Se) Genital masculino.

SHAMANISMO: Chamanismo, relativo al chamán.

SÍLABAS ÁTONAS: (Lingüística) No acentuadas.

SÍLABAS TÓNICAS: (Lingüística) Acentuadas.

SINTÁCTICO: Análisis; descripción de las reglas por las que las unidades significativas se combinan en oraciones.

SIRVINAKUY: Matrimonio de prueba en los Andes.

SISTEMA DE CARGOS: Sistema de origen colonial, que integra cargos civiles y religiosos, por los que todos los miembros de una comunidad deben pasar.

SOCIOMÉTRICO: Distancia social relativa hacia adentro de un grupo.

SUPALIOS: Habitantes indígenas de la península de Brunswick.

T

TALATUR: (Ku) Ritual agrícola de limpia de acequias.

T'ALLA: (Ay) Señora. Equivalente femenino de mallku.

TANGATA HIVA: (Ra) Afuerinos, extraños.

TAPA: (Ra) Tejido de corteza.

TARKA: (Ay) Instrumento musical de viento de los aymaras.

TARO: (Ra) Planta cultivada en el Pacífico Sur. (*Colocasia sculenta*).

TARQUEADA: Conjunto que toca las tarkas.

TAWANTINSUYU: (Que) "El Reino de las cuatro partes" o Imperio Inka.

TAWOKSERS: (Ka) Gente del sur.

TEHUELCHE: (Ma) Nombre puesto por los mapuches a los aonikenk y, en general, a los indios de las pampas patagónicas.

TERRAZA (de cultivo): "Era", cuartel. Espacio cultivado escalonado en ladera, estructurado con muros de sostenimiento hacia el valle, que permite un uso eficiente del agua y del suelo.

TEUSHKENK: (Ao) Tehuelche de la cordillera, del oeste de la provincia de Santa Cruz y de Aisén.

TINKU (Tincu): (Ay) (Que) Concepto andino que denota perfección, equilibrio y justicia.

TIWANAKU (cultura): Cultura que se desarrolló en el altiplano, cuya cabecera estaba en la actual localidad de Tiahuanaco, al sur del Titicaca.

TOKI: (Ma) Hacha de piedra para la guerra, nombre que se hace extensivo al jefe en tiempo de guerra.

TUPA: (Ra) Estructura de piedra en forma de torres redondas y bajas. Se cree que eran lugares de observación de los sitios de pesca.

U

ULMEN: (Ma) Hombre rico o poderoso.

URUS: (Ay) Qot-suñs, "hombres del agua". Pueblo del altiplano que habita en zonas lacustres. El término uru es una expresión peyorativa aymara para referirse a las poblaciones pobres, sin agricultura, etc.

UTA: (Ay) Casa habitación permanente.

UYWIRIS: (Ay) De uywa: proveer. Divinidades protectoras.

V

VARA: Insignia de mando de origen colonial, usada por las autoridades andinas.

VIRGINIA: Pachamama en lenguaje secreto aymara.

W

WAQUI: (At) Entierro ritual propiciatorio.

WAWILMA: (Ma) Pequeño loro de los Andes meridionales *(Enicognathus leptorhynchus).*

WEKE: (Ma) Camélido.

WEKUFES: (Ma) Espíritus malignos, cuyo poder es el causante de la enfermedad y de la muerte.

WENTRUPEWEN: (Ma) Araucaria "hombre". Ejemplar masculino de la araucaria *(Araucaria araucana).*

WENUMAPU: (Ma) Bóveda celeste.

WINKA: (Ma) Del inka, extranjero, que derivó en ladrón, asaltante, usurpador. Se les denomina así a los no mapuches.

WINNEBAGO: Pueblo nativo del Canadá.

Y

YAHGAN: (Ya) Gentilicio de los habitantes de Yahga, Tierra del Fuego. También yagán.

YÁMANA: Etnia canoera del canal del Beagle, al sur de Tierra del Fuego. También conocidos como yahganes o yaganes.

YAPOOS: (Ka) Nombre que los alakaluf o kawéskar daban a los yaganes (derivado de la palabra aiapuk o áiapux = nutria).

YATIRI: (Ay) Especialista en ritual y medicina entre los aymaras y atacameños.